ダナ・S・ダン 編著
Dana S. Dunn

勝谷紀子
Katsuya Noriko

佐藤剛介
Sato Kosuke　監訳

柴田邦臣
Shibata Kuniomi

髙山亨太
Takayama Kota

障害という経験を理解する

社会と個人への
アプローチ

Understanding
the Experience
of Disability
Perspectives from
Social and Rehabilitation
Psychology

北大路書房

UNDERSTANDING THE EXPERIENCE OF DISABILITY
Perspectives from Social and Rehabilitation Psychology
Edited by Dana S. Dunn
© Oxford University Press 2019

"Understanding the Experience of Disability: Perspectives from Social and Rehabilitation Psychology" was originally published in English in 2019. This translation is published by arrangement with Oxford University Press. Kitaohji Shobo is solely responsible for this translation from the original work and Oxford University Press shall have no liability for any errors, omissions or inaccuracies or ambiguities in such translation or for any losses caused by reliance thereon.

原著 "Understanding the Experience of Disability: Perspectives from Social and Rehabilitation Psychology" は 2019 年に英語で出版されました。翻訳書は，オックスフォード大学出版局との取り決めにより出版されたものです。北大路書房は，原著からの翻訳について単独で責任を負い，オックスフォード大学出版局は，当該翻訳における誤り，脱落，不正確さ，曖昧さ，またはこれに依拠することによって生じたいかなる損失についても責任を負わないものとします。

監訳者まえがき

　『障害という経験を理解する：社会と個人へのアプローチ』の発刊にあたり，編著者のダナ・S・ダン博士と，各章を執筆いただいた研究者の皆様に心より敬意を表したいと思います。本書は，社会心理学とリハビリテーション心理学の視点から障害という経験を深く理解するための一助として企画されたものです。障害に関する理解が進む中で，障害者と非障害者の間で認識されるギャップや，障害者が日々直面する社会的・心理的な障壁に焦点を当て，障害がもたらす様々な影響について探究しています。また，従来の学術書とは異なり，障害当事者である研究者たちが執筆に参加しているため，実際の体験に基づく視点が多く含まれ，読者にとって一層身近に感じられる内容となっています。

　本書が発刊される背景には，国連障害者権利条約の成立などに見られるように，近年の国際的な障害理解に対する社会的な関心の高まりがあります。日本においても「障害者差別解消法」の制定・改正や「障害者雇用促進法」の改正など，障害者の権利や平等を保障するための法整備が進んできました。しかしながら，法的な保障だけでは不十分であり，障害者が真に自尊心をもち，社会の中で役割を果たせる環境を築くためには，心理学的・社会学的な観点からの理解が欠かせません。本書では，社会心理学の先駆者であるKurt Lewinの理論を土台に，障害に対する偏見やスティグマ，障害者のレジリエンス，ポジティブ心理学に基づく支援のあり方など，様々なトピックが包括的に取り上げられています。これにより，障害の経験を多角的に捉え，障害のある人々が抱える課題とその解決策について考察することができるようになっています。

　本書の構成は，大きく4つのセクションに分かれています。第Ⅰ部「確立された研究分野」では，障害に関する心理学的理解を深めるために行われてきた，確立された研究が取り上げられています。障害のスティグマやバイアス，偏見といったテーマを通じて，障害者がどのように社会から認識され，どのような社会的制約を受けているかを考察しています。また，ステレオタイプに基づく

i

障害者と非障害者の共感や認識の乖離，障害者に対する無意識の偏見がいかにして形成され，そして持続するのかについても詳細に解説されています。これにより，障害者の社会的排除がどのように生まれるのか，またその改善のために必要な心理的アプローチについての知見を提供しています。

　第Ⅱ部「主流のトピック」では，社会心理学の領域で主要なテーマとして研究されているジェンダー問題や文化・人種，ソーシャルサポートといった視点から障害の経験を理解するための章が続きます。特に，障害のある女性が直面する二重のマイノリティとしての課題や，異なる文化圏における障害の捉え方について取り上げられています。これにより，障害に関する交差性（インターセクショナリティ）あるいは複合差別の視点から，個人の特性や背景が障害の体験にどのように影響を与えるのかが浮き彫りにされます。また，慢性疾患のある人々がどのように社会的支援を受け，それが生活の質にどのように影響を与えているのかについても触れられており，障害に関連する幅広いテーマが扱われています。

　第Ⅲ部「新たな問題」では，職場における障害者の課題や，障害者アイデンティティと自尊心の形成，家族や親としての役割，ポジティブ心理学の観点から見た障害といった，比較的新しいトピックが取り上げられています。特に，職場における障害の受容や支援体制の構築は，日本でも重要な課題とされています。ここでは，非障害者が障害者に対して抱く潜在的な態度や無意識の偏見が，職場環境でどのように影響を及ぼすのか，そしてそれに対する改善策がどのように講じられるべきかについて議論されています。また，家族や親としての役割においても，障害がどのように影響するのかが考察されており，障害者が家庭や社会で果たす役割とその支援のあり方について新たな視点を提供しています。

　そして，第Ⅳ部「不公正，アドボカシー，社会政策の問題」では，障害者の権利と平等を求めるアドボカシー活動や，社会政策の観点から障害の問題が論じられています。不公正感や社会的な格差が障害者の生活にどのような影響を与えているのか，また，障害者の生活の質を向上させるために必要な法制度や社会的な支援策について具体的に取り上げられています。日本においても，障害者の社会的なインクルージョンを推進するための政策や法律が充実してきて

いますが，依然として課題は多く，本書の内容が今後の議論の参考となることが期待されます。

　本書は，学術的な理論やデータに基づいた洞察を提供するだけでなく，読者一人ひとりが障害に対する理解を深めるための一助となることを目指しています。各章で提示される事例や理論は，専門家にとってはもちろんのこと，一般の読者にとっても理解しやすいように構成されており，実生活における障害の経験や，それに対する心理社会的な対応策について具体的に学ぶことができます。障害に関する偏見やスティグマを軽減し，障害者が自尊心をもち，自己決定的な生活を送るための社会的な支援体制を整えるために，本書が果たす役割は大きいと考えられます。

　また，本書の執筆者たちは，障害が一人ひとりのアイデンティティや日常生活に与える影響について多角的な視点から考察しており，障害者の心理的なウェルビーイングの向上や，社会的なインクルージョンの重要性についても多くの示唆を与えています。

　編著者は，モラヴィアンカレッジ心理学教授のダナ・S・ダン博士です。2020年にアメリカ心理学会のディビジョン22（リハビリテーション心理学）の会長を務め，障害の問題に関する多くの研究実績をもつ研究者です。また，執筆者が多様かつ各分野で精力的に研究を進めている研究者たちがそろっており，海外の研究動向を知るのには最適な本と考えます。

　本書のような類書は日本ではほとんど存在せず，本書が多く読まれることで，障害者，障害に関する学際的な研究が促進されると期待しています。そして，本書の知識が普及することで障害者支援に携わる人々の実践活動にも反映され，障害者自身の理解，専門家ではない一般の人々の理解も促され，政策立案に関わる人々の認識にも影響することを願っています。

　本書を通じて，読者が障害のある人々に対する理解を深め，社会における多様性と共生の価値を再確認するきっかけとなれば幸いです。

　本書の翻訳の話が始まったのが2020年，コロナ禍に入りかかった頃でした。「第18章　自己決定の社会心理学と障害」の翻訳を担当された三重大学栗田季佳准教授が本書をご紹介くださったのがきっかけでした。

本書は，障害の問題について，障害者自身の性格や障害種別といった個人的要因だけで捉えるのではなく，障害者を取り巻く周囲の人々や生活環境，社会制度などの社会的要因にも注目し，状況要因が障害の経験に大きな影響を与え，個人と環境との相互作用で障害がつくられるという社会モデルの立場で障害の問題を捉えています。この立場は，日本も批准した障害者権利条約に沿うもので，日本での共生社会の実現のために非常に重要な考え方といえます。

　先述の通り，本書では障害に関する問題について非常に幅広く論じられている点も特徴です。障害，障害者に関して現在進行中の問題を包括的に把握するためには優れた書籍といえます。本書は心理学とその関連領域がベースとなっており，社会学や障害学などで本書には含まれていない考え方やアプローチも本書の刊行以降に提出されていますが，それらの理解を深めるためにも既存の知見を本書で知っていただければと思います。

　本書の翻訳にあたり，各分野でご活躍の優秀な中堅，若手研究者の先生方にも翻訳者として参画をいただきました。翻訳作業にご協力いただいたこと，お忙しい中長期にわたる訳出およびチェック作業に時間と労力を割いて対応してくださったことに心から感謝申し上げます。特に，難解な内容の章を担当され，多大なご苦労をおかけした先生方には，改めて深く御礼申し上げます。全20名もの先生方にご尽力いただき，丁寧な訳出作業と豊富な専門知識のおかげで本書の公刊までたどりつきましたこと，御礼を申し上げます。

　また，監訳には，心理学や関連領域で国際的に活動している者も携わりました。英語圏の大学出身あるいは留学経験，アメリカの大学勤務，国際誌への論文執筆の経験がある研究者が監訳者を務めました。監訳者のうち勝谷は，翻訳者の先生方，出版社の北大路書房との連絡・調整役を主に務めました。

　翻訳の方法は以下のように行いました。まず，各自で翻訳をした後に監訳者で翻訳者同士のペアを組ませてもらい，翻訳者同士で訳文の相互チェックをお願いしました。チェック済みの原稿については，監訳者が担当を分担し，一文ずつ突き合わせて監訳作業の第一段階チェックをしました。さらに，監訳作業の第二分担を決めて，監訳された訳文の第二段階チェックをしました。出版社の北大路書房でも文を突き合わせてチェックをしてもらい，用語や語句の読みづらい箇所，引用文献の間違いなどを指摘していただきました。

翻訳作業の中で，いまだに定訳がない用語の統一，英語特有の表現を日本語にする難しさにも直面しました。一例を挙げるなら，disabled person と person with disability の違いです。英語圏では後者の人称優先(person- first)の表現を推奨する動きがありますが，意味合いの違いをうまく日本語に反映しづらく監訳者を悩ませました。「障害者」に加えて，「障害をもつ人」ではなく「障害のある人」という表現も取り入れました。今後はこうした用語についての議論も進むことを願っています。

　企画書提出から刊行まで，実に 5 年もの時間を要してしまったことを心よりおわび申し上げます。その間，翻訳者の皆様には多大なご尽力をいただきましたこと，改めて深く感謝申し上げます。最後に，北大路書房の古川裕子さんには，企画書の段階からずっと伴走してくださり，原稿の隅々まで細かく丁寧にチェックをしていただきました。心から御礼を申し上げます。

2024 年 12 月

監訳者一同

Steve Gordyと故Beatrice A. Wright (1917–2018) に捧ぐ。

自分の脳を，他者の脳と擦り合わせて磨くことはよいことである。
                                    Michel de Montaigne

目　次

監訳者まえがき　i
はじめに　xvii
序文と謝辞　xix

第 1 章　障害という経験を理解する
　　　　──社会心理学・リハビリテーション心理学の視点から………… 1
　1.　確立された研究分野　3
　2.　主流のトピック　4
　3.　新たな問題　6
　4.　不公正，アドボカシー，社会政策の問題　8
　5.　障害に対する社会心理学的視点　9

第 I 部　確立された研究分野　11

第 2 章　障害のスティグマ──原因，結果，変化のための方略………… 13
　1.　知覚者の視点：障害に関するスティグマは
　　　どのように持続するのか　14
　2.　障害者の視点：障害に関するスティグマは
　　　どのように経験されるのか　17
　3.　障害に関するスティグマをどのように減らすのか：
　　　可能性と落とし穴　20
　4.　おわりに　22

第 3 章　障害を判断する──社会心理学とリハビリテーション心理学で見出
　　　　されたバイアス……………………………………………………… 24
　1.　社会心理学的バイアス　25
　　（1）行為者 – 観察者バイアスと基本的な帰属の誤り　25
　　（2）特性帰属バイアスと外集団同質性バイアス　27

ix

　　　　（3）確証バイアス　　27
　　　　（4）光背効果　　28
　　　　（5）連言錯誤　　29
　　　　（6）公正世界現象　　30
　　　　（7）感情予測におけるインパクト・バイアス　　30
　　2.　リハビリテーション心理学で研究されているバイアス　　31
　　　　（1）内部者と外部者の区別と根本的なネガティブバイアス　　32
　　　　（2）喪の要求　　33
　　　　（3）脱個人化，ラベリング，個人化　　34
　　　　（4）拡張現象　　35
　　3.　おわりに　　36

第4章　障害者への「無能だが温かい」ステレオタイプが選択的共感を
　　　　もたらす——認知・感情・神経における固有の特徴・・・・・・・・・・・・38
　　1.　両面価値的ステレオタイプが障害のある外集団への
　　　　選択的共感を支える　　39
　　　　（1）体系的な認知的パターンとしてのステレオタイプの内容　　39
　　　　（2）感情と行動　　41
　　2.　知覚された責任が障害者への共感を調整する　　42
　　3.　障害者という外集団への共感と相関する神経活動　　44
　　4.　内集団と外集団の共感における神経的差異　　46
　　　　（1）内側前頭前野と認知的共感　　46
　　　　（2）楔前部と感情的共感　　48
　　　　（3）島皮質と感情的共感　　48
　　5.　おわりに　　49

第5章　障害者に対する偏見を減らす・・・・・・・・・・・・・・・・・・・・・・・・・・・・50
　　1.　偏見を減らすための様々な戦略　　51
　　　　（1）接触　　51
　　　　（2）情報と教育　　54
　　　　（3）説得　　58
　　　　（4）抗議　　58
　　　　（5）障害の疑似体験とロールプレイング（代理体験）　　59
　　　　（6）メディア　　61

2. 職場における偏見低減戦略　63
　　　（1）情報　65
　　　（2）技術支援　65
　　　（3）障害者のためのダイバーシティ・トレーニング　66
　　　（4）障害関連の法律　67
　　　（5）計画的行動理論　67
　　　（6）印象管理　68
　　3. おわりに　69

第6章　リハビリテーション心理学の基礎原理と社会心理学の理論
　　　　──グローバルヘルスにおける交差とその応用………………70
　　1. リハビリテーション心理学の基礎原理　73
　　　（1）人間と環境の関係　74
　　　（2）内部者と外部者の区別　75
　　　（3）障害への適応　78
　　　（4）心理的資産　79
　　　（5）身体的状態の自己認知　81
　　　（6）人間の尊厳　82
　　2. おわりに　84

第7章　障害へのコーピングと適応に影響を与える
　　　　心理・社会的要因……………………………………………85
　　1. コーピングと適応のモデル　86
　　　（1）初期のモデル：フロイト（Freud）とレヴィン（Lewin）　86
　　　（2）身体心理学と障害受容　88
　　　（3）ステージモデル　91
　　　（4）生態学的モデル　92
　　　（5）臨床的な示唆，エビデンスに基づく実践および測定　94
　　2. コーピングと適応に関連する研究　96
　　　（1）身体心理学　96
　　　（2）ステージモデル　97
　　　（3）生態学的モデル　98
　　3. おわりに　99

第Ⅱ部　主流のトピック　101

第8章　障害のある女性たち
　　　　——社会的な挑戦の中で女性らしさを保つために……………103
1. 障害のある女性へのステレオタイプ　104
2. セクシュアリティと交際関係　105
3. セクシュアリティ　109
4. 虐　待　112
5. 役割の転換と自己意識の保持　114
6. おわりに　116

第9章　文化，人種，障害 ……………………………………118
1. 定　義　119
2. 人種・民族的マイノリティグループにおける障害を有する割合　119
3. 理論的枠組み　120
4. 障害における文化的側面　120
　（1）アフリカ系アメリカ人　121
　（2）アメリカ先住民／アラスカ原住民　123
　（3）アジア系アメリカ人　124
　（4）非白人のヒスパニック系　127
　（5）ハワイ先住民と太平洋諸島の住民　129
5. 提言と結び　131

第10章　性格と障害
　　　　——多様なより糸から織り成される学術的タペストリー………134
1. 最初の糸：学術的理論，臨床的ニーズ　135
2. 社会的認知の多彩なより糸　139
3. タペストリーの全景：すべてが織り成された先に　142
4. パーソナリティに関する理解の今後の方向性と深化　144

第11章　ソーシャルサポート，慢性疾患，障害……………………146
1. ソーシャルサポート　146
2. 構造的サポート　150

　　　　　(1) 社会的ネットワーク　151
　　　　　(2) 社会的紐帯　152
　　　　　(3) 社会的統合　154
　　　　　(4) 社会参加　156
　　　　　(5) 社会的埋め込みと社会関係資本　156
　　　3. 機能的サポート　161
　　　　　(1) 知覚されたサポートと受領されたサポート　165
　　　　　(2) 知覚されたサポート　166
　　　　　(3) 受領されたサポート　172
　　　　　(4) 長期にわたる支援　175
　　　　　(5) サポートの源泉　176
　　　　　(6) 介入　180
　　　4. おわりに　185

第12章　老化と老化に関連した障害 ･･････････････････････････････ 187
　　　1. 老化の構成要素　188
　　　2. エイジングパラドックスと後天性障害　191
　　　3. 高齢者における過剰な障害　194
　　　4. 老化による障害の社会的要因　196
　　　5. おわりに　199

第Ⅲ部　新たな問題　203

第13章　職場における障害 ････････････････････････････････････ 205
　　　1. 障害の定義とカテゴリー化　206
　　　2. 労働力における障害の歴史　208
　　　3. 障害者を雇用するメリット　209
　　　4. 労働力における障害者の課題　212
　　　5. よりインクルーシブな職場環境の構築　214
　　　　　(1) リハビリテーション法第503条　214
　　　　　(2) 効果的なダイバーシティ研修と組織戦略　215
　　　　　(3) 有害な職場環境への対応　216
　　　6. おわりに　218

第 14 章　障害者に対する潜在的態度と行動 ････････････････････220
1. 障害に関するスティグマ　221
2. 態度の二重過程　224
3. 障害者に対する二重の態度と行動　226
   （1）非言語行動　227
   （2）言語行動と非言語行動の不一致　227
4. 研究からの示唆と今後の方向性　229
5. おわりに　231

第 15 章　障害者の自己カテゴリー化，アイデンティティ，自尊心の研究 ････････････････････232
1. 社会的アイデンティティ理論　233
2. 主な障害者アイデンティティの構成要素　235
3. 主要な研究成果　237
   （1）測定　237
   （2）障害者のアイデンティティと関連する要因の概要　240
   （3）肯定的な障害者アイデンティティの獲得への障壁　243
   （4）これまでの研究の限界と将来的な課題　244
   （5）意義と結論　246

第 16 章　家族，子育て，障害 ････････････････････248
1. 障害児と共にある家族　250
2. 成人における関係性　256
3. 障害のある親　262
4. おわりに　264

第 17 章　ポジティブ心理学と障害 ････････････････････266
1. 問いの 3 水準　269
   （1）ポジティブな主観的経験　269
   （2）ポジティブな個人的資質　271
   （3）ポジティブな関係と制度　272
2. ポジティブ心理学的介入　274
3. おわりに：リハビリテーション心理学と障害研究に対する示唆　277

第 18 章　自己決定の社会心理学と障害 ………………………… 279

1. 自己決定　279
   - （1）社会心理学における応用　282
   - （2）リハビリテーション心理学における応用　284
2. 自己決定と障害　284
   - （1）主体の因果説　285
   - （2）自己決定と障害についての研究　286
3. おわりに　289

第 19 章　レジリエンスと障害
　　　　　──個人内要因，対人的要因，社会環境要因 ……………… 291

1. 個人内要因　293
   - （1）ポジティブ感情　294
   - （2）コーピングスタイル　294
   - （3）楽観性　295
   - （4）自己効力感　296
   - （5）意味付けと目標の発見　297
2. 対人的要因　298
   3. 社会環境　299
3. おわりに　300

第Ⅳ部　不公正，アドボカシー，社会政策の問題　303

第 20 章　不公正評価と障害 ………………………………………… 305

1. 健康状態を理由とした不公正評価の定義とその位置付け　306
2. 現状におけるエビデンス　308
   - （1）不公正評価の社会的側面　311
   - （2）健康状態を理由にした不公正評価の取り組み　313
3. 今後の方向性　315
4. おわりに　317

第 21 章　新時代のための障害のアドボカシー──社会心理学の活用と変化のための社会政治学的アプローチ ………………………………… 318

1. 障害のアドボカシー：過去そして現在　319

        （1）障害のアドボカシーを定義する　　319
        （2）障害のアドボカシーの特色とその影響　　321
        （3）障害のアドボカシーへの舵取りと課題　　322
        （4）効果的な障害のアドボカシーへの障壁となるもの　　323
   2. **障害のアドボカシー研究が検討する課題**　　326
        （1）政治化された集団間の現象としての障害　　327
        （2）障害の主な原因としての非障害者優先主義　　330
   3. **おわりに**　　334

第 22 章　社会政策と障害──リハビリテーション心理学実践，研究，そして教育への影響 ………………………………………………………… 337
   1. **障害に関する公共政策の概要**　　337
        （1）障害に関する公共政策とは？　　337
        （2）競合する制度的枠組み　　339
        （3）米国障害政策の法的根拠と早期歴史　　341
        （4）障害のあるアメリカ人法（ADA）の制定に向けた取り組み　　341
        （5）障害のあるアメリカ人法（ADA）と現代の法的取り組みの発展　　344
        （6）社会政策における障害の定義　　347
        （7）法律の矛盾と，競合する関心　　349
   2. **リハビリテーション心理学の実践および教育，公共サービスへの展開**　　350
        （1）リハビリテーション心理学との関連性　　350
        （2）リハビリテーション心理学実践応用の意義　　351
        （3）公共政策とリハビリテーション心理学トレーニング　　352
        （4）公共政策策定における心理職の役割　　353

        文　献　　356
        人名索引　　433
        事項索引　　438
        監訳者あとがき　　443

凡　例

・原著でのイタリック体（強調箇所）は，本書では**太字**で示した。

・原注は◆マークと番号を付し，脚注で示した。

・訳注は◇マークと番号を付して章末に，または文中の〔　〕内に示した。

はじめに

　本巻の編集者であるDana S. Dunnは，異例づくしの人物であり，かつ時代錯誤の人物でもある。異例づくしとは，彼の職業生活が学術的環境で費やされたからであり，Dunnや共同研究者の研究は，臨床的に非常に重要な意味をもっているからである。彼は「象牙の塔」の研究者ではまったくない。Dunnが時代錯誤の人物だというのは，彼の研究が1960年代から1970年代にかけての社会心理学者の著作が明らかに反映されていて，これらは障害のある人々の状況や問題に社会心理学の発想や構成概念を適用しているからである。「障害への適応」と「障害に対する態度」というテーマは，かなり詳細に検討され，時には貴重な洞察（例えば，「内部者／外部者」の区別）をもたらした。一方，単純化された歪んだ概念（例えば，障害受容の「段階論」「喪の要求」など）を生み出し，根拠もなく信頼を得ることとなった。おそらく，リハビリテーションに関する社会心理学的研究の利点が合わさった結果，Dunnと本書のためにDunnが集めた優れた執筆者の仕事のおかげで近年ではかなり落ち着きを取り戻した。

　Dunnや共同研究者の仕事は，社会心理学とリハビリテーション心理学の結び付きを活性化させた。私がDunnにこの分野への関心をもち始めたのはなぜかと尋ねると，Beatrice A. Wrightの先駆的な研究に偶然出会って，その重要性とともに，専門分野でのほぼすべての人にとってなじみのないものであることにも気づかされたのだという。十分に研究されていない金鉱に遭遇し，社会心理学とリハビリテーション心理学の共通の遺産だと認識し，2つの領域間の交流を促進しようとした。この分野では，Dunnほど影響力をもつ研究者は他には見当たらない。本書では，同様に魅力的なトピックに取り組んできた素晴らしい執筆陣を集め，「社会心理学とリハビリテーション」というレンズとその届く距離を社会正義，健康政策，アドボカシーなどの問題にまで広げている。各章では，様々な形の障害に関する社会心理学的視点の重要性を強調し，各章で読者の労力に報いることができるだろう。

Dunnが異例だというもう一つの特徴は，臨床的トレーニングや経験をしたことがほとんどないことである。彼はトレーニングを受けた，そして根っからの社会心理学者である。Dunnの仕事を深掘りしたときの私自身の反応は「（この分野にとっては幸い）純粋に学術的な追求から脱線してしまったに違いない，熟練した思慮深い臨床家だ。彼の研究を通じて，『よい理論ほど実用的なものはない』という古くからのレヴィン$^{◇1}$の名言を実証している」というものだ。同様に，本書の執筆者は，理論に関する専門知識と苦労して得た臨床上の知恵を見事に融合させて執筆している。障害の研究者は，心理学者の執筆陣のもつ洞察力から恩恵を受け，臨床家は，本書に貴重な概念や理論の数々を見つけて心強く思うだろう。障害者コミュニティのすべての構成員（臨床医，研究者，支援者，政策立案者，家族，そして障害者自身）は，多くの人に読まれ，参考にされるだろう本書をまとめてくれたDunnに感謝の意を抱くことであろう。

2019年3月3日

Bruce Caplan, Ph.D., ABPP (rp, cn)

◈ 訳　注

◇1　クルト・レヴィン(1890-1947)。ドイツ生まれ，アメリカで活躍した心理学者。アイオワ大学教授，マサチューセッツ工科大学グループ・ダイナミックス研究センター所長などをつとめた。場の理論，アクション・リサーチ，グループ・ダイナミックスなど数々の概念を提唱し，社会心理学やパーソナリティ心理学の分野に大きな影響を及ぼした。

序文と謝辞

　社会心理学者とリハビリテーション心理学者は，障害という経験に関して類似した問いを立て，そして実証的に探究してきた歴史を共有しています（例えば，Dunn, 2015; Meyerson, 1948; Wright, 1983）。社会心理学の先駆者である Kurt Lewin（1890-1947）が主張したように，人々に実際に認識されている社会的障壁や他者の態度や行動といった状況要因の方が，個々人の性格要因による影響よりも，人々の行動に対してはるかに大きな影響を与えることがあります。この Lewin の洞察は，障害者だけでなく非障害者にも状況によっては当てはまります。リハビリテーションの専門家たちもまた，そうした状況的な制約（例えば，非障害者の態度，スロープや点字のサインがないこと）の方が，障害者（people with disabilities: PWDs）自身の「障害」そのものよりも，障害者にとっての社会的障壁や行動制限になると考えてきました。このように，障害という経験は様々な社会心理学的な力や要因によって形づくられ，その中には障害者の日常生活を向上させるものもあれば，妨げとなるものもあります。

　障害について適切に理解し，建設的介入を計画するために，心理学者は，障害のみではなく，その障害が当該環境や状況とどのように相互に影響し合っているのか，そのダイナミズム〔すなわち交互作用効果〕についても注意を払わねばなりません。本書には，障害やリハビリテーションの影響に関する私たちの理解に対して，社会心理学の理論，要因，構成概念，データがどのような示唆を与えてくれるかを研究している社会心理学者やリハビリテーション心理学者が執筆した各章が収録されています。障害に関連する4つの領域（確立されている研究分野，主流の研究トピック，新たな課題，そして正義・アドボカシー・社会政策の問題）で構成され，アメリカ国内外で高い評価を得ている研究者が執筆しています。

　本書で示される視点は，研究者，実務家，教育者などの専門家や学生だけでなく，障害者の家族や介護者，政策立案者，そして障害当事者に対しても，障

害に関連する社会心理学的プロセスを理解するための一助になると考えられます。この本の寄稿者の方々の優れた学識，興味をかき立てられる研究結果と考察，そして社会心理学者やリハビリテーション心理学者が興味をもって取り組めるように将来の研究への道筋をご提案いただいたことに，心より感謝いたします。このプロジェクトに対する彼らの熱意のおかげで，プロジェクトはスムーズかつ着実に進行しました。本書の出版プロジェクトを立ち上げてくださった前編集者のAndrea Zekusと，現在の編集者であるJoan Bossert，そして完成まで見守っていただいたPhil Velinovに感謝しています。これまでのオックスフォードでのプロジェクトと同様，出版社の細部へのこだわりには驚かされました。また，2017年の春学期にサバティカル休暇を認めてくださったモラヴィアン大学に感謝しています。サバティカル休暇とその年の夏の間に，私は本の企画書を書き，優秀で献身的な寄稿者を募り，原稿をまとめ始めました。執筆者たちの協力を得て，2018年の夏に原稿を完成させました。本書を，親愛なる友人兼同僚であり，教わることが尽きないSteve Gordyと，障害の社会心理学の研究に革命をもたらした故Beatrice A. Wrightに捧げます。

ペンシルバニア州ベツレヘムにて
Dana S. Dunn（ダナ・S・ダン）

文献 ▶▶▶

Dunn, D. S. (2015). *The social psychology of disability.* New York, NY: Oxford University Press.

Meyerson, L. (1948). Physical disability as a social psychological problem. *Journal of Social Issues*, 4, 2–10. doi:10.1111/j.1540-4560.1948.tbo1513.x

Wright, B. A. (1983). *Physical disability: A psychosocial approach.* New York, NY: Harper & Row. doi:10.1037/10589-000

第 1 章

障害という経験を理解する
社会心理学・リハビリテーション心理学の視点から

Dana S. Dunn

> 環境要因は，障害に対する心理的反応を決定する上で，障害者の内的状態と同じくらい重要である。
> Franklin C. Shontz（1977, p. 209）

　社会心理学とリハビリテーション心理学の分野は，共通のルーツを共有しているが残念ながらそのことは忘れられがちである。どちらの分野も，それぞれの研究の伝統や理論化の多くを，Kurt Lewin（1890-1947）の研究，特に人と環境の関係についての理論（Dunn, 2011）までさかのぼることができる。そこでは，人々が置かれた状況は個人的な資質と相互作用して行動に影響を与えることがある，としている（例えば，Lewin, 1935; Nisbett, 1980）。さらにLewinは，社会心理学のLeon Festinger，John Thibaut，Morton Deutsch，リハビリテーション心理学のRoger Barker，Beatrice Wright，Tamara Demboなど，それぞれの分野の萌芽期をリードしてきた研究者たちの指導者としての役割も果たした（Barkerは，発達の問題に強い関心をもっていただけでなく，実際には両分野とつながりももっていた）。両分野とも，人がどのように，またなぜそのように行動するのかを理解するためには，特に外集団成員に対して，人種，民族，障害，その他の属性によってその集団の構成員が規定されているかに関わらず，態度が不可欠な構成要素であると考えている（Eagly & Chaiken, 1993; Livneh, 1982; Yuker, 1988など）。また，バイアス（bias），ステレオタイプ（stereotyping），偏見（prejudice），

差別（discrimination）などの研究トピックは，集団間の関係や葛藤を理解する指針となる。

　本書の執筆者は，様々な社会心理学的要因が障害の経験をどのように洞察できるかを検討している。様々な理論，構成概念，方法に依存しているかもしれないが，本書の各章の著者はすべて，非障害者の障害の知覚，期待，理解を本質的でないものにするという目標を共有している。**本質主義**（*essentialism*）とは，社会を知覚する人々が，あらゆる存在はアイデンティティと目的の両方につながる何らかの資質をもつと考える発想である。障害が関係している場合，観察者は他者を分類する際に「二者択一」アプローチを適用する。誰かを障害をもっているかもっていないかで認識し（Dunn, 2015），社会生活や相互作用が関係しているところでは，それがすべての違いを生み出す。障害がある場合，あるいは推測される場合，障害は，その人がもっているかもしれない他のほとんど，あるいはすべての資質（例えば，Bloom, 2010; Dunn, Fisher, & Beard, 2013; Wright, 1983）に勝る資質であり，非障害者は，あらゆる障害を，その大きさに関わらず，特定の人，場合によっては集団を定義する本質として見なす。

　障害の発生を軽減し，障害の本質化さえも防ぐには，個人は障害によって定義されるべきではなく，むしろ，障害は多くの特徴の中の一つであり，多くの場合は取るに足らない特徴であると考えるべきである。本書で複数の章の執筆者が実証しているように，障害者のアイデンティティ，誇り，およびレジリエンスの問題は，障害者の心理社会的ウェルビーイング（well-being）に関連した重要で有益な影響力となりうる。

　障害を理解し，リハビリテーション心理学を実践するための社会心理学的な視点に立つ研究は多岐にわたる。実際，「視点」という用語がもつ幅広い性質のおかげで，パーソナリティ，ポジティブ心理学，文化や人種などを背景にして障害を探求できる。そのため，本書では，「確立された研究分野」「主流のトピック」「新たな問題」「不公正，アドボカシー，社会政策の問題」という4つの部で構成されている。ここでは，各部の意図する範囲と内容について，順に説明していく。

1. 確立された研究分野

　社会心理学者やリハビリテーション心理学者は，ある集団の人々が別の集団に対してバイアスやステレオタイプを抱くようになる性質や行動について長年にわたって研究してきた。この第Ⅰ部の各章では，確立された研究領域を検討し，非障害者が障害者をどのように知覚し，考え，反応するかに関する最新の研究を紹介することに重点を置いている。いくつかの章では，障害者のエンパワーメントの方策や，障害に対する心理社会的適応の特徴についても検討している。

　第2章では，WangとAshburn-Nardoが，障害のスティグマ的側面が社会心理学では十分に注目されていないことを示している。障害者のステレオタイプを概観した後，障害者の視点からスティグマの影響を考察し，偏見の対象として対応するための対処方略を強調している。また，非障害者の偏見的な傾向を減らすための介入方法や，障害者のコーピングとレジリエンスを促進する方法についても考察している。第3章では，Dunnが，社会心理学とリハビリテーション心理学でそれぞれ研究されている一般的な判断バイアスを検討している。これらのバイアスは，非障害者が障害を解釈し，障害者に対する考えや障害者との交流を導くのによく使われる。観察者は，障害に関する主観的な判断が，たいてい偏っており，間違っていることが多いと気づくことはほとんどない。このような推論の落とし穴を専門家や一般の人々に知ってもらうことで，より慎重な社会的推論ができるようになるかもしれない。

　WuとFiskeが執筆した第4章では，障害者は温厚だが無能であると一般的に認識されているというおなじみのステレオタイプに基づいて，認知的な関連だけでなく神経的な関連も調べている。著者たちは，両価的なステレオタイプが，観察者による障害者への共感的反応をどのように媒介または調整するかを検証し，共感の神経科学を探究するためにさらなる研究を求めている。第5章では，Yaghmaianらが，障害者に対する偏見を減らすための様々なアプローチを概観している。個人的な接触，情報提供による介入，説得方法，抗議行動や政治活動，障害の疑似体験や関連するエクササイズ，メディアへの依存などである。特に，障害者を雇用する際の偏見や差別の軽減に注目している。

Bentley, Tingey, Lum, Hoの4人は，第6章で，リハビリテーション心理学における6つの基本原則（Dunn, Ehde, & Wegener, 2016参照）を，現在も世界的に増加している障害に関連した医療問題にどのように適用できるかを検討している。執筆者たちは，社会心理学から導き出された理論と組み合わせることで，基本原則は，資源の乏しい環境にいる障害者を含め，世界中の障害者に力を与えるために活用できると主張している。第7章では，Kriofske MainellaとSmedemaが，リハビリテーション心理学の古典的な課題である，障害への対処や適応に影響を与える社会的・心理的要因について論じている。対処と適応に関する確立されたモデルと最近のモデルのレビューに続いて，著者らは，エビデンスに基づいた実践上の問題，臨床上の関心，対処と適応を構成要素として評価する最善策について論じている。

2. 主流のトピック

本書の第Ⅱ部では，主流の研究テーマ，すなわち，ジェンダー問題，人種と文化，ソーシャルサポートなど，社会心理学者が頻繁に研究しているテーマを取り上げている。ここではもちろん，これらの身近な研究テーマを，障害やリハビリテーションの問題という切り口で検討することがねらいである。第8章では，Kuemmel, Campbell, Grayの3人が，障害のある女性が日常生活の中で頻繁に直面する社会的課題について探っている。本当の意味で，障害のある女性は，2つのマイノリティ・アイデンティティを抱えて生きているというプレッシャーを経験しており，交差性（インターセクショナリティ）による社会文化的な不利益を，障害のある男性や障害のない女性とは異なる形で受けている。著者たちは，女性の対人関係，セクシュアリティ，医療，安全，その他の社会的役割に影響を与えるステレオタイプについて，入手可能な文献をレビューしている。

Belgrave, Gary, Johnsonによる第9章では，文化的価値観，信念，行動が集団内の理解にどのように影響するかに注意しながら，障害の経験において文化と人種が果たす役割を検討している。具体的にはアフリカ系アメリカ人，アラスカ原住民，アメリカ先住民，アジア系アメリカ人，非白人のヒスパニック

系，ハワイ先住民，パシフィック・アイランダーを取り上げている。読者は，交差性の理論的枠組みによって，障害，文化，人種が相互に関連し，人種的・民族的マイノリティのまったく異なる経験につながるかを見分けることができる。

第 10 章では，障害とパーソナリティがどのように相互作用しているかについて，Elliott らが執筆している。この 2 つのテーマが交差することには，研究者も実践家も長い間関心をもっており，その結果，様々な理論や手法，特に特性論的アプローチに関連するものが時代を超えて発展してきた。同章では，パーソナリティと個人差が，障害者の適応と生活の質（quality of life: QOL）の向上にどのようにつながるかを理解するための重要な知見と集約した視点をレビューする。

第 11 章では，慢性疾患と障害（chronic illness and disability: CID）を理解する上でのソーシャルサポートの重要性というトピックについて Chronister が執筆している。CID 患者は，非障害者に比べて心理社会的資源が少ないことが多く，それは潜在的に有害な結果を招くリスクが高いことを意味する。Chronister は，様々なソーシャルサポートの構成要素をレビューすることで，構造的サポートと機能的サポートの重要性を明らかにし，CID に関する最近の研究を概観し，ソーシャルサポートを促進するために考案された現在の介入方法を考察している。

第 12 章では，Rybarczyk と Garroway が加齢と加齢に伴う障害について論じている。米国では長寿率が増加しており，介護者や医療・リハビリの専門家にとって，このテーマはますます関心が高まっている。後天的な障害（とそれに伴う損失）をもつ高齢者は，心理社会的にも発達的にもまったく異なる状況にあり，潜在的な利益と危険性がある。そこで著者らは，加齢に伴う慢性疾患や後天性障害の心理社会的背景とその示唆に焦点を当てている。さらに，一般の人々や一部の医療従事者がもつ，加齢に伴う根強い偏見に対抗するために，加齢に伴う強みが健康問題や障害への適応を促進する方法について，最近の研究を考察している。

3. 新たな問題

　本書の第Ⅲ部には，障害の経験を扱う新しいトピックの研究レビューを掲載している。これらのトピックには，職場の問題，暗黙の態度，障害者のアイデンティティと自尊心，家族や子育ての問題，ポジティブ心理学と障害，自己決定，レジリエンスなどの検討が含まれている。

　第13章では，Chengらが，職場で障害がどう捉えられるのか，障害者が雇用問題をどう経験するか，職場の発展，統合された仕事場の有望性などについて，幅広い視点から解説している。この章では，障害のあるアメリカ人法（ADA）の影響，障害者雇用の利点，雇用者と障害者が直面する課題，差別的で非インクルーシブな職場環境の悪影響などが取り上げられている。

　続いて，第14章では，Dovidio, Casados, Roussosが障害者に対する非意識的・潜在的な態度に関する研究を紹介している。このような態度は曖昧で意図的ではない場合があり，また，個人が好意的で肯定的な顕在的態度をもっていても，差別につながるような偏見をもつ場合もある。著者らは，障害者に対する態度を考えるための枠組みを，（顕在的だけでなく潜在的な）二重態度に関する現在の理解に基づいて紹介している。この枠組みを用いて，Dovidioらは，非障害者の障害者に対する思考や行動を調査した研究を振り返り，理論的・実践的な示唆と，今後の実証研究の方向性を明らかにしている。

　第15章では，BogartとNario-Redmondが，自己理解と自尊心に関わる障害者のアイデンティティの重要性を論じている。著者たちが示しているように，障害のアイデンティティの利点は，障害研究の研究者にとって長い間関心事であった。しかし，最近になって心理学者がこのトピックを検討している。BogartとNario-Redmondは，障害者のアイデンティティの管理と強化に関する社会的アイデンティティの視点を提供し，個人および集団レベルでスティグマに対処するための方略を検討し，ポジティブな障害者のアイデンティティが，ウェルビーイングやアドボカシー（権利擁護）を含む様々なポジティブな結果と関連することを示している。

　Andrewsが執筆した第16章では，障害者が経験する生活の質における家族と家族生活の役割について述べている。実践家の間で認識が高まっていること

に加え，それに伴う研究文献によると，スティグマや社会的・環境的影響に注意が向けられないため困難があるにもかかわらず，障害児は家族にポジティブな利益をもたらすことがわかっている。一方，障害のある大人は，充実した恋愛や性的関係を求める際に，しばしば態度上の障壁に直面するが，多くの人がパートナーとなり，親になる。Andrewsは，こうして誕生した家族は，魅力，ジェンダー役割，家事の役割と分担，そして重要なことに，親であることについての考え方に関する伝統的な見解に立ち向かわなければならないことが多いとしている。

　ポジティブ心理学は，この分野に旋風を巻き起こし，多大な関心，理論，研究を生み出している下位分野であり，その障害との関連がArewasikporn, Roepke, Ehdeによる第17章のトピックである。リハビリテーション心理学は，早くからポジティブ心理学の構成要素である「個人の価値」「ポジティブな適応や機能」「ウェルビーイングを促進する人と環境の相互作用」を認識し，評価してきた。同章では，ポジティブ心理学とリハビリテーション心理学が共有するパラダイムを検討し，ポジティブな主観的体験，ポジティブな個人の資質，ポジティブな人間関係や制度という3つのレベルの考察を通して，ポジティブ心理学と障害に関連する主要な概念的問題を見直している。最後に，障害とリハビリテーションへの介入と応用を検討し，研究と実践への示唆を批判的に論じて，同章を締めくくる。

　Wehmeyerが執筆した第18章は，障害者の自己決定の社会心理学を検討している。心理学の多くの専門的な分野とつながりのある心理社会的構成要素としての自己決定を定義し，その歴史を共有した後，障害者の成人期の良好な結果，生活の質の問題，人生の満足度を促進するためにこの構成要素がどのように使われているかを検討している。

　第19章では，レジリエンスと障害という新たな問題を扱っている。Terrill, MacKenzie, Einerson, Reblinの各氏は，障害の発生によってもたらされるストレスに，どのようにして耐え，適応することができるのかを探っている。レジリエンスはパーソナリティ要因と結び付けて語られることが多いが，著者らは生態学的な関心に基づいてレジリエンスを理解するための新しいモデルを提案している（例えば，社会的環境的要因に加えて，対人的要因，個人内要因など）。こ

のモデルは，リハビリテーション心理学の研究と臨床実践の両面で期待されている。

4. 不公正，アドボカシー，社会政策の問題

　本書の最後の部では，社会的不公正，アドボカシー活動，障害者のための社会政策の推進など，障害の経験の社会政治的側面を扱っている。第20章では，Trostらがこの最終の部の幕開けとして，障害者の生活や人生に影響を与える不公正の評価の問題を検討している。公平をめざそうという信念，つまり個人が世の中で自分にふさわしいものを経験するという考えが，人々の社会生活を導いている。障害の発生やそれに関連する健康上の問題は，公平において基盤とされている想定を変える可能性がある。Trostらは，不公正の定義や評価，臨床的な介入方法など，不公正の評価に関する現在参照できる研究を批判的に評価している。

　第21章では，DirthとNario-Redmondが，障害者志向のアドボカシーの考え方，すなわち障害者とその支援者が，社会変革，公正さ，自己決定的で有益な人生の成果を推進することで社会的・政治的障壁に挑戦できるようにする，という考え方を述べている。著者たちは，アドボカシーに関する傾向の変化や予測因子，障壁の研究を再検討し，障害者の生活に影響を与える主要な社会領域において，自己決定的な人生の成果，障害者の公正，社会変革を促進するアジェンダを提唱している。

　本書の最終章である第22章では，障害者にとっての社会政策の重要性が論じられており，リハビリテーション・サービスを受ける資格やその受け方が，社会政策によってどのように形成されるのかを示している。Saleh, Bruyère, Goldenの3名は，アメリカの障害者公共政策について，障害者が利用できる法的保護や規定に焦点を当てて論じている。また，社会政策がリハビリテーション心理学の実践にどのような影響を与えているのか，さらには，その政策が専門教育，トレーニング，アドボカシーの成果にどのような影響を与えているのかについても考察している。

5. 障害に対する社会心理学的視点

　障害者の生活状況全体に影響を与えるすべての要因のうち，障害そのものはその一つにすぎず，その影響は比較的小さいことが多い。

Franklin C. Shontz（1977, p. 210）

　本書の各章で示されているように，心理社会的な要因や状況は，障害や障害者に対する認識，つまり非障害者と障害者自身がそれぞれ抱く認識に大きな影響を与える。社会心理学やリハビリテーション心理学の進歩により，理論的・実証的な視点は，障害がもたらす課題に焦点を当てることから，心理学的知識を活用して障害への適応を促進し，人々の生活の質を高められるという認識へと広がっている。同時に，利用可能な理論とデータは，意識を高め，グループ間の理解と社会的相互作用を改善する戦略を生み出すことで，障害に関連するスティグマを軽減するアプローチを特定するために使用できる。Shontzが言うように，障害は障害者の生活状況の一面にすぎず，多くの場合，些細なことにすぎない。そのため，障害者の生活をより広い視野で捉えることは，捉える側だけでなく，捉えられる側にとっても有益なことなのである。

第 I 部

確立された研究分野

第 2 章

障害のスティグマ
原因，結果，変化のための方略

Katie Wang & Leslie Ashburn-Nardo

　主要な生活活動を実質的に制約する身体的または精神的な機能障害と定義される障害（American with Disabilities Act, 1990）は，アメリカの人口の大部分に影響を及ぼしている。成人の5人に1人は障害があると報告されており（CDC, 2015），現在は障害のない人でも，病気や怪我，加齢などの様々な事情によって，いつでも障害を抱える可能性がある。障害の高い発生率と，誰もが人生のあらゆる場面で障害の影響を受ける可能性があるにもかかわらず，その身体的・心理的な制限は，対人的なレベル（例えば，不自然でぎこちない社会的交流；Hebl & Kleck, 2000）と構造的なレベル（例えば，公共施設に点字看板やスロープがない；Pelka, 1997）の両方において，幅広いスティグマと共に経験され続ける。この広範囲にわたるスティグマが，完全な社会参加をめざす障害者にとって大きな障壁となっており，それが高等教育や職場に障害者があまり存在しないことの一因となっている（Leake & Stodden, 2014; Ren, Paetzold, & Colella, 2008）。

　障害に関するスティグマは，リハビリテーションの専門家からは主要な関心事とされてきたが，社会心理学者からは経験的にはほとんど注目されてこなかった。アイデンティティを社会的に貶められた人々の社会的認知や生きられた経験が，スティグマによってどのように形成されるのかについて，社会心理学者は様々な方法論による豊富な専門的知識がある。本章では，障害に関するスティグマを理解し，対処するために，社会心理学におけるステレオタイプ，偏見，差

別の理論をどのように適用できるのか議論する。はじめに，非障害者が障害に関するスティグマを持続させる無数かつ曖昧な方法について既存の知見を概説する。次に，障害者の視点からスティグマの経験を調査した研究についても再検討し，スティグマ関連の経験に対して，対象人物の認知的，感情的，行動的な反応がどのように異なるのかという点に注目する。最後に，効果の見込める介入方法について概観し，将来の研究の方向性を提案することで，障害に関するスティグマを低減するために社会心理学の理論をどのように活用できるのか検討する。

　先へ進む前に，「障害」という用語には多様な状態と特性が含まれることを確認する必要がある。障害に関するスティグマの経験は，障害種別や特定の障害特性（例えば，障害の可視性や日常機能への影響など）によって異なるだろう。にもかかわらず，障害に関する今日までの社会心理学研究のほとんどが，目に見える身体障害者の経験や認識に焦点を当ててきた。既存の文献の限界と紙幅を考慮して，本章では身体障害に焦点を当てつつ，必要に応じて知的障害に関する知見も取り入れる。精神疾患（精神障害とも呼ばれる）が臨床心理学と公衆衛生で広く研究されていることを踏まえ（Corrigan, Druss, & Perlick, 2014 を参照），本章では精神疾患に関するスティグマについては議論しない。

1. 知覚者の視点：障害に関するスティグマはどのように持続するのか

　これまでの障害者に対する態度研究には，様々な結果が混在している。一方では，障害者が様々な状況で偏見と差別に直面していることが，数多くの知見から示されている。例えば，雇用差別に関するメタ分析では，パフォーマンスの期待と雇用決定の両方において障害者に対するバイアスがあることが認められた（Ren et al., 2008；第 13 章も参照）。さらに，度を越した援助やコミュニケーションの困難，緊張を表す非言語行動（例えば，アイコンタクトが少ない，体の動きを抑制する）を根拠として，障害者が頻繁に不安や不快感をはらんだ相互作用に遭遇していることが報告されている（Hebl & Kleck, 2000）。その一方で，一般的に障害者は障害のない同僚よりも成果を肯定的に評価され（Ren et al., 2008），

障害者に対する社会的態度は，時間の経過に伴い，よりインクルーシブなものになっている（Griffiths & Lunsky, 2000）。実際に，米国の消費者を対象とした調査によると，回答者の92％が障害者を雇用する企業に好意的であり，87％が障害者雇用に意欲的な企業を取引で選択すると回答した（Siperstein, Romano, Mohler, & Parker, 2006）。加えて，一般市民は障害者に対するバイアスに強い反発を示している。Crandall, Eshleman, & O'Brien（2002）の研究では，社会的に価値を貶められている105集団の中で，視覚障害者と聴覚障害者に対する偏見の表現が最も容認できないと評価された。

　これらの矛盾した結果は，スティグマを多次元的で，しばしば両面価値的な現象だと捉えれば，最も解釈しやすくなるだろう。このようなスティグマの両面価値性を捉える理論的枠組みの一つとして，ステレオタイプ内容モデルがある。このモデルは，ステレオタイプが人柄と能力の次元に沿って変化すると仮定している。つまり，「人柄は温かいが能力が低い」とステレオタイプ化されている集団は，「人柄は冷たいが能力は高い」とステレオタイプ化されている集団と同様に，相反する感情的・行動的反応が喚起される（Cuddy, Fiske, & Glick, 2007；第4章も参照）。このモデルによると，障害者は「人柄は温かいが能力が低い」個人であると見なされ，社会的に低い地位を余儀なくされる。そして，哀れみと忌避といった混在した感情的反応が喚起され，一方的で押し付けがましく，度を越した援助のような見下した行動が誘発される（Nario-Redmond, 2010）。この理論に一致して，障害者はまるで自分では何もできない子どものような扱いを頻繁に受ける。例えば，大学のキャンパスで道順を尋ねるという実験を行ったところ，車いす使用者が道を尋ねたときの方が，そうでない人が尋ねたときよりも，子どもにするかのような具体的な指示や冗長な回答が多く見られた（Gouvier, Coon, Todd, & Fuller, 1994）。別の研究でも，大学生は車いす使用者に対して，12歳の子どもにするのと同じような指示の出し方（例えば，より多くの言葉を使用し，大きな声や甲高い声で話す）をしていた（Liesener & Mills, 1999）。尋ねてきた人が「車いすを使用する成人」であり，「社会人」であるとはっきり認識していたときでさえも同様の結果が得られた。

　ステレオタイプ内容モデルに加えて，顕在的態度と潜在的態度を区別した二過程モデルの枠組みにおいても，障害に関するスティグマを理解するための重

要な知見が提示されている。態度の顕在指標（すなわち，自己報告）は意識的で熟慮された反応を予測する傾向があるのに対して，潜在指標（例えば，単語完成課題，言語的手がかり，反応時間潜時，生理指標）は非言語行動のような，思わず生じてしまう反応をより予測する傾向がある（Fazio & Olson, 2003; Wilson, Lindsey, & Schooler, 2000）。さらに，潜在的態度は意識的にアクセスしにくいため社会的規範の影響を受けにくい，スティグマ化された様々な集団（黒人，高齢者など）に対する潜在的態度は，顕在的態度よりも一貫してネガティブである（Nosek, Banaji, & Greenwald, 2002）。こうした潜在的態度と顕在的態度の乖離は，障害者に対する態度でも確認されてきた。潜在指標が障害者に対する重大なバイアスを明らかにしてきたのに対して，顕在指標は偏見の証拠をほとんど示せていないのである（Pruett & Chan, 2006; Robey, Beckley, & Kirschner, 2006; Rojahn, Komelasky, & Man, 2008）。

　以上をまとめると，これらの知見が示唆するのは，障害に関するスティグマが露骨で明らかな差別よりも，むしろ曖昧でわかりにくい差別として最も現れやすいということである。特に，障害者が不当な扱いを受けやすいのは，そのような行動の背景には偏見がないと正当化できうる場合であろう（Pearson, Dovidio, & Gaertner, 2009）。例えば，雇用決定場面を想定した実験において，障害のある応募者を客観的な評価基準に基づいて評価できないときや，雇用決定を応募者の障害以外の要因（雇用関連の要求など）に容易に帰属できる場合に，障害者はより差別を受けやすいことが示されている（Colella, DeNisi, & Varma, 1998; Louvet, 2007）。同様に，障害者と非障害者の相互作用を調べた古典的な実験では，何らかの理由（映画の好みの違い等）に基づいて，自身の行動を正当化できる場合においてのみ，実験参加者は身体障害者のサクラとグループを組むことを避けた（Snyder, Kleck, Strenta, & Mentzer, 1979）。また，障害に関するスティグマは障害者の能力が低いと思い込んで一方的に押し付けがましく援助するといった，いわゆる表面上は好意的に見える行動を通して持続する可能性がある（Braithwaite & Eckstein, 2003）。上から目線の援助などの善意による行動は，個人の自律性を損ない，公平な対人相互作用のダイナミクスを乱すおそれがあるため，障害者にとっては極めて不適切であると認識されやすい（Hebl & Kleck, 2000; Wang, Silverman, Gwinn, & Dovidio, 2015）。

要するに，平等主義的な社会規範と，インクルージョンに対する一般社会の支持が高まっているにもかかわらず，障害者は現代社会に蔓延しているバイアスに直面し続けている。これらのバイアスはわかりにくく，間接的な方法で持続され，バイアスの認識や対処が難しくなっている。次のセクションでは，障害者がどのようにバイアスを経験し，対応しているのかを考察する。

2. 障害者の視点：障害に関するスティグマはどのように経験されるのか

　スティグマがウェルビーイングに及ぼす悪影響は，社会的に価値を貶められた様々なアイデンティティの人を対象とした研究により十分裏付けられており（Major & O'Brien, 2005），障害者も例外ではない。身体障害と知的障害者の経験を調べた研究では，自分自身の価値が低いと思ったり，社会的に排除されたと感じたりすることが，自尊心の低さや心理的苦痛の大きさを予測する重要な因子として特定されている（Abraham, Gregory, Wolf, & Pemberton, 2002; Green, 2007）。さらに，スティグマ化された他の集団成員と同様に，障害者はステレオタイプ脅威にさらされやすい（すなわち，自らの障害が原因でステレオタイプ的な評価をされたり，否定的な判断を受けたりしないか不安を抱えている）。これにより，重要な生活領域（学校や仕事など）において，パフォーマンスが低下してしまったり，ステレオタイプに関連した状況を避けるようになったりする。例えば，身体障害のある大学生の問題解決課題の成績が，自身の障害を意識させられたときに悪くなり，障害者の能力を取り巻くネガティブなステレオタイプの影響が強力であることが明らかにされている（Desombre, Anegmar, & Delelis, 2018）。

　障害に関するスティグマは蔓延しているが，偏見や差別の経験はすべての人に一様ではなく，人によって異なると認識することが重要である。障害に関連した，自身のアイデンティティを脅かす手がかりに対する意識や敏感さは障害者によって異なり，それが重要な心理的・行動的な意味をもつ。例えば，視覚障害者の全国的なサンプル調査では，自身の障害によりステレオタイプ的な評価を受けると強く予期している人の方が，困難な活動に取り組もうとすることが少なく，失業を経験しやすい傾向があった（Silverman & Cohen, 2014）。さら

に，Wang & Dovidio（2011）の単語完成課題を使用した実験では，様々な身体障害や学習障害のある大学生の中で，スティグマの手がかりに敏感な人ほど自律性に関わる思考の活性が弱く，無能や依存的といったステレオタイプに影響されやすいことが示された。

障害に関するスティグマの経験を形成しうる別の個人差変数は，障害者への同一視（disability identification：自分自身を障害者コミュニティのメンバーと見なしている程度；Nario-Redmond, Noel, & Fern, 2013；第15章と第21章も参照）である。障害者への同一視の強い人は，障害を医学的な欠陥として考えるのではなく，むしろ自己概念の重要な側面であり，強さや誇りの源であると捉えている。障害者アイデンティティの強さは，障害者コミュニティへの帰属意識と連帯感をもたらし，スティグマに直面した際に重要な緩衝の機能を果たすだろう。実際に，目に見える障害や外からわかりにくい障害がある人々を対象とした多くの研究において，障害者への同一視は抑うつや不安症状の低下と関連し，自尊心の高さや生活満足度の向上にも関連している（Bogart, 2014, 2015; Nario-Redmond et al., 2013）。障害者への同一視は障害者権利擁護団体への参加にも影響し，非障害者優先主義（ableism）や差別と闘うための集団行動の動機としても，その役割が注目されている（Nario-Redmond & Oleson, 2016）。

障害者の視点から見た障害に関するスティグマの経験を取り巻く議論は，障害者が社会的実在性（social reality）の形成に積極的な役割を果たしていることを認めなければ不十分だろう。つまり，障害者は差別に対する無抵抗な犠牲者ではなく，むしろアイデンティティを管理するための様々な戦略に主体的に取り組み，障害に関するスティグマがもたらす負の社会的影響を軽減しようとしているのである（Hebl & Kleck, 2000）。目に見える障害のある人にとって特に有効な戦略の一つは，障害を承認すること（acknowledgement：相互作用の冒頭で自身の障害に直接言及すること）である。これは，自身の障害について話すことを不快に思っておらず受け入れているというメッセージを伝えることで，相互作用の気まずさを軽減させるのに役立つだろう。多くの研究を通して，面接の場で自身の障害を承認することは，身体障害者にとって非常に有益であることが示されている。架空の応募者の中で，自らの車いす使用を承認した人は，そうでなかった人よりも有能であると見なされ，採用の推薦においてもより好意

的に受け取られた（Hebl & Kleck, 2002; Hebl & Sokrinko, 2005; Lyons et al., 2018）。他にも，自身のアイデンティティを管理するための戦略として，パッシング（passing：自身の障害を隠したり，大したことではないという態度をとったりすること）と代償（compensation：便宜を図ってもらうことを拒否したり，一般的な達成基準を満たすために過剰に努力したりすること）がある。これらの方略の効果は，文脈にかなり依存する。例えば，パッシングは潜在的な差別から障害者を守るかもしれないが，アイデンティティの重要な側面である障害を隠すことによって障害へのとらわれや過剰に警戒することによる反芻（はんすう）を引き起こしたりするかもしれない。結果的に，それが時間の経過とともに重大な心理的苦痛につながるのだろう（Pachankis, 2007）。同様に，代償は障害者の自律性を高めることができる一方で，必要な支援を求めることを妨げ，皮肉にも職業上のパフォーマンスや生活の質を下げる可能性がある。

　要するに，スティグマが障害者にとって主要なストレッサーとなることは疑いようがない。スティグマはウェルビーイングに悪影響をもたらすだけでなく，ステレオタイプ脅威のようなメカニズムを通して，障害者が潜在能力を最大限に発揮することを妨げる。とはいえ，障害者によってスティグマに関わる手がかりへの敏感さや障害者コミュニティへの帰属意識が大きく異なり，こうした個人差が，障害に関するスティグマの経験を重要な点で決定付けるのである。さらに，障害者は偏見や差別の無抵抗な受け手というよりも，むしろスティグマの悪影響を軽減させるために幅広いコーピングに取り組んでいる。これらの知見に照らし合わせると，スティグマを減らし，障害者のウェルビーイングを向上するための介入は，障害に関するスティグマの経験の多様性を説明し，そのようなスティグマと戦う個人のレジリエンスを最大限活用しなければならない。次のセクションでは，障害に関するスティグマの悪影響を軽減する予備的な有効性を示した数多くの介入戦略，非障害者のバイアス低減や障害者のコーピング資源の強化などに焦点を当てる。

3. 障害に関するスティグマをどのように減らすのか：可能性と落とし穴

　これまでの議論で明白になったように，障害者の平等な処遇を確保するための法律や政策があるにもかかわらず，障害に関するスティグマは依然として蔓延している。このスティグマは，ネガティブなステレオタイプ（例えば，「障害者は無力で能力が低い」）に基づく個人的な信念や，哀れみや不安を伴った対人行動として頻繁に現れ，法規制だけでは軽減することが難しい。そのため，障害関連のステレオタイプを崩し，障害者とのコミュニケーションや接し方についての情報提供をして，非障害者の認知，感情，行動を直接対象にした障害意識への介入が強く求められている。これらの介入は様々な形態をとる。例えば，情報提供（例：障害者を取り巻く社会通念を訂正したり，障害者と関わる際の最低限のエチケットを教えたりするビデオ；Hunt & Hunt, 2004）や，映画や物語を通じてポジティブな障害者のロールモデルにふれること（Cameron & Rutland, 2006），障害者と非障害者の前向きで平等な立場の接触を生み出す活動（Krahé& Altwasser, 2006）等がある。これらの方略はすべて，障害者に対するネガティブな態度を改善する上で一次的な有効性を示しているが，障害意識への介入に関する近年のメタ分析によると，少なくとも学齢期の子どもに対しては，情報と集団間接触を組み合わせた介入が最も効果的であった（Lindsay & Edwards, 2013）。

　障害意識への介入が，すべて有益であるとは限らないことにも注意する必要がある。実際に，いくつかの活動はスティグマ化された態度や信念を崩すのではなくむしろ強化させ，障害者へのバイアスをはからずも悪化させてしまうおそれがある。障害の疑似体験は，そのような戦略の一つである。例えば，視覚障害を体験するために目隠しを着用するような，非障害者が身体や感覚の障害を「身に着ける」ことによって疑似体験させることがある。これらは障害という経験の一般的な理解を促す，魅力的でおもしろい手段と見なされやすいが，そのような疑似体験は障害者のリアルな生活を歪めてしまう傾向がある。疑似体験のために障害を新たに得て，その身体的制限のみに目が向いてしまうと，障害者が普段効率的に生活を送るのに用いている様々なツールや技術を把握できない。これによって，障害者は無能で依存的であるというステレオタイプを持

続させてしまう。実際に最近行われた実験が示唆しているが，目隠しをして視覚障害を疑似体験した人は，そのような体験をしなかった人よりも視覚障害者が仕事や自立生活をする能力が低いと判断した（Silverman, Gwinn, & Van Boven, 2015）。別の研究でも，運動障害や認知障害，聴覚障害を疑似体験した人は相互作用への不安や不快感が高まり，障害者がしばしば直面する機能不全を起こした対人関係のダイナミクスをさらに悪化させた（Nario-Redmond, Gospodinov, & Cobb, 2017）。

　理想としては非障害者のスティグマ化された態度と信念の改善を介入の目的とすべきである。しかしながら，障害者に関するステレオタイプが蔓延していることを踏まえると，そのような戦略では変化が遅い。それゆえ，むしろ障害者のコーピング資源を強化して，障害に関するスティグマによる心理的な悪影響を軽減する方に，いくつかの介入研究は焦点を当ててきた。そのような介入の効果を検証した研究は比較的少ないが，被害者非難をすることなく，差別を受けている人をエンパワーメントする有望な戦略が初期の研究で示されている。例えば，自己肯定化には，個人の中心的な価値（家族や宗教など）の内省を促す「書く」活動などがあるが，構造化した代償スキルトレーニングプログラムで障害者のステレオタイプ脅威が緩和し，学習が促進されることが示されている（Silverman & Cohen, 2014）。さらに，似たような障害のある人からの情報的・情緒的サポートは，インターネットの障害者コミュニティと対面の集まりの両方において，スティグマ関連のストレスを軽減し，様々な身体障害者のウェルビーイングを高めることが示されている（Bogart & Hemmesch, 2016; Obst & Stafurik, 2010; Silverman, Molton, Smith, Jensen, & Cohen, 2017）。

　要するに，非障害者の障害者に対する差別的な態度を改善するためのプログラムといった個人レベルの介入は，障害者の適応的なコーピングを促進する活動と同様に，障害に関するスティグマの広範な影響に対抗するための不可欠なツールとなる。しかしながら，この研究領域の実証的なエビデンスは限られていることを認めなくてはならない。例えば，障害意識に関するいくつかの介入では，障害者に対する態度が改善する保証を初期に示している一方で（ただし，自己報告による測定），これらの介入が潜在的なバイアスや差別的行動といった，よりわかりにくい形の障害に関するスティグマにどのように影響するのかはわ

かっていない．さらに，自己肯定化やソーシャルサポートに関する先行研究を拡張し，スティグマに対処する有望な介入を確立するためには，より体系的な努力が求められる．特に，筆記表現法やマインドフルネスのような障害者のニーズに応えるように調整された介入が必要である．このような限界があるものの，現在の知見に基づけば，障害に関するスティグマを減らす介入は，障害者の生きられた経験を考慮し，その力とレジリエンスを最大限活用するのが最も効果的なのは明らかである．

4. おわりに

　本章では障害者と非障害者の視点から，障害に関するスティグマの多面的な性質やその影響に焦点を当ててきた．平等主義的な社会規範の広がりや障害者への公的サポートの増加にもかかわらず，障害者に関するステレオタイプやバイアスは蔓延したままであり，様々な方法によって非障害者はステレオタイプやバイアスを維持させる可能性がある（例えば，差別的な雇用決定，両面価値的で見下すような行動など）．これらのスティグマ関連の経験は，様々な生活領域（教育や雇用など）で障害者を見えなくさせ，障害者の心理的ウェルビーイングに悪影響を及ぼしている．それにもかかわらず，障害者は偏見や差別の無抵抗な犠牲者ではなく，むしろ様々なコーピングによってスティグマの負の影響を緩和させている．例えば，障害者アイデンティティを強くしたり，相互作用において障害を承認したり，能動的な役割を果たしている．障害に関するスティグマを軽減するための介入研究は未熟であるが，現在の知見をもとに考えると，障害者個人の多種多様な体験を説明しつつ，非障害者の認知，感情，行動を直接対象とするときに最も効果的であることが明確に示されている．

　本章全体にわたって，個人レベルのスティグマのプロセスに重点を置いて議論してきたが，平等へのアクセス権や障害者のインクルージョンにおける構造的な変化の重要性を過小評価しているわけではない．実際に，障害のあるアメリカ人法（ADA）では公共施設への障害者のアクセスを大幅に改善しており，個別障害者教育法（IDEA）では障害のある若者が可能な限り制限の少ない環境で，適切な公教育を無償で受けられるよう保障している．しかしながら，これらの

法律の施行と遵守には個人レベルの努力が求められることを考慮すると，個人のバイアスやステレオタイプをうまく修正する介入は，構造レベルの介入のプラスの影響を強化しうるだろう。さらに，障害者のレジリエンスを高める介入は，障害者が社会変革に向けた効果的なアドボケイト〔権利擁護のために声をあげる代理人〕になる力を潜在的に高める可能性がある（スティグマ抑制の多次元的アプローチの価値に関するさらなる議論は，Cook, Purdie-Vaughns, Meyer, & Busch, 2014 を参照）。

　障害者は人口のかなりの部分を占めており，現在は非障害者でも，障害者になる可能性はいかなるときでも存在する。障害に関するスティグマは，非常に幅広い影響をもたらす喫緊の社会問題である。障害者の経験と認識を形成しうる社会心理学的なプロセスを数多く明らかにし，ステレオタイプ化や偏見，差別の専門的知識を共有する研究者が，障害に関するスティグマを理解・対処することへのさらなる関心を高めることが期待される。また，本章で要約された実証的な知見が，障害のある個人の生活をよりよいものにするためのリハビリテーションの専門家や教育者の取り組みに役立つことを願っている。

第 3 章

障害を判断する

社会心理学とリハビリテーション心理学で
見出されたバイアス

Dana S. Dunn

　1980年代の一時期，社会的認知研究の大部分は，他者について社会的推論を行う際の人々の予測可能で習慣的な誤りやバイアスを研究していると思われた（例えば，Kahneman, Slovic, & Tversky, 1982; Nisbett & Ross, 1980; Gilovich, Griffin, & Kahneman, 2002 も参照）。社会心理学的バイアスは，他のありうる結論よりも信念，仮定，視点を優先する傾向を伴い，誤った印象を抱いたり，ステレオタイプに依存したりするようになるだけでなく，問題のある行動を引き起こす可能性がある。この間，社会心理学は様々な新しい実証研究の最前線（例えば，文化，ステレオタイプ脅威，進化心理学，存在脅威管理理論など）を探究してきたが，不確実性，偏見，差別，および基本的な人の知覚がもたらす課題が残っているため，研究室，教室，クリニックにおいて，社会的認知および直観的推論の危険性の研究は主役であり続けている。

　多数のヒューリスティックやバイアスが分類されており，その多くは人々が他者や集団について行う日常的な社会的判断を扱っている。見落とされがちな事実として，リハビリテーション心理学にも類似した社会的バイアスの分類が存在し，そこでは一般的に，非障害者が障害者の経験をどのように推測するかに焦点が当てられ，その結論はたいていネガティブで間違っていることが多い（例：Dunn, 2015, 2019; Wright, 1983）。この文脈では，障害とは，人の動作，感覚，活動を制限する先天性または後天性の身体または精神的状態を指す（例：

World Health Organization［世界保健機関］，2001）。

　本章の目的は2つある。まず，社会心理学で研究されているいくつかのバイアスを，障害という視点から概観し，次に，リハビリテーション心理学で従来研究されてきた社会的バイアスについて論じることである。どちらの場合も，障害のない観察者は，通常，善意であり，ナイーブな現実主義（ナイーブリアリズム）に賛同し，自分は社会を客観的に見ており，他人が自分の結論に同意しないことは，偏見，不合理，無知な見解を示していると確信している（例：Pronin, Gilovich, & Ross, 2004）。問題なのは，障害や障害者についての自らの認識が，実際には主観的で，不正確で，非現実的であることが多い，と観察者側がほとんど認識していないことなのである。障害者に関わる専門家や一般の人々が，こうした社会的バイアスがいつ他者について，さらには自身の判断にまで影響を及ぼしているかについて，認識できるようになることが望まれる。まず，社会心理学で研究されているバイアスの概観から始める。というのは，これらは障害を理解する上で応用できるからである。

1. 社会心理学的バイアス

　多くの社会心理学的バイアスに共通する性質は，社会的知覚者がターゲットの行動に影響を与えうる環境要因や文脈要因を考慮できないことである。Lewin（1935）の分析を用いると，知覚者は状況を無視し，人物とその推定される資質に焦点を当てる。実際，障害は上位の社会的カテゴリーとしてはたらくと思われ，障害者は，人の知覚や社会的カテゴリー化が通常関係する性別や民族性とは無関係に，即座に障害という観点から記述される（Romer & Louvet, 2009）。まず，行為者−観察者バイアスとその延長線上にある基本的な帰属の誤りについて説明する。

（1）行為者−観察者バイアスと基本的な帰属の誤り

　他人を理解するために，我々はおのずと目に見えるものからその人についての結論を導き出し，その人の行動から心の中にある意図を推測することが多い。興味深いのは，人は自分の行動を説明するとき，外的要因に訴えることが多い

のである（「あの講堂が暑かったからイライラした」）。しかし，他人の行動を観察する場合，「あの女性がイライラしたのは，明らかに過敏だからだ」と，内的な要因に訴えることが多い。この行為者－観察者バイアスは社会心理学でよく知られており（Jones & Nisbett, 1971），日常生活では，人は状況の影響を考慮して自分を説明するが，一方で他者の行動を内的特性，内的状態の影響を仮定して説明することを意味する。観察者は一般に外的要因の役割を無視することで，他者の行動の原因を意図や内的状態に帰属させる。つまりその人自身に主たる焦点を当てるのである（Heider, 1958）。

　しかし，Malle（2006）によるメタ分析では，行為者－観察者バイアスは，行為者が奇妙に行動していると見られる場合など一部の状況を除いて，主張されているほど強固ではないことが明らかにされている。障害が目立ちやすく，文脈上特異な特性であることを考えると，この効果は，障害者の知覚に関する限り，依然として影響を及ぼす可能性があるだろう。例えば，車いすを使用するある女性は，カーブカットがないために近所の通りを渡ることができず，「この通りは簡単に渡れないから，もっと先のブロックにカーブカットがないか探してみよう」と行為者として考えるかもしれない。一方，その障害者について知らない非障害者は，その場面を目撃し，やや異なる結論に至る（例えば，「ああ，彼女はいつも無力だな。なぜ誰かに車いすを押してもらわないんだろう」）。

　社会的知覚者が行為者の属性，つまりその人の推定されるパーソナリティ特性を状況の影響よりも優位に見るとき，社会心理学者が**基本的な帰属の誤り**（Ross, 1977）または**対応バイアス**（Gilbert & Malone, 1995）と呼ぶもののために，よく誤った結論に達するのである。したがって，車いす使用者は，行動として何をしたか（あるいはしなかったか）に基づき，無力，依存的，不器用，不幸，その他多くの想定された特性があると見なされるかもしれない。社会的知覚者は，こうした判断を何気なくしてしまうが，それは自分が正しいか，あるいはその大部分はバイアスがかかっているか知らないことが多いのである。しかし，こうした帰属をすることで社会的な環境との関わりに対する予測可能性とコントロールの感覚が得られる（Heider, 1958）。このような情報に基づかない判断は，それでも観察者が他者の行動を理解するのに役立つが，同様の内的帰属が集団全体（車いすを使う人すべて，すべての障害者）についてなされると，**究極の帰属**

の誤りと呼ばれる，似たような他者が**すべて**同じく，潜在的に軽蔑するような特性をもつと見なされる事態に陥るのである（Pettigrew, 1979）。

(2) 特性帰属バイアスと外集団同質性バイアス

通常，観察者の行為者についての結論に主な関心があるが，観察者の自分自身についての見方が他者への判断にどのような結果をもたらすかを考えることもまた重要である。心理学者が見出したのは，人々は自分自身の気分，行動，パーソナリティは比較的変わりやすいと考える傾向があるにもかかわらず，他者については，状況全体において個人的特性が関係している場合，かなり予測可能だと考えるということである（Kammer, 1982）。この特性帰属バイアスは，おそらく，個人の内的状態が他者の特性や状態に比べよりアクセスしやすいという事実によるもので，それによりステレオタイプや偏見を形成し維持する可能性が高い。障害が関わる場合，障害のない観察者は，自分自身の内的状態は状況によって変化するが，奇妙なことに障害者の特性については，必然的に安定していて，予測可能で，認識できると見なすのである。

このバイアスが集団レベルで生じる場合，外集団同質性バイアスとして知られている（例：Park & Rothbart, 1982; Rubin & Badea, 2012）。究極の帰属の誤りと同様に，外集団同質性バイアスによって，観察者は外集団のすべての成員は類似した，たいていネガティブな性質を共有していると思い込む（「障害者はみんな依存的だ」）。これとは対照的に，自分の内集団の成員は，認知的寛容さを与えられ，多種多様な存在と見なされる（すなわち，「非障害者の中には依存的な人もいれば，自立している人もいる，さらにその中間の人もいる」）。つまり，多様であると同時に，ユニークであり，あるいは複雑でさえあると見なされるのだ。確かに，外集団同質性効果は，内集団成員がジェンダー，人種，宗教，政治，社会階級などの外集団要因を反映するときに生じるため，障害のような要因が社会的判断に関係する際に同様の方法ではたらいても不思議ではないだろう。

(3) 確証バイアス

また，知覚者が偏った方法で支持する証拠を探す場合にも，同様の問題が起こる。確証バイアスとは，知覚者が自分の判断の正確さに関わらず，他者に関

する先入観をただ確証するだけの情報を探す傾向なのである。当然のことながら，人は自分の期待に合致する社会的情報に偏り，自分の信念を否定する情報を求めようとしないのが普通である（例：Nickerson, 1998; Wason, 1960）。確証バイアスは，障害や障害者についてほとんど知らない人が使いがちである。観察者が，障害によって自立や自主性が制限されると仮定した場合，自己決定の欠如を意味する障害者の行動（不作為を含む）に注目することになる。障害者が示す自律的な行動は，無視されるか，割り引かれる可能性が高い。そのため，このような確証バイアスは，おそらく即断即決で生じることが多いが，観察者が障害の経験がどのようなものであるかについてもう少し批判的に考えれば，是正されるかもしれないだろう。

(4) 光背効果

　社会的な観察者は，ものや人が良いものか悪いものか，即座の判断に頼ることが多い。さらに重要なことは，ある特性が存在すると，観察者は他の似たような特性も存在すると期待するようになるのである（例えば，Asch 1946）。こうした特性が肯定的，好ましい，あるいは有益だと予測される場合，心理学者はその現象に光背効果というラベルをよくつける。有名な「美しいものはよい」ステレオタイプ（Dion, Berscheid, & Walster, 1972）は，ある好ましい性質（身体的魅力）が存在すると，知性や親切さ，落ち着きなど他の好ましい性質があると知覚者が予測するため光背効果と分類できる。障害者が単に日常生活を営んでいるだけで非障害者から「賞賛」される場合，光背効果が作用することが多い。問題は，そのような判断がしばしば彼らに対し侮蔑的な色合いを帯びていることである（例：「足が2本ともないのにどうやって移動しているのか想像できない，私ならあきらめて一日中ベッドで寝ているよ」）。同様に，身体障害の学生が卒業式に参加すると，まるで車いすや盲導犬を使っていることを理由にその学業成績が驚くべきことで予想外であるかのように称えられることがよくある。障害者ブロガーのmbullisは，このような判断がもたらす問題を以下のように指摘している。

……私たちは，地球上の世俗的な生き物の何倍も上の存在だ。酒を飲まず，タバコを吸わず，悪態をつかない。決して盗みをしない。……この光背効果の問題は……人と出会い，友人をつくり，仕事を得るあなたの可能性を本当に制限してしまうということだ。　　　　　　　　　　　　　　　　　　(Image Center Blog, 2011)

　本章の後半では，ネガティブな特性を想定した光背効果（リハビリテーション心理学では**拡張効果**と呼ばれる）について説明する。

(5) 連言錯誤

　連言錯誤と呼ばれる認知バイアスは，一見，光背効果とは関係なさそうに見えるが，知覚者はいくつかの点で同様の結論を得ている。Tversky & Kahneman (1983) は，連言錯誤について，一連の特定条件が単一の一般的な性質よりも確率が高いと推論するときに発生すると明らかにした。典型的な例は「リンダ問題」である。この問題では，ある女性についての3文からなる説明を読んだ後，ほとんどの人は彼女が単に「銀行の出納係」ではなく「銀行の出納係であり，かつフェミニスト運動に積極的である」という選択肢を支持するのである。しかし，確率論では，2つの事象が一緒に起こる可能性（すなわち「連言」）は，どちらか一方の事象だけが起こる可能性よりも低いか等しいはずである，と教えているのである。

　光背効果と同じように，連言錯誤によってポジティブな思い込みをすることがある。例えば，友人の甥であるジョンが車いすバスケットボールのリーグでプレーしていると聞いたとしよう。ジョンはバスケットボールをするのが好きだと思い込むだけでなく，そのような活動に参加するには運動神経がよく，外向的で，勇敢（など）であるはずだと思い込むかもしれない。ジョンはそのような資質をもっているかもしれないが，単に試合をするのが好きなだけである可能性の方が高いのである。

　もちろん，否定的な判断もありうる。ソフトウェアプログラマーとして働くろう者の女性は，内気で内向的，人付き合いが苦手だと思われるかもしれない。このような特性は，彼女の職業選択とステレオタイプ的に結び付いている。しかし，彼女の障害特性を想像することで，こうした他の特徴が必ず存在するはずだという信念を強めるかもしれない。

(6) 公正世界現象

　善良でふさわしい人にはよいことが起こり，悪人には正当な報いが与えられると考える**公正な世界**を信じることは，よく知られた心理社会的バイアスである（Hafer & Rubel, 2015; Lerner, 1980）。問題は，観察者が無実の対象者が被害を受けているのを目撃すると，通常その被害は何らかの形で正当であると結論付けてしまうことである。例えば，寮に帰る途中で声をかけられレイプされた女子大生は，暗くなってから一人で外出したことや，挑発的な服を着ていたことで，世間から非難される可能性がある。実際の犯罪の加害者に焦点が当てられるのは後回しになるのである。

　障害の場合，知覚者は，その障害者が障害をもつような目にあうことを「何かした」のかどうかよく知りたがる。同僚が交通事故で足を失ったことを知ると，その人がシートベルトをしていたかどうかを尋ねるかもしれない。もし，していなければ，その人が「従うべき規則を守ってさえいれば」，その運命を防ぐことができたと感じるかもしれない。結果については，悲しみや苦しみをいまだに感じても，「車に乗るときは**必ず**シートベルトをする」と思い出すことで，自分自身を慰めることができるかもしれない。わずかな努力で，人々の選択やしくじりと見られることに関して認知的正当化を行うだけで，障害をもたらす事象や脊髄損傷（SCI），糖尿病，がんといった多くの慢性疾患に公平世界現象を適用できるのである（例：Janoff-Bulman, 1992）。

(7) 感情予測におけるインパクト・バイアス

　このセクションで取り上げる最後の社会的バイアスは，他者よりは自己に向けられるバイアスで，ポジティブまたはネガティブな出来事に基づいて人々が将来抱く感情を予測することにつながる比較的新しいもので，**感情予測**として知られる現象である（Wilson & Gilbert, 2005）。将来の出来事（例えば，転職，健康問題，退職など）に対する感情的反応を予測するとき，それに対する感情体験の大きさや安定性を，好ましいか否かに関わらず過大評価するようである。嫌な出来事を考えるとき，それに関わる損失や失敗が実際よりも否定的かついつまでも続くような影響をもたらすと予測されることが多いため，バイアスが生じるのである。研究者たちは，この誤り，いわゆる**インパクト・バイアス**を，

日々の感情に影響する，他の多くの競合する要因を考慮せずに，人々がある推定された結果に過度に焦点を当てる（すなわち**焦点化傾向**）ためであると考えている（Wilson, Wheatley, Meyers, Gilbert, & Axsom, 2000）。失業，妊娠やHIV検査での望まぬ結果，その他のネガティブな結果の後に，人々は自分の不幸を過大評価する傾向があることが様々な研究によって示されている（Loewenstein, O'Donoghue, & Rabin, 2003; Mellers & McGraw, 2001; Sieff, Dawes, & Loewenstein, 1999; Wilson & Gilbert, 2003）。

　しかし，障害についてはどうだろうか。Peetersら（2012）は，最近障害を負った2つの集団に対して，郵送調査による縦断研究を行った。1つ目の調査では，最近四肢を切断した人々を対象に，手術から2週間後，3か月後の幸福感と機能的・一般的健康状態を尋ねた。2つ目の調査では，人工肛門を新たに造設した人々を対象に，退院から1週間後，1か月後，7か月後に調査を実施した。この2つの研究では，参加者は3つの指標すべてにおいて時間経過とともに有意な改善を期待していた。しかし手術後の回答では完全な改善はほとんど見られなかった。これらの調査の参加者は，障害に対する快楽的適応を過大評価し，実際よりも大きな改善を期待していたのである。後天的な障害者を対象とした研究がさらに行われるようになれば，特定の障害の程度が，より短い適応期間，より長く続く適応期間，さらには永久的な適応期間と関連しているかも研究者は検討したいと考えるであろう（Dunn, Uswatte, & Elliott, 2021）。

2. リハビリテーション心理学で研究されているバイアス

　前セクションで紹介した社会的バイアスの大部分は，日常生活における障害者に関する社会的判断を理解するために応用できるものばかりである。多くの社会心理学者に知られていないが，リハビリテーションの経験に特化した社会心理学の文献があり，当然ではあるが，様々な判断のバイアスが分類されている（Dunn, 2011）。リハビリテーション心理学で検討されているバイアスは，（その生活に障害者が存在すると仮定する）一般的な社会生活でも見られるが，臨床場面での認識と適用に基づいて発展したものであると理解できる。

　障害に関する社会的バイアスは重要である。なぜなら，クリニックや病院の

現場で障害者と関わるリハビリテーション専門家やその他の医療従事者は，障害者に対して，一般的に非障害者の判断と大差ない否定的な判断を抱いてしまうことがあると研究で明らかになっているからである（例：French, 1994; Pruett & Chan, 2006）。また，障害者の家族，同僚，知人も，非障害者が障害者に対して抱く典型的なバイアスを知っておくことは有益であろう。このように，社会的バイアスを認識し，分類することは，日常的に障害者と接触するリハビリテーション専門家や一般の人々の教育・訓練に有用な役割を果たすだろう。

(1) 内部者と外部者の区別と根本的なネガティブバイアス

内部者と外部者の区別（*insider-outsider distinction*）は，Dembo（1964）によってつくられた造語で，障害のある人（**内部者**）と障害の経験がどのようなものかを想像する人（**外部者**）を区別するものであった。行為者−観察者バイアスと属性が近い概念で，Demboの指摘は次のようなものだった。

> 外部者の役割は観察者の役割に相当し，内部者の役割は参加者の役割にあたる。……というのは，観察者は外部者であるからで，状況の影響はほとんどないのである。
> (p. 231)

DemboはLewinの教え子として，「状況」を人と環境の関係（例：Lewin, 1935）を指すのに用いた。ここでは，状況の要求や環境の制約が個人差に関連する影響を上回ることが多いという。外部者は内部者に対して偏った見方をすることが多く，障害の存在は日常生活に関わる屈辱的で，苦痛で，破滅的なすべてを内包する負担であるに違いないと思いがちだ。だから，**内部者と外部者の区別**は重要である。外部者は，障害によって内部者が幸せな，あるいは「普通の」存在であることができないと結論付けることがある（これは外部者のナイーブなリアリズムの証拠である）。しかし，内部者は，障害は自分のアイデンティティの**一部**でしかないこと（重要なものかもしれないが，常に真っ先に認知するものとは限らない），様々な要因（例えば，メンタルヘルス，ストレス，身体的健康）によって影響を受ける生活の質を必ずしも予測するとは限らないことをわかっているのである（Duggan & Dijkers, 2001）。

Wright（1988）は，**内部者と外部者の区別**をもとに，外部者は**根本的なネガ**

ティブバイアスに陥ることが多く，障害に関連するネガティブな誘意性をもつ顕著な特徴から社会的判断を行うとした。例えば，ある若者が交通事故で障害を負った後，安定と移動のために歩行器を使用しているとする。この若者は街で年配の女性に出会い，「若くてイケメンなんだから，歩行器なんていらないでしょ」と言われた。一見，無邪気で，お世辞にさえ聞こえるこの言葉には，実は価値判断が含まれている。つまり，若くて格好いい人は，歩行器も使わないし，当然，障害ももっていない，という価値判断である。顕著な特徴（例：歩行器，知られていない障害）が注目されると，通りがかりの人はその特徴を否定的に符号化するだろう（おそらくその見知らぬ人も，若者は身体的に完璧な人に違いないと考えている）。Baumeister, Bratslavsky, Finkenauer, & Vohs（2001）が説得力をもって示したように，「悪いことは良いことよりも強い」のであり，ネガティブな性質を知覚すると，利用できるポジティブな情報の影響が事実上排除されてしまうのである。これは，根本的なネガティブバイアスがもたらす課題である。

(2) 喪の要求

　障害への適応に関する古典的な著作において，Dembo, Leviton, & Wright（1956）は，外部者はしばしば，自分自身の世界観を維持するために，不幸な他者に関する特定の信念を維持しなければならないと感じることに気づいた（公正世界仮説を思い出してほしい）。障害者に関していえば，多くの外部者は，たとえ痛みやその他の障害が明らかでなくても，障害者は苦しんでいるに違いない，いや，苦しんでいる**はずだ**という信念をもち続ける。Demboらは，この社会現象を**喪の要求**（*requirement of mourning*）と呼んでいる。問題は，内部者が外部者の要求する筋書きに従わない場合に生じる。つまり，もし障害者が本来あるはずの苦しんでいる姿でないのなら，外部者はその障害者とその経験を軽んじるか，あるいは軽蔑しなければならない。例えば，多発性硬化症の中年女性のように，慢性的な変性疾患をもつ人が，まったく問題なく，満足さえしているように見えると，外部者は何か問題があると考える。もしかしたら，彼女は元気な「ふり」をしているのではないか，勇敢な「顔」をしているのではないか，あるいは「ごまかし」をしているのではないか？　もしかしたら，彼女は自分

の現実の状態を否定しているのだろうか？

　身体的，物質的，認知的，社会的のいずれであろうと，損失はすべて嘆き悲しまなければならないという思い込みが観察者にはあるため，障害が常に明らかな損失を伴っているわけではないことを想像するのは難しい（Vash & Crewe, 2004）。同じ理由で，離婚した人，失業した人は，ネガティブになるはずだと思い込まれている。しかし，この状況は，多くの人々の予想を裏切り，予期せぬ，あるいは望ましい機会をもたらすかもしれない（喪の要求のさらなる詳細については，Dunn, 2015; Wright, 1983 を参照）。

（3）脱個人化，ラベリング，個人化

　社会心理学において**脱個人化**と呼ばれる心理状態は，人々が個性と個人的責任の両方を失うことを経験すると発生する（Diener, Fraser, Beaman, & Kelem, 1976; Festinger, Pepitone, & Newcomb, 1952）。こうして集団場面で自己意識が失われると，良くも悪くも集団規範を採用することにつながる（Postmes & Spears, 1998）。例えば，略奪や暴動の場面では，普段は私有財産を盗んだり壊したりすることなど考えもしない人が，周囲の人々の行動を真似してしまうことがある。

　しかし，障害に関する社会心理学の研究では，脱個人化という言葉は別の意味をもっている。簡単にいえば，障害者は外部者から，同じような人々からなる大きな集団の一部だと見られる（つまり，ある障害者は，その身体，認知，感情の障害を共有する他のすべての人と同じである），一種の客観化なのである。例えば，四肢麻痺がある人や糖尿病がある人ではなく，うやうやしく「四肢麻痺者」や「糖尿病者」と呼ぶように，言語が障害による脱個人化の原因となることがよくある（Dunn & Andrews, 2015）。Wright（1991）は，この**ラベリング**は例外なく脱個人化に関連している2つの結果を生み出すと述べた。第一に，人々を集団に入れてラベリングすること（例：切断者，脳卒中患者）は脱個人化的であり，互いに異なる存在と見なされない（例：Wilder, 1986）。第二に，このようなラベリングは，外部者（知覚者）の間には明らかな違いがあるが，内部者（知覚者）の間には違いがないことを暗に示している。

　その代わりに，人が決して障害と個人視されることがないように，専門家も一般人も，**個人化する**言葉を使うことが奨励されている。具体的には，障害よ

りも一人の人間であるということが強調される「人称優先」言語によって実現できる。例えば，診療所では，「脳卒中患者（stroke patient）」や「脳卒中の症例（stroke case）」ではなく，「脳卒中がある患者（the person who had a stroke）」と呼ぶことが適切であり，決して「脳卒中被害者（stroke victim）」とは呼ばない。このように，障害の状態よりも一人の人間であることを優先させることで，話し手は，人間について言及するときに，レッテルを貼ったり，言葉の短縮表現や，より悪いことには軽蔑的な表現を使わないよう留意できる。さらに，人称優先の構文は，話すのに少し時間がかかるため，話し手は，障害者をどのように表現するかについて，もう少し考えることになるのである。

　ここで重要なのは，障害者コミュニティによっては，意見が分かれていることである。例えば，人称優先言語について，ろう者は「ろう者（Deaf）」と呼ばれることを好むし，盲人は「盲目である人（people who are blind）」や「盲がある人（people with blindness）」と呼ばれることを好まない。ろうであることや盲であることを強調して，当時者は自分の（障害）アイデンティティを第一に考えており，このことは，障害に対する言語構成の変化をも浮き彫りにする重要な事実である（この問題については，Dunn & Andrews, 2015 を参照）。また，障害者（Disabled）と呼ばれることを好む人もいる（インペアメント［impairment］ではなく，障害文化とのつながりを示すために大文字の「D」が使われる；Gill, 1995 を参照）。他人を不快にさせたり，気まずくさせたり，モノのように扱うことを避けるために，心理学やリハビリテーションの専門家も，一般人も，その人がどう呼ばれたいか，どう表現されたいか尋ねることが一般的なルールである（American Psychological Association, 2010 も参照）。

（4）拡張現象

　あるポジティブな特性が存在すれば他のポジティブな特性が存在する，と社会的認知者が推測する場合に起こるものとして，先に光背効果を紹介した（Asch, 1946 を参照）。**拡張**や**拡張効果**という概念も同様に作用するが，障害につながる手がかりが関係する場合には，ネガティブな光背効果として作用する（Dembo, Leviton, & Wright, 1956; Wright, 1983）。したがって，脳卒中を経験した人は，軽度の失語症のためにたどたどしく話すことがあっても，記憶，アイデンティティ，

知能などに関する認知機能の低下は経験していない。それでもなお，その人の話すスピードの遅さに注目し，脳卒中がさらなる認知機能の問題を数多く引き起こしたと結論付けるかもしれない。

　拡張効果のより大きな問題は社会的なものである。交流が損なわれ，誤解を生み，障害があるために軽んじられていると感じる障害者に憤りをもたらす可能性があるからだ。先の例に戻ると，観察している側である外部者と内部者のその後のやりとりは，ぎこちなくなったり，気まずくなったりする。これは，外部者が，役に立とうとして，通常よりも大きな声で，ゆっくりと，「赤ちゃん言葉」のような形で話すことによって，脳卒中患者を誤解し，内部者がコミュニケーションを理解するためにはそれしかない，と思い込んでしまうことがあるためである（例：Dovidio, Pagatto, & Hebl, 2011）。

　障害者をよく知る人々も，拡張効果の影響を受けないわけではない。家族，友人，そして介護者であっても，保護的な行動をとったり，過剰に配慮をしたりすることがある。障害者が自分でできるようにする代わりに，友人や家族が介入し，日常のやるべきことも楽しい仕事も肩代わりしてしまうことがある。障害のある子どもは，家族，友人，そして医療関係者までもが，その子の弱さを過度に強調するため，大人よりも大きな「つきっきりの過干渉」行動を経験することがある（例：Dunn, 2015）。

3. おわりに

　社会心理学とリハビリテーション心理学がそれぞれ見出した一般的な判断のバイアスを克服することは，容易なことではない。人は往々にして直感的判断，即断即決をしがちである（Kahneman, 2011）。合理的思考や信念は，障害や障害者に対する不確実性や不慣れさも相まって，社会的状況の力で一時的になされないことがある（例：Ross & Nisbett, 1991）。それでも，人は，自らの社会的バイアスを探し出し，認識し，その過程でステレオタイプ的信念や偏見的行動を克服することによって，人間の営みを発揮できる（Bandura, 2006; Monteith, Arthur, & Flynn, 2010; Swann & Jetten, 2017）。非障害者と障害者が社会的に対等な地位を共有すれば，持続的な接触と相まって，ポジティブな集団間関係とより好まし

い態度が生じるはずである（Amsel & Fichten, 1988; Mason et al., 2004; Pettigrew & Tropp, 2006）。意欲のある家族，介護者，友人，同僚，一般の人々は，障害のない外部者が障害のある内部者との交流をうまく進めるための社会行動ガイドラインに従うべきである（Dunn, 2015; White, Wright, & Dembo, 1948; Wright, 1983 を参照）。

謝　辞
　本章の推稿に際して同僚のDietlinde Heilmayr先生から丁寧なコメントをいただいたことに感謝申し上げます。

第 4 章

障害者への「無能だが温かい」ステレオタイプが選択的共感をもたらす
認知・感情・神経における固有の特徴

Jennifer Wu & Susan T. Fiske

　共感，すなわち「他者の立場に立つこと」と一般的に定義される感情的経験は，多くの環境によって生起される。悲しい映画のエンディングで主人公と共に泣いたり，地震で倒壊した家を見て寄付をしたくなったり，不運な目にあった友人と一緒に過ごしたりする。共感は，痛みを抱えたり助けが必要であったりする人を見ると自然と自動的に生起するため，しばしば単純なものだと思われがちである。しかし，共感は決して固定的ではなく，すべての状況で同じように経験するものでもない。むしろ，他者への共感の程度は，互いの集団成員性に依存しているように見える。

　例えば，罪を犯した白人もしくは黒人について書いた文章を大学生が読んだとき，白人の実験参加者は黒人よりも白人の被告人により共感を示し，寛大な処罰を与えた（Johnson et al., 2002）。別の研究では，黒人の実験参加者は，苦しい状況に置かれた白人よりも黒人に対して，快く助けたりお金を与えたりすると表明した（Mathur, Harada, Lipke, & Chiao, 2010）。痛みに関する同様の研究では，アジア人と白人の実験参加者は，人種的な内集団成員をひいきするという同様のバイアスを示し（Xu, Zuo, Wang, & Han, 2009），外集団成員に対して共感や関心がより低いことが示唆された。

　このような選択的共感は，人種集団だけでなく，より一般的にいえば，自分と似ているもしくは似ていないと思われる他者に対しても当てはまる。Batson,

Turk, Shaw, & Klein（1995）は，20項目のプロフィールと趣味のリストを2種類用意し，知覚者とターゲット人物の類似性の程度を操作した。その結果，実験参加者は自分に似ていると提示された人物に対してより共感し，その人の幸福を気にかけた。したがって，人に共感する能力は，単に人種や文化的集団で調整されるだけでなく，より一般的には，自分と相手が関連していると知覚する程度でも調整される可能性がある。

1. 両面価値的ステレオタイプが障害のある外集団への選択的共感を支える

　もし外見の類似性が他者への共感に影響を与えるのであれば，身体障害者という外集団成員は，その特異で珍しく，ほとんど理解されていない特性のために，明らかに不利な立場にある。本章では，人々が身体障害者に共感するかどうか，またどのように共感するのかを説明するために，障害者のステレオタイプに関する研究をレビューする。その際，障害者の外集団としての地位は，社会階級の外集団とは異なり，ある意味でより複雑であることを前提とする。結局のところ，障害者は，知覚者と同じ文化，階級，または人種に属している可能性があるし，さらに社会的規範では障害者を自分の社会集団の普通の一員として扱うべきだと定めている。それにもかかわらず，障害者は独特かつ奇妙な外集団成員と見なされ，有害なスティグマや社会的孤立に悩まされている（本書の他の章を参照）。こうした社会的苦境の中で，障害のない人は自分の自発的な感情反応をすべて報告することに抵抗があったり，報告できなかったりするかもしれない。しかし，共感の神経科学はいくつかの見込みのある指針を提供してくれる。本章では，障害に関するスティグマの認知的・神経的特徴について，体系的なステレオタイプと共感に関連するとされる神経パターンに焦点を当て再検討する。

(1) 体系的な認知的パターンとしてのステレオタイプの内容

　身体障害者の逸脱の特徴は，それだけで，見る人の印象を圧倒するような属性推論を生み出して，スティグマ化しうる（Jones et al., 1984）。ステレオタイプ

内容モデル（stereotype content model: SCM）によると，人々は一般的に障害者を，温かい（信頼できる，親しみやすい）が無能（能力がない，はっきり自己主張しない）と見なしている（Fiske, Cuddy, Glick, & Xu, 2002）。この両面価値的なイメージは広く浸透している。調査では，アメリカ，オーストラリア，ドイツ，ギリシャ，インド，イスラエル，イタリア，ケニア，メキシコ，ニュージーランド，北アイルランド，ノルウェー，スウェーデン，スイス，ウガンダの15か国で，障害者はステレオタイプ的に温かいが能力は低いと評定されている（Cuddy et al., 2009; Durante et al., 2013, 2017; ノルウェーとドイツはそれぞれBye et al.（2014）とAsbrock（2010）に掲載されている。社会集団における障害者の位置を示す図は，https://susan-fiske-rm4s.squarespace.com/cross-cultural-wc-maps/を参照）。

このSCMの温かいが無能という「哀れみの象限」は，見下されているが好意をもたれる集団を表す混在したステレオタイプによって生じる。このイメージは，多くの国で，障害者が高齢者と同じクラスターに入るという知見と一致している（アメリカ，オーストラリアのアジア系とヨーロッパ系のサンプル，ギリシャ，インド，ユダヤ系イスラエル，イタリア，ケニア，メキシコ，ノルウェー，スウェーデン，フランス系スイス・ドイツ系の州）。また，障害者は，精神疾患者（ヨーロッパ系ニュージーランド）や精神障害者（ドイツ・アメリカ），さらには若者（オーストラリア，イタリア）や子ども（ケニアの学生，スウェーデン，ドイツ系スイス）といった成人に達していない人々を含むクラスターとも重なっている。もちろん，哀れみのクラスターに入ったからといって，障害者が子どもっぽいと思われているわけではない。しかし，これらの集団はすべて，無能という属性を共有しており，定義上，身体的な制限がある身体障害者の場合には，そのステレオタイプが認知的な制限と「完全な大人ではない」という見下すような帰属にまで不当に拡大している。

また，障害についてのステレオタイプは，時に貧しい人々と同じクラスターになることもある（ギリシャ，インド，日本，メキシコ，ヨーロッパ系ニュージーランド）。高齢者や精神障害者，成人ではない人たちと同様に，障害者の集団は，少なくとも基本的な前提としては，自らの落ち度ではなく不幸にも低い地位にあるものとして見下されている。

こうした本人に責任はないという前提は無害なわけではない。最初から，障

害者は目立たない存在であり，少なくとも目立った存在ではない。実際，予備調査の回答者で，障害者を重要な社会集団として挙げたのは約3分の1にすぎなかった。こうした存在の無視は障害者を排除する消極的危害の一形態であり（Cuddy et al., 2007），国家的文脈から対人的文脈に至るまで生じる。

(2) 感情と行動

　ステレオタイプは，感情的な偏見を予測し，その偏見は，ステレオタイプだけの場合よりも，より正確に差別行動を予測する（Cuddy et al., 2007）。第一段階として，家父長的な障害者のステレオタイプは，観察者が障害者に対して共感の一形態である哀れみや同情を表出することを可能にする。しかし，共感とは異なり，哀れみはさらに，その対象が下位の立場にいる必要がある（Fiske et al., 2002）。哀れみという感情的偏見は優越感と世話となりうる行動が結び付いた振る舞いとなり，障害者を下位の立場に置き続けることになる。したがって，障害者の無力というステレオタイプは援助を引き出すことができるが，そうした知覚は，障害者を無力感と劣等感に満ちた社会的地位に追いやることにもなり，それが哀れみと恩着せがましい行動を生じさせてしまう。

　具体的には，障害者に対する援助の性質は，障害者という外集団への両面価値性を反映しており，真の共感を損なう可能性がある。一般的に，人々は障害者に対して，積極的援助と消極的無視の両方の反応を示す（Fiske, Cuddy, & Glick, 2007）。例えば，人々は障害者のための施設を積極的に支援し，助けたり保護したりするが，その一方で，障害者と個人的に付き合うことはできず，かえって障害者を社会的に孤立させてしまう。こうした行動に見られる両面価値性は，人々が障害者を哀れみ，助けるためのリソースを喜んで提供しているにもかかわらず，障害者と真に関わり合うことはできず，むしろスティグマ化された外集団である障害者から距離を置いていることを示唆している。

　実際，非障害者が，障害者を社会の普通の一員として受け入れていると主張する一方で，障害者という外集団に回避的な行動をとることはよくある。障害者と接するとき，人々は遠くに座り，潜在的に不安感を示し，抑制しすぎた行動をとり，できればそうした相互作用から離れようとする（Kleck, Ono, & Hastorf, 1966; Langer et al., 1976）。特に障害者とあまり交流したことのない人々は，障害

者との関わり方や理解の仕方がわからないため，障害者と接することに気まずさを感じるようだ。したがって，どんなに心からの親切心があったとしても，共感性の欠如は，集団間の自発的な相互作用を阻害し，最終的には障害者という外集団を孤立させることになる。

さらに，一般的に，内集団成員に対する利他主義はその人の不安を理解することから生じるが，哀れみの対象となる外集団成員に対する援助は，こうした理解を欠いているように見える。例えば，障害者をよく悩ませる共通の体験に，おせっかいで余計な援助を経験することがある（Hebl & Kleck, 2000）。過剰な援助は，時には意図的に，援助の受け手の自立性や能力を弱めることになる（Gilbert & Silvera, 1996）。多くの場合，人は善意から障害者を助けようとするかもしれないが，実際には障害者の最善の利益を念頭に置いたものではなく，かえって無能ステレオタイプを強化し，障害者の依存度を高めてしまうことになる。そのため，哀れみを向けている外集団のニーズを理解せずに，家父長的なステレオタイプをもつと，障害のない人の善意が損なわれ，社会的に害を及ぼす可能性がある。

2. 知覚された責任が障害者への共感を調整する

障害者がこうした非生産的な扱いを受ける可能性があることから，重要な問題が提起される。協力的だが低地位というように，障害者が内集団と外集団の境界に位置することを前提とすると，この社会集団の成員に向けられる共感の性質とは一体どのようなものなのだろうか。さらに，障害特有のどういった側面が，表出される共感に最も影響を与えるのだろうか。結局のところ，身体障害はすべて同じではなく，障害の特徴によっては，他の障害よりも嫌悪を感じ回避すべきだという印象を与えるものもあるかもしれない。Jonesら（1984）によると，障害が生じた発端や経緯に関するスティグマの6つの次元が，障害者に対する共感の仕方に大きく影響している可能性がある。障害者への共感表現に影響を与えるスティグマの次元もあるはずだ。

否定的な結果に対する責任帰属の分析（Weiner et al., 1988）によれば，責任（個人のコントロール）があることは，共感にあきらかに影響を与えるはずであ

り，予備的なデータはこれを支持している（Wu, 2011）。障害者が自分の障害に責任がない場合よりも，責任がある場合に，人々は障害者に対して明らかに共感の表出が少なかった。この結果は，障害者自身が不幸な運命に見舞われているにもかかわらず，責任がない場合に比べて責任がある場合に，その障害者を罰することを示している。遊びでベランダから飛び降りた人は，突き飛ばされた人よりも同情されないだろう。同様に，ハンググライダーやオフトレイル・スキーのようなリスクの高いスポーツによる怪我にも共感は生じにくい。実際，責任に対する否定的な反応はすべての従属変数に波及しており，能力や温かさの判断を含むターゲット人物のすべての性格特性に対して，参加者は有意に否定的な評価をしていた。これらの予備的知見から，人々は非難されるべき障害者の特徴について強い思い込みをもっており，それが共感や援助の動機づけを低下させうるということを示唆している。

　Jonesら（1984）によると，障害者が自身の状況に責任がある場合，観察者は何らかの罰の要素を障害に帰属できるため，スティグマを与えられた人はより悪い扱いを受けることになる。例えば，ある実験では，肥満の実験協力者が，半数の参加者には自分は腺障害〔肥満の原因となる病気〕であると明かし，もう半数の参加者には単に食べることに目がないということを伝えた（Vann, 1976）。この実験では，実験参加者が実験協力者に電気ショックを与えることでメッセージを伝えることになっており，電気ショックの強さと持続時間は参加者がコントロールした。実験参加者は，実験協力者の肥満の原因が病気ではなく，本人に責任があるように見えたときに，より強い電気ショックを与えた。

　さらに，責任の概念は，障害の原因と同様に，スティグマ化された特徴が維持される点でも重要である。Jonesら（1984）によると，改善可能な欠点があると，観察者はその持ち主が愚かで，不注意で，怠惰である，またはそのような逸脱を受け入れる社会集団の一員であることを示していると見なすかもしれない。例えば，生まれつき目立つほくろがあったり，事故で歯が欠けたりしても，その人には何の落ち度もないが，改善策を講じなければ，その人にも責任があることになるかもしれない。その結果として，改善可能なはずの欠点が残っていることで，苦しんでいる人への評価が否定的になってしまうことがある。

　このような異なる2タイプの責任の認識を考慮すると，今後の研究では，自

分自身の障害に対する**責任**という一般的な概念を，**障害を引き起こしたことに対する責任**と，**障害を維持したことに対する責任**という，より具体的なものに分解する必要があるだろう。どちらのタイプの責任によってより重い罰を課すことになるかは，これまでの研究では明確な予測は提案されていない。自ら進んで積極的に障害につながるような行為をした人は当然の罰を受けていると見なされ，単に既存の障害が続いている人の方がより哀れで無力だと見なされるかもしれない。他方で，障害がある状態で自ら努力をしない人は，障害の原因となった行為を後悔している人に比べて，外部からの援助に値しないと思われるかもしれない。また，一方のタイプの責任がもう一方の責任にどのような影響を与えるかを予測できるような明確な理論的根拠もない。

全体として，「温かいが無能」という認知的ステレオタイプは，家父長的な共感や哀れみを生じさせ，それが社会的無視や，たとえ善意であっても上から目線の積極的援助の両方を支えている。しかし，共感と援助は，障害に対して本人の責任がないことに基礎を置いている。障害の原因や持続について，その人に責任があるように見えると，共感や援助は損なわれてしまう。

3. 障害者という外集団への共感と相関する神経活動

共感に関する行動学的研究は，社会的望ましさによる自己報告のバイアスに悩まされてきた可能性がある。あるいは，人々は実際には自分の反応を完全には認識していないかもしれない。したがって，共感の経験を完全に理解するためには，その神経的な相関関係を調べる必要がある。共感研究において現在一致している見解として，共感は 2 つの下位要素から成り立っている。(1) 感情的共感，すなわち，知覚された，あるいは想像された他者の感情に対する感情的反応，および (2) 認知的共感，すなわち，他者の心的視点を理解する能力である (Decety & Jackson, 2004)。感情的要素は，他者の状況に対する自動的で生理的な反応を意味し，個体発生の初期に発達する脳の大脳辺縁系に依拠している。一方，認知的共感は，他者の考えを理解するためにある程度の社会的洞察力を必要とし，のちに発達する外側側頭葉や前頭葉に依拠する (Singer, 2006)。

認知的共感は，心の理論 (theory of mind: ToM) の概念や，他者が自分とは異

なる心的状態をもち，その行動を説明できるという意識と密接に関連している（Hooker, Verosky, Germine, Knight, & D'Esposito, 2008）。しかし，注意しておきたいのは，認知的共感と心の理論の視点取得は同じ意味で使われることが多いが，認知的共感は感情的または困難な状況における他者の知覚に依拠している。このことは一般的な心の理論の視点取得では必要とされないため，両者は分離可能なプロセスである。

真の共感を経験するには，直観的な感情反応だけでは不十分である。むしろ，共感の完全な経験は認知プロセスに大きく依拠しており，共有された神経表象を通して観察者は何らかの方法で相手の視点を取り入れなければならない（Singer & Lamm, 2009）。自分の感覚運動や感情プログラムを使うことで，相手と同様の感覚運動や感情状態をシミュレートすることができる。このような知覚のシミュレーションは，共通の神経構造に依拠しており，他者の心の状態を単に見たり推測したりするよりも，自分自身の心の状態であるかのように経験できる（Decety & Grèzes, 2006）。このように個人的感情と想像上の感情が神経的に重なり合うことは，共感の経験において重要な役割を果たす可能性がある。

認知的共感の神経的な関連性を明らかにしようとする研究もいくつかある。ある研究では，実験参加者は感情的な視点取得あるいは心の理論の概念により近い純粋に認知的な視点取得のいずれかに関する一連のシナリオに回答した。その結果，感情条件は，他の条件に比べて，内側眼窩前頭領域が関与していたが，心の理論の条件では，腹側前頭葉の外側部・前部が関与していた。内側前頭前野（mPFC）は，感情（Hooker et al., 2008; Hynes, Baird, & Grafton, 2006; Krämer et al., 2010）や他者の傾向（Amodio & Frith, 2006）についてのメンタライジング（mentalizing）〔他者の心の状態を想像，推論すること〕に関与する重要な領域であり，両条件で共通の活性化パターンが顕著に示された。よって，mPFCが感情的刺激と認知的視点取得の両方で活性化されたことは，この領域が共感の認知的な側面において潜在的な役割を果たしていることを示している。

同様の研究で，実験参加者はマンガのストーリーの中の行為者の意図について考えた（Völlm et al., 2006）が，そこには感情的な評価と純粋に認知的な評価が含まれていた。その結果，心の理論の刺激に反応して外側眼窩前頭皮質の活動が増加し，感情刺激に反応して前帯状回・後帯状回と扁桃体の活動が増加し

ていた。Hynesら（2006）の知見とは多少異なるが，この研究でもmPFCが両タイプの評価に関連していることが示唆され，この脳領域が認知的共感に関与していることが示された。

4. 内集団と外集団の共感における神経的差異

障害者に対する神経反応を調べるには，内側前頭前野，楔前部，島皮質（insula）の3つの脳領域が有望だと考えられている。

(1) 内側前頭前野と認知的共感

内集団と外集団への共感に関する行動上の不均衡は，外集団に対するバイアスであることが多いが，これは共感の認知的要素の減少，あるいは全般的な欠如と相関している。前述の研究（Mathur et al., 2010）で，参加者は黒人と白人が苦痛を感じている場面もしくは中立的な場面の写真を見た。そして脳活動をスキャンしながら，写真の人物にどの程度共感したかを回答した。その結果，ターゲットの人種に関わらず，参加者の共感は前帯状皮質と両側島皮質の感情的神経反応と一致していた。しかし，外集団成員に対してよりも，内集団成員に対するmPFCの活性化が有意に大きかった。さらに，自己報告と機能的磁気共鳴画像（fMRI）のデータには相関があり，内集団成員に対する共感が大きいと答えた参加者は，内集団成員に対するmPFCの活動も大きいことがわかった。これらの結果から，自分の社会集団の成員に対する選択的共感や利他主義は認知的共感処理と相関しているが，一般的に，他者に対する共感は感情的共感処理と関連していることが示唆された（Mathur et al., 2010）。

内集団と外集団に対する反応を対比した別の研究では，実験参加者は社会政治的な見解が正反対の2人の対象者の意見を解釈（「メンタライジング」）した（Mitchell, Macrae, & Banaji, 2006）。この操作は，実験参加者と社会政治的意見が似ている対象者と，似ていない意見をもつ対象者を設けることを目的とした。実験参加者は脳活動のスキャン中に，2人の対象者の意見や好みを思い浮かべ，それらの意見に関する質問に対して自分も回答した。実験参加者は，自分と似た意見をもつ対象者に対して，前頭前野腹内側部（vmPFC）の活性化が大きくな

ることを示した。vmPFCの活性化は、自己に言及する課題（S. C. Johnson et al., 2002）や自分の現在の感情状態の反映（Gusnard et al., 2001）と相関している。よって、自分と似ていない外集団の対象者よりも、自分と似ている内集団の対象者の場合に、共通の神経構造を介したシミュレーションがより確実に生じることが示唆された。

他のSCM集団を調査した研究でも、外集団に対する認知的共感の低下が示されている。あるfMRI研究（Harris & Fiske, 2006）では、薬物中毒者やホームレスなどの極端な外集団（温かさも能力も低いとステレオタイプ化されている）に属する人々に対しては、実際にほとんど認知的共感が生じないことが示唆された。この研究では、実験参加者は、SCMで分類されたすべての社会集団の人々の画像を見て、それぞれの画像に対して感情評価を行った。その結果、他の社会集団と比較して、極端な外集団のターゲットはmPFCを活性化させないことがわかった。このようにmPFCが活性化されないということは、社会的に見捨てられた人々の考え方をシミュレーションできなかったことを意味するが、こうした人々は共通の関心事や共通点が少ないと一般的に見なされているのである。これらの結果は、極端な外集団に対しては共感できないという自己報告と一致しているものであった。

これらの結果から、障害者に対する共感性の欠如も、mPFCと類似した領域に反映されているかもしれない。Harris & Fiske（2006）の研究では、障害のある外集団を含むSCM領域に対してmPFCの活性化が低下することは示されなかった。ただし、この研究では同じSCM領域内の障害者以外の外集団（すなわち、高齢者）に対する反応と、障害者に対する反応を分離するようには設計されていなかった。さらに、本章では、共感（つまりmPFCの活性化）が障害の特定の側面に対してどのように反応するかを主に考察する。

現在のところ、障害の原因、あるいは障害を継続したことに対して責任がある人は、そうした責任がないターゲットに比べて、mPFCの活動が低下する可能性が高いと考えられる。この考え方は、障害の原因が自分にあると認識された障害者は、観察者からより否定的に判断され、共感がされにくいというこれまでの知見と一致する（Hebl & Kleck, 2000）。こうした障害者をより軽蔑的に見ることで、人種や極端な外集団成員の視点を気にしなくなるのと同じように、非

障害者は障害者と関わりをもたないようになり，その個人的な視点を気にしなくなるだろう。mPFC は多くの異なる機能をもつ広い皮質領域であるため，研究では共感の研究で特定された領域（voxels〔最小単位の体積要素〕）を使用する必要があるだろう（関連するメタ分析については Seitz, Nickel, & Azari, 2006 を参照)。

(2) 楔前部と感情的共感

先行研究では，他者の感情的反応を想像する視点取得に関する課題（Ruby & Decety, 2004）や，他者の痛みを想像する必要がある課題（Jackson et al., 2006）に，楔前部が関与していることが示唆されている。また，楔前部は，感情を自己や他者に帰属すること（Ochsner et al., 2004）や，三人称視点よりも一人称視点をとること（Vogeley et al., 2004）とも関連しているという。さらに，共感を必要とする判断の際に楔前部が活性化することもわかっている（Farrow et al., 2001）。この知見について議論はされていないが，Krendl, Moran, & Ambady (2012) は，統制可能なスティグマよりも，統制不可能なスティグマに対して，楔前部が有意に活性化することを見出した。障害者に対する共感や視点取得における楔前部の役割については，さらなる検討が必要であろう。様々な活性化パターンから，障害を意図せず維持している人は，障害に責任がある人と比較して，観察者からより多くの視点取得をされることが示唆された。

(3) 島皮質と感情的共感

島皮質は，嫌悪感（Harris & Fiske, 2006; Phillips et al., 1997; Wright, He, Shapira, Goodman, & Liu, 2004）や共感（Jabbi et al., 2007; Singer et al., 2004; Singer, Critchley, & Preuschoff, 2009）などの直感的な感情に関係しているといわれている。おそらく，自身の障害に責任があり，より否定的な評価や軽蔑感情を抱かれる障害者は，嫌悪感情により島皮質の活性化が大きくなると考えられる。しかし，島皮質の活性化は，他者の痛みに共感することに関係していることから，共感感情の高まりを反映している可能性もある（Ochsner et al., 2008）。実際，Krendl, Moran, & Ambady (2012) の研究では，統制可能なスティグマよりも統制不可能なスティグマの方が，島皮質の活性化が見られた。今後の研究では，自分の状態に責任がないと思われている人への島皮質の活性化を評価すべきだろう。

5. おわりに

　障害者に対するステレオタイプの内容は明確である。温かいが無能であり，しばしば哀れみや共感を呼び起こすが，同時に，回避，無視，家父長的行動も引き起こす。神経信号の特徴はより予備的なものであり，mPFC，楔前部，および島皮質が関与していると示唆されている。今回の探索的なレビューを出発点として，今後の研究では，人々が障害者に対してどのように感情的，認知的，神経的な反応をするのかをさらに詳しく検討することができる。障害者への神経レベルの反応および評価的反応において，感情と視点取得がどのように相互作用しているかを知ることで，障害者のスティグマの性質をより詳しく知ることができる。障害者に対するスティグマやネグレクトの多くは，潜在的で語られないものであることを考えると，このような知見は，障害者の経験や人間関係，社会的立場を明らかにする助けになるだろう。

謝　辞

　本章は，第二著者の指導のもと，第一著者が 2012 年に書いた卒業論文の序文を参考にしている。"Blaming the Victim: An fMRI Study on How Perceptions of Fault Influence Empathy for People with Disabilities".

第 5 章

障害者に対する偏見を減らす

Rana Yaghmaian, Kanako Iwanaga, Jia-Rung Wu, Xiangli Chen,
Emre Umucu, Jing Tao, Hanoch Livneh, & Fong Chan

　障害者は，世界の中でも最もスティグマ（負の烙印）を与えられている人たちである（United Nations Human Rights Office of the High Commissioner［国連人権高等弁務官事務所］, 2008; 第 2 章を参照されたい）。障害者に対する偏見や差別は，社会参加や社会統合の機会を大きく妨げる（Chan, Livneh, Pruett, Wang, & Zheng, 2009; Livneh, Chan, & Kaya, 2014）。米国においては，周知のとおり障害者の雇用率は低く，非障害者の雇用率が 66.0％であるのに対して，障害者の雇用率は 19.6％と低水準にある（US Department of Labor, Bureau of Labor Statistics, 2017）。そして，障害者の貧困率は，非障害者に比べて著しく高い（それぞれ，28.5％と 12.3％，Atkins & Giusti, 2005; Federal Safety Net, 2015）。疑うまでもなく，失業，不完全雇用，貧困，所得格差は，数多くの障害者のコミュニティへの参加を妨げ，社会的地位の向上を遅らせ，健康とウェルビーイングに大きな影響を与えている（Chan et al., 2017）。

　世界保健機関（WHO）の国際生活機能分類（ICF）モデルにおいて，個人因子と環境因子（P-E）は生活機能や活動への参加に正または負の影響を与え，健康関連の生活の質を損ないかねない重要な背景因子として考えられている（Chan, Tarvydas, Blalock, Strauser, & Atkins, 2009）。障害者に対する態度は，ICF における環境要因の 5 つの主要領域の一つである。というのは，否定的なステレオタイプや偏見に満ちた信念体系が，自尊心や生活機能，コミュニティへの参加に

悪影響を及ぼす可能性があるためである（Chan et al., 2009）。Corrigan, Larson, & Rüsch（2009）は，彼らが提唱する「なぜやるのか」モデル（"why try" model）において，ステレオタイプが社会的スティグマにつながり，社会的スティグマが結果的に自己スティグマにつながる可能性を主張している。社会的スティグマおよび自己スティグマの結果として，自尊心や自己効力感が低下し，心理社会的な面や仕事において努力するモチベーションが低下し，意味のある人生の目標を追求する機会が減少する，というわけである（Corrigan et al., 2009）。

　障害者というアイデンティティが，スティグマ，偏見，差別へとつながる可能性があることは明白である。リハビリテーション医療の専門家と障害者権利活動家は，公的な場や雇用環境を含む社会環境の多くの領域において，障害者に対する態度を改善するために熱心に取り組んでいく必要がある。そうした必要性を踏まえつつ，本章では，経験に基づく効果的な偏見低減戦略について紹介することを目的とする。

1. 偏見を減らすための様々な戦略

(1) 接触

　接触は，直接的かつ個人的な相互作用を通して障害者に対するスティグマや偏見を減らすための経験的な戦略である。この戦略は，人と人との相互作用に固有の感情領域に焦点を合わせ，コミュニティのメンバーと障害者の間の有意義で平等な接触を増やすことをめざすものである。接触とは，障害者と一般市民との間の面と向かっての相互作用と定義されるが（Shaver, Curtis, Jesunathadas, & Strong, 1989），間接的な相互作用（つまり，何らかのメディアを介した相互作用）を含むこともある。数十年にわたって，集団間の偏見を低減するためには，接触が有効な手段であると考えられてきた（Allport, 1954; Hewstone, 2003; Pettigrew & Tropp, 2000）。社会心理学の研究においては，接触の効果を調整する要因として，(a) 1対1の接触で，個人が互いに関わり合い，同様の利害を共有し，友情を育む機会があること，(b) 共通の目標を伴う接触であること，さらに，(c) ステレオタイプの反証を意図した相互作用であること，などが挙げられている（Corrigan, Morris, Michaels, Rafacz, & Rüsch, 2012）。

Allport（1954）は，接触による介入を成功へと導くための諸条件を特定している。(a) 共通の目標を追求するための接触であること，(b) 望ましい目標を実現する上で有用となる接触であるとの認識がなされること，(c) 多数派集団の成員と少数派集団において上位の地位にある成員との間の接触であること，(d)「権力」と社会的風土の両方，またはいずれか一方が集団間の接触を支持したり，促したりしていること，(e) 接触がうわべだけではなく，より深くなされること，(f) 接触が楽しく，またはやりがいのある形でなされること，(g) 両集団の成員が有機的に重要な活動を通じて相互作用を行っていること，または共通の価値ある目標を達成していること，(h) 接触が（選択によって）自発的に行われていること，(i) 接触が他の報酬に勝って選択されること，である。Hewstone（2003）は，これらの項目に以下の項目を追加している。(j) ステレオタイプが覆されそうな状況において接触が行われること，(k) 接触時に集団間の平等性を好むような社会的規範があること，である。

逆に，接触によって偏見が強まってしまう可能性もある。以下の場合には障害者に対する否定的な態度がより強固になる可能性がある。(a) 接触で集団間の競争が生じる場合，(b) 接触が不快で緊張を伴う場合，(c) 接触の結果としてある集団の威信や地位が下がる場合，(d) 集団成員（または集団全体）が不満を感じている場合，(e) 少数派集団の成員が多数派集団の成員よりも地位が低い，または重要な意味をもつ特性の水準が低い場合，である（Amir, 1969; Chan et al., 2009; Livneh et al., 2014）。また，Stangor, Jonas, Stroebe, & Hewstone (1996) は，集団が不平等に扱われている場合や，集団が協力的ではなく競争的である場合には，ステレオタイプの予期を確証することになるために，接触が効果的でなくなる場合があると指摘している。また，Crisp & Turnerは，上述とは異なるスティグマを低減するためのアプローチを提唱している（Crisp, Stathi, Turner, & Husnu, 2009; Crisp & Turner, 2009）。彼らが提案する想像上での社会的・集団間接触による偏見低減のモデルにおいては，Allport（1954）の初期モデルを詳細に説明しつつ，ある特定の社会的接触を想像するだけで，社会的文脈そのものを経験して引き起こされるのと同様の知覚的，感情的，認知的印象が喚起され，その結果として集団間の不安を低減し，態度や行動に肯定的な影響を与えることができる，との主張が展開されている。さらに，内集団成員と外集団成

員との間の肯定的な接触を心の中でシミュレーションをすることで，外集団成員に対する否定的なステレオタイプが低減され，肯定的な相互作用に関連するスキーマが活性化されるとの主張もなされ，実際にその主張を裏付ける予備的な実証研究が実施されている（Crisp et al., 2009）。このモデルの妥当性を示す初期の実証的な裏付けは，高齢者に対する態度や，多様な宗教的，民族的，性的指向に関する研究においてすでに得られている。ただし，障害者に対するスティグマ低減についての研究はまだ実施されていない。

　ある特定の障害者集団についての偏見低減戦略は，様々な障害者集団における偏見の低減を考える上でも重要なモデルとなる。Corrigan（2011）は，戦略的なスティグマ転換（strategic stigma change: SSC）という概念を紹介している。これは，精神疾患を抱える人たちと一般の人たちとの実際の接触（"in vivo" contact）に関わるものである。SSC は，精神疾患をもつ人たちへの差別を減らし，社会的包摂を促すための最良の実践として機能する。SSC の 5 つの原則は以下の通りである。(a) 接触は社会におけるスティグマを転換させるための基本である，(b) ターゲットを絞って接触を図る必要がある，(c) 地域における接触プログラムがより効果的である，(d) 接触は信頼できるものでなければならない，(e) 接触は継続的でなければならない。SSC は，他の反スティグマプログラムと組み合わせることで，精神障害者に対するスティグマを低減し，エンパワーメントを促進する大きな可能性を秘めている（Corrigan, 2011）。

　先行研究によると，精神疾患を抱える人たちとの接触がスティグマ化された態度を低減させることが一貫して示されている。Corrigan ら（2001）は，接触，抗議，教育という 3 つのスティグマ転換戦略を検討している。その結果，教育群や抗議群と比較して，接触群においては精神障害者に対する態度が有意に改善したとの報告がなされている。また Corrigan ら（2002）は，精神疾患者に対する態度に関して，危険性の認識と当人の責任の認識がスティグマや差別的行動に与える影響についても調べている。その結果，接触のない参加者と比較して，精神疾患を抱える人たちと接触した参加者は，怖い，危険，避けるべきなどを含むスティグマ的な態度や行動がよりポジティブに変化する経験をし，そうした人たちに対する援助行動も増加する傾向が示されている。Kolodziej & Johnson（1996）によるメタ分析によると，学生や従業員の研修において，精神

疾患を抱える人たちとの接触介入が態度の改善に関連しており，その効果量は $d = .34$（小さな効果から中程度の効果の間）であることを明らかにしている。また，それとは別のメタ分析においては，社会的スティグマを低減する最も効果的な方法は，教育と接触である可能性が示されている。この研究の著者らは，ランダム化比較試験（randomized controlled trials）を用いた研究においては，接触の影響は教育よりも大きく，効果量は $d = .36$（小さな効果から中程度の効果の間）であったと報告している。さらに，直接顔を合わせて接触することが最も大きな効果をもたらし，その効果量は $d = .52$（中程度の効果）であった（Corrigan et al., 2012）。

　Pettigrew & Trop（2006）は，障害者，年齢，人種，性的指向などの幅広い集団間の接触に関連する 515 の研究を用いて，集団間接触理論のメタ分析を実施している。その結果，集団間の接触によって偏見が実際に低減することが明らかになっている。さらにメタ分析の結果，Allport（1954）が示すいくつかの接触条件下に該当する集団間の接触は，一般的に偏見をより大きく低減させる可能性が示された。また，障害者に対する態度に接触が及ぼす効果は，3つの主要な障害種により異なり，身体障害者に対する偏見の低減効果が最も大きく，次いで認知能力に障害のある者，最後に精神障害者であるとされている。

(2) 情報と教育

　病気や障害についての正確な情報を人々に提供することは，偏見やスティグマを低減する上では不可欠である。事実に基づくデータを見つけることができない場合，人々はすでにある自分自身の態度を強めるために答えをでっちあげたり，情報を歪めようとしたりする傾向があることが先行研究で実証されている（Lee & Rodda, 1994）。したがって，情報と教育によるアプローチを成功させるためには，正確かつ事実に基づく情報（政府機関の統計など）を提示することが重要となる。情報と教育によるアプローチの目的は，疾患の性質とそれに伴う機能制限を明確にすることであり，それによって誤った情報や根強い不正確さに起因する障害へのスティグマ化された人々の認識に抗うことである。例えば，教育によるアプローチとしては，精神疾患を抱える人たちと一般の人たちの間では殺人率が同程度であることを示す統計を提示することで，精神疾患を

第 5 章　障害者に対する偏見を減らす

抱える人たちは暴力的であるという考えに対抗しようとする（Corrigan et al., 2012）。教育によるアプローチは，パンフレット，チラシ，ビデオ，公共サービス広告，ソーシャルメディア・キャンペーン，情報提供ウェブサイト，学校での教育プログラムなど，様々な形態をとりうる（Corrigan & Gelb, 2006）。教育によるアプローチの利点は，その形式によって幅広い層を対象とすることができる点にある。ここで重要となるのは，教育の形式とプロセスには，対面で行う教室での教育のように有意義かつ使いやすい情報の経路の開発が必要になるという点である（Griffiths, Carron-Arthur, Parsons, & Reid, 2014）。

　33 件のランダム化比較試験に着目したあるメタ分析においては，精神疾患を抱える人たちに対する様々な種類のスティグマ（個人的スティグマ，認識されたスティグマ，内在化されたスティグマ）を低減するための複数の介入（教育，対象者との接触，認知行動療法など）の効果が検討されている（Griffiths et al., 2014）。33 件の研究のうち 17 件は，個人的スティグマ（精神疾患を抱える人たちに対する個人的態度，または当該集団に対する感情的反応）を低減するための教育的な介入を用いていた。また，17 件の研究においては，うつ病の人（8 件の研究），精神的苦痛を抱える人（5 件の研究），統合失調症や精神疾患の人たち（5 件の研究）に対する個人的スティグマが含まれていた（Griffiths et al., 2014）。メタ分析の結果，教育的介入は，これら 3 つのカテゴリーのすべてに対する個人的スティグマを低減させる上で有効だとわかっている（Griffiths et al., 2014）。世間に流布するスティグマへの対抗を一般的な目的に据えているものの，こうした教育的介入は，精神障害や物質使用障害を抱える人たちにとって自己スティグマを減らし，ストレス管理を改善し，自尊心を高めることにも効果があることがわかっている（Cook, Purdie-Vaughns, Meyer, & Busch, 2014; Heijnders & Van Der Meij, 2006）。Cross, Heijnders, Dalal, Sermrittirong, & Mak（2011）は，医療現場においてスティグマに対抗するためのアプローチとして，研修プログラムや教育と接触の組み合わせが圧倒的に多く実施され，そして評価されていることを明らかにしている。Brown, Macintyre, & Trujillo（2003）は，AIDS 関連のスティグマ低減のための介入に関するレビューを行った上で同様の結論に達しており，情報を単独で伝えるよりも，情報とスキル構築を組み合わせた方が効果的であることも示唆している。また，教育プログラムをより効果的にするためには，個

人的な情報，俗説の直接的な見直し，後述する疑似体験による共感の促進，議論の機会という4つの重要な要素をプログラムに盛り込む必要があるとしている（Brown et al., 2003）。さらに，Chanら（2007）は，中国の医学生におけるHIV/AIDS関連のスティグマを低減するためには，教育と接触の組み合わせが，接触だけの場合よりもより功を奏することを報告している（Chan, Yang, Zhang, & Reidpath, 2007）。また，Chanら（2007）の研究では，教育を展開したのちに接触させる戦略の方が，接触させたのちに教育を展開する戦略よりも否定的な態度や社会的距離を変えることにつながると報告している。

　しかしながら，教育的介入が世間に流布しているスティグマを著しく，かつ持続的に変化させる効果があるのか否かについての証拠は，実は混在している（Corrigan et al., 2012, Corrigan, Michaels, & Morris, 2015; Griffiths et al., 2014）。Stuart（2008）によれば，大規模な公的教育キャンペーンは，メンタルヘルスの問題を抱える者に対する態度や行動を大きく変えるには効果が弱いか，あるいはないかもしれない点を強調している。教育キャンペーンの有効性を示す研究ももちろん存在するが，それとは対照的な結果を示す研究もある。メディアによる短期間の反偏見キャンペーンやメンタルヘルスリテラシーキャンペーンは，特に行動面での変化などにおいて著しくかつ持続的な変化をもたらしにくい（Livingston, Cianfrone, Korf-Uzan, & Coniglio, 2014）。Campbell, Shryane, Byrne, & Morrison（2011）も，短期間での反差別的介入は，小さな効果から中程度の効果，そして時間的に限られた効果しかもたらさないと報告している。これらの著者は，介入の期間をより長く設定することで，効果の持続性を高める可能性についても示唆している。さらに，遺伝的な背景を強調して精神疾患の病因に関する情報を提供する教育キャンペーンは，実際には意図しないスティグマ化の可能性がある（Schomerus et al., 2012）。例えば，あるメタ分析によれば，教材で精神疾患の生物遺伝的原因を強調した場合には，精神疾患を抱える人たちを非難する傾向は弱まる一方，精神疾患を抱える人たちは回復の可能性が低いと考える傾向も強くなり，彼らとの交流を避けたいと考える傾向も強くなることが明らかにされている（Corrigan et al., 2012; Kvaale, Gottdiener, & Haslam, 2013）。また，教育により知識が向上することはあっても，知識の増加が態度変容につながることを意味するわけではないことにも留意すべきである。Raju, Rao, &

Mutatkar（2008）は，特定の行動をやめさせる，あるいは，代替的な視点を採用するといった行動は，知識ではなく，変化する社会的コストの認識に起因する可能性が高いと指摘している。

　アンチ・スティグマ（anti stigma）プログラムについてのレビューによると，特に青年において，教育に影響を受ける形で自身の信念や態度を大きく変化させることが明らかにされている（Borschmann, Greenberg, Jones, & Henderson, 2014）。教育的介入への反応性が高い理由の一つは，精神疾患に関する青年の信念が，大人の信念に比べて，認知プロセスの可塑性のみならず，より多くの変動性があるからかもしれない。Corriganら（2012）は，青年の間では，スティグマ化された態度を変えるには，接触型介入よりも教育的介入の方がより効果的であることを明らかにしている。また，精神障害の症状を経験した多くの青年は，症状に関する情報やサポートを得るための最初の情報源として，Google, Facebook, Twitter〔現在のX〕などのインターネットの情報源を利用する傾向があることが研究で明らかになっている（Birnbaum, Candan, Libby, Pascucci, & Kane, 2014）。Birnbaumら（2014）は，統合失調症の症状を経験した青年がGoogle, Facebook, Twitterで使用する可能性が考えられる検索用語から得られるオンライン検索結果の精度を調べている。すると，検索結果は，専門的な相談窓口（例えば，メンタルヘルスの専門的なソーシャルメディアのページ）に誘導するようにはなっておらず，中には，スティグマ化させるようなものがいくつかあることがわかった（例えば，「私は統合失調症なのだろうか」と検索すると，Facebookでは，「分裂した自己」といった誤解につけ込むようなページ［「私は統合失調症，私もそうです……◇1」］）を検索画面で提示したり，拘束衣を着せられ目隠しをされた男性といったスティグマ化された写真を表示したりするなど）。さらに，Josephら（2015）は，糖尿病と統合失調症に関するツイート（Twitter経由）を分析し，非公式なオンライン会話におけるこれらの慢性疾患に対する態度や認識を比較している。その結果，糖尿病に関するツイートと比較して，統合失調症に関するツイートは，医学的に正確である可能性が有意に低く，皮肉や否定的な意味合いを有する可能性が高いことがわかっている。また，小学生を対象とした態度変容戦略の研究も行われている。この年齢層では，提供された情報を理解するための子どもの認知的な準備状態が，態度変容の重要な要因となっ

ている。例えば，Fox, Buchanan-Barrow, & Barrett（2008）は，一般的に子どもは8～9歳頃までは精神疾患についての理解が深まらないことを報告している。その一方で，子どもたちは，5歳までの段階で，体調に関連する体の病気や，その原因や結果をよく理解するようになる。

(3) 説得

社会心理学の研究によれば，態度は，人々の信念，対象・人・集団についてどのような情報をもっているのかによって影響を受ける（Eagly & Chaiken, 1993; Fishbein & Ajzen, 1975）。それに加えて，信念は，他者の判断にも影響を受ける。したがって，障害者に対する偏見を減らすためには，説得的コミュニケーションを通じて障害に関する正確な情報を提供することで，障害に関する誤解を解くことが一つのありうる方法となる（Lee & Rodda, 1994）。Wood（2000）は，偏見を減らす戦略として社会的な影響力と説得力を行使する有用性を支持する強い実証的な証拠があると指摘している。人々は，自分自身の動機に対処することによって，自身の態度や偏見を変えるよう説得されうる。**情報的**動機は，情報を得て正確な立場に立ちたいという欲求に関連している（例：障害者は危険ではない）。これに対して，**規範的**動機は，社会における期待に応えたいという願望に関連しており，情報についての綿密な分析に基づいているわけではない。社会における期待に沿おうとする願望は，文脈に依存した一時的であからさまな判断の変化を引き起こしてしまう可能性がある。しかし，社会的／規範的動機から持続的な変化が生じる可能性もある（Wood, 2000）。こうした変化は，人々が私的に抱いている態度（例：障害者に対する否定的な態度）と公的な行動（例：障害者に対する肯定的な感情を抱いているふりをする）とが一致しないときに生じる**不協和**の結果である。こうした認知的不協和を低減するために，人々は一定の期間をかけて，自らの偏見を公的な立場と一致するよう変え始めるかもしれない（Bond & Smith, 1996; Chan et al., 2009）。

(4) 抗議

偏見を最小限にする戦略としての抗議（より穏やかな形としてはアドボカシー，第21章を参照されたい）とは，障害者に対する否定的な態度や差別的な法律・

慣行に対抗すべく，情報提供や教育の方針を適用する，より積極的で即時性のある戦略を指す（Heijnders & Van Der Meij, 2006; Roe, Lysaker, & Yanos, 2014）。こうした戦略は公民権運動にそのルーツをもち，主として人々の相互作用の認知と行動の領域に焦点を合わせている。抗議活動や擁護キャンペーンの重要な目的は，特定の集団への否定的な態度や否定的な意味での誤った表現を抑制することにある。より具体的には，抗議活動がめざすのは，(a) 人々の間で認識されている偏見的な実践は決して受け入れられないことを強調する強い道徳的メッセージを伝える，(b) 偏見的な実践が継続された場合，公共のデモ，関与しているとされる集団のサービスをボイコットする，法的措置などの行動がとられるとコミュニティに警告する，などである（Roe et al., 2014）。抗議行動はまた，スティグマがもつ有害な影響に対する一般市民の認識を高め，政策の変更につながる可能性もある（Arboleda-Flórez & Stuart, 2012）。

　抗議は行動変容にとって有用かもしれないが，公的な態度への影響は限定的だと示唆する証拠がある。先に述べたメタ分析によれば，抗議が精神疾患を抱える人たちに対するスティグマ的な態度に有意な変化をもたらさないことが明らかにされている（Corrigan et al., 2012）。Corrigan & Penn（1999）も，抗議による介入は態度変容に対して短期的な効果しかもたらさない可能性を示しており，抗議による介入には2つの重大な限界点があると論じている。第一に，抗議による介入のほとんどは，否定的なステレオタイプが他の態度や信念に置き換えられることはないという点である。第二に，リバウンド効果が介入による利点を減少させる役割を果たしうる点である。これは，対象となる考えを抑制することが，これらを積極的に考えた場合と同じ心理的反応（例：恐怖症，状況に特定的な不安，強迫的な先入観）を引き起こすというものである（Corrigan & Penn, 1999）。

(5) 障害の疑似体験とロールプレイング（代理体験）

　ロールプレイングを含む障害についての疑似体験は，障害者の経験を反映した状況を模擬体験して態度を修正・改善する一連の経験的戦略である（Flower, Burns, & Bottsford-Miller, 2007）。これらの戦略は，障害者への共感を高めるための様々な代理体験や実体験を行うことに基づく。教育，カウンセリング，リハ

ビリテーション，ヘルスケアの現場では，障害者に対する学生や専門家の態度を修正すべく，障害の疑似体験やロールプレイが頻繁に行われている。こうした介入で，参加者間の相互作用が促され，意思決定を試みる機会や重要な社会的メッセージを得られ，疑似体験した出来事や問題に関する共感や洞察力が育まれる（Hyman, 1978）。こうした戦略により，学習者は，障害者が抱える課題，強み，ライフスタイルに気づき，それらに対する洞察力を高めることができる（Patterson, 1980）。

Herbert（2000）は疑似体験に基づく戦略について考慮すべき点をいくつか挙げている。(a) 障害の疑似体験は他の学習方法と併用することによって，より有望な介入となる可能性がある。(b) 疑似体験を利用する教育者は，個人の価値観やバイアスを検討するために意識を高め，適切な状況を提供するオリエンテーションの活動を含めるべきである。(c) 障害の疑似体験だけではなく，障害者が特定の制限に対処するための枠組みをどのように用いているのかについて教育者は説明しなければならない。(d) 障害の疑似体験を通して経験する課題の多様性を理解し，評価する機会を提供することは，前向きな態度変容を促す可能性がある。(e) 他の学習方法と組み合わせた場合には，疑似体験は，障害があるという理由だけで評価を低めてしまいがちな態度という障壁に立ち向かい，低減するための介入につながる。

Shaverら（1989）は，58件の疑似体験の研究をレビューし，それらの平均効果量が$d=.40$であると報告した。その効果量は小〜中程度だと示唆している。Wurst & Wolford（1994）は，聴覚障害と視覚障害の疑似体験を一日経験した大学生が，体験後には自分の感覚に感謝するようになったと報告している。ただし，非障害者との交流は，「よそよそしく，批判しがちで，親しみがない」と報告している（p. 234）。Flowerら（2007）は，このようなタイプの態度変容戦略の効果を調べるためにメタ分析を行い，10件の研究から算出された合計17件の効果量を調べている。その結果，効果量の範囲は−0.18から0.57であり，全体の効果量の中央値は0.04，重み付けされた中央値は0.17であった。重み付けのない不偏推定値と重み付けのある不偏推定値の半分以上は，効果が小さいか無視できる程度であることを示唆するものであり，障害者の疑似体験は否定的な態度を修正する上では効果が十分には見込めない戦略である可能性がある。

最近行われた2つの研究では，スティグマ低減のための疑似体験が果たす役割をさらに明らかにしようとしている。Silverman, Gwinn, & Van Boven（2014）は，目の見えない人たち（視覚障害者）に対するスティグマの認識を検討する2つの実験を行っている。その結果，目が見えない疑似体験をした障害のない学生は，準拠集団である視覚障害者に対して自立した生活や仕事ができない人たちだと判断した。また，シミュレーションによって，自分自身も目が見えなくなった場合には能力が低下するだろうと予想することが明らかになった。しかし，このような能力に関する否定的な認識とは裏腹に，参加者は対象の視覚障害者に対してより温かみのある態度を示している。この研究の著者らは，疑似体験の演習で自己言及的な否定的感情が喚起し，想像が鮮明となり，その結果として，目が見えないという障害の状態における非適応的な特徴が強調されたのではないかと推測している。2つ目の研究である Nerio-Redmond, Gospodinov, & Cobb（2017）では，2つの障害疑似体験実験により，参加者は，障害者になることについて，混乱し，恥ずかしく，無力で，脆弱と感じたと報告する一方，障害者に対する共感的関心の増加はわずかであったことを明らかにしている。この研究の著者らは，障害の疑似体験は参加者の苦痛を助長し，障害者に対する態度を改善することができず，態度を改善する努力を損なってしまったと結論付けている。Kiger（1992）と Herbert（2000）は，行動－社会理論に固有の原理と実際に行われている疑似体験活動との間に矛盾がある点を指摘し，以下のような問題点を挙げて障害の疑似体験の利用を批判している。具体的には，（a）短期間のため実体験として不十分である，（b）方法論的デザイン，サンプリング，測定のための尺度や指標，統計的検出力の不足，（c）これらの実験を行う際の倫理的配慮の不足，である。疑似体験やロールプレイングを用いた介入を行う際には，障害者に対する態度を変えようとする一方で，体験の多様性，関連しうる倫理的懸念，各体験に費やす時間の長さなどに注意を払う必要がある。

（6）メディア

　障害者に対する態度を改善するためにメディアを利用することは，一般的には経験と情報を組み合わせた戦略に依拠している。障害者に対する偏見や差別

を低減するための戦略としてのメディアの利用は，視聴者や聴取者に障害者の経験についてより現実的な（しかし必ずしも過度に楽観的ではない）見方を提供することに焦点を合わせている。テレビ，映画，演劇，書籍，定期刊行物などのマスメディアは，我々の日常生活の一部であるため，メディアは障害者に対する態度を改善する可能性がある（Elliott & Byrd, 1982）。

Heim（1994）は，青少年向けの文学における障害の描写について，5つの基準を提案している。(a) 情報の正確さ，(b) ステレオタイプに基づいていないこと，(c) 読解力に合わせること，(d) 障害との向き合い方，(e) 他の特徴と同様に，たまたま障害を抱えている人として表現すること，である。先行研究に示された結果では，障害を肯定的に表現するのにメディアは効果的であると示されているが（Cornelius & Daniels, 1977; Dillon, Byrd, & Byrd, 1980; Elliot, 1981; Hoyt, 1978; Potter, 1978; Scior, 2011），これらの研究の多くはかなり古く，障害者に対する態度変容へのメディアの影響について，より継続的な研究が必要となることを示唆している。近年の研究は限られているものの，メディアが態度に及ぼす影響について理解しようと努めている研究者もいる。Schwartzら（2010）は，ステレオタイプを払拭するためには，有名人を使って障害を抱える登場人物を描くことよりも，実際の障害者を描いた方が効果的であると指摘している。Ritterfeld & Jin（2006）は，統合失調症に関する知識の獲得とスティグマの低減に対するエンターテイメントの教育戦略の効果を調べている。その結果，正確で共感を呼ぶような映画の描写を見ると知識が増えること，教育用に編集した映画の予告編では知識の獲得が増えるだけでなくスティグマの低減にも役立つことが示されている。Griffithsら（2004）は，ウェブベースのうつ病リテラシーと認知行動療法の介入がうつ病へのスティグマ的態度に及ぼす影響を検討するランダム化臨床試験を行っている。その結果，どちらの介入もうつ病に対する偏見的態度をわずかではあるが統計的に有意に減少させていた。Finkelsteinら（2008）による別のランダム化臨床試験では，コンピュータによるスティグマ低減プログラムが，特別支援教育プログラムに登録している学生の精神疾患へのスティグマを低減させる効果について検討している。その結果，知識の獲得とスティグマの低減は，読書群とコンピュータプログラム群の両方で有意に改善したが，6か月後の追跡調査においても効果が持続したのはコンピュータプロ

グラム群のみであった。Clementら（2013）は，4490人の参加者を対象とした22の研究を含むメタ分析を行っている。その結果，マスメディア介入は偏見を低減させる可能性はあるが，その効果量は小〜中程度であることが示されている。

メディアは，障害についてのステレオタイプに満ちた描写，否定的な描写により，障害者に対する否定的な態度を助長してしまう可能性がある。その一方で，偏見に抗ったり，公共の場で議論をしたり，障害者に関する肯定的な感動物語を放送したりする重要な戦略にもなる。障害の専門家は，人々への教育や意識改善の手段として，メディアへのロビー活動や報道担当者などの役割に積極的に関与すべきである。さらに，障害分野における研究知見が一貫していることに鑑みれば，障害者に関するメディア表現をさらにつくり上げることから，障害者の人生における機会を改善し回復の可能性を高めるためにメディアをどのように利用していくかという，より困難な課題に関心を移す時期に来ているのかもしれない（Stuart, 2006）。さらに，テクノロジーの急速な発展に伴い，障害科学にとっての今後のメディアコンテンツについては，様々な形式のソーシャルメディアの影響力を十分に考慮する必要がある。メディアを通じて，障害者コミュニティは，従来のニュースメディアによる表現に代わる枠組みを生み出せるかもしれない。また，新しい形式のオンラインメディアによって，障害者は自分の物語をオンラインでの視聴者に伝えられるようになり，障害者に対する態度を改善するためのセルフアドボカシーを促す可能性はある（Haller et al., 2012）。

2. 職場における偏見低減戦略

上述したように，失業，貧困，所得格差などは障害者が直面する大きな課題となっている（Chan et al., 2017；第13章も参照）。失業は，うつや不安，アルコール使用，自尊心の低さと関連することが明らかになっている（Compton, Gfroerer, Conway, & Finger, 2014; Dutta, Gervey, Chan, Chou, & Ditchman, 2008）。また，貧困と所得の不平等は，ストレス，健康の悪化，高い死亡率につながる。逆に，雇用，大学での教育，高収入は，健康や社会的利益と関連していること

が報告されている（United Nations, 2006）。雇用は基本的な人権であると理解されており，雇用に関連する公衆衛生上の介入は，障害者の健康とウェルビーイングにとって極めて重要である（Dutta et al., 2008; Muller et al., 2017; United Nations, 2006）。残念ながら，雇用者を対象とするいくつかのフォーカスグループ研究によれば，雇用者が障害者に対していまだ多くを誤解していることが明らかにされている。例えば，Kaye, Jans, & Jones（2011）は，雇用者を対象とするフォーカスグループ研究を行い，障害者を雇用しない3つの大きな理由を見出している。すなわち，(a) 障害と適応についての認識不足，(b) コストに対する懸念，(c) 法的責任に対するおそれ，である。Amir, Strauser, & Chan（2009）は，雇用者を対象にいくつかのフォーカスグループ研究を実施し，障害者に対する雇用者の6つのスティグマ的な態度を明らかにしている。

1. 障害者は新しい仕事を覚えるのに余分な時間を要することが多い。
2. 障害者は仕事をすることに環境上の配慮を要することが多い。
3. 障害者は時間通りに仕事を終わらせるのが難しく，仕事をすべて終わらせるためには他の人たちの助けを要することが多い。
4. 職場の同僚たちは障害者と一緒に仕事をしたがらない。
5. 障害者は健康上の問題あるいは個人的な問題により病欠することが多い。
6. 障害者は他の人たちとうまく仕事をやっていくのが難しい。

米国労働省が実施した雇用者調査によると，障害者を雇用していると回答した企業はわずか19％であるという（Domzal, Houtenville, & Sharma, 2008）。障害者を雇用しない最も一般的な理由は，社内の重要な仕事は障害者にとっては難しすぎるだろう，というものであった。このようないわば悪意のある認識に抗うためには，障害者に対する偏見を低減させるための一般的な戦略を雇用者に用いるだけでは十分ではないかもしれない。職場における偏見低減戦略に焦点を合わせた雇用者側の研究は少ないが，職場での偏見低減戦略として，情報，技術支援，多様性と包括的な方針，障害関連の法律，計画行動理論，印象管理などを利用することの有用性を示す予備的な証拠はある。以下ではこれらについて概説する。

(1) 情報

　需要側の視点に立った初期の雇用に関する研究の一つに，米国労働省障害者雇用政策局が行った研究がある。この研究では，13の大都市圏の雇用者集団に焦点を合わせ，障害者の雇用とその定着に悪影響を及ぼす主たる要因は何かについての分析がなされている（Grizzard, 2005）。雇用者から最も多く出された反応は，障害者の雇用とその定着に関する否定的な先入観や懸念を払拭すべく，より正確で実用的な情報を必要としているというものであった。これらの結果は，偏見を低減させるための戦略は，障害者雇用に関連する事実，統計，成功談などを提供するといった，非常に単純な方略であることを示唆している。そうした方略には，障害者は非生産的で信頼できない労働者であるとの固定観念を払拭する印刷物（ファクトシートなど）を作成し雇用者に配布したり，障害者が様々な仕事や異なる業界で成功している様子を描く教育用ビデオを作成したりすることなどを含む。ニューヨーク市立大学ハンターカレッジとウィスコンシン大学マディソン校の研究者たちは，情報技術の専門家として成功している8人の障害者を描いた30分の映画「The Forerunners」を制作している（Cardoso, Chan, & Jourdan, 2009）。この映画は雇用者たちから好評であり，雇用者がもつ障害者への偏見に満ちた態度を改善する上で役立っている。なお，この映画は，https://www.youtube.com/watch?v=3hWwOnyYhsY&feature=youtu.be または https://ep.vcurrtc.org/about/partners.cfm で視聴できる。

(2) 技術支援

　Chanら（2010）は，米国中西部における132人の人事管理者を対象に，障害者雇用とその定着に影響を与えうる雇用者側の要因について調べている。その結果，障害のあるアメリカ人法（ADA）の知識，仕事上の適応，多様性の取り組みとしての障害者の包摂などが，障害者雇用に対するコミットメントと有意に関連することが明らかにされている。米国国立障害・自立生活・リハビリテーション研究所（The National Institute on Disability, Independent Living, and Rehabilitation Research: NIDILRR）は，雇用者がADAの複雑な仕組みをよりよく理解できるように，10の地域における障害事業技術支援センター（Disability and business technical assistance centers: DBTAC）に対して資金提供をしている。そして，雇用

者およびリハビリテーション医療の専門家は，ADAナショナルネットワークに連絡して，各地域のDBTACを探すことができる（http://www.adata.org/）。また，雇用者は職務上の適応に関する技術的支援を受けるために，作業環境改善ネットワーク（the Job Accommodation Network: JAN）に連絡できる。このJANは，ADAに基づいて従業員の適応に関連する情報を提供するため，米国労働省障害者雇用政策局が展開したものである（https://askjan.org/）。

（3）障害者のためのダイバーシティ・トレーニング

ダイバーシティ・トレーニングは，集団間の関係を改善し，偏見を減らすことを目的とする一種の介入である（Phillips, Deiches, Morrison, Chan, & Bezyak, 2016）。このトレーニングの目的は，従業員が様々なタイプの従業員と効率的に働くための方法を学ぶことにより，よりパフォーマンスの高い従業員を擁する，よりよい組織へと発展させることにある。米国における組織の約67％が，現職の従業員に向けたトレーニングとして，ダイバーシティ・トレーニングを行っていると報告している。しかし，一般的なダイバーシティ・トレーニングでは，性別，人種・民族，性的指向の問題に主眼が置かれており，障害がダイバーシティ・トレーニングの重要な問題と位置付けられることはほとんどない。Chanら（2010）は，雇用者を対象とする調査において，ダイバーシティと包摂に関する指針や手続きに障害に関するトレーニングを取り入れている企業は，障害者を雇用しやすい企業であることを明らかにしている。こうした傾向は，Habeck, Hunt, Rachel, Kregel, & Chan（2010）が行ったディスアビリティ・マネジメントに関する調査においても確認されている。

Rudstam, Hittleman, Pi, & Gower（2013）は，様々な業種にまたがる258人の調査対象者のデータを用いて，障害の多様性に関するトレーニングプログラムの効果を評価している。このトレーニングには，10のモジュールから構成されるオンライン型のトレーニングに加えて，8つのモジュールから構成される対面型トレーニングがある。モジュールには，(a) ダイバーシティの一形態としての障害，(b) 視点取得の実践，(c) 組織の包括性の評価，(d) 変化のための戦略立案，などが含まれている。研究者らは，トレーニングの前後において，態度や知識，行動意図が有意に向上することを明らかにしている。また，この

研究の著者らは，過去に障害者と関わりをもった経験のある人たちや，障害者に対する支援を整えている組織で働く人たちは，トレーニングを受けた後に，障害者を採用するための行動をとりやすい可能性があることについても報告している。

(4) 障害関連の法律

上述したように，社会的・規範的な動機を用いて障害者に対する人々の態度を変えることは可能である（Wood, 2000）。ADAの成立は，社会的・規範的動機を育んで平等な教育や雇用の機会など障害者の基本的な権利を促進することを目的とする政府の取り組みの一例といえる（Corrigan & Lam, 2007）。Chanら（2010）は，ADA，職務上の適応に関する知識，企業におけるダイバーシティプランの一環としての障害者の包摂が，障害者雇用に対する責任を予測する重要な要因であるとを明らかにしている。この研究において著者らは，雇用者がADAにより精通するよう支援し，職場において障害者を支援する公的立場を表明するよう奨励することなどが，障害者の雇用やその定着に対する雇用者の態度を変えるうえでの有用な介入となりうると結論付けている。加えて，1973年のリハビリテーション法第503条やその改正によって，連邦政府の請負・下請業者は，障害者雇用率を7％とする目標が設定されている。このような政府の取り組みは，障害者の雇用に対する雇用者の否定的な態度を改善していく上で役立つかもしれない。

(5) 計画的行動理論

Fishbein & Ajzen（1975）は，行動についての信念（behavioral beliefs）を「自身の行動がもたらすであろう結果についての信念に基づく態度」と定義している。例えば，雇用者となりうる人が，障害者を雇用すると自分や自分たちの会社にかなりの利益をもたらすと信じている場合，障害者雇用への態度は好意的になる（Fraser et al., 2010）。逆に，障害者を雇用すると主としてネガティブな結果をもたらすと信じている場合，彼らの態度は好ましくないものとなる。同様に，主観的規範（例えば，障害者を雇用するかしないかという社会的圧力の認知）は，当該者（例えば，経営のトップ）が障害者の雇用を支持するかしないかとい

う規範的な信念に基づく。そして，コントロール感とは，障害者を雇用し，その定着を図ることに影響を与える資源，施設，その他の要因が利用できるかどうかの知覚に関連するコントロールの信念を指している（Fraser et al., 2010）。Fraserら（2011）は，調査結果に基づいて，企業文化の影響が障害者雇用と有意に関連していると結論付けている。しかし，フォーカスグループ研究（Fraser et al., 2010）においては，より上級管理職（シニア・エグゼクティブ）のコミットメントが十分ではなく，企業内のあらゆるレベルの従業員が賛同していることは，上級管理職の賛同と同様に重要だと示唆されている。したがって，障害者雇用を支持するような規範的な期待をつくり出すためには，マーケティングや教育の取り組みを上級管理職と中間管理職の両方を対象に実施する必要があるといえる（Livneh et al., 2014）。

(6) 印象管理

Chan, Pruett, Kubota, Lee, & Kwok（2008）は，障害者が自己呈示／印象管理の戦略を用いて，日常的な状況におけるステレオタイプや偏見に抗う上で必要な自己効力感を身につけることが重要であると主張している。印象管理とは，他者がもつ自分自身に対する知覚に影響を与えようとする意識的または無意識的なプロセスを指す（Wang, Strauser, Chan, & Wu, 2013）。Chanら（2008）は，脊髄損傷を抱える応募者の就職面接の結果に印象管理が及ぼす影響を調べるための実験研究を行っている。この実験では，ビジネスを専攻する学生86名を3つの条件に無作為に割り振り，技術系のセールスコンサルタントの職につくために面接に挑む求職者を描いた15分間の動画を視聴してもらった。実験条件は，(a) 障害のない求職者，(b) 印象管理戦略を用いない脊髄損傷の求職者，(c) 印象管理戦略を用いて，障害，仕事上の配慮，仕事の成果に関する事柄を自ら説明しようとする脊髄損傷の求職者，の3つであった。学生たちは，それぞれの求職者に対する全体的な印象とその職種での採用可能性を評価するよう求められた。面接の結果に対する印象管理の効果は，採用可能性において統計的に有意となることが明らかにされた。すなわち，印象管理を行った脊髄損傷の求職者への採用可能性の評価は，印象管理を行わなかった脊髄損傷の求職者や，障害のない求職者の評価よりも有意に高かった。Sung, Lin, Connor, & Chan

(2017) は，対象をてんかんのある求職者とし，同じような面接内容を用いてChanら（2008）の研究を再現している。印象管理を用いたてんかんの求職者は，障害のない求職者や印象管理を用いなかったてんかんの求職者と比べ，採用可能性尺度の得点が有意に高かったことを明らかにしている。

3. おわりに

　本章では，障害者に対する偏見やスティグマを低減するための最も一般的な戦略について概観した。本章で整理した様々な形式のアプローチは，（1）障害者との個人的な接触，（2）障害の本質に関わる情報と教育，（3）態度変容のために人々がもつ動機（正確な情報を得たいという欲求や社会・規範的動機など）を十分に利用すること，（4）抗議，擁護，活動，（5）障害の疑似体験とロールプレイ，（6）より多くの人たちを対象とするメディアの利用などの戦略を通じて，人々の態度変容をねらうものである。また，雇用における差別は，経済的安定や望ましい生活様式を手に入れることを制限するおそれがあるという点で障害者にとっても重要な問題である。リハビリテーションの専門家は，計画的行動理論を応用して障害者雇用への雇用者の態度を改善し，採用に影響を与えうる印象管理のスキルを障害のあるクライエントにトレーニングし，さらには職場での障害者を継続して保護するため障害関連の法律に関わることなどを考えることができる。今後の研究においては，様々な障害に関連する偏見低減戦略について検討を続けるとともに，障害者のスティグマと偏見の低減に関するより頑健なエビデンスに基づく実践に焦点を合わせるべきである。

◈ 訳　注

◇1　ここでは統合失調症であるとの診断が伴っているか否かが定かではない人たちの個人的な見解としてFacebookなどに投稿された文章を指していると考えられる。

第 6 章

リハビリテーション心理学の基礎原理と社会心理学の理論
グローバルヘルスにおける交差とその応用

Jacob A. Bentley, Jamie L. Tingey, Jeremiah Lum, & Shuen-En Ho

　障害は，21世紀におけるグローバルヘルスの問題として注目されている（World Health Organization［WHO］& World Bank, 2011）。病因とその重症度の連続性を考慮した場合，世界保健機関（WHO）と世界銀行は，世界中で約10億人が何らかの形で障害を抱えていると推定している。さらに，障害がもたらす様々な課題は，世界の障害者の約80％が暮らす低中所得国（LMICs）に偏っている（WHO, 2006）。それゆえ，地域における資源の制限に関わらず障害者のエンパワーメントを実現していくためには，国際的な専門家からなる学際的なコミュニティにより，理論主導型の実践がもつ可能性を引き出すことが必要不可欠である。これまでにない斬新なアイデアは，2つ以上の研究分野が交わることによって生まれることが多く，既存の問題に対する新しいアプローチや，既存のパラダイムの転換につながる。低中所得国の障害者を含め，世界において最も弱い立場にある人々が平等な人権を真に享受するためには，そうした斬新なアイデアが必要となる。

　本章では，障害に関連するグローバルヘルスの現在および今後の需要に応えることのできる社会心理学の理論とリハビリテーション心理学の基礎原理の交差がもたらす可能性を明確にする。リハビリテーション心理学の中核をなす社会心理学の理論とその原理に焦点を合わせた学術情報が，障害者の抱える課題に対する実践に役立つ学際的な貢献を促すことを期待している。そのため本章

表 6.1 「障害に関する世界報告書」における提言の概要

提言	その内容
1. すべての主流の制度やシステム，サービスへのアクセスを可能にする	主流化は，公に提供される活動やサービスに障害者が他の人たちと同じように参加することを保証する。参加を阻むようなシステム上の障壁は，社会のあらゆるレベルで特定され取り除かれる必要がある。重要となる戦略としては，ユニバーサル・デザインの採用や合理的配慮の提供などが挙げられる。
2. 障害者のための特別なプログラムやサービスへ投資する	障害者の中には，支援技術やリハビリテーション，サポートサービス，トレーニングなどを必要とする人たちもいる。LMICsにおいては，サービスへのアクセスを増やし，サービスをよりよい形で統合していく必要がある。既存のプログラムの評価と修正は，地域の文化的な背景に照らし，実際にその地域で得られた確かな証拠に基づいて行われる必要がある。
3. 国を挙げた障害への戦略および実践計画の導入	国を挙げた障害への戦略は，障害者のウェルビーイングを向上させるための包括的なビジョンを提供するものである。障害者およびその代表組織を含む，幅広いステークホルダーが関与すべきである。戦略や実践計画は，優先事項および測定可能な成果との関連性を確立する地域の状況分析によって情報を得るべきである。
4. 障害者の関与	障害者は，政策，法律，サービスの策定と実施に関して，相談を受け，積極的に関与すべきである。個々のレベルにおいて，障害者は自身の生活をコントロールする権利があるため，保健や教育，リハビリテーション，地域生活など，自分に直接関係する問題について相談を受ける必要がある。
5. 人的資源の能力向上	多くのLMICsにおいて，リハビリテーションや特別支援教育に携わる専門職があまりに少ない現状がある。リハビリテーションに関わる専門職に対する様々な種類やレベルのトレーニング基準を策定することは，その資源のギャップを埋めるのに有益である。人的資源の能力は，教育，訓練，採用，定着の努力によって向上させることができる。障害関連の研修および認定プログラムは，人権の原則を含めて考えられるべきである。
6. 十分な資金提供によりサービスにかかる費用を改善する	国家的な障害者に対する戦略の一環として，サービスにかかる費用の改善と持続可能性を考慮すべきである。十分な資金提供がなされ，プログラムのコストと成果が評価され，費用対効果の高い解決方法の開発に重点が置かれるべきである。

次頁へ続く→

7. 障害に対する国民の認識と理解を高める	社会レベルでは，障害に対する国民の理解を深めることによって偏見を減らすための努力を続け，否定的な認識に対峙し，障害を公正に表現する必要がある。
8. 障害に関するデータ収集の改善	障害に関しては，ICFモデルに基づき，世界的にそのデータの収集がなされるべきである。その第一歩として，国連の障害に関する「ワシントン・グループ」および「国連統計委員会」の提言に沿って，国勢調査のデータ収集が可能である。
9. 障害に関する研究を強化し支援する	障害に関する研究は，人々の認識を高め，政策やプログラムに情報を提供し，資源を効率的に配分する上で不可欠である。LMICsにおいて，研究能力を培っていくには人的および技術的能力への投資が必要となる。関連領域にわたる学際的なスキルの強化を優先すべきである（例：疫学，障害学，健康とリハビリテーション，特別支援教育，経済学，心理学，公共政策）。

ICF = International Classification of Functioning, Disability, and Health（国際生活機能分類）．LMIC = Low and Middle Income Country（低中所得国）。
出典：WHO & World Bank, 2011.

は，WHOが2011年に発表した「障害に関する世界報告書」における提言について考慮し構成されている（表6.1）。各セクションにおいては，心理学の理論と原理の応用例を簡単に説明する。本章における議論の多くは，低中所得国の文脈における障害者への適用を念頭に置いている。しかしながら，こうした研究の国際的かつ異文化的な性質を考慮し，各例においては，そうした適用が現地のステークホルダーや障害者と協力して行われ，地域における可能性を育むことを支援するものであることも正しく評価している。本章を偶然に目にしたグローバルヘルスの研究者らにとって，リハビリテーション心理学の基本原理（Dunn, Ehde, & Wegener, 2016）と社会心理学的理論との交差（Dunn, 2015; Wright, 1983）を定義し考察を加えた先行研究を参考にすることは役立つだろう。これまでに蓄積されてきた公刊論文で取り上げられている諸概念は，障害や慢性的な疾病の状態にある人たちの生活を向上させることを目的とする，学際的なグローバルヘルス領域に必要と考えられる土台を，部分的に提供している。

第6章 リハビリテーション心理学の基礎原理と社会心理学の理論

1. リハビリテーション心理学の基礎原理

　リハビリテーション心理学の基礎原理は，20世紀の後半にかけて発展したものであり，多くの場合，社会心理学の理論と直接関係するものや，社会心理学の理論から統合されたものである。本章で取り上げるリハビリテーション心理学の基礎原理については表6.2の通りである。以下の各セクションでは，(1) リハビリテーション心理学の中心となる基礎原理を概観し，(2) それぞれの原理と社会心理学との接点を議論した上で，(3) 「世界報告書」の提言に示されているような特定の障害に関係するグローバルヘルスへの新たな取り組みに対す

表6.2　リハビリテーション心理学の基礎原理

原則	定義
人間と環境の関係	障害者の属性については，利用可能な状況の特性よりも，推定される気質的な特徴に焦点が合わされがちである。環境による制約は，通常，障害のある人が生活する上で，性格的要因よりも重要である。
内部者と外部者の区別	障害者（内部者）は，慢性的な疾患を抱える生活がどのようなものかを知っている（例えば，困難なこともあるが普段は自己管理できる，など）が，一方で，そうした経験に疎い観察者（外部者）は，障害は決定的であり，すべてを包含し，否定的なものに決まっていると思い込む。
障害への適応	障害や慢性疾患に対処することは，継続的でダイナミックなプロセスであり，社会的および物理的環境に構造的な変化をもたらすことに依存している。
心理的資産	障害者は，障害がもたらす困難を改善し，日常生活を豊かにする個人的または心理的な資質をもつか，または身につけることができる。
身体的状態の自己認知	身体的な状態（痛み，疲労，苦痛など）の経験は，実際の感覚だけでなく，現象に対する人々の認識に基づいている。態度，期待，または環境条件を変えることで，知覚を建設的に変化させることができる。
人間の尊厳	障害や慢性的な健康状態の原因および程度に関わらず，すべての人は尊重され，励まされ，尊厳をもって扱われるべきである。

出典：Dunn, Ehde & Wegener, 2016, p. 2 から転載。

る実践を簡潔にまとめ，結論を提示する。本章で取り上げるリハビリテーション心理学の基礎原理は，互いに，また主要な社会心理学の理論や概念とダイナミックな接点を包有している。

(1) 人間と環境の関係

　概念的には障害の医学モデルから脱却する形で，障害は，健康な状態にある人と周囲の環境との間の複雑な相互依存関係の中で捉えられるようになってきている（WHO, 2001）。社会心理学者のKurt Lewin（1890–1947）の研究は，国際社会において障害をこのように再概念化していくことに大きく貢献している（Dunn, Uswatte, Elliott, Lastres, & Beard, 2013）。例えば，Lewin（1935）による場の理論は，WHOの国際生活機能分類（ICF）モデルに概念的な道筋を与えた。「動的な場（dynamic field）」という概念，つまり，より大きな全体の中のどの部分の状態も，他のすべての部分に依存しているという考え方は，Lewinの理論の中核であり，ICFの基盤となる考え方でもある。さらにいえば，Lewinの$B = f(P, E)$という準数学的な方程式は，人間と環境の相互作用の関数として行動を理解するための適切な発見的手法を提供している。この方程式では，Bは観察可能なあらゆる行動を，Pは行動に影響を与えるすべての内的要因を，Eは周囲の物理的・社会生態学的な外的環境要因を表している。図6.1に示すように，ICFは障害をこれと同様に解釈している。ICFは，2001年にWHO加盟国191か国すべてで承認されており，その影響力は広範に及ぶ。ICFは，障害の所在を欠損モデルから動的な社会生態学的モデルへと方向転換したという点で，重要な概念的変化をもたらすものであった。

　人間と環境の相互作用に関するレヴィニアンの理論も，また環境的要因に関するICFの構成要素も，ミクロからマクロまで，様々なシステムの文脈に適用できる。この意味でも，リハビリテーション心理学の観点から「世界報告書」において示されている諸提言に取り組む意義は多岐にわたる。実際に，この基本原則は，障害に関連するほぼすべての問題に適用できる包括的な概念として，最も効果的に理解されうるかもしれない。つまり，障害を人間と環境の相互作用の関数として捉えることは，障害者が置かれている社会的・物理的環境を評価する枠組みを提供する。そうすることで，人間が様々な環境を渡り歩く上で

第6章　リハビリテーション心理学の基礎原理と社会心理学の理論

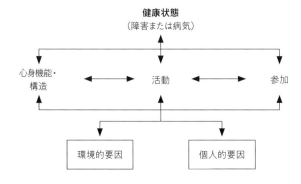

図6.1　国際生活機能分類（ICF）
出典：WHO, 2001.

障害が即時流動的であること，また，機能的および心理社会的な結果に文化的および文脈的な要因が影響を与えることについて認識することの重要性を捉えることが可能である。これは，障害を診断や障害によって定義される静的な個人内の構成要素として概念化することとは，極めて対照的である。

　Lewinの理論，そしてそれに関連するリハビリテーション心理学の基本原則は，「世界報告書」に記載されている提言に当てはめることが可能である。例えば，最初の提言である「**すべての主流の制度やシステム，サービスへのアクセスを可能にする**」という点について考えてみよう。グローバルヘルスとリハビリテーションの専門家が医療制度や政策を推進していくためには，人間と環境の相互作用やシステムレベルでの潜在的な格差を評価する生態学的な視点が不可欠である。これは，個人レベル（ミクロ）から国家レベル（マクロ）にまで及び，ケアへのアクセスの不均衡，提供されるサービスの種類と質の不均衡，そして障害者のその後の健康状態の結果における格差の不均衡などに関する分析を含む。この原則に沿って，MacLachlanら（2012）は，低中所得国の状況における政策情報へのアクセスとそれらの政策の効果的な実施を評価する枠組みを確立している。

（2）内部者と外部者の区別

　2つ目の基礎原理は，「内部者と外部者の区別」である。内部者と外部者の区

別とは，障害者が障害のある生活について経験的に知っていることと，障害のない観察者たちが行う一般的で偏った仮定との間には不一致がある，ということを意味している（Dunn, Ehde, & Wegener, 2016）。外部者の視点には，状況や環境の要因ではなく，個人に障害の責任があると捉える傾向を見て取ることができる。このような認識枠組みは，社会心理学的概念である基本的な帰属の誤りと一致しており，外部の観察者は，その人の人生やアイデンティティのうちのたった一つの要素に注目し，その人となりについて不正確で広範にわたる推測をしてしまう可能性がある（Dunn, 2015; Gilovich & Eibach, 2001; Ross, 1977; Wright, 1983）。対照的に，障害者（「内部者」）は通常，障害を自分のアイデンティティの一面にすぎず，必ずしも決定的な特徴ではないと考える（Dunn & Elliott, 2008; Shontz, 1977）。さらに，内部者にとって，障害に関連するアイデンティティの側面は，しばしば否定的なものではない。障害者コミュニティとの仲間意識など，障害者のアイデンティティの肯定的な要素は，ストレス要因に関連する緊張を相殺するのに役立つ（Dunn & Burcaw, 2013）。

　残念ながら，こうした社会的な認識傾向の存在ゆえか，リハビリテーション医療従事者は，これらの肯定的な側面を見落とし，内部者にとっての障害のある生活についての誤解を助長するような態度をとることがある（Martin, Roswell, Reid, Marks, & Reddihough, 2005）。内部者と外部者の区別，および基本的な帰属の誤りを犯すリスクを認識する形で，リハビリテーション心理学者は，障害を「本質化」しないよう訓練されている。つまり，障害の観点から患者を定義することを避けるよう教育を受けているのである（Dunn, Ehde, & Wegener, 2016）。障害を本質化してしまう心の傾向は，臨床的なやりとりや専門的能力の開発に影響を与える。本質化してしまうと，臨床家は障害のある患者の目標，願望，能力について誤った推定をすることになる（Iezzoni, 2006）。このような考え方は，障害のある人とない人の集団間の溝を広げ，外部者が障害者から学ぶ機会を妨げるような行動や認知を強化することになる。

　誤解や矛盾した視点に陥りやすい事実は，臨床の研修や研究においても同様に確認されている。例えば，Maheady（1999）は，障害のある学生にとっての困難さの原因についてインタビューした看護系教員は，当該学生の成功に最も悪影響を与える要因は物理的な障壁にあると考えていることを指摘している。一

方で，障害のある看護学生たちは，研修中に直面した困難は，上司，教員，仲間の学生の悲観的な態度に起因すると考えていた。研修の困難さの原因に関する学生と指導者の視点の違いは，内部者と外部者の区別に内在する障害を本質化する傾向や，そうした傾向がどのようにして体系的な態度の障壁につながるかを浮き彫りにしている。教育やトレーニングに携わる人たちは，障害のある学生を受け入れることを積極的に主張し，障害者に対する態度についての議論をトレーニングカリキュラムに組み込むことにより，すべての学生を包括的に受け入れる雰囲気をつくり出すことができる（Aaberg, 2012）。

　この基礎原理，そしてその原理と関連する社会心理学の理論は，「世界報告書」の提言を検討する際にいくつかのインプリケーションを有している。おそらく最も注目すべきは，**障害者の関与**と**人的資源の能力向上**という提言への影響だろう。低中所得国におけるリハビリテーション医療提供者の人的資源に示される限界は，すでに周知の事実である（WHO & World Bank, 2011）。リハビリテーションの専門家を確保する上での不均衡を縮めるために，能力の開発（キャパシティビルディング），トレーナー養成，業務の移管，地域を基盤としたリハビリテーションなど，様々なアプローチが開発されている（MacLachlan, Mannan, & McAuliffe, 2011）。

　現地の関係者と協力し，理論に基づくリハビリテーション心理学の基礎原理を適用しようとする取り組みは，人材育成のニーズに応えることができる可能性がある。これらの原理は，西洋の視点から伝統的に理解されてきたリハビリテーション心理学を臨床的に提供するインフラがたとえ現地に不足しているとしても，障害者の人権のため，医療従事者を育成・訓練するための有益な情報になりうる。例えば，障害者を健康状態や機能的障害によってではなく，一人の人間として見ていることを伝える手段として，人間を第一に考えた言葉（「障害のある人」（person with disability）と「できない（状態にさせられている）人」（disabled person）の違いなど）を使うことなどが挙げられる（Blaska, 1993; Dunn, & Andrews, 2015）。このような単純な概念の言い換えは，深い心理学的理論に基づいており，人材教育や開発の取り組みに応用することができる。

(3) 障害への適応

　この基礎原理は，慢性疾患や障害への適応のプロセスが常に発展しうるダイナミックなプロセスであることを念頭に置いている。適応には，順応（と可能であれば受容を含む）プロセスが含まれる（Dunn, Ehde, & Wegener, 2016）。つまり適応とは，障害に伴う活動や参加の制限が自分の生活ないしアイデンティティにどのように組み込まれるかについて理解を深め（例：**順応**），同時に，そうした変化が自己価値を決めてしまったり低下させたりするようなものではないという個人内の調和に向けた希望をもつに至るときに生じるものである（例：**受容**）。適応の指標としては，(1) 自分の能力や将来の見通しについての建設的な見方，(2) 日常生活における実践的な問題解決能力，(3) 自分を支配しているという感覚，(4) 社会的・物理的環境をうまく利用する能力，(5) 肯定的な自己概念，などの発達が挙げられる。この原則には，障害に対する反応の多様性を認識することが含まれる。なぜなら，他の人よりも効果的に適応できる人がいるからである。

　社会的な要因は適応プロセスに大きく影響し，社会心理学的な理論は，障害者の適応対処を促進するツールとして役立つ。社会的アイデンティティ理論は，社会的相互作用が障害への適応にどのように影響するかを理解するための前提となる。この理論は，集団としてのメンバーシップが自己概念の主要な構成要素であり，したがって人間のアイデンティティの感覚に影響を与えるとしている（Tajfel & Turner, 1979）。集団のカテゴリー化や同一視は，通常，自身の社会的環境に関連して行われる。しかし，そうした社会的環境における障害についての否定的な含意は，同一視された集団のメンバーシップを脅かすような差別的なプロセスにつながり，その結果として，個々人の自己同一性や自己価値感を脅かすことになる（Monden, Trost, Scott, Bogart, & Driver, 2016）。例えば，最近障害を抱えた人は，自分を「障害者」とカテゴリー化したり，新たに直面した困難に対し，自責の念に駆られたりすることがある。こうした帰属は，その人にとっての障害を抱える以前の「非障害者のアイデンティティ」が，障害者に関する基本的な帰属の誤りに圧倒されてしまった場合に，特に有害である（Stiers, 2016）。この例における実際の帰結としては，適応関連の困難に陥りやすくなり，障害はその当事者が奮闘するものなのだという信念が現れてくるという場合が

ある（Monden, Trost, Scott, Bogart, & Driver, 2016）。

　社会的アイデンティティ理論やこの理論の基本原則を利用することにより，**障害に対する国民の認識と理解を高める**という「世界報告書」の提言に応える形で，公衆衛生の啓発に尽力することができる。障害者を「標準化」しようとするのではなく，多様性や人権を志向することにより障害者のアイデンティティを促すことで（Bogart, 2014；第15章を参照），スティグマ化を低減し，障害を抱えることに対する肯定的な集団の同一視を促進することができる。低中所得国のコミュニティにおいて，障害に関連する信念を調整し，スティグマを低減する上で，公衆衛生の取り組みの可能性を示す研究が増えている（Lusli et al., 2015）。臨床領域では，Mondenら（2016）は，リハビリテーション療法において，個人を「治療する」という医療的な志向から，社会的環境とのダイナミクスに対処する能力を有する人を支えるという方向に焦点を変えることを提案している。しかし，今後は今以上に，否定的な態度に挑み，価値や属性を強調し，認識を広め，内部者との個人的な接触を通じて障害者に対するコミュニティの視野を広げることなどによって，スティグマに対する抵抗をさらに拡大していかなければならない（Gill, Mukherjee, Garland-Thomson, & Mukherjee, 2016）。

(4) 心理的資産

　リハビリテーション心理学では，障害の重度や特性（先天性か後天性か）に関わらず，すべての障害者が心理社会的資産をもち，それを発展させることができることを強調している。ここでいう**資産**とは，「障害がもたらす課題を改善し，日常生活を豊かにする個人的または心理的な資質」と定義される（Dunn, Ehde, & Wegener, 2016, p. 2）。資産は，障害者ができることとできないことを区別して強調するものである（Dunn & Dougherty, 2005）。資産は多様で，有形のもの（例：収入）も無形のもの（例：性格特性）も，また生まれながらに備わっているものもあれば，培われたものもある。障害による課題を軽減する資質を明確に意識している人もいれば，それを特定したりある状況下でそれをうまく活用できなかったりする人もいる。社会的要因（例：社会的支援，宗教，地域社会における資源）は，資産（例：介護の必要性，信念体系，障害に対する配慮）の利用可能性と認識に影響を与える可能性がある。

心理社会的資産の特定と活用にとってありうる障壁の一つは，社会心理学におけるヒューリスティック，つまり，利用可能性バイアスによって説明することができる（Tversky, & Kahneman, 1973）。このバイアスは，個人が日常的な判断において，利用可能性（例えば，「関連する事例が頭に浮かぶ容易さ」[p. 209]）を用いることを示している。利用可能性に基づく判断は，心理社会的資産を特定し活用する能力を妨げ，歪めてしまう可能性がある。例えば，障害のある子どもが，その子どもの相対的な強みを強調し，障害による制約に対する配慮を提供する包摂的なチャータースクールにいる場合を考えてみよう。この子どもは，自分の心理社会的資産が異なる形で強調されたり，活用されたりする経験を十分にもっているかもしれない（例えば，物理的な配慮，支援技術，教師のサポート，個別教育プログラム[IEP]など）。一方で，そうした資源の乏しい一般的な学校に籍を置き，そのクラスの人数も多く，障害者のための配慮や充実した活動がほとんどない場合を考えてみよう。利用できる資源も少なく，心理社会的資産を利用したり，強調したりする機会が少ないと，教育環境やそれ以外の場所で，障害による制約を減らし生活環境を向上させるための適応戦略の発達に悪影響を及ぼしかねない。

　このように，社会から周縁化された人々や資源の乏しい環境に身を置く人たちにこの基本原則を適用することは，特に重要である。既存の障壁を単に概括するのではなく，特定の環境における個人や集団レベルの資産をよりよく理解しておくことは，「世界報告書」の提言に継続的に取り組むための実践的な行動計画を策定する上で重要な役割を果たすはずである。資産を重視することは，**障害に対する国民の認識と理解を高める**ことにつながる可能性があり，したがって**障害に関する研究を強化し支援する**取り組みとして含まれるべきである。低中所得国における資産とレジリエンスの要因についてのデータによって，リハビリテーション・ワーカー，グローバルヘルス研究者，政策立案者，障害者団体（DPO）らは，障害者のエンパワーメントを促すための証拠に基づく意思決定ができるようになる。加えて，そのような研究は，障害に関連する利用可能性バイアスに挑み，必要な情報（サポートサービス，雇用機会，アクセス可能な交通手段など）へのアクセスを増やすことで，最終的に心理社会的資産を最適化できる。

(5) 身体的状態の自己認知

　これまでの社会心理学やリハビリテーション心理学の研究では，身体的状態の自己認知は，態度，ステレオタイプ，期待，過去の経験，環境による強化偶発性の影響を受けることが示されている（Fordyce et al.,1973, 1984; Main, Keefe, Jensen, Vlaeyen, & Vowles, 2015）。身体的状態の自己認知は，生理的な感覚だけでなく，自己認知や他者認知からも情報を得て，高度に文脈化される。実際，社会心理学領域における帰属に関する文献は，文脈的要因が人間の認知に影響を与え，偏らせることを示唆する様々な証拠を示している（Gross & McIlveen, 2016）。

　さらに，医療的なリハビリテーションを受けている人々の健康状態を検討した臨床研究においては，身体的感覚の自己認識が身体的状態の経験に影響を与えることが示されている。慢性疼痛は，自己認識が個人の特性と環境の強化により影響を受けることを示す実例である。慢性疼痛では，痛みの経験は，認知的要因（例：自己や他者に対する態度や期待）やオペラント条件付けのプロセス（例：正負の強化や罰）により影響を受け，そのために疼痛行動を増加させたり減少させたりする。Fordyceら（1973, 1984）は，痛みの条件付けが生じる直接的なメカニズム（例：社会的・環境的強化）と間接的なメカニズム（例：回避条件付け）についての影響力のある説明を提示している。身体に焦点を合わせた注意の偏り（例：破局的思考，反芻）が生じると，本人や介護者が知覚された痛みの手がかりや痛みの感覚に注目するようになる。痛みはより注目を集め，痛みを伴う行動は，意図的ではないにせよ，異なる形で強化される。そのため，疼痛の認知・行動は，学際的なリハビリテーションにおける介入のための主要な心理社会的な対象となる。

　この基本原則には，いくつか注目すべき特性がある。一つはこの原則に特有のものであり，もう一つは他の原則にも一般化できる。この基本原則の中心となるのが，身体的状態の認知に影響を及ぼす心理社会的要因を認識することは，その人の反応を無効にしたり病的にしたりするものではないという考え方である。むしろ，人間の自然な傾向や人間と環境の相互作用のパターンを認識することで，健康状態の設定を促進したり妨げたりすることができるのである。第二に，身体の状態に関する自己認識は，基本原則の間の交差性を端的に示すものである。これは，機能的な能力に影響を与えるような，内部者と外部者の区

別，人間と環境の相互作用，そして自己認識の相互の関係を明らかにすることによってなされる。したがって，「世界報告書」で推奨されているように，サービス提供や政策立案のあらゆるレベルで，**障害者の参加を促す**努力が必要となる。

(6) 人間の尊厳

　障害が人権に関わる社会問題である以上，国際社会はスティグマが個人のアイデンティティに及ぼす影響を見落とさないようにする必要がある。社会が障害をどのように見ているかは，障害者が自分自身をどのように見ているかに影響するため，スティグマは人間の尊厳に対する脅威となる（Dembo, Diller, Gordon, Leviton, & Sherr, 1973; Dunn & Dougherty, 2005）。外部者は，障害者が社会において価値あるとされているものを失ったと考えるような認知バイアスによる影響を受けやすい（Dembo et al., 1973）。社会的環境において障害者がより多くの困難を経験すると予期される場合，機会が制限されるようになる。障害者が否定的なバイアスに屈してしまうと，障害を中心とするアイデンティティが，機能的能力のある特定の側面や多面的なアイデンティティの一部に位置するのではなく，その人の価値全体にまで広がってしまう。例えば，先にまとめたMaheady（1999）の研究における，看護系の教員と学生の認識の違いを思い出してほしい。看護学生が，他者（例：上司，教員，仲間の学生）が抱いていると思われる悲観的な態度を採用し，障害が学業の成功を妨げる主要な障害であると考えているとしよう。もし学生がこのような新しい見方をしてしまうと，学業面での自己効力感が損なわれ，「私は看護師になる能力がない」というような傷ついた認知につながり，さらには「自分では意味のあることは何も成せない」というような，より広い帰属にまで発展してしまう可能性がある。そうすると，機能的な成功を妨げるかもしれない障害に対処するための道筋が見えなくなり，学業や職業の可能性の幅が狭くなってしまう。

　スティグマ低減戦略を議論する前に，障害者のスティグマを構築し，定着させる社会的認知プロセスについての認識を深める必要がある。スティグマ化には，集団間の違いを軽視したり過少に評価したりする複雑な現象が含まれる（Link & Phelan, 2001）。例えば，社会的認知の当事者は，社会的・環境的要因を

第6章　リハビリテーション心理学の基礎原理と社会心理学の理論

退けたり見過ごしたりする代わりに障害による制限を個人に当てはめることで，障害に関する基本的な帰属の誤りを犯すことがわかっている（Dunn, 2015; Gilovich & Eibach, 2001）。内面的な特徴を障害者個人に不当に帰属させることにより，障害は社会的・環境的な配慮の失敗ではなく，個人の不幸であると考えるようになる。これが，汚名と権利剥奪の原因となる。さらに，病因によってスティグマの深刻度が異なる場合もある（身体障害，認知障害，顔面障害，知的障害，精神障害など：Grue, Johannessen, & Rasmussen, 2015; Olkin & Howson, 1994; Westbrook, Legge, & Pennay, 1993）。このようにして，より高度にスティグマ化された集団の成員は，ネガティブな社会的経験を増し，不当な扱いを受けているという感覚が強くなる可能性があると考えられる（Robey, Beckley, & Kirschner, 2006）。このような集団に身を置く人々は，自分たちが限界の「向こう側」にいることに気づき，その結果，より多くの心理社会的な課題に直面することになるかもしれない。

　スティグマの負の影響を低減し，人間の尊厳を促す方法を概念化する際には，リハビリテーション心理学の基礎的な原理と価値に沿った信念を考慮することが有用である（Wright, 1972, 1983）。これらには，前述のように資産を考慮すること，障害者に関連するすべての事柄に障害者が積極的に関与することを促すこと，日常生活はより大きな集団（例：家族，地域社会）と密接に関わっていることを忘れないことなどが含まれる。臨床家，研究者，政策立案者は，まず，障害を個人の属性の問題ではなく，社会的な問題として考えなければならない。スティグマ低減のためには，複数の体系的なアプローチが必要である。すなわち，障害者が他のシステムレベルでのスティグマ低減プログラムの開発と実施を支援できるように，個人内の介入戦略（例：カウンセリング，認知行動療法）を構築するアプローチである（Heijnders & Van Der Meij, 2006）。グローバルヘルスのスティグマ低減のための取り組みは，障害者を参加させ，障害についての人々の認識と理解を高めるための対策を講じることで，こうした価値に基づく信念と原理を用いることになる。そうすることで，複数のシステムレベルで障害者のための特別なプログラムやサービスに投資するためのスティグマ関連の優先順位が明確になることを，経験的に示している（Heijnders & Van Der Meij, 2006）。

2. おわりに

　社会心理学の理論とリハビリテーション心理学の基礎原理が交わることで，グローバルヘルスにおける現在の障害関連の必須事項に関わる機会が得られる。さらに，本章で概説した理論と原則は，資源の乏しい環境で障害がもたらす課題を理解し，対応するための包括的なフレームワークを提供する。「世界報告書」で伝えられている提言に真に応えるためには，複数の視点が必要である。今後の取り組みは広範かつ多面的なものであり，異なる視点を取り入れることがますます求められることになる。グローバルサウスのステークホルダー，障害者団体（DPO），非政府組織，政府間組織（国連やWHOなど），コミュニティベースの医療従事者，そして障害者からの直接の視点などである。また，今後の発展のためには，これらの多様な視点を取り入れて，低中所得国における障害関連の問題に対して地域で持続可能なアプローチを開発することが必要となる。実際，これまでに紹介してきた理論や原理は，「世界報告書」の提言にとどまらず，現在進行中の国際的な取り組みにも数多く応用されており，この章において紹介しきれないほどである。例えば，今後数年間で，WHOのGlobal Cooperation on Assistive Technologies（GATE; Khasnabis, Mirza, & MacLachlan, 2015）の取り組みは，低中所得国における支援技術の利用可能性を向上させるための対策を講じる予定である。また，国連障害者権利パートナーシップは，国連障害者権利条約の国際的な実施の改善を引き続き求めていく（http://mptf.undp.org/factsheet/fund/RPD00 参照）。社会心理学とリハビリテーション心理学の基礎原理は，その自然な収束と概念の一貫性により，資源の乏しい環境におけるアクセスと能力の開発に貢献する道筋を提供している。

第 7 章

障害へのコーピングと適応に影響を与える心理・社会的要因

Alexandra M. Kriofske Mainella & Susan Miller Smedema

　障害を抱えて生まれてきたとしても，また病気や事故などで障害を抱えてしまったとしても，その人は必然的に新しい生活環境に対処し，適応していくプロセスを経ることになる。本人が個人的に対処（コーピング）・適応するだけでなく，家族やその他のサポートシステムもそうした状況に適応しなければならない。**コーピング**とは，ストレッサーまたはストレスとしても知られる外的・内的な要求に対処するための一連の複雑でダイナミックな努力と定義されている（Lazarus & Folkman, 1984）。**適応**（*Adaptation*）は，障害を経験している人を自己と環境のバランスがとれた状態へと導くダイナミックなプロセスと定義され，調整（adjustment）とも呼ばれる（Livneh & Antonak, 1997）。コーピングと適応は多面的で複雑な構成概念であり，障害者本人，障害や環境，用いるコーピング・適応メカニズムの種類など，多くの要因が関わっている。

　障害者に焦点を合わせ，コーピングと適応を論じた第一人者としてBeatrice Wright（1983）が挙げられる。Wrightは，障害への適応とは，障害に伴う損失を認識しつつ，それらの損失を乗り越えて，既存の能力や特性に価値を置くが，障害の結果として得られたかもしれない新たな特性にも目を向けるプロセスであると述べている。Wrightがこの分野における先駆的な研究を行って以来，障害へのコーピングや適応に関する膨大な量の文献や研究が生み出されているが，その中心的なテーマは 2 つある。1 つ目に，コーピングはストレスが個人の生

活満足度に与える影響を媒介または調整する役割を果たすということである（Chronister & Chan, 2007）。2つ目は，適応がうまく調整につながると，その人が社会生活，職業生活，個人生活に最大限積極的に参加できるようになるということである（Livneh & Antonak, 1997）。本章では，(1)複数のモデル，(2)臨床的な示唆，エビデンスに基づく実践および測定上の問題，(3)障害へのコーピングと適応のプロセスに関連する実証的研究をまとめ，障害へのコーピングと適応に寄与する心理・社会的要因を概観する。

1. コーピングと適応のモデル

個人が障害にどのように対処し適応していくかは，どのようにして障害を抱えるに至ったか（出生時，またはそれ以外なのか）に影響される。例えば，生まれながらに脳性麻痺の人は，生まれたときから障害を有しており，他の人と比較して初めて「非障害者の経験」を理解することになるだろう。つまり，その人は生まれたときから障害という視点から自分自身の経験をしているのである。このような人にとって，障害への適応は，変化に対処するというよりもむしろ，日常生活の一部のプロセスなのである。脳性麻痺の人にとってのコーピングとは，非障害者とは異なる方法で空間を移動する方法を学ぶ必要があるなど，障害の状態による影響に対処する非自発的な不随意反応（involuntary reactions）や，自分がきょうだいや仲間と何が違うのかを両親に尋ねるなどの随意反応（voluntary reactions）がある。このような対処を説明するモデルは，古くはSigmund Freud（1894）までさかのぼり，今日まで展開されている。

(1) 初期のモデル：フロイト（Freud）とレヴィン（Lewin）

コーピングや適応の初期モデルは，刺激に対する自発的もしくは非自発的な反応に根ざしている。Freud（1894）は，個人の無意識的な「防衛機制」について論じている。Freudによると，前述の脳性麻痺の人は，否認（障害のすべてを否定する），抑圧（障害に関する考えを閉め出す），または置き換え（障害に関する不快な考えを他のものや人にぶつける）などの防衛機制を経験する。

それから半世紀も経たないうちに，「社会心理学の創始者」（Adelman, 1993,

p. 13）とされる Kurt Lewin（1935, 1936）が場の理論を展開した。場の理論とは，人間の行動を，生活空間全体，つまり人間と環境との相互作用の関数として捉えるものである。代数的には，$B = f(P \times E)$ と表される（Lewin, 1938）。脳性麻痺の人は，自身の身体的または心理的な経験，その人を取り巻く環境が障害に与える影響，身体的・感情的生活への影響，望ましい生活を送る能力を通して障害に適応していく。

　初期の理論では，無意識的または意識的なコーピングメカニズムが注目され，のちの理論では人間と環境の相互作用に焦点を合わせていたが，より近年の理論モデルは1950年代の社会心理学における認知革命から派生した（Miller, 2003）。認知革命では，心を科学的に理解して行動を捉えようとしており，感情の経験には生物学的・神経学的要因が含まれ，環境が個人に与える影響に重点が置かれるようになった（Gardner, 1987）。障害に対するコーピングや適応の理解は，より複合的な研究となり，理論家たちは，個人やその人の障害だけでなく，認知，パーソナリティ，環境に関連する要因も検討した。

　障害者団体では，障害を抱えることはいつでも誰でも参加できる少数派グループに所属することである，との主張がよく展開される（Shapiro, 1993）。後天的な障害者は病気や事故によって障害を抱える場合が多い。後天的に抱えた障害に対処し，適応するためには，先天的に障害を抱える人が使用するものとは異なるコーピングや適応のスキルが必要となる。生まれながらに障害を抱える人とは異なり，生まれつき障害のない人が20歳のときに交通事故にあい，脊髄損傷（spinal cord injury: SCI）を負った場合を考えてみよう。この人は，ストレス，危機，喪失，悲しみ，ボディイメージの変化，不確実性，予測不可能性を含む人生の劇的な変化を経験することになる。自身の人生におけるこうした変化にうまく対処し，適応することができれば，生活の質（quality of life: QOL）を高めることにつながるだろう（Livneh & Antonak, 2005）。QOLは，個人の全般的なウェルビーイングを測定する心理社会的な構成概念であり，生活満足度の一つの指標として捉えられている（Livneh, 2016）。QOLは，障害やその人の障害受容の影響を受ける。

(2) 身体心理学と障害受容

　身体心理学は，場の理論から生まれた。身体心理学とは，疾患や障害による心理的影響を研究する学問であり，私たちが自分のことをどのように感じるかは他者や周囲の環境との関わりによって影響を受けるという考え方を中心に据えている。この考えに基づいて，Beatrice Wright は共同研究者と共に，障害受容理論などの身体障害が個人の機能に及ぼす影響についてまとめた（Dembo, Leviton, & Wright, 1956）。障害受容理論には個人の価値体系における4つの大きな変化が含まれている。これらの変化が相互に作用し，ある人の全体的な障害受容に影響を及ぼすと考えられている。これらの価値転換とは，価値の範囲の拡大，身体を従属的なものとすること，障害が与える影響の広がりの抑制，比較価値から資産価値への転換である（Dembo et al., 1956; Wright, 1983）。**価値の範囲の拡大**とは，障害とは異なる別の価値を認め，障害に影響されない領域を認めることである。例えば，脊髄損傷の人は歩くことはできないかもしれないが，知性やユーモアのセンスに価値を置くことができる。**身体を従属的なものとすること**とは，自己の身体的な要素に置かれた重要性をパーソナリティなど他の要素に変えることである。この価値転換により，ある人は車いすを使うことが唯一の移動手段であっても，親友の相談相手であるという価値を認識することができる。**拡張効果**とは，障害そのものに置かれている（多くの場合，否定的な）価値のことである。拡張を抑える，もしくは減少させることは，新しい肯定的な思考により障害を捉え直し，機能制限そのものとは関係のない生活領域に障害を浸透させないことを指す。脊髄損傷があっても，お気に入りのレストランを利用でき，友人や家族と一緒に食事に行くことができるという事実に気づくことが一例である。最後に，**比較価値から資産価値への転換**とは，自分と他者の比較をやめ，自身の肯定的な特性により注目することである（Wright, 1983）。新たに障害を抱えた状態で，場所や空間を移動する方法を学び直すためのレジリエンスや決意といった資産は注目に値する。

　Beatrice Wright（1983）の障害適応モデルは，人々が自分の障害を受け入れることにその基礎がある。このモデルによると，後天的に脊髄損傷を抱えた人は，自身の肯定的な特性と，その結果として生じた意味のある適応を評価するかたちで，自己概念の中に障害を統合する。価値転換は，障害適応の重要な一

部である。後天的に脊髄損傷を抱えた人を再び例に挙げると，おそらく車いすの使用が必要であり，身体変化に対応しなければならず，これまでは移動が困難ではなかった環境において，その困難さに直面するようになる。Wrightの価値転換によれば，その人は仕事を見つける上で身体ではなく知性を使ったり，そうした状況に自分が適応していることを重視するなど，新しい価値を受け入れていくことになる。身体的な魅力や能力だけでなく，パーソナリティや精神的な強さなどにも自分の価値を拡げていくようになるだろう。自分の障害は自己の一側面にすぎないと認識することで，障害を全体的な自己概念に組み込むことができ，**拡張効果**は抑制される。Wrightによる比較価値から資産価値への最終的な価値転換とは，他者との社会的比較から離れて，障害者の友人という新しい社会的コミュニティを得たり，障害を負う前には存在しなかった仕事や目的を認識するなど，自分自身の資産に価値を置くことである（Wright, 1983）。

　価値転換に加えて，Wrightはコーピングの枠組みについても提案している。Wrightは，**コーピング，希望，屈服という枠組み**の中で，障害が対処しようと努力できる課題として認識されることもあれば，屈服しかねない悲劇として認識されることもあると考えた。Wrightが考える対処するか屈服するかに関わる要因としては，個人が経験する知覚のコントラスト，内部者と外部者の区別，新たな状況における不安，副次的な利益，悲しみを受け入れそして乗り越えることの必要性（喪の要求），文化的処方箋がある（Wright, 1983）。

　知覚のコントラストとは，障害者になる前と後の比較，障害者と非障害者との比較，さらには，自分自身と同様の障害を抱える人との比較など，障害者が様々な比較を行うという考えである。脊髄損傷になってまもない人は，障害を抱える前の自分の人生を考えたり，非障害者との比較に屈してしまうかもしれない。**内部者と外部者の立場**は，間接的に障害の影響を受ける個人でさえも，その障害に対処しなければならないことを気づかせる。後天的に障害を抱えた人の場合，本人が新たな状況に対処する必要があるだけでなく，その人の両親，きょうだい，そして友人も新たな状況に対処するためにこれまでとは異なる経験をすることになる。**新たな状況における不安**とは，障害者が障害のために新たな状況に対してこれまでとは異なる方法で対処することを学ばなければならず，その場合に生じる不安を軽減するには新しいやり方に慣れなければならな

いという考えを指す。例えば，歩行器や車いすを使って周囲を探索する方法を学ぶことがこれにあたる。障害による**副次的な利益**とは，障害によって，ある人が経験する義務の軽減や義務からの解放を指す。例えば，庭の芝刈りは車いすではできないため，その義務が免除される場合などである。また，障害による価値転換によって，新たなサポートシステムを得たり，新たな活動に参加して得られる利益もある。加えて，**喪の要求**は，障害を抱えることで失われたものを嘆き悲しむために，悲嘆のプロセスを踏む必要があると考えた場合である。生まれつき障害者であっても，新しい状況に出くわし，障害のない家族や友人よりも困難が多いと気づくと，悲嘆することが必要となる場合がある。その人が適応や満足を示し始めた後でさえ障害を嘆き悲しむことになるのは，家族や友人，人生の周辺にいる人たちの期待も**喪の要求**に含まれうるからである（Dunn, 2015）。最後に，**文化的処方箋**とは，障害者が障害の捉え方をどう教えられてきたかを指す。すなわち，この方法は肯定・否定の両面を含み，障害者を取り巻く社会文化的な環境，障害者の家族，またはその両方の影響を受ける。

　Wrightは，障害者のリハビリテーションの原則に焦点を当て，個人の強さを強調している（既存の能力や新たに発見した能力を強調するなど）。その一方で，障害によって引き起こされた現実の状況への対処（移動性やアクセシビリティのために，環境をどのように適応させる必要があるかを問うなど）も強調している。彼女は，ポジティブさとコーピングについて，「現実を希望で覆う」方法であるとしており，これは彼女の枠組みのうち「希望」の部分を示している（Wright, 1983）。

　ストレスとコーピングの理論家であるRichard Lazarusも，認知革命やBeatrice Wrightたちの研究に影響を受けて，コーピングのトランザクションモデルを展開している（Folkman & Moskowitz, 2004）。このモデルは，個人が状況の評価を通じて，障害による脅威，危害，課題が存在するかを評価するストレス評価モデルである。モデルには一次評価と二次評価，コーピングの経験そのものという結果を引き起こす3つの主要な要因が含まれている。**一次評価**では，「これは何を意味しているのか？」「自分にどう影響するのか？」といった問いかけをし，ストレッサーの重要度を評価する。**二次評価**では，「何かできることはないか？あるとすれば，それは何か？」「そうでない場合は，どのように対処すればよい

のか？」「どのような資源があるか？」といった問いかけをし，ストレッサーの制御可能性を評価する。このモデルの3つ目の要素は，コーピングである。このモデルにおける**コーピング**とは，一次評価と二次評価をまとめる一連の戦略であり，最終的に個人が追求すべき適切な結果を生み出す（Lazarus & Folkman, 1984）。例えば，脊髄損傷患者が使用するこうしたコーピング戦略の例としては，困難な作業を容易にするための様々なタイプの支援技術を入手することや，友人や同僚に社会的支援（ソーシャルサポート）を求めることなどが挙げられる。

(3) ステージモデル

リハビリテーション心理学者のHanoch Livnehは，障害への適応について多岐にわたる研究を行ってきた。障害適応のステージモデルに関する広範な文献調査と臨床観察（Livneh, 1986a, 1986b）の中で，彼は適応とコーピングのプロセスには障害に対する8つの部分的に重なる心理社会的反応があると明らかにした。そこでは障害適応のステージを直線的に説明しているが，これらのステージは必ずしも規定された経路をたどるわけではないことに注意を払う必要がある。ステージは，障害に対する初期反応，中期反応，後期反応の3つのカテゴリーに分類される。

初期反応には，ショック，不安，否認がある。ショックとは，診断を受けたとき，あるいは突然の怪我や病気に対する個人の初期反応のことである。不安とは，障害が本人に与える影響についてのパニックや気づきを含む反応であり，残りの人生にどのような影響を与えるかと恐れる場合もあるだろう。否認とはたいてい初期反応であることが多く，防衛出動とも表現される。障害とその影響を無視したり，回復に関して非現実的な期待を示したり，目の前の状況に無関心になるなどの反応がある（Livneh & Antonak, 1997）。

中期反応には，抑うつ，内在化された怒り，外在化された敵意がある。抑うつは，これまでにかなり研究がなされている反応であり，喪失，予想される心身の衰え，または，差し迫った死に対する正常な反応と考えられている（Livneh & Antonak, 1997）。内在化された怒りは，自責の念，憤り，または罪悪感として生じる。これらの感情には，障害が生じたことに対して自分を責める気持ちや，障害の影響を避けるために死にたいという願望が含まれることがある。最後に，

外在化された敵意とは，他者に向けられた怒りで，障害が先天的なものであれば親に，怪我や事故が原因であれば他者に向けられる可能性がある（Livneh & Antonak, 1997）。

最後に，障害者は，障害受容あるいは障害の認識，障害への適応といった一連の**後期反応**を経験することになるだろう。簡単にいえば，心理社会的な安定，もてる力の価値と限界の両方の認識，環境への積極的な参加，ポジティブな自尊心の維持など，障害がある状態から能力がある状態へ移行する段階である（Livneh & Antonak, 1997）。

ステージモデルは，障害の経験を検討するのに有用かつ実証的に価値のあるモデルであるが，Wortman & Silver（1989）は，ステージモデルが喪失や障害受容のプロセスを理解するのに役立つとしても，これらの反応は常に直線的なパターンをたどるわけではないという注意を促している。喪失や重篤な診断を受けた後，抑うつは避けられないと思われるかもしれないが，強い苦痛を示さない人，他の人よりも強い苦痛を長期間示す人，単にこれらのモデルで説明されているパターンに従わない人などがいる。

（4）生態学的モデル

Livneh & Antonak（2005）は，障害を含む人生の危機や出来事を説明するために多くのステージモデルが使われていることを見出したが，適応プロセスを説明するため，様々な生態学的モデルも提案されてきた。生態学的モデルでは，同じ障害のある人であっても，個々人で反応，コーピング反応および適応プロセスが様々に異なることを考慮している（Smedema et al., 2009）。例えば，Livneh & Antonak（1997）は，これらのモデルを広範にわたってレビューし，障害への適応の経験に寄与する4種類の変数を述べている。これらの変数は，障害そのものに関連する変数，障害者の社会人口統計学的特性に関連する変数，個人のパーソナリティに関連する変数，そして物理的・社会的環境に関する変数である。**障害関連変数**とは，障害の原因，種類，程度，慢性度，可視性など（これらはありうる変数の一部にすぎない）障害に直接関連するものである。**社会人口統計学的特性**とは，年齢，人種，性別，社会経済的地位，教育水準などの要素である。**パーソナリティ変数**の例としては，個人の態度，信念，自己概念，自

己効力感，コーピングスキルなどの特性が挙げられる。**環境**に関連する変数は，障害に対するピアサポートや本人の生活・仕事・余暇空間のアクセシビリティなどの利用可能な社会的・制度的支援，他者と交流する物理的環境，障害の結果としての環境のアクセシビリティなどが挙げられる（Livneh & Antonak, 1997）。

　生態学的モデルで重要なもう一つの要素は，一連の結果変数である。これらの変数には，その人の機能的状態，生活の質（QOL），医学的状態などが含まれる。Livneh & Antonak（1997）が説明しているように，**機能的状態**とは，生活のあらゆる側面（セルフケア，職業，家事など）において機能する個人の能力を表す。**QOL**とは，本人が評価した生活満足度，障害の受容度，感情的・心理的な苦痛度のことである。**医学的状態**とは，痛みやその他の症状などの訴えの有無，医学的安定性，生存率などである。

　Bishop（2005a, 2005b）が開発したもう一つの生態学的モデルに，障害中心モデル（disability centrality model）がある。このモデルでは，QOLとの関連を通じた障害への適応が強調されている。Bishopのモデルの4つの構成要素は，満足度，コントロール感，障害とその治療の影響，そして障害を経験している人にとっての各生活領域の重要性である。先に挙げた，生まれつき障害がある人と後天的に障害を抱えた人の例を考えてみれば，障害が先天的か後天的かはコーピングと適応のプロセスにおいて重要な違いを生み出す。先行研究によれば，生まれつき障害のある人は，障害のない同世代の人と類似した自己アイデンティティとボディイメージを示すのに対して，後天的に障害を抱えた人はアイデンティティと自尊心の劇的な変化を経験し，そうした変化は避けられないことが示唆されている（Charmaz, 1983; Livneh & Antonak, 1997; Wright, 1983）。障害中心モデルは，QOLと適応を組み合わせ，個人の生活および障害が生活に及ぼす影響を包括的に捉えているが，生活へのコントロールや満足度を考慮しているモデルである。このモデルにおいてQOLは，複数の生活領域にわたる満足度の主観的な尺度であると考えられている（Bishop, 2005a）。

　Bishop（2005a）によると，**満足度**とは，全体的なウェルビーイングまたはQOLで，個人の経験の中心となる。**コントロール感**とは，障害のある状態やその影響をコントロールする個人の能力あるいは見込まれる能力である。これには，治療のスケジュール，機能制限や能力，気分の変化，投薬，その他本人が

コントロールできるあらゆる介入が含まれている。最後に，**障害とその治療が個人の生活の様々な側面に与える影響**も，障害中心モデルの重要な考慮事項である。障害者の生活における様々な側面の実際の**重要性**は，それらが全体的なQOLにどれだけ影響するかを左右する。これらを総合すると，以下の3つの結果がもたらされる可能性がある。すなわち，生活における特定の領域の重要性が変化する，障害とその影響に対するコントロールが変化する，あるいはまったく変化がなく，障害が発生する前と同様のQOLを経験する，の3つである (Bishop, 2005a)。例えば，事故によって外傷性脳損傷を負った人が，リハビリテーションとコーピングに成功した後，以前と同じように自分の人生に満足していることに気がつくかもしれない。この場合，仕事に出かけ，人間関係を築き，週末に映画を楽しむなど，事故前の生活と同じように自分の人生をコントロールできていると感じるだろう。変更・調整やリハビリによって，怪我の影響を最小限に抑え，以前と同じように生活に完全参加できるかもしれない。そして最終的には，デジタルリマインダーや車の運転補助装置などの変更・調整を必要としている事実を重要視しなくなるかもしれない。これらの要因によって，その人のQOLは以前とほぼ同じ水準となっているのである。

　障害に対処，適応するというダイナミックで多面的なプロセスをより完全に理解するために開発されたモデルは数多くあるが，誰もが障害への適応やコーピングの最終段階や最適段階に到達するわけではないことを認めるなど，障害への適応プロセスの複雑さを認識することは重要である (Wright, 1983; Smedema et al., 2009)。障害とは，同じような障害を抱え，診断され，治療を受けた人がいたとしても，複雑かつ異なるかたちでそれぞれが経験する人生の出来事である。これらのモデルは，障害者を理解し，研究し，よりよいサービスを行うための枠組みを提供し，すべての人にとって良好かつ望ましいQOLを目標としている。

(5) 臨床的な示唆，エビデンスに基づく実践および測定

　エビデンスに基づく実践 (evidence-based practice: EBP) の理念とは，あらゆる医療システムのクライエントおよび利用者は科学的研究に基づいた利用可能な最善のケアを受けるべきであるというものである (Chronister, Chan, Cardoso,

Lynch, & Rosenthal, 2008）。障害者へのサービスに関わる分野において，障害者が可能な限り最善の介入を受け，自己決定と情報に基づく選択ができるようにするためにEBPは重要である。これらの根拠は，アメリカのリハビリテーションサービスを支える無危害，正義，自律の原則で支えられている（Chan, Cardoso, & Chronister, 2009）。

障害者支援に奏功したEBPの臨床介入は，理論的には身体心理学，ステージモデル，生態学的モデルに基づいたものが多い。例えばWrightは，障害者特有の課題に取り組もうとしている障害者への支援を実践するカウンセラーは，**できることや参加できる**生活領域といった肯定的な要素を強調すべきであり，有意義で実りある生活を送れるだけではなく，それをつくり出す役割を果たせると提案している。カウンセラーは，ロールプレイ，価値観の探求や価値転換，今後仲間となるかもしれない同障者の実生活の体験といった介入方法を実施できる（Wright, 1983）。

ステージモデルをベースとした介入には，抑うつ，怒り，敵意，フラストレーションの治療が含まれる。障害者は，非障害者に比べて抑うつの発症率が高く（Egede, 2007），抑うつへの対処における認知行動療法（cognitive behavior therapy: CBT）がEBPとしての効果を支持する研究結果が示されている（Hoffman, 2012）。抑うつ症状を振り返り，思考パターンを変えることで気分を変え，障害をより肯定的に捉え直すことを支援するなど，CBTの介入はコーピングと適応を成功させるために有効であり，抑うつの軽減とQOLの向上につながっている（Gandy, Karin, Fogliati, McDonald, Titov, & Dear, 2016）。怒り，敵意，フラストレーションは，不合理な信念を断ち切り，見直しを迫ること（例えば，配慮があれば仕事ができるにもかかわらず，「もう仕事ができない」と考えている人に向き合うカウンセラーの場合），そうした信念を管理するトレーニング，ロールプレイ，行動修正などで対処できる（Livneh & Antonak, 1997）。

Livneh & Antonak（2005）も，障害に対する感情を探り，心理教育を行うとともに，本人のためにピアサポートと家族サポートを組織するなどの介入を提案している。ピアサポート，つまり，障害者が同じ障害を抱える人にサポートを提供するという考え方は，EBPの一つであり（Brock & Huber, 2017），地域社会で共生するといった適応スキルを教え，障害が自尊心に及ぼす悪影響を克服

する手助けとなる (Livneh & Antonak, 2005)。

　職業リハビリテーションは，歴史的に，障害者への臨床活動の主要な焦点であり，有効である。というのは，障害者を含むすべての人の心身の健康にとって仕事が重要なためである (Strauser, Tansey, & O'Sullivan, 2015)。EBP としての動機づけ面接（カウンセリングの技法の一つ）と作業同盟（カウンセラーとクライエントの協働関係）の確立を通じた職業能力の学習支援は，障害や障害への変更・調整，就労準備が雇用可能性にどのように影響するかについて理解を促すことができる (Strauser et al., 2015)。

　障害へのコーピングや適応のために数多くの EBP による介入が行われているように，障害へのコーピングと適応を測定する手法も数多く開発されている (Livneh & Antonak, 2005)。コーピングと適応の測定は，EBP のためだけではなく，実務家や研究者たちにとって，人が障害を抱えた場合に経験するプロセスを理解し，障害のあるクライエントに最善のサービスを提供するためにも有用である。質の高い研究を推進するためには，尺度や指標の心理測定的な精度を高める必要がある (Livneh & Antonak, 2005)。本章では，特定の尺度や指標について詳述はしないが，研究や EBP で使用するコーピングや適応の測定尺度や指標については，Folkman & Moskowitz (2004)，Livneh & Antonak (2005)，Chan, Cardoso, & Chronister (2009) を参照されたい。また，次のセクションで紹介するように，コーピングや適応を測定する多くの尺度や指標が研究で使用されている。

2. コーピングと適応に関連する研究

(1) 身体心理学

　先行研究により，障害受容のプロセスにとって，多くの個人的・環境的な要因の重要性が明らかにされている。Li & Moore (1998) は，年齢，配偶者の有無，収入などの変数が，障害受容と正の相関を示すことを明らかにしている。さらに，先天性の障害者は，後天性の障害者よりもはるかに障害を受け入れやすいことが示されている。また，苦痛を経験している人は障害を受け入れにくいのに対して，自尊心や情緒的サポートの水準が高い人は障害を受け入れやすい

こともわかっている。Leandro & Castillo（2010）はコーピングスタイルとパーソナリティ，不安，抑うつとの関係を研究し，コーピングは状況，パーソナリティ特性，採用したコーピングスタイルの相互作用であることを見出した。この結果は，個人と環境の相互作用が障害へのコーピングと適応に重要な役割を果たしているという考え方を支持するものである。

　Nario-Redmond, Noel, & Fern による 2013 年の研究では，自分に障害があると認識している障害者は，障害を自分のアイデンティティに組み入れていない障害者に比べて，誇りを感じやすく，障害者としての経験を大切にし，肯定的な社会変革のために働きかける傾向があった。さらに，自分が障害者であると認識している人は，障害に関連するストレスを最小限に抑えようとしたり，否定したりする傾向があまり見られないことを示している。この研究によれば，障害をどのように意味付けるかは，自らの経験を理解し肯定的に捉えられるかどうかに依存しているといえる。

(2) ステージモデル

　ステージモデルを支持する実証的な証拠は限られており（Smedema et al., 2009），このモデルを用いて行われた研究の証拠は雑然たる状況にある。身体障害への心理社会的適応に関する Livneh & Antonak（1991）の研究においては，適応が段階的に変化する継続的なプロセスであることを示す証拠は限定的にしか示されていない。障害への適応と最も関連が深いのは障害の認知であり，どのステージモデルよりも障害受容モデルを示唆している。Martz（2004）は，脊髄損傷患者の未来志向（future-time orientation）に関連するステージモデルを研究している。障害経験のトラウマを体験したとき，人は未来のことに目を向けにくくなりがちである。おそらく，障害を抱えたことによって自分の人生が短くなると考えたり，そもそも未来について考えることができなくなってしまったことによるのかもしれない。Martz は，Livneh（1986a）のステージモデルにおける 8 つの反応が，未来志向の変動を予測できるかどうかを確認する研究を行っている。その結果，ショック，抑うつ，障害の承認が，未来志向の欠如を最も有意に予測した。これらの結果は，全般的にステージモデル，特に未来志向に関する点を支持するものであった。

(3) 生態学的モデル

　生態学的モデルの実証的な研究知見は，同じ障害のある人々が経験する反応やコーピング・適応プロセスの違いを説明することが多い（Livneh & Antonak, 1997）。ここで取り上げる実証的なエビデンスは，生活満足度と障害への適応に焦点を当てており，障害中心モデルを基軸としている。Bishop（2005b）は，障害のある学生とその障害適応について研究し，個人の適応とQOLの間に正の相関があることを示し，モデルが支持されることを明らかにしている。障害への適応度が高い学生ほど，自分自身のQOLを高く評価していた。

　Mackenzieら（2015）が行った研究では，障害中心モデルと外傷性脳損傷（traumatic brain injury: TBI）者のQOLおよび適応を検討し，TBIがQOLに与える影響に，生活満足度とコントロール感の量が媒介することを明らかにしている。この研究は，障害者へのサービスには，パーソン・センタード・アプローチが必要であることを示唆している。パーソン・センタード・アプローチを採用したサービスを提供するということは，TBIのような同じ障害のクライエントが2人いたとしても，その2人がTBIによって受ける影響はまったく異なる可能性があると臨床医が理解することを意味する。TBIそれ自体，TBIが当人たちにどのような意味をもつのか，生活に及ぼす影響，認識するQOLは，まったく異なる可能性がある（Mackenzie, Alfred, Fountain, & Combs, 2015）。

　Krause（1992a, 1992b），Krause & Crewe（1991），Krause & Dawis（1992）による脊髄損傷の人たちを対象とする縦断的研究では，障害への適応は，生存と医療の安定性，労働活動と経済的満足，自己報告による一般的な人生満足の測定を含む多次元の構成概念であることが明らかにされている。この研究で得られた重要な知見として，就業者は人生満足度が高いだけでなく健康状態も良好であること，そして適応レベルは時間とともに改善し続け，仕事，経済，人生満足度の向上，医療サービスの利用減少を反映することが挙げられる（Livneh & Antonak, 1997）。

　社会心理学，リハビリテーション心理学および障害者にサービスを提供する関連分野における研究基盤は拡がりを見せている。このような研究は，障害者に質が高く倫理的で個別化されたサービスを提供し，QOLや人生満足度など高いウェルビーイングをもたらすために不可欠なものである。

3. おわりに

　本章では，障害へのコーピングと適応に関連する多くの複雑な構成概念について概観した。本章で概説したモデルは，障害者の経験の一端とそのコーピングや適応のプロセスを理解するために有効ではあるが，これらの反応は普遍的なものではなく，常に順序立って経験されるわけではない（Livneh 1986a; Livneh & Antonak 1997）。コーピングも適応も，多くの要因に影響される多次元的で複雑なプロセスであり，障害者自身，障害に関連するストレス，無数の文脈的な要因の影響を受ける。すべての障害者の最終的な目標は，心理社会的に良好な状態と高いQOLの達成である。コーピングは，障害の性質や進行度合い，障害者としての期間と成功を結び付ける媒介要因となりうるため，障害者に関わる専門家がコーピングスキルを理解し，研究し，クライエントやその家族に伝えることが重要である。今後の研究では，臨床実践と同様に，人間の生活空間を構成し，障害へのコーピング，適応，受容に影響を与える人間と環境の相互作用の多くの側面に焦点を合わせることが望まれる。

第 II 部

主流のトピック

第 8 章

障害のある女性たち
社会的な挑戦の中で女性らしさを保つために

Angela M. Kuemmel, Caitlin P. Campbell, & Anthea Gray

　障害のある女性（women with disabilities: WWD）は，社会の中で二重のマイノリティ集団であり，その数は増え続けている。2016年のアメリカ合衆国国勢調査によると，病院等の施設に関わりのない女性の12.9%にあたる2100万人の女性（未成年を含む）が何らかの障害を抱えている。これらの女性たちは，他者から見える障害と見えない障害のどちらか，あるいはその両方を抱えている。集団として，WWDは多くの点において不利な立場に置かれている。それは，性差別的な社会において女性であることと，障害者に対して差別的な社会において障害者であることへの二重の抑圧が含まれる。これに，人種・民族的マイノリティ，LGBTQ等が加われば，彼女たちはさらなる抑圧とスティグマに直面することになる。WWDは障害のある男性に比べて，より一層スティグマ化されている（Hanna & Rogovsky, 1991）。彼女たちは障害のない女性，そして障害のある男性に比べ，結婚したりパートナーをもつ機会が少ないのである。結婚したとしても，離婚や離別の可能性が高いのである。障害のない女性に比べ，教育水準も低く，仕事も得られず，社会的地位が低い場合が多い。この傾向は，障害年金を受け取っているとさらに強くなる。
　ジェンダーも，障害も，社会的に構成される概念である（Olkin, 2003）と考えれば，障害のある女性としての経験は，特定の社会的要因に大きく影響を受ける。本章では，WWDとしての経験が，障害のない女性，障害のある男性と

どれだけ違うのかを探っていく。WWDの経験に関する調査は実のところ極めて少ないのが現状である。本章の焦点は以下に挙げる様々な題材に基づいている。文献，身体的障害のある退役軍人のリハビリテーションに従事する心理学者としての臨床経験，WWDとしての個人的な経験や筆者らの「WAVE」（女性退役軍人エンパワーメント連合：the Women's Alliance for Veteran Empowerment）支援団体のプログラム開発から現在に至る円滑な活動である。WAVEは，脊髄損傷を負った女性退役軍人の遠隔医療を支援する隔月の活動であり，そこでの活動が筆者のこの文化的集団への理解を深めた。WWDが経験する特有の状況に光を当てるには，彼女たちが直面している問題，すなわち男性との交際と性の問題，虐待に対する脆弱性，社会的な役割とそうした期待に答えることに対して現存する障壁を理解することが重要である。これらの要因がWWDの経験を特有なものにする上で重要な役割を果たすが，上記の3つの要因の根本にあるのは，WWDに対する文化的ステレオタイプがこの集団にとって，困難だけでなく，重大な不利益をもたらしている点である。これらの要因について，またそれぞれの要因が障害のある女性であるという経験にどのように影響を与えているかを考察しながら，我々は読者に提案をしていく。読者一人ひとりが，よき理解者になることで，彼女たちの現在の状況と将来の展望をどのように改善できるかについての提案が可能となる。あなたが臨床家であれ，研究者や学者であれ，この集団はあなたたちを理解者，そして支持者として必要としている。

1. 障害のある女性へのステレオタイプ

伝統的に，障害者には，心身の異常，仕事につけない生活困窮者，彼らの障害は罰であるというステレオタイプが向けられる。この観点は，道徳と障害の医学モデルに基づくものである（Asch, Russo, & Jeffries, 2001）。また障害者は，いわゆる望ましい役割，例えば恋愛の対象から外されてきた（Asch et al., 2001; Nario-Redmond, 2010）。障害者と非障害者，男女両性に対するステレオタイプに関する研究では，障害者は能力が低く，アセクシュアル（無性的）で，大げさで，弱く，受動的と認識されていることが示されている。この調査結果には，性別による違いも，障害の種類による違いも見られなかった (Crawford & Ostrove,

2003; Nario-Redmond, 2010)。WWDが障害のある男性と異なる点は，女性の方が，弱く，より依存的で，社会から孤立していて貧しいと見られていることである。決して，女性的，養育的，親としてふさわしいといったイメージで見られることはない（Nario-Redmond, 2010）。障害のない女性においては，これらのステレオタイプが重なる部分はまったくない。また，これらのステレオタイプは，対人関係，性の問題，健康管理，基本的な安全，そして社会的役割の遂行に重大な影響を及ぼす。他者から見える障害のある女性にとって，これらの社会的な困難に遭遇することは当たり前である。見えない障害の場合，障害の開示はしないで非障害者として「通過」し，こうしたステレオタイプの餌食にならずに済む場合が多い（「通過」と開示に関する広義の論考は，Davis, 2005; Santuzzi, Waltz, Finkelstein, & Rupp, 2014 を参照）。

2. セクシュアリティと交際関係

　WAVEの集まりでは，毎回最初にファシリテーターが参加者の女性たちに議論の話題を提供してもらう。最も頻繁に話題に取り上げられるのは，デート，交際関係，そしてセクシュアリティにおいて直面している問題である。WWDがパートナーを見つけて関係を維持するのは難しい（Rintala et al., 1997）。障害のない女性に比べて，結婚も難しく，結婚してもより高齢になってからが多い。逆に離婚の確率は高く，パートナーが慢性的な病気になったり，障害者になった場合は，男性から関係を解消される傾向がある（Sandowski, 1989）。

　なぜこのような違いが存在するのだろうか？　障害とセクシュアリティに関する調査結果が極めて少ないため，よくわかっていない（そもそも，WWDのセクシュアリティ問題を掘り下げた調査が少ないという事実が，彼女たちが社会的に重要視されていないことの証左である）。心理学分野における今後の研究が待たれるが，我々には一定の見解がある。女性であり，なおかつ障害者であることは社会的地位において，「ワンツーパンチ」〔二重の重荷〕をもらうことに等しい。フェミニスト運動や，障害者の権利向上の運動の甲斐もなく，両集団は依然として社会の中で低い価値しか与えられていない。さらに，両者が組み合わさると相乗効果が生まれ，WWDはメインストリームから排斥されてしまう（Hanna &

Rogovsky, 1991）。

　メディアにおける障害者の描写が，彼女たちへの誤解を永続させている。人々は美と能力に関する達成困難な基準やイメージの洪水にさらされている。そしてWWDがその基準から離れるほど，彼女たちは社会の周縁に追いやられ，スティグマ化される。メディアの中でWWDがどう描かれるか（または描かれないか）は，彼女たちに対する社会の態度を反映している（Parsons, Reichl, & Pedersen, 2016）。WWDはメディアで扱われる機会が信じられないほど少ない。その結果，この不可視性が，彼女たちが経験する社会的評価の低さにつながっている。この現実が，将来パートナーになるかもしれない世の中の男性が彼女たちの存在にほとんど注意を向けないといった状況の下地となり（Mejias, Gill, & Shpigelman, 2014），WWDに関する誤った情報をはびこらせている（例：WWDはセックスができない，妊娠できない）。これらの誤った情報が，彼女たちは障害のない女性と同等に地域社会や文化に参加することを難しくさせる。

　拡張効果，つまりある個人の一つの否定的側面が，別の否定的側面を連想させて広がっていく現象が，人々のWWDに対する見方にも影響している（Dunn, 2015; Wright, 1983）。WWDは社会の中で概して否定的に見られている。そして，障害に関して限られた知識や経験しかもたない人々が，さらなる否定的連想を産出してしまう（例えば，車いすを必要とする女性が，その身体的機能障害のせいで子どもの世話が十分にできないのではないかと憶測されて，母親，つまり結婚相手の候補者とは見られない）。

　障害者に対する社会全体のこうした思い込みが，WWDの交際相手または性的パートナーとしての地位に関して多くの通念をつくり上げてきた（Olkin, 1999）。中でも最も浸透している通念は，障害者は「傷物」であり，したがってアセクシュアルな存在で，性行為をしないというものである。もう一つは，障害者は性的な機能を果たせないという通念である。障害者は自らの責任で性行為を行う能力がないため，不妊（断種）手術を施すか，潜在的なパートナー〔恋人や結婚相手になるかもしれない人〕から遠ざけねばならないという考え方である。障害者と交際する非障害者は，その人自身に何かしらの問題があるか，または好ましくない相手で妥協していると見なされる。そして最終的には，WWDのセクシュアリティは障害のある男性と比較して障害の影響を受けていないと見な

される。女性はセックスでは受動的であるべきという前提が，女性よりも男性の性生活の方が障害により大きな影響を受けるという推論を導く。臨床家は，患者の多くがこれらの通念をある程度まで内面化していることに留意する必要がある（Olkin, 1999）。

　これらの神話と闘わなければならないことに加え，WWDには不幸な現実が存在する。それは，潜在的パートナーが彼女たちの障害に慣れていくことの責任はWWDに委ねられているということだ。障害のある男性には，同様の責任はないようであり，それはおそらく男性が，異性愛者であれば，パートナー候補は女性で，女性は社会的に介護者の役割を果たすよう社会化されていることによると考えられる（Campbell & Carroll, 2007）。社会化の男女差により，男性は女性と違い，介護者の役割を果たす教育を受けていない。それが，WWDが潜在的パートナーの男性に自分の障害に慣れてもらう責任も果たさなければならない理由のようだ。筆者らの臨床的経験や個人的経験から知ったことだが，障害のある女性たちは，新しい関係の初期の段階から，障害全般について，そして自分の障害が身体的機能にどのような影響を与え，さらには二人の関係にも影響を与えうるのか，相手の男性に対する教育に時間をかけていかなければならない。障害のある彼女たちは，相手の男性がそれらの情報を吸収していくのを根気強く待たなければならない。

　ここで重要な疑問が湧いてくる。WWDは交際相手を決めるのに障害のない人と異なる基準をもつ必要があるのか？　WWDは相手を見つけるのに，障害のない女性よりも積極的になる必要があるのか？　例えば，WWDは潜在的パートナーとして見られる可能性が低いから，自分の方から最初に行動に出る必要があるのか？　非障害者と交際するのが難しいのであれば，障害者同士だけで交際すべきなのか？　若いWWDの家族は，彼女たちのセクシュアリティについて躊躇する，または否定的であるとの研究結果がある。おそらくWWDは障害者とだけ恋愛関係になるべきだというステレオタイプに影響されているのだろう（Mejias, Gill, & Shpigelman, 2014）。交際相手を障害者に限定することは，候補者を一層狭めることになるし，そこには別の問題も生じる（例えば，性行為の際にベッドへ行くために，2人とも介護者が必要だったら？）。

　男性がなぜ障害のあるパートナーと別れるのか，または最初から親密な関係

をもとうとしないのか考察することは興味深い。繰り返しになるが，この話題もほとんど研究がされておらず，今後の研究が待たれる。男性がどのように社会化されてきたかが，WWDをパートナーにするかどうかに影響を与えると考えられないだろうか？　男性たちは子どもの頃から理想的なパートナー像——彼らと彼らの子どもの世話をしてくれる女性，魅力的な人，子どもを産める人など——を植え付けられている。彼らは前述の神話を誤って信じてしまい，WWDには生涯のパートナーになる資格がないと見なすなど，拡張効果の犠牲となっている。

　すでに親密な関係だった女性が障害を負った後に，男性がその女性のもとを去るのは，以前のようにその女性が世話をできなくなってしまったからなのだろうか？　障害を負った女性に対する男性の反応は，進化の過程で獲得されているとは考えられないだろうか？　潜在的な女性のパートナーが，「損傷」した場合，それは子孫に受け継がれるかもしれない。もし，その「損傷」した相手が，自分自身や子孫の世話や保護ができない場合，彼らは種の発展に貢献する力はないと見なされるのだろうか？　脳に損傷を負った女性の男性パートナーは，その女性パートナーに対する性的な親密感を失うという研究結果がある（Brunsden, Kiemle, & Mullin, 2017）。脊髄に損傷を負った女性は，性行為の頻度が減り，性欲が減退し，以前より自分の魅力がなくなったと感じるなど，自らのセクシュアリティへの悪影響を報告している（Kreuter, Taft, Siosteen, & Biering-Sorensen, 2011）。もし男性が女性よりも恋愛における性的な親密さに駆り立てられるのであれば，それが一因であるとは考えられないだろうか？

　WWDに関して社会に流布しているイメージとは違って，彼女たちも障害のない女性と同程度に親密な関係を望み，性的な欲求ももっている。しかし，WWDに向けられた社会的スティグマのせいで，彼女たちがパートナーを見つけるのはより困難になっている（Amjadi, Simbar, Hosseini, & Zayeri, 2017）。しかし，テクノロジーの時代とオンライン・デートの出現により，この格差はやや減少した。オンライン・デートは，より多くの出会いの場へのアクセスを向上させ，よりプライバシーも守られるので安心でき，より効果的なコミュニケーションの促進も可能とした。もちろん，出会いを目的としたウェブサイトという性質上，出会う相手も，ただの友達ではなく交際相手を前提としていること

は承知している。

　しかし，オンライン・デートでは，自分の障害を相手にいつ開示するのかが問題になる。あらかじめプロフィールに書いてしまうのか。相手のことを知ってから告げるのか。そうなると，相手をだまそうとしていると思われる危険性も生じる。外見からはわからない障害の場合，開示のタイミングについての決断は一層難しくなる。外見的には，非障害者と変わらないからだ。いつ告知するかは人によって異なるが，それはその後の関係に影響を与える可能性がある（Levis, 2012）。潜在的なパートナーの数が大きくなれば，それだけ失望の危険も増える。WWDに協力している医療従事者として，起こりうる困難に備える助けをするのは当然のことだ。そのためには社会が彼女たちをWWDとしてどのように見ているかについて，そして，どうすれば無理のない方法で困難を乗り切っていけるのか，率直な議論が必要である。

3. セクシュアリティ

　すでに述べたように，WWDは潜在的なパートナーを見つけるのにより多くの障壁に直面している。困難の度合いは，障害の可視性によっても，それぞれの障害の種類によっても異なる。他者から見える障害の場合，困難には，スティグマとアセクシュアリティの誤解が含まれる。他者からは一見してわからない障害の場合は，障害の開示とそれに付随する困難，例えば障害があると言っても信じてもらえないのではないかという恐怖などが含まれる。しかし，障害に関連するスティグマを考えると，他者からは一見してわからない障害のある女性は，潜在的なパートナーに自分の障害を公表したり，障害があるように見せたりすることを避け，非障害者として振る舞おうとするかもしれない。さらに，女性が障害に対する否定的なメッセージを内在化している場合，自分自身をより否定的に捉え，あまり望ましくない関係に妥協したり，虐待的な関係から離れることが困難になる可能性がある（Howland & Rintala, 2001）。このような女性は，潜在的なパートナーから失望や差別を受けるリスクが高いだろう。私たち支援者としては，彼女たちが拒絶にうまく対処し，希望をもち続けるための方法を見つける手助けをすることができる。

WWDのセクシュアリティは，ほとんど研究がなされていない分野と断言できる。障害のない女性や障害のある男性と比較するとそれは際立っている。わかっているのは，WWDは性的な存在であり続けることを望んでいるということだ。セクシュアリティには，性行為（自慰行為を含む）という物理的な行為だけでなく，性的な欲求，衝動，身体イメージ，自己概念，性的機能，対人関係なども含まれる（Amjadi, Simbar, Hosseini, & Zayeri, 2017; Parsons, Reichl, & Pedersen, 2016）ことを理解することが大切だ。

　WWDが自らのセクシュアリティを十分に探求できるようになるためには，いくつかの要因が影響を与えている可能性がある。Nosekら（2001）は，WWDの調査協力者のうち医療関係者から，彼女たちの障害が性的機能にどんな影響を与えるかについて十分な説明を受けたと報告しているのは，59％にすぎないことを明らかにしている。性行為中の腸や膀胱の活動についての心配は，失禁するかもしれないという心配につながるので，性行為への意欲と能力に影響する。性行為についての知識不足は，性行為に影響を与えうる。特に，先天的な障害がある場合は，過保護な両親の影響やアセクシュアルと見なされる社会通念によって，性教育を受ける機会がなかったかもしれない。後天性の障害の場合，後天的な障害者の多くが男性なので，リハビリテーションチームが，障害発生後の女性のセクシュアリティについてよく知らなかったり，気軽に話題にできなかったりするかもしれない。障害それ自体によって，性行為や安全に快適な体位が限定される可能性もある。服用している薬が自己潤滑能力の妨げになったり，避妊薬の同時服用を禁忌とする可能性もある。

　自慰行為は，性教育やリハビリテーションの中で軽視されがちなセクシュアリティの一面である。WWDがパートナーを見つけるのに苦労していることを考えると，自慰行為は最も一般的なセクシュアリティの表現かもしれないという現実は憂慮される。特に女性の場合，自慰行為には社会的・宗教的なタブーが多く，それがいかにオープンに議論されるか，また，行われるかに影響を与えている。WWD自身は医療スタッフにこの話題を切り出すのに抵抗を感じるかもしれない。しかし，患者の自慰に関する考えと，自慰に取り組む意思があるかどうかを明らかにすることは，彼女たちが，「障害のある女性」についての社会的な通念を内面化し，自慰行為を行ってはいけないと考えている可能性を

考えると，臨床的に注目に値する。自慰行為を行うことでWWDは自分自身の身体を理解し，自己概念を高め，自分を満足させる方法を発見することができる（Morales, Gauthier, Edwards, & Courtois, 2016）。自慰行為は，特に後天性の障害のある女性にとって有用である。しかし，四肢の器用さにおける制限，指や器具の使用における潜在的危険，オーガズムに伴う強い痙攣などの問題があるなど，すべてのWWDが安全に自慰行為を行えるとは限らない。

　WWDに対する否定的な見方が社会に浸透している事実を考えると，我々医療従事者は，そうした彼女たちの評価が非常に遅れている社会にうまく対処するためのコーピングスキルを，彼女たちと一緒に育む必要がある。我々はまた，彼女たちに自分自身の障害を封じ込める方法，つまり，他者に自分たちを障害者としてではなく，人として見てもらう方法や，障害はその人ができることのごく一部にしか影響しないことを他者に理解させる方法などを教えることができる（Olkin, 1999）。Olkinはまた，セラピストは障害が恋愛関係に与える現実的な影響を軽視すべきではなく，患者が計画的に行動できるよう手助けをするように忠告しているが，WWDが交際やセクシュアリティにおいて成功できるということを知ってもらうことは重要である。個人またはグループによるピアサポートは，非常に効果的な介入となりうる（Mejias, Gill, & Shpigelman, 2014; Morris & Morris, 2012）。交際やセクシュアリティについて患者と議論することへの扉を開く責任は，医療従事者にあると我々は考えている。交際やセクシュアリティに関する自身の，またはリハビリチームのバイアスを探ることは重要である。なぜならそうしたバイアスが，患者のケアやこれらの問題を議論する意欲に影響しているからである。

　また，WWDに関わる医療従事者として，社会文化的，宗教的信念が，交際やセクシュアリティに対するWWD自身の見解に，いかに影響するかを認識していくことも重要である。我々は，WWDが，人間であることの重要な側面や，そしてWWDであることに対してどのようなメッセージを内面化してきたのかを探る手助けができるユニークな立場にある。我々はまた，リハビリテーションチームと協力して，彼女たちの一般的知識を高め，潜在的なバイアスを指摘し，これらの話題について議論する際の快適さを向上させる手助けができる。これらの問題について，女性患者やリハビリテーションチームと議論を重ねてい

くことは，WWDのセクシュアリティの改善につながり，そして彼女たちのQOL全体の改善につながっていく。

　我々はいくつかの未解決の質問を投げかけ，研究者たちにこれらの分野について検討するように提案している。長期的な異性関係を維持するWWDが少ないのは，男女の何によるのか？　なぜ女性の方が男性よりも，潜在的パートナーに対して自分の障害に慣れてもらうよう時間をかけなければならないのか？　これらの疑問に対する答えは，WWDの障害経験のよりよい理解や，性差別的で障害者差別的な世界を，彼女たちがうまく生きていくための介入法の開発の一助となるだろう。

4. 虐　待

　我々WAVEサポートグループ内での議論では，交際やセクシュアリティについての話の中にしばしば虐待の話題が含まれる。よく知られている形の虐待（すなわち，身体的・感情的・性的虐待）に加えて，WWDは，介護者に手荒に扱われたり，体を触られたり，薬を飲ませてもらえなかったりすることなどの障害に関連した虐待にあう危険がある。他にも，中絶や不妊手術，精神科治療の強制，医療拒否，社会からの隔離などが挙げられる（Ortoleva & Lewis, 2012）。長年の間，発達障害，認知障害のある患者だけが虐待にあう危険性があると考えられてきた。しかし，画期的な「身体障害のある女性の全国調査」（National Study of Women with Physical Disabilities）は，WWDの生活におけるセクシュアリティと親密な関係の調査が主要な目的であったが，障害者虐待についても光を当てた（Nosek et al., 2001）。障害の有無に関わらない1000人以上の女性を対象にしたこの研究の主要な発見は，障害のない女性と同じ割合（62％）でWWDが，感情的，身体的，性的虐待を受けていたこと，WWDはより長期にわたって虐待を受けていたことであった。

　こうした結果は，当時一般的だった，WWDは虐待の危険がないという常識に異を唱えるものであった。障害のある男性もWWDと同じ割合で虐待を経験するが，性的虐待は半分の割合だった（Powers et al., 2002, 2008）。ほとんどの文献は目に見える障害のある女性に焦点を当てているが，他者から見えない障害

第 8 章　障害のある女性たち

のある女性も虐待にあう危険性がある。実際，外傷性脳損傷の女性における脱抑制や衝動性のような特定の障害に関連した要因は，虐待のリスクを高める行動であり，症状について無教養な個人からの虐待を正当化する口実となることさえある（Kim, 2002; Sequeira & Halstead, 2001）。他者から見えない他の障害のある人々も，同様の困難に直面することがある。

　以前は，障害は虐待の危険因子ではなく，むしろ保護因子と見なされていた。この不正確な思い込みの根底にある顕著なステレオタイプとして，前述の「WWDはアセクシュアルだから性的虐待は受けない」という神話がある。しかしながら，虐待とは権力と支配の問題であるから，能力の有無に関わらず，誰でも虐待にあう可能性がある。虐待のリスクを高める障害に関連した要因には，介助の必要性，施設に関わる機会，環境的障壁，社会的孤立，経済的問題，限られた経済的機会，障害に関する家族のストレス，社会や健康状態の悪化，そして幼少期の虐待経験や暴露などがあることが研究により明らかになっている（Andrews & Veronen, 1993; Hassouneh-Phillips, 2005; Nosek et al., 2001）。障害者は，日常生活でより多くの支援を必要とする潜在的ニーズがあるので，非常に脆弱であり，加えて，女性は「弱い性」という社会通念が，虐待を経験する危険をさらに高める一因となっている。利用可能な文献によると，加害者は女性よりも男性であることが多い。それは男女の社会化の過程の違いに原因があるようだ（Gidycz, Warkentin, & Orchowski, 2007; Lisak & Miller, 2002）。WWDは，親密なパートナー，医療従事者（Young, Nosek, Howland, Chanpong, & Rintala, 1997），家族支援者，自宅などの私邸から老人ホームなどの施設といった幅広い環境において個人介護者からの虐待を経験する可能性がある。

　障害に対する偏向した観点と知識不足が，虐待を受けた女性の発見や治療を妨げている（Barnett, Miller-Perrin, & Perrin, 2005）。障害者差別的なコミュニティによってつくられた既存の社会的・権力的力学を考えると，WWDが虐待の通報を検討すること自体に対してさえ，大きな力が作用する。当該女性の自立の程度だけでなく（例えば，自分で警察署まで運転したり，自力で電話したりできるか），支援の求め先の価値観や態度もまた，虐待を通報する能力に影響する（Copel, 2006）。

　WWDにとって進行中の虐待を通報することには，自立の喪失，暴力や報復

の増加など，重大な結果を伴う可能性がある。特に虐待者に日常の介助を依存していればなおさらである。また，1990年に制定された連邦法「障害のあるアメリカ人法」(Americans with Disabilities Act)の条項に，社会サービス（例：家庭内暴力からの保護施設）は障害者が利用しやすいもの，すなわちアクセシビリティを備えていなければならないと規定されているにもかかわらず，WWDは，アクセシブルではない家庭内暴力シェルターや，人工呼吸器の非サポートなど，障害者がアクセス可能な資源の不足に直面する (Chang et al., 2003; Cramer, Gilson, & Depoy, 2003; Swedlund & Nosek, 2000)。通報の際にWWDは，障害者の虐待に適切な評価ツールと一般的な認識が不足している，医療，精神保険，法律の専門家に直面する可能性が高い（Chang et al., 2003; Cramer et al., 2003; Swedlund & Nosek, 2000)。

　虐待の通報を阻む要因があるとしても，医療従事者が患者を診察する際に，虐待を適切に認識しスクリーニングする方法を学ぶことは最も重要である。幸いなことに，McFarlaneら (2001) が開発した Abuse Assessment Screen-Disability（障害者版虐待スクリーニング）や Curry, Powers, & Oschwald (2003) が作成した虐待スクリーニングなど，臨床家が臨床面接に容易に組み込めるスクリーニング項目が，研究者によって開発されている。障害のある患者の虐待評価における最も望ましい実践は，虐待報告義務についてのインフォームド・コンセント，プライバシーが守られる空間でのセッションの実施，加害者と被害者の間の潜在的な関係性の理解，様々な虐待例の中から問題状況に応じた特定の事例選択と提供，そして応対者が患者を尊敬し信じていることを伝えるなどが含まれる。Hughesら (2010) が開発した介入プログラムなどは，WWDの支援グループと同様に，WWDの自己効力感と安全確保スキルを向上させることができる。

5. 役割の転換と自己意識の保持

　社会は女性に，母親，妻，介護者，叔母，祖母，イベントの進行役，主婦など，多くの役割を求め，期待を抱く。役割を果たすことは自己意識と他者との関わりにおいて重要な要素である。多くの女性は，メディアを通じて我々の文化における自分の役割についてのアイデアを形成する。しかし前述したとおり，

メディアは一般的にWWDを除外している。女性は美しく整った容姿を期待されており，我々の社会は，女性の価値を評価するのに身体的な魅力と容姿に大きな重点を置いている（Roberts & Zurbriggen, 2013）。この魅力と完璧性についてのイメージは，身体的・精神的な障害のある女性たちを排除する。

役割の崩壊が実際起きたものであっても，周囲に認知されたものであっても，障害はこうした文化的期待の多くを脅かす。障害者は養育者として不適切で，育児に伴う家事や家庭内の行事の調整といった典型的な女性の義務を果たす能力が低いという社会的認識が存在する（Kirshbaum & Olkin, 2002）。役割の変化は障害のある男性にも影響するが，男性に期待される性役割によって内容は異なる（例えば，男性は家の修繕や庭仕事を手伝ってもらう必要があるかもしれない）。障害が役割機能を阻害する度合いは，その人が伝統的な性役割をどの程度重要視していたかによって異なる。役割分担の崩壊に伴う苦痛は，障害の影響を受けた役割がその人の自己意識にとって中心的なものであるほど大きくなる（Meyerowitz, Chaiken, & Clark, 1988）。役割を失ったという感覚は，間違いなく感情機能と自尊心に影響する。WWDにとって，母親，介護者，主婦の役割をもはや果たせなくなったと感じることは，女性らしさを失ったという考えに結び付く。

役割遂行への期待は，見た目にわからない障害のある女性には違う形で影響を与える。彼女たちはある意味で二重の人生を生きている。表面上は，彼女たちは職場で，学校で，社交の場で，社会的役割を果たしている。客観的には，彼女たちの人生は，他の人の人生と変わらないように見える。しかし，主観的には，特定の障害によって，常に変化する自分自身のエネルギー水準や疲労の波，痛みやこわばり，視力の低下，その他の目に見えないいくつもの症状を抱えながら日々の仕事をこなしている（VanHeel, 2016）。他人の世話をするという女性への期待があるのに，その期待を果たすことができなくなった場合，女性としてのアイデンティティと役割の喪失のリスクがある。さらに，介護の必要性を認めてしまうと，性差別や障害者差別の対象になるリスクも増加する。彼女たちは，いつ，どこで，誰に障害を開示するのか，熟慮した上で決めなければならない。開示には必ず反響が伴うからである（VanHeel, 2016）。

美やその他の社会的役割に対する社会的期待に応えるかどうかは，WAVEの

女性退役軍人たちにとって人気のある話題である。ファシリテーターとして我々はWWDが，一般的な社会的ステレオタイプとは違う見方をされようとして，美しくならなければならないというプレッシャーを感じているのではないかと疑問に思った。ある参加者は，女性は「セクシーな子猫」のような外見が理想だが，障害があるとそれは一層困難だとコメントした。他にもいろんな意見が寄せられた。あるアダプティブ・ファッションの熟達者は，介護者に化粧をしてもらうことを提案し，そうすれば，より女性らしさを感じられると説明する。それに対して，そのようなことをする資源も意欲もない人もいる。おしゃれをしたり化粧をしたりすることが，パートナー候補に魅力的に映るか，まったく意味がないことか，賛否両論の意見が出た。

　では，WWDは障害による役割の崩壊にどのように対応しているのか？　ある人は，他の人に譲ったり，仕事を手伝ってもらい監督的な役割を担ったりしている。別の人は，新たな方法で適応したり，他の新しい役割を見つける。ある参加者は，多発性硬化症になる前は甥や姪とのスポーツに積極的に参加していたが，今は彼らと一緒にボードゲームを楽しんでいることを教えてくれた。役割の変化にうまく対応していくには，母親，妻，介護者，叔母，祖母，イベントの進行役，そして主婦といった役割には物理的要素以上に大切なものがあるといった認識が大事である。そして，今ある能力を活用して役割を果たす方法を発見することが鍵になる。そして，柔軟に対応することと，常識にとらわれない思考が，役割の変化に適応していくのに最も役立つようだ。

6. おわりに

　WWDは彼女たちが直面している多くの社会的課題のもとで，どのように女性らしさを維持しているのだろうか？　対人関係，セクシュアリティ，医療福祉，安全，そして社会的役割の遂行に影響を与えるステレオタイプとどのように闘っているのだろうか？　そして我々は彼女たちを支援するために何ができるのか？　WWDは多様で例外的な文化的集団であり，その経験は，障害のある男性とも障害のない女性とも異なる。彼女たちは，性別や障害の有無によるものだけではない多くの不利益に直面しており，また別の少数派アイデンティ

ティをもてば，そうした困難はさらに増す。臨床医または心理学者として，我々は彼女たちとともに社会的ステレオタイプの影響を探り，対処または闘う方法を発見できる。同時に，WWDについての我々自身のバイアスを探っていくことで，これらの誤った通念を広め続けないようにすることも重要である。WWDは他のWWDからのサポートによって恩恵を受け，我々がまさに示してきた障壁をうまく乗り越えて女性らしさを維持している。WWDは，自分たちに向けられた否定的なステレオタイプと日々闘い，彼女たちが母親であり，パートナーであり，独立した女性であることを証明する。彼女たちは強く，有能であり，彼女たちにより注意を向けることは，彼女たちの経験に恩恵をもたらす。我々は，臨床実践，研究活動，アドボカシー支援活動を通じて，この非常に価値のある女性たちの味方であり続けることができる。

第Ⅱ部　主流のトピック

第 9 章

文化，人種，障害

Faye, Z. Belgrave, Kelli W. Gary & Khalilah R. Johnson

　たいていの障害において，その発生率は，非ヒスパニック系白人よりもそれ以外のマイノリティグループで高い。本章の目的は，アフリカ系アメリカ人，アメリカ先住民とアラスカ原住民，アジア系アメリカ人，非白人のヒスパニック系，ハワイ先住民とパシフィック・アイランダーなど，米国内の主要な人種・民族的マイノリティグループにおいて，障害がどのように概念化され，障害とリハビリテーションの経験に，彼らの価値観，信念，行動がどのように中心的な役割を果たしているかについての枠組みを提示することである。そのため，本章では，これらのグループにおける障害という経験に対する文化の役割に焦点を当てる。

　以下ではまず，関連する用語の定義を紹介した後，人種・民族的マイノリティの障害体験を理解するための理論的枠組みとして交差性について考察する。次に，米国において主要な人種・民族グループの文化的な慣習や信念について概観し，そうした文化が障害やリハビリテーションの経験にどのように影響するかを例示する。そして最後に，実務家や研究者が今後検討していくべきことを述べる。

1. 定　義

　障害とは，身体的・精神的な機能障害（インペアメント），日常生活における活動の制限，限定された社会参加を網羅した言葉である（World Health Organization［WHO］, 2017）。**機能障害**（*impairment*）とは，身体構造・心身機能の喪失や低下が見られる状態を指し，機能的な制約を生じさせることがある。こうした機能障害が，個々人が独力で行う必要のある日常の作業やタスクに影響する場合，**日常生活における活動の制限**（例えば，毎日の衛生管理，食事，睡眠，学習，仕事）が生じる。障害（および一般的な健康）は，当該文化においてどういった身体的能力や精神的能力に価値が置かれるかによって定義されるため，社会的な視点から構成されていると同時に文化的視点からも定義されるといえる。文化とは，大規模な集団で共有される態度，行動，シンボルであり，通常，世代間で伝達される（Shiraev & Levy, 2016）。つまり障害とは，身体全体がもつ機能と，当該環境を通じて社会的な視点から構成された身体についての期待の両方に関係している（Goering, 2015）。

2. 人種・民族的マイノリティグループにおける障害を有する割合

　障害を有する割合は，総人口と比較して，ほとんどの人種や民族のマイノリティグループで高い。全年齢を対象として，現在入院していない米国市民で何かしらの障害を有している割合は，総人口では12.6％，黒人／アフリカ系アメリカ人では14.0％，ヒスパニックは8.8％，アジア人では6.9％，アメリカ先住民／アラスカ原住民では16.8％，ハワイ先住民／パシフィック・アイランダーでは10.6％となっている（US Census, 2015）。アメリカ先住民／アラスカ原住民とハワイ先住民／パシフィック・アイランダーの障害を有する割合は，総人口よりもかなり高い[◇1]。今後，ヒスパニック系やアジア系の人口増加が予想されるため，これらのグループでは障害者の数が増大することが予想される。近い将来に起こるさらなる多様性の拡大に伴い，こうしたマイノリティグループに対して支援やサービスを提供する専門家は，彼らの文化背景に適合した支援を提

供するために，人種，民族，障害の交差性（インターセクショナリティ）と，人種・民族的マイノリティグループがもつ文化的価値を認識する必要に迫られている。

3. 理論的枠組み

　本章は，交差性（intersectionality）という理論的枠組みを用いている。交差性とは，反人種差別主義とフェミニスト理論の両方に見られる単一の枠組みの中に，アフリカ系アメリカ人女性の特異的な状況が含まれていない状態が続いていることに対処するため，Kimberlé Crenshaw（1989）によって提唱された用語である。以降，交差性という言葉は，多様な社会的アイデンティティを同時に理解するために用いられている（Bowleg, 2013）。理論的枠組みとしての交差性は，重複する社会的不平等やその相互作用を説明するために，人種，ジェンダー，障害，セクシュアル・アイデンティティなど，複数の社会的アイデンティティが，個人の中でどのように交差しているかを理解しようとするものである（Bowleg, 2013）。交差性は，障害のある人種・民族的マイノリティの間で，複数のアイデンティティが独立してではなく，どのように関連し合っているかの理解を助けてくれる。また交差性の理論は，二重のマイノリティと位置付けられる，障害がありかつ人種や民族的にマイノリティグループに該当する人々におけるスティグマ，差別，貧困の割合が高い理由を提供してくれる。

4. 障害における文化的側面

　メキシコ人を祖先とするラテン系とプエルトリコ人を祖先とするラテン系，アフリカ系アメリカ人とカリブ系黒人，インド人を祖先とするアジア人と日本人を祖先とするアジア人など，それぞれの人種・民族の間に存在する大きな文化的差異を，まず認識することが重要である。しかしその一方で，こうした文化的差異が示される人種・民族の間であっても，出身国が同じであった場合，共通の特徴を有していることがある。また，少数派の人種・民族には，人種・民族特有の文化的価値観がある。例えば，ラテン系，アジア系，アフリカ系の人々

には，集団主義的な志向（個人主義的な志向とは対照的）が見られる（Belgrave & Allison, 2013）。また，ほとんどの人種・民族的マイノリティグループは，人種差別や障害を理由とした差別を経験しており，これが障害の状態と相互に作用して，リハビリテーションの効果を減少させる（Belgrave & Allison, 2013）。それ以外にも，人種・民族グループにおけるその他の文化的側面には，文化獲得，言語獲得，および移民資格や在留資格の状況などが挙げられる。

　以降では，各人種・民族グループの文化的価値観や信念を概観した後，交差性の枠組みを用いて，障害やリハビリテーションの経験に影響を与える文化的要因に関する研究例を紹介する。こうしたいくつかの研究事例を概観・検討することは，文化の影響を意識することの重要性を強調することを目的とするものであり，網羅的なものではないことを付言する。ここでの考察や事例には多様な障害が含まれているが，障害の種類によって障害者の経験が異なることについては注意してほしい。

(1) アフリカ系アメリカ人

　米国国勢調査（US Census, 2017）では，**黒人**または**アフリカ系アメリカ人**を「アフリカの黒人種族のいずれかに起源をもつ人」と定義している。自分の人種的ルーツを上述の定義に添った形で「Black／African American／Negro」のように表記する人や，African American, Afro American, Kenyan, Nigerian, Haitianなどの表記を用いる人もいる。アフリカ系アメリカ人に見られる文化的価値観や信念には，相互依存や集団主義，強い宗教心，大家族や血縁関係への信頼，感情や感情的な手掛かりに対する敏感さなどが挙げられる（Belgrave & Allison, 2013）。これらの価値観はアフリカ系アメリカ人を含む多くのアフリカ系の人々にも見られるが，一方で社会経済的な地位，家族，地理的な位置，環境的な要因などに基づく幅広い多様性と異質性もあわせもつ。他の人種・民族でも同じような価値観をもっている場合があるが，多くのアフリカ系アメリカ人に共通する独自の歴史的経験によって特異的な文化的信念や価値観が形づくられている。例えば，アメリカ政府によるアフリカ系アメリカ人コミュニティへの差別的な扱い（例：タスキギー梅毒実験；Mays, Cochran, & Barnes, 2007）など，こうした過去のあからさまな差別的行為と，現在の人種差別との重複は，ア

フリカ系アメリカ人の世界観に影響を与え，そして彼らの健康状態に有害な影響を与える統一的な要因となっている（Mays et al., 2007）。

　アフリカ系アメリカ人は，相互協調性と集団主義を支持することが多い（Belgrave & Allison, 2013）。相互協調性は，個人の利益よりも集団の利益を重視するアフリカ人の価値観と一致している（Belgrave & Allison, 2013）。相互協調性と家族への信頼は，介護者の負担を軽減する2つの文化的価値観といえる。拡大家族や血縁関係に対する強い責任感と，親族を施設に入所させることへの嫌悪感は，アフリカ系アメリカ人の介護者がより多くの時間を介護に費やしながらも，負担をそこまで報告しない理由なのかもしれない（Kosberg, Kaufman, Burgio, Leeper, & Sun, 2007）。また，認知症の家族の介護において，アフリカ系アメリカ人の家族は白人に比べて，心理的な健康状態がよく，介護に対して肯定的な感情をもっていることが報告されている（Napoles, Chadiha, Eversley, & Moreno-John, 2010）。さらに，相互協調性は，精神疾患のある人の介護者が感じる主観的なストレスを低減する可能性も示されている（Suro & Weisman de Mamani, 2013）。

　宗教は，アフリカ系アメリカ人の身体的および精神的な健康と情緒的ウェルビーイングに強く関連している（Levin, Chatters, & Taylor, 2005）。アフリカ系アメリカ人は，自分の人生において宗教が非常に重要であると回答する割合が高く，その割合はアメリカ人一般成人の56％に対して79％である（Liu, 2009）。アフリカ系アメリカ人は，がん（Halbert et al., 2007），精神疾患（Ward, Wiltshire, Detry, & Brown, 2013），および慢性疾患（Watkins, Quinn, Ruggiero, Quinn, & Choi, 2013）への対処において，宗教的価値観は重要だと考えている。宗教性は，個人が障害をどのように受け入れ，そしてどのように対応するのか，また困難な状況を軽減するために資源や治療を利用するかどうかにも影響を与える。

　アフリカ系アメリカ人の中には，医療制度に対して不信感を抱いている人がいるが（Tucker, Moradi, Wall, & Nghiem, 2014），この不信感の根拠の一つは，米国公衆衛生局が行っていたタスキギー梅毒実験におけるアフリカ系アメリカ人男性からの搾取と彼らへの虐待による（Scharff, Mathews, Jackson, Hoffsuemmer, Martin, & Edwards, 2015）。この歴史的な非人道的行いは，白人の医療従事者や米国の医療制度に多くのアフリカ系アメリカ人が不信感を抱く一因として認識

されている。この事件は 1900 年代に暴露されたのだが，いまだに影響が残っている。Alston & Bell（1996）では，文化的不信がアフリカ系アメリカ人のリハビリテーションへの関心と参加を妨げ，機能的制限を改善する機会を奪っている可能性が示唆されている。また，健康における文化的不信の影響に関する他の研究では，数値的な根拠ではないものの，文化的不信がアフリカ系アメリカ人の精神保健サービスの利用率や医療に対する満足度を低下させているという事例的根拠を挙げている（Thurston & Phares, 2008）。さらに，文化的不信は，慢性疾患や障害に対する治療や受診を遅らせてしまう可能性がある。文化的不信は，個人だけでなく，地域社会にも及ぶ。

(2) アメリカ先住民／アラスカ原住民

　アメリカ先住民やアラスカ原住民は，南北アメリカ（中央アメリカを含む）の原住民のいずれかに起源をもち，部族との関係やコミュニティへの愛着を維持している人々の集団と定義される（US Census, 2017）。アメリカ先住民やアラスカ原住民の人々に典型的に関連する文化的価値観および／または信念には，敬意，互恵，調和が含まれる。こうした集団における独自の特徴の一つは，多様な部族によって構成されていることである。アメリカ国内の 567 の連邦政府公認の部族と 34 の都市部先住民コミュニティに属する推定 370 万人のうち 200 万人以上がアメリカ先住民かアラスカ原住民である（Indian Health Services, 2017）。破棄された条約，地理的な孤立，限られた資源という悪辣な歴史によって，アメリカ先住民とアラスカ原住民は長きにわたり，健康状態の悪さや障害状況における圧倒的な不均衡と共に，脆弱な人種・民族的マイノリティグループという立場に追いやられてきた（Smith-Kaprosy, Martin, & Whitman, 2012）。アメリカ先住民とアラスカ原住民において，文化と障害の交差性の関連は顕著であり，医療ケアへのアクセスにおける著しい障壁に対して，複雑な支援や保護を必要としている。

　アメリカ先住民やアラスカ原住民の人々にとって重要な文化的価値観の一つに敬意がある。彼らは，礼節・寛容性・誠実性と共に，部族の主権，部族の信念や習慣，人生経験を通して指導や知恵を与えてくれる部族の長老たち，そして他人を尊重することを教えられる（Gray & Rose, 2012）。アメリカ先住民やア

ラスカ原住民における敬意の重要性を理解することは，リハビリテーション専門家と彼らとの関係に大きく影響する。例えば，部族の長老たちの目を直接見ることや，アメリカ先住民やアラスカ原住民の男性患者に女性の医療担当者をつけることは，しばしば無礼と見なされる（Flowers, 2005）。リハビリテーションの専門家との治療的関係においては，クライエントが敬意を払い，また敬意を払われていると感じることが重要だ。効果が得られない治療関係は，リハビリテーションサービスの提供，診療契約の遵守，ひいては障害の予後や経過に悪影響を及ぼす可能性がある。

　文化的価値としての互恵性は，土着のコミュニティのメンバーが，集団内における物質的な財，人間関係，生命力の相互交換関係の存在を信じており，**愛他性**をもつことに根ざしている（Burnette & Sanders, 2014）。Molm ら（2000）は，互恵的な相互作用は，より高い信頼，情緒的なつながり，パートナーシップへのコミットメントをもたらすと指摘している。このような世界観は，リハビリテーションの効果に影響を与え，機能的欠損の影響を最小限に抑え，障害を緩和することができる。

　アメリカ先住民やアラスカ原住民の間でもう一つの重要な価値観が調和性である。生命と魂の適切なバランスが調和を表しており，バランスを保てない不調和な状態は脆弱と見なされる可能性がある（Weaver, 2015）。そうした価値観によって，アメリカ先住民やアラスカ原住民コミュニティにおける障害観は，心，身体，魂の相互関係の上に成り立っている（Metropolitan Chicago Healthcare Council［MCHC］, 2004 年）。部族によって調和の意味が異なることもあるが，それらを明確に理解した上で，伝統的・現代的リハビリテーション実践の両方を用いて取り組む必要がある。例えば，オヤテ・ラコタ族は，健康とウェルビーイングを，万物と祖先の霊を含むすべての創造物とのつながりをもつことと関連付けている（Weaver & Yellow Horse Brave Heart, 1999）。対照的に，チェロキー族のメンバーは，いくつかの慢性疾患に対して運命論的視点を受け入れており，予防可能性が低いと考える傾向がある（Bachar et al., 2006）。

(3) アジア系アメリカ人

　米国国勢調査（US Census, 2017）では，アジア系アメリカ人は，カンボジア，

中国，インド，日本，北朝鮮，韓国，マレーシア，パキスタン，フィリピン諸島，タイ，ベトナムなど，極東，東南アジア，インド亜大陸の原住民のいずれかに起源をもつ人と定義される。祖先の国によって，アジア系アメリカ人にはかなりの多様性がある。東アジア人（例：台湾人，日本人，韓国・朝鮮人，中国人），東南アジア人（例：ベトナム人，フィリピン人，タイ人，カンボジア人，インドネシア人），南アジア人（例：インド人，パキスタン人，ネパール人，バングラデシュ人）は，異なる信念体系，階級体系，家族構造，価値観を有しており，言語，宗教，移民の歴史，その他の文化的価値観においても多様である（Chen, Jo, & Donnell, 2004）。アジア系アメリカ人は，他のリハビリテーションサービスと同様に，職業リハビリテーションへの参加率が低い（Chen et al., 2004）。その理由として，言語による障壁，社会経済的要因，交通手段などが挙げられる。また，アジア系アメリカ人特有の文化的要因も，障害やリハビリテーションの経験に影響を与える。

　アジア人の祖先の多くは，調和，慈悲，社会秩序，そして責任の遂行を重視する儒教の伝統の影響を受けている。アジア系アメリカ人に見られる6つの文化的価値観は，集団主義，規範への準拠，感情面における自制，達成による家族からの承認，親孝行，謙虚さとされる（Kim, Atkinson, & Yang, 1999）。面子(めんつ)（自分や家族が恥をかかないことを重んじる）という文化的価値観も，多くのアジア文化で見られる。

　儒教的な世界観をもつ人たちの間では，障害があることは理想的な調和状態からの逸脱と見なされてしまうため，障害は不協和な状態を引き起こす可能性がある。したがって，儒教的な教育を受けた障害者は，拒絶，差別，絶望，低い自己価値を内面化することがある（Chen et al., 2004）。Yan, Accordino, Boutin, & Wilson（2014）は，中国系と韓国系アメリカ人の障害に関する経験を記録・収集している。中国の文化では，障害者は否定的に受け止められ，差別される可能性がある。障害を罰の一形態や悲惨な経験と見なす伝統的な考え方は，障害のある子どもを隠すという親の行動を助長する可能性がある。同様に，韓国系アメリカ人の場合，伝統的な文化的信念により，障害があることが家族や祖先に対する非難につながるかもしれない（Yan et al., 2014）。このような伝統的な文化的価値観は，障害のあるすべての人，特に精神疾患のある人に対するス

ティグマ化を助長し，その結果，治療が行われなかったり，症状が非常に重くなるまで治療が開始されなかったりすることになる（Han, Cha, Lee, & Lee, 2017）。実際，アジア人の障害者に対する肯定的な態度は，アメリカ人よりも少ないという研究知見がある（Yan et al. 2014）。

　カンボジア人，中国人，日本人，韓国人，ラオス人，タイ人，ベトナム人など，多くのアジア系アメリカ人グループが実践している仏教もまた，障害に対する反応や経験に影響を与えている可能性がある（Hampton, 2000）。仏教徒は，カルマ（善行はプラスの結果をもたらし，悪行はマイナスの結果をもたらす）を信じている。したがって，障害があるということは，過去あるいは前世の間違った行いに対する不可避な宿命と見なされるかもしれない。

　アジア系アメリカ人においては，個人主義や利己主義よりも集団主義が重視されている。集団主義的志向は，親や年長者，権力構造に対する服従，敬意，忠誠心を必要とする権力構造の醸成を促進する（Chen et al., 2004）。こうした属性は，医療やリハビリテーションシステムへの関与に影響を与えかねない。なぜなら，専門家はより強い権力をもっていると見なされうるためだ。また，集団主義的な価値観は，公共の場における面子の維持，尊厳，コミュニティ内における地位などに見られる社会的地位への志向を促す。例えば，アジア系移民の中には，精神疾患は悪魔の仕業であり，個人の弱さが原因であると考えている人がいる。こうした状況下では，精神疾患の治療は恥ずかしいことだと思われるかもしれない。Han, Cha, Lee, & Lee（2017）は，韓国系アメリカ人移民がスティグマ化された信念（例えば，精神疾患があるということは自己コントロールができないことを意味する）をもち，精神疾患患者個人から社会的距離を保っていることを明らかにしている。

　アジアの文化では，家族は非常に重要であり，障害者を支える強力な家族のサポートシステムは貴重な財産となる。アジア系アメリカ人の障害者は，専門家の助けを求める前に，まず家族を頼る（Hampton, 2000）。しかし一方で，そこに障害についてのスティグマが存在している場合，それは家族全体に悪影響を及ぼす（Han, Cha, Lee, & Lee, 2017）。例えば，障害のあるアジア系アメリカ人は，家族の負担になることを懸念し，リハビリテーション計画を検討する際に自分自身よりも家族の利益を優先することがある（Hampton, 2000）。

アジア系アメリカ人のキャリアや職業選択に対する考え方も，リハビリテーションの効果に影響を与える。アジアの文化では，仕事の状態や職業形態は（個人の成功よりも）家族の達成や成功を反映している場合があり，そうした場合には，職業リハビリテーション計画において考慮する必要がある（Chen et al., 2004）。また，アジア系アメリカ人は，他のアメリカ人よりも起業家になる可能性が高い（Fairlie & Meyer, 1996）。言語能力の欠如，職業スキル，外国の免許の問題，伝統的なジェンダー役割への期待などから，アジア人，特に新しい移民にとって，いわゆる社会の本流に位置付けられるような雇用を求めることは実現性の低い選択肢となる。その結果，家族を経済的に支えるために，アジア系アメリカ人は，代替的に自営業を選択しがちになる（Chen et al., 2004）。

(4) 非白人のヒスパニック系

ヒスパニック系とラテン系には，メキシコ人，プエルトリコ人，キューバ人，南米人，中央アメリカ人など，スペインの伝統を受け継ぐすべての人が含まれる。ヒスパニック系，ラテン系，スペイン系のいずれかを自認する人の場合，人種は問われない（Taylor, Lopez, Martínez, & Velasco, 2012）。ヒスパニック系の人々の健康や障害に対する態度や認識に関する研究のほとんどは，主にメキシコ系アメリカ人を対象としている（Fuller Thomson et al., 2013）。ヒスパニック系の人々は，いくつかの核となる信念や価値観，文化的慣習を共有しているが，特定のヒスパニック系民族グループでは，健康と障害に対する認識にばらつきが存在する可能性がある。また，こうした彼らの信念は，しばしば年齢，移民の有無，言語，異文化適応，社会経済的地位，ジェンダーに左右されることにも注意が必要である。ヒスパニック系民族に共通する中核的な信念には，家族主義（familismo），敬意（respecto），運命主義（fatalismo），マスキュリズム（maschismo）などが挙げられるが，これらに限定されるものではない（Pachter, 1994; Salas-Provance at al., 2002）。

ヒスパニック系（主にメキシコ系アメリカ人）の障害の歴史については，他の人種・民族グループと比較してあまり詳しい報告がなされていないが（Fuller Thomson et al., 2013），ヒスパニック系の人々が障害を有する割合は一般人口よりも低いものの，医療アウトカムには相違があることを示唆する研究が増えて

いる。Fuller Thomsonら（2013）は，非ヒスパニック系白人と比較して，ヒスパニック系高齢者は，日常生活動作（ADLs）および手段的日常生活動作（IADLs）における全体的な機能的欠損に差がないことを確認した。具体的には，メキシコ系アメリカ人移民の高齢者では24.8%，米国生まれの非ヒスパニック系白人の高齢者では25.5%が機能的制限を受けている（Fuller Thomson et al., 2013）。ヒスパニック系の人々の定義が研究上明確になされていないため，有病率や罹患率に関する研究結果は一貫していない。

　ヒスパニック系の人々にとって，家族システムは最も大切なものであり，宗教や民俗信仰は家族システムの中で不可欠な要素である。またヒスパニック系の人々は，他者との交流において，年齢，経済的地位，肩書，ジェンダーなどに応じて権力のある人に敬意を示すことを大切にしている。そのため，ヒスパニック系の人々は，敬意を払っていないと思われることを恐れて，医療従事者や研究者に対して質問や懸念の提起をためらうかもしれない。敬意は返報されると考えられているからだ。医療従事者や研究者もまた逆に，年長者である患者やリハビリ参加者に対して権威を誇示しないことが求められる。また，ヒスパニック系の人々の中には，人生には不確実性がつきものであり，自分の運命にほとんど抗えないと考える者もいる。運命主義（運命はあらかじめ決まっているという信念）は，定期健康診断を避けたり，効果的な治療法を拒否したり，病気や障害は神の意志だと信じたりするなど，健康行動に著しい影響を与える（Gordon, 1994; Pachter, 1994）。

　健康とウェルビーイングは，個人としてよりも集団のために重宝される。したがって，病気や障害は集合的に経験される。こうした健康や病気を集団で所有することは，家族メンバーの障害に対する適応をより高めるかもしれない（Hunter-Hernández, Costas-Muñíz, & Gany, 2015; Pachter, 1994）。このような病気や障害に対する肯定的または協力的な側面とは対照的に，マスキュリズム（男性らしさ）は病気や障害の否定に寄与する可能性がある。マスキュリズムの構成概念はウェルビーイングと正反対に位置付けられる（Estrada & Arciniega, 2015）。例えば，ヒスパニック系の男性の中には，リハビリテーションに参加することで男らしさが損なわれる（男としてふがいない，だらしないなど）と感じる人がいるかもしれない。同様に，ヒスパニック系の女性の中には，家庭や介護の期待

に応えるために，病気や障害の影響を否定する人もいる（Pachter, 1994）。

ヒスパニック系の人々の伝統的な民俗信仰では，天候に合っていない服装，家の中のハエの存在，邪眼（mal de ojo〔悪意をもって睨み付けることに呪いをかける魔力があると信じられている〕），ススト（susto〔文化結合症候群の一つとされ，突然の驚愕，黒魔術，妖術などが原因と思われる「魂の抜け落ち」状態〕）などが病気の原因とされている（Salas-Provance et al., 2002）。さらに，ヒスパニック系の人々の中には，不道徳，妊娠に関連する何からの予感や予兆，遺伝的異常，出産時の外傷，および小児期の傷害や怪我が，小児期の障害の原因に含まれると考える者もいる（Salas-Provance et al., 2002）。伝統的な民間療法には，家庭薬（remedios caseros）や薬用茶などがあり，母と娘を通じて世代間で受け継がれる（Pachter, 1994; Salas-Provance et al., 2002）。民間療法には，浄化の儀式やハーブによる浄化が含まれることもある（Gordon, 1994; Pachter, 1994）。これらの儀式は通常，クランデロ／クランデラ（curandero [a]）と呼ばれる民間療法施術者や，その他の霊的・精神的指導者によって行われる。宗教と病気は本質的に結び付いていると考えられているため，ヒスパニック系の人々にとってスピリチュアリティは重要な文化的価値観になっている（Hunter-Hernández, Costas-Muñíz, & Gany, 2015）。その結果，障害は神からの罰と見なされることがある。

(5) ハワイ先住民と太平洋諸島の住民

多くの太平洋文化（例えば，ハワイ，グアム，サモアを起源とする人々）は，家族や村，教会レベルから物理的環境に至るまで，社会文化的な文脈の中に個人を位置付ける。ハワイ先住民および太平洋諸島の住民は，一般的な広範な障害（例：身体的機能障害，ADLsにおける制限，認知機能的障害，盲や聾など）を経験する確率が非先住民に比べて高い（Fuller Thomson, Brennenstuhl, & Hurd, 2011）。Fuller Thomsonら（2011）は，機能的制限の割合が，非ヒスパニック系白人の1.58と比較して，ハワイ先住民は2.09と高いことを明らかにした。またハワイ先住民は，他のアジア系アメリカ人や太平洋諸島の住民に比べて，障害の程度が重いことが示された。このグループの障害割合が高いのは，肥満や2型糖尿病が偏って多いことに起因していると考えられる。

ハワイ先住民と太平洋諸島の住民に共通する文化的価値観には，家族中心主

義，血縁主義，集団主義やコミュニティの尊重，調和や精神性，運命論などがあるが，これらに限定されるものではない。ハワイ先住民と太平洋諸島の住民は，文化的アイデンティティの主要な源泉として，家族のつながりや親孝行を重要視している。家族モデルは肉親，親戚，親しい友人にまで拡大されるため，家族の結束を乱すような（あるいはコミュニティに敬意を払わないような）行動はまったく推奨されない。また，太平洋地域の文化は，人生には不確実性がつきものであるという信念に反してスピリチュアリティを重視する。病気に対する運命論的な態度は，ハワイ先住民や太平洋諸島の住民の病気に対する態度に直接的かつ集団的な影響を与える可能性のあるもう一つの文化的信念だ。その結果，病気や慢性疾患を克服することは，この文化グループのメンバーには響かないかもしれない (Native Hawaiian and Other Pacific Islander Older Adults [NHOPIOA], 2015 年)。

ハワイ先住民の文化では，ウェルビーイングを得るためには，個人の身体的，精神的，スピリチュアルな要素のバランスが調和 (lokahi) していなければならないとされる (Braun, Kim, Ka'Opua, Mokuau, & Browne, 2015; NHOPIOA, 2015)。これは「ロカヒの三角形」とも呼ばれ，コミュニティのメンバー，環境，精神世界との関係において調和が保たれなければならないと考えられている。バランスのプロセスが起こらないと，健康状態が悪くなり，その結果として障害が生じると彼らは予測する (Braun et al., 2015)。家族 (ohana) は，ネイティブ・ハワイアンにとって主要な社会構造であり (NHOPIOA, 2015)，ハワイ先住民の多くは，いまでも複数の家族世代で構成される大きな家に住んでいる。そのため，障害や病気を家族一体で経験し，ケア (malama や aloha) を提供することは，家族全員が果たすべき責任であると考えている。

ハワイ先住民と太平洋諸島の住民は，伝統的な民族療法を求めることが多い。一般的に行われている伝統的な癒しの方法には，ロミロミ（マッサージ），ラアウ・ラパアウ（ハーブ・ヒーリング），ラアウ・カヘア（祈り），ホ・オポノポノ（紛争解決）などが挙げられる (NHOPIOA, 2015)。すべての伝統的な癒やしの実践には，ロカヒを達成するために，祈りと，癒やしがより高次な力や，神からもたらされることへの感謝が含まれる。他の研究では，ハワイ先住民は，自分のコミュニティ内にある医療サービスを受けるか，集団的な医療サービスを好

むことが示されている。地域の健康教育，検診，運動，その他の生活習慣の改善などの文化活動を行うことで，健康増進のための行動への参加と成功が促進される。文化集団内の地域コミュニティにおいて有機的に生まれた支援メカニズムは，長期的な健康改善を促進するのに有効であることが実証的根拠や事例的根拠の両者によって示唆されている（Braun et al., 2015; Ka'Opua et al., 2011）。

概観すると，各人種や民族グループの中にも多様性が存在するが，共有された大まかな文化的属性がいくつかある。人種・民族的マイノリティは家族の絆が強く，多くが集団主義的，相互協調的，コミュニティ指向的な傾向がある。また，宗教的，精神的な信念や習慣も，障害への適応や対処に影響を与える。最後に，一部のグループでは，伝統的または民間伝承的な信念が障害のスティグマ化に影響を与え，運命論的な信念が治療やリハビリを妨げることがある。

5. 提言と結び

本章の目的は，人種・民族的マイノリティグループの文化的価値や信念を理解することがなぜ重要なのか，そのための理解の枠組みを提供することだった。紙面の都合上，各人種・民族的マイノリティグループについて包括的に論じることができなかったため，文化的価値や研究は例示にとどめざるを得ず，確定的なものではない。同時に，今回のレビューでは，実践と研究のためのいくつかの提言がなされている。第一に，各人種・民族グループおよび下位グループに特有の文化的側面を考慮する必要がある。医療やリハビリテーションの専門家および研究者に，文化的に適切な実践方法をトレーニングすることが不可欠だ。例えば，アフリカ系アメリカ人が医療制度に対して不信感を抱いている理由を認識，対処することで，彼らのリハビリテーションプログラムへの参加が促進される。リハビリテーションの専門家がアメリカ先住民の人々と接する際に敬意を払うようにすることで，彼らのリハビリテーションプログラムへの参加が促進される。伝統的な民間信仰や慣習を理解し，議論することは，アジア系アメリカ人の障害者がこれらの信仰から生じる羞恥心に対処する方法を学ぶのに役立つ。ハワイ先住民には家族（ohana）について，ヒスパニック系には家庭薬（remedios caseros）や，クランデロ／クランデラ（curandero [a]）について

の考え方を取り入れることで，健康に重要な文化的伝統を認識することができる。そこでは同時に，人種的・民族的マイノリティであることを理由にステレオタイプ化することは避けるように気をつけなくてはならない。主要な人種・民族グループには共通点があるが，それぞれが異質であり，文化的なニュアンスや各グループの歴史的，社会政治的なレビューが重要だ。

　第二に，多くの人種・民族グループにおいて，治療およびリハビリテーション計画に肉親および親戚のメンバーを含めることが不可欠である。一部のグループ（例：アメリカ先住民）では，こうしたメンバーに地域社会や部族の指導者が含まれることもある。これらのグループの多くのメンバーは相互に協調的であるため，彼らと人間関係や信頼関係を築くことは，リハビリテーションサービスへのアクセスと参加を促すために重要である。

　第三に，ほとんどの人種・民族グループは，この国において人種差別や差別を経験しており，このことと障害状況との交差性を考慮する必要がある。特に，これらのグループは，二重のマイノリティであることから，より多くのストレスを経験し，より社会経済的な資源が少ないと考えられる。格差是正のためには構造的資源を認識することが重要である。

　今回のレビューから，人種・民族間の健康およびリハビリテーションの成果を向上させるためには，さらに多くのことを行う必要があることが示唆される。また，良好な帰結に影響を与える調整因子（例：強い家族のサポート）や媒介因子（例：ストレス）を特定する研究とともに，各人種・民族グループおよび下位グループに特化したより多くの研究が望まれる。また，特定の障害領域（例：精神的健康，身体的健康，知的障害）内のそれぞれのグループを対象とした，文化的背景や情報に基づくプログラムや介入方法を開発することが強く求められている。

　結論として，米国におけるほとんどの人種・民族のマイノリティグループの障害を有する割合は，白人と比較して高い。人種・民族的マイノリティの低い地位と障害の交差は，これらのグループのメンバーにさらなる困難をもたらすかもしれない。文化的な価値観や信念を理解し，それに対処することで，障害やリハビリテーションの結果が望ましくない形になることを軽減できる。

❖ 訳 注

◇1 原著の誤りと思われる。直前の記述によると，黒人／アフリカ系アメリカ人とアメリカ先住民／アラスカ原住民の障害を有する割合が総人口よりも高く，後者に至っては大幅に高くなっている。

第10章

性格と障害
多様なより糸から織り成される
学術的タペストリー

Timothy R. Elliott, Lauren L. Barron,
Kaitlyn Stein, Erika Wright, & Leslie Lowry

　何十年もの間，あらゆる分野の心理学者が先天的あるいは後天的な障害者のパーソナリティ研究に取り組んできた。研究の理論的動機は大きく異なるが，関連する論文は長年にわたり，専門分野（例：心理学者においては社会心理学・発達心理学・臨床心理学，医師においては精神療法・理学療法）と診断（例：脊髄損傷・視覚障害・四肢欠損）によって区分されるようである。心理学の主要な理論やアプローチはこれらの論文の至るところに存在する。初期の非実証的な応用の試みでは精神分析的なモデルが用いられた（例：脊髄損傷に対する情動反応の説明の試み；Siller, 1969）。ある程度の期間にわたって，社会的認知モデルは，学習理論に対応する流れと共に，個人差の構成要素（例：統制の所在，自己効力感，コーピング）と他者の知覚（行為の帰属や，特性・動機づけの知覚）に関する実証的研究での主流であったことに間違いはないだろう。

　こうした研究では（種々の条件下におけるパーソナリティ過程を理解するために必要な特定の変数を分離・操作するための）実験室実験やアナログ研究，また（特性，類型，あるいは実証的に特定された要素に表れる個人差の構造を明らかにするための）相関に着目した手法を含む多様な方法論が用いられてきた。現代の研究では，理論主導の実験研究から得られた変数（例：欲求不満耐性，Harkins, Elliott, & Wan, 2006；一次評価，Kennedy, Evans, & Sandhu, 2009）と，説明力のある検証可能な理論モデルに依拠せず，専門家による心理測定の厳密さをもって開発さ

れた尺度で測定された変数（例：レジリエンス；Victorson, Tulsky, Kisala, Kalpakjian, Weiland, & Choi, 2015）との間の交互作用を調べることが多い。

　我々の知る限りでは，査読付き論文誌に掲載された論文にパーソナリティと障害に関する既存の研究を統合して整理しようとした単一の論文は見られない。実際，実験研究の系譜と「人格論者（personologist）」の領域との間には近年共通点が認められているにもかかわらず，パーソナリティ研究は概して非常に複雑である。もし本当にパーソナリティが（Geenが1976年の著書のタイトルで主張したように）「人間行動のかせ（桎, 梏）」であるとすれば，こうした多様で時に重なり合うより糸を用いてもつれのないタペストリーを織り上げようとする行為は，脅威的でおそらく大胆な提案である。

　本章では，パーソナリティや障害に関する文献の中で重要な理論や知見を取り上げ，我々の学問，理論，研究を発展させ，ひいては臨床家や政策立案者に対しても示唆をもたらす可能性のある決定的な収束点について検討し，統合を試みる。

1.　最初の糸：学術的理論，臨床的ニーズ

　いくつかの連邦政府機関とアメリカ心理学会（American Psychological Association）からの委託を受けて，広範な心理学領域が新興のリハビリテーションの新分野に対して貢献できる点がどこにあるかを検討するために学会が開催された。その学会において（Richard Lazarusを含む）著名な心理学者のワーキンググループが「パーソナリティ理論と動機づけ」というトピックと「障害とリハビリテーションの研究において，パーソナリティの理論や研究はどのように位置付くか」という包括的な問いに取り組んだ（Lofquist, 1960, p. 113）。学会のプロシーディングスによると，これらの研究者たちが研究を先導するための理論モデルの価値を信じ，数々の方法論的デザインを認め，さらには，行動に影響を与え，行動を規定する環境と個人との動的な相互作用を認識していたことは明らかである（この分野におけるLewinの影響を認めている）。当然のことながら，彼らは喫緊の臨床的課題――「今，ここで，この特定個人にどのような介入が可能か（p. 115）」――に惹かれ，当時の臨床家の間に見られる不幸な傾向，

すなわち（1）特定の障害のある個人に対して特有の特性を付与する傾向，（2）一般の人々に準拠して発展してきたパーソナリティと動機づけに関する研究知見は障害者には適用できない可能性が高く，障害者のパーソナリティと動機づけに関する新理論について議論することが必要であるとする傾向に憤慨していた。

その後の数年間，トップダウンとボトムアップアプローチといった二項対立は論文の典型となった。影響力のある学者，例えばWright（1960）は心理アセスメントにおける問題焦点アプローチが個人に対する臨床的な概念化にバイアスをかけると指摘し，Shontz（1971）は特定のパーソナリティ特性や行動を特定の障害のある個人に帰属するといった逸話的なモデルが増え続けることを批判した。しかし一方で，臨床家は実証的な裏付けのないサービスをクライエントに提供するというジレンマに直面していた。クライエントの多くは影響が大きく発生率の低い障害を抱えており，大学生に偏重したサンプリングを行っていた主流の心理学の学術誌に発表された研究にはこうした症例は見られなかったのである。適切な基準や比較のためのデータが必要であった。

結果的に，臨床現場で行われる研究は臨床家が出会った行動上の問題を検討するものであり，通常，より伝統的な精神医学，カウンセリング，外来の精神保健の場で用いるのに適した測度を用いて評価されていた。この最たる——そして広範囲にわたってインプリケーションをもつ——例は，男性の脊髄損傷者（SCI）に見られる衝動性とリスクテイキング特性に関する一連の研究に見られる。Fordyce（1964）は，脊髄損傷を負うきっかけとなった行動において，判断力の欠如と軽率さを見せた青年男性のミネソタ多面的人格目録（MMPI）のプロフィールが，衝動性と攻撃性に関する問題を反映して著しく高くなっていることを示し，またこうした傾向が衝動的でない人には観察されないことを見出した。職業に対する興味に関する研究から得られたエビデンスは，SCI男性が冒険心，刺激探求や伝統的な男性的な活動に対する選好を示すプロフィールをもつ傾向があることを示唆しており（Kunce & Worley, 1966; Rohe & Athelstan, 1982），これらの測度の性質上，そういった選好が障害の発生前に十分に確立されていたことが示唆される。のちに行われた優れた症例対照研究（Mawson et al.,1996）は，怪我をする前の犯罪歴とは独立して，刺激欲求特性が外傷性SCI

の発症を有意な予測因子であるという説得力のある証拠を提供している。

　この一連の研究は，外傷性SCI男性に対するステレオタイプ（攻撃的，リスクを冒す，衝動的）の助長と，彼らに対するサービスや支援に役立つ，善意に基づくパーソナリティ特性の実証的なアセスメントの推進との間で紙一重のところを行くものであった。その中には，小さなサンプルサイズや，限定された受け入れ地域（例：ニューオリンズの慈善病院に入院したSCI男性，Mawson et al.［1996］）から募集されたサンプルからの外挿など，この分野を継続して悩ませる方法論的限界が見られる。こうした研究が刺激となり，当初予想されていたものより複雑な問題が見つかったのは確かである。Athelstan & Crewe（1979）は，怪我をした際に活動的であった人は，そうでない人に比べて怪我をしてから数年後の適応状態が良好であると報告していることを発見した。つまり，受傷につながる事象に寄与する可能性のある特徴は，その後の最適な適応にも関連する可能性もある。

　パーソナリティの特性モデルは障害を負ったのちの適応パターンの違いを理解するために用いられてきた。あとから考えると，これらの知見のいくつかは直感的なものに見えるが，現在のパーソナリティと障害に関する認識を深める上で，不可欠なことかもしれない。SCIのある人においては，外向性のスコアが高いほど，人生満足度が高く，また予測モデルにおいて肯定的な感情をもつ傾向が顕著な側面として浮かび上がった（Krause & Rohe, 1998）。同様に，雇用されているSCI者は，雇用されていないSCI者と比べて肯定的な感情，抑制，達成感が有意に高かった（Krause 1997）。しかし，神経症傾向はうつ病（Rovner & Casten, 2001）および自己報告された障害（Jang, Mortimer, Haley, & Graves, 2002）との間に一貫して問題のある関連を示し，神経症傾向と機能障害（インペアメント）の関連は，障害の重症度に対する客観的指標から予想されるインペアメントの程度とは独立して存在していた（Rovner et al., 2014）。

　Harkinsらは，実験的および臨床的な痛みへの反応に関する体系的研究において，神経症傾向は感覚的な経験の報告に測定可能な影響を及ぼさなかったが，一方で意味理解や意味の認知的な処理に影響を及ぼす「感情的な反応を選択的に増大させる」ようであり，苦しみに典型的に関連する「全体的な情動障害と疾病行動」を著しく増大させると結論付けた（Harkins, Price, & Braith, 1989,

p. 117)。30年にわたる縦断的研究によると，神経症傾向は社会経済的地位，教育水準，配偶者の有無が影響する以上に，腰痛に対する障害年金の有意な危険因子であることが示されている（Ropponen et al., 2012）。

　ビッグファイブの他の2つの特性も障害のある人の適応に役立っているようである。ビッグファイブのうちの**誠実性**は典型的には「慎重で，信頼でき，よく組織され，粘り強い」と定義され（Friedman & Kern, 2014, p. 729），ともすると衝動性と正反対のものと解釈されるかもしれない。誠実性は個人の責任感や健康的な行動パターンと相まって，セルフケアや治療法の遵守を促すであろう（Friedman & Kern, 2014）。雇用されたSCI患者との観察された関連性（Krause [1997] では「抑制（constraint）として」；Krause & Rohe [1998] も参照）と健康に関連したQOL（Benedict et al., 2005）も，この視点と一致している。

　障害発生前のパーソナリティ特性データを用いた数少ない研究の一つにおいて，ビッグファイブの**協調性**は障害発生後4年以内の生活満足度向上を有意に予測した（Boyce & Wood, 2011）。神経症傾向と適応に関する自己報告得点の関係については知られているが，これらの発見は，協調性に関係する向社会的な特性（温厚，親しみ，社交性，忍耐，親切，信頼，利他主義，協力）が，健康状態の大幅な低下後の最適な適応を促しており，この効果は協調性のスコアが中程度の人でも高程度の人でも認められることを示している。これらの向社会的行動は親密な関係や友人関係などの社会的な絆を築くにも維持するにも必要不可欠である。

　パーソナリティ特性に関する研究を総合すると，障害者間の個人差を測定することができ，これらの特性は適応を特異的に予測することが確認された。しかし，臨床家はこのような断片的なアプローチによるパーソナリティ研究に満足していない。神経症とうつ病の間に有意な関係が再三認められたとしてもその臨床的な価値は限られており，「気難しい人は，障害者になった後のソーシャルサポートに何かしらの問題を抱えるかもしれない」といった直感的に誰でもわかること以上の有用な臨床的意義をもつべきである。一般に，心理学的評価では個別の特性とその適応に関する単一指標との関連は過度に考慮されることはない。理想的には，徹底された心理学的評価は，一般にパーソナリティ特性の複雑な性質や，個人と生活環境の相互的で動的な相互作用とそれに伴う促進

要因，障壁，支援を発見する。科学者–実践家は，クライエントのニーズ・懸念・能力に応じた有意義なサービスや介入を勧めるために，これらの心理的評価を行うべきである。Shadel (2010) は，文献は記述的な目的におけるパーソナリティ特性の使用を支持しているが，「介入や治療技術によって変化しうる個人レベルの内的な心理過程に関する情報」(p. 336) をほとんど提供しないと主張している。

2. 社会的認知の多彩なより糸

パーソナリティに対する実験的アプローチに関する 1976 年のテキストの中で，Geen はパーソナリティの認知モデルが次世代のパーソナリティ研究を方向付けるだろうと予見していた。実際，過去数十年間にわたり，個人差の社会的認知モデルはパーソナリティや障害に関する論文において溢れかえっていた。これにはいくつかの重要な理由がある。

第一に，パーソナリティの社会的認知モデルの多くは理論と実証研究の優れた基盤から論理的に発展したことが挙げられる。Festinger (1957) や Heider (1958) による影響力のある理論は，社会的認知過程（社会的比較過程，原因帰属）に関する大変多くの示唆を残しており，それは現在でも個人の適応についての理解に貢献し続けている。Julian Rotters は，統制感の知覚とそれがどのように行動に影響を与えるかに関する概念化を行った。それによって，いくつかの実証的な支持を得た統制感の知覚に関する異なる指標が十数種類生み出された (Skinner, 1996)。他の典型例としては Lazarus (1966) によるストレス評価やコーピングに関するモデル，Bandura (1977) による社会的学習に関する研究が挙げられる。これらのモデルから得られた広く支持されている変数（例：コーピング，自己効力感）は，心理学の専門領域を越えて，多くの異なる領域においてこれらの要因に関する我々の理解を深めている。

社会的認知モデルもまた，多くの変数が臨床的に大変有用であるという点に鑑みて魅力的である。Bandura の社会的学習理論は，個人が自己と環境に関する情報を処理する新しい方法を学ぶこと，自己制御を助け，環境やその要請に効果的に対処するための新しいスキルを学ぶことを助ける認知行動的介入に強

力な根拠を与えており，測定可能で有益な結果をもたらしている。同様に，Lazarus によるストレス評価とコーピングのモデルは健康心理学において充実した論文が多数執筆されるきっかけとなった。なぜなら多くの研究者が，患者のコーピングスキルを高めるための介入につながると考え，コーピングと適応のパターンの違いの理解を望んでいたからである。いくつかのモデルは臨床アプローチのために明示的に開発された。その代表的なものが社会的問題解決モデル（D'Zurilla & Nezu, 2007）である。一般に，効果的でない問題解決能力とうつや不安との間の結び付きについて詳述した優れた論文があり，それらの問題を軽減する問題解決型介入の有効性を示す証拠も付随している。このモデル（理論的信条と臨床的アプローチを含む）は，障害者（例えば，SCI，脳損傷，慢性疼痛；Elliott & Hurst, 2008）にも適用可能であることが一連の研究により示されている。

そして社会的認知のパースペクティブは前世紀最後の 20 年間において，新興の健康心理学と，それに付随する社会と臨床の接点の分野で活動していた社会心理学者・臨床心理学者にとって非常に魅力的なものであった。Snyder & Forsyth（1991）による *Handbook of Social and Clinical Psychology: The Health Perspective* は健康心理学とリハビリテーション心理学における個人差研究に広くいきわたった十数の社会的認知理論の理論的モデルを紹介している（例：自己効力感，希望，統制の所在，統制観，問題解決能力，ストレスの一次評価，コーピング）。当然のことながら，これらと同様のトピック（および著者）の多くは，初版の *Handbook of Positive Psychology*（Snyder & Lopez, 2001）においても登場している。

これらのモデルと対応する変数によって生み出された一連の研究は非常に優れたものであった。様々な個人の統制に関する構成変数（中でも注目すべきは統制感［perceived control］と統制の所在［locus of control］）は障害のある人において予測された方向への適応との有意義な関係を最初に示したものである（Frank et al., 1987; Schulz & Decker, 1985 を参照）。希望と楽観主義の理論的モデルは個人の統制に関する変数と同様に，目標への関与（goal engagement），主体感（sense of agency），主観的期待（perceived expectancies）を重視しており，その後のいくつかの研究によって適応との有益な関連性が様々な異なる障害のある人々の間

で同様に示されている（Schlavon, Marchetti, Gurgel, Busnello, & Reppold, 2017; Snyder, Lehman, Kluck, & Monsson, 2006）。希望や楽観主義の理論的モデルから説明される介入について，体系的で計画的なエビデンスはまだ得られていない。ポジティブ心理学に関連する他の向社会的変数が障害者の適応と関連しているというエビデンスもあるが，介入研究は初期の有望な応用（例えば，感謝［gratitude］；Emmons & McCullough, 2003, Study 3）に基づいて構築されていない。その一方で自己効力感に関する実証的なエビデンスは，現在，多理論統合モデル（the transtheoretical stages of change model）から導かれる技法に組み込まれている（Chou, Ditchman, Pruett, Chan, & Hunter, 2009）。

　まとめると，障害者の社会的認知過程に関する研究は，適応を促進するメカニズムに関する我々の理解を深め，それらは今日の臨床的介入戦略に大きな影響を与えている。しかし，これらの変数は「関連はあるが異なる」性質をもち，頻繁に用いられる各変数の理論モデルは，期待（expectancies），主体感（agency），知覚（perception），および動機づけ（motivation）についての類似した記述をしながらも，行動に関する対立した説明を提示する。こうした文献を注意深く読んでいる読者にとっては，自己報告で評価された正の値をもつ社会的認知変数が自己報告の適応と正の相関関係にあるのを見ても，もはや驚くことはないだろうし，うつ病の分散のうち希望のみによって説明されるものがどれだけあるか，楽観主義のみによって説明されるものがどれだけあるかの特定に，実用的価値がいくばくもないことを知っているだろう。

　こうした文献に批判的な研究者は乳幼児の発達における言語習得以前の要因がその後の自己や他者や環境の見方に影響を与え，日常およびストレスの多い状況下への適応にも影響を与えるという別のモデルについてもご存じであろう。また，これらのモデルは，これらの特徴が経時的に安定的であること，その有益な効果が障害を負うことを含む人生の転換や人生の試練に際しても観察できることを明らかにしている。障害に関する文献における，新フロイト派に由来する変数の数少ない実証的なテストの一つである目標の安定性の強い感覚（a greater sense of goal stability）——Heinz Kohut（1971）によって記述された自己に関する安定的な感覚（a stable sense of self）を反映した——は，より低い苦悩，より高い受容性，ウェルビーイング・人生の満足度，より低いスティグマの認

識を有意に予測し，障害が生じたばかりの人や慢性的な障害を抱える人を対象とした一連の研究において，コミュニティ内の流動性と正の相関を示した(Elliott, Uswatte, Lewis, & Palmatier, 2000)。この研究で重要なのは，臨床状況やコミュニティの状況とは無関係に意味のある目標を維持・追及する，個人の強力で柔軟な能力を重視しているところである。

　他にも幼児期の発達を考慮に入れた異なるパーソナリティモデルを検証している優れた（そして不幸にもしばしば見落とされがちな）研究がある。そこでは，首尾一貫感覚（a sense of coherence）——Antonovksy（1987）の適応モデルから得られた変数で，包括的な自信，有意味感，そして認識された資源を強調し，そしてそれらが個人の健康に影響を与える状況に挑戦し関与するという意識を高める——がストレス評価とコーピング行動に有意に影響し，SCIを後天的に負ってから12か月間の最適な適応を予測することが示された(Kennedy, Lude, Elfström, & Smithson, 2010)。この研究は，理論的には障害を負う前から存在する個人の特性を考慮に入れ，それらの特性が障害者の適応に関連することで知られている他の変数にどのように影響を与しうるかを検証する縦断的で統合されたデザインの価値を示している。

3. タペストリーの全景：すべてが織り成された先に

　健康やリハビリテーションの文献における「レジリエンス」への現在の広範な関心は，レジリエンスが適応を促進する理論的メカニズムにはほとんど目を向けていないものの，レジリエンスを評価するとされる尺度に対する批判的な精査を促している（第19章参照）。パーソナリティと障害に関する研究における前述の問題に対処しようと，Berry, Elliott, & Rivera（2007）は，Block & Block（1980）の発達モデルである自我回復力（ego resilience）と自我制御力（ego control），すなわち移行，変化，葛藤に効果的に適応する上で重要な2要素に対応するパーソナリティプロトタイプをビッグファイブ特性から見出した。3つのパーソナリティプロトタイプがSCIの人々の間で見られ，それらはレジリエンス型，アンダーコントロール型（外在化傾向に特徴付けられる），オーバーコントロール型（内在化傾向に特徴付けられる）という期待された構成に合致していた（Berry et al., 2007)。SCI 者に関する過去の記述と一貫して，高い割合を占めたのはアンダーコントロール型であり（39.1%），この群は抑うつや障害受容の尺度得点に関して，レジリエンス型と有意な差異はなかった。また，レジリエンス型はオーバーコントロール型と比べてこれらの変数のスコアが有意に良好で，高い情緒的・認知的自己調整を報告した。

　レジリエンス型が適応を促進するメカニズムを理解するために，外傷性脳損傷（traumatic brin injury: TBI）のある退役軍人とない退役軍人を対象とした研究では，これら 3 つのプロトタイプを再現し，TBI の状態や戦闘経験の程度とは独立に，レジリエンス型がより大きなソーシャルサポートや心理学的柔軟性との予測される関連性，また回避型コーピング使用の減少を通じて，心的外傷後ストレスやうつの低下と関連することが示されている（Elliott et al., 2015）。このサンプルを用いた追加の研究では，レジリエント型は他の 2 群に比べて，精神的負担に対する優れた耐性や心理的柔軟性，健康的な睡眠パターン，そしてより多くの健康促進行動によって有意に特徴付けられることが示された（Elliott et al., 2017）。

　Farkas & Orosz（2015）は，Lewin の可透性（permeability）と弾性（elasticity）の概念（Lewin, 1936）は Block model で示されたレジリエンスの次元と類似しているが，今日のレジリエンスに関する文献において頻繁に用いられる自己報告式の尺度では，これらの要素を十分に捉えられていない，と論じている。これらの 2 つの要素はパーソナリティ特性の 2 因子モデルにおいて α（可透性［permeability］，安定性［stability］）と β（弾性［elasticity］，可塑性［plasticity］，柔軟性［flexibility］）としても認識されている（DeYoung, 2006）。さらに，ビッグファイブ特性はこれら 2 つの要因に予測可能な形で負荷される。すなわち，神経症傾向が低く，調和性と誠実性が高いことが α（安定性）因子を構成し，開放性と外向性が高いことが β（可塑性）因子を構成するのである。

　このような観点から，異なる情報源から得られた（特性，社会的認知，その他個人差変数を含む）知見がどのように統合され，パーソナリティや障害に関する我々の理解を深めるのかを見ることができる。安定性と可塑性に関する資質が高い人は，社会的の能力や処理能力に優れ，日常生活やストレスの多い環境下でも積極的に環境へ働きかけ，個人的に意味のある目標や，活動，経験を開発・

維持することでポジティブな感情やウェルビーイングを促進し，苦痛を和らげる傾向にある。これらの資質を合わせると，レジリエンス（回復力）の代表的なもの（自己制御と目標志向の能力，ポジティブ感情を生み出す能力，対人関係や社会関係を構築・発展・育成する能力）になる。

　この概説ではパーソナリティや個人差における様々な特性モデルと社会的認知モデルとの間に存在する特定の理論的差異を掘り下げることはしていない。しかし，ここで紹介したモデルはすべて，前述の資質について何らかの説明を行い，適応とウェルビーイングを促進するメカニズムとしての役割を認めている。これらの資質は障害者の最適な適応とQOLにとって必要不可欠である。これらは共に，個人的で有意義な目標や人間関係の追及・達成がポジティブな感情的報酬を促進し，それが環境や他者とのさらなる関わりを動機づけ，それに伴って個人の自信，自尊心，自己効力感，個人的コントロールが向上するという肯定的なフィードバック・ループを構成している（Farkas & Orosz, 2015; Infurna, Gerstorf, Ram, Schupp, & Wagner, 2011）。人生のどの段階であっても，後天的に障害を負った後の人生満足度の維持という観点から，社会参加は極めて決定的な役割をもつ（Infurna & Wiest, 2016）。重要なのは，これらの特性が連携して機能し，障害と共に現れる持続的で煩わしい身体症状の有害な影響を相殺するように見えることである（例えば，慢性疼痛：Ong, Zautra, & Reid, 2010; Walsh et al., 2016）。

4. パーソナリティに関する理解の今後の方向性と深化

　Geen（1976）のように，我々は将来を見通し，パーソナリティに関する我々の理解を拡張する可能性のある変化を予測してみたい。本章では，他の要素と自己報告式変数と他の変数を相関させることに内在する限界についていくつか述べてきた。人間の行動や差異に関するより大きな科学的視座に立つと，自己報告式のパーソナリティ特性に依存した研究は根拠が弱く同様の研究を継続することは難しいように思われる。Bornstein（2017）は，心理学的アセスメントで使用される道具は回答者に内観，回顧的な記憶の検索，意図的な自己呈示を要求し，投影法を用いた場合には，意味を生み出すために外に注意を向けるこ

とを要求すると指摘している。これらの活動はすべて，顕在的で意識的に制御された処理の領域内である（Mlodinow, 2013）。しかし，我々の行動の大部分は，自動的な処理，すなわち個人の意識の外で起きている思考・行動・そして感情といった習慣的で意識的な努力が不要な領域であることを示す有力なエビデンスがある（Dehaene, 2014）。したがって，パーソナリティの自己報告式の測定に依存することは（たとえ今日の研究や実践の場でどのように概念化され，定義され，テストされようとも），顕在的なものに限定され，自動的なものを無視しているように思われる。

　この未開拓の研究領域は，今日の我々がもつパーソナリティ概念に大きな影響を与える。思考や行動や感情の自動的で潜在的なパターンは，長い間多くの社会心理学者から関心を向けられ，こうした研究が自己，自尊心，自己認識，そして「社会的自己」といった領域における関連する研究に示唆を与えているにもかかわらず，自動的な処理を考慮に入れた既存の研究がパーソナリティの測定や研究に取り入れられていないのは驚くべきことである。多くの障害は，自動的な処理に関連する機能に影響を与えると考えられる神経的な損傷や疾患に関連するため，とりわけ，後天的な障害を負った人におけるこれらの処理を理解したい学者と「臨床科学者」は自動的な処理に強い興味を抱くであろうと直感的に理解できる。このような研究を行うためには，通常の自己申告に頼らない新しい道具（すなわち，測定ツール）が必要になるかもしれない。我々がパーソナリティについてより洗練された，おそらく真に多次元的な理解を得るためには，次世代のパーソナリティ研究者が従来の測定機器を超えた方法を用いて，一般的に，そして特に障害者研究に関連するパーソナリティ要因についての理論的および臨床的理解を深めることが必要であろう。

❖ 訳　注

◇1　つむいだ糸を一定の形に巻き整える道具や，巻き取った糸のことを指す。

第11章

ソーシャルサポート，慢性疾患，障害

Julie Chronister

1. ソーシャルサポート

　ソーシャルサポートとは，広義には社会的関係が健康とウェルビーイングを促進するあらゆるプロセスを意味する（Cohen, Gottlieb, & Underwood, 2001）。しかしながら，ソーシャルサポートの定義は様々で，重要な他者によって行われるサポート機能（Thoits, 2011），ストレスへの対処をサポートするための心理的および物理的資源を提供する社会的ネットワーク（Cohen, 2004），人間関係やネットワークを通じて提供されるコミットメント，世話や配慮，アドバイス（Umberson, 1987），「協調的な行動を促進することで社会の効率を向上させることができる信頼，規範やネットワークなどの社会組織の特徴（Putnam, 1993, p. 167）」，そして有形・無形の物品の授受（Uehara, 1990）などの記述が含まれている。慢性疾患と障害（chronic illness and disability: CID）の文脈では，ソーシャルサポートは世界保健機関（WHO）の国際生活機能分類（ICF）モデルの視点から説明するのが最も適切であろう（Farber, Kern, & Brusilovsky, 2015; Yorkston, Johnson, & Klasner, 2005）。そこでは，ソーシャルサポートを，個人的また環境的要因として概念化し，個人の機能や文脈と相互作用することで障害のリスクやレベルを低減するとされる。

　ソーシャルサポートの研究は膨大で，分野横断的であり，一貫していない。こ

れらの研究は，ソーシャルサポートとバイオマーカー，脳容量，健康，保健医療行動，病気の自己管理，障害リスク，罹患率，死亡率，自殺，ストレス，ウェルビーイング，QOL，貧困，雇用，殺人率，虐待，保健医療へのアクセスなどとの関連性を示している（Button, O'Connell, & Gealt, 2012; Cohen & Hoberman, 1983; Cohen, Janicki-Deverts, Turner, & Doyle, 2015; Cohen & Lemay, 2007; Hamrick, Cohen, & Rodriguez, 2002; Molesworth, Sheu, Cohen, Gianaros, & Verstynen, 2015; Narayan & Pritchett, 1999; Tsai, Lucas, & Kawachi, 2015; Uchino, 2004; Umberson & Karas Montez, 2010; Viswesvaran, Sanchez, & Fisher, 1999）。今日では，ソーシャルサポートは多くの理論やモデルによって，関連性はあるが多数の異なる構成要素からなる複雑なプロセスであるという合意が得られている。ソーシャルサポートは，その構造と機能的特徴によって整理されるのが一般的である。構造的サポートは，サポート源の量や構成，多様性に着目して，社会的ネットワーク，社会的紐帯，社会的統合，社会的埋め込み，社会関係資本などを含んでいる。これらすべては若干異なる運用がなされるが，一般的には潜在的なサポートの流れと資源が生じる足場となるものを意味している（Chronister, 2019）。学者たちは，主効果モデルに基づいて，構造的サポートはストレスとは無関係に，健康，機会，帰属意識を直接的に促進することで機能すると何十年も前から仮定してきた（Cohen & Wills, 1985）。機能的サポートは，交換されたサポートの質的あるいは具体的種類（例えば，情緒的サポート，道具的サポート，情報的サポート），および被サポート者がそのレベルを評価するための時間的な方向性（知覚あるいは受領）に着目する（Antonucci & Akiyama, 1987; House, Kahn, McLeod, & Williams, 1985; Sarason, Sarason, & Pierce, 1990）。緩衝仮説に基づいて，理論的には機能的サポートがストレス要因を和らげる，あるいは統計的に交互作用することで，ストレス要因が結果に及ぼす否定的な影響を緩和する，と研究者たちは主張している（Gore, 1981; Thoits, 2011）。

　この理論的枠組みは文献の中で重要なよりどころとなっているが，決してソーシャルサポートの複雑さを十分に説明しているわけではない。ソーシャルサポートは複雑なプロセスであり，社会的交換としての枠組みを用いた理解が最も適切であり，結果に利益をもたらすかもしれないし，コストがかかるかもしれないし，あるいは影響を及ぼさないかもしれない（Newsom, Rook, Nishishiba, Sorkin,

& Mahan, 2005; Uehara, 1990)。サポートの潜在的な結果は，提供する側と受け取る側の心理的特性（Burns, Deschênes, & Schmitz, 2016; Lakey, Ross, Butler, & Bentley, 1996; Swickert, Hittner, & Foster, 2010），ストレスを受けているときにサポートを求めるか，それとも拒むか（Aneshensel & Frerichs, 1982; Dunkel-Schetter & Bennett, 1990），対人関係における互恵性の程度（Gant, 2010），提供されたサポートの種類と経験した特定のストレス要因との適合性（Cutrona & Russell, 1990），希望するサポートと受領したサポートとの整合性（Bolger, Zuckerman, & Kessler, 2000; Reynolds & Perrin, 2004; Thong, Kaptein, Krediet, Boeschoten, & Dekker, 2006）に依存する。ソーシャルサポートも，時間の経過とともに相互作用することがある。例えば，ある時点ではうつ病がその後のソーシャルサポートを予測し，また別の時点ではソーシャルサポートがその後のうつ病を予測する（Burns et al., 2016）。サポートの結果は，多くの調整や媒介メカニズム（Barrera, 2000; Berkman, Glass, Brissette, & Seeman, 2000; Liu, Li, Ling, & Cai, 2016; Thoits, 2011; Umberson & Karas Montez, 2010），無数の既存の尺度，例えば単項目の尺度（例：Bosley, Fosbury, & Cochrane, 1995），代表性のあるサンプルによって十分に検証された尺度（例：Barrera, Sandler, & Ramsay, 1981; Broadhead, Gehlbach, DeGruy, & Kaplan, 1989; Cohen, Mermelstein, Kamarck, & Hoberman, 1985; Norbeck, Lindsey, & Carrieri, 1983; Sarason, Levine, Basham, & Sarason, 1983; Zimet, Dahlem, Zimet, & Farley, 1988)，そしてCIDに特化した尺度（例：McCormack, Williams-Piehota, Bann, et al., 2008; Breier & Straus, 1984）などによっても影響を受ける。実際，文献では主にサポートの有益な効果に焦点が当てられてきたが，意図されたサポートの結果は非常に多様であり，サポートが誰に対して，また誰によって提供されるか，交換が生じる文脈やプロセス，そして採用する理論的・方法論的アプローチに依存する。

　ソーシャルサポートは，CID患者にとって最も重要かつ必要な心理社会的資源の一つであると考えられてきたことに間違いない。研究者たちは何十年もの間，CID患者の社会的ネットワークが小さく（Kef & Deković, 2004; McLaughlin, Leung, Pachana, et al., 2012; Sjöqvist Nätterlund, 2010; Williams, Edhe, Smith, et al., 2004），少ないサポート源に頼って（Sjöqvist Nätterlund, 2010; Chronister, Chou, Kwan, Lawton, & Silver, 2015），社会参加の減少を経験し（Avlund, Lund, Holstein,

第11章　ソーシャルサポート，慢性疾患，障害

& Due, 2004; Liu, Liang, & Gu, 1995)，そして社会的孤立の危険性やサポートの弊害もあることを認めてきた（Beal, Stuifbergen, & Brown, 2007; Havermans, Luyckx, Stiers, et al., 2016; Kara & Mirici, 2004; Reynolds & Perrin, 2004）。したがって，ソーシャルサポートは，ICF（WHO, 2001），Kumpferによるレジリエンスのトランザクショナルモデル（Kumpfer, 1999），Lewinsohnらによるうつ病の統合モデル（Lewinsohn, Hoberman, Teri, & Hautzinger, 1985）などの健康，保健医療行動，障害関連の理論において中心的な構成要素となっている。ICFの研究では，ソーシャルサポートが他のICF因子と相互作用して，CID患者の参加と機能を促進あるいは低下させる可能性を示唆している（Farber et al., 2015; Yorkston et al., 2005）。例えば，ソーシャルサポートが多発性硬化症（multiple sclerosis: MS）の人の価値ある活動や役割への参加の有効性に寄与すること（Yorkston et al., 2005），多発性硬化症のある人の母親が日常的な役割へ参加すること，親の参加に対する満足度に肯定的な影響を与えることを示唆する研究がある（Farber et al., 2015）。

　ソーシャルサポートについては，視覚障害や聴覚障害（Cimarolli & Boerner, 2005; Hadidi & Al Khateeb, 2014; Huurre, Komulainen, & Aro, 1999; Kef, 2002; West, 2017; Wilberg & Lynn, 1999），知的障害や学習障害（Martínez, 2006; Perkins & Haley, 2013），精神障害（Aschbrenner, Mueser, Bartels, & Pratt, 2013; Chou & Chronister, 2012; Chronister et al., 2015; Chronister, Chou, & Liao, 2013; Townley, Miller, & Kloos, 2013），神経学的疾患［◇1］（Kamenov, Cabello, Cabello, et al., 2015; Sjöqvist Nätterlund, 2010），脊髄および外傷性脳損傷（Elliot, Godshall, Herrick, Witty, & Spruell, 1991; Hampton, 2008; Rees, Smith & Sparkes, 2003）［◇2］，切断（Williams, Ehde, Smith, et al., 2004），幼少期の疾患（Çavuşoğlu & Saglam, 2015; Hagen & Myers, 2003; Mundhenke, Hermansson, & Sjöqvist Nätterlund, 2010），慢性疼痛（Neugebauer & Katz, 2004; Nota, Spit, Oosterhoff, et al., 2016; Roy, 2001），がん（Bernad, Zysnarska, & Adamek, 2010; Liu, Zhang, Jiang, & Wu, 2017; Reynolds & Perrin, 2004），糖尿病（Altevers, Lukaschek, Baumert, et al., 2016; Burns et al., 2016; Strom & Egede, 2012），そして心血管や肺の疾患（Ali, Merlo, Rosvall, Lithman, & Lindström, 2006; Homma, Chang, Shaffer, et al., 2016; Newsom et al., 2005）を含む多くのCIDの集団において研究が行われてきた。大まかにいえば，研究結果は一貫しておらず，研究におけるサポートの種類やその対象者，採用した測定方法

や統計的アプローチに依存している。CIDに関する研究者はたいてい，特定の集団や状態に対するソーシャルサポートが，機能や障害の程度，適応，病気の自己管理，服薬アドヒアランス，雇用，コーピング，習得，自尊心，自己効力感，期待，ウェルビーイング，孤独感，感情的苦痛，不安，うつなどの状態に対してどのように影響するのかを理解しようとしている（Huurre et al., 1999; McCathie, Spence, & Tate, 2002; Rosland, Kieffer, Israel, et al., 2008; Reblin & Uchino, 2008; Umberson, 1987; Zunzunegui, Rodriguez-Laso, Otero, et al., 2005; West, 2017）。CID患者の生活におけるソーシャルサポートの重要性を考慮して，本章では，複数のソーシャルサポートの構成要素と，現存するソーシャルサポートとCIDの研究についての詳細なレビューを行う。特に本章では，以下の項目について概観する。それらは，(1) 構造的および機能的サポートの構成，(2) 現代のソーシャルサポートとCIDの研究知見，(3) ソーシャルサポートの発生源と近年の介入である。

2. 構造的サポート

　構造的な名称としては，一般的に社会的ネットワーク，社会的紐帯，社会的統合，社会的埋め込み，社会関係資本などを含む。これらはすべて運用が若干異なるが，一般的には潜在的な支援の流れと資源が生じる足がかりを意味している（Chronister, 2019）。「社会的ネットワーク」という構成概念は，最も長くて顕著な歴史をもっており，Durkheim（1897, 1951）の研究にそのルーツがある。この研究は，結婚しておらず，コミュニティや教会と密接な関係をもっていない人に自殺が多いことを示した。社会的ネットワークの測定は，人々や組織の数や多様性（例：公園，教会，図書館），社会的役割（例：家族，友人，同僚，隣人，牧師，店主），ネットワーク上のつながり，パターン，密接度，これらのネットワーク上のつながりにおける境界線などを評価するものである。社会的ネットワークの研究者は，これらのデータポイントを使って，これらの実態同士の有形・無形の資源の潜在的利用可能性や交換可能性を検討している（Wasserman & Faust, 1994）。

(1) 社会的ネットワーク

　社会的ネットワーク理論では，人のネットワークは，健康的な行動に影響を与える情報，資源，機会を促進することで，個人の行動や態度に肯定的な影響を与えると仮定している（Berkman et al., 2000）。統計的に見て，社会的ネットワークは結果に対して主要な，あるいは直接的な影響を与える（Cohen et al., 2001）。例えば，親しい友人や同じジムに通っている仲間が健康増進のための直接的なサポートとなる（Berkman et al., 2000）。有益な社会的ネットワークは，死亡率の低下，心血管系の健康，がんからの生存，機能の向上などと関連を示してきた（Nyqvist, Pape, Pellfolk, Forsman, & Wahlbeck, 2014; Thoits, 1995）。神経画像研究は，より大きくて多様な社会的ネットワークをもつ人ほど脳容量や神経系の健常性が大きいことを示している（Bickart, Hollenbeck, Barrett, & Dickerson, 2012）。さらに，幸福などの肯定的な感情は人のネットワークにおいて最大で3倍の隔たりがあることを示す研究もある（Fowler & Christakis, 2008）。

　CID患者にとって，サポートの構造的あるいは機能的側面よりも，社会的ネットワークの大きさは重要ではない可能性を慎重に示唆する研究がある。例えば，CIDの高齢者では，ネットワークの大きさはその後の障害と関連しなかったが，サポートの認識は，機能的制限の少なさおよびその後の障害と正の相関を示した（McLaughlin, Leung, Pachana, et al., 2012）。同様に，Williamsら（2004）は，下肢切断者の移動能力と職業機能を予測する上で，ネットワークの大きさはサポートの認識よりも重要でないことを見つけた（Williams et al., 2004）。また，McLaughlinら（2011）は，ネットワークの大きさが，慢性疾患のある人の早期死亡を抑えるものではないことを見出した（McLaughlin, Leung, Almeida, & Dobson, 2011）。しかしながら，これらの知見は，ソーシャルサポートという大きな文脈の中で慎重に検討されるべきである。特に，CIDのある女性にとってのネットワークサイズは，日常生活動作（ADL）を行う上での困難さの軽減と関連していた。しかし研究者たちは，女性でも男性でもサポートの認識がその後の障害の最も強い予測因子であることを強調した（McLaughlin et al., 2011）。さらにネットワークサイズは，特定のCIDのグループの転帰をよりよく予測する可能性もある。例えば，ネットワークが大きく，サポートの認知度が高い精神障害のある人は，精神的健康が良好に回復することを示唆する研究がある

(Chronister et al., 2013; Corrigan, Markowitz, & Watson, 2004; Hendryx, Green, & Perrin, 2009)。また，Robertsら（2010）は，精神障害のある人の場合，非公式あるいは無報酬のサポートの数と雇用期間の間に正の相関関係があることを見つけた。最も重要なことは，ネットワークサイズは，機能的サポートの質や満足度に比べて変化が難しく有益性も低いが，それ自体が機能的サポートの発生源だという点である。CID患者の多くは，ネットワークサイズが小さく，それらが時間の経過とともに減少したり構成が変化したりすることを考慮すれば，ネットワークサイズの特定は個人が実際にどのような有用なサポートを経験しているかを示す遠い代理指標にすぎない。したがって，CID患者にとっては，既存のサポート源の利点を強化したり，あるいはあまり有益ではない結び付きを置き換えたり，補強するために他のサポート源を導入したりすることが，より効果的なアプローチとなる可能性がある。

(2) 社会的紐帯

社会的紐帯とは，ネットワーク内の人間関係の「種類」を指し，親しい家族や友人などの強い一次的な紐帯と，近所の人や同僚，知人などの弱い二次的な紐帯がある。一次的な紐帯は不変であり，二次的な紐帯は個人のネットワークから出たり入ったりする（Thoits, 2011）。社会的紐帯の基本的な前提は，異なる種類の紐帯によって提供されるサポートの種類が異なるということである。Thoits（2011）は，一次的な紐帯は感情的なつながりをもたらすのに対し，二次的な紐帯はよりフォーマルで社会的規範に基づいたものであることを示唆している。強い紐帯や弱い紐帯がもたらす恩恵は文脈によって異なる。例えば，Granovetter（1973）は，仕事に関する情報は一般的に強い紐帯ではなく弱い紐帯を通して流れることを発見し，知人との結び付きの方がキャリアアップには役立つことを示唆している。Wenger（1997）は，主に強い紐帯に依存している人は孤立，孤独，うつのリスクが高いが，弱い紐帯をもつ人は，ネガティブな精神的健康状態に陥りにくいことを見つけた。

社会的紐帯とCIDに関しては，一次的および二次的な紐帯がCIDに関連した転帰に重要な役割を示唆する研究がある。例えば，あるメタ分析では，CID患者が月に3回かそれ以上接する核家族で構成される一次的な社会的紐帯を保持

している場合，早期死亡から保護される確率が50％増加することがわかった（Rosland, Heisler, Janevic, et al., 2013）。別の研究では，一次的な紐帯と日常生活における障害発生リスクの低減，および一次的な紐帯と回復の可能性とで，それぞれ正の相関があることを明らかにした（Mendes de Leon, Glass, Beckett, et al., 1999）。また，この研究では，友人や親戚との一次的な紐帯が障害リスクの低減と有意に関連する一方で，子孫からなる社会的紐帯は障害リスクに影響しないことも明らかにした（Mendes de Leon et al., 1999）。

　一次的な社会的紐帯は，CID患者にとって重要でありながらも見過ごされがちなサポート源である（Rosland et al., 2013）。糖尿病や心不全の成人の半数以上が，服薬，血糖値や日々の体重管理などの日常的な疾病管理に家族を関与させている（Rosland, Heisler, Choi, Silveira, & Piette, 2010; Silliman, Bhatti, Khan, Dukes, & Sullivan, 1996）。加えて，CID患者の半数は日常的に家族を診察に連れてきており，患者と医療関係者のコミュニケーションを促進するために家族を頼りにしている（Rosland, Piette, Choi, & Heisler, 2011; Wolff & Roter, 2011）。家族の紐帯は，病気の自己管理，服薬アドヒアランス，入院率の低下，医療に対する満足度の向上，雇用期間の長さと関係している（DiMatteo, 2004; Gallant, 2003; Lett, Blumenthal, Babyak, et al., 2005; Luttik, Jaarsma, Moser, Sanderman, & van Veldhuisen, 2005; Roberts, Murphy, Dolce, et al., 2010; Strom & Egede, 2012; Zhang, Norris, Gregg, & Beckles, 2007）。実際，精神障害者において，非公式で無償のサポート（例えば，友人や家族）は就労期間と正の相関を見せる一方で，有償のサポート（例えば，ケースマネージャーやジョブコーチ）は就労期間と負の相関があることを示唆する研究がある（Roberts, Murphy, Dolce, et al., 2010）。視覚障害のある若者については，家族によるサポートが学業成績や生活上のストレス要因への対処と最も強い正の相関があることを明らかにしている研究がある（Huurre et al., 1999; Kef, 2002; Wilberg & Lynn, 1999）。

　また，二次的な，あるいは遠距離の紐帯（例：店主，販売員，バーテンダー，図書館司書，あるいは他のコミュニティのメンバー）がCID関連の転帰に肯定的な影響を与えることを示唆する研究もある（Townley et al., 2013; Wieland, Rosenstock, Kelsey, Ganguli, & Wisniewski, 2007）。例えば，精神障害者の場合，遠距離紐帯からのサポートが，生活満足度，帰属意識，コミュニティへの統合，回復と正の

相関がある（Townley et al., 2013; Wieland et al., 2007）。精神障害者は，公共の場で自然に起こる地域住民との交流が回復過程において重要な要素だと考えている（Beals, Manson, Whitesell, et al., 2005; Corin & Lauzon, 1992）。Townley ら（2013）によると，精神障害者の場合，物理的なサポートは一次的な紐帯よりも遠距離の紐帯から得られることが多い。例えば，薬局や食料品店は精神障害者の遠距離的サポートとして最も多く報告されており，遠距離的サポートから受ける主な支援の種類は有形のものである（例：薬の無償提供，商品の割引）。Wieland ら（2007）は，遠距離的サポートは人々のサポートシステムの中心ではないかもしれないが，「これらの弱い紐帯は統合感と帰属感を促進するのに役立ち，感情的な要求を課すことなく，予測可能な環境において，受容，親しみ，社会性という無形の支援を提供するのに役立つかもしれない（p. 2）」と述べている。遠距離的なサポートの促進を目的とした介入は，家族や友人との結び付きに制限のある CID 患者にとって特に重要であると考えられる。こうした遠距離的なサポートは，日常生活を管理する能力に対する自信とコントロールの感覚を高める可能性がある（Mendes de Leon et al., 1999）。

（3）社会的統合

　社会的統合とは，個人が参加する人間関係の多様性を意味する（Cohen et al., 2001）。例えば，社会的統合の促進は，家族や友人との関係から，隣人やコミュニティグループ，同僚やその他との結び付きまで，多様なつながりを反映している。報告された人間関係の種類が多いほど，社会的統合のレベルが高くなると示唆する研究がある（Cohen et al., 2001）。社会的統合の測定方法として標準的なものはないが，社会的役割の数を数えて，それぞれの役割に応じて点数を付与する方法がよく用いられている（Cohen & Lemay, 2007）。社会的統合は，社会的に統合されたときに発生する社会的圧力と説明責任を通して機能すると仮定されている（Cohen, 2004; Uchino, 2004）。社会的に統合された人々は死亡率や自殺率が低く（Barger, 2013; Tsai et al., 2015），心臓発作における生存可能性が高く，呼吸器系疾患，がんの再発，うつや不安，加齢に伴う認知機能の低下が少なく，夫婦の満足度が高いことを示す研究がある（Amato & Hohmann-Marriott, 2007; Berkman & Glass, et al., 2000; Cohen, 2004; House et al., 1985; Kawachi &

Berkman, 2001; Uchino, 2004)。また，社会的に統合された人々は，より多くの人たちと一緒にいる結果として，特にストレスを受けたときに一時的な病気（例：風邪やインフルエンザ）になる可能性が高くなることも示している（Hamrick et al., 2002）。

　社会的統合とCID関連の転帰との間に正の相関があることを示唆する研究がある。例えば，社会的統合が中程度あるいは低い人は，社会的統合が高い人に比べて，心筋梗塞後に再入院する可能性が2倍近く高くなる（Rodriquez-Artalejo, Guallar-Castillon, Herrera, et al., 2006）。北欧で実施された研究では，社会的接触における多様性がCIDの高齢者のより高い機能を予測することがわかった（Avlund et al., 2004）。重要なことは，CID患者の場合，CIDの経過や性質，社会的役割や参加の喪失の可能性，友人や家族におけるCIDに関する教育や理解の不足により社会的関係における多様性が低下する可能性があるということである。例えば，Williamsら（2004）は，慢性疾患のため二次的に切断手術を受けた者が，術後1年以降に社会的統合が低下することを見つけた（Williams et al., 2004）。最初のエピソードを経験した精神障害者では，社会的つながりの数，多様性，頻度，質が著しく低下するということを明らかにした研究がある（Brown, Harris, & Eales, 1996; Townley et al., 2013）。同様に，社会的統合の低い人が初めて急性心筋梗塞を経験すると，社会的統合の高い人に比べて，6か月以内に死亡する可能性が高くなる（Schmaltz, Southern, Ghali et al., 2007）。Beels（1981）は，この現象を「ネットワーク・クライシス」と呼び，健康機能の変化に伴ってサポートの構成が急激に変化するときに生じるとした。同時に，CID患者はその発症後，同じようなCIDのある仲間，リハビリテーションを支援してくれる提供者，支援団体，その他の新しい形態の遠距離的なサポートの構築を通して，新たな社会的つながりを形成し，ネットワークの多様性を拡大する可能性がある。例えば，MSを抱えて生活している人のソーシャルサポートについて調べた質的研究では，参加者はMSのある他の人との新しいつながりから恩恵を受けたと述べ，「MSのある他の人たちと交流すると，彼らは『経験しているため』，自分が話していることを理解してくれていると感じた」と述べた（Fong, Finlayson, & Peacock, 2006）。

(4) 社会参加

　社会参加（例：コンサートや地域のイベントに行く，友人と食事をする）は，高齢化に関する文献で一般的に言及されるように社会的統合の交わりである。社会参加の程度が高い高齢者は，障害者になりにくいという研究がある (Yu, Sessions, Fu, & Wall, 2015)。加えて，社会参加とADLや移動性との間に逆相関があるとする研究があり (James, Boyle, Buchman, Barnes, & Bennett, 2011)，社会参加と高齢者のより高い機能との間に正の相関があることもわかっている (Avlund et al., 2004; Liu et al., 1995)。

　また社会参加は，初回の急性心筋梗塞を予測することも示されており，社会参加の少ない人は初回の心筋梗塞を起こす確率が1.5倍高い (Ali et al., 2006)。子ども，孫，きょうだい，友人，コミュニティ組織などのサポート源に関わらず，頻繁に社会参加することが，高齢者の転帰を良好にすることを示す証拠がある。実際，他者との余暇活動は，認知機能の低下や認知症を予防することがわかっているし (Fabrigoule, Letenneur, Dartigues, et al., 1995; Verghese, Lipton, Katz, et al., 2003)，障害リスクを減らし (Mendes de Leon, Glass, & Berkman, 2003)，生存率を上げる (Glass, Mendes de Leon, Marottoli, & Berkman, 1999)。同時に，CIDの経過や性質によって社会参加が阻害される可能性があることを示唆する研究もある。例えば，MS患者は，疲労，めまい，痛み，運動能力の低下，視力の低下，性的機能の低下，および症状に対するコントロールの喪失といった徴候が，社会参加の妨げになると述べている (Fong et al., 2006)。加えて，アクセシビリティの悪い環境と障害の程度とが相まって，MS患者の社会参加に大きな影響を及ぼし，MS患者は移動能力の低下や運転ができないことによる二次的な理由で，家の外での社会参加が減少したと報告している (Fong et al., 2006)。

(5) 社会的埋め込みと社会関係資本

　社会的埋め込みと社会関係資本は「双子の概念」として同義的に用いられることが多い (Kim, 2015, p. 232)。これらの用語は，犯罪，貧困，経済的な障壁，公衆衛生問題などの社会的問題の解決を促進するような人々の社会的関係を指す (Szreter, 2000)。社会的埋め込みはもともとPolanyi (1944/1957) によってつくられた言葉で，個人は社会的存在でも経済的存在でもあり，したがって社会

的埋め込みは経済の必要条件であると主張した（Polanyi, Arensberg, & Pearson, 1957）。Granovetter（1985）は，社会的関係と経済的行動との相互作用を埋め込みと定義し，信頼と互恵性が経済的不正行為を制限すると強調した。より一般的な用語である社会関係資本は，「信頼，規範，ネットワークなど，協調的な行動を促進することで社会効率を改善させることができる社会組織の機能」と概念化されている（Putnam, 1993, p. 167）。また「資本」は，他のソーシャルサポートの概念とは異なり，個人，コミュニティ，集団経済に対する経済成長への貢献を強調する（Iyer, Kitson, & Toh, 2005）。社会関係資本は，人々をつなぐ人間関係などのネットワークに由来し，そのネットワークのつながりを特徴付ける規範，価値観，態度，信頼と結び付いているというのが多くの意見である（Nyqvist et al., 2014）。これらのつながりは，市民活動，近隣の安全，公衆衛生に総合的に影響を与え，集団のウェルビーイングを促進する（Schuller, 2000）。社会関係資本には，結束型，橋渡し型，連結型などが概念化されている。結束型とは，類似した特徴をもつネットワークのメンバーから得られる社会関係資本のことであり（Putnam, 2000），一方で橋渡し型とは，異なる特徴をもつネットワークのメンバーから得られる社会関係資本のことである（Szreter & Woolcock, 2004）。連結型とは，医療，雇用，教育などの重要な資源へのアクセスを強化する権力主体との関係を指す（Woolcock, 2001; Szreter & Woolcock, 2004）。ネットワークに基づく測定にはかなりのバリエーションがあるが，社会関係資本の測定は構造的および機能的特徴の両方を評価しなければならないという共通理解がある（Bourdieu, 1989）。

　社会関係資本の研究は，ミクロレベルからマクロレベルまで幅広く行われていて，健康や死亡率，雇用，近隣やコミュニティの安全，市民参加，公衆衛生，貧困，移民問題などを扱っている。最も説得力のある社会関係資本の実証的証拠は，家庭やコミュニティレベルの研究で得られたものであり，市民参加の性質と程度，隣人間の交流，都市研究（Gittell & Vidal, 1998; Sampson, Morenhoff, & Earls, 1999），公衆衛生（Kawachi & Berkman, 2001），共同生活（Burt, 2000; Fernandez, Castilla, & Moore, 2000）などを検討している。また，社会関係資本は雇用に関する様々な成果とも関連しており（Aguilera, 2005; Davern & Hachen, 2006; Lancee, 2012; Yakubovich, 2005），貧困や脆弱性から人々を保護する（Narayan

& Pritchett, 1999)。しかし，アメリカ合衆国ではここ数年，社会関係資本が減少しており，社会的混乱や不信感の増大，市民活動の低下を招く可能性がある (Putnam, 2000)。インターネットは社会関係資本の増減に関連している。例えば，Nie（2001）は，インターネットの利用が個人間のつながりを減少させ，社会関係資本を減少させる可能性があると主張した。反対に，オンラインでの交流はアクセスしやすく，対人交流を促進して，弱い紐帯を強めて社会関係資本の橋渡しになるという主張もある（Donath & Boyd, 2004）。社会関係資本は，時として「望ましくない結果」をもたらし（Portes & Mooney, 2002, p. 306），歪みの原因になる（Ferlander, 2007）。例えば，経済的に不利な立場にあり，社会的埋め込みや結束型の社会関係資本がある人は，負担の増加を経験し（Weil, Lee, & Shihadeh, 2012），精神衛生が悪化することを示す研究がある（Sapag, Aracena, Villarroel, et al., 2008）。社会関係資本が結束されたコミュニティでは，他の文化集団や主流の政治，市民活動から孤立するかもしれず（Portes, 1998），仕事上のネットワーク構築を内集団に頼ってしまい，結果的に低賃金の仕事につくことになるかもしれない（Uslaner & Conley, 2003）。したがって，社会関係資本は，特に内集団の結束に限定すると，情緒的サポートを提供し，健康とウェルビーイングを促進する可能性がある一方で，同時に，メンバーに対してコミュニティの規範を守ることを求め，その結果として負担やストレスを生じさせるかもしれない。

　社会関係資本が，CID 患者にとって有益なソーシャルサポート・システムを促進するための重要な要因であることは疑いがない。地域社会，教育機関，医療機関などは，規範，価値観，文化，ネットワークによって構成されており，それらが CID 患者のサポートシステムに影響を与えている。CID 患者同士の結束は，同じような状態や状況にある人たちのサポートグループを通して生じ，一方で，橋渡しは，類似の健康上の問題を共有してはいないがサポートを提供してくれる家族，友人や医療従事者などの公式あるいは非公式なサポートとのつながりによって生じるかもしれない。連結型は CID 患者にとって，特に重要な社会関係資本の側面であるが，CID 患者はこの連結の強さをほとんどコントロールすることができない。具体的には，権力の主体（例えば，医療システム，教育システム，経済主体，その他の社会サービス制度）と結び付いて社会関係資本を得

るためには，サポートを促進するために制度的に構築されたアクセスが必要であり，それらは多くの場合，法律，政策，文化的規範，資源などによって規定されている。社会関係資本には，医療支援のための十分な資金，非公式な支援ネットワークのための財源などを通じてではあるが，我々の社会がCID患者をどのようにサポートするかについて総合的に影響を与える力がある。加えて，医療へのアクセス，質，統合のレベルは，この権力の主体とサポート源の構造的な構成要素であり，CID患者の社会関係資本を促進したり妨げたりする可能性がある。

　CIDのコミュニティに対する社会関係資本を向上させる可能性をもつ，ゆっくりと成長している医療制度の変化の一例として，患者保護および医療費負担適正化法〔いわゆる「オバマケア」〕といった統合行動医療モデルを挙げることができる（Rosenbaum, 2011）。これは我々の医療制度に対する最も大きな変化で，統合行動医療は，医療従事者と行動医療従事者の専門家チームを通して医療へのアクセスと質を向上させ，健康管理の分断化を減らし，コストを削減することを目的としている。このチームアプローチは，健康増進，疾病予防，疾病の自己管理戦略を用いて，患者中心の医療提供を目的に設計されており，これらはすべて，CID患者にとって特に重要である（Healthcare Cost & Utilization Project, 2013）。一次予防としての統合行動医療は，非常に高い確率で併発する健康上の問題を低減し，一般的にCID患者における複数の障害の発生や大幅に短い寿命の原因につながる（Corrigan et al., 2014; WHO, 2005）重大な社会的不利益（例えば，貧困，ホームレス，物質乱用，刑事裁判，犯罪被害［Corrigan, Pickett, Batia, & Michaels, 2014］）や，生物行動学的および環境的なリスクへの暴露（例えば，社会的剥奪，抗精神病薬，トラウマ，慢性ストレス［Corrigan, Mueser, Bond, et al., 2008; Osborn, Levy, Nazareth, et al., 2007; Shevlin, Dorahy, & Adamson, 2007］）に対処できる可能性を有している。健康増進サポートは，食事，運動，体重管理，ストレス管理だけでなく，健康と精神的健康の回復に重要な社会や家族との関係性を強化することにも焦点を置いている（Stewart & Tilden, 1995; WHO, 2001）。家族は，服薬アドヒアランス，経済的安定，ホームレスの防止，サービスへのアクセスなどに責任を負う非公式なケースマネージャーとして長い間認識されてきたが，統合行動医療による介入が，CID患者の社会関係資本を増加させること

ができるという証拠が増えている。しかし，このアプローチの実現可能性は専門スタッフや導入コストによる制約を受ける（Whiteman, Naslund, DiNapoli, Bruce, & Bartels, 2016）。加えて，CID患者のための統合行動医療に関するエビデンスベースは，専門家主導のケアとピア主導のケアで占められており，地域の精神保健センターあるいは一次医療の環境といった単一のサイトかつ少数サンプルを用いた研究である（Whiteman et al., 2016）。また健康リテラシーは，CID患者が経験する社会関係資本のレベルにも影響を与える。患者が理解し適用できる方法で提供される明確で正確な情報は，アドヒアランスとよりよい転帰に貢献するだけでなく，社会的および就労機会への参加を改善する可能性がある。

　多くのCID患者にとって，サポートの大半は友人や家族からのものであり，医療機関からの支援は不足していたり，一貫性がなかったり，不十分であることが多い。例えば，MS患者は神経科医からより多くの精神的サポートを必要としていると報告している（Fong et al., 2006）。失語症患者は，彼ら／彼女らの社会，仕事，娯楽に影響するような医療制度からのサポートが不足していることを報告している（Sjöqvist Nätterlund, 2010）。重度の精神疾患（serious mental illness: SMI）患者は，一次医療へのアクセスおよび治療や薬についての理解へのサポートを必要としている（Chronister et al., 2015）。がん，糖尿病，その他の慢性疾患のある人たちは，分断化されている医療制度のナビゲートや，社会的および職業的参加を支援するための共同資源へのアクセスについてサポートを必要としている（Freeman, 2006）。CIDの子どもたちにとって，医療制度は，学校を基盤としたプログラムとの連携の改善や，学校を基盤としたCIDに関連したスティグマに対処する社会情動的カリキュラムの改善によって，心理社会的および教育的な障壁を低減する力をもつ。さらに，医療制度は，CID患者を急性期医療からコミュニティへの参加へと移行させる統合的で合理的なアプローチを促進するために，コミュニティのプログラムと提携する義務がある。CID患者に提供されるソーシャルサポートの多くは，非公式のサポートや非営利組織（Yli-Uotila, Kaunonen, Pylkkänen, & Suominen, 2016），病院を通して利用できる一貫性のない助成金によるプログラムやサービスを通じて行われている。

3. 機能的サポート

　ソーシャルサポート研究の第二波は，社会的関係の質あるいは機能的側面に焦点を当てた（Antonucci & Akiyama, 1987; House et al., 1985; Sarason, Sarason, & Pierce, 1990）。サポート機能には多くの種類があるが，最もよく知られているのは情緒的サポート，道具的サポート，情報的サポートなどを含んだ類型である（Cohen & Wills, 1985; Cutrona & Russell, 1990; House et al., 1985）。しかし，この分野の研究者たちは，2種類から6種類までの様々なサポートの類型を概念化している。例えば，Huurreら（1999）は，親密な相互作用，道具的，身体的，ガイダンス，フィードバック，社会参加の6種類のサポートを仮定する。Weiss（1974）は，愛着，社会的統合，養育機会，価値の再確認，共同，ガイダンスの6種類を確認した。Birch（1998）とEtzion（1984）は，情緒的，評価的，情報的，道具的サポートといった4種類を明確にした。Cohen & Hoberman（1983）もソーシャルサポートの4つの機能を提案しており，評価，自己肯定感，所属，道具的サポートを提案し，Chang & Schaller（2000）は，情緒的，情報的，道具的サポートの3種類を挙げている。Brough & Pears（2004）とKef（1997）は，実用的，情緒的サポートの2種類を提案した。

　道具的サポートにはADL，交通，食事，経済，服薬アドヒアランス，疾病管理，医療的支援などのサポートが含まれており，アメリカ合衆国では家族や友人から提供される非公式な支援の中で最も一般的な形態である。アメリカ合衆国では900万人以上の成人がCIDの成人に対して非公式な道具的サポートを行っていると推定する研究もある（Alecxih, Zeruld, & Olearczyl, 2001）。加えて，アメリカ合衆国では1億4900万人以上の成人が，1人以上のCIDの成人に対して，疾患管理に関わるサポートを提供している（Rosland et al., 2013）。治療アドヒアランスや病気の自己管理に果たす道具的サポートの役割についてのエビデンスが蓄積されている。例えば，道具的サポートが，CID患者の治療のアドヒアランスの向上（DiMatteo, 2004），MS患者の食生活の変化と身体活動への取り組みの促進（Fong et al., 2006），2型糖尿病患者の疲労軽減に関連している（Aylaz, Karadağ, Işik, & Yildirim, 2015）。道具的サポートは，がん専門医が患者に提供する重要な支援の一つと評価され（Helgeson, 2003），そして内分泌療法を

受けている女性がん患者の服薬アドヒアランスにとって重要である（Bright, Petrie, Partridge, & Stanton, 2016; Stanton, Petrie, & Partridge, 2014）。さらに，がん患者の予後についての認識は，その患者により多くの道具的サポートを希求させる（Rose, 1990）。MS患者の場合，道具的サポートはセルフケア，家事，地域社会における移動（例：買い物）や交通に関するサポートとされ，配偶者，家族，友人，隣人，地域サービス，職場から最も提供されると報告された（Fong et al., 2006）。

　近年，道具的サポートに関する研究が盛んになっているが，情緒的サポートについては「ソーシャルサポートの最も単純で強力な指標」と考えられてきて久しい（Thoits, 1995, p. 64）。情緒的サポートが，CID患者の転帰に最も強いポジティブな影響を与えていることを示唆する研究がある（例：Bloom, Stewart, Johnston, Banks, & Fobair, 2001; Morgan, 1989; Roca, Wigley, & White, 1996）。SMI患者（Walsh & Connelly, 1996），長期に及ぶがん（Bloom et al., 2001），リウマチ性関節炎（Doeglas, Suurmeijer, Krol, et al., 1994），強皮症（Roca et al., 1996），長期CID高齢者（Casey & Stone, 2010）では，情緒的サポートは道具的サポートよりも一般的で有益であるということを示唆する研究がある。加えて，情緒的サポートはCID患者のライフスタイルの変化や自己イメージに関連する苦痛を軽減することが示されてきた（Morgan, 1989）。SMI患者は，情緒的サポートを提供してくれる友人を「潜在的な代理家族」と表現し（Boydell, Gladstone, & Crawford, 2002, p. 126），神経科医は主に道具的サポートを提供するが，MS患者は情緒的サポートを望んでいるという報告がある（Fong et al., 2006）。実際に，情緒的なサポートに関する交流は，個人が重要な他者と問題や懸念を議論する機会を与え（Cohen, 1988）[3]，情緒的サポートが様々なCIDのコミュニティのウェルビーイングに寄与するという一貫した研究がある。どのような種類のサポートを提供するにしても，情緒的サポートは根底にあると考えられる。具体的には，道具的，情報的，CIDに特化した種類のサポートが提供される場合，その経路を通じて情緒的サポートも伝達されることがある。情緒的サポートが，認識されたり受け取られたりする唯一のサポートとされるときもあるが，多くの場合は他のサポートと並行して機能している。CID患者を予約先に車で連れて行き，ADLを支援したり，薬の副作用に関する情報を提供したり，病気の自己

管理をサポートしたりしているときでも情緒的なメッセージが伝えられ，それはサポートの効果を促進させたり低下させたりする可能性がある。所属意識，相対的あるいは絶対的価値，価値のあること，大切にされているという感覚を促進する情緒的サポートは，ソーシャルサポートの保護効果に不可欠であり，一次的紐帯（例：家族や友人）および二次的紐帯（例：医師，ケースマネージャー，看護師）を通じて，直接的または間接的に提供される。

情緒的サポートは患者の転帰に最も強い肯定的な影響を与えると思われるが，その複雑な性質，および情緒的サポートをサポートの提供として分離するのは，互恵的な交換として分離するよりも難しいため，他の種類のサポートよりも介入しにくい傾向がある。情緒的サポートの効果は，相互作用の性質，関係する人々の心理的な障壁や能力に大きく依存する。支援者のための情緒的サポートのトレーニングは，Rogersの促進条件に基づくトレーニングと一致する（Rogers, 1957）。例えば，Riegel, Dickson, Garcia, Masterson Creber, & Streur（2017）は，心不全患者の病気の自己管理に変化をもたらすのに有用な3つの動機づけ面接技法を特定し，反省，リフレーミング，共感，肯定，ユーモア，個別の問題解決が，病気の自己管理に対してポジティブに影響することを明らかにした。

また，異なった種類の機能的サポートの効果は，その人の機能水準やCIDの経過や進行によっても変わるかもしれない。例えば，CIDの急性期や終末期，経過途中のストレスの多い時期には，情緒的サポートがより有効となる一方で，道具的あるいは情報的サポートはCIDの安定期でより有効であることを示唆する研究がある（Wortman, 1984）。しかしながら，CIDのどの段階でどのような種類のサポートが有効なのかを明らかにする努力は，サポートの組み合わせのうちどのサポートの種類が効果を上げているのかを細分化しない横断的な研究によって妨げられている。例えば，MS患者は，交通利用における支援を，道具的サポートと情緒的サポートの両者で成立していると記述した（Fong et al., 2006）。実際，食料品店までの送迎は，サポートを受けた人が依存や負担を感じるのではなく，大切にされていると感じるくらいにしか役に立たないのかもしれない。同様にMS患者は，医療従事者による道具的および情報的サポートに感謝していると述べているが，医療従事者からの情緒的サポートも望んでいる（Fong et al., 2006）。横断的デザインでは，CIDのどの段階でどのような種類のサポート

が有益なのかを判断することはできない。確かに，CID患者は社会的孤立やうつ病のリスクがあり，また道具的サポートの必要性もあることから，あらゆる種類のサポートを必要とする可能性がある。Cutrona & Russell（1990）の最適適合理論によると，道具的あるいは問題に焦点を当てたサポートはコントロール可能なストレス要因（例：服薬アドヒアランス，自己管理）に有益であり，情緒的サポートはコントロール不可能なストレス要因（例：診断と予後，病気の進行，必要な手術，末期症状）に有益であるとされている。これを踏まえて研究者たちは，CID患者はコントロール可能な状況とコントロール不可能な状況のいずれにもきれいに分類できず，多くの場合は情緒的および道具的サポートを必要とすることを示唆している。Cutrona & Suhr（1992）は，摂食障害（Eichhorn, 2008），HIV/AIDS（Mo & Coulson, 2008），男性不妊症（Malik & Coulson, 2008），過敏性腸症候群（Coulson, 2005）といった様々な健康状態に関するコミュニティ内のソーシャルサポートの存在を評価し，CID患者は様々な種類のソーシャルサポートを求めていることを明らかにした。

典型的な人生のストレス要因（例：離婚，死亡，失業）に対処するために設計された一般の人々に用いられるサポートの種類を適用しても，特定のCID患者にとって有益な独自のサポートを適切に捉えられない可能性があることを示唆する研究がある（Broadhead & Kaplan, 1991; Chronister et al., 2015; Wortman, 1984）。例えば，糖尿病，心臓病，慢性肺疾患，認知機能障害，SMIなどを併存している人は，病気の自己管理，交通手段，ADL，複雑な医療制度との相互作用におけるの補助，診療予約と受診，健康リテラシーに関するサポートを必要としている（Biessels, Staekenborg, Brunner, Brayne, & Scheltens, 2006; Vogels, Scheltens, Schroeder-Tanka, & Weinstein, 2007; Paasche-Orlow, Parker, Gazmararian, Nielsen-Bohlman, & Rudd, 2005）。糖尿病，がん，てんかん，SMIなどの症状に対して，CID患者に特化したサポートの種類が特定されてきた（例：Bearman & La Greca, 2002; Chronister et al., 2015; Dilorio, Hennessy, & Manteuffel, 1996; Wortman, 1984）。例えば，Chronisterらは，SMIに特化したサポートとして，サポートの条件，日常生活サポート，疾病管理サポート，資源と情報サポート，指導と助言，コミュニティ参加に対するサポートの6種類を挙げた（Chronister et al., 2015）。また，Breier & Straus（1984）も，症状のモニタリング，役割のモデリング，現実的な

検討を含めて，SMIに特有のサポートの種類を挙げている。McCormackらは，自己管理のための資源やサポートに関する糖尿病特有のソーシャルサポートのタイプとして，個別評価，共同の目標設定，スキルの向上，継続的なフォローアップとサポート，コミュニティの資源などを特定した（McCormack, Williams-Piehota, Bann, et al., 2008）。Gallant（2003）によると，糖尿病に特化したサポートは一般的なサポートよりも自己管理行動との関係性が強いというエビデンスがある。具体的には，男性の糖尿病患者において，一般的なサポートはセルフケアの予測因子ではなかったが，糖尿病に特化したサポートは自己管理と服薬アドヒアランスの強い予測因子であった（Glasgow & Toobert, 1988）。食事や運動の支援に関連したてんかん特有のサポートも，一般的なソーシャルサポートと比較して自己管理のより強い予測因子であった（Dilorio et al., 1996）。最後に，がんに特有のサポートとして，自己肯定感を高めるサポート，診断・治療・予後に対処するための情緒的なサポート，意思決定や問題解決のサポート，他のがん患者をモデルとするサポート，オープンなコミュニケーションと明確化を特徴とする医療専門家による情報サポートなどが確認されている（Rose, 1990）。

(1) 知覚されたサポートと受領されたサポート

機能的サポートは，**知覚されたサポート**（すなわち，将来必要になったときに利用できるもの）と**受領または実行されたサポート**（すなわち，過去に受けたもの）という異なる時間的方向性から運用される。知覚されたサポートとは，必要に応じて利用可能な支援に関する個人の主観的な評価を表し（Sarason et al., 1990），支援ネットワークの妥当性と満足度に対する個人の自信を捉えようとするものである（Barrera, 1986）。受領されたサポートとは，現在または過去に受けた実際のサポートに焦点を当てており，回顧的な志向が必要とされる。知覚されたサポートと受領されたサポートは，経験的に異なる構成概念である（Heller, Swindle, & Dusenbury, 1986）。メタ分析の研究では，両構成概念間の相関は小から中程度である（Haber, Cohen, Lucas, & Baltes, 2007）。簡単にいえば，利用可能なサポートに対する人の認識は，実際に受けているサポートとかなり異なる可能性がある。研究者たちは，知覚されたサポートは心理的特性としてより正確に運用される一方で，受領されたサポートは環境的支援のより正確な指標であ

る可能性を示唆している（Pierce, Lakey, Sarason, Sarason, & Joseph, 1997）。知覚されたサポートと受領されたサポートは，他の変数との関係の強さを決定するために，主に横断的な相関研究がなされてきた（例：Chronister, Chou, Frain, & da Silva Cardoso, 2008; DiMatteo, 2004）。調整分析は緩衝効果を決定するために用いられ（例：Lin, Woelfel, & Light, 1985），回帰モデルはソーシャルサポートの予測力の強さを決定するために使われ（例：Mueller, Nordt, Lauber, et al., 2006; Sherer, Sander, Nick, et al., 2015），媒介分析は介入効果を決定するために使用され（Amir, Roziner, Knoll, & Neufeld, 1999; Elliot et al., 1991; Graziano & Elbogen, 2017; Liu et al., 2017; Raggi, Leonardi, Mantegazza, et al., 2010），そして構造方程式モデリングは支援の方向性についてのモデルを決定するために用いられてきた（例：Wood, Maltby, Gillett, Linley, & Joseph, 2008; Yeung & Lu, 2018）。機能的サポートは，心理社会的資源のまとまりによって説明される分散の量を決定するために，コーピングや自尊心などの他の心理社会的変数に含まれることが多い（例：D'Amico, Grazzi, Bussone, et al., 2015）。機能的サポートも結果変数として位置付けられており，例えば，Chamberlain（2017）は心不全で入院している患者のセルフケアについての自信が，知覚されたソーシャルサポートを予測することを明らかにした。実際に，機能的サポートは予測変数，調整変数，媒介変数，結果変数である可能性があり，このことが研究知見の解釈を複雑にしている。縦断的研究は少ないが，存在する縦断的研究では，時間とともに変化するサポートの影響に光を当てており，CID独自の経過を理解する上で重要な要因である（Holahan & Moos, 1981; Mueller et al., 2005; Williams et al., 2004; Wood et al., 2008）。知覚されたサポートの介入を検証する実験計画は限られており（例：Hogan, Linden, & Najarian, 2002），そのほとんどがCIDに特化した集団（例：糖尿病，SMI）に対する研究である。

（2）知覚されたサポート

　ソーシャルサポートとCIDの研究では，知覚されたサポートに関するものが多い。これは，知覚されたサポートの測定尺度が圧倒的に多いことが一因である。そのうちのいくつかは，十分に検証された非臨床的な尺度であるが（例：Barrera et al., 1981; Broadhead et al., 1989; Cohen & Wills, 1985; Giangrasso & Casale,

2014; Norbeck et al., 1983; Sarason et al., 1983; Zimet et al., 1988; Vaux, 1982），他のものは集団に特化した尺度（例：Breier & Straus, 1984; McCormack, Williams-Piehota, Bann, et al., 2008），あるいは研究者によって開発されたいくつかの項目で構成された尺度である（例：Bosley et al., 1995）。知覚されたサポートは，受領されたサポートやソーシャルネットワークの指標と比較して，CID 患者の転帰に対してより強く，肯定的な影響を及ぼすことを示唆する研究がある（Dickens, Richards, Greaves, & Campbell, 2011; DiMatteo, 2004; Holt-Lunstad, Smith, & Layton, 2010; McLaughlin, Leung, Pachana, et al., 2012）。例えば，CID のある高齢者において，知覚されたサポートはその後の障害と負の相関があったが，ソーシャルネットワークの大きさはその後の障害とは関連がなかった（McLaughlin et al., 2012）。同様に，知覚されたサポートは心臓発作への適応にポジティブな影響を及ぼしたが，受領されたサポートは有害な影響を及ぼした（Helgeson, 1993）。

　相関研究は，基本的な相関分析，回帰分析，調整分析や媒介分析，構造方程式モデリング（SEM）など，この分野の大規模なエビデンスの基礎を支える主要な統計的アプローチである。相関分析を用いた研究では，視覚障害のある若年成人において，知覚されたサポートは自己効力感および学業成績と正の相関を示すこと（Shahed, Ilyas, & Hashmi, 2016），長期にわたる身体障害者および関節リウマチ患者の適応的コーピングとウェルビーイングに正の相関があること（Casey & Stone, 2010; Doeglas, Suurmeijer, Krol, et al., 1994），乳がん女性におけるQOLと正の相関があり，不安や抑うつと負の相関があること（Ng, Mohamed, See, et al., 2015），心筋梗塞による早期死亡と負の相関を示すこと（Schmaltz, Southern, Ghali, et al., 2007），高齢のCID患者や透析患者の高い死亡率と負の相関を示すこと（Berkman, Leo-Summers, & Horwitz, 1992; Thong et al., 2006）などがわかっている。さらに，知覚されたサポートはCID患者（DiMatteo, 2004; Shumaker & Hill, 1991），特に糖尿病患者の（Sherbourne, Hays, Ordway, DiMatteo, & Kravitz, 1992）病気や怪我からの回復と健康維持（Helgeson & Cohen, 1996; Uchino, Cacioppo, & Kiecolt-Glaser, 1996），期待と心的外傷後の成長（Mahon & Yarcheski, 2017; Prati & Pietrantoni, 2009），QOLと障害への適応（Chronister et al., 2008），精神的健康の回復とスティグマ（Chou & Chronister, 2012; Chronister et al., 2013）についての服薬アドヒアランスをよく予測する。

CIDの転帰に対する知覚されたサポートの緩衝効果を研究するために，調整分析が採用されている。高齢のCID患者において，知覚されたサポートはADLストレスを緩和すること（Mendes de Leon, Glass, & Berkman, 2003），難聴と関連したストレスを緩和すること（West, 2017），障害の開示に伴うストレスを緩和すること（Weisz, Quinn, & Williams, 2016），CID患者の早期死亡，機能低下，抑うつを予防すること（Hays, Saunders, Flint, Kaplan, & Blazer, 1997; Olaya, Domènech-Abella, Moneta, et al., 2017）が示されてきた。知覚されたサポートは，高齢のCID患者の機能低下による抑うつの影響も緩和した（Hays et al., 1997）。精神疾患の患者では，障害の程度が知覚されたサポートを調整していた。具体的には，SMIのような障害の程度が重い人では，他の神経症状の人に比べてサポートのレベルが低いと知覚していた（Kamenov, Cabello, Francisco, et al., 2015）[1]。注目すべきは，緩衝効果の証拠が見つからない研究が多いことである。例えば，ソーシャルサポートが機能障害による抑うつと不安のネガティブな効果を緩衝するかどうかを調べた研究では，研究者たちは緩衝効果を見つけられなかった。その結果，抑うつと不安の高さが，機能障害の増大に対する直接的な主効果をもたらした（Levy, Burns, Deschênes, & Schmitz, 2017）。

介在変数を調べるために媒介分析が採用されており，知覚されたサポートは各モデル内で異なる位置にあると想定されている。例えば，卵巣がん患者の心的外傷後ストレス障害に対する知覚されたサポートの影響を，期待が媒介し（Liu et al., 2017），退役軍人の健康問題を一人で解決することと治療を受けることの関係には，知覚されたサポートが媒介していたり（Graziano & Elbogen, 2017），パーソナリティと知覚されたサポートとの関係には障害の重さが媒介していたり（Kamenov, Cabello, Cabello, et al., 2015）[1]，抑うつとストレスに対するレジリエンスの関連にはソーシャルサポートが媒介していた（Southwick, Vythilingam, & Charney, 2005）。高齢者と若年者のCID患者では，知覚された情緒的サポートと道具的サポートが，ライフステージと気分の関連を媒介しており，知覚されたサポートのレベルが高いほど，ネガティブな気分状態を軽減するように介入していた。注目すべきは，情緒的サポートが，高齢者に比べて若年のCID患者で，特に顕著な媒介効果となったことである（Allen, Ciambrone, & Welch, 2000）。このことは，若年者の方が社会的疎外やスティグマのリスクが高いことと関連し

ているのかもしれない。文献に記されているその他の媒介変数として，自尊心，達成感，コーピング，感情，楽観主義，CIDの経過と性質，社会的影響・比較，社会的統制などがある（Thoits, 2011）。

　構造方程式モデリングは，ソーシャルサポートの経路をよりよく理解するために使われてきた。例えば，乳がんの中国系アメリカ人において知覚されたサポート，知覚されたストレス，心的外傷後の成長に関するモデルを調べた研究では，研究者たちは，高い知覚されたサポートが低い知覚されたストレスを予測し，それが高い心的外傷後の成長に貢献するというサポートの経路を見出した。彼らのモデルは心的外傷後の成長における分散の26%を説明した（Yeung & Lu, 2018）。構造方程式モデリングを用いて服薬アドヒアランスを調べた別の乳がん患者の研究では，処方開始時の知覚されたサポートが高いほど，1か月後の抑うつが軽減され，その結果，研究開始から4か月後の高い服薬アドヒアランスに寄与していた（Bright & Stanton, 2018）。知覚されたサポート，ストレス，苦痛，心臓の症状に関するモデルを検証した研究では，知覚されたサポートがその後のストレスや苦痛の経験を減らし，その結果，心臓の症状を減少させることを示した。知覚されたサポートは，心停止後の最初の6か月間の方が，その後の6か月間よりも有益であり，知覚されたサポートの有益性は時間とともに変化するという主張を支持するものであった。注目すべきは，後半の6か月間ではストレスが〔心臓の症状を減少させる〕主な原因であり，最初の心停止後から6か月後には知覚されたサポートがストレスレベルに影響を与えることができなかったことである（Fontana, Kerns, Rosenberg, & Colonese, 1989）。糖尿病患者においては，ソーシャルサポートが楽観性の向上，孤独感の軽減，自己効力感の上昇といった適応的な認知を促進し，その結果，抑うつ症状が緩和されるという研究がある（Southwick et al., 2005）。抑うつがソーシャルサポートに影響を与える経路は他にも提案されており，例えば，研究者たちは抑うつが過剰な安心感を求め，その結果，他者からの否定的なフィードバック（Evraire & Dozois, 2011; Starr & Davila, 2008）や歪んだ認知（Maher, Mora, & Leventhal, 2006）をもたらし，知覚されたサポートのレベルの低下を助長することを示唆している。

　構造方程式モデリングでは，サポートを与える側と受け取る側の相互効果を

調べることもできる。互恵性とは、両者にとって有益な支援の相互交換のことであり、その結果、社会的つながりを促進・維持する (Levi-Strauss, 1974)。しかし支援の互恵性は、交換に携わる人々の地位が互恵性の程度に影響を及ぼすことがあるので、必ずしも確実なものではない (Gouldner, 1973)。例えば、〔互恵関係にある〕当事者の一方がより高いニーズや脆弱性をもっているときには、いくつかの文脈では互恵性が妨げられることがある (Gouldner, 1973; Perkins & Haley, 2013)。例えば、CID 患者の場合、互恵性が損なわれたり、相互交換のタイプがどちらかの当事者が期待するものと異なったりすることがある。研究者たちは、CID 患者について互恵性の利点について調査している (例：Gant, 2010; Heller et al., 1986; Perkins & Haley, 2013; Robinson & Williams, 2001)。Perkins & Haley (2013) は、知的障害のある成人した子どもと親との間で知覚された情緒的サポートと道具的サポートの互恵性を調査し、親の間では相対的に損失が多いこと (受け取るよりも与える方が多い) を見つけた。しかしながら、こうした相対的な不利益は、親の抑うつの上昇や精神的健康の悪化、子どものために代わりの居住環境を求める意欲の低下と関連した。さらに、道具的サポートの知覚は、親による介護時間数、子どもの挑戦的な行動や ADL の障害の程度により影響を受けていた。注目すべきは、22％の親が、知的障害のある子どもから、自分が提供した以上の道具的サポートを受けたと報告しており、支援の互恵性が一部の親にとっては重要であることを示唆している。逆に、情緒的な互恵性は公平で、実際に 25％の親が、自分が子どもに提供したものよりも多くの情緒的サポートを受けたと報告しており、機能的レベルに関係なく情緒的な交換が行われていることが強調されている (Perkins & Haley, 2013)。注目すべきは、情緒的な互恵性は親の抑うつや精神的健康の低下とは関連していなかったことである。このことは、CID 患者への支援者にとって道具的サポートはより負担が大きく、情緒的サポートはより互恵的で双方にとって有益であることを示唆している。SMI 患者は相互関係が希薄であるという研究がある。Meeks & Murrell (1994) によると、SMI 患者は症状が軽い患者に比べて、互恵的なネットワークが著しく小さく、互恵性が希薄である。

　支援者と被支援者の役割は時間の経過とともに変化し、ある時点では一方の当事者が、また他のある時点では他方に相対的な不利益を生じさせることがあ

る。加えて，異なった種類のサポートが混ざった形の交換関係として，互恵性の理解をより正確に捉えることができるかもしれない。例えば，支援者は道具的サポートを提供する一方で，被支援者は情緒的サポートで返報することがあるが，こうした異なる種類のサポートで返報することが，知覚されたサポートの有益性に影響するのかどうかという疑問を生じさせる。CID患者とその支援者の間では互恵性が重要であることを裏付ける研究がある。例えば，学習障害のある成人とその高齢の親との間の相互支援と相互依存は，彼らの日常生活において最も重要な要因の一つであることがわかっているが，それらは専門家や政策立案者によって見過ごされることが多い（Gant, 2010; Parker & Clarke, 2002; Prosser, 1997; Robinson & Williams, 2001; Walker & Walker, 1998）。学習障害のある子どもは，高齢の親に対して頻繁に様々な種類の情緒的・道具的サポートを提供し，親や支援者が高齢になるほど互恵性はより重要になる（Gant, 2010; Robinson & Williams, 2001）。Grant（1986）は，高齢の支援者とその子どものニーズが，「相互依存と相互扶助が例外なく規範になるほど非常に絡み合っている（p. 346）」と指摘している。高齢の親とCIDのある子どもとの間でなされる，この重要でありながら無視されがちな互恵的なサポートの交換は，将来の計画に影響を与えうるもので，高齢の親に対するソーシャルサポートの主要な供給源になるにつれ，CID患者の自立を無意識に妨げる可能性がある（Gant, 2010）。

　また，抑うつなどの変数とサポートの相互関係についても，以前から文献で示唆されてきた（Antonucci & Jackson, 1990; Lazarus & Folkman, 1984; Maher et al., 2006; Sacco & Yanover, 2006）。研究者たちは，ソーシャルサポートは一方向的な関係ではなく，サポートが特定の心理社会的構成要素に影響を与え，またその逆もあるという相互的あるいは互恵的な関係があると考えている。しかし，特にCID患者を対象とした相互モデルを検証した研究はほとんどない（例：Aneshensel & Frerichs, 1982; Burns, et al., 2016; Patten, Williams, Lavorato, & Bulloch, 2010; Sacco, & Yanover, 2006）。存在する研究は，横断的データと相互モデルにおける各要因を検証することに限定されていて，相互モデルの方が単方向モデルよりも全体としてデータに適合しているかどうかを判断することはできない（Burns et al., 2016）。糖尿病の成人患者を対象にして，知覚されたサポートの相互モデルを検証した最近の研究では，4年間の調査のすべての時点で一

貫して，抑うつは低水準の知覚されたサポートと関連していた一方で，ソーシャルサポートは低い抑うつとの間には一貫した関連を示さなかった（Burns et al., 2016）。Pattenら（2010）は，知覚された情緒的サポート，すなわち愛や愛情を示すことが，抑うつに最も強く影響を受けることを明らかにした。これは，知覚されたサポートは個人の心理的機能，特に抑うつに影響を受ける可能性が高いという仮説を支持するものである。抑うつは，過度な安心感の追求，他者からの否定的なフィードバック，認知的な歪みなどの結果として，知覚されたサポートに影響を及ぼす可能性があると示唆する研究者がいる（Evraire & Dozois, 2011; Maher et al., 2006; Starr & Davila, 2008）。また，知覚されたサポートの保護効果は相当量のストレスがあるときに最もよく観察されるため，知覚されたサポートは抑うつの一貫した予測因子ではない可能性がある（Cohen, 2004）。簡単にいえば，知覚されたサポートの緩衝効果や保護効果は，CID患者が発症や回復期から遠ざかるにつれて減少する可能性がある。しかし，CIDの経過の中でストレスが高い時期には保護効果が現れる可能性があるということである。

（3）受領されたサポート

知覚されたサポートは一貫してポジティブな健康状態と関連しているが（例：Barrera, 2000; Holt-Lunstad, Smith, & Layton, 2010; Uchino, 2009; Uchino, Bowen, Carlisle, & Birmingham, 2012），受領されたサポートとCIDの転帰との関連性についてはかなり一貫性が弱く，またはるかに少ない研究に基づいている。身体的な接触やハグといった特定の受領されたサポート行動が疼痛（Master, Eisenberger, Taylor, et al., 2009），自律神経系の活性化（Grewen, Anderson, Girdler, & Light, 2003），中枢のストレス応答システム（Ditzen, Neumann, Bodenmann, et al., 2007）に対するストレスの影響を緩和することを示している最近の研究を除いては，受領されたサポートはネガティブな状態につながることが多い（Albrecht & Adelman, 1987; Bolger & Amarel, 2007; Cutrona, 1996; Helgeson, 1993; Galaif, Nyamathi, & Stein, 1999; Goldsmith, 1992; Ray, 1992; Uchino, 2009）。例えば，Helgeson（1993）は，知覚されたサポートが心臓発作への適応にポジティブな影響を及ぼす一方で，受領されたサポートは有害な影響を与えることを明らかにした。特に，受領された道具的サポートは障害リスクの増加（Mendes de Leon et al., 1999），高齢のCID患者の機能低下と慢性閉塞性肺疾患（chronic obstructive pulmonary disease: COPD）や末期の肺疾患患者の苦痛（Hays et al., 1997; Seeman, Bruce, McAvay, 1996）と関連している。また，受領されたサポートは，腎臓病患者の苦痛を軽減するのに影響がなく（Frazier, Tix, & Barnett, 2003），関節リウマチ患者の心理的ウェルビーイングと負の相関を示し（Veale, Rogers, & Fitzgerald, 1994），CIDから回復した者にとってはあまり効果がなかった（Glass & Maddox, 1992; Glass, Matchar, Belyea, & Feussner, 1993; Wilcox, Kasl, & Berkman, 1994）。乳がん女性のソーシャルサポートを調べた研究では，追加のサポートを希望した人の約半数が，実際に希望通りの支援を受けていた（Finck, Barradas, Zenger, & Hinz, 2018）。

　研究者たちは，受領されたサポートの効果を適切に判断するために，何が必要で，何が求められているのかを研究する必要があることを示唆している。Melroseら（2015）は，サポートを受けた頻度のみで測定した場合に比べて，必要なときにサポートを受けた回数の割合を含むように受領されたサポートを操作すると，受領されたサポートと知覚されたサポートの関係が実質的に高くなることを明らかにした（Melrose, Brown, & Wood, 2015）。この知見は，社会的孤立，依存感，主体性の喪失，CIDへのコーピングの困難さなど，CID患者が望むサポートと受領したサポートの不一致によるネガティブな状態に関する何らかの説明を与える（Holm, LaChance, Bowler, Make, & Wamboldt, 2010; Newsom et al., 2005; Umberson, 1987）。例えば，急性心筋梗塞の際に，善意でありながらも「不安をあおる」サポートを受けることは，フォローアップ調査において心的外傷後ストレス症状の増加と有意に関連していて（Homma, Chang, Shaffer, et al., 2016），望まないのに受領したサポートは乳がん女性の心理社会的適応の低さと関連しており（Reynolds & Perrin, 2004），そして望んでいたサポートと受領したサポートの不一致が大きいことは，透析患者における死亡率を予測した（Thong et al., 2006）。SMI患者に関しては，ある調査において，70％以上が必要とするサポートを受けられなかったという研究がある（Cummings & Kropf, 2009）。サポートを受けたことで生じるネガティブな結果は，支援者の行動とも関連した。例えば，COPD患者が「共感できない」と感じた支援者からサポートを受けた場合や，被支援者が「がっかりした」と感じた場合には高い不安を経験した

(Newsom et al., 2005)。同様に，MS 患者は，不必要な手助けをされること，MS の症状についての経験を否定または最小化されること，MS について話したがらないこと，誤解されていると感じるなどの非支持的な対応について言及した (Stuifbergen, 1992)。

　希望するサポートと受領したサポートとの間の不一致は，特に CID 患者にとって重要である。Braithwaite & Eckstein（2003）は，CID 患者が希望する，あるいは必要とするよりもかなり多くのサポートを受けており，受領したサポートが，そのタイミングや提供方法によってはしばしば有用にならないことを明らかにした。CID 患者に対する受領されたサポートは，本人の時間やエネルギーを節約し，病状を理解する努力を含み，そして CID 患者を受け入れるための生活調整を伴えば，有用であるという研究知見もある（Fong et al., 2006）。CID 患者，特に見た目からわかる障害の場合は，道具的サポートの必要性と不要なサポートを受けることのバランスをとることに，日常的に直面するかもしれない（Braithwaite & Eckstein, 2003）。しかし，支援の必要性は，CID の種類や病状，また経過状況に大きく依存する（Braithwaite, 1990, 1996; Braithwaite & Eckstein, 2003）。例えば，肺気腫，てんかん，AIDS，健康上の問題行動では，必要とするサポートを受けられない可能性がある一方で，移動や視覚に障害のある者では，とても多くの不要なサポートを受ける可能性がある。他者による「過剰なサポート」が，行動を支配したり，依存性を生み出す一因であると主張している研究者もいる（Gilbert & Silvera, 1996）[4]。しかし Braithwaite & Eckstein（2003）は，CID 患者が，他者による「過剰なサポート」を自分のニーズに対する理解の欠如として説明していることを明らかにした。Packard ら（1991）は，CID 患者と障害のない者との間の社会的交換の困難さは，他者が CID 患者に対して異なる行動をとること，CID 患者の経験を理解しないこと，過保護であること，CID 患者が CID を受け入れるために援助を必要としていると信じていること，などと関連していると述べた。

　受領されたサポートによるネガティブな結果は，可視性と互恵性に関連している可能性がある。被支援者は「目に見える」援助やサポートを受けていることを意識するのに否定的な反応を示すかもしれない（Bolger & Amarel, 2007）。それは，特に相互扶助の機会がなかった場合である（Gleason, Iida, Shrout, & Bolger,

2008)。目に見える形で求めていないサポートを受けることは，サポートを受けた側に非力感を与え（Thorsteinsson & James, 1999），ネガティブなストレス反応を促進する可能性が示唆されている（Bolger & Amarel, 2007）。一方で目に見えない道具的サポートと情緒的サポートを受けた場合はネガティブな感情反応が減少するという研究がある（Bolger & Amarel, 2007）。このように，受領されたサポートがそれを受ける側の意識の外にある（すなわち，「目に見える形で」ケアされているわけではない）場合や，否定的な社会的評価が伝わるリスクが低い場合に，受領されたサポートがより効果的になる可能性がある（Bolger & Amarel, 2007）。こうしたフラストレーションや怒りにつながりうる，必要としていない目に見えるサポートは，ADLに対してサポートを必要とするCID患者や大きな苦痛を感じているCID患者にとって頻繁に経験することかもしれない（Cutrona & Russell, 1990）。実際，機能的および環境的な障壁がCID患者のサポートの必要性を高める一方で，受領されたサポートが有益であるかどうかに寄与する介在要因は多く存在する。CID患者は，必要なときに他者からサポートを受けたり，可能な限り負担のない方法で不要なサポートを管理したりすることに長けている（Braithwaite & Eckstein, 2003）。

（4）長期にわたる支援

　CID患者に対するソーシャルサポートの有益性は，サポートと，CIDの経過や進行，ライフステージ，社会的役割や機能の変化と相互作用によって，時間とともに変化することを示唆するいくつかの証拠がある。機能的サポートは，CID患者の急性期あるいは診断後1年以内に最も有益であるが（Glass et al., 1993; Mutran, Reitzes, Mossey, & Fernandez, 1995; Ng, Mohamed, See, et al., 2015; Oxman & Hull, 1997; Wilcox et al., 1994），その後の数年間は効果が減少する（Cousson-Gélie, Bruchon-Schweitzer, Dilhuydy, & Jutand, 2007; McLaughlin et al., 2011; Mendes de Leon et al., 1999; Seeman et al., 1996）ことを示唆する研究がある。例えば，Reinhardt, Boerner, & Benn（2003）は，加齢に伴い視力が低下した高齢者において，構造的，機能的サポートが時間の経過とともに減少することを明らかにした。同様に，女性の乳がん患者でも，診断後1年間はソーシャルサポートが抑うつや不安と負の相関を示していたが，10年後においては，ソーシャルサ

ポートが死亡率の上昇と相関していた。ライフステージもサポートの種類による利益に影響を及ぼすかもしれない。例えば，若年のCID患者は，高齢のCID患者よりも情緒的サポートの恩恵を受けることが示されている（Allen, Ciambrone, & Welch, 2000）。

(5) サポートの源泉

アメリカ合衆国では1億5800万人の成人が，CID患者に対して何らかの非公式なサポートを行っている（Rosland et al., 2013）。CID患者に対する非公式なサポート源は，主に家族や友人であり，支援者は主に女性で，年齢は50歳以上で，非都市部に住んでいる（Rosland et al., 2013）。男性に比べて女性の方が情緒的サポートを提供したり，受けたりする傾向にあり（Liebler & Sandefur, 2002），女性の方がストレス時に様々な種類のサポートを活用することが多い（Walen & Lachman, 2000）。特に高齢の配偶者では，ジェンダー役割のため，活用されるサポートが不平等に分配される傾向があるので（Hank & Jürges, 2007; Knijn & Liefbroer, 2006），母親の役割を担う親がCIDを経験した場合，道具的サポートは配偶者ではなく子どもからもたらされることが多い（Djundeva, Mills, Wittek, & Steverink, 2015）。

家族からのサポートのレベルが高いCID患者は，摂生など自己管理アドヒアランスが高く，慢性疾患のコントロールがよく，入院率が低く，医療への満足度が高い（DiMatteo, 2004; Gallant, 2003; Lett et al., 2005; Luttik et al., 2005; Strom & Egede, 2012; Zhang et al., 2007）。家族や友人はCID患者にとって特に重要でありながら，過小評価されることの多いサポート源である（Rosland et al., 2013）。具体的には，糖尿病や心不全の成人の半数以上が，服薬アドヒアランスや健康状態の把握などの日常的な疾患管理に定期的に家族を関与させている（Rosland et al., 2010; Silliman, Bhatti, Khan, Dukes, & Sullivan, 1996）。また，CID患者の半数は診療予約や診察室に入るときに常に家族を連れてきており，それが患者と医療提供者のコミュニケーションにおいて重要な支えとなっている（Rosland et al., 2011; Wolff & Roter, 2011）。

公式なサポート源としては，一般的には医療従事者や支援団体が挙げられる（Brady, Koch, & Griffith, 2003; Chronister & Chan, 2006; Dilworth-Anderson,

Williams, & Cooper, 1999; Elliott, Shewchuk, & Richards, 1999; Fabian, Edelman, & Leedy, 1993; Kelly & Lambert, 1992; Kreutzer, Serio, & Bergquist, 1994; Meeks & Murrell, 1994; Sherman, DeVinney, & Sperling, 2004; Storey & Certo, 1996; Woolcock, 2001）。医師による質の高い支持的なコミュニケーションは，条件や治療法を問わず，アドヒアランスと関連することを示唆する研究者がいる（Haskard Zolnierek, Dimatteo, Mondala, Zhang, Martin, & Messiha, 2009）。Osterberg & Blaschke (2005) によると，医師と患者の支持的な関係は開かれたコミュニケーションを促進し，このことは非アドヒアランスのリスクとアドヒアランスの効果に関する患者の理解と知識を深める。そのため，CID 患者が医療従事者からどのようなサポートを受け，またどのようなサポートを望んでいるのかを調査している（Dakof & Taylor, 1990）。例えば，系統的なレビューとして，van Dam ら（2005）は，糖尿病患者の血糖値コントロールやその他の病気の自己管理のニーズに対して，医師による情報的サポートが特に有用である可能性を見出した。がんの領域では，医療従事者は特に情緒的サポートの重要な源であると考えられている（Dunkel-Schetter, 1984; Helgeson, 2003; Stanton et al., 2014）。しかし，がんの専門医は情報的サポートを提供することに最も慣れているが，がん患者は情緒的サポートを望んでいるとする研究がある（Helgeson, 2003; Stanton et al., 2014）。乳がん患者とその外科医の間のソーシャルサポートを調べた研究では，患者は，外科医から情緒的サポートを受けることは家族から情緒的サポートを受けるのと同じくらい重要であると報告した。実際，彼らは情報的サポートよりも外科医からの情緒的サポートを高く評価していた。Nazione ら（2016）によると，情報的サポートは提供する側に好まれるかもしれないが，外科医と患者の出会いにおいては情緒的サポートが特に価値をもつ可能性がある。具体的には，診断や予後の段階で手術が行われることが多く，この段階では，治療方針や術後の転帰について明らかにするのに外科医が重要な役割を担っている。こうした出会いは，不安を引き起こす診断の段階において，必要とされる情緒的サポートを外科医が提供できるまたとない機会となる（Nazione, Silk, & Robinson, 2016）。MS の領域でも，同様のパターンが見られることが示唆されている。特に，MS 患者は神経科医からの情緒的サポートを望んでいるが，道具的サポートを受ける傾向にある（Fong et al., 2006）。喘息患者においても，望んでいるサポートと

受けるサポートとの間に齟齬があることを示唆する研究がある。ある研究では，喘息患者は，患者ナビゲーターから情報的サポートを受けていたが，実際には道具的サポートを望んでいた（Black, Priolo, Akinyemi, et al., 2010）。これらの研究は，医療システムの中で，ソーシャルサポートを効果的に行うためには，患者が望んでいるサポートの種類をまずは提供者が理解する必要があることを示唆している。

　SMI患者にとっては，サポート源はグループホームのスタッフやケースマネージャーなどのサービス提供者であることが多く，彼らは一般的に道具的サポートと若干の情緒的サポートを提供する（Meeks & Murrell, 1994）。Cummings & Kropf（2009）によると，SMI患者は，精神的苦痛，身体的健康，情報，リスク行動をとる必要性に関するストレスに対してサービス提供者からサポートを受けている。一方で，ADL，精神的苦痛，金銭管理のニーズについては，非公式のサポート源（例：家族や友人）から最も多くの支援が提供されている。

　医療機関では，ピアサポーター，患者ナビゲーター，疾病管理サポーターなどの雇用を通して，欠かすことのできないサポート機能を提供する必要性に取り組んできた（Rosland, 2009）。ピアサポートは，特に健康増進，疾病予防，病気の自己管理といった健康に関する成果に有益な効果をもたらすことが示されている（Dennis, 2003; Goldberg, Dickerson, Lucksted, et al., 2013; Lakey & Cohen, 2000; Stewart & Tilden, 1995）。ピアサポートは，メンタルヘルスの回復モデルの文脈の中で最も顕著に現れ，所属意識，支援関係，価値ある役割，コミュニティを提供することによって，SMI患者のそれらに対する関与と回復を促す。いくつかの研究（Cohen, Golden, & Young, 2014; Dickerson, Savage, Schweinfurth, et al., 2016; Goldberg, Dickerson, Lucksted, et al., 2013; Young, Cohen, Goldberg, et al., 2017）によると，SMI患者に対するピアサポートは，身体的健康，情緒的ウェルビーイング，自己効力感，患者の積極性，体重の減少，喫煙の減少，病気の自己管理，健康的な食事，身体活動，救急外来の受診の減少につながることが示されている。実際，ピアサポートの提供者は，病気の自己管理，体重減少，入院患者の減少など様々な回復の成果において，専門的スタッフより効果的とまではいかないとしても同じくらい効果的であることを示す証拠が増えている（Blixen, Perzynski, Sajatovic, et al., 2011; Chinman, George, Dougherty, et al., 2014;

Cohen et al., 2014; Druss, Zhao, Von Esenwein, et al., 2011; Goldberg, Dickerson, Lucksted, et al., 2013; Sajatovic, Dawson, Perzynski, et al., 2011; Young, Cohen, Goldberg, et al., 2017; Whiteman et al., 2016)。SMI患者は，ピアサポーターがSMI患者の経験を理解し，ドロップアウトのリスクがある人や専門家が主催するプログラムやサービスに参加したことがない人と関わったり，サポートしたり，そして継続させることができると述べている（Cohen et al., 2014）。また，専門家はピアサポーターが共有している知識や経験から恩恵を受け，ピアサポーターはSMI患者をサポートし，SMI患者のモチベーションを高める仕事を通してエンパワーメントの感覚を経験する（Cohen et al., 2014）。また糖尿病管理においても，ピアサポートが重要な役割を果たすことが明らかにされている。Fisher, Boothroyd, Coufalら（2012）によると，糖尿病患者を支援するピアの主な機能には，日常的な疾病管理の支援，医療的ケアとの連携，継続的な情緒的・道具的・情報的サポートを含む。ピアサポートは，労働力の不足に対して重要かつ費用対効果の高いサポート源であり，精神的健康の認定ピアスペシャリストのライセンスに対するメディケイド償還制度がある州では持続可能な財政インフラがある（Whiteman et al., 2016）。

　疾病管理支援プログラムは，より組織的なCIDのケアの促進，転帰の改善，医療資源の利用削減のために医療機関で用いられてきた（Krumholz, Currie, Riegel, et al., 2006）。現在，疾病管理支援プログラムは異種混合であり，その運用は一貫していない。しかし，疾病管理には，一般的に服薬に関する意思決定のサポート，疾病管理と治療アドヒアランスの監視，医療ケアの調整，健康増進とウェルネスの促進が含まれるという点では，ある程度合意がある（Rosland, 2009）。疾病管理サポーターは，CID患者と協力して目標を定め，目標達成に関わる医療従事者（例えば，非公式の支援者，ピアサポーター，心理士，医師，関連する医療従事者）と協力しながら活動する。疾病管理サポーターは，患者教育，投薬管理，急性期後のケア，サービス提供ニーズの整理（例えば，病院内・地域ベース・在宅ベースプログラム）などの調整を通じて，服薬アドヒアランス，自己管理，介護者の負担などの臨床結果の改善に注力している（Krumholz, Currie, Riegel, et al., 2006）。

　患者ナビゲーターは，医療ケア上のもう一つのサポート源である。患者ナビ

ゲーターはもともと，がんと診断された脆弱でリスクの高い人々に，診断や初期治療の段階でサポートを提供するために雇用された（Freeman, 2006; Jandorf, Gutierrez, Lopez, Christie, & Itzkowitz, 2005; Petereit, Molloy, Reiner, et al., 2008; Wells, Battaglia, Dudley, et al., 2008）。患者ナビゲーターは，交通手段の提供，予約の手配，アクセスしやすい医療記録の確保，その他のソーシャルサポートを提供する（Center to Reduce Cancer Health Disparities Patient Navigation Program, 2009）。特定の患者ナビゲーターサポートプログラムについては，証拠に基づく効果の裏付けはあるが，統一性がないため研究が進まない（Fang, Ma, Tan, & Chi, 2007; Nash, Azeez, Vlahov, & Schori, 2006; Rahm, Sukhanova, Ellis, & Mouchawar, 2007; Vourlekis & Ell, 2007; Wells, Battaglia, Dudley, et al., 2008）。近年では，患者ナビゲーションプログラムは，がん患者だけでなく，HIV/AIDS患者や喘息患者にも拡大されている（Black, Priolo, Akinyemi, et al., 2010）。例えば，患者ナビゲーターから受けたサポートと望んだサポートの種類を調査した研究では，喘息患者は情報的サポートを受けていたが，道具的サポートを望んでいたと報告している（Black et al., 2010）。

(6) 介入

支援の利点に関する研究はかなりあるにもかかわらず，ソーシャルサポート介入をし，そしてその効果を検証している研究は著しく少ない。存在するソーシャルサポート介入は，それらの実施方法（例：集団 対 個人，専門家 対 ピアの主導，ソーシャルスキル 対 ソーシャルサポート，家族 対 友人やピアのサポート）に関してだけでなく，対応するソーシャルサポートの構成要素（例：構造 対 機能，知覚 対 受容，情緒的 対 道具的サポート）や測定方法（例：一般的な人々に対するサポート 対 疾患に特化したサポート）についても均一ではない。介入の中には，CID患者がより多くの社会的結び付きを形成する能力を高めることを目標として，ソーシャルスキルとソーシャルネットワークの規模の両方またはどちらか一方を改善することに焦点を当てているものもある。例えば，2型糖尿病患者がソーシャルスキルとソーシャルネットワークの両方またはどちらか一方に関する介入を受けた場合，通常のケアを受けた患者と比較して，参加者は社会的資源の利用を改善し，社会的統合を高めたという研究がある（Street & Piziak, 2001）。さ

らに，社会的資源と社会的統合の改善は，糖尿病の合併症，身体活動，脂肪からのカロリー摂取率，血糖値に及ぼす影響を媒介した（Street & Piziak, 2001）。また，認知機能の向上プログラムも，高齢のCID患者におけるソーシャルネットワークを増やすためにデザインされており，この種類のプログラムは，高齢のCID患者がソーシャルネットワークの質を維持し，認知機能とQOLを向上させ，抑うつを減少させるのに役立つとする研究もある（Winningham & Pike, 2007）。青年と子どものCID患者に対するサポートプログラムも検証されている。例えば，嚢胞性繊維症の子どもを対象にデザインされたサポートグループによる介入では，彼らの症状に関する教育とソーシャルスキルトレーニングが，QOLと仲間関係の改善，孤独感の減少，症状が日常生活に及ぼす影響に対する知覚の改善に寄与した（Kirk, Beatty, Callery, et al., 2013）。CIDの子どもたちが直面している潜在的な孤立を考えれば，これらの種類のサポートプログラムは特に重要であり，このような介入は，小児期の身体障害，神経障害，知的障害，発達障害のある人と同様に，がんや糖尿病患者に対して頻繁にデザインされている。

　また，支援者に既存の支援ネットワークを強化する方法を教えることで，支援者側のサポートを促進する介入も実施されている。全体として，支援者側にサポートを提供する介入の有効性を支持する研究がある。例えば，ある研究では，アルツハイマー病患者の支援者に対するサポートプログラムの有効性が検討されており，通常のケアを受けている人と比較して，自分のサポートネットワークの強化に関する支援を受けている人は，支援の結び付きを育むことに優れており，自分のサポートネットワークに対する満足度も高かった（Chien & Lee, 2011）。注目すべきは，この種類の介入は，CIDの子どもにサポートを提供する親や保護者にも有効であることが示されている点である。また別の研究では，サポートの介入に参加した家族は，特に人間関係の問題が扱われたときに，抑うつ，不安，負担が軽減されることを示した（Dusseldorp, van Elderen, Maes, Meulman, & Kraaij, 1999）。これらの知見は，支援者や介護者の健康と問題行動に取り組む上で重要な意味をもつ。特に，介護者のサポートニーズに対応することで，サポートやケアを提供する側の健康問題や死亡のリスクが減少し，そしてこのことがCID患者の健康，ウェルビーイング，医療費を改善する可能性がある（Schulz & Beach, 1999）。

第Ⅱ部　主流のトピック

　CID患者の家族を心理社会的または行動戦略的に支援することは論理的な治療のアプローチであり，研究の注目を集めている。家族が物理的なADLの支援の提供について果たす役割は広範であり，また長期間にわたって管理を行うこと（例：認知症や脳卒中）を考えると，家族支援の介入は通常の医療と比較して，より肯定的な効果をもたらすという研究がある。例えば，特に生命を脅かす病気（例：がん）や大きな痛みに直面している人を介護しているのは，コーピングスキルの支援や心理教育を受けた家族である（Helgeson & Cohen, 1996）。さらに，家族支援の介入は，CID患者のサポートに伴うライフスタイルの大きな変化，役割の変化や介護責任の分担を管理するための対処方法，家族の態度や行動に対処することを扱っている（Helgeson & Cohen, 1996）。

　サポートグループは，CID患者と支援者の両方にとって，ソーシャルサポートの最も一般的な介入形態の一つである。サポートグループの歴史は長く，アルコホーリクス・アノニマス（Alcoholics Anonymous: AA）やナルコティクス・アノニマス（Narcotics Anonymous: NA）グループから現代的なハームリダクショングループ，心理教育や社会的スキルの開発グループまである。さらに，サポートグループは，情緒的，道具的，情報的サポートを与えたり受けたり，所属感や受容感を体験したり，同じような状態や状況にある人とつながる場となりうる。サポートグループは，話を聞いてもらい，認めてもらい，受け入れてもらい，共感的に理解してもらえる場所であるともいわれている（Fong et al., 2006）。サポートグループは，サポートニーズのギャップを埋めるのに特に有用であり，例えば，ある定性的な研究では，がんのサポートグループは，他のサポート源が予測できない，あるいは潜在的に否定的であった場合，情緒的サポート，情報的サポート，相互的サポートの追加的な供給源になるというユニークな役割を果たすと述べた（Wells, Cagle, Bradley, & Barnes, 2008）。

　また，特に多くのCID患者が交通手段や移動手段に障壁があることから，電話やインターネットによるサポートグループの人気も高まっている。ある研究では，肺移植の待機患者のための教育とコーピングに焦点を当てた電話によるサポートグループが，QOLを向上させ，抑うつを減少させることを明らかにした（Matthees, Anantachoti, Kreitzer, et al., 2001）。また，電話によるサポートグループに参加した高齢の支援者は，何も介入しなかった場合と比べて，抑うつのレ

ベルが低かったという研究もある（Reblin & Uchino, 2008）。研究者たちによると，対面のサポートグループとオンラインのサポートグループの違いの一つは，専門家の関与の度合いである。対面のサポートグループは，一般的には専門家によって組織，運営されるのに対して，オンラインのサポートグループは参加者自身によって運営され，構造的に発展するのではなく，参加者のニーズに合わせて時間をかけて有機的に発展していく（Farnham, Cheng, Stone, et al., 2002; Yu, Taverner, & Madden, 2011）。言い換えれば，オンラインのサポートグループは，グループのニーズを決定するための権限を，グループメンバーに与える機会をより多く提供するかもしれない。オンラインのサポートグループを通じて，特定のCIDコミュニティのサポートニーズを調査するための有用なアプローチは，「ネトノグラフィ」を用いて支援の特徴を研究することである（Kozinets, 2002）。ネトノグラフィとは，オンライン上のコミュニティの特徴，規範，ニーズを，研究者が介入することなく「読み取る」ことができる民族誌（エスノグラフィ）的なアプローチである。ネトノグラフィは，すでにオンライングループを通じて交流しているコミュニティを調査するのに特に適しており（Kozinets, 2002），研究チームが研究目的のために特別に立ち上げたオンラインのコミュニティとは対照的である。

　CIDに関連するコスト削減に対処できる医療の必要性が生じた結果として，公式あるいは非公式な支援者をターゲットとした疾病管理サポートの介入も増加している。最近のソーシャルサポートの介入研究の中で最も大きな割合を占めるのは，がん，糖尿病，SMIなどの慢性疾患に対する支援の改善に注目したものである（例：Blixen, Perzynski, Sajatovic, et al., 2011; Druss et al., 2011; Goldberg, Dickerson, Lucksted, et al., 2013; Lawn et al., 2007; Sajatovic, Levin, Fuentes-Casiano, et al., 2011; Martire, Lustig, Schulz, Miller, & Helgeson, 2004; van Dam, van der Horst, Knoops, et al., 2005）。このような進展にもかかわらず，どのようなサポートの介入が，誰に，どのような文脈で有効なのかについての証拠は，介入方法の統一性がないため確定していない（Hogan et al., 2002）。例えば，ソーシャルサポートとてんかんの自己管理に焦点を当てた介入は，一般的なソーシャルサポートを評価するか，あるいはてんかんの自己管理に特化したサポートを評価するか，という点で様々である（Dilorio et al., 1996; Hogan et al., 2002）。同様に，糖尿病

の自己管理に焦点を当てた介入研究でも，サポートの評価をどのように行うかは様々で，一般的なサポートのみを評価する研究もあれば，糖尿病に特化したサポートの一部を評価する研究もあり，また2つの別々の変数に分けて，あるいは両方を組み合わせて評価する研究もある。それにもかかわらず，ピアサポートの介入（Dennis, 2003; Goldberg, Dickerson, Lucksted, et al., 2013; Lakey & Cohen, 2000; Stewart & Tilden, 1995），疾病管理プログラム（Krumholz, Currie, Riegel, et al., 2006; Rosland & Piette, 2010），患者ナビゲータープログラム（Black, Priolo, Akinyemi, et al., 2010; Fang et al., 2007）などを支持する証拠が増えている。これらはすべて，医療的転帰，患者ケア，医療的統合を改善し，コストを削減するためにデザインされている。ピアサポートの介入としては，Health and Recovery Peer Program（HARP; Druss et al., 2011），Living Well（Goldberg, Dickerson, Lucksted, et al., 2013），Targeted Training in Illness Management（TTIM; Blixen, Perzynski, Sajatovic, et al., 2011），Noarlunga Chronic Disease Self-Management program（Lawn, Battersby, Pols, et al., 2007; Sajatovic, Levin, Fuentes-Casiano, et al., 2011）などがあり，それらはSMI患者の病気の自己管理を改善するのに専門的なケアの提供者よりも効果がある。また，SMI患者のためのクラブハウスプログラムのような意図的なリカバリーコミュニティは，コミュニティ意識，所属する場所，そしてSMI患者が同じような状況にある人と出会う場所をつくり出す（Carolan, Onaga, Pernice-Duca, & Jimenez, 2011）。これらの意図的なコミュニティは，個人の「粉々になった」ソーシャルネットワークを再構築する機会を提供することで，SMI患者のリカバリーを支援するといわれている。コムピアプログラム（Compeer program）もまた，SMIのソーシャルサポートへの介入として実証的な裏付けがある。このプログラムは，地域のボランティアとSMI患者をマッチングさせることでソーシャルサポートを高めることを目的としており，このプログラムの利用者はソーシャルネットワークの顕著な改善を経験し，主観的ウェルビーイングに改善傾向があることを示した研究がある。実際，ソーシャルサポートは6か月後に13％，12か月後に23％増加しており，意図的な友人関係における「活性成分」が効果をもつには1年以上かかることが多いという質的研究を支持するものである（McCorkle, Rogers, Dunn, Lyass, & Wan, 2008）。

4. おわりに

　ソーシャルサポートの有益な効果を判断するには，サポートのカテゴリー（構造的あるいは機能的），これらのカテゴリー内の特定のサポートの種類（例：ソーシャルネットワーク，社会関係資本，社会参加，情緒的サポート，道具的サポート，情報的サポート，あるいはCID特有のサポートの種類），機能的サポートを測定する方向性（知覚される 対 受領される），交換の特徴（例：望んだサポートと受領したサポートの不一致，あるいはサポートとストレッサーの一致），使用される測定法あるいは項目（例：一般集団の尺度，CIDに特化した尺度，単一項目の尺度），採用される統計的アプローチなどがある。CIDの特異的な経過に関連する独自で変化しやすいサポートニーズは，有用で望まれるサポートの種類にも影響する。そのため，現存する数多くの横断的研究に加えて，特定のCID集団に顕著な特定のニーズやサポートの種類を長期的に調査する縦断的研究が必要である。

　CID患者は，様々な種類の情緒的サポートや道具的サポートを必要とすることがあるかもしれない。しかし，〔CID患者が経験する〕社会的交換の複雑さと，個人のサポートニーズや対人関係における相互作用，サポートすることに伴う潜在的な悪影響を考慮しない機能的サポートの枠組みにかたくなにこだわることが，周囲の人々一般の意図的なサポートの有効性についての判断能力を阻害している。我々の社会の多くは，CID患者に対してソーシャルサポートを提供しているが，そのコストは利益を上回っている可能性がある。社会的なつながりは，一般的に「支持的」であると考えられているが，証拠はより複雑な構図を描いている。つまり，ソーシャルサポートは単なる有用なものや商品ではなく，文化的な規範，態度，役割，信頼に縛られた個人と対人関係ネットワークの間を流れる能動的な交換である。今後の研究としては，ソーシャルサポートの有益性を確認する研究から，(1) 社会的交換が有益であるメカニズム，(2) 支持的な交換の重要な要素，(3) 特定のグループの集団特有のサポートニーズ，などを検証する，より理論主導型の研究課題へと移行する必要がある。さらに，サポートを提供する前にどのようなサポートが望まれているのかを判断し，相互サポートの程度や可能性を評価することも重要である。CID患者は，互恵的な支援に参加することを妨げられたり，参加できなかったりすることが多く，そ

れ自体が否定的な結果をもたらす。

❖ 訳　注

◇1　原文ママ。巻末に記載のある以下の文献の，いずれかを指すと考えられる。
Kamenov, K., Cabello, M., Caballero, F. F., Cieza, A., Sabariego, C., Raggi, A., ... Ayuso-Mateos, J. L. (2016). Factors related to social support in neurological and mental disorders. *PloS One, 11*(2), e0149356.
Kamenov, K., Cabello, M., Coenen, M., & Ayuso-Mateos, J. L. (2015). How much do we know about the functional effectiveness of interventions for depression? A systematic review. *Journal of Affective Disorders, 188*, 89–96.

◇2　原著の文献リストには記載されていないが，以下の文献を指すと考えられる。
Rees, T., Smith, B., & Sparkes, A. C. (2003). The influence of social support on the lived experiences of spinal cord injured sportsmen. *The Sport Psychologist, 17*(2), 135–156.

◇3　原著の文献リストには記載されていないが，以下の文献を指すと考えられる。
Cohen, S. (1988). Psychosocial models of the role of social support in the etiology of physical disease. *Health Psychology, 7*(3), 269–297.

◇4　原著の文献リストには記載されていないが，以下の文献を指すと考えられる。
Gilbert, D. T., & Silvera, D. H. (1996). Overhelping. *Journal of Personality and Social Psychology, 70*(4), 678–690.

第12章

老化と老化に関連した障害

Bruce Rybarczyk & Andrea M. Shamaskin-Garroway

　出生率の変化と平均寿命の延伸によって，アメリカでは今，やがて来る**シルバー・ツナミ**の初期段階を経験している（Bartels & Naslund, 2013; Bluethmann, Mariotto & Rowland, 2016）。65歳以上の人口は着実に増加しており，アメリカの総人口に占める割合は現在約15％で，2030年には20％に，今世紀の終わりには25％に到達すると予測されている。急性疾患（acute illness）の治療が大きく進歩したことで，人々は長生きするようになったばかりか，より多くの老化に関連した慢性疾患とその累積的な影響を受けながら老年期を迎えることになった。高齢のアメリカ人の80％近くは，1つ以上の慢性疾患がある（Centers for Disease Control and Prevention & the Merck Company Foundation, 2007）。それに対応して，アメリカの医療制度は，急性疾患の一次的治療から慢性疾患と障害の管理へと徐々にシフトしており，高齢期の自立とQOL（quality of life）を最大にするサービスに重点を置いている。この新しい時代の医療制度の包括的な目標は，単に長生きすることではなく，よりよく生きることである。

　老化に関連した慢性的な不健康状態の蔓延は，徐々に起こる障害と，急性疾患の発症後に起こる障害の両方を含んでおり，人生後期における非常に多くの**後天性障害**をもたらすことになる。心臓病や高血圧，その他の虚血性心疾患は，脳卒中を引き起こし，多くの場合，永続的な運動機能やその他の神経学的な障害を伴う。パーキンソン病は進行性の運動機能と認知機能の変化を，糖尿病は

四肢欠損，視力喪失，腎不全を引き起こし，そして関節炎は移動能力の制限を増大させる。晩年における後天性障害の発生は，先天的あるいは人生早期に生じた障害と明確に区別される。高齢者にとって，後天性障害とそれに関連した機能喪失は，独自の心理社会的，発達的な文脈の中で生じるもので，利益も不利益ももたらす可能性がある。老化に関連した慢性疾患と人生後期の後天性障害の心理社会的背景が本章の主な焦点である。

障害になりゆく加齢がここでの焦点であるが，障害と共に齢を重ねる人たちを参照することは重要である（Molton & Jensen, 2010）。多発性硬化症や脊髄損傷などの障害を何十年も耐えて高齢になった人たちは，とりわけ，同年代の人が人生で初めて大きな障害を負ったときに直面する適応の問題と対比することで，研究者に多くのことを教えてくれる。例えば，障害を抱えながら高齢になった人は，長期にわたる障害の結果，過度に「消耗」するために，様々な生体システムにおける老化プロセスが加速化しているというエビデンスがある（Molton & Jensen, 2010）。障害のある高齢者は，重要な道具的ソーシャルサポートを提供してくれていた社会的支援者が高齢になるにつれ，より身体的な制約が大きくなり，自立度が低下することが多い（Molton & Jensen, 2010）。

ライフサイクルの中で高齢期ほど心と体が相互に関連している段階はないと主張する学者たちがいる（Garroway & Rybarczyk, 2015を参照）。Hartke（1991）は，高齢期では，心理学的要因が身体的健康に果たす役割が大きくなり，その逆もまた然りであることを，「身体的症状と精神的症状は，高齢になればなるほど相互に依存しその関係性が強まる」とまとめている（p. 4）。このような高齢期に高まる心理社会的問題と慢性的な医学的症状との間の双方向性の関係は，本章を通じたテーマである。さらに本章では，一般の人々のみならず，医療関係者の間でも長い間根強く存在している，人生後期の喪失や衰えに対するバイアスを打ち消す努力をしながら，年齢に応じた強みが疾病や障害への適応をどのように促進しうるかに関する新たな研究を紹介する。

1. 老化の構成要素

「高齢者」という用語は，研究では暦年齢で定義されることが一般的である。

それに対し，生涯発達モデルでは，加齢現象は生物的，心理的，社会的側面を含む多次元的要素からなり，それぞれの要素が継続的に相互作用していること(Dixon, 2011)を強調している。生涯発達モデルのもう一つの中心的な考えは，人生の最初と最後では，機能レベルに大きな**個人間**差があるというものであり(Molton & Jensen, 2010)，高齢者について厳密に一般化することは，老年学者にとっても非常に困難である。他にも，老化のプロセスには**個人内**差も存在する。つまり，器官系（脳，循環器，皮膚，肝臓，聴覚，視覚）の違いによって，**一次老化**（遺伝的にプログラムされた通常の老化）と**二次老化**（例えば，老化関連疾患プロセスの結果）の割合が異なる。

研究者たちは一般的に，厳密な暦年齢を用いたアプローチを採用し，年代別に高齢者の比較を行うが，こうした年代区分の中にある多様性を捉えるために，別の分類方法も提起されている。例えばMoody (2001) は，**健康な高齢者**(*wellderly*)という用語を初めて使用した。これは，疾病のない，認知機能も損なわれていない，生き生きと活動的な晩年を過ごしている高齢者を含む言葉である。このグループは，Moody (2011) が，メディアや文化の中でしばしば標準的に描かれてきた脆弱で虚弱な高齢者，と表現している**不健康な高齢者**(*illderly*)と対比されるものである。後者のグループに関する老年医学の文献によると，**フレイル**(*frailty*)という用語が，これまでのあいまいな定義から，意図しない体重減少や筋力，エネルギー，活動量の低下といった，様々な測定可能な基準をもつ，より正確な医学的定義に移行してきている。経験的基準を用いた全国規模の調査では(Fried et al., 2001)，フレイルの発生率は，65歳から75歳の高齢者人口では4%に過ぎなかったが，85歳以上では25%であった。

Baltes & Smith (2003) は，高齢期を本質的な2つの年代，**サードエイジ**と**フォースエイジ**とに区別している。人口統計学上の定義では，先進諸国ではサードエイジとフォースエイジの移行期は80〜85歳頃に置かれ，暦年齢で出生コホートの50%がそれ以上は生きられない（50歳よりも前に，異常に若くして死亡した者は含まれない）。より個別化された個人ベースのアプローチでは，年代の変わり目はある個人の最大寿命に依存して定義される。この定義では，移行点は自身の**終末低下**が始まる時期とされ，人によってその時期は異なる。終末低下は，認知機能の低下が加速することで最もよく定義される。

Baltes & Smith (2003) は，これらのグループの主な違いをレビューし，サードエイジは過去数十年以上の数々の進歩の結果として，良好なQOLと長寿を享受している高齢者に代表されると述べている。このグループはまた，高齢期のよい健康状態，高い情動知能，そして個人的ウェルビーイングなどの重要な潜在的能力によって特徴付けられる。そして，加齢を通じて獲得と喪失をうまく処理するための効果的な戦略をもっている。一方，フォースエイジは，最適化と成長がより困難な超高齢者を表している。フォースエイジの高齢者は，認知的能力の大幅な低下，最も著しい場合認知症を，また重度のフレイルや複数の病気への罹患を経験している。

サードエイジとフォースエイジを区別する基本的な考え方は，加齢には獲得と喪失の両側面があるが，その相対的な割合は加齢プロセスを通して力動的であり，最終的には喪失が獲得を上回るというものである。Baltes & Smith (2003) によれば，社会制策や老年学的政策は，これらの2つのグループの異なるニーズを考慮することが必要不可欠である。Baltesらは，フォースエイジを理解するための継続的な研究を重視しており，おそらく，遺伝医学，テクノロジー，遺伝子工学の分野での研究は，我々の政策や老化の社会文化的な構造を方向付けるために必須であると強調している。フォースエイジでは，身体的・心理的な機能不全の結果として失われうる人間の尊厳や個人のアイデンティティ，心理学的コントロールを考慮しないただ長生きを促進するだけの政策に対して警鐘を鳴らしている。

生物・心理・社会モデル (Engel, 1977) は，BaltesとSmithのサードエイジの高齢者に関する記述の基礎になっている。肯定的な心理的要因，安心できる社会的関係，適度な健康状態は相互に関連し合い，最適化と成長に寄与する。フォースエイジでは，そのモデルのそれぞれの領域が損なわれる可能性が高く，ゆえにこれらの生物・心理・社会的要因の相互依存性によって，健康の負のスパイラルにつながることがある。

研究者が検討している最後の興味深い老化の構成要素は，**主観的年齢**であり，個人の心理的，自覚的年齢を表す (Barak & Stern, 1986)。主観的年齢は，「年齢は心の状態である」という言葉に最もよく表されているように，順応性があり変化しやすく，健康とウェルビーイングに大きな影響を与える。高齢者の主観

的年齢が状況要因によって操作されうるということが研究によって示されている。研究の対象者は記憶テストを受けたが，その記憶テストを受けるという文脈の中にいるというだけで，自身をより高齢に感じた（Hughes, Geraci, & De Forrest, 2013）。さらに，主観的年齢の変化を引き起こす実験的フィードバックは，短期的な機能に影響を与えることが示されている。例えば，ある研究では，同世代と比べ握力が強いことを示すような肯定的なフィードバックを与えた結果，何もフィードバックがない対照群と比べ，実験群は，主観的年齢が下がり，有意に握力が増加した（Stephan, Chalabaev, Kotter-Grühn, & Jaconelli, 2013）。

2. エイジングパラドックスと後天性障害

エイジングパラドックスとは，個人的な喪失，病に対する脆弱性，機能的な制限が増しているにもかかわらず，高齢者は，中年期の成人と比較してより高いレベルの情緒的ウェルビーイングを享受しているという頑健な知見のことを指す。この結果は洋の東西を問わず，高齢者の複数のコホートにおいて実証されてきた（Blanchflower & Oswald, 2008）。アウトカム指標には，抑うつ，不安，ストレス，さらにはポジティブな指標として幸福感や人生満足感が用いられている（Thomas et al., 2016）。

この適応能力への説明の一つは，十分に立証された**ポジティビティ効果**で，高齢者に一貫して示されている。100以上の研究があり，様々な方法が用いられてきた。高齢者はネガティブな感情刺激よりポジティブな感情刺激に注意を払い，より記憶する傾向があるという結果が示されている（Reed & Carstensen, 2012）。さらに，高齢者は日常的にネガティブ感情よりもポジティブ感情を多く経験しており，より一般的には，ポジティブ感情とネガティブ感情を同時に経験することが多いというエビデンスがある。このことは，情動の複雑性と調整能力の高さを示唆している。ポジティブ感情の経験は，高齢者の死亡率の低下を予測し（Carstensen et al., 2011），よりポジティブでよく制御された感情は，実際の健康状態と関連していることを示している。さらに，情動の複雑性はしばしば，英知という多次元的な構成要因を支える基礎的な要素の一つに含まれる（Meeks & Jeste, 2009）。

他にも高齢期における慢性疾患や障害への効果的な対処に役立つ発達的な強みとして，パーソナリティの発達を挙げることができる。Robert Peck（1968）は，エリクソンの自我発達段階説（Erikson, 1959を参照）を発展させ，人生後期の発達に3つのサブタスクを含めた。これらは次のようなものである。(1) **自我の分化 対 役割への没入**：高齢者は自らの価値を仕事の役割以外の何か他のものによって再定義しなければならない。(2) **身体の超越 対 身体への没入**：高齢者は自らのウェルビーイングを身体的機能に帰属しないことを学ばなければならない。(3) **自我の超越 対 自我への没入**：死が避けられないものであり，おそらくはそう遠くないことである一方で，高齢者たちはすでに立派に子どもたちを育ててきたこと，あるいは仕事やコミュニティへ寄与して世の中に貢献してきたことに気づくこと，またはその両者によって，自分自身に安心や安らぎを感じられることを学ぶ。多くの高齢者たちは，これらの理論的に高いとされるレベルの発達を部分的にしか達成できていないが，達成している高齢者は，後天的障害への対処という点で明らかにメリットがある。

　ここで重要なことは，高齢者を含むすべての年齢層において，情動調整が高いことは，身体的な衰えや障害に直面した際に生じうるうつ病やその他の精神衛生上の望ましくない結果の増加を打ち消すものではないという点である。しかしながら，高齢者におけるそうした影響は，他の年齢グループと比較すると予想よりも低い（Okoro et al., 2009を参照）。例えば，障害のある患者を対象とした22の研究のレビューによれば，若い患者は一般に高齢の患者よりもうつ病のリスクが高いという逆の傾向が示されている（Bombardier et al., 2010）。障害者グループにおける気分障害の罹患に対する年齢の緩衝効果（age-buffering effects）は，四肢切断（Williamson, Schulz, Bridges, & Behan, 1994），がん（Willamson & Schulz, 1995），疼痛（Gibson & Helme, 2001），心臓移植（Shamaskin et al., 2012）などになった人々を含む，様々なグループで示されている。これらの研究は，適応的コーピングの改善，情動調整の向上，過去の健康上のストレス経験を利用したストレス予防といった発達的強みが，高齢患者の適応を比較的良好なものにする可能性が高いという考えを全体的に支持している。

　また，老化に伴う情動調整や適応促進による利益は，トラウマに関する研究の中でも示されている。高齢者は，若年者に比べて心的外傷後ストレス障害

(PTSD）症状からの回復が早く（Kato, Asukai, Miyake, Minakawa, & Nishiyama, 1996），外傷体験後のPTSD症状は，若年者と比較して3倍も軽いものであった（Bonanno et al., 2007）。地域の住民を対象とした全体的な有病率の研究でも，高齢者は若年者に比べてPTSD罹患率やその他の不安障害の割合が低いことがわかっている（Creamer & Parslow, 2008; Wolitzky-Taylor, Castriotta, Lenze, Stanley, & Craske, 2010）。

　ある出来事が発達段階的に合っているか否かと認識する程度も，高齢者が疾病や障害にいかに適応していくかに影響する可能性がある。我々は高齢になればある程度の健康状態の低下や障害が起こることを予測しているため，それは当然の出来事として捉えられる。高齢者が特定の健康状態を経験するときに，年齢相応と認識できる場合（例えば，高齢期のパーキンソン病 対 若年期のパーキンソン病），情緒的ウェルビーイングに与える否定的な影響は少ないというエビデンスがある。例えば，疼痛の理由を「年齢相応」と帰属できることは，一般的に痛みとそれによる制限についての心理的苦痛に緩衝効果をもつ（Williamson & Schulz, 1992, 1995）。

　一般に，疾病や障害への対処については，コーピング方略の臨床的有用性や適応を探索する様々な研究が行われてきた。成人では，回避と認知的離脱（cognitive disengagement）は適応がうまくいかない傾向にあり，抑うつ症状，外に向けられた敵意，障害の否定と関係している（Desmond & MacLachlan, 2006; Livneh, Antonak, & Gerhardt, 1999）。進行性の神経変性疾患（McCabe & O'Connor, 2012; Robottom et al., 2012）や慢性疼痛（Ong, Zautra, & Reid, 2010）の研究を含む，老化に関連した慢性疾患の人々を対象としたいくつかの研究では，ソーシャルサポートと適応的コーピング方略としてのポジティブ・リフレーミングを重視している。下方比較も，晩年における後天的障害に対処するための重要な手段であることも観察されている（Behel & Rybarczyk, 2012）。これは，自分でつくり上げた同輩の準拠集団に従って，リフレーミングや期待の調節をすることである（例えば，「私はこの年代にしては調子がいい」）や，機能レベルの低い人と自分を比較する（例えば，「私の脳卒中は隣人の発作に比べたら軽微なものだった」）である。同様に，高齢者が複数の障害状態にあるとき，より障害の少ない状態（例えば，難聴）を他の状態（例えば，うっ血性心疾患，慢性閉塞性肺疾患）に比べて

193

より「軽度」として，捉え直す場合がある。

　身体的能力の低下という文脈の中で，サクセスフル・エイジングの重要な側面は，**補償を伴う選択的最適化モデル**（*selection, optimization, and compensation*: SOC; Baltes & Baltes, 1990）として説明されてきた。この方略は生涯を通して使用されるが，加齢に伴い様々な喪失や衰えが出現するため，特に晩年において重要な役割をもつ（Baltes & Baltes, 1990）。例えば，移動の制限に対して選択することは，優先度の高い領域や目標に集中するように活動を制限することにつながるかもしれない（例えば，移動を要する最も重要な活動だけを選択する）。高齢期において優先順位や趣味が最も重要なものとなったり，興味の範囲が狭くなることは，障害への対処という観点からもよく適合する（Carstensen, Fung, & Charles, 2003）。SOCモデルの2番目の要素である最適化は，自分の選んだ活動を最大化するために利用可能な資源を活用して，望ましい結果を達成することに焦点を当てる。最後に，個人の資源が一定の機能水準を維持できなくなったときに，その状態に適応するか，または新しいスキルを獲得するなどによって補償しなければならない。補償方略は，高齢者では外部からのサポート，例えば，補聴器や他者からの支援などを利用する形で見られるのが一般的である。Baltes & Baltes（1990）は，これらの3つの概念がどのように収束するかを説明するために，ピアニストのアルトゥール・ルービンシュタインの例を挙げている。彼らは，ルービンシュタインが高齢になってもコンサート活動を続けることができた理由として，レパートリーを限定し（選択），それらの曲の練習機会を今まで以上に増やし（最適化），そして速いテンポが求められるときには，速さを印象付けるために，その前の楽節の演奏速度をかなり落としている（補償）と説明している。Baltes（1997）は，SOCのプロセスは，獲得と喪失の狭間で，肯定的なバランスを得ることによって，人々が「完全性」に到達する助けになると述べている。

3. 高齢者における過剰な障害

　障害のある後期高齢者たちの機能を最適化するためには，晩年において生じる障害の3つの構成要素の理解から始める必要がある（Rybarczyk, et al., 1992）。

一次あるいは二次老化による身体的制限の固定，廃用と身体機能の低下による可逆的な制限の累積，そして**過剰な障害**である。個人の障害は，これらの3つの構成要素にそれぞれ異なる割合で起因している。**身体的制限の固定**は，疾病過程に続いて起こる二次的な，あるいは正常老化による生体システムの永続的な変化である（例えば，関節の劣化による運動範囲の縮小と聴覚システムの通常老化による加齢性難聴）。こうした障害の要素は，外科的な介入や補填術（ほてん）によって改善する可能性があり，技術発展に伴いよりその効果は高まってきている。廃用やその結果として生じる心臓や筋肉の**機能低下**による障害は，2番目の要素である。これは理学療法士やフィットネストレーナーの領域である。

　障害の3番目の要素である過剰な障害は，認知症の高齢者に最初に適用された用語であるが (Brody, Kleban, Lawton, & Silverman, 1971; Peters, Reifler, & Larson, 1989)，慢性疾患の患者にもより広く使われるようになった (Rybarczyk, et al., 1992 を参照)。この概念は，環境的，経済的，社会的，心理的な制約によって生じる障害の累積を包摂する。一般的な環境的，経済的，社会的要因には，徒歩で行ける場所や公共交通機関がないこと，適切な医療やリハビリテーション費用が支払えないこと，階段の昇降が困難なのにエレベータのないアパートの2階に住んでいること，コミュニティの中で高齢者に有意義な社会的役割がないこと，個人の社会的ネットワークにおいて周囲の病気や死によってソーシャルサポートが減少することなどが挙げられる。

　過剰な障害を引き起こす一般的な心理学的要因は，不安や抑うつなどの気分障害だけでなく，誤情報や認知的エラーも含まれる。例えば，慢性疼痛のある人は，痛みを和らげるために活動を最小限にすることが最もよいと考えたり，睡眠障害の高齢者が，夜間熟睡できないときは睡眠不足を補うために早く就寝するのが最もよいと信じるようになるなど，しばしば誤った仮説をつくる。信念や認知によって，それが象徴するものは何か，あるいは自律性，アイデンティティ，または身体イメージに対する脅威としてどのように認識されるかによって，賢明な補償や最適化の方略を拒否するようになるだろう (Behel & Rybarczyk, 2012)。杖の使用は，機能を最適化し，転倒を予防するための重要な道具であったとしても，本人にとっては老化や個人の衰えの象徴になるため，執拗に避けられることがある。同様に，機能低下のため運転免許証を返納することは，個

人の自律性に対して，致命的な打撃と見なされることがある。運転免許証を堅持することは，自律性を一定程度引き上げる結果になるかもしれないが，その一方で，逆効果になる可能性もある。例えば，高齢者が車に代わる交通手段を利用する能力を身につけることがなく，日没後や天候の悪い状態のときに運転するのが怖ければ，自ら孤立してしまうような結果になることもあるかもしれない。

　Rybarczykら（1992）は，慢性疾患とうつ病を併発した高齢者に見られる過剰な障害を軽減するために，対処するべき鍵概念を特定した。それらには，うつ病は健康状態とは別の問題であり，幸い回復しやすいものであると受容すること，重要な社会的役割や自律性の喪失に対抗すること，重荷であるという認識に疑問をもつことなどが含まれる。また，これらの人々に共通する非合理的信念や認知的な歪みについても，以下のように説明している。障害イコール不幸という誤った信念（「私の立場だったら誰でも落ち込むだろう」），快活動に対する全か無か思考（「私が今までしてきたことを慣れた方法でできないくらいならば，満足ができないのでまったくしない方がよいかもしれない」），否定的なフィルタリング（「私は家族の重荷でしかない」），否定的な予測（「このまま病気が進行すれば，友人はもう私と一緒にいたくないだろう」），深読み（「家族や友人は，私の制限に合わせることに疲れている」）などがある。最初に活動を制限した根本的な心理的要因に対処しなければ，機能低下を回復させても一時的な効果しか得られないため，リハビリテーションサービス（例えば，理学療法）を行うときは同時に，過剰な障害の心理的要因にも焦点を当てるべきである。

4.　老化による障害の社会的要因

　社会的孤立が罹患率や死亡率に与える影響について，特に，慢性的な健康問題を抱えている人々を含む脆弱な高齢人口に対する関心が高まっている。家族成員の地理的移動の増大，家族サイズの縮小化，結婚率の低下と晩婚率の上昇などによって，これまで以上に多くの高齢者が一人で暮らしており，社会的孤立のリスクが高まっている。これらの要因が「孤独の流行」をもたらしているのかどうか（Klinenberg, 2018を参照），高齢者は他のサポート資源を見つけるこ

とで補償しているのかどうかといった重要な議論がある。それでも，健康への悪影響と独居老人の数の多さから，前米国医務総監〔任期：2014〜2017，2021年に再任〕であるVivek Murthyは近年，取り組む価値ある重要な公衆衛生上の問題として，高齢者の社会的孤立を位置付けた。また，イギリスでは，この問題に体系的に取り組むために，初の「孤独問題担当国務大臣」が任命された（Klinenberg, 2018）。

　148の研究を対象にした最近のメタ分析では，社会的つながりがあることは，心臓病，がん，糖尿病，自殺などの様々な原因による早期死亡リスクを50%減少させることが示された（Holt-Lunstad, Smith, & Layton, 2010）。逆に，別のメタ分析（Holt-Lunstad, Smith, Baker, Harris, & Stephenson, 2015）は，孤独の主観的測定指標だけでなく，社会的孤立や独居といった客観的指標も，高血圧や肥満といった広く知られた危険因子と同様に，罹患率や死亡率の実質的なリスクの増大に寄与していることを示した。社会的孤立は，社会的つながりや交流の減少を意味し，一方孤独感は，孤立の認識や，自分の望む社会的つながりのレベルと実際のレベルとの不一致を意味する（Holt-Lunstad & Smith, 2016）。社会的孤立と孤独は同時に起こることがあるが，個人は孤独を感じることなしに孤立しうるし，他者が存在していても孤独を感じることもある。

　社会的つながりが罹患率や死亡率に影響を与えるメカニズムについては，ようやく解明され始めようとしているところである。最も重要な調査が心臓病や脳卒中の領域で行われてきた。Holt-Lunstad & Smith（2016）は調査結果をまとめ，社会的つながりがライフスタイルの要因（例えば，栄養，運動，睡眠）や治療の継続に影響を与えるだけでなく，心臓病と関連するバイオマーカーに直接影響しているというモデルを示した。彼らは，国の代表性のあるサンプルによる最近の縦断的データから，社会統合が，高血圧，BMI，腹囲，および炎症に対して〔容量を増やすと増やした分だけ反応があるという〕用量反応効果を示すと結論付けている。さらに，これらの疫学研究の多くは，ライフスタイル要因（例えば，喫煙，運動）を統制しており，社会的関係が心血管系の健康に与える効果は，これらの要因とは独立であることを示している。

　社会的孤立がもたらす健康への影響に関するこうした頑健な知見がある一方で，高齢者たちは残された時間が少なくなることへの対応として，**意図的に**社

会的サポートのネットワークを縮小していることを研究が示唆している。社会情動的選択性理論（socioemotional selectivity theory: SST; Carstensen, Fung, & Charles, 2003）によれば，一般に未来に対して拡張的で開放的な視点を抱く若年者は，感情的欲求を満たすため，また新しい知識や経験を得るために社会的な関係を構築する。しかし，老化に伴い，後者の機能を果たす人間関係が減り始め，意味の創造と感情的欲求の充足を目的とした，より小さい範囲の人間関係に専念するようになる。別の言い方をすると，高齢期における人間関係は，他の目標を達成するための手段としてではなく，むしろそれ自体が目的となる。生命を脅かすような病気によって寿命が短くなったと認識している若者や，人生のはかなさに気づかされるような出来事を体験したばかりの者は，高齢者と同様の選択をするようになり，主に感情的欲求を満たすより狭い範囲の人間関係に集中することを示す研究によっても，SSTは支持されている（Carstensen et al., 2003）。

　この「社会的刈り込み」と感情的欲求を満たす人間関係へのシフトによって，通常，高齢期の社会的ネットワークのサイズは縮小する。これらの人間関係は，より深いつながりを築き，維持していくためにより多くの時間と注意を必要とする。そのため，量よりも質に重点が置かれる。したがって，感情的に親密な社会的パートナーの数は，年齢とともに高いままに維持されるか，またはわずかに増えることが研究により示されている（Charles & Carstensen, 2010）。この観察は，ヨーロッパ系アメリカ人，アフリカ系アメリカ人，ドイツ人，香港中国人など，様々な文化的グループでも確認されている（Fung, Carstensen, & Lang, 2001; Fung, Stoeber, Yeung, & Lang, 2008）。高齢者の選択によって社会的ネットワークが小さくなるように見える一方で，〔ネットワーク内の関係相手の〕死亡や地理的な分離，あるいは当事者のどちらかによる後天的障害に起因した移動の困難によって，こうした慎重に培われた社会的関係が失われる可能性もあり，それはより高齢者の脆弱性を増すことにつながる。

　スティグマは，障害への適応に影響を及ぼすもう一つの社会的要因である。社会的スティグマの認知と内在化されたスティグマの両者とも，障害への心理的適応の要因であることが示されてきた（Rybarczyk, Nyenhuis, Nicholas, Cash, & Kaiser, 1995を参照のこと）。同様に，遍在するネガティブな年齢ステレオタイプ

の内面化は，**ステレオタイプ・エンボディメント**（Levy, 2009）と呼ばれ，高齢期における健康や障害の程度に寄与する要因であることが示されている。成人早期に内在化されたネガティブな態度は，何十年も経ってから個人が高齢になったときに，健康へ影響を及ぼす。ボルティモア老化縦断研究において，年齢に対するネガティブなステレオタイプが強い人は，そうしたステレオタイプが弱い人に比べて，重要な共変量を調整しても，38年後の記憶の成績が30％も大きく減少することが示された（Levy, Zonderman, Slade, & Ferrucci, 2012）。同じ対象者を用いて，この研究者たちは，ネガティブな年齢ステレオタイプのグループは，よりポジティブなステレオタイプのグループと比べ，38年後に心血管イベント〔有害事象〕を経験する可能性が有意に増加することを見出した（Levy, Zonderman, Slade, & Ferrucci, 2009）。

さらにある研究では，ポジティブな年齢ステレオタイプをもっている場合，新たに罹患した病気からの回復に影響を与えていることが示されている（Levy, Slade, Murphy, & Gill, 2012）。医療保険に加入している70歳以上の高齢者600人近くのグループは，他のすべての健康に関する共変数を統制した後でも，ポジティブな年齢ステレオタイプをもっている場合，障害を引き起こす健康現象からの回復が有意に大きいことが示されている。この研究者たちは，ポジティブな年齢ステレオタイプが，ストレスに対する心臓血管系の反応の抑制，身体的バランスの改善，自己効力感の向上，健康的活動への関与の増加など，回復を促進させるいくつかの経路を提案している。最後に，最近の研究では，ポジティブな年齢ステレオタイプを操作する介入は，明示的なメッセージよりも非明示的なメッセージによって，健康全般を改善できる可能性を示している。Levyらの研究チームは，平均年齢81歳の高齢者100名に加齢に関するポジティブなメッセージを閾下で，1か月のコース期間中に何度も提示したところ，運動能力やバランス感覚が改善されることを示した（Levy, Pilver, Chung, & Slade, 2014）。

5. おわりに

高齢期における心理社会的脆弱性と強みの両者は，後天的障害のある高齢者の適応と機能に影響する。後期高齢者，特に健康状態が悪化している者の脆弱

性の一つは**心理**と**身体**の相互作用が強くなることである。身体障害は精神障害や精神症状（例えば，脳卒中後のうつ病，術後せん妄）を引き起こすことがよくあるが，その逆もまた然りで，心理的要因が身体的衰えや病気の転帰に大きな影響を与えることもある。後者の顕著な例として，股関節骨折後に急速な身体機能の低下がよく見られるが，それは骨折後のうつ病の発症によってしばしば加速することが挙げられる（Phillips, Upton, Duggal, Carroll, & Lord, 2013）。反対に，高齢者の最適な発達に伴い高いレベルのレジリエンス，情動的複雑性，その他の強みなどを高める潜在力は，疾病や障害が機能に与える影響を軽減する役割を果たしうる。

　脆弱性と強みの両者は，後天的障害のある高齢者に対する介入のための肥沃な土壌となり，費用のかかるサービスを削減しながら，高齢期の健康とウェルビーイングを高める。そこには健康的な行動を促進するための介入はもちろん，社会的なつながりとレジリエンスの向上を目標とする心理社会的な介入が含まれる。これらの介入は，自己内省傾向，深い社会的つながり，肯定的な出来事を回想する傾向といった老化の過程における潜在的な強みを調整することができる（例えば，Garroway & Rybarczyk, 2015 を参照）。こういった年齢に応じた介入は，後期慢性疾患や障害の影響の予防，遅延，緩和を重視する将来の医療制度において不可欠になるだろう。

　最後に，人口動態が高齢化する影響を考える上で，高齢期は人生の中で最も多様なステージであるという事実をしっかりと把握することがとりわけ重要である。このことは，健康，人生満足度，経済的資源，社会的資源，認知機能などを含め，ほぼすべての判断基準について当てはまる。この幅広いスペクトラムは，認知症を患うなどフレイルのある高齢者という範囲だけでなく，非常に高い水準の幸福や社会的知識，智恵を達成する高齢者といった範囲においても証明されている。このように人生の後半において大きな分岐点があることは，社会にとって課題であると同時にチャンスでもある。病気や障害による負担のある人々のQOLや自立を向上させるために立ち向かうだけでなく，高齢化がもたらす肯定的な側面を活用し，個人や社会をよりよくする機会もある。このwin-winの方程式の一例として，フォーマルやインフォーマルのボランティア活動が社会に貢献するだけでなく，高齢者個人の健康やウェルビーイングにも有益

であるとする研究が挙げられる（レビューとして，Greenfield & Marks, 2004 を参照）。例えば，Rybarczyk らは（Rybarczyk et al., 2018），入院中の高齢者の気分や対処法を高めることを目的とした，ボランティアによる人生を語るためのインタビュープログラムを開発した。健康な高齢者という「国の資源」を活用するためには，このようなプログラムを育成・促進し，同時に高齢者の中でも弱者にあたる層のニーズを満たすことが社会全体に求められている。

第 III 部

新たな問題

第13章

職場における障害

Shannon Cheng, Saaid A. Mendoza,
Linnea C. Ng, Christy L. Nittrouer, & Mikki Hebl

　多くのマイノリティグループと同様に，障害者（Individual with disabilities: IWDs）が労働力と見なされるのが遅かったのは，歴史的な障害者の社会での扱われ方の名残である。1900年代初頭のアメリカでは，Francis Galtonが始め，Adolf Hitlerがさらに広めた，科学的な運動である**優生学**，すなわち望ましい遺伝的特性の発生を選択的に増加させて人間集団の質を向上させることを目的としたもの（Norrgard, 2008）に強い関心が寄せられていた。このような社会風潮は政府の規制にも影響を与え，1917年には移民局に「あらゆる精神的異常」や，関節炎，喘息，ろう，奇形，心臓病，視力低下，身体発育不良，脊椎湾曲などの身体障害に基づき人々を排除するよう指示がなされた。2017年のピュリッツァー賞一般ノンフィクション部門最終選考作品に選ばれたJohn DonvanとCaren Zuckerによる *In a Different Key: The Story of Autism* では，優生学運動が，完璧な「オールアメリカン」な家族をもちたいというアメリカの国民的欲求に与えた影響について述べられている（2016, p. 22）。その理想に沿わない家族は，適合しなければならないという多大なプレッシャーを感じていた。例えば，多くの家族は，「人と異なる」自分の子どもを施設に送り，隠したり人目を避けたりしていた。今日，我々の文化や職場の状況は，歴史的な違和感やなじみのないものへの恐怖に影響され続けている。

　アメリカ疾病管理予防センター（Centers for Disease Control and Prevention

[CDC］, 2015）によると，今日のアメリカの成人の約5人に1人が障害者であるとされる。16歳以上の障害者のうち，雇用されているのは17.5％にすぎず，非障害者人口の65％と比較しても，その差は歴然としている（Bureau of Labor Statistics［アメリカ労働統計局］, 2017）。さらに，障害のある労働者層の所得の中央値は2万1572ドルで，非障害者の約3分の2となっている（Kraus, 2017）。収入の可能性におけるこうした大きなギャップは，障害者が直面している独特な困難を示しており，このような格差の要因を研究することの重要性を強調するものである。

　本章では，職場における障害について社会心理学的な視点から考察する。まず，障害の意味について様々な視点を示し，本章の枠組みとなる作業用の定義を提示する。次に，障害のあるアメリカ人法（Americans with Disabilities Act: ADA, 1990）の概要を説明し，この法律がアメリカの労働力の状況をどのように変えたかを考察する。次に，障害者を雇用することで得られる潜在的なメリットと，障害者とその雇用者が職場環境で直面する可能性のある課題を検討する。最後に，自己開示の問題と，包括的な職場環境をつくるための効果的な実践について議論する。本章の目的は，一般的な障害者差別に対する認識を高め，障害者差別を減らすための組織的な変化を促進することである。

1. 障害の定義とカテゴリー化

　障害が職場でどのように作用するかを議論する前に，「障害」を定義することが重要であり，その試みには議論の余地があることを認識する必要がある。歴史的に見て，2つの支配的な障害モデルがあり，そこには概念的な隔たりが存在してきた（Hughes & Paterson, 1997）。その一方である**医学モデル**は，障害を，標準的な健康基準から逸脱することで生活の質を制限する身体的または精神的な状態と見なしている。そのため，このモデルでは，障害を医学的診断のように治療や治癒が必要な個人の欠陥と見なす。他方，**社会モデル**では，個人と環境の相互作用を考える。この視点では，障害者の不平等な扱いや疎外につながる社会文化的・制度的・物理的な障壁によって障害が生み出されると主張している。このアプローチでは，個人に対して環境に適応するよう責任を求めるの

ではなく，社会に対してより包括的な実践を求める。

　他の理論も障害の概念化に影響を与えてきたが，前述の2つのモデルは，障害とその定義方法に関して最も多くの学術的議論を巻き起こしてきた。本章の目的では，組織的な文脈との関連性に基づく，より実用的な定義を使用する。2008年に改正されたADA（1990）は，従業員15人以上の企業における障害者の差別を防止するため，第12102条で障害を「一つ又は複数の主要な生活活動を実質的に制約する身体的または精神的な機能障害」と定義している（ADA, 1990）。

　職場で個人に影響を与える最も一般的な状態としては，運動障害，視覚障害，聴覚障害のほか，精神障害や慢性疾患などがある（Baldridge, Beatty, Bohm, Kulkarni, & Moore, 2016を参照）。運動障害は，脊髄損傷，手足の欠損，脳性麻痺，筋ジストロフィー，多発性硬化症など，動きが制限されたり，筋肉の協調が阻害されたりするものである。視覚障害には，全盲または法定失明（よい方の目の矯正視力が20/200〔0.1〕以下と定義される）が含まれる。聴覚障害には，著しい難聴，または聴覚情報の処理と統合が困難な場合を含まれる。精神障害は，うつ病，不安症群，双極症，注意欠如多動症，学習障害などが含まれ，精神活動，社会的機能，情緒的ウェルビーイングに影響を与える。最後に，慢性疾患とは，がん，心臓病，糖尿病，関節炎，てんかんなど，生活の質（quality of life: QOL）に長期的な影響を及ぼす持続的な病状のことである。慢性疾患は，しばしば障害の一因であると同時に，障害とは区別して考えられることもあり，その理由は，罹患している人が必ずしも合理的配慮を受ける資格があるとは限らず，また自分が障害者であると認識しているわけでもないためである（Baldridge et al., 2016）。

　障害によって異なる特徴の違いは，当然，職場環境での可視性に影響を与える。運動障害，視覚障害，聴覚障害は観察されやすいことが多いのに対し，精神疾患や慢性疾患に伴う症状は観察されにくいことが多い。雇用者は，障害の状態や症状の重さについて法的に尋ねることができないため，これらの情報を開示するかどうかは求職者や従業員にかかっている。その結果，人々は目に見える障害を目に見えない障害よりも頻繁に開示する傾向があるかもしれない。Working Mother Research Institute（2016）は最近，1368人の障害者を含む1882

人（男性 51％，平均年齢 39 歳）を対象とした調査を実施した。その調査結果によると，目に見えない障害のある人の障害開示の状況が 67％であったのに対し，目に見える障害のある人の 86％が雇用者に障害を開示していた。また，目に見える障害のある人は，目に見えない障害のある人に比べて，自分の仕事にワクワクしている，上司との関係が良好である，自分のキャリア形成に満足していると回答していた。これらの調査結果は（少なくとも自己申告においては），職場で自分の障害を開示するという決断が，特に組織が個人に合理的配慮を図ることを保証する唯一の方法であるという点で，重要な意味をもつことを示しているのかもしれない。以降では，そもそも ADA がどのように生まれたのか，この法律が障害者の権利をどのように守っているのかに注目して，より深くこの問題を議論していきたい。

2. 労働力における障害の歴史

歴史的に，障害者は仕事を自立して行うことができない存在と見なされ，法律もそれを公的に否定するようなことはなかった。何世紀にもわたって，障害者は**授産所**と呼ばれる，リハビリテーションや労働力としての訓練を目的とした，隔離された非営利団体や政府の職場で働いてきた（Migliore, 2010）。授産所の従業員の賃金は，熟練者の生産性と比較しての生産性に比例する（Social Security Administration［社会保障庁］, 2017）。さらに，アメリカ政府は授産所に，障害者に最低賃金以下（時には時給 1 ドル以下）の賃金を支払うことを認める証明書を付与しており，障害者が受ける職業訓練は，障害のない人の労働とは一線を画す反復的な労働作業（折り畳み，仕分け，ラベル貼りなど）にしばしば制限されている（National Disability Rights Network［NDRN］, 2011）。そのため，授産所は，完全な賃金を稼ぐだけの能力をもつ社会の一員としての労働力に障害者を含みえないという，有害で家父長的なステレオタイプを永らえさせているかもしれないのだ（NDRN, 2011）。

このような障害者の職場での「完全なる意図的な排除」に対抗するために，アメリカ議会は 1990 年に ADA を可決した（ADA, 1990）。この法律は，雇用，給与，昇進，解雇における差別をなくすことを義務付けている。ADA による保護

を受けるために，従業員は自分の障害を開示し，適切な合理的配慮を図るための雇用者との対話プロセスを開始しなければならない（Guerin, 2017）。ADA 改正法（ADAAA, 2008）は，ADA で規定された保護を強化・拡大するもので，重要なのは，投薬・装置・機器などの補助手段による改善効果によらず，主要な生活機能が損なわれている場合，その障害は法律的に障害であると規定していることである。

　ADA とそれに続く改正により，障害者を差別的な扱いから保護することが正式に定められ，障害のある従業員への配慮を行うことで，労働力への統合が促進される。この法律は，企業が障害者ポリシーを決定する際の指針となるが，法律用語のもつ曖昧さゆえ，「障害」のもつ意味や，雇用者側が障害者にどのように対応するべきかの解釈について，企業によってゆらぎが生じてしまっているのが現状である。

3. 障害者を雇用するメリット

　アメリカでの障害者に対する扱いの歴史を理解することは，障害者の労働力への統合が遅れている経緯を知る上で重要である。障害者を雇用することでビジネス上の有利な決定となる数多くの税制上および連邦政府上の利点を考えれば，現在の障害者の職場での人的活用の低さはある意味で驚くべきことである。企業は，障害のある従業員1人あたりの労働機会税額控除，合理的配慮のための中小企業の経費を回収する障害者アクセス控除，最大1万5000ドルの建築・交通費税額控除を受けることができる（IRS, 2016; Office of Disability Employment Policy, 2015; US Department of Labor, 2015）。さらに，障害者を雇用することによる追加コストや手間に関する認識は，しばしば根拠のないものである。例えば，米国労働省は，障害者の合理的配慮にかかる平均的な費用は500ドル以下であると指摘している（US Department of Labor, 2009）。さらに，Job Accommodation Network（JAN）は，雇用者が実施した配慮のうち，58％はコストはゼロだったと報告している（Loy, 2015）。このように，障害者を雇用して対応することに伴う追加コストや混乱について，雇用者が抱く不安は根拠のないものである。

　経済的な理由だけでなく，障害者を雇用することで企業文化の多様性を高め

ることができる。スターバックス社の代表取締役副社長兼最高人事責任者の Scott Pitaskyは，「障害のある人たちのユニークな経験は，革新性や新しいアイデアを育ててくれるだけでなく，社内に温かく，真なる包括性（インクルージョン）とでもいうべき気風ももたらしている」とコメントしている（Blahovec, 2016, p. 1）。ノースロップ・グラマン社のグローバル・ダイバーシティ＆インクルージョン・ディレクターは，障害者を包括していく職場環境が「生産性を向上させ，収益性を高める」と論じている（Blahovec, 2016, p. 1）。AT&T 社の人事兼最高ダイバーシティ責任者は，「当社の従業員リソースグループ IDEAL (Individuals with Disabilities Enabling Advocacy Link) は 4300 人のメンバーで構成されており，このコミュニティが直面する問題を先取りし続けるために大きな役割を果たしている」と述べている（Blahovec, 2016, p. 1）。また，重度障害者を共同経営者としているアーンスト・アンド・ヤング社の能力，戦略リーダーは，設立当初から障害者と共に働く理念を抱いている。「アーンスト・アンド・ヤングは最高の人材を求めている。以上。我々が必要とする専門的なスキルを見つけるためには，身体的・認知的・精神的に様々な能力をもつ人々を含む，最も幅広く利用可能な人材プールを活用しなければならない」（Blahovec, 2016, p. 1）。

　障害者の雇用に伴う多くのメリットについて，フォーチュン 1000 の 4 社のダイバーシティとインクルージョンのリーダーよりも言葉巧みにかつ丁寧に説明することは難しいが，障害者が特定のタイプの仕事で特に優れたパフォーマンスを発揮する例はさらにある。例えば，ある種の自閉症の従業員は，長時間の反復作業に特に適しているかもしれない（Cann, 2012）。さらに，コーネル大学と連邦政府のデータによると，失業中の障害者の 3 分の 2 は働いていたいと答えている（Wells, 2008）。このように，これまでになかった仕事の形は，障害者が雇用を見つけるもう一つの方法である（例：自営業；WHO, 2011）。この種の仕事には特に柔軟性があるという利点がある。こうして，障害者は職業の調整や雇用のあり方の変更を通じて利益を得て，そしてそれが雇用側のニーズと被雇用者側の強みや興味にとりわけマッチした労働へと発展する方法になりうるのである（Inge, 2006）。この方法を考えると，障害者のスキルセットと興味によっては，低スキルの仕事でも十分に満足できることがある。WHO（2011）の報告書が述べているように，障害のある人々が搾取されてきた歴史とその脆

弱性を考えれば仕事は適正な賃金と公平な待遇で報いられるべきである。

最後に，企業は「ダイバーシティ推進」の風土を利用して，競争上の差別化を図ることができる（例：ダイバーシティインク社「働きたい企業トップ50」）。例えば，Bersin（2015）は，「優れた」多様性をもつ企業が同業他社を大幅に上回ることを示唆するいくつかの調査研究について述べている。具体的には，マッキンゼーの調査によると，性別の多様性がある企業は同業他社を財務的に上回る可能性が15％高く，民族的な多様性のある企業は同じように上回る可能性が35％高いという。また，デロイト・オーストラリアの調査によると，チームベースの評価において，包括性の高いチームは同業他社を80％上回ることがわかっている。また，デロイトのBersin（2015）とその世界的なチームは，リーダーシップと包括性を人材戦略の要として重視している企業は，キャッシュフローが2.3倍，平均キャッシュフローが13倍になることを明らかにした。さらに，このレポートに掲載されている指標は，このようなタレントを中心に据えた企業が，日常的に同業他社を凌駕していることを示している。

ダイバーシティ＆インクルージョン戦略がもたらすメリットを考えると，障害の観点からは機会損失が発生している。Lee（2016）は，見過ごされながらも成長している障害者の市場（求職者と消費者の両方）について論じ，「世界で最も急速に成長しているマイノリティ」（p. 1）であると主張している。Higginbottom（2016）は，雇用者が障害の観点からいまだに遅れをとっており，障害者を労働力から遠ざけようとする障壁が雇用サイクルを通じて多発していると述べている（例：雇用者の態度，組織におけるロールモデルの欠如）。ここには，企業として差別化を図るとともに，現在開発されていない人材を活用する絶好の機会がある。

こうした人々を無視することで，企業の将来が危うくなる可能性がある。最近の研究では，Airbnb社のホストに3800件の宿泊依頼を送って，別荘の賃借人に対する差別の実態を調査している（Ameri, Rogers, Schur, & Kruse, 2017）。宿泊希望者は，脳性麻痺・失明・脊髄損傷・小人症・障害なしの5つの条件のいずれかをもっていた。その結果，住宅所有者は，賃借人に障害がない場合には75％の確率で事前承認（賃借人が住宅を予約することをただちに許可すること）を行ったが，小人症の場合には61％，失明の場合には50％，脳性麻痺の場合に

は43％，脊髄損傷の場合にはわずか25％にまでそれぞれ低下した。このような差別は法的に問題となる可能性があるだけでなく，「障害者差別」を行っている企業として認識されることで，企業の将来に劇的な悪影響を及ぼす可能性があるだろう。

4. 労働力における障害者の課題

　このような組織レベルでの影響だけでなく，日常生活の中で差別的な扱いを受けた顧客や従業員の経験を思い浮かべることも重要である。障害の状態は，労働者の健康・仕事のパフォーマンス・社会的関係に大きな影響を与える（Santuzzi, Waltz, Finkelstein, & Rupp, 2014）。障害者にとって，自身の障害を開示するかしないかの判断は難しいものかもしれない。障害を開示しないという選択は，個人に与えられている法的な保護を損なう可能性があり，仕事上の困難がその人の労働意欲の低さや知識・技能・能力の欠如のせいだと同僚や上司に誤解させる原因にもなる。もちろん，障害を公表することで，職場での社会的スティグマを助長してしまうこともある。表面的には，これはお手上げ状態（catch-22）のように見えるが，個人レベルでのメリットをもたらすニュアンスもあり，議論する価値がある。

　多くの人は，障害者は不幸で，適応力がなく，能力がなく，過度に依存していると思い込んでいる（Colella, 1994）。障害者は温かいが能力は低いと認識され，それが哀れみを生じさせ，家父長的な行動を引き起こす可能性がある（Cuddy, Fiske, & Glick, 2007; Wu & Fiske，本書第4章も参照）。その結果，他者は共感・同情・社会的支援の観点からこれらの人たちを見ることが多い一方で，仕事のパフォーマンスや能力に対する期待は低下してしまう（Stone & Colella, 1996）。その結果，雇用バイアスやより低い給与（Colella, DeNisi, & Varma, 1997），訓練や成長・昇進の機会の減少（Colella & Varma, 1999）などの差別的な行動が生じる。また，日常的なやりとりの中で，非言語的な行動（例：目を合わせない，にやける），言語的な行動（例：否定的な言葉），パラ言語的な行動（例：声の調子）など，より微妙な形の差別が起こることもある。このような微妙な形の差別は些細なことに思えるかもしれないが，研究によると，仕事の満足度の低下・離職意向

の増加・仕事のパフォーマンスの低下など，あからさまな差別的行動よりも否定的な結果をしばしばもたらすことが示されている (Lim, Cortina, & Magley, 2008)。

　そのため障害者は，自分のスティグマ化されたアイデンティティを「受け入れる」か（スティグマ化されたレッテルを公にも私的にも受け入れる），「見過ごす」か（レッテルを私的に受け入れるが他者には隠す）を決めなければならない（Ashworth & Humphrey, 1998）。障害を開示した障害者は，仕事のパフォーマンスを向上させ，仕事に関連したストレスを軽減するための配慮を受けやすくなるかもしれない。さらに，障害を自己のアイデンティティにどの程度取り込んでいるかにもよるが（例：Bogart, 2014, 2015; Dunn & Burcaw, 2013），障害を開示することで，「表に出ている」ことに安心感を覚え，隠れたアイデンティティを秘密にし通すことを気にしなくてすむかもしれない（Bowen & Blackmon, 2003）。また，障害を開示すれば，職場で障害の影響を受けている人が大勢いることが示され，同じような経験をしているかもしれない同僚に「自分だけではない」と伝わる可能性がある（Nittrouer, Trump, O'Brien, & Hebl, 2014）。同様に，障害の開示で職場の意識が高まり，組織が方針を改善してより包括的な就労環境をつくるのに役立つ可能性がある。

　しかし，これまでの研究では，障害を開示したり合理的配慮を受けたりすることで，同僚から否定的な反応が生じ，「特別な」扱いを不公平だと感じられる可能性があることも示唆されている（Santuzzi et al., 2014）。その結果，特に障害が仕事に支障をきたさない場合，障害者は「見過ごす」ことを選ぶかもしれない。しかし，障害は往々にして，変化に富んだ，ものであり，個人に与える影響やその人の仕事のパフォーマンスは時間とともに変化する可能性があり，あとになって開示して雇用者に配慮を図ってもらう必要が生じることもある。残念ながら，このように開示が遅れると，合理的配慮の決定だけでなく，その障害の開示の正当性に対する捉え方にもネガティブに影響を与えうる（Santuzzi et al., 2014）。

　明らかに，障害を開示するかどうかの判断は複雑なものであり，有用な配慮を受けられるかどうかといった，より現実的な検討事項を超えてしまうことがよくある。雇用者は，特に目に見えない障害に対して，組織内の障害者の数や，彼らのニーズに関する知識のギャップや，配慮のリソースに対する認識不足を

報告している（Rudstam, Gower, & Cook, 2012）。ADAAA（2008）によって、障害と見なされる条件の数が増えたにもかかわらず、どのような条件が法的に障害と見なされるか、またどのような種類の配慮が「合理的」であると見なされるかについては、依然として曖昧さが残っている。米国労働省（US Department of Labor, 2011）は、物理的な変更（例：スロープの設置）、利用可能な支援技術（例：読み上げソフトウェアの提供）、理解しやすいコミュニケーション（例：手話通訳者の提供）、ポリシーの強化（例：勤務スケジュールの調整）など、障害がある有資格の従業員に対する合理的配慮の例を示しているが、雇用者は被雇用者が要求した場合にだけ配慮を提供することが法的に義務付けられているのみである。

5. よりインクルーシブな職場環境の構築

(1) リハビリテーション法第503条

　幸いなことに、2014年にリハビリテーション法に第503条が組み込まれたことで、職場における障害者の状況は大きく変わった。米国労働省（US Department of Labor, 2014）によると、この法令は「連邦政府の請負業者や下請け業者が障害者に対して雇用を差別することを禁止し、雇用者が個人を採用、雇用、昇進、保持するためにアファーマティブ・アクションをとることを要求している」(p. 1) としている。具体的には、連邦政府の請負業者に対して「資格要件を満たした障害者の全国的な雇用目標7％」を達成することを求めている。また、業者は求職者（および被雇用者）に対し、採用前と採用後の両方で障害者であることを自己申告するよう求めなければならず、このプロセスは5年ごとに繰り返さなければならない。

　これらの変更は広範囲に影響を及ぼした。ADAは、雇用者が従業員に障害の開示を求めることを禁止しているため、この任意の新たな開示の形式が表れて、選考時に最も「障害」となる障害の種類に関する研究がなされるようになっている。過去の研究によると、身体障害は、認知障害や精神障害と比較して、選考において好まれる傾向があることが示されている（Ameri et al., 2017）。この法律の示唆は、自発的な開示の観点から最も有利な障害の種類をさらに調査し、自

分の障害を表現したり，他よりも望ましい特定の配慮を要求したりする方法があるかの研究が求められていることである。基本的には，第503条の法令は，これまで文書化されてきた障害者に対する潜在的なバイアスの一部を，職務選択に関する直接的かつ適切な対話に組み込むのに役立っている。

(2) 効果的なダイバーシティ研修と組織戦略

前述したように，第503条によって障害の開示が促進されたにもかかわらず，障害者が障害の開示を選択するまでは，組織が積極的に障害者を配慮することは難しいかもしれない。しかし，組織は，障害について従業員を教育し，オープンな文化を育むことで，包括性のある全体的な風土と開示の可能性を改善することができる。

上司・部下・障害者・非障害者を含むすべての従業員は，多様でダイナミックな形態の障害に関する教育から恩恵を受けることができる。Santuzzi & Waltz (2016) は，研修の取り組みにおいて，(1) 障害の**定義**と法的保護，(2) 障害の**可視性**は時間と状況に依存するという認識，(3) 障害**アイデンティティの中心性**は個人ごとに異なるという認識，(4) **仕事の性質の変化**によって臨機応変な配慮が必要になる可能性があるという認識など，4つの重要な側面を強調することを推奨している。障害に関する教育は，障害者が自分の権利や自分の障害をどのように認識しているかをよりよく理解させることで，障害の開示を促すことができる。さらに，ダイバーシティ研修に関する先行研究では，カスタマイズされた，焦点を絞った研修が効果的であることが示唆されている (Lindsey, King, Membere, & Cheung, 2017)。Kalinoskiら (2013) によるメタ分析では，ダイバーシティ研修は，感情・認知・スキルベースの結果変数に相当大きな正の効果があることが示されている。具体的には，学習に対して小～中程度の効果があり，研修生の態度よりも研修生の自己効力感に対して有意に大きな効果があることがわかった。最近のメタ分析では，過去40年間のダイバーシティ研修を調べた結果，特に障害に対する認知，能力開発の両方を対象としてかなりの期間にわたって実施された場合には，正の効果が裏付けられた (Bezrukova, Spell, Perry, & Jehn, 2016)。このように，障害教育に焦点を当てた研修を実施することで，障害に対する認知，能力，障害に関する理解に正の影響を与えるこ

とができるという研究結果がある。

　職場では，障害者に対して同僚が否定的な反応を示す場面が多くある（例：障害の開示が遅れたケース，配慮が不公平だと認識するケース；Colella, 2001）。Telwatte, Anglima, Wynton, & Moulding（2017）は，管理職経験のある人は，障害の種類（身体か精神か）によって，配慮の要求への評価が異なり，精神障害がある人は身体障害がある人よりも少ない配慮しか認められていないことを明らかにした。さらに，障害者との接触や法律に関する知識は，より公平な合理的配慮の実践と関連していた。多様な障害・状況・法律について従業員を教育することで，組織は障害に対する否定的な反応や態度を減らし，差別的な行為を減らすことができる。例えば，REI社はある配送センターで，全米障害者協会（National Organization on Disability: NOD）と協同して，障害者を包括する文化を醸成するために，エチケットや意識を含めたダイバーシティ研修をすべてのレベルの従業員向けに実施した（NOD, 2017）。

　ここからダイバーシティ研修に加えて，リーダーは障害者あるいは彼らのハンディキャップをサポートしていることを目に見える形で示して，声をあげるべきであり，さらに，会社は障害者を包括するイメージを提示して，価値ある貢献者として障害者を惹き付け，維持すべきである（Dwertmann & Boehm, 2016）。経営者は，組織に障害者を受け入れたいと考えている柔軟な職場環境があることを障害者に示すために，配慮の要請を受け入れることをモデル化し，公に強調することができる（Schur et al., 2014）。

(3) 有害な職場環境への対応

　もちろん，障害のある従業員の昇進を促進することに関心のない企業では，有害な職場環境が蔓延しているかもしれない。このような環境は，従業員のウェルビーイングや仕事のパフォーマンスに悪影響を及ぼすことで，企業の長期的な持続可能性を妨げる。今日の組織は，ますます効率主義となり，技術依存で，人間よりも利益を重視している。このようなタイプの職場では，一般的に，長時間労働・予測不可能な雇用保障・意思決定の自由度が低い・職務要求が高いなど劣悪な労働条件があり，仕事と生活の不均衡を引き起こす可能性がある（Harder, Wagner, & Rash, 2016）。アメリカでは，この仕事と生活の不均衡が，身

体的な健康状態の悪さや，気分障害，不安障害，薬物乱用障害と相関しているという研究結果がある（Allen, Herst, Bruck, & Sutton, 2000）。

　有害な職場の悪影響は，従業員同士の相互作用にも影響を与える。従業員は自分の価値を下げられたと感じ，それが原因で他人に暴力を振るったり，職場でのいじめにつながったりすることがある。これは世界中でますます広まっている問題である（Lutgen-Sandvik, Tracy, & Alberts, 2007）。職場でのいじめは，「弱い」と思われる従業員をねらう傾向があるが，前述したように障害者はすでに家父長的な扱いを受けていることが多いので，特に問題となる。

　いじめを受けた者は，過剰な喫煙や飲酒，過食など問題となるような行動に走ることがあり（Shannon, Rospenda, & Richman, 2007），うつ病，心的外傷後ストレス障害，アルコール依存症，自殺願望などを発症するリスクが高くなる（Lutgen-Sandvik et al., 2007）。いじめは他の同僚にも影響を与え，緊張とストレスの多い環境に囲まれることになる。その結果，従業員のウェルビーイングに影響を与え，士気や組織へのコミットメントが低下し，対人関係やチームワークがうまくいかなくなる（Bartlett & Bartlett, 2011）。このような個人の影響は，組織にも大きな影響を及ぼし，職場での欠勤や離職，ミスの増加につながり，これらはすべて，非常に高いコストを発生させる可能性がある（Bartlett & Bartlett, 2011）。

　現行の法律に関連する課題の一つは，障害を特定して開示する責任が従業員のみにあることである。これが問題なのは，障害を特定して開示することには，個人的に大きな不確実性と不安が伴うことが多く（Santuzzi et al., 2014），有害な職場では問題が悪化する可能性があるからである。したがって，組織にとっては，健全な職場環境を促進することが不可欠である。組織のリーダーは，職場でのいじめを一切許容しない方針を導入し，これらの方針を維持するための研修やインセンティブを提供するなど，包括的な文化を生み出すことで支援できる。さらに，研究はなぜ個人が開示しないのかを明らかにし，より効果的で障害者を支援する政策を提案することができるだろう。

　障害のある従業員の雇用率と定着率を向上させるための最良の戦略の一つは，障害のある従業員とその味方の両方を可視化し，「明確に自分の意見を表明する」よう奨励することであろう（Nittrouer et al., 2014）。障害に関連する歴史的

なスティグマのため，人々が情報を開示したがらないのは当然であり，そのため障害の影響を受けている人がどれだけいるかを把握するのは難しい。しかし，障害を開示することで，自覚を高め，社会的規範に影響を与え，よりよい政策を促進し，障害者へのサポートを提供することができる（Nittrouer et al., 2014）。したがって，雇用主は，障害者を保護するために実施されている制度的な慣行や方針を示すことで組織レベルで障害者の味方になることをめざすべきであり，そして，障害者が開示するという決断を支援し，他の従業員による差別を防ぐべきである。

6. おわりに

　障害のある従業員は定着率が高いために，離職率の低下による実質的なコスト削減効果が期待できる。調査によると，消費者は障害者を雇用している企業との取引を好むので，ブランド価値がある。また，障害者を雇用している企業は，モラルや従業員のエンゲージメントが高いという調査結果が出ており，これが収益性を高めることがわかっている。最後に，障害者は研ぎ澄まされた問題解決能力と適応力をもっていることが多いが，これは変化の激しい今日のビジネス環境では特に価値がある。E&Yでは，共同設立者であるArthur Youngが耳が聞こえず，弱視であったことから，このことを早くから学んできた。
Lori B. Golden, Abilities Strategy Leader, Ernst & Young.
(Blahovec, 2016, p. 1)

　障害者に対する歴史的な虐待は，障害者が労働力に完全に統合され，平等な雇用機会を見つけることに関する現在の闘争を予見させるものであった。障害がある5300万人の成人は，活用されていない才能の宝庫を象徴しており，アメリカの労働力の潜在的な成長可能性を制約している（CDC, 2015）。アーンスト・アンド・ヤング社のLori Golden氏が先にまとめたように，障害のある人々を雇用することは，ビジネス上多くの利点がある。本章で述べた理由から，組織は雇用慣行を通じて，障害のある人々に対する差別に対抗し，より平等な社会を促進する方法を見つけることが不可欠である。オールラウンドで最高の人材からなる最も競争力のある労働力は，あらゆる形態と能力において，このことを反映しているはずである。

障害と職場をテーマにした今後の研究では，従来とは異なる採用方法や，障害者を選考対象に加えるための実用的な方法を検討する必要がある。障害者は従来の方法（例：履歴書を送る，求人広告に応募する）では仕事に応募しないこともあるので，この活用されていない人々にどのようにアプローチするかを検討することに，より多くの労力を費やされることになるだろう。さらに，障害者が就職した後に定着させるという点では，組織内の障害者に焦点を当てたダイバーシティ研修で使用されている特定の戦略を評価し，最も効果的な戦略の証拠を示す研究が必要である。さらに，障害者を支援することを声高に主張する組織のリーダーを調査し，これらのロールモデルが障害のある従業員のさらなる定着と満足度に与える影響を明らかにすることが必要である。リーダー特有の行動を調べることとあわせて，職場でのいじめや差別に関連する障害者に特化した組織方針についても調査すべきである。おそらく，最も効果的な戦略を検討することで，先行研究が示唆するように，これらの取り組みの副産物として，より多くの人が自分の障害を認めたり，開示したりするようになっていくだろう。

第Ⅲ部　新たな問題

第14章

障害者に対する潜在的態度と行動

John F. Dovidio, Ava T. Casados, & Gina Roussos

　偏見（prejudice：ある集団に対する態度）と差別（discrimination：ある集団に対する行動上のバイアス）が合わさってスティグマを形成する。スティグマとは際立った特徴に基づきある集団とその成員の価値をシステマティックに貶めることである。それによって個人を社会参加から排斥し，他集団の成員が享受している機会や特権を得ることを認めない。本書の他の章で十分実証されているように，障害者は，社会的な（第3章参照）そして職場の（第13章参照）参加，機会，評価を減じるような形で強くスティグマを受けている。障害者へのスティグマは障害者の心理的，身体的ウェルビーイングに悪影響を及ぼす（第7章，第11章参照）。障害のあるアメリカ人法（Americans with Disabilities Act）およびリハビリテーション法（Rehabilitation Act）による法的保護があるにもかかわらず，障害者が直面する偏見や差別はなお障害者の不利益の一因となっている。本章では障害者に対する偏見と差別の心理的性質について現在わかっていることを詳しく検討する。偏見は必ずしもいつも意識的とは限らず，差別は明らかでない形で意図せず表出されることがある。

　心理学では，その問題の歴史的・政治的重要性から，人種や民族に関するバイアスのダイナミクスの理解に従来から焦点を当てて研究を行ってきた。しかしながら，障害者に対するバイアスの性質を明らかにすることも非常に重要である。事実，障害者へのバイアスは相当な数の人々に影響を及ぼす。アメリカ

合衆国国勢調査局によれば4075万人，つまりアメリカの全人口の12.8％の人々が障害をもっていることが明らかになっている。理論的には，障害者に対する偏見や差別は人種や民族のバイアスとある程度共通したダイナミクスをもつものの，特有の心理的過程も含まれている。

本章のセクション1では障害に関するスティグマの心理的起源についての理論的な説明を紹介する。セクション2では，顕在的態度と潜在的態度で表される現在の態度の二重過程（dual attitudinal processes）の考えに基づいた観点から，障害者に関する態度の現状を理解するための枠組みを提供する。さらにセクション3では，この枠組みを用いて，障害者に対する人々の振る舞い方と潜在的な差別に関する研究を説明する。そしてセクション4で，態度の二重過程の観点を障害者への態度に適用することで得られる理論的，実用的な示唆について議論する。

1. 障害に関するスティグマ

障害者へのバイアスの起源は他の偏見や差別，とりわけ人種や民族のバイアスとは異なる特徴をもつ。例えば，Goffman（1963）はその古典的著書『スティグマの社会学：烙印を押されたアイデンティティ』（*Stigma: Notes on the Management of a Spoiled Identity*）において，スティグマを次の3つのカテゴリーに区別している。(1) 部族アイデンティティ（例：人種，民族，国籍），(2) 身体の醜悪（例：身体的奇形），(3) 個人特性の欠陥（例：精神疾患，依存症，失業）である。部族アイデンティティは，他集団と自集団を区別する「マーク」（例：肌の色）を共有する成員同士の集団アイデンティティの感覚を強く伴う。そして集団外の人は，その集団が組織立っており集合的行動を実行可能であると認識する傾向がある。したがって，部族アイデンティティは人種差別や性差別のような集団を基盤としたバイアスと関連する。それに対して，身体障害などの身体の醜悪（個人特性の欠陥も同様）は他者を個性化する性質，つまり特定の個人をその他の人とは異なるものにする性質と関連する。それゆえに，より個人を基盤としたダイナミクスと関連する。Seo & Chen（2009）は，障害者は魅力や身体的健全性に基づく正常性の規範に適合できないために社会的に貶められ

るのだと説明している。その結果，障害者に接すると，「逸脱者」としての個人に対する概して強い感情的反応がただちに引き起こされる。その反応は自然とネガティブな感情，例えば恐怖や嫌悪を喚起し，行動としての嫌悪反応を引き起こす（Jones et al., 1984, p. 226）。

　より最近の社会心理学研究ではさらに進んで障害がなぜそのような即時的なネガティブ反応を引き起こすのかについて検討している。注目される一つの見解として，人類の進化の歴史上，身体障害は最良の遺伝的適応ではないというシグナルとして作用するため，スティグマと結び付くのだという見方がある。遺伝的適応度とは社会生物学的見地において人の行動を方向付ける中心的な要素である（Schaller & Neuberg, 2012）。Neuberg & Cottrell（2008）では以下のように説明されている。「様々な文化や集団生活を営む近縁種（例：チンパンジー）にわたってスティグマに共通性があることは，スティグマが集団成員にとって明らかな実利をもっていることを示唆している。例えば，互恵性規範に違反した者や直感的に伝染病を思わせるような特徴（例：形態的異常）をもつ者がスティグマの対象となるという共通性がある。」（p. 68）

　このような観点から考えると，病原体は通常肉眼では見えないため表面的な手がかりに頼ってこれらの脅威が存在する可能性を検出しなくてはならず，身体障害を含め，身体的外見は重要な手がかりを示すものである（Schaller & Neuberg, 2012）。「そのため，人は病変，外観の奇形，その他形態的異常といった外見上の身体的特徴に対して知覚的に敏感なのだろう」（p. 335）とFaulkner, Schaller, Park, & Duncan（2004）は述べている。病気は多様な形態的・行動的異常と関連するため，様々な外見異常は，たとえその外見異常が実際には病気の徴候を示すものではなかったとしても，偏見的反応を引き起こしうる。そのため，人は「行動免疫システム（behavioral immune system）」を発達させた。これは伝染性病原体に感染しているかもしれない人を検出し，回避するよう促す一連の心理的過程を指す。この仮定に一致して，感染嫌悪が強い人は障害者に対する偏見も強い傾向がある（Townsend & Hamilton, 2012）。

　この行動免疫システムによって検知される脅威は，特定の状態に感染することへの不安を喚起するだけでなく，より包括的な個人の存在そのものについての不安も喚起する。存在脅威管理理論（terror management theory; Greenberg,

Landau, Kosloff, Soenke, & Solomon, 2016 参照）によると，人は自己保存への基本的本能をもつだけでなく，自身の死が避けられないことも自覚していることが人間に特有な点であるとされる。その脆弱性や死すべき運命を単純に思い起こさせるような手がかりにふれるだけで，人は正常性規範をより強く価値付けるようになり，その結果規範に違反する者を忌避し，排斥するようになる。障害はそのような手がかりの一つとなる。例えば，Hirshberger, Florian, & Mikulincer（2005）は，直接の社会的なつながりのない身体障害者にただ接するだけで，死に関連した思考が増加することを実証している。

　障害者に対するバイアスの起源に関する一連の理論化と研究は，人は障害のある人を一貫してスティグマ化することを示唆している。しかし，この結論と矛盾するデータもある。障害者についての多くのネガティブなステレオタイプは根強く残っているが，障害者に対して表明される態度は時代とともによりポジティブでインクルーシブな態度になっている（Griffiths & Lunsky, 2000）。幅広い多くの調査で，人々が障害者に対して非常に支援的な態度をもつことが示されている。例えばある研究によれば，92%の消費者は障害者を雇用する企業を好意的に感じており，87%が障害者を雇用しようとしている企業と優先的に取引を行うと回答している（Siperstein, Romano, Mohler, & Parker, 2005）。また別の研究では，とりわけ身体障害は多くの場合自身でどうにかできるものではないと考えられることから，身体障害者に対して人は全般的に非常にポジティブで同情的な態度をもっていることが明らかにされている。おそらくその結果として，慈善団体への寄付を募る際，障害のある人（例えば，車いすの人）は，その寄付が障害者問題と関係がない場合でも，障害のない人に比べて寄付金を集めるのに効果的に作用する（Norton, Dunn, Carney, & Ariely, 2012）。さらに，障害者はしばしば共感的感情や思いやりの気持ちを自然と引き出すことがある。例えば，医学生を対象に，蘇生を行えば10%の生存可能性がある乳幼児の事例を見せ，蘇生を行うかを尋ねると，障害のない子どもに比べて障害のある子どもの場合により蘇生を行うと回答する学生が多かった（Zhong, Knobe, Feigenson, & Mercurio, 2011）。そうすると，身体障害者に対するスティグマの理論は間違っているのだろうか。

　障害者に対するバイアスについての文献と，障害者への同情，支援，肯定的

態度に関する文献は，両方とも正しく障害者に対する心理的態度を描き出したものだろう。一つの解釈として，ある人は障害者に対してネガティブな態度をもつ一方で，ある人はポジティブな態度をもっており，よりネガティブな態度をもつ個人が障害者を差別する傾向がある，と考えることもできる。我々はこれも背景の一つであると同意する。しかしながら，我々が提案するのは理論的かつ実践的に重要な示唆をもつ別の可能性である。それは，多くの人が障害者に対してポジティブな態度とネガティブな態度の**両方**をもっており，それが複雑ながらもシステマティックな形で行動として現れるという可能性である。セクション2ではこの観点を検討する。

2. 態度の二重過程

　障害者への反応について我々が仮定している態度の二重過程（dual attitudinal processes）という考え方では，社会心理学研究における顕在的（explicit）バイアスと潜在的（implicit）バイアスを根本的に区別して扱う。顕在的バイアスとはある集団（例えば，人種や民族マイノリティ集団）とその成員に対して，意識的に保持し，明らかな形で表出されるバイアスである。顕在的バイアスは従来人種や民族への偏見に関する自己報告式の尺度で測定されてきた。顕在的偏見に加えて，人は人種や民族に関するバイアスを潜在的に，しばしば無意識的に抱いている。潜在的バイアスは，たいてい自覚のないまま起こる自動的に活性化された反応のことであり，社会化（socialization）または直接の経験を通じて，ある集団に関するポジティブまたはネガティブな情報に繰り返し接触することで形成される傾向がある。潜在的態度は，行動免疫システムのような進化的起源をもつ基本的メカニズムにより，無意識的に活性化されることもありうる。

　潜在的バイアスは幅広い方法論によって測定される。最も一般的なのはプライミング課題や潜在連合テスト（Implicit Association Test; Greenwald, Poehlman, Uhlmann, & Banaji, 2009）などの反応潜時パラダイムを用いた測定方法だが，生理指標（例えば，心拍数や皮膚電気反応［GSR］）も用いられる。潜在的態度と顕在的態度は異なる2種類の認知過程を反映しているため，たいていごく弱い相関関係しか見られない。実のところ，特定の社会集団に対する態度のような社

会的にセンシティブな事柄に関しては，顕在的態度と潜在的態度は相当乖離しうる。例えば，多くの白人アメリカ人は黒人アメリカ人に対して偏見をもっていないように見えるが，白人アメリカ人の40～70％は黒人アメリカ人に対する潜在的な偏見をもっていると推定されている（Dovidio, Gaertner, & Pearson, 2017参照）。

　一般的に，障害者に対する偏見をあからさまに表明することは社会的に強く非難される。Crandall, Eshleman, & O'Brien（2002）は偏見対象となりうる105の人々に対する偏見の許容度を測定している。最も容認されやすい偏見は，強姦犯，児童への虐待者・性的虐待者，妻に暴力を振るう人，テロリストに対するものである。最も許容されなかったのは順に，盲目者，家庭で育児をする女性，ろう者，精神障害者への偏見であった。（なお，黒人への偏見はリスト中では13番目。）そのため，善良でバイアスのない人だと見られたいと思っている人，そして自分はバイアスがないと心から信じている人の多くは，障害者に対するネガティブな態度を表明したり意識的に抱くことはあまりしないだろう。しかしながら，障害者への態度の起源が行動免疫システムや実存的脅威であるとする心理学研究から示唆されることは，障害者に対するバイアスは，顕在的に表明される態度とは裏腹に，たとえそれが意識的には偏見をもたない人であっても，潜在的には広く普及しているということである。

　実際，身体障害者に対する潜在的・顕在的態度の直接測定では，人種に関する態度と同様の結果が示されている。つまり，潜在的態度では障害者に対して有意なバイアスが示される一方で，顕在的態度では偏見の証拠はほとんど示されない。また，潜在的態度と顕在的態度には弱い相関しかない（Pruett & Chan, 2006）。このようなバイアスは障害者とじかに接する仕事をしている専門職の人であっても起こる（Robey, Beckley, & Kirschner, 2006）。

　Guglielmi（1999）はレビュー論文において，皮膚電気活動（EDA），心拍数，顔面筋電図反応といった心理生理学的反応の証拠から，障害者が存在する状況下では人はかなりの不快感を経験していることが示唆されると報告している。さらにPark, Faulkner, & Schaller（2003）は，彼らの病気回避仮説に一致して，障害と病気の間に有意な潜在的連合があること，そして伝染病に関する文脈的手がかりが提示されると一層連合が強くなることを見出した。Dionne, Gainforth,

O'Malley, & Latimer-Cheung（2013）は，潜在連合テストにより，実験参加者の84%が障害者に対してネガティブな潜在的態度をもっていることを明らかにした（Hein, Grumm, & Fingerle, 2011 も参照）。さらにRohmer & Louvet（2012）によれば，障害者は，障害のない人に比べて能力は低いが人柄は温かいというステレオタイプ的特徴付けを顕在的にはされるが（第4章参照），能力が低く人柄も温かくないと潜在的には関連付けられていることが示されている。Rohmer & Louvet（2018）は，温かさ次元における障害者への潜在的バイアスの結果を再度示すとともに，さらには職場の文脈が顕在化されたときに能力次元での潜在的バイアスがとりわけ強くなることを明らかにしている。能力と温かさという全般的で中核となる評価次元での典型的な評価バイアスだけでなく，身体障害は他の特有の性質と潜在的に結び付いている。Robeyら（2006）によると，顕在的態度の指標においてはそのようなバイアスの証拠はほとんど示されないにもかかわらず，潜在的には障害は子どもっぽい性格特性と結び付いており，障害者を子ども扱いするような態度を反映しているとしている。

　以上，最新の研究から，人々が障害者に対してもつ態度をより包括的に理解するための枠組みとして態度の二重過程が支持されている。顕在的態度は概して支援的であるが，潜在的態度指標では今もなお一貫して障害者に対するバイアスが示されている。次のセクションでは，態度の二重過程の枠組みが，障害者に対する人々の振る舞い方や潜在的な差別に関する研究知見を統合するのにどのように役立つかを議論する。そして期待される今後の研究の方向性を提示する。

3. 障害者に対する二重の態度と行動

　潜在的態度と顕在的態度はそれぞれ異なる様式・異なる状況で行動に影響しうるため，潜在的態度と顕在的態度を区別することは重要である（Wilson, Lindsey, & Schooler, 2000）。例えば，Wilsonら（2000）は「二重の態度が存在する場合，潜在的態度は自動的に活性化する一方，顕在的態度は記憶を検索するための処理容量と動機づけを必要とする」（p. 104）と述べている。そのため，顕在的態度と潜在的態度の相対的な影響力はそのとき行われる反応の種類によっ

て異なる。顕在的態度は，一連の行動のコストと利益が比較検討されるような場面で熟慮・熟考された反応を方向付ける。潜在的態度は「制御不可能な反応（例えば，ある種の非言語行動）や，人々が自分の態度の表れとは思わないために制御しようとしない反応」(p. 104) に影響を及ぼす。そのため態度の二重過程の考え方 (Dovidio, Kawakami, Smoak, & Gaertner, 2009) では，偏見に関する潜在的指標は自発的に起こる行動をより予測し，顕在的指標は熟慮された制御可能な反応をよりよく予測するだろうとされている。

　潜在的態度と顕在的態度の区別，およびその相関関係を理解することで，様々な研究間，そして研究で用いられる様々な測定指標間で，多様かつ一見矛盾して見えるような研究結果を統合することができる。本セクションでは，ネガティブな潜在的態度を反映するとされる非言語反応と，よりポジティブな顕在的態度と結び付くと仮定される言語（行動）について，様々なスティグマ集団にわたってその証拠をレビューする。身体障害者との交流に関する研究もここに含める (Dovidio, Pagotto, & Hebl, 2011 参照)。

(1) 非言語行動

　対人交流を検討した多くの研究では，スティグマ対象に対する非言語行動に注目する。こうした研究から，対象に対するネガティブな行動上のバイアスが明らかになっている。これらのバイアスは，眼帯の着用，あざがあること，黒人，肥満，妊婦といった，幅広い対象へのスティグマで起こる (Dovidio et al., 2011 参照)。特に身体障害者に対する行動の場合では，非障害者は障害者と交流するとき，非障害者相手のときに比べて身振りが少なくなり，対人距離を空けて (Kleck, 1969)，大げさで不正確なフィードバックを行い (Gouvier, Coon, Todd, & Fuller, 1994)，完全に障害者との交流を避けようとする。

(2) 言語行動と非言語行動の不一致

　過去のスティグマ研究では，おそらく異なる情動過程と認知過程が関わるために，身体障害者やその他のスティグマ対象への非言語表出が言語行動と食い違うことが一貫して示されてきた。人々はしばしば対象に対するポジティブな感情を報告しながら，その非言語的・パラ言語的行動ではしばしばネガティブ

な反応を示す。例えばKleck, Ono, & Hastorf（1966）の古典的な研究によると，身体障害者と面談する実験参加者は，非障害者の面談と比べて，その交流中に生理学的反応が高まり，何を質問するか決めるのに長く時間がかかり，面談を早めに打ち切り，より行動を抑制していた。しかしながらそれと同時に，非障害者相手に比べて障害者との面談では，表向きは親切に見えるよう，実験参加者は面談相手の障害者がもっている考えに沿うように自身の個人的な意見を歪めることが多かった。この研究知見と一致して，非障害者の実験参加者は，身体障害者のポジティブな印象が高まったと報告しながら，それと同時に非障害者との交流に比べて障害者に対しては対人距離をとり，不安を示す反応を表出していた（Kleck, 1969）。

　このような言語と非言語の不一致が生じるもっともらしい理由としては，非障害者が障害者と交流するとき，非言語行動に比べてモニターしやすく制御しやすい言語行動を管理することに多くの注意を割くからだろう。さらに，言語反応をモニターし制御するのに高い認知的負荷がかかるほど，自発的に生起する反応の表出をより一層促進するだろう。その結果，対人交流場面で，考える間もなく自然と生起するような情動駆動型の行動をうまく管理できなくなる。例えば，非障害者は障害者に対して思いやりがあり支援的であると見られようとするが，自覚せずに潜在的態度を反映した不安を示すサイン（例えば，目を逸らす，閉じた姿勢，対人距離を空ける）が非言語的に表出される。つまり，言語行動は制御可能であるため，好意的な言語行動は，身体障害者には親切であるべきという社会規範に従おうとする非障害者の意識的努力を反映している。一方，非言語行動は，簡単には制御できないため，より自動的で潜在的な「身体障害者に対するネガティブな情動傾向」（Hebl & Kleck, 2000, p. 423）を反映したものとなる。

　そして非言語的表出は，非障害者と障害者の交流の性質とその結果を決める強力な要因となる。人は相手の非言語行動に対して相互に呼応する傾向があり，それゆえに不安のサインが示されることで相互のやりとりが概して緊張した雰囲気になってしまう。さらに，視線を逸らす，閉じた姿勢などの不安感情と関連した非言語行動の多くは嫌悪とも結び付くため，社会的拒絶の経験があったり，あるいは拒絶されるのではと予期しているスティグマ集団の成員は，非障

害者による不安の表出を嫌悪と拒絶の表れだと感じるだろう。その結果，障害者はそれを確証するような非言語反応をもって応じる傾向があり，その反応がもともとのネガティブな予期を裏付けることとなり，より一層不安と緊張感を強め（Hebl & Kleck, 2000），予言の自己成就に陥ってしまう。

4. 研究からの示唆と今後の方向性

　身体障害者に対する反応には他のスティグマ集団の成員に対する反応とは明確に区別可能な特色がある。例えば，Goffman（1963）の分類における部族スティグマと比較して，障害者への接触は，病気との連合（Park et al., 2003）や子どもっぽい性格特性との連合（Robey et al., 2006）を活性化させやすい。そしてそれは障害者との接触を制限するだけでなく，障害者との相互交流にも影響を及ぼす。二重過程理論の考え方によって明らかにされた障害者に対する偏見と差別についての研究知見は，今後の研究，介入，政策に関する重要な示唆をもたらしてくれる。

　第一の示唆として，潜在的バイアスはある人が障害をもっているという手がかりによって自動的に活性化されるため，障害の可視性が，その人が経験するスティグマの度合いの重要な決定要因となるだろう。さらに，身体障害者に対するスティグマに関していえば，様々な障害種別に応じて反応が異なることもありうるだろう。実際，目に見えにくいスティグマ（例：てんかん）をもつ人は，より明らかなスティグマ（例：あざ，顔面奇形）をもつ人に比べて，自尊心が高く，交流における問題を経験することも少ない傾向がある（Jones et al., 1984）。

　その他に示唆されることとして，人は障害者に対する顕在的偏見の表明を制限する傾向があるため，障害者に対するバイアスは主として見えにくく間接的な形で表出されることが多いだろう。例えば，人は一般的に障害者に対して顕在的には同情的で支援的であるため，表面上は向社会的だが突き詰めるとなおも有害な形でバイアスを表出するだろう。障害者と子どもっぽい性格特性（例えば，弱い，依存的）との連合を例に挙げると，人は障害者に対して子ども扱いした態度で振る舞うかもしれない。障害者に対して支援を行うと，障害者を力づけるというより依存を助長する傾向があり，それがまた障害者の中での反感

を生むことになる（Wang, Silverman, Gwinn, & Dovidio, 2015；第2章も参照）。

　さらに，たとえ自分の潜在的バイアスを完全には自覚してなくても，潜在的バイアスが強い人は，おそらく意図せずバイアスを表出してしまった過去の経験から，しばしば不適切な振る舞いをするのではという懸念を強く示す（Perry, Murphy, & Dovidio, 2015）。そのような懸念は，集団間の強い不安感と結び付き，障害者との交流の性質と結果両方に影響を与えうる。偏見があると思われることを不安に思い心配している人はより短時間の表面的な交流を行い，その後の交流も避ける傾向がある（Plant & Devine, 2003）。また，障害者に対してどう振る舞ってよいかわからないとき，障害者当人が実際に経験している以上にその人に制約があると考える傾向がある（Smart, 2008）。

　したがって今後の研究では，潜在的バイアスが行動にどのような直接的影響を及ぼすかだけでなく，顕在的バイアスのない人が障害者との交流時に感じる振る舞いへの心配や不安に潜在的バイアスがどのように影響するか，そういった不安な考えや感情が今度は社会的交換にどのような影響を及ぼすのかに焦点を当てて生産的に取り組むようになるだろう。例えば，潜在的バイアスをもちバイアスを表出することを懸念している人ほど，交流している障害者がもつ関心やニーズに合わせることよりも，自分が他者にどう見えるかを強く重視しがちである（Migacheva & Tropp, 2013）。このような自己注目的な姿勢は視点取得や共感の発達を妨げる。自己注目的かつ不安を感じている人はコミュニケーション行動が流暢でなくなり（Pearson & Dovidio, 2014），それがラポールや信頼の構築を妨げる。障害者はぎこちない行動を自分たちへのネガティブな態度の表れとして受け止めてしまうだろう。

　障害者に対して表出されるバイアスが主に潜在的偏見に起因する限り，障害者に対する顕在的な態度や意図を改善するよう計画された介入は，障害に関するスティグマの改善には限定的な効果しかもたないだろう。それよりも，個々人の経験や交流を重視した介入の方がうまくいくだろう。集団間接触は，バイアスを広く低減するための心理学的方略を代表する最も有効な方略の一つである（Pettigrew & Tropp, 2011）。集団間接触は不安を和らげ，共感を増し，ステレオタイプを弱めてバイアスを低減させるため，障害者に対するスティグマを低減させるのに適している（第5章参照）。スティグマ集団の成員と頻繁にポジティ

ブな交流をもつほど，その集団に対する潜在的バイアスも低くなると予測される（van Ryn et al., 2015）。しかし，障害者との接触に関していえば，障害種別の多様性も重要な要因である。Barr & Bracchitta (2015) は，調査参加者は身体障害者との接触が最も多く，発達障害者に対して最もネガティブな態度を示した一方で，行動障害者との接触の多さがこれら3つの障害種別すべてに対するポジティブな態度を最もよく予測していたと明らかにしている。

5. おわりに

　偏見，差別，スティグマに関する研究から，身体障害者に対する態度の複雑な様相が明らかになった。もちろんあからさまな形での偏見が今もなお障害者に対するスティグマの直接的な要因ではあるのだが，顕在的には偏見があるように見えない人，そして自身では偏見がないと心から思っている多くの人も潜在的なバイアスをなおも抱いている。態度の二重過程という考え方からは，たとえ善意ある，表面上は支援的な人であっても，意図せず障害者に対するスティグマに加担しうるということが示唆される。差別の表出はたいていあからさまでなく，わかりにくい形でなされる。不安と忌避，言語と非言語で矛盾したメッセージ，気まずい交流，そして障害者を力づけるというより子ども扱いするような行動という形をとってしばしば表出される。そのため，そうしたバイアスはたいていそうとは認識されないまま起こり，結果として長い間その問題の多くは個人レベルでも法的にも取り組まれないままだった。障害に関するスティグマが長く残り続けることに自分も加担しており，しばしば無意識的過程がその原因となっているということを障害をもたない人にも認識してもらうことは，より公平な社会的政策と活動を促進するだけでなく，見えにくいバイアスの表出までも改善するような個々人の行動変容にもつながる。そして最終的には個人レベルでも社会レベルでもより公正でインクルーシブな処遇をもたらすだろう。

第Ⅲ部　新たな問題

第15章

障害者の自己カテゴリー化，アイデンティティ，自尊心の研究

Kathleen R. Bogart & Michelle R. Nario-Redmond

　　私にとってこの研究は，自分の身体が間違っているという信念を打ち砕くものである。それは，コミュニティが我々の誇りと現状への抵抗の両方に強く関わっていると私が気づいたときに始まった……そのゴールは消すことのできない違いをなくそうというものではない。　　　　　　　　　　CLARE（2001, p. 363）

　アイデンティティは，人々が自己という存在の意味を理解し，社会的関係を調整するための個人内，対人的，集団間プロセスである。統合されたアイデンティティの形成は人間の普遍的な課題であるが，生まれながらに，あるいは後天的に障害[◆1]をもつこと，またその結果としてスティグマ化されたアイデンティティを抱くことは，統合的アイデンティティの発達に特異的な影響を与える（Gill, 1997）。実証的な検証はほとんどなされていないが，臨床心理学者で，障害学の研究者でもある Carol Gill（1997）は，障害者のアイデンティティの発達において次の4つのタイプの統合が生じると提唱している。**(1)〔社会における〕帰属意識を得る**。第一段階では，人々は支配的な文化から受け入れられるように試み，また自分自身もそうした文化に同化しようとする。そのため，肯定的

◆1　障害の生物・心理・社会モデルに従って，病状または身体構造や機能の基準からの逸脱を「impairment：機能障害」と表現し，社会環境の利用しにくさによって生じる社会的に構築された周縁化を「disability：障害」と記す〔本稿でも上記の使い分けを基本的に踏襲している〕。

232

な障害者のアイデンティティの獲得に向けた最初のステップとしては，（例えば学校や雇用環境における）インクルージョンの主張が一般的には挙げられる。しかし，障害アイデンティティは支配的な立場にある集団から価値の低いものと見なされているため，しばしば，彼らのインクルージョンは妨げられる。(2) **家〔コミュニティ〕に帰る**。障害者は，自らのアイデンティティを低価値なものとする支配的な文化に同化するのではなく，障害者コミュニティの中で他者とつながりをもつことで帰属意識の欲求を充足することができる。(3) **〔障害を〕内在化する**。障害者の家族やリハビリテーション専門家は，障害者に自らの「障害のない」部分に依拠したアイデンティティの形成を奨励することがある。こうした手法は，抑圧，否定，拒絶された自己のいくつかの側面についてアイデンティティからの本質的な分離を生じさせる。しかし，もし障害が――否定的な特性としてではなく――肯定的なアイデンティティとして再統合されたならば，この新しいアイデンティティは完全性や自己価値の感覚をもたらす自尊心の源泉となりうる。(4) **カミングアウト〔社会に出る〕**。障害が自己の中に肯定的に統合されると，障害者は社会の誇り高き一員として，時には政治的活動を通じたりもしながら，支配的文化からの差別を明確に拒絶できるようになる。

1. 社会的アイデンティティ理論

　障害者を含む，スティグマを付与された集団の構成員は，様々な点で自尊心の低下を経験すると予測できるが，多くの研究はこの見解を支持していない（Crocker & Major, 1989; Griffin-Shirley & Nes, 2005; Schuengel et al., 2006）。Tajfel & Turner（1979）の提唱した社会的アイデンティティ理論は，個々人が肯定的なアイデンティティを維持するように動機づけられており，様々な形で自らの

◆ 2 「disabled people：障害者」というフレーズはアイデンティティを優先した表現（identity-first language）であり，このスティグマ化されていた表現の肯定は，人々がそれを自己定義にとって重要なものとして取り戻したことを示すという認識が障害学や障害者コミュニティの人々の中で高まっている。本章では，マイノリティ・アイデンティティとしての障害に焦点を当てているため，障害を先に置いた表現を全編にわたり使用する。しかしながら，「人を優先する表現（"person-first" language；例えばPeople with disabilities：障害のある人）」も社会科学の中で一般的に用いられている。より詳しい議論は，Dunn & Andrews（2015）を参照のこと。

個人的属性あるいは社会的（集団）アイデンティティに注目することでそれを達成するとしている。

　個人レベルでは，障害者は自らが選択した性格特性やスキル，その他の特性に基づいてアイデンティティを高揚したり，あるいは機能的な障害を軽視したり，あるいはその両方を行うという選択肢がある。初期の頃の社会心理学者であり，リハビリテーション心理学者でもある Beatrice Wright（1983）は，身体障害への適応に関する4つの要素について理論化した。すなわち，障害によって影響を受けないスキルに高い価値を置き，それを磨くこと／体格や身体機能を軽視し，価値を置かなくなること／機能的な障害による制限が別の領域に広がらないように，現実的にその制限を抑え込むこと／恵まれた他者と比較するのではなく，自らが有する資源や価値そのものに焦点を当てることである。しかしながら，Gill（1997）は，障害と関連する自らの特徴を無視したり，軽視したりすることで，アイデンティティの未統合に拍車がかかると警告している。

　集団レベルでは，ある個人がスティグマ化されたマイノリティの一員である場合，自己価値を維持するために，集団成員性に基づく次の2つのアプローチのどちらかを用いることができる（Tajfel & Turner, 1979）。第一に，スティグマ化された立場から距離を置くことで，自らのマイノリティ・アイデンティティを最小化したり，そこから逃れるといった方法が挙げられる。このような個人的な移動方略の具体例としては，支配的な多数派集団の成員に同化したり，他者から疑われずにそうした集団の一員として「パス（通過）」されるよう試みるといったことが挙げられる。第二のアプローチは，スティグマ化された立場を創造的に肯定したり，再評価したりすることを通じてマイノリティ・アイデンティティに歩みより，集団の立場を改善しようと試みるというものである（Crocker & Major, 1989; Dirth & Branscombe, 2018; Tajfel & Turner, 1979）。こうしたより集団的あるいは集団志向の対処方略には，所属集団にとってより好ましい次元で集団間比較を行うことも含まれる。例えば，障害のある人々に関する一般的なステレオタイプには無力で依存的というものがある（Nario-Redmond, 2010）。依存性における社会的比較よりも，温かさ（Cuddy, Fiske & Glick, 2007）や創造性（Gill, 2001），協調性（White, Lloyd Simpson, Gonda, Ravesloot, & Coble, 2010）の次元で比較した方がより肯定的な障害者像が現れる可能性が高い。さ

らに，ネガティブと見なされていたものをポジティブなものだと評価を覆したり，集団の優れている側面に価値を置き，その代わりに集団が劣っていると見なされる側面を重要ではないと見なすことで，マイノリティ集団の一員としてのアイデンティティは高揚できると考えられる（Crocker & Major, 1989; Tajfel & Turner, 1979）。例えば，障害者はしばしば他者に依存していると中傷されるが，障害者のアイデンティティを肯定的に受け入れている人は，この集団主義的な特性に価値を見出し，他者と協力して働く機会や結果として生じる社会的な絆を歓迎するだろう（Olkin & Pledger, 2003）。

　こうした理論的仮説は，スティグマや差別によるネガティブな個人的，また社会的影響から人々を守る社会集団の力の検証に拡張できる。拒絶－同一視モデル（rejection-identification model; Branscombe, Schmitt, & Harvey, 1999）によると，所属するマイノリティ集団に同一視するという行為は，多数派集団からの拒絶によってしばしば生じるウェルビーイングへの脅威を緩和するという。皮肉にも，地位を低く見られたり，拒絶されるという経験は，そうした拒絶が不当で差別的であるとの認識やマイノリティ集団への同一視の促進に貢献していると考えられる。このモデルを検証した研究は，拒絶経験がウェルビーイングの低さと関連するものの，当該集団の成員として強く同一視している人物ではそれが認められないことを明らかにしている。事実，民族的マイノリティ（Branscombe et al., 1999）や外国人学生（Schmitt, Spears & Branscombe, 2003），障害者（Bogart, Lund, & Rottenstein, 2017; Fernández, Branscombe, Gómez, & Morales, 2012）といった様々なスティグマ化された集団において，拒絶がウェルビーイングに与える影響は内集団への同一視によって緩和されている。マイノリティ集団に強く同一視していない場合には，拒絶はウェルビーイングをむしばみ，さらに拒絶が自分の内的な問題へと帰属され，差別に帰属されにくくなる。

2.　主な障害者アイデンティティの構成要素

　障害者のアイデンティティに関する研究は歴史が浅くそして学際的である。そのため，様々な領域の様々な用語が用いられており，その意味に関する合意はほとんどなされていない。我々は障害者のアイデンティティとそれに関連する

概念についてより正確な表現を用いることを推奨しており，いくつかの重要な用語を下記のように定義している。**障害者との自己カテゴリー化**は，人が自らのもつ機能障害（impairment）を障害（disability）と信じることで生じる。世界の人口の15%は，国際生活機能分類（ICF）に基づくと障害に分類される機能上の問題を抱えているが，多くの人は自らの状態を障害者とカテゴリー化していない。例えば，てんかんの症状をもつパキスタン人を対象としたRhodes, Small, Ismail, & Wright（2008）の研究では，一部の参加者は病状を表す「てんかん」という用語を受け入れたものの，その大多数はスティグマを受けるのを避けるためとか，自らの状態は機能的な問題で「障害」といってよいかわからないといった様々な理由で，それを障害と分類することはなかった。**障害者としての自己認識つまり障害者のアイデンティティ**は，人々が自らを障害のある人間あるいは障害者と定義することで生まれる。例えば，Bogart, Rottenstein, Lund & Bouchard（2017）は，機能障害や疾患を自己申告した人を対象に，機能障害や個人的あるいは環境的な要因が障害者のアイデンティティの強さをどの程度予測できるかを検証している。その結果，「自分は障害者である」という質問に，「そう思う」または「非常にそう思う」と答えたのは，疾患や障害をもった参加者の12%だけだった（Chalk, 2016; Nario-Redmond, Noel, & Fern, 2013も参照）。

　さらに自分自身の障害者アイデンティティに対する見方はポジティブ，ネガティブ，ニュートラル，あるいはアンビバレントなものになりうる。障害者のアイデンティティのポジティブな捉え方は，**肯定的な障害者アイデンティティ，肯定された障害者アイデンティティ，障害者としてのプライド**と呼ばれることがある。加えて，障害者のアイデンティティは，**個人的アイデンティティ**なのか，あるいは**共同的／集団アイデンティティ**と見なせるか，その両方かという点でも区別される。Hahn & Belt（2004）は，彼らが作成した障害者アイデンティティの測定尺度の中に，このまったく異なる2因子が存在することを見出している。例えば，機能障害や社会構造的障害を自らの個人的アイデンティティの一部として受け入れていたとしても，障害者コミュニティに属しているとは定義しない可能性がある（Watson, 2002）。障害に関する多くの研究者は，自分が障害者コミュニティの一員であることを認識し，受け入れることが，障害者

のアイデンティティの発達の重要なあるいは最終的な段階だと指摘している（Gill, 1997; Linton, 1998; Putnam, 2005; Shakespeare, 1996; Swain & French, 2000）。集団アイデンティティの形成は，個々人のアイデンティティだけでなく，マイノリティグループの一員としてのアイデンティティやそうしたマイノリティに対する多数派集団の考え方を形づくるのに役立つ（Darling, 2013）。

3. 主要な研究成果

(1) 測定

　Forber-Pratt, Lyew, Mueller, & Samples（2017）が近年の研究の系統的レビューにおいて記しているように，障害者のアイデンティティに関する文献に示された知見は構成概念妥当性への疑義による制約を受けている。構成概念妥当性の検証には（1）理論的および実証的な定義，（2）構成概念の操作化〔抽象的な概念を測定可能な形で表すこと〕に用いられた測定項目間の内的関係性に関する分析，（3）その概念が，理論的に関連する概念や関連しない概念，そして客観的な特徴とどのような関係にあるかの分析が必要となる（Forber-Pratt et al., 2017; Price, 2016）。用語や操作化の方法の違いも，障害者のアイデンティティの理論化や実証的な検討を難しくしてきた。ほとんどの測定尺度は，探索的あるいは確証的因子分析による適切な検証を受けていない（Forber-Pratt et al.,2017）。ただし，次に記すように，近年，そうした概念と他の変数との外的関係性〔外的基準との関係性。外的妥当性を検証するための手続き〕を検証する研究は数多くなされ始めている。

　障害者のアイデンティティやそれに関連する概念の測定に用いられてきた定量的尺度はごくわずかである。最もよく使用されているのは，おそらくHahn & Belt（2004）の個人的アイデンティティ（例：障害者であることは私を表すのに重要である）と共同体への愛着（例：障害のある人には多くの共通点がある）の測定尺度である。この質問項目はMajor, Sciacchitano, & Crocker（1993）の集団的／個人的自尊心尺度とPhinney（1990）の民族アイデンティティに関する概念的定義に基づいて開発された。Hahn & Beltが行ったもともとの研究は，障害をもった運動家が自らの障害を治すことができるという架空の魔法の薬を飲

むかどうかを上記のアイデンティティ要因やその他の変数が予測できるかを検討するものだった。この研究は，共同体アイデンティティではなく，個人的アイデンティティと障害の発症時期の早さが薬による治療を拒否する程度を予測することを明らかにした。この測定尺度はBogart（2014, 2015）やZhang & Haller（2013）の研究でも用いられている。

　また，いくつかの研究では様々な単一項目の障害者のアイデンティティ尺度が用いられてきた（Chalk, 2016; Shattuck et al., 2014 も参照）。Chalk（2016）の研究では，参加者に「障害者」と「非障害者」のどちらが自分を最もよく表していると思うかを回答させた。続いて，参加者は6つのカテゴリー（身体，感覚，学習，精神，慢性的健康状態，その他）の障害に当てはまるものがあれば，それを示すように求められた。調査の結果，全体の12％近くは機能的な障害があると報告したが，「障害者」とは自己同一視していなかった。このような参加者は，機能的な障害がない人々と比較して自尊心が低く，強いスティグマを感じると報告していたが，自らを障害者と捉えていた参加者では機能的な障害がない人々とのこのような違いは認められなかった。

　Darling & Heckert（2010）は質的インタビューおよびこれまでの研究に基づいて障害者志向や参与度を測定するための量的尺度を開発した。388人の障害者のコミュニティサンプルから得た回答を因子分析した結果は，質問紙の構造的妥当性を支持するものであった。4項目が"障害者としてのプライド"の因子，すなわち肯定的な個人レベルの障害者アイデンティティの指標を構成していた（例：「私は自らの障害を誇りに思っている」；Darling, 2013）。この調査において，プライドは，障害の発症年齢の低さ，政治的行動主義傾向，（有色人種であることより）白人であること，若さ，日常生活の動作を自立して遂行できる程度と関連していた（Darling, 2013; Darling & Heckert, 2010）。

　多くの定量的研究は個人的な障害者のアイデンティティに焦点を当ててきたが，Nario-Redmondら（2013）は，障害者を集団成員性の一つと捉えた社会的アイデンティティの自己概念化と，それがスティグマへの戦略的対処の仕方やウェルビーイング，政治的行動主義傾向に与える影響を検討している。**障害者という集団アイデンティティ**は，個人が自らを定義するものとしてこの集団成員性を受け入れている程度を表す認知的成分（例：「障害者コミュニティの一員で

あることは私のアイデンティティの中核である」）と感情的成分（例：「私は障害者コミュニティの一員であることを嬉しく思う」）の両方を含む形で尺度化された。主成分分析の結果，5項目が一つの潜在的障害者アイデンティティ因子の測度として収束しており，その平均値は信頼性の高い尺度となることが明らかとなった。

障害者集団アイデンティティ尺度を使用した研究は，大学やコミュニティにおいて，また国際的にも，身体的，感覚的，学習的，および精神的に障害のある成人を対象に行われてきた（Nario-Redmond, Noel, & Fern, 2013）。社会的アイデンティティ理論（Tajfel & Turner, 1979）と一貫して，障害者集団アイデンティティは，コミュニティのプライド（例：「私は障害者としてのプライドというものを信じている」）や社会変革への支持の強さ（例：「私は他の障害者の権利を主張する」；Nario-Redmond et al., 2013）を予測した。同様に，障害者コミュニティのメンバーとして非常に強く自己同一視している人々は，障害者という立場の最小化や否定，隠ぺい，またそうした立場を克服する（障害者集団からの）個人的な移動という方略を用いることはほとんどない。加えて，障害者への同一視は，価値ある経験として障害を捉え直している程度（例：「障害が私をよりよい人間にした」）や，個人的（Rosenberg, 1965）また集団的自尊心（Luhtanen & Crocker, 1992）の強さを予測していた。つまり，自分自身のアイデンティティの中心的な側面として障害を捉え，同一視している人ほど，全般的にも，また集団の一員としても自分自身をより肯定的に感じていた。ただし，包括的，すなわち全体的な自尊心状態の最も強力な予測因子は，障害を価値ある経験として再定義するという集団的対処戦略であった。これらの知見は，機能的障害を否定するのではなく，——誇りや自己価値，完全性の源泉としてこうした自己の側面に価値を与え——障害があるにもかかわらずではなく，障害があるからこそと，障害を内的に一体化し，自己に統合していくというGill（1997）が提唱したアイデンティティの発達過程と一貫する。

また，その後の補足的研究では，障害者集団アイデンティティは，内集団の結束の強さや他の障害者との連帯を好む程度を予測することも明らかになった（Nario-Redmond & Oleson, 2016）。これらの結果は，Gill（1997）の"coming home"という障害者のアイデンティティに関する見解，すなわち仲間の障害者

がいるマイノリティ・コミュニティへと"帰宅"し，その一部として自己を統合するという考えを支持するものである。さらに，集団の一員として障害者を強く同一視しているほど，彼ら個人および集団としての障害者に対する障害者差別に気づきやすかった。加えて，障害者への同一視が強い人ほど，障害者の権利のための組織や多くの障害者がいる組織に参加していた。

すなわち障害を，自らの集団アイデンティティを中心的に定義付けるものとして捉えている人ほど，障害経験の価値化や障害者の権利の主張といったスティグマへの集団的な対処方略をより強く支持しており，非障害者優先主義に気づきやすく，障害者の結束の表出や他の障害者との連帯もしやすかった。

(2) 障害者のアイデンティティと関連する要因の概要

これまで量的な障害者アイデンティティに関する様々なツールや主な研究結果について述べてきた。本項では，機能的障害要因（可視性，発症年齢，重症度），個人的要因（人種，性別，自尊心），環境要因（スティグマ，社会的支援；Bogart, Rottenstein, et al., 2017）といった障害者のアイデンティティに影響を与える要因を説明する。

①機能的障害要因

一部の研究では機能障害をカテゴリーに分け，身体または感覚障害がある人は障害者として自己認識しやすく，精神障害や認知あるいは学習障害，また知的障害がある人はそのように認識しにくいことを明らかにしている（Beart, Hardy, & Buchan, 2005; Hahn & Belt, 2004; Olney & Kim, 2001）。ただし，障害者カテゴリーの定義は研究ごとに大きく異なっており，結果的に知見は一貫せず，その一般化可能性は制限される。Bogart, Rottensteinら（2017）は，機能障害を分類するよりも，以下に示すような障害の特性の検討の方がより有用だと主張した。

障害の発症年齢は，肯定的な障害者アイデンティティと関連することが一貫して示されてきた。障害をもって生まれた人（Bogart, 2014）や障害と共に生きてきた期間が長い人（Darling & Heckert, 2010），障害を生活の一部として暮らした期間が長い人（Nario-Redmond et al., 2013）は，障害者のアイデンティティ尺度の得点が典型的に高い。Bogart（2014）は，先天的障害と後天的障害のある

人々に見られる障害者としての自己概念の違いが，これらの集団の生活満足度の違いを説明できるとの考えを示している。ここでいう障害者としての自己概念とは，（Hahn & Belt［2004］の個人的アイデンティティ尺度で測定される）肯定的な障害者アイデンティティおよび障害者としての自己効力感を指す。実際にBogart（2014）は，媒介モデルの中で，先天的障害と生活満足度の関連が障害者という自己概念の強さに部分的に媒介されることを明らかにしている。

　機能障害の数に加えて，障害の深刻度や日常生活上の活動に影響すると感じる程度も，障害者のアイデンティティの強さを予測することが示されている（Bogart, 2014; Bogart, Rottenstein, et al., 2017; Rhodes et al., 2008）。Bogart, Rottensteinら（2017）は，障害の重症度と障害者としての自己カテゴリー化の関連をスティグマが一部媒介していることを明らかにしており，機能障害の重症度が高いと，人々はより深刻なスティグマにさらされやすく，その結果，障害者と自己認識する可能性が高まると指摘した。少なくとも米国のサンプル（Nario-Redmond et al., 2013）によるいくつかの研究では，外見上のあるいは目に見える機能障害のある人々は，より強い障害者のアイデンティティをもっていることが示されているが，おそらくこれは明白な障害のある人々は「〔障害者ではないとの疑いを〕パス」できないためであろう（Olney & Brockelman, 2003）。

②個人的要因

　定性的研究や理論的研究からは，障害に加えて，人種的マイノリティや女性，あるいは低い社会階級の出身といったマイノリティ化された他のアイデンティティに身を置くことが，マイノリティ・コミュニティの内外からの多重的な抑圧を生じさせる可能性があると指摘している（Vernon, 1999）。このような抑圧の知覚は，障害者に自分がどのコミュニティにも完全には属していないとか，同一視できないと感じさせるだろう（McDonald, Keys, & Balcazar, 2007; Mpofu & Harley, 2006）。ただし，多くの定量的研究が障害者のアイデンティティにおける性差の発見に失敗している（Bogart, Lund, et al., 2017; Bogart, Rottenstein, et al., 2017; Nario-Redmond et al., 2013; Nario-Redmond & Oleson, 2016）。人種と障害者アイデンティティに関する研究結果も一貫せず，Darling & Heckert（2010）が有色人種の人々は障害者プライドをもちにくいことを発見した一方で，Bogart,

Lundら（2017）は同じ尺度を使用した研究で反対の関連を見出している。また，他の研究では，人種と障害者アイデンティティに関連がないことが示されてもいる（Nario-Redmond et al., 2013; Nario-Redmond & Oleson, 2016）。

　高齢になると，人々は障害者であると自己認識しやすくなるが（Bogart, Rottenstein, et al., 2017），障害者としてのプライドは感じにくくなる（Darling & Heckert 2010）。別の研究では，年齢が障害者集団アイデンティティと関係しないことが示されている（Nario-Redmond et al., 2013; Nario-Redmond & Oleson, 2016）。

　そして重要なことに，肯定的な障害者アイデンティティは人生満足度の向上（Bogart, 2014），抑うつ傾向と不安の低下（Bogart, 2015），自尊心（Bogart, Lund, et al., 2017; Crabtree, Haslam, Postmes, & Haslam, 2010; Nario-Redmond et al., 2013），政治的関与および社会運動への関与の促進（Nario-Redmond & Oleson, 2016）といった様々な肯定的な個人的効果を予測することが明らかになっている。

③環境要因

　様々な社会的要因，また環境要因が障害者のアイデンティティと結び付いている。拒否–同一視モデル（Branscombe et al., 1999）と一貫して，Crabtree, Haslam, Postmes, & Haslam（2010）が行った精神障害者に関する研究では，集団への同一視がソーシャルサポートの手厚さやステレオタイプおよびスティグマの否認と関連し，ひいては自尊心の高さを導くことが明らかになっている。

　メディアの表現は，アイデンティティに影響するような社会的風土をつくり出す。Zhang & Haller（2013）は，障害者を「スーパークリップ[◇1]（supercrips；障害に「打ち勝つ」ことを鼓舞する者）」として描くメディアに頻繁に接する障害者は，こうした描写にあまり接しない障害者よりも，Hahn & Belt（2004）の改訂版個人的アイデンティティ尺度の得点が高くなることを見出している。興味深いことに，「スーパークリップ」という描写について，障害者をステレオタイプ化するとか，障害が克服すべき望ましくない状態だと暗示しているといった議論がなされてきたが，先の論文の著者であるZhangとHallerは，メディアにおいて現実的な肯定的障害者像が欠けていることを踏まえると，「スーパークリップ」描写はアイデンティティに肯定的な効果を与えると指摘している（Zhang

& Haller, 2013）。

④諸要因の統合

多くの障害者アイデンティティ研究では，障害者であると自己認識している人を対象としてきたが，近年の我々の研究では，障害の有無に言及せずに募集したアメリカ合衆国在住の人々にインターネット調査を実施することで潜在的なサンプリング・バイアスを避けようと試みた（Bogart, Lund, et al., 2017; Bogart, Rottenstein, et al., 2017）。回答者の73%（n＝710）は，少なくとも1つの健康問題あるいは機能障害があると報告したため，障害の要因，個人的要因，環境要因が障害者のアイデンティティ（Bogart, Rottenstein, et al., 2017）および障害者としてのプライド（Bogart, Lund, et al., 2017）に与える影響を検証するための回帰分析の対象とした。障害者のアイデンティティは，各自の障害者アイデンティティの状態を考慮した場合にも，スティグマを受けた経験，障害の深刻さ，年齢の高さ，収入の多さによって導かれていた——これは障害が機能的な問題だけではなく，文脈的要因を反映したものであるという考えを支持する（World Health Organization, 2001）。障害者プライドの強さは，スティグマを受けた経験，ソーシャルサポート，有色人であるか否かによって予測されたが，機能障害の要因とは関連していなかった。また，Branscombeら（1999）の拒絶‐同一視モデルと一貫して，障害プライドはスティグマと自尊心の関連を部分的に媒介していた。この結果は，スティグマの体験が，障害者の誇りを高め，そのマイノリティ集団の自分にとっての価値を維持することを示唆している。

(3) 肯定的な障害者アイデンティティの獲得への障壁

医療的視点では，障害を超えた集合的な経験や障害者のアイデンティティという観点からではなく，機能的問題のカテゴリーという観点から障害について考えてきた。よく知られている肯定的アイデンティティの形態の一つはろうアイデンティティである。実際，集団としてのろうアイデンティティに加わった人は，ろう者が独自の歴史と文化をもった言語的マイノリティであるという信念を反映して，自分たちを大文字のDを用いたDeaf（ろう者）と名乗る。ろうアイデンティティは興味深い事例であり，多くのろう者が聴こえない状態を障

害とする考えを強く拒絶している（Lane, 1995）。自らと機能障害（あるいは言語）を共有する集団には同一視しても，より広範な障害者コミュニティを拒絶する傾向は，機能障害の種別を超えた障害者アイデンティティの発達にとって障壁の一つとなっている。集団的な障害者アイデンティティが発達するためには，障害者が経験する周縁化が社会的に生み出されており，非障害者優先主義（ableism）として知られる差別の一形態で，様々な障害をもった人々に共有される経験であることを認識しなければならない（Anspach, 1979）。また彼らは，障害に関連する問題は全くの個人的な方法ではなく，政治的また集団的な行動によって変えられるし，変えるべきだと信じるようにならなくてはならない（Putnam, 2005）。さらに障害の種別を超えた障害者アイデンティティの形成は，障害の一般化の試みの中でしばしば見られる「我々はみな何らかの形で障害をもっている」と主張する人々によっても妨げられるだろう。Gill（1997）とPutnam（2005）は，この主張が障害者の直面する強固かつ蔓延した社会的な不利益を過小視していると批判した。彼らは，障害者は障害を（身体的あるいは精神的な違いではなく）社会的カテゴリーと見なすことで，コミュニティを見つけたり，組織化したり，構造的な社会的不利益に気づくことができると論じている。

（4）これまでの研究の限界と将来的な課題

　障害者アイデンティティ研究の歴史は浅く，その知見に対する様々な制約に対処していく必要がある。概念の明確な定義は必要不可欠である。障害者のアイデンティティは，相関研究のデザインを用いた横断的手法でのみ検討されてきた。しかし，実験研究ではアイデンティティ・プライミング（例：ステレオタイプ脅威に関する研究：Wang & Dovidio, 2011）を用いたり，障害者のアイデンティティを強めるように工夫された介入方略の効果を確かめることができる。また特に多面的アイデンティティの効果を検討したいくつかの研究の結果が一貫しないという点から，複数のマイノリティとしての立場の連立や交差的な同一視[◇2]がもたらす恩恵の検討も推奨する。加齢と障害者アイデンティティの関連も未検討の領域である。Verbrugge & Yang（2002）は，**障害を伴う加齢**と**加齢に伴う障害**を区別している。歴史的に，老年医学の文献では，障害をサクセスフ

第 15 章　障害者の自己カテゴリー化，アイデンティティ，自尊心の研究

ル・エイジング（Successful Aging：幸福な老い）において避けるべきものと見なしてきた（Minkler & Fadem, 2002）。しかし，早期発症型の障害のある人々も現在は高齢期まで長生きしており，障害の社会構成主義モデル（例：機能的，社会政治学的，マイノリティモデル）はこうした歴史的な考え方に疑問を投げかけている（Smart, 2009 を参照）。障害者アイデンティティの発達，変化，生涯にわたる効果を検討する長期的な研究も求められている。また，障害者のアイデンティティがこれらの効果に与える影響を媒介する要因の研究は，障害者のアイデンティティがどのような状況で多少なりとも有益に働くかを理解するために必要である。戦略的なアイデンティティの高揚に関しては，アイデンティティ脅威（identity threat）への個人的および集団的反応が健康状態や個人的また政治的主張，さらにはウェルビーイングに及ぼす長期的な影響を明らかにするさらなる研究が求められる（Jetten, Haslam, & Alexander, 2012）。最後に，代替的な自称〔例えば「障害のある人間」や「障害者」といった呼称〕規則の適用がアイデンティティに与える影響（Dunn & Andrews, 2015）や，こうした影響がより流動的，一時的，かつ移行性のある機能的障害ではどのように変化するかを検討する研究も必要である。

　因果関係に関する証拠はまだ存在しないが，本章では，理論的また相関的な研究によって支持された肯定的な障害者アイデンティティの発達につながるいくつかの提案を行った。最も重要なこととして，メディアや教育，雇用の場面での社会構成主義的な思考の奨励は，障害特定的な閉じた関係性を超えた「障害者」コミュニティの他の成員との接触機会を増加させ，障害者の生活を改善するだけでなく，そうした人々との頻繁な接触や連帯を促進できる。ニューヨークやシカゴを含むいくつかの米国の都市で開催された障害者プライドパレードは，肯定的な障害者アイデンティティの表象が社会的スティグマを覆す力をもつことを示す優れた事例である。多くの障害者は，しばしば家族あるいは地域においてすら障害者というアイデンティティをもつ唯一のメンバーであるという意味で，唯一の存在という立場（solo status）を保持している。社会的アイデンティティを共有する他者との接触機会が欠如すると，障害者は多数派の文化を唯一の選択肢と見なすようになると考えられる。また，家族，仲間，リハビリテーションの専門家は，多くの場合は善意で，障害者に対してできる限り「普

通」であるよう努力すべきという考えを強要することがある。それが成し遂げられないものであるとき，そうした考えは障害者を失敗者に仕立て上げるだけでなく，障害者のアイデンティティを育むことの価値を引き下げ，その育成を妨げてしまう。肯定的なアイデンティティの発達を促進するには，障害者は障害を経験している他者，特に〔資源や情報などの〕アクセシビリティに関する問題を解決に導いたり，非障害者優先主義に抵抗したり，よき人生を生きることを追求するための戦略と機会を共有できる人物と接する必要がある（Dunn & Burcaw, 2013）。健康問題や障害のある人々のための支援グループの重要性を示す十分な証拠は示されてきたが（Bogart & Hemmesch, 2016; Hogan, Linden, & Najarian, 2002），障害者メンターシッププログラム（mentorship programs）はさらに有益な効果をもたらすと考えられる。障害者支援グループは，多くの場合，障害の医学モデルに基づいており，障害者はクリニックに入れられ，医療の専門家が活動を主導し，特定の機能障害に焦点が当てられるが，これらはすべて障害者を社会的アイデンティティとして見なすことを妨げるだろう。その一方で，障害者が自分よりも若い，あるいは新しく障害者のアイデンティティを得たであろう他者を自発的に支援するという，障害者メンターシッププログラムは，助言者であるメンター（mentor）とメンターの指導や助言を受けるメンティー（mentee）の双方において個人レベルの，またコミュニティレベルの肯定的障害者アイデンティティを強めると考えられる。

(5) 意義と結論

近年急増している，肯定的な個人的また集団ベースのアイデンティティの望ましい効果に関する論文（Jetten et al., 2012）では，家族や教育者，メディア，その他の社会的制度は，障害者のアイデンティティを育成する機会を数多く創出すべきであると指摘している。例えば，障害者文化の歴史やその豊かさに関する認識向上の取り組みをコアカリキュラムに含め，それとあわせて仲間同士のメンターシップ（peer mentorship）や障害を学ぶインターンシップ，多文化的な光景の一部として障害者を取り入れるようなプログラムを取り入れる必要がある（Rosa, Bogart, Bonnett, Estill, & Colton, 2016）。これは多くの場合，草の根の取り組みとしてなされている。例えば，Nario-Redmond（2001）[◇3]は，障害を経験

している学生と協力して，障害者の歴史，芸術，パフォーマンス作品，児童・青年文学，さらにはユニバーサルデザインに関するアイデア，学習や移動や創作の代替的な方法の利点などを含む，現代的な障害の概念について小学生から大学生の世代に紹介するための障害者文化認識プロジェクト（Disability Cultural Awareness Project）を開発している。

障害の正義[4]（disability justice）に根ざした提案を提唱するかどうかは障害を経験している人々やその支持者次第である（Forber-Pratt et al., 2017）。例えば，本章の第一著者は障害者として，また第二著者は誇り高き大卒障害者の味方かつ親として自己認識している。どちらも，社会心理あるいはリハビリテーション心理の研究者であり，障害研究の専門家であり，またこうした分野，特に障害者間の相互交流を提唱する活動家だと自認している。障害の社会心理学の先駆者たちは，障害者を取り巻くアイデンティティの統合，所属，抵抗コミュニティの流動化に役立つ，代替的自己概念についてさらなる研究が必要だと数十年にわたって主張してきた。本章の冒頭の引用文が示すように，「消すことのできない違いを受け入れることができるようになったのはそこ［抵抗を行うコミュニティの中］であった」（Clare 2001, p. 363）。さあ，障害者のアイデンティティの前進とウェルビーイング，平等な権利の実現へとつながる，まだ十分にてこ入れされていないこの道のりの解明に向けて前進し続けよう。

❖ 訳　注

◇1　スーパークリップ：特殊な能力や非常に優れた頭脳および身体能力をもつ障害者，あるいそうした障害者に関する表象。障害がある「から」，または障害がある「にもかかわらず」高い能力をもっているとの認識を生む。

◇2　Aという機能障害とBという機能障害の2つをもつ場合，AとBのそれぞれに同一視することを連立，A障害のあるB障害者という組み合わせたカテゴリーに同一視することを交差と呼んでいる。

◇3　原文ママ。巻末に記載のある文献（1）または記載のない文献（2）を指すと考えられる。
　（1）Nario-Redmond, M. R., & Nario-Redmond, C. G. (2011, October). Disabled people have a culture? Invited presentation. Hiram College, Hiram, OH.
　（2）Nario-Redmond, M. R. & Nario-Redmond, C. G. (2011, March). The Disability Cultural Awareness Project. Invited presentation to the Aurora Boy Scouts, Aurora, OH.

◇4　社会的正義の枠組みにおいて障害を捉えるという考え方。性別や人種，性的指向といったカテゴリーに基づく不平等な扱いと，障害者差別を生み出す社会システムは相互に関連した不可分なものであり，そうした観点から人権や障害を捉え直す必要性が主張されている。

第16章

家族，子育て，障害

Erin E. Andrews

> 私たちは無性愛者か，あるいは性的に何かが足りない存在か。
> 　排卵しない，生理がこない，妊娠・出産できない，オーガズムが得られない，勃起や射精ができない，妊娠させられない。
> 　結婚や長期的な交際をしていないのは，誰も私たちを必要としていないからであって，独り身でいるのも私たちの個人的な選択によるものではない。もしも私たちが子どもをもたないなら，それは絶望的な悲しみの原因に違いなく，そしてそれはやはり決して個人の選択によるものではない。
> 　私たちと結婚する健常者は，決して愛によるのではなく，次のような疑わしい動機のいずれかによって結婚しているのに違いない。障害者パートナーの明確な欠点で自分の欠点を隠したいという願望，私たちの世話をするために自身の人生を捧げるといった聖人君子的な望み，何かしらの神経症，あるいは昔からよくある財産目当てのどれかだ。
> 　もしも私たちに障害のあるパートナーがいたとしたら，私たちがお互いを選んだのは同じように障害があるからであって，私たちがもっているかもしれないそれ以外の資質によるものではない。私たちがこのように「同類」を選ぶと，健常者の世界は安心するのだが，ひとたび子どもを欲しがると無責任だと扱われる。
> 　　　　　　　　　　　　　　　　　　　　　　　Morris（1991, p. 20）

　ダウン症の子どもが生まれた際，親にはお見舞い状が届く。出産可能な年齢に達した身体障害のある女性には子宮摘出手術が提供される。社会心理学は，長い間障害に関連するスティグマの概念に関心を寄せてきた（第2章参照）。スティ

グマは，障害者の家族に対してだけでなく，障害者自身が家族をつくる機会に
も影響を及ぼす。障害が，家族関係のダイナミクスや，地域コミュニティにお
ける他者との関係性にどのような影響を及ぼすかを考慮することは重要である。
障害やリハビリテーションに関する大規模な研究によれば，パートナーシップ
や結婚を含むソーシャルサポートが障害者に利益をもたらすことは明らかであ
り，そうしたサポートの構造（例：結婚）と機能（例：愛情）の両方が，ストレ
スや否定的な感情に対する抑制要因として働く。しかし，それが生じるメカニ
ズムは依然として不明である（Dunn, 2015; Livneh & Martz, 2012）。家族サポート
の重要性，特に介護者の役割とその経験に関しては広く研究がなされてきた
（Shewchuk & Elliott, 2000）。しかし一方で，こうした障害者支援における非障害
者の潜在的な利点に関する研究はほとんど見られない。

　Goffman（1963）は，その代表的なエッセイにおいて，スティグマを「深く
信用を失墜させる徴(しるし)」と定義し，その人を「健全で正常な人から汚れた卑小な
人」（p. 3）に貶めると指摘した。障害は，スティグマ——周囲から完全に否定
的に認識されること（Goffman, 1963），あるいはスティグマ化される性質であり，
障害者を異なるまたは他のものとしてラベル付けする社会的マーカーであると
考えられる（Dunn, 2015）。つまり，スティグマは，個人の中に存在するのでは
なく，異なる属性があると認識された個人と，その属性をネガティブに評価し
た個人の関係性の中に存在する（Green et al., 2005）。本章を通じて示すように，
スティグマは障害者やその家族との関係性において中心的な役割を担っている。

　本章ではセクション1で，障害児の家族に影響を与える社会心理学的な概念
に焦点を当てる。セクション2では，障害者の成人期と，交際やパートナーシッ
プなど，障害者の視点から家族をつくるプロセスを取り上げる。セクション3
では，多くの障害者が人生の最も重要な側面の一つであると述べており，障害

◆1　本章では，障害者のアイデンティティと文化に誇りをもっている多くの人が好むアイデンティ
ティ・ファーストの言葉を尊重する。そのため，意図的に「障害者（disabled）」という言葉を使
用している。障害文化の支持者たちは，心理学者にアイデンティティ・ファーストとパーソン・
ファーストの両方の言葉を採用するよう促しており，このことは「インクルージョンを確保し，障
害研究と障害文化がそれぞれ提起する問題に対応し，現代のトレンドに沿ってAPAスタイル〔ア
メリカ心理学会による書式〕の文章の発展を可能にする」（Dunn & Andrews, 2015, p. 262）。

者の家族の役割として長い間見過ごされてきた，障害者による子育ての社会心理学的な意味合いに焦点を当てる。

1. 障害児と共にある家族

　障害児やその家族に関する文献の多くは，対人関係におけるストレス要因など，障害児をもつことに対する否定的な側面に焦点が当てられている。これらの家族の生活の主な描写には，一般的に喪失，悲嘆，負担といったテーマが含まれている（Davies & Watson, 2002; Lalvani, 2011）。障害児をもつ親は，そうでない親よりもその責任とそれに関連するストレスに直面し，より深刻な精神的・身体的な健康問題を経験することが，多くの研究により証明されている（Lach et al., 2009）。こうした家族がストレスを感じていることに疑いの余地はないが，障害児の子育ては完全に否定的な経験であり，子どもの障害状態がこれら家族のストレスの主要な原因であるとの仮定には，当然ながら反論がある。障害児のポジティブな側面を評価しレジリエンスを確認する機会は，障害児の否定的な側面が偏重され，障害児の親が利用できるサポートの少なさやそうした家族に対するスティグマといった媒介要因の影響を検討することが軽視されているため，妨げられている（Perry, 2004; Scorgie, Wilgosh, & Sobsey, 2004）。

　障害のある子どもをもつことに対する親の認識を，障害の社会文化的意味合いや，「正常性」についての社会的理想，障害児の親への期待（人々が障害にどのように振る舞うことを期待しているかの社会的スクリプト）から切り離すことは不可能である（Dunn, 2015; Lalvani, 2015）。社会に存在する支配的なステレオタイプは，**喪の要求**，つまり，障害児の実親は期待されていた子（すなわち，非障害児）とその子に抱いていた希望や夢が失われて悲しまなければならないという物語である。Lalvani（2015）は，教師のフォーカス・グループにおいて，「普通の」子ども，あるいは子どもに向けられた親の夢の喪失や悲哀という主なテーマを見出した。それは，障害児を育てるには多くの身体的・精神的エネルギーを要するという認識であった。Robinsonら（2015）は，親が「『普通』の子どもに対する理想化された目標や，期待が失われたことを悲しんだ」（p. 2317）と報告しているが，一方で親はすぐに子どもに対する期待の仕方を変えたとも述

べている。Wright（1983）によると，外部者（非障害者）は，見慣れない障害であると認識すると，不安や，場合によっては脅威が引き起こされるため，あまり心地よく受け入れることができないとされる。したがって，障害のない親にとって，障害児と育児に伴う期待や世話・介護に関する責任と直面することは，しばしば苦痛を伴う。こうした家族の性質や反応を強く示す例として，脊髄損傷の研究において，介護をする家族は，当事者と同じかまたはそれ以上に障害に対して動揺していることが挙げられる（Elliott, Shewchuk, & Richards, 2001）[◇1]。

時間の経過とともに子どもに対する親の理解が進むと，親は障害に関連するスティグマから家族を遠ざけようとし，子どもを受け入れ，そしてつながろうとするが，同時に相反する力に直面する（Farrugia, 2009）。Kinnear, Link, Ballan, & Fischbach（2016）が行った自閉スペクトラム症の子どもの家族を対象にした大規模コーホート研究において，ほぼすべての親が，子どもの自立能力に関する否定的なステレオタイプ，障害児に対する仲間はずれ，家族やコミュニティからの疎外感など，障害に関するスティグマのプロセスを知覚していることが示されており，障害児を育てる親の困難感に対してスティグマの累積的寄与が示されている。

近年のナラティブ研究において，障害児の育児に関連するストレスについての親の認識は，障害のない外部者の認識とは異なることが示されている。Lalvani（2015）は，親が，ストレスを子どもの機能障害と環境要因の両方（障害について周囲を教育する必要性，子どもの権利擁護，仲間の拒絶からの保護，スティグマへの対抗など）から定義していることを見出した。あるモデルでは，子どもの障害発生によって親の生活はすぐに一変するが，新しい現実に則した形に世界観や期待を変えるということが仮定されている（Scorgie et al., 2004）。研究者は，医療従事者によって障害が悲劇的に描写された場合，親は自分たちの経験に対する適応的な意味の構築がより難しくなることを示した。意味付けのプロセスによって，親は自分たちの価値観を見直し，そして新しい視点の取得が可能になる。例えば，障害のある子どもの誕生は，家族の柔軟な価値観や思考を促し，自分たちの価値観にもっと近づけるよう優先順位の調整を可能にする贈り物だ，と表現する親もいる（Kearney & Griffin, 2001）。

Robinsonら（2015）は，親が，障害のある子ども，パートナー，そして自分

自身に対する周囲からの期待を常に調整し，親族全体の期待の修正も促していることを明らかにし，親は，子どもたちが最大限能力を発揮できるように，調整された期待をバランスよく育んでいると述べている。

これらのコミュニティにおいて，言語とラベリングが重要な概念であることは明らかである。Goffman（1963）のエッセイでは，スティグマ化されることによる影響として，自身のアイデンティティが損なわれることが挙げられている。この観察は，障害がその人の主要な特徴となり，すべてではないにしてもほとんどの側面に影響を及ぼすと考えるWright（1983）の拡張効果の指摘と一致する。Lalvani（2015）は，子どもに特定の診断名をつけたり，障害者に分類したりすることに，障害児の親が反対していることを明らかにした。彼女の研究では，親は障害というラベリングに対して圧倒的に否定的な見解を示している。その理由は障害のある子どもだと識別されることにより，他者の認知が変わり，最終的に子どもの価値の低下を促すという信念によるものと考えられている。親は，自分の子どもが障害のない仲間から分離されたり，他の子どもとは根本的に異なるものとして分類されたりすることへの影響を心配しており，そうした特徴付けは親自身の認識とは一致していなかった。

障害のある子どもたちは，とりわけ教育現場において，「特別なニーズ」のある子どもと呼ばれることが多くなっている。この言葉は，親にとってはより受け入れやすいかもしれないが，成人の障害者の権利に関する研究者は，障害児のニーズが他の子どもたちのニーズとは根本的に異なり，受けるサービスや配慮が障害児の人権にとって不可欠というよりはむしろ，明確な特権であることを示唆していると懸念する（Andrews & Dunn, 2019）。また，障害者の活動家も，障害という言葉の使用を避けることは，障害者のアイデンティティに関連するスティグマを助長するだけだと考えている。**障害**という言葉の使用を避けることは，教育機関には合理的配慮の提供が求められるという事実よりも，その生徒には異なるニーズがあるということが前提になるため，かえって，エクスクルージョン（排除）を助長しかねない。イデオロギーが異なるにもかかわらず，親と障害者の活動家の双方が，学校における障害児の教育の質とインクルージョン（包摂）を憂慮している（Green, 2003）。

内部者と外部者の区別とは，障害者と非障害者の視点の違いを意味する。

(Dembo, 1982)。家族成員は一般的には外部者（すなわち非障害者）であるが，障害者の近くにいることによって，障害者の生活の複雑さをよりよく知るようになるというユニークな役割を担っている。家族は内部者なのか，それとも外部者なのだろうか。外部者は障害に過度に注目する傾向があるが，内部者は障害を自分たちの生活の一部にしかすぎないと捉えている（Dunn, 2015）。障害の外部者，あるいは観察者は，障害に対して，**基本的な帰属の誤りを犯しやすい**。なぜなら，**行為者−観察者バイアス**により，目撃された障害者の困難は，環境（それが課す社会的行動の制約）や他の文脈的問題ではなく，障害のある人（属性分析）に帰属される。その結果，状況や環境による影響の優位性を重視するレヴィン派のアプローチとは対照的に，外部者は，障害者の特徴や差異を障害それ自体による直接的な結果だと認知する（Dunn, 2015）。例えば，Lalvani（2015）は，教師において，障害児の育児は主に否定的な人生経験だと考えており，子どもの障害は親の苦痛の原因であると認識していることも明らかにしている。どの教師もこれらの家族が直面する困難さを複雑にする可能性のある社会的，経済的，制度的，教育的障壁について言及しなかった。

　外部者は，障害に関する根深い思い込みやステレオタイプに関連する個人的な不安を投影する傾向があり，障害に対する態度的反応には，障害に対する悲しみの感情，障害者を「英雄」として，あるいは偶像化するような誇張した印象が頻繁に見られる（Dunn, 2015; Wright, 1983）。障害児の親が同情されるか，あるいは聖人として描かれると，こうした極端さは家族に拡大する。障害児の介護，育児に必要な時間的・金銭的負担に焦点が当てられると，養育者は障害児の世話という利他的行為により称賛される傾向にある（Fine & Asch, 1988; McGlone et al., 2002）。親自身も，自己肥大的になったり，他者を感化させる存在として自身の子どもを特徴付けたりして，こうした態度に陥ることがある（Dunn, 2015）。

　また，Dunn（2015）は，障害児に対して光背効果が適用され，本質的に純真無垢な存在として人格化される可能性についても述べている。こうした思い込みは，大人の過度の甘やかしや，親の過保護につながる可能性がある。また，拡張効果（Wright, 1983）という概念も，障害児の脆弱性についての認識を拡大させる一因となっている。ある機能領域において存在する障害による差異が，他

の領域（例：身体的・精神的性質）にも拡大すると（しばしば間違って）想定され，その結果，障害児に対する大人の態度は，極めて見下すようなものになりかねない。Lalvani（2015）は，特別支援教育の教師を含む教師は，親を「本当に特別な人」と呼んだり，「神はあなたが耐えられる以上の試練を与えない」と公言するなど，障害児をもつ家族に対して，見下した発言をすることを見出した。教師はよかれと思って言っているかもしれないが，こうした発言は，教師や教師自身の経験を障害児のいる家庭から遠ざけるだけであり，障害児を育てることは誰も望まない経験であるという考えが広範にわたって浸透していることを裏付けるものである。

家族が障害に対して抱く意味もまた，障害児に重大な影響を与える可能性がある。障害に対する態度は，**公正世界仮説**（Lerner & Miller, 1978；第3章も参照）の影響を受けている。この仮説によると人々は，困難に見舞われた際に，何らかの理由を見つけてその説明をしようとする認知バイアスをもっているとされる。したがって，ある人々は，障害児の家族が何らかの形で苦しみや苦難に値することを示唆したり，主張したりすることがある。Farrugia（2009）は，自閉スペクトラム症といった子どもの障害に対する理解は，一般の人々の間で進んでいるが，それに伴い，こうした子どもの親に対して，冷淡である，感情的距離をとる，過度に寛容な子育てをするなどのステレオタイプが根強く残っていると指摘した。特に自閉スペクトラム症や精神疾患などの障害については，親（通常は母親）の責任であるという考え方を支持する文献が多数ある（Corrigan & Miller, 2004）。これらの障害は外部者には外見ではわからず，コミュニティ内で，理解されにくいあるいは異常な行動と見なされることがある。そのため周囲からは親の子育てのせいだと判断されることがある（Werner & Shulman, 2015）。Green（2003）の研究では，母親は，出生前検査を受けたかどうかについて見知らぬ人から煩わしい質問を受けたと語っており，また他の母親は，子どもの障害が他人から見て明らかでないため，子どもの見せかけの怠けや無作法を，子育ての仕方が悪いせいだと誤解されたとき，批判されたと感じたと述べた。

また，家族は，家族の障害に関連したスティグマや，子どもの障害のために他人から非難されていると感じることで，コミュニティから排斥される可能性にも直面する（Lalvani, 2015）。実際，Robinsonら（2015）は，障害児をもつ親

の間で，自責や互いに対する非難など，様々な非難が出てくることを確認している。彼らの結果は，非難が子どもに対するコーピングスキルや，効果的な子育てに有害であることを示している。例えば，Gill & Liamputtong（2011）は，非難されているという親の認識が，親族やコミュニティからの孤立と関連することを明らかにした。Neely-Barnesら（2011）は，障害児をもつ親の非難感情を質的方法で調査し，非難を多く感じている親は家族や友人から孤立する傾向があることを観察している。これらの結果は，批判されることを恐れるあまり，親が必要なソーシャルサポートの要請に躊躇してしまうという知見と一致している（Corrigan & Miller, 2004）。

障害者の家族は，障害のある家族成員とのつながりによって，否定的な社会的反響に遭遇することがある。この「縁者のスティグマ（courtesy stigma）」は，Goffman（1963, p. 31）によって記述されたもので，スティグマ化された集団成員とつながりのある人々が経験する連合的スティグマである（Farrugia, 2009）。この仮説では，人前で一緒にいる家族は似て見える（すなわち，知覚された恥をその家族は共有することになる），あるいはスティグマ化された人とパートナーになることを選択した人は何か問題があるに違いないといった仮定が周囲から置かれる（van der Sanden et al., 2013）。

先行研究によれば，スティグマ化されたアイデンティティが，個人のコントロール下にあると認知されるほど，スティグマの程度が悪化すること，そして，連合的スティグマは障害者の役割や関係性に基づいて変化することが示されている（Corrigan & Miller, 2004）。家族にまで及ぶこうしたスティグマは，社会的排除，社会的交流の回避，否定的な扱いにつながる可能性がある（van der Sanden et al., 2013）。その結果，家族成員は，障害のあるきょうだいと一緒にいるところを見られないようにしたり，問題行動をとる子どもの親が公共の場に出るのを避けるなど，障害のある家族との関係を隠す努力をしたり，完全にひきこもってしまうことがある。これらの反応は，孤立感や精神的苦痛を増大させ，障害のある家族成員に対する憤りを生み出すことさえある（Cantwell, Muldoon, & Gallagher, 2015; Green, 2007; Green et al., 2005）。

障害児を取り巻く社会的規範は非常に否定的であるにもかかわらず，親は障害児の子育ての肯定的な側面を報告している（Crewe, 1993; Santelli, Turnbull,

Lerner, & Marquis, 1993)。障害児の家族の経験に関する最近のナラティブ研究は，これらの家族の反応は一様に否定的なものではなく，むしろ幅広いバリエーションがあることを示唆している（Lalvani, 2011; Van Riper, 2007）。障害児の子育ては，障害のない子どもたちの親が報告するのと同様に多くの楽しみや充実感があることを示すエビデンスもある（Ellingsen, Baker, Blacher, & Crnic, 2014）。障害児の子育ては，パラドックスに満ちている。親はポジティブな反応とネガティブな反応の両方を同時に経験し，またストレスの増加や，子どもたちのために激しく擁護する方法を見出す（Robinson, York, Rothenberg, & Bissell, 2015）。

Beatrice Wright（1983）は，早くから，障害のある人々が価値観の転換を余儀なくされることを明らかにしてきた。彼女の研究では，障害により価値観が再編成される経路がいくつか示されており，それは家族の経験にも当てはめられるとしている。その一つは，家族の価値観の幅を広げ，障害のある家族成員ができることを中心に取り入れることである。また，身体に障害のある子どものいる家族は，身体的な問題を重視せず，音楽や芸術など別の要素を中心に家族生活を構築することがある。これもまた，障害のある家族が障害の影響を受けない分野に秀でるように勧めることで，**障害の否定的な拡張効果を抑制する**例でもある。Wright（1983）によって明らかにされたもう一つのプロセスは，**比較対象である地位価値を資産価値に変換する**ことである。つまり，唯一無二である自分の家族に直接的な価値や楽しみをもたらす体験に集中することによって，他者との直接的な比較を避けることができる（Dunn, 2015）。例えば，アダプティブ・スポーツに参加するようになった家族は，障害のないアスリートと明確に比較するのではなく，障害があることが標準である文化に没頭するようになる。

2. 成人における関係性

障害者は，多くの場合，恋愛関係の構築や性的行為に興味をもつ。障害のある成人は，自分のセクシュアリティを表現する際に，多方に存在する障壁に直面する。障害のある家族のセクシュアリティについての表出は，彼らに充実した生活を送る機会を望むと同時に，一方で，拒絶の可能性など，性的表現に伴

う困難さに対する恐怖を抱き，愛する人を守りたいと考える家族には，非常に両義的な話題となることがある（Green et al., 2005; Shakespeare, Gillespie-Sells, & Davies, 1996）。障害とセクシュアリティに関するステレオタイプは，障害者の性的表現に対する警戒心を高める（Di Giulio, 2003; Kim, 2011）。障害のある家族の性的な問題にどのように反応すればよいかわからない家族の場合，セックスの話題は単に無視される（Esmail, Darry, Walter, & Knupp, 2010）。家族は，障害者が親密なパートナーシップを求めることを積極的に阻止することがある（Clarke & McKay, 2014）。幼児化ステレオタイプは，性行為の準備ができていないと推測される若い障害者と，人生において性的成熟期を過ぎたと考えられる高齢の障害者にも向けられる（Kim, 2011; Shakespeare, Gillespie-Sells, & Davies, 1996）。

障害のスティグマや環境の制約により，障害のある若者は，デートやパートナーシップに関する慣習的行為を行うための社会化や社会的包摂が不足しがちであり，その結果，障害のない同年代の若者よりも経験や自信がないことが多い（Cole & Cole, 1993; Di Giulio, 2003）。さらに，障害のある成人は，十分な性教育や自身のセクシュアリティを探求する機会が与えられていないことが多い（East & Orchard, 2014; Di Giulio, 2003; McCabe, Cummins, & Deeks, 2000; Owens, 2014）。適切な教育や発達に応じた経験がなければ，障害者は合意のない性行為の被害に対して，より一層脆弱にもなる（Williams & Colvin, 2016）。

デートや交際は，障害者に対する態度にも影響される。Hergenrather & Rhodes（2007）は，障害者に対する態度が，交際という文脈において最も否定的であることを見出した。障害者との交際に関する大学生の態度を扱った研究では，アメリカ人の間に無視できない性差が示されている（Chen, Brodwin, Cardoso, & Chan, 2002）。すなわち，障害者との恋愛関係については女性の方が好意的であり，女性の方が男性よりも障害者により好意的な態度を示すとされる先行研究の知見とも一致している（Linveh, 1982）。一つの仮説は，拡張効果によって障害者との交流の際に，障害に過剰に焦点が当てられるというものである。障害の顕著性は，慣れ親しんだまたは日常的な社会的規範の欠如と対になって，社会的交流における不快感や気まずさを誘発させるかもしれない（Dunn, 2015; Green et al., 2005; Shakespeare, Gillespie-Sells, & Davies, 1996）。それでも障害者は，ステレオタイプを払いのけ，他者の認識を管理するための緻密な戦略を

学ぶが，そうした戦略を用いるには，多大な努力が必要である（Frederick, 2015）。

　障害者は，親密な関係を築くのが難しく，非障害者よりも独身になりがちであり，子どもを育てる可能性も低い（Clarke & McKay, 2014）。障害者と非障害者の恋愛関係は，いまだにタブー視されたり，不適切と見なされたりする。非障害者のコミュニティにおいて，障害者に関する否定的な社会的前提やステレオタイプが根強く残っており（Brodwin & Frederick, 2010），障害者は，無性愛者，過度な性欲保持者，過度の依存傾向，あるいは親密な関係を構築することに無関心であると認識されている（Howland & Rintala, 2001）。障害者が非障害者パートナーに生殖や子育てに関して過度に依存していると思われること，障害者パートナーの生殖・育児能力，その人の性的能力全般に関する話も敬遠されることがある（Kim, 2011; Sakellariou, 2006）。それ以外にも抵抗や不支持の原因としては，障害者は弱く，保護を必要とするというステレオタイプがあり，障害者と恋愛関係にある非障害者は何かしら「普通ではない（deviant）」要素があるのではないかと思われてしまうのはいうまでもない（Shakespeare, Gillespie-Sells, & Davies, 1996）。社会が障害とセクシュアリティについての正しい見方にふれていないこと，障害に関する知識がないことが，こうした人々の態度や認識の一因になっている可能性がある（Esmail, Darry, Walter, & Knupp, 2010; Green et al., 2005）。

　障害者の中には，「内面化された」偏見やステレオタイプがあり，それが自分自身や他の障害者に対する態度に影響することがある（Di Giulio, 2003）。障害者の一部には，自分と同じまたは異なる障害者グループの中で，他の障害者との付き合いや，恋愛・性的関係を避ける者がいる。例えば，身体障害者の中には，拡張効果のために，誤ったラベルを張られたり，さらなるスティグマを受けたりすることを懸念し，知的障害者を敬遠する者もいるかもしれない。これは，身体障害者が最もスティグマをもたず，知的障害者や精神障害者が最もスティグマをもつという，内部者と外部者の両者に明確に示される障害者の階層性の概念と一致する（Chen, Brodwin, Cardoso, & Chan, 2002; Corrigan & Miller, 2004; Deal, 2003）。

　身体的魅力は，ヒトの配偶者選択において重要な役割を果たす（Buss, 2003）。そのため，体つきや顔の対称性に影響を与える，あるいは，平均的な体型，身

長，体重，体力から逸脱する障害は，人々の魅力認知に影響を及ぼすことがある（Dunn, 2015）。異質な体つきは，不安，嫌悪感，恐怖などの強い感情を引き起こすことがあり（Livneh, 1982），こうした反応は，おそらく複雑な社会的・文化的条件に起因している。Dunn（2015）は，「美しいものはよい」という包括的スキーマが，身体的魅力の社会における支配的基準（Dion, Berscheid, & Walster, 1972）から大幅に逸脱した身体をもつ人に対する反応に影響を及ぼすことを指摘している。全能性，心身の健康，ウェルネスを重視する社会において，美と身体的な完璧さについての社会的基準に適合しない障害者は，恋愛関係の形成と維持において問題に直面する可能性がある（Green et al., 2005）。

　Livneh（1982）は，外見についての重度の障害は，非障害者に自分自身がいずれ死ぬ運命であることや身体的脆弱性に関する恐怖を誘発することがあると述べている。また後天的な障害者と，先天性あるいは早発性障害者に対する人々の認知にも違いがある。Sakellariou（2006）は，後天的な障害者については，非障害者にとって自身にも関連付けられやすい状況であるため共感でき，受け入れられやすいと仮定している。その一方で，先天性あるいは早発性障害者については，根本的に異なる，あるいは異常な存在として非障害者から見なされるので，相容れない存在として忌避される（Sakellariou, 2006）。

　障害者は，非障害者と同じように美と体型に関する社会基準によって社会化される。具体的な影響は文脈によって異なる形で展開されるが，男女ともに，容姿に関する非現実的または極端な理想から影響を受ける。一般的に，障害者は他の人よりも身体的魅力の社会的基準に合致する可能性が低くなる（Sakellariou, 2006）。実際，身体や知性の完全性に対する理想の追求は，恋愛における障害者の関係性をより困難なものにしている（Green et al., 2005）。スティグマを受ける側の実際の生活は，個人を否定的なステレオタイプに内面化させ，自信や自尊心に否定的な影響を及ぼす可能性がある（Chance, 2002; Esmail, Darry, Walter, & Knupp, 2010）。障害者は，自分には性的な関係や恋愛パートナーをもつ資格がないとさえ感じることがあり，その結果，潜在的なパートナー〔恋人や結婚相手になるかもしれない人〕から拒絶されることを予期するようになる（Sakellariou, 2006; Taleporos & McCabe, 2001）。

　セクシュアリティは，感情的なつながりや欲求と関連しており，身体的ダイ

ナミクスというよりは，心理社会的なものである。そのため，障害者が直面する困難は，機能障害というより，関係性に対する態度や認識の問題であるということになる（Chan, Da Silva Cardoso, & Chronister, 2009）。Hahn は，「障害者が直面する性的課題は，心理的，生理的なものであると同時に社会学的な可能性がある」（Hahn, 1981, p. 221）と述べている。彼は，多くの障害者が，性的関係や恋愛関係を築こうとする際に，彼らに向けられる偏見的な態度が妨げになっていることを指摘した。

　学者たちは，障害者の「無性愛（アセクシュアル）神話」が，彼らの性的表現に対する重要な障壁であると長きにわたり指摘してきた（Sakellariou, 2006）。障害とセクシュアリティに対する複雑で多面的な態度を考察する中で，Kim（2011）は，障害者は本質的にアセクシュアルではないものの，脱セクシュアリティ（desexual）であると論じている。Kim（2011）は，その重要な分析において，アセクシュアルは障害者と非障害者のいずれにも見られる志向であり，障害者の身体から性的アイデンティティを剥奪することは，むしろ，性的機能をもたない望ましくない存在というラベルを障害者に貼る脱セクシュアリティの過程であると説明している。もし歴史的に障害者が本当にアセクシュアルであったと仮定するなら，障害者グループに対する脱セクシュアル化は必要なかったはずだとKim（2011）は主張する。この考えは，多くの障害者（特に，身体障害者）がアセクシュアルであると推定される一方で，他の種類の障害者（例えば，認知発達障害者）が，不適切または病的に性的関心が強いと描写されている事実をよく説明する。

　親密な関係形成や障害に対する障壁，周囲からの否定的な態度があるにもかかわらず，障害者の多くは，障害者，または非障害者との恋愛関係を結び，自分たちの家族をつくることに成功している。Kim（2011）は「セクシュアリティから距離を置いているために，障害者が結婚や子育てといった異性愛規範制度に参加することは，禁じられていることと同じようなものなので，めったにない成功と見なされる」（p. 483）と，雄弁に説明した。すでに安定した長期的な関係を築いた後に障害者になる者もいる（Green et al., 2005）。障害の医学モデルに由来する研究の多くは，結婚生活の中で葛藤を生み出す問題として障害を位置付けている（Shakespeare, 2006）。その結果，既存の研究では，親密な関係に

おける介護や障害に関連した役割の変化に興味の中心が置かれている（Andrews & Dunn, 2019）。障害者との結婚は，障害のない者同士の結婚と比較して，同程度の安定性が示されているが（Clarke & McKay, 2014），いくつかの研究では，労働力からの排除，失業，非雇用，その他の経済的負担が，離婚に至る夫婦間のストレスの大半を占めているため，障害者がパートナーとしてはふさわしくない人として見なされる可能性が示されている（Charles & Stephens, 2004; Kim, 2011; Sakellariou, 2006）。

　身の回りの世話にどの程度支援が必要かについて，障害者の間には大きな個人差がある。こうした相違があるにもかかわらず，パートナーのどちらかが障害者のカップルや夫婦に関する研究の多くは，依存の問題に大きく焦点が当てられている。この不自然な視点は，関係性における他の重要な力学や役割を見落としてきた（Clarke & McKay, 2014）。Fine & Asch（1988）は，障害者が継続的に支援を必要としていることが大前提であり，そうしたニーズは障害者と非障害者の関係のあらゆる側面に浸透していることを早くから指摘している。配偶者やパートナーが身の回りの世話をしてくれるという前提は，障害者が依存的であるというステレオタイプと，ほとんどの障害者がプロによる身の回りの世話を受けることが困難であり，結局は家族に頼ることになるというアメリカの現実の両方を物語っている（Shewchuk & Elliott, 2000）。

　こういったステレオタイプでは，障害のあるパートナーは支援を受けるだけの存在であり，他の人に支援を提供することはほとんど期待されていないが，障害者になった後でも，多くのカップルは，高度に互恵的で一貫した支え合いによって役割や優先順位を効果的に再編できることを示す証拠がある（Fine & Asch, 1988）。パートナーの一方，あるいは両方が障害者のカップルは，それぞれの強みに基づいて役割を確立することで共生関係を育むことができる（Green et al., 2005）。例えば，身体障害のある配偶者が高収入のフルタイムの仕事で働き，身体障害のないパートナーは，家事や家族の体調管理等に専念する。他にも伝統的な性役割を逆転させることがある。例えば，ある研究では脊髄損傷の男性が，ステレオタイプ的な男性役割を，より繊細で相互依存的なはたらきへと意図的に変化させることが示されている（Shuttleworth, Wedgwood, & Wilson, 2012）。このように，障害を含むパートナーシップは，家族が繁栄し成長できる方法で柔

軟に適応できる。

3. 障害のある親

　アメリカにおける障害者の子育てについて社会心理学的に理解するためには，その歴史的背景を認識する必要がある。20世紀のアメリカでは，人口の遺伝的構成を改善するためと称して，医学界が強力な優生学運動を進め，司法制度によって強制された。知的障害のある女性は，生殖に適さない（Murphy & Feldman, 2002），性的虐待を防ぐ，月経をコントロールするなどの理由により，強制的に不妊手術を受けさせられた（Powell, Andrews, & Ayers, 2016）。障害者が子どもをもつことを阻むために，結婚制限法や，強制的な施設収容が活用された（Frederick, 2015）。優生運動の遺産は今日でも残っており，障害者が親になる権利を行使するための闘争を続けていることがそれを物語っている。

　様々な障害者が，うまく子育てできること，また実際にそうしていることはよく知られる。しかし，障害のある親がいる家族のダイナミクスについては，ほとんど知られていない（American Psychological Association, 2012）。障害者の子育ては一般的になりつつあると考えられるが，偏見や差別といった大きな障壁が残っている（National Council on Disability, 2012）。障害者の親に対する偏見的態度は，障害者には生殖能力がない，子どもの世話を十分にできない依存的で不十分な養育者であるなどといった，先に述べた他者との関係における多くのステレオタイプによって生じている（Andrews & Ayers, 2016; Frederick, 2015）。障害者の親に対して表明される否定的な認識には，生殖することに対して，利己的または無責任であるとか，社会に対して負担を生じさせるなどがある（Andrews & Ayers, 2016）。とりわけ，障害が子どもに遺伝する可能性がある場合に，障害者はしばしば子どもをもつことを断念させられることが多い（Andrews & Ayers, 2016; Frederick, 2015）。障害者の親は，生殖補助医療技術の提供者や，養子縁組団体や実の親からの差別を受けることが多い（これらの障壁の詳細については，Andrews & Ayers, 2016を参照）。

　Frederick（2015）は，26名の重度視覚障害者の母親に対する個別面接とフォーカス・グループにおいて，とりわけ，産後育児中の差別経験に基づく医療従事

者に対する深い不信感と恐怖心を明らかにした。初めて母親になった彼女たちは，親としての能力を疑われるような医療従事者からの否定的な発言に遭遇し，その半数以上が社会福祉サービスに相談していた。彼女たちの間に母親としての権利に関する不安や恐怖があることが示されている（Frederick, 2015）。障害のある親は，障害のない親よりも，子どもの親権を失うリスクがはるかに高く，複数の州では，単に障害があるというだけで親権を停止させる理由となる（National Council on Disability, 2012）。これらは，障害者は依存的で子どもの面倒を十分に見ることができないという否定的なステレオタイプがもたらす現実の結果である。障害に関する文化的能力と適切な訓練の欠如，そして，障害に対する合理的配慮の不提供は，親権に関する裁定を歪める根拠である（Andrews & Ayers, 2016; National Council on Disability, 2012）。障害者がより効果的に子育てできるよう支援するための資源を投資するというよりは，むしろ，家族――特に，知的障害または精神障害のある親の家族――が司法制度によって不必要に引き離されている（Andrews & Ayers, 2016; National Council on Disability, 2012）。

　研究結果によると，身体障害のある親の子どもに対する悪影響はないことが示されている（National Council on Disability, 2012）。しかし親は依然として，人々の偏見的態度という障壁に直面しており，中でも最も顕著な障壁は，子どもが介護者になってしまうことに対する懸念である。障害者のいない家族では，年齢相応の家事と見なされることであっても，障害者が親の場合には不適切な介護として解釈されることがある（Kirshbaum & Olkin, 2002.; National Council on Disability, 2012）。

　知的障害者の子育てに対する人々の考え方は，歴史的に見て完全に否定的であった。知的障害のある親が適切な支援を受けて，少なくとも子育てに有意義に関われるよう満足のいく育児スキルを獲得できると結論付ける研究データの後押しを受けて，障害者権利擁護団体が，こうした知的障害者は子育てができないという前提に異議を唱えるようになったのは，ごく最近のことである（Andrews & Ayers, 2016）。

　また，精神疾患があることも，親としての能力がないことと同義と見なされやすい。精神障害のある親は最もスティグマ化されたグループの一つであり，多くの研究が，怒り，孤立，恥，恐怖，悲しみ，悲嘆，フラストレーション，混

乱，アイデンティティの問題，自尊心の低下，そして，信頼や親密性の問題などといった親の精神障害が子どもに与える悪影響に焦点を当てている（Ackerson, 2003; Nicholson, Sweeney, & Geller, 1998）。親の精神疾患は子どもにとって有害であるという結論が広まっている。皮肉なことに，Corrigan & Miller（2004）は，精神疾患に対するスティグマが，こうした家庭において，より悪い結果をもたらす強力な要因であることを見出した。このことは，否定的な社会の反応が，精神的健康の問題に伴う困難さを悪化させるだけでしかないことを示唆している。さらに，この集団においては，貧困，トラウマ，薬物使用，ホームレスなど，数多くの複雑な要因が存在しており，精神疾患と他の心理社会的ストレス要因との悪影響の切り分けが困難になっている（Andrews & Ayers, 2016）。すべての障害者グループと同様に，精神障害者もまた同質ではないため，一様に扱われるべきではない。この多様な集団の中には，症状，程度，機能的能力における広いバリエーションがある。

4. おわりに

　社会心理学は，家族や地域社会における障害者の役割や経験を理解するために多くの貢献をしてきた。障害者が，結婚や，子育てを含む家族役割に対して完全に参加することは間違いなく有益だが，実質的な障壁の存在が彼らの排除を促進してきた。障害者は，スティグマの影響を軽減するための複雑な戦略やアプローチを生み出し，有意義な人間関係や自身の家族をつくってきた。こうした家族において，障害者は互恵的サポートを行っているが，その手段については，ほとんど実証的に注目されていない。事例による逸話的なエビデンスが多数示されているが，障害のある親，パートナー，また子どもをもつことの利点についてもほとんど知られていない。

　Goffman（1963）のスティグマに関するエッセイ，Beatrice Wright（1983）の障害経験に関するレヴィン的な分析，Fine & Asch（1988）による障害者の生活に関する社会心理学的調査に対する批判から数十年が経過した。しかしいまだに現代の研究の大多数は，環境や他の媒介要因の役割を軽視し，障害そのものが否定的な結果の原因であると決め付けるものである。今後数十年にわたる研

究は過去の過ちを繰り返してはならず,代わりに障害者関係者すなわち生の体験をもつ者を,家族に関する研究課題の策定,データ収集,結果の解釈のプロセスに参加させるべきである。障害者の権利は多くの点で進歩してきたが,性的表現についての権利,重要なパートナーシップを利用する権利,親になる権利などについては,依然として低迷している。障害者の家族に関する正確で公正な研究は,よりポジティブな方向へ流れを変えるのに有用である。

❖ 訳 注

◇1 原著の文献リストには記載されていないが,以下の文献を指すと考えられる。

Elliott, T. R., Shewchuk, R. M., & Richards, J. S. (2001). Family caregiver social problem-solving abilities and adjustment during the initial year of the caregiving role. *Journal of Counseling Psychology*, 48(2), 223-232.

第Ⅲ部　新たな問題

第17章

ポジティブ心理学と障害

Anne Arewasikporn, Ann Marie Roepke, & Dawn M. Ehde

　　人の健康な身体的・精神的な特性は，困難を軽減し，人生を満たし豊かにする源泉を提供する基礎になりうる……そうした健康で前途有望な人の特性は，支えられ発達させられなければならない。
　　　　　　　　　　　　　　　　　　　　　　　　　　　　Beatrice Wright

　　我々はポジティブ心理学の観点から書く。それはつまり，我々は，弱みと同じくらい強みに焦点を当てるということと，最悪な事態を改善するのと同じくらい最善をつくり出すことに関心があるということを意味する。
　　　　　　　　　　　　　　Christopher Peterson & Martin Seligman

　ポジティブ心理学は，人間の持続的な幸福（flourish：フラリッシュ）と，その持続的な幸福を創造し維持する要因についての科学的研究に関する総称である（Seligman & Csikszentmihalyi, 2000）。この研究分野では，病気よりもよい状態（ウェルネス）に焦点を当てる。さらに，これらは，単一の連続体の対極として見なされるのではない。むしろ，精神的健康は，精神的病理がないこと以上のこととして概念化される。ウェルビーイングは，ポジティブな状態と特性の存在が関係する（Keyes, 2005）。ウェルビーイングの様々な定義が出てきたが，複数の主要な視点は，ウェルビーイングは多面的であるという考えに収束する。フラリッシュは，よい気分を感じること（feeling good）だけでなくよく生きること（living well）である。例えば，Seligman（2012）の概念化では，ウェルビー

イングは5つのポジティブな概念から構成される。それはポジティブな感情，エンゲージメント（関与），関係，人生の意味，達成である。ポジティブ心理学者は，そうしたテーマに関心をもち，ポジティブな経験，ポジティブな個人特性，そのような経験や特性をサポートするポジティブな制度を研究している。

　ポジティブ心理学は，ウェルビーイングに関係する第一の領域でもなければ唯一の領域でもない。ハピネス（happiness）と人格的強みは，哲学では数千年にわたって，心理学では100年以上にわたって重要であり続けてきた（Gable & Haidt, 2005）。研究領域としてポジティブ心理学が公式に紹介されたのは，Martin Seligmanの1998年のアメリカ心理学会（American Psychological Association）における会長演説に端を発する。それは，この研究領域に，それまで十分研究されていなかった現象についてさらなる研究を行うための共通言語と組織的な枠組みを提供するものであった。しかし，これ以前より，ポジティブな視点が心理学の他の分野，とりわけリハビリテーションにおいて重要であり続けていた。15年以上前，リハビリテーションの研究者は，「リハビリテーションのポジティブ心理学」の必要性を訴えた（Dunn & Dougherty, 2005; Elliott, Kurylo, & Rivera, 2002）。ポジティブ心理学とリハビリテーション心理学は，いくつかの重要な点で一致している。つまりは，それらの，強みに基礎を置いた視座，ポジティブな機能の強調，ウェルネスを促進するような，人と環境の間の相互作用についてのさらなる理解の要請である。

　第一に，ポジティブ心理学とリハビリテーション心理学はどちらも個人の強みと資産（asset）を強調する。リハビリテーション心理学黎明期の女性研究者の一人であるBeatrice Wright（1983）は，「人の資源は，リハビリテーションの努力の中で相当な注目を受け取らねばならない」（p. xii）と強調した。同様に，ポジティブ心理学のムーブメントが初期に取り組んだのは，人間の強みと徳（virtue）の一覧表をつくることだった。それは『精神疾患の診断・統計マニュアル』（*Diagnostic and Statistical Manual*: DSM）の人間の障害（difficulty）についての一覧表と対となり補完するものである（Peterson & Seligman, 2004）。ポジティブ心理学的介入は，その人の強みを明らかにし，その強みをウェルネスのサポートに新たに活用できるようにすることで，個人の強みを活用する。

　ポジティブ心理学とリハビリテーション心理学が共有している第二の部分は，

介入の究極のゴール（目標）は，機能不全（dysfunction）や苦痛（distress）を抑えたり治療することだけでなく，豊かで価値のある人生を促進することだという点である。リハビリテーション心理学の中では，このポジティブな機能は，様々な（そして時に論争となる）用語を用いて説明されてきた。それは調整と適応，よい生活，障害への対応，参加という言葉を含む（Dunn & Brody, 2008）。Olkin（1999）は，レジリエンス，ハーディネス，自尊心，ウェルビーイングに焦点付けた健康生成モデルを推進し，障害についてのアファーマティブセラピー（disability-affirmative therapy）に対する鍵となる治療タスクと目標とのあらましを述べており，障害の適応的な見解に到達すること，自分自身を勇気づけること，価値を検討し意味を見出すこと，強い価値感を維持し伝達すること，希望に満ちたマインドセットを醸成すること，強くてサポーティブなコミュニティを発達させることを強調している。これらの目標はポジティブ心理学的介入と相当に重なる。それは（ポジティブ心理学的介入とは），レジリエンスや，楽観性や，ポジティブ感情や，人生の意味や，強い関係性のような結果を促進することを目的とするものである。

　類似性の3つ目は，ポジティブ心理学とリハビリテーション心理学の両方とも，人間と環境の相互作用を論じてきたことと，変化する状況に対する個人のウェルビーイングおよびポジティブな適応に影響する社会環境的な要因についての研究が要求されてきたということだ。例えばWright（1983）は，ハンディキャップは環境要因によって増加したり減少したりすることと，支持的な関係と社会的統合（social integration）が，障害者の感情的・個人的経験に影響するということを強調した（Dunn, 2015 も参照）。Dunn & Brody（2008）も，障害の文脈の中でウェルビーイングの中心となるものとしての他者とのポジティブなつながりの重要性を強調している。同様に，Seligman & Csikszentmihalyi（2000）は，ポジティブな制度・組織をポジティブ心理学研究の3つの柱の1つに位置付けており，それは文化的・環境的要因がポジティブな経験と個人的特性に強く影響するということを強調するものだった。しかし，おそらく2つの分野はまた，ウェルネスに影響を与えるより幅広い社会的・環境的・文化的要因を研究するという要請にまだ十分に答えを出していないという点においても非常に似ている点を指摘しておく。両方の分野における研究の大部分が，個人

レベルの変数に焦点付けているからだ (Gable & Haidt, 2005)。

1. 問いの3水準

　リハビリテーションの文脈におけるポジティブ心理学研究のほとんどが，よりよく，そして活躍する個人に関連するポジティブで，特性的な，または安定的な変動要因に重点を置いてきた (Ehde, 2010)。しかし，ポジティブな状態，瞬間的な経験から，二者関係やコミュニティといった大きなシステムまで，いろいろなレベルの分析でウェルネスを検討している研究によって，従来の個人への焦点が補完されてきた。ここで我々は，ポジティブな主観的経験，ポジティブな個人的資質，そしてポジティブな関係や制度に関する主要な構成要素について，特に障害への適用に重点を置いて説明する。

(1) ポジティブな主観的経験

　ポジティブな主観的経験は，状態レベルか可鍛性のある経験を反映する態度や評価に関係する (Dunn & Dougherty, 2005)。例えば幸福感 (Lyubomirsky, King, & Diener, 2005)，フローあるいは最適な経験 (Csikszentmihalyi, 1990)，ポジティブ感情 (Fredrickson, 1998) などである。我々は，ポジティブ感情と人生における意味の感覚をもつことを，ウェルビーイングに影響し障害に関係する2つの鍵となる主観的経験として強調する。希望や楽観性のような他の関連する概念のレビューとしては，Martz & Livineh (2016) を参照してほしい。

　ポジティブ感情は，ポジティブ心理学の中で幅広く研究されてきた主観的経験である。ポジティブ情動 (affect) は，興奮，平静，興味のような感情によって特徴付けられる感情状態から成る (Fredrikson, 1998)。ポジティブな感情は，短期的には，瞬間的な思考－行動傾向を広げ，創造性，新しい情報への開放性，アプローチ志向の行動を促進する (Tugade & Fredrickson, 2004)。この「拡張された」状態の出来事を繰り返すことによって，個人資源 (例えば，心理的柔軟性，自己規制の強化) を長期的に構築し，ウェルビーイング (Lyubomirsky et al., 2005) と身体的健康 (Chida & Steptoe, 2008) を促すと考えられている (Fredrickson, 1998)。ポジティブ感情とQOLの低下および障害の間の負の関連 (例：Walsh et al., 2016）は，ポジティブ感情の「拡張‒形成」機能に関連した，適応的な，下流効果を反映している可能性がある。例えば，多発性硬化症の成人における疲労を検討した研究では，ポジティブな情動は抑うつ症状とレジリエンスの関係を媒介する中心的な役割を果たす（Arewasikporn, Turner, Alschuler, Hughes, & Ehde, 2018）。同様に，Walshら（2016）は，ポジティブ感情は，四肢欠損の成人におけるレジリエンスとネガティブな心理社会的結果の関係を説明すると示した。ポジティブ情動は，ハピネスや楽観性など，他のポジティブな主観的経験と個人特性とも関係することを示した（Dunn & Dougherty, 2005）。まとめると，これらの知見は，ポジティブな感情はウェルビーイングと障害への適応において重要な役割を果たすということを示唆している。それら（ポジティブな感情とネガティブな感情）は関連するけれども，ポジティブな情動はネガティブな情動がないということではない（Davis, Zautra, & Smith, 2004）。例えば，後天的に障害を負った人において，ポジティブ感情の効果は，ネガティブな感情と関連する効果とは別に生じている（Alschuler, Kratz, & Ehde, 2016）。この独立性（ポジティブ感情とネガティブ感情が独立しているということ）は障害者に対する重要な示唆をもつ——痛みや疲労のような，障害に伴う問題に関連するネガティブな感情を経験することは，決して，喜びやよく生きることを経験することを妨げるものではない（Dunn & Brody, 2008）。状態としてのポジティブ感情は自己強化的であり，介入の主要な標的になる。

　人生における意味の感覚は，ポジティブ心理学の中で広く研究されてきたポジティブな経験の第二のタイプである。ポジティブ情動は**ヘドニック**ウェルビーイング（すなわち，よい気分）の一部と考えられるのに対して，意味と目的は**ユーダイモニック**ウェルビーイング（すなわち，よく生きること）の一部だと考えることができる。意味とは，自分の人生を理解すること，目的と方向性をもつこと，自己を超えた何かとつながっていると感じること，などいくつかの形をとることができる（Park, 2010; Seligman, 2012）。意味と目的は，障害のある人も含めた様々な集団における他のポジティブな経験や結果とも関連する。例えば，人生における目的は，脊髄損傷（SCI）へのポジティブな適応と関連している（Thompson, Coker, Krause, & Henry, 2003）。そして全体的な意味の感覚は，様々な身体障害のある人の低い抑うつのレベルと関連する（Psarra & Kleftaras,

2013)。全体的な意味，つまり人の人生には価値と目的があるという感覚は，状況的な意味，つまり特定の出来事やチャレンジにおける意味や価値の発見と対比される（Park, 2010）。

障害のある人々において研究されてきた状況的な意味の一つのタイプは，心的外傷後成長である。それは，挑戦的な環境を経験し闘ったことから生じる，ポジティブな心理的変化（「成長」）を必然的に伴う。心的外傷後成長の変化は，より大きな，個人的強み，人生への感謝，スピリチュアルな理解，希望（hope），親密な関係を含むかもしれない（Tedeschi & Calhoun, 1996）。心的外傷後成長と，ベネフィットファインディングのような関連する現象は，様々なタイプの障害，怪我，病気をもつ人々によって報告されている。四肢欠損，多発性硬化症，狼痕（全身性エリテマトーデス），関節リウマチ，脊髄損傷，脳損傷，HIV/AIDS，そしてがんを含む（Barskova & Oesterreich, 2009; Dunn, Uswatte, & Elliott, 2009; Ehde, 2010; Martz & Livneh, 2016）。成長は，より高いウェルビーイングやより低い抑うつのような他のポジティブな結果とも関係するが，その適応的な意味は，幾分議論の余地を残している――それがより大きい心的外傷後ストレス症状とも関連しているからである（Helgeson, Reynolds, & Tomich, 2006; Schubert, Schmidt, & Rosner, 2016）。

(2) ポジティブな個人的資質

ポジティブ心理学における研究の第二のレベルは，ポジティブな個人的資質である。ここでは，ポジティブな主観的状態の流動的で可鍛性の高い性質と比較して，長期間にわたってより安定した資質のことを指している。ポジティブ心理学の鍵となる徳（つまり，知恵，勇気，人間性，正義，節制 [temperance]，超越 [transcendence]），ユーモア，感謝，希望のような人格的強みは，ポジティブ心理学において核となる研究トピックを表す。歴史的には，Wright（1983）は，障害に適応し障害とともによく生きるためには，これらの人格的資質が重要であることを論じている。しかし，ポジティブな個人的資質についての実証的研究の全容は，障害研究の中で十分に表されてはいないが，ポジティブ心理学の傘下に含まれる概念（例：自己効力感，人生の目的，楽観性；Peter, Geyh, Ehde, Müller, & Jensen, 2015）について研究者の数は増えてきている。これらの構成要

素の一部と，障害に関連するその他の資質について説明する。

楽観性は，一般化されたポジティブな期待，つまり，よいことが未来に起こるだろうという永続的な信念と関係する（Carver, Scheier, Miller, & Fulford, 2009）。一般の人の集団における楽観性を検討したメタ分析では，楽観性は抑うつと不安と負の関連があり，ウェルビーイング，人生満足感，ハピネス，身体的機能と正の相関がある（Alarcon, Bowling, & Khazon, 2013）。これらの相関の予備的な証拠は，脊髄損傷（Peter, Müller, Cieza, & Geyh, 2012）や四肢欠損（Dunn, 1996）のようなリハビリテーションが必要な人々においても存在する。他の研究では，特性的楽観性が高い個人は，楽観性の低い個人と比較して，健康に関連した脅威に対してより適応的なコーピングを示すことがわかっている（Reuman, Mitamura, & Tugade, 2013）。

希望は，楽観性のように，未来に関するポジティブな期待をもつ傾向を反映する。より特定的には，希望は人の主体性（すなわち，目標を達成するための決意）における自信と，目標を達成するための「道」を見出す能力を反映する（Synder et al., 1991）。希望は，一般の人の集団において，幸福感とは正の相関があり，抑うつとストレスとの間には負の相関がある（Alarcon et al., 2013）。脊髄損傷の成人サンプルでは，Smedemaら（Smedema, Catalano, & Ebener, 2010）が，希望は自尊心と，障害の受容と，主観的ウェルビーイングと正の関連があることを見出している。これらの研究は，主体性をもつことと，自分の目標を達成するための方法を柔軟に適応させられることは，潜在的に障害への適応において重要であることを示唆している。

感謝は，健康な人および神経・筋疾患などの慢性疾患のある人において，よりよい気分を予測し，向社会的行動を増し，身体機能の改善を予測することが見出されている（Emmons & McCullough, 2003）。身体障害者における感謝を検討した研究はほとんどないが，うまくいった人生の側面について振り返ることは，障害の文脈において有益な効果をもたらすと考えられる（Dunn & Brody, 2008）。

(3) ポジティブな関係と制度

ポジティブな制度や環境の研究は，障害における中心テーマでもあり，ポジ

ティブ心理学の第三の柱である。リハビリテーション心理学は，障害への適応において，環境要因や制約が，しばしば個人要因に優先すると長い間認識してきた（Dunn, Ehde, & Wegener, 2016）。ポジティブ心理学の中では，ポジティブな環境の研究は，教育実践，職場，リーダーシップスタイル，国家レベルのウェルビーイングを促進するパブリックポリシー（公共政策）など様々な領域に焦点を当ててきた（Snyder & Lopez, 2009）。こうした研究では，社会関係資本，市民活動，結婚・家族の絆（Heliwell & Putnam, 2004），居住地近隣の質（Keyes, 1998），職業上の名声（Keyes & Shapiro, 2004），社会的接触の量と質（Pinquart & Sörensen, 2000）など，人生の満足度とウェルビーイングに寄与するいくつかの重要な要因があることが確認されている。障害のある個人が，雇用，教育，住居，社会参加に対する環境的・組織的障壁を経験しているということを考慮すると，これらのウェルビーイングの促進要因を利用する上で不利になる場合があることは注目に値する（Whiteneck et al., 2004）。

　障害者集団に関する文献も同様に，ウェルビーイングを促進することにおける社会的要因の重要性を強調する。社会的関与と社会的支援は，より大きい人生満足感とつながっている（Jang, Mortimer, Haley, & Graves, 2004）。実際，脊髄損傷を患う人のサンプルにおいて，身体的機能障害の程度よりも，社会的支援と統合が人生満足感に対してより大きな影響を与えるようである（Fuhrer et al., 1992）。特定のタイプの社会的支援は，結果に対して独自の貢献をするかもしれない。例えば，関節リウマチの人の調査サンプルにおいて，問題解決的サポートよりも情緒的サポートがより高いウェルビーイングにつながっていた（Doeglas et al., 1994）。また，主たる介護者から受けるソーシャルサポートは，より大きなソーシャルネットワークから受けるサポートを超える・上回る独自の影響をもつようだ。例えば，血行障害性四肢切断（dysvascular amputations）を最近経験した人では，介護者からのソーシャルサポートは，全般的なソーシャルサポートの感覚を統制した後でさえも，より大きな人生満足感とつながっていた（Brier et al., 2017）。日常生活で十分な社会的支援が得られない障害者が，オンラインコミュニティで支援を得られる可能性があることは心強いことであり，オンラインコミュニティは，ウェルビーイングと正の関係にあるコミュニティ感覚と社会的支援を提供できる（Obst & Stafurik, 2010）。また，ボランティア活動や援

助活動など，他の人を助けることもウェルビーイングにつながる可能性がある（Dunn & Brody, 2008）。

　個人的関係を超えた，より広い社会的要因は，障害者のウェルビーイングに影響を与えもするし，公共政策に対する示唆ももつ。例えば，日常生活における活動に困難がある高齢者を対象とした研究では，住宅へのアクセスのしやすさが主観的ウェルビーイングの向上に関係していた（Iwarsson & Isacsson, 1997）。同様に，交通の利便性と社会的包摂は，障害のある人にもない人にもより高いウェルビーイングと関連していた（Delbosc & Currie, 2011）。雇用は，様々な障害者の間で人生満足度と頑健につながっているし，職場における配慮は同様にポジティブな影響をもつようである（Konrad, Moore, Ng, Doherty, & Breward, 2013; Mehnert, Krauss, Nadler, & Boyd, 1990; Vestling, Tufvesson, & Iwarsson, 2003）。医療制度との相互作用も，障害者や慢性疼痛などの共通体験をもつ人々のウェルビーイングに影響する。例えば，痛みを管理する場合，医療従事者が協力的で患者中心のコミュニケーションスタイルを用いることで，意思決定，医療に対する満足度，痛みの管理を改善することができる（Frantsve & Kerns, 2007）。そして医療提供者と患者が相互にポジティブに尊重し合うことは，より大きな患者の満足，ポジティブな情動，自己報告された健康と関連する（Hall, Horgan, Stein, & Roter, 2002）。障害についてのより広い社会文化的な影響と態度も，障害者の人生満足感とアイデンティティ発達に影響する（Forber-Pratt, Lyew, Mueller, & Samples, 2017）。これらの知見は，障害者に対する十分な社会的包摂とアクセスを促進するためのアドボカシーと公共政策の変化の重要性を強調している。

2. ポジティブ心理学的介入

　過去20年間，心理的ウェルビーイングと，人間の機能の他のポジティブな特性を強化する介入が開発されてきた。ポジティブ心理学的介入は，ポジティブな感情，思考，行動を形成することあるいは増進することを目的にした治療的テクニックや活動として定義されてきている（Sin & Lyubomirsky, 2009）。心理的症状，苦痛，または障害を軽減することを目的とした心理療法技術の大部分とは対照的に，ポジティブ心理学は，個人の強み，ポジティブな主観的経験，

および社会的相互作用を促進することに焦点を当てている。ポジティブ心理学的介入は，ポジティブな感情，主観的ウェルビーイング，向社会的行動などの治療目標と，感謝日記，〔体験を〕味わう練習，ポジティブ思考の練習などのテクニックが含まれる。ポジティブ心理学の介入には，一つの治療やプログラムの中に複数の技法が含まれているものもあり，多くは自助努力やインターネット配信によって介入を提供している。

　2013年のメタ分析的な体系的レビューは，「ポジティブ心理学的介入は，特定の慢性の健康障害あるいは障害のない成人においてウェルビーイングを向上させる」という予備的な証拠を提供している（Bolier et al., 2013）。Bolierらは，ポジティブ心理学的介入についての，39個のランダム化比較試験の結果を総合し，小から中程度の効果量を報告した（例：心理的ウェルビーイングは0.20，主観的ウェルビーイングは0.34）。彼らはポジティブ心理学的介入は，抑うつ症状を減少させるのに効果的であることも見出した（効果＝0.23，効果は小さい）。興味深いことに，対象となった研究の3分の2は，自助（インターネットの自助版も含む）を通じて提供されており，低強度の自己指示プログラムであっても有益性が認められる可能性があることが示唆された。介入の形式，強度，および理論的裏付け（またはその欠如）の異質性〔ばらつき〕が高く，臨床的に意味のある推奨はできなかった。

　様々なポジティブ心理学の変数とウェルビーイングの間の関係についての証拠が蓄積されてきているにもかかわらず，ほんの少しの研究しか，障害者集団あるいはリハビリテーション場面におけるポジティブ心理学的介入を調査していない。ほとんどは慢性疼痛の成人サンプルを扱っており，例えば，慢性の筋骨格痛の成人サンプルにおいて，8週間のインターネットベースのポジティブ心理学の自助プログラムは，8週間のインターネットベースの認知行動療法介入とウェイティングリスト・コントロール[◇1]と比較された（Peters et al., 2017）。両インターネット介入は，ハピネスの増加や抑うつ度の減少を含むほとんどのアウトカムにおいて，対照群と比較して同様の有益な効果（中程度から大きな効果量）をもたらした。他の結果——セルフコンパッション，ポジティブ情動，楽観性を含む——も，対照群に比べて両方のインターネット介入において，有意にそして同様に向上していた。その改善は治療後6か月間維持された。ポジティ

ブ心理学の介入は，変形性関節症の痛みをもつ退役軍人のランダム化比較試験（Hausmann et al., 2017）および疼痛と脊髄損傷，多発性硬化症，神経・筋疾患，またはポストポリオ症候群をもつ成人の混合サンプル（Müeller et al., 2016）でも利益を示している。これらの研究の介入は，感謝，楽観性，自己肯定，親切，マインドフルネス，人格的強みを引き出すようにデザインされた幅広いポジティブ心理学の活動を使うことを含み，自発的である。探索的研究（Andrewes, Walker, & O'Neill, 2014; Cullen et al., 2018）は，短期間のポジティブ心理学の介入は，患者の満足度や受け入れやすさについての評価も高く，深刻な脳損傷を後天的に負った人を治療する神経リハビリテーション場面に組み込むことができると示している。コントロールされた状況のもとでこのような介入の結果を検討するために，さらなる研究が必要ではある。

　ポジティブ心理学的介入に加えて，他の心理学的介入や，リハビリテーション的介入が，ポジティブな結果を生むかもしれない。例えば，メタ分析で，心的外傷後成長を促進するために特別にデザインされたわけではない心理社会的介入（例：PTSD［心的外傷後ストレス障害］に対する認知行動療法）は，トラウマになるイベントのような逆境を経験した人において成長を促進する，ということが見出されている（Roepke, 2015）。心的外傷後成長は障害に続く心理社会的介入によって形成されるのかどうかということは不明である。ポジティブ情動のようなポジティブ心理学の変数も，既存の心理社会的介入が結果に与える効果を媒介するかもしれない。1つの例の中では，多発性硬化症を対象に実施されたランダム化比較試験において，身体活動を増やすようにデザインされた動機づけ面接が，抑うつ症状に与える効果の主要な媒介要因は，ポジティブ感情であった（Kratz, Ehde, & Bombardier, 2014）。リハビリテーションは一般的に，機能の改善だけでなく，有意義で価値のある活動や役割への参加も増大させることをめざしていることを考えると，リハビリテーションそれ自体が，ポジティブ心理学の結果を向上させるのに貢献する可能性がある。

3. おわりに：リハビリテーション心理学と障害研究に対する示唆

　リハビリテーションのポジティブ心理学の可能性を最大限に実現するためには，しっかりした理論的・実証的研究を行う必要がある。障害に特化したポジティブ心理学概念，測定，理論を検討するさらなる研究が，この領域を発展させるために必要である。多くのポジティブ心理学の構成要素には概念的な重複があり，これらの構成要素を運用し，あるいは整理する理論的な研究が必要であることを示唆している。関連して，我々は，ポジティブ心理学概念の状態レベルの研究も推奨する。状態レベルのものは特性レベルのものとは異なった役割を果たすかもしれない。そのような情報は，ポジティブ心理学介入の基礎になる潜在的なメカニズムと理論を提供するかもしれない。他の研究者が示唆しているように（例：Dunn & Dougherty, 2005），科学者は，障害者の人口層あるいは結果を検討するための，観察的，実験的研究の中にポジティブな成果を含めるべきである。

　障害分野におけるポジティブ心理学研究の大多数は，個人的要因，主に主観的経験やポジティブな個人的資質に焦点を当ててきた。社会的，制度的，環境的要因がポジティブな心理的結果をもたらすという点については，我々の理解が不足している。このような知識は，介入の開発，リハビリテーションプログラム，政策に情報を与えるかもしれない。同様に，異なる分析レベル（例えば，主観的経験，対人関係，より広い文化的構造的な力）にわたって生じる相互作用についてはほとんど知られていない。例えば，ポジティブ感情の重要性はよく知られているが，障害者の生活において，対人関係や制度がポジティブな感情をどのように育み，あるいは妨げているかについてはほとんど知られていない。

　ポジティブ心理学の成果が障害後に生じることはありうるし，実際によくあるが，リハビリテーションの現場でポジティブ心理学を実践するためには，その科学的成果や知見ばかりに傾倒しすぎないことが重要である。ポジティブ心理学の多くは，直観的に魅力的であり，その原理の多くは，最終的には科学的な心理学によって支持されるかもしれない。しかし，リハビリテーション集団におけるポジティブ心理学の介入の有効性についての意味のある結論を出した

り，あるいはエビデンスに基づいた臨床的推奨を提供するには，研究があまりに少ない。確かなエビデンスがない中で，実践者は，障害と共に生きることに関連した起こりうる課題を含む個人の経験を最小化しないように注意することが推奨される。また，そのような実践を支持する証拠がない中で，利益を見つけることや心的外傷後の成長を提供することはリスクを伴うかもしれない（がんにおけるこれらの問題の議論については，Coyne & Tennen, 2010 を参照）。最新の文献は，障害者集団とリハビリテーション場面におけるポジティブ心理学の原理と介入について，実証的研究をさらに正当化するものである。幸運なことに，ポジティブ心理学的介入の開発と研究の指針となる，障害に特化した潜在的な理論と枠組みが存在している（例：Dunn & Brody, 2008）。第 19 章で取り上げられているレジリエンスの研究も，リハビリテーションケアに役立つかもしれない。受障後の心理的ウェルビーイングにつながる可能性が高い道筋は数多くあり，それゆえ，理論的および科学的に検討する価値がある。

◈ 訳　注

◇1　ウェイティングリスト・コントロール・デザインによって介入の効果を検討する際に対照群として設定される群。介入群と同様に事前の測定を行い，介入群が治療的介入を受けている間は待機をしてもらい，その後同様に治療的介入を受ける。

第18章

自己決定の社会心理学と障害

Michael L. Wehmeyer

　自己決定とは「人間の主体性についての理論の体系的な構造内にある一般的な心理学的概念のことであり，自己（他者でなく）が引き起こす行為，つまり人々が自らの意志に基づいて自発的に行為することを指す（Wehmeyer, Little, & Sergeant, 2009, p. 357）」。本章では，自己決定の概念がどのように社会心理学や動機づけに関わる心理学で理解されているかを紐解き，リハビリテーションと障害の文脈への概念の応用を分析することを目的とする。

1. 自己決定

　自己決定という構成概念は自由意志と決定論に関する哲学界の議論の文脈に由来する。決定論とは，人間の行為や認知を含むすべての事象は，何らかの形で事象や行為の前あるいは先行する事象や条件によって引き起こされると主張する哲学の理論である。17世紀のイギリスの哲学者 John Locke は，デカルト哲学が仮定するような全能の存在によって「決定されている」とする主張に反論し，実際には人間の行為は引き起こされることもあれば意志に基づくこともあると論じた。ロックの自己決定論の考え方の趣旨は，人は自分自身の生の主体であり，行為に対して自由で自律的な存在だという議論である。のちの哲学者たちは人間の行為に「先行する」一連の事象の因果関係としての行為と選択（意

思）の関係を詳細に検討した（Wehmeyer, Shogren, Little, & Lopez, 2017）。

20世紀初期に話を進めるならば，心理学の経験主義は内省的な哲学から距離を置き，自己決定概念は新しく立ち上がってきたパーソナリティ心理学の領域に応用されるようになった。草分け的なパーソナリティ理論家のAndras Angyalは，パーソナリティの科学は人間の行動と行為の本質的な2つの決定要因を研究することと結び付くと主張した。それは自律的な決定論（あるいは自己決定論）と他律的な決定論（他者決定）（Angyal, 1941），すなわち自己由来の行為と他者由来の行為のことである。

現代の動機づけ心理学者であるEdward DeciとRichard Ryanは，心理学における自己決定概念の適用を前進させることに貢献した。彼らは自己決定理論（self-determination theory: SDT; Ryan & Deci, 2017）を提唱し，人間の動機を自律的な種類と統制された種類とに区別して説明した。SDTは人間の主体的な行為の起源と結果を詳しく述べるメタ理論であり，人は3つの基本的な心理学的欲求——自律，能力，関係——を満たす行為に動機づけられていると主張する。これら3つの基本的な心理学的欲求を満たす行為は，内発的動機づけ（活動それ自体が楽しいからする），および／あるいは内在化された外発的動機づけ（活動それ自体とは別の価値付けられた結果がもたらされるがゆえにその活動をする）で構成される自律的な動機づけを発達させる（Deci & Ryan, 2012, p. 88）。

20世紀後半には，自己決定概念は障害のある若者の職業教育と移行における重大な関心として浮かび上がった（Wehmeyer, 1992）。研究が明らかにしたのは，障害のある若者は——中等教育場面以後の状態と関連して——雇用とコミュニティへの参加において豊かな経験をしていないということである。この2つの要因は，障害のある若者が自己決定していないという事実である。この関心からもたらされた研究はのちのセクションで詳しく取り上げる。本章の目的に関連する，この分野の自己決定に基づく行為に関する最も顕著な理論は主体の因果説（causal agency theory）（Shogren, Wehmeyer, Palmer, Forber-Pratt, Little, & Lopez, 2015）である。主体の因果説は（SDTのように）人がどのように自己決定するか，つまり，普遍的な心理的欲求を満たそうとする自発的で自律的な行為のために必要な行為と信念を定義する方略を明らかにする。

主体の因果説の文脈では，Shogrenら（2015）は自己決定を次のように定義

している。

　……自分自身の人生の因果の主体（causal agent）であることを示す行為として現れる気質的な特徴。自己決定する**人**（すなわち，因果の主体）は自由に選択した目標に向けて動く。自己決定に基づく**行為**は，人が彼／彼女の人生において因果の主体であるよう機能する（p. 258）。

　気質的な特徴とは個人間や個人内での違いを記述し，特徴付けるのに使われる持続的な傾向のことである。特定の様式で行為したり考えたりする傾向に言及するが，文脈の違いも考慮する（すなわち，社会文脈的な支援／機会や脅威／障害）。気質的な特徴としての自己決定は測定され，その変動は個人間でも個人内でも時間の経過とともに，特に文脈が変わったときなどに観察されるだろう（例えば，自己決定に基づく行為のために支援と機会が提供されるなど）。

　広い定義では，**因果の主体**（causal agency）とは彼／彼女の人生に何かが起きる状況をもたらす，あるいは引き起こすのはその人自身であることを意味する。しかし，因果の主体は単に行為を引き起こすということ以上の意味をもつ。つまり，人は**特定の目的を達成する**ために，あるいは**変化を引き起こしたり生み出したり**するために，結果を**引き起こす**ことを目指して行動する。自己決定に基づく行動は人を因果の主体として行為できるようにする。

　SDT（Deci & Ryan, 2012）では基本的な心理学的欲求を満たす行動を内発的に動機づける環境が提唱されている。その環境における欲求と機会の相互作用が自己決定を発達させるとShogren, Little, & Wehmeyer（2017）は主張した。SDTは一連の行為の連なりを順々に活性化させるが，その中には主体の因果説で説明された意志に基づく主体的な行為と，行為する能力に関する行為と制御の信念が含まれる。このプロセスに関するより詳細な記述は本章の範囲と関心を超えてしまう。詳細はWehmeyerら（2017）を参照してほしいが，端的にいえば，この発達の連続性は，子どもの時期から継続して，人間が自発的に行動するよう動機づけられ（内発的動機），原因と結果が連なる行為を開始し維持させる行為をなす能力についての信念と共に，その因果的行為の連続性に携わることを示している。その結果，因果の主体である経験は繰り返され，ひいては自己決定が促進される。

要するに，自己決定は人間の主体的な行為と因果的行為を説明し，予測し，促進する複数の心理学分野で応用された構成概念なのである。すなわち，意志に基づく自発的な行為が何に動機づけられ，維持され，発達するのかについての理解である。

(1) 社会心理学における応用

本章の関心は障害の文脈における自己決定の社会心理学であるため，社会心理学における自己決定の応用について理解することが重要となる。Dunn (2015) は障害の社会心理学を次のように認識した。「主に障害のある者の経験に対する関心。例えば，彼らが自分自身や，障害のある他者との相互作用，障害のない者たちとの関係についてどのように考えているのかである」(p. 1)。したがって，障害の文脈における自己決定の社会心理学は，障害のある者が自分の人生の因果の主体として意志に基づいて行為する経験に言及する。つまり，彼らが自分の人生において，（動かされているというよりも）主体としての自分自身のことや，意志に基づく主体的で自律的な行為を後押ししたり妨げたりすることにおける他者の役割について，どのように考えているかといえる。

自己決定の構成概念を組み込んだ人間の主体性に関する理論は，人と環境または文脈との相互作用を強調する。それは社会心理学において，社会的相互作用，およびそれら相互作用とその結果についての心理的プロセスの影響を理解するために重要である。自己決定と社会心理学の問いおよび論点には明白な共通部分がある。一つ述べると，前述したSDTが仮定する，人間には生得的に自律，能力，関係に対する心理的欲求があるということだ。それが社会心理学と関連するということは確かに妥当である。つまり，SDTにおける関係性についての心理的欲求は，つながりの感覚や他者との親密感に対する人の欲求にふれている。同様に，自律に対する基本的欲求は明らかに社会的な構成である。つまり，自分の行為が自身あるいは他者（あるいは他の事象）に規定されているかどうかということと関わっている。さらに3つ目の基本的な心理的欲求である能力への欲求も社会心理学と関連がある。能力に対する心理的欲求は環境や文脈に効果的に関わる動機にふれている。その効果はしばしば他者との比較で決定され，たいてい他者についての知覚や要求，信念との関係の中における自分

自身の知覚を含んでいる。

　研究は様々な文脈や領域にわたって，これらの基本的な心理的欲求の達成における社会的相互作用の役割を検証してきた。例えば，健康に関する文脈では，医者がより自律性に理解があると患者は健康に関する目標を達成しやすく（Deci & Ryan, 2000）精神的・身体的健康上，よりポジティブな効果を得られる（Ng et al., 2012）とSDTの研究で示されている。一般的には，様々な領域において目標の達成がソーシャルサポートによって促進されると文献上明らかにされている（Koestner, Powers, Carbonneau, Milyavskaya, & Chau, 2012）。

　教育においては，自律を支持する関係は目標達成やモチベーションの改善，よりポジティブな教育関連成果を促す（Deci, Schwartz, Sceinman, & Ryan, 1981; Reeve, 2012）。小学校後半から高校卒業までの生徒の長期にわたる縦断研究では，基本的な心理的欲求が満たされている生徒の学校適応と社会適応は有意に高く（Ratelle & Duchesne, 2014），生活の中で大人による自律性の支援を感じる生徒はよりポジティブな効果を得ていた（Guay, Ratelle, Larose, Vallerand, & Vitaro, 2013）。アイデンティティ発達に関する研究では，能力と関係性の知覚の高い青年は仲間とのよりポジティブな社会的比較を行い，その能力と関係性が社会的な集団の中の自律性の感情と関連していることを示した（Griffin, Adams, & Little, 2017）。

　自己決定のメカニズムは気軽な対人関係を取り持つのと同様に，親しい個人的関係の維持でも確認されている。ある関係への参加を自ら望んでいるという意味での関係の自律性は，より健康的な親しい関係を予測する（Hadden, Rodriguez, Knee, & Porter, 2015）。その人間関係の対極となるが，高い自律的動機をもつ参加者（自己決定に基づく制御）は顕在的および潜在的な偏見（特に人種とジェンダーについて）の自己抑制に動機づけられていた（Legault, Green-Demers, Grant, & Chung, 2007）。

　したがってまとめると，Wehmeyer & Shogren（2017）によって示唆された次のような結論となる。「動機づけ心理学，パーソナリティ心理学，発達心理学の様々な文脈の至るところに，自己決定の研究と実践の証拠がある。それによって，意志に基づく主体的な行為がなぜ・どのように社会的な環境と文脈にある人の相互作用に影響を与えるのかを社会心理学者はよりよく説明できる。(p. 315)」

(2) リハビリテーション心理学における応用

　リハビリテーション心理学は，障害や慢性的な健康障害のある人にとって機能や生活の質（quality of life: QOL），生活の結果を向上させるために，心理学的なプロセスと知識を応用する。障害の文脈における自己決定の概念の応用は次のセクションで取り上げ，本セクションではより幅広く，主体と人間とリハビリテーションとの関わりの一般的な概要に限ることとする。Dunn（2015）はリハビリテーション心理学と社会心理学は「人は積極的に個人的および社会的世界を創り出す（p. 108）」という重要な認識を共有していると述べる。先述したように，自己決定は人間の主体性の理論の傘下にある概念であり，人を自らの行為に積極的に関与するものと見る自己決定観の有機的な視点がある。より具体的にいうと，自己決定に基づく行為は自己制御的で目標志向的であり，人は自らの環境で（生物学的・心理的欲求に反応して）生活に何かをつくり出したり引き起こしたりするために働きかけるのである。つまり，「人が積極的に個人的および社会的世界を創り出す（Dunn, 2015, p. 108）」ための心理的な手段は，言い換えれば自己決定的に行動することである。

　特にリハビリテーションに関連した話題についての自己決定の応用に目を向けると，慢性的あるいは長期の精神的あるいは身体的健康上の問題を抱えた人を含めて，自律的で内発的な動機づけはよりポジティブな健康上の結果をもたらすという証拠が示されている。Ngら（2012）は心理的欲求の充足は精神的・身体的健康に困難を抱える人にとってよりポジティブな健康管理を予測することを示した。自律的な動機づけはまた，心臓病のリハビリテーション患者と臓器移植から回復中の患者の（訓練に対する動機づけを媒介して）よりポジティブな健康上の結果と関連することが示されている（Ryan & Deci, 2017）。

2. 自己決定と障害

　障害の文脈における自己決定に関する重要な研究資料は非常に多い。本セクションでは障害の文脈での自己決定の応用研究の多くを占める主体の因果説について情報提供し，自己決定と障害に関連する研究の概要を述べる。

（1）主体の因果説

　障害の文脈における自己決定への注目は，障害のある若者の学校から社会人生活（雇用，コミュニティへのインクルージョン，成人期のすべての面でのフル・インクルージョンを含む）への良好な移行を促進するための取り組みに呼応して生じてきた。

　主体の因果説（causal agency theory）（Shogren et al., 2015; Wehmeyer, 2004）は，自己決定の発達概念化し，その発達を促進する評価と介入を考案する枠組みとして提案されている。主体の因果説は次のことを説明する。「人はどうやって自己決定するようになるのか。言い換えれば，基本的な心理的欲求に対処する自発的で自律的行為をするために必要な行為と信念をどのように定義するのかということである」（Shogren et al., 2017, p. 258）。先述したように，この理論的枠組みでは，自己決定は「自分自身の人生の因果の主体（causal agent）として行為することで現れる気質的な特徴（p. 258）」として定義される。

　因果の主体になることは自分の人生に起こる事柄をつくり出したり引き起こしたりすることである。因果の主体である人は意志に基づいて行動する。その人は「ある結末に達したり，あるいは変化を起こしたり創り出したり（p. 258）」する意図をもって，個人的な好みや信念，価値や関心が反映されるように行動する。この視点は，SDTで強調される自発的で内発的な動機づけと同じく，主体性と主体的な行為に関する先の議論と矛盾しない。事実，主体の因果説の関心の一つはSDTを支持する多くの証拠を障害分野における応用研究に位置付けることであり，それは自己決定の発達のあらゆる側面をよりよく記述するためである。Wehmeyer, Shogren, Little, & Lopez（2017）は，因果の主体性の発達は，自律と能力と関係に対する基本的な心理学的欲求を満たすために力を注ぐことでSDTに従って進むと述べる。その注力は原因と結果が連なる行為の連続性の中で，人の意志に基づく行為（何かを引き起こす目的で好みや関心などに基づく行為を始めること）や主体的な行為（行為を維持させる行為や問題の解決や目標にたどり着くための行為），行動とコントロールの信念（目標志向的で自己制御的な行為を支える知覚と信念）を生じさせる。そのような因果関係にある行為は人の基本的な心理的欲求を満たすことを可能にし，繰り返された因果関係をもつ行為と因果の主体の経験は自己決定の向上につながる。

(2) 自己決定と障害についての研究

　障害の文脈内で自己決定に焦点が当てられるようになったのは，若い障害者にとっての学校から社会人生活への移行の結果を向上させる取り組みがきっかけであった。このことを考えれば，自己決定の研究の大半が青年期の教育の文脈で行われてきたことは驚くべきことではない。ちなみに研究は，成人の障害者の課題と相対的な自己決定がリハビリテーション心理学にとっての適切な結果（QOL，生活改善）に及ぼす影響に限られている。本項では障害のある人の自己決定の状況に関する知見と，その状況における環境と機会の役割，生活の状態に及ぼす自己決定の影響について考察する。

①障害のある人の自己決定と自律性を支持する環境と関係の重要性

　SDTの研究は自律的な動機が見られる環境と基本的な心理学的欲求の充足が重要であることを示してきた（Ryan & Deci, 2017）。教育の文脈では，自律性を支援する教育環境と教育実践が生徒の動機とポジティブな教育成果に重要な影響を及ぼすと研究上証明されてきた。基本的には，生徒の選択と意志に基づく行為を支援する学習環境を整えて教育実践を行う教師は，生徒の内発的な動機や有能感，自己制御学習，よりよい成績の学業達成を高めている（Deci et al., 1981; Reeve, 2012）。

　この知見は障害の文脈における自己決定研究を理解し解釈する上で重要である。20年以上にわたって行われてきた研究の多くは，障害のある若者と成人（様々な障害種にわたる）はまったく自己決定していないと主張してきたのである（Wehmeyer & Shogren, 2017）。また，同時に，障害のある人が生活し，学び，働き，遊ぶ状況が意志をもって自己決定する行為の機会を制約していると指摘した（Stancliffe & Wehmeyer, 1995; Wehmeyer & Bolding, 1999, 2001）。さらに，教師に対する調査は次のことを明らかにした。10代の障害者が目標の設定や問題解決のような必要なスキルを学び練習する機会は非常に限られているのだが，それゆえに教師の生徒に対する自己決定の期待は低いのである（Wehmeyer, Abery, Mithaug, & Stancliffe, 2003）。

　これら（すなわち限られた機会，自己決定する行為を制限する環境，低い期待）は障害のある者が自己決定していないという知見にとって最も説明力の高い要因

である。事実，Wehmeyer & Bolding（2001）は重回帰分析を用いて障害のある成人の自己決定の状態を予測する変数を調べたところ，最も重要な要因は選択を行う機会であった。自己決定を制限する可能性のある機能障害の代替として取り扱う者もいるIQの値は，すべて有意な関連は見られなかったのである。実際のところ，障害のある者が生活の中で因果の主体として行為し，意志に基づいて行動し，生活に変化を生じさせる機会は非常に少ないのである。あまりに多くの場合，障害のある者は自分自身の生活において行為者として支援を受けているというよりはむしろ行為させられているのだ。

②自己決定を促進する自律支援の介入

さて，もし障害のある人，特に障害のある若者が，全く自己決定してこなかったとしても，自己決定できるようになる証拠はあるだろうか。その答えはイエスである。様々な障害者集団を対象とした複数の研究が，適切な教育と学習の機会が与えられれば，若い障害者が自分の人生の因果の主体になり，意志と自律に基づいて行動し，より自己決定的になれるスキルと信念を獲得できることを示している。

この文献をより広く詳細に批評することは本章の範囲を超えるものである。しかし，複数のメタ分析の研究（例えばAlgozzine, Browder, Karvonen, Test, & Wood, 2001; Cobb, Lehmann, Newman-Gonchar, & Morgen, 2009）は，意志に基づく行為（例えば問題解決，目標設定，意思決定，計画スキル）や自律的な行為（例えば目標達成，自己管理，セルフアドボカシーのスキル）に関連する知識やスキルを促す教育効果について有力な証拠を示している。これらの行為は，自分の行動がある結果をもたらすという因果的行為ができるようになり，自己決定を促進する。

我々自身の研究においては，自己決定を促進する取り組みと生徒の自己決定の向上に因果関係があることを証明した。Wehmeyer, Palmer, Shogren, Williams-Diehm, & Soukup（2012）は介入効果についてのランダム化比較試験の集団研究を行い，障害のある若者の自己決定がおおむね高まることを示した。実験群の若者は自己志向的かつ自己管理の経験のほかに，因果的行為に関わるスキルを向上させる様々な教育方法を用いた教示を受け，対照群の若者は受け取らなかった。Wehmeyerらは，自己決定を高める介入に参加した障害のある

若者が，その介入を受けなかった若者に比べて，自己決定の得点の成長において有意にポジティブなパターンを示したことを見出した。

　教師が生徒の自律的な動機を高め，同じような方法で生徒と関わる教育環境を確立することは重要である。それと同様に，教師に対して，生徒が意志に基づいて行動できる能力を高め，自律と能力に対する基本的な欲求を満たせるような教育手段と計画を提供することが重要である。我々は若者に自己制御的な問題解決を教えることができる，まさに自律性を支援する指導モデルである指導の自己決定学習モデル（self-determined learning model of instruction: SDLMI; Wehmeyer, Shogren, et al., 2017）を教師に提供し，それによって教育と移行の目標を設定し達成した。Wehmeyerら（2012）はSDLMIを用いた指導が認知的な障害のある生徒の自己決定に及ぼす影響をランダム化比較試験で調べ，そのような指導を受けた障害のある生徒の決定は，そうでない障害のある生徒よりも有意に自己決定的であると結論した。

　実証的な基盤が多くあるわけではないが，同様の取り組み（例えば，因果関係をもつ行為と自己制御に関するスキルを学習し練習する機会や知識を得る）が障害のある成人にとってポジティブな利点をもたらすという証拠もある。Shogrenら（2016）は先に議論した自己制御プロセスのバージョンでランダム化比較試験を行った。ただし彼らの注目は仕事や雇用の目標に関連した自己制御を要する目標設定や達成する職業リハビリテーション・システムにおける成人障害者の支援にあった。リハビリテーションの専門家から自己決定に基づくキャリア発達モデル（self-determined career development model: SDCDM; Shogren et al., 2016）を用いた支援を受けた参加者は，この関わりの結果として自律的な機能の向上を示した。

③教育と成人期の成果，QOL，生活満足度に及ぼす自己決定の影響
　前項でまとめたように，支援を受けて自分の生活に変化を起こす因果的行為を行うことを学んだ障害のある若者や成人がより自己決定的になれることは明らかである。さて，次の質問はそれが重要なことなのか，である。繰り返しになるが，その答えはずばりイエスである。実験群で自己決定と生徒の参加を高める指導を受けたWehmeyer, Palmerら（2012）の参加者を対象とした後続研究

で，Shogren, Wehmeyer, Palmer, Rifenbark, & Little（2015）は，因果的行為と目標達成を高める指導を受けたあるいは受けなかった若者の卒業1年後・2年後の姿が結果としてより自己決定されていたか調査した。自律性を支援するような介入を受けた若者はそうでなかった者に比べて，雇用とコミュニティでの生活において有意によいという結果が示された。

前述の生徒の学業や移行の目標達成に対するSDLMIのランダム化比較試験が行われた集団において，Shogren, Palmer, Wehmeyer, Williams-Diehm, & Little（2012）は対照群の生徒よりもモデルを用いた指導を受けた生徒の方が学業や移行においてより高い目標の到達にあることを見出した。他の研究も，SDLMIが円滑な雇用への移行に関する知識とスキルにおいて障害のある若者によい効果をもたらすことを示している。

最後に，障害のある人の自己決定とQOLや生活満足度との明らかな関係を示す。Wehmeyer & Schwartz（1998）とLachapelleら（2005）は高い自己決定と高いQOLに関係があることを明らかにした。Shogren, Lopez, Wehmeyer, Little, & Pressgrove（2006）は障害のある若者の希望と楽観主義，統制の所在，自己決定，生活満足度の関係を調べる研究を行い，希望と楽観主義，統制の所在，自己決定は強く相関し，希望と楽観主義が認知的な障害の有無と独立に自己決定を媒介して生活満足度を予測することを発見した。

3. おわりに

障害や慢性的な健康障害のある人の機能やQOL，生活を改善するために，リハビリテーション心理学は心理学的なプロセスや知識を応用している。自己決定がリハビリテーション心理学と社会心理学の領域にとって重要な概念であることは確かな根拠をもっている。具体的にいえば，特別支援教育や若い障害者の学校から成人期への移行という応用分野の研究で，自己決定を高めることがリハビリテーションや生活の充足にポジティブな成果をもたらす上で重要だということが確立されて四半世紀以上が経過した。同様に，若い障害者がより自己決定的になれるという知識やスキル，信念を獲得できることも示されている。障害のある人の機能を向上させる取り組みは，自己決定に基づいた生活を送る

ことができ，自分自身が生活の因果の主体となる機会をもつという取り組みを含まなければならない。あまりに多くの場合，障害のある人が生活し，学び，働き，遊ぶ環境は，意志に基づいて行動したり自己決定の上で行動したりする機会を妨げている。障害のある人が自分の生活で因果の主体となり，より自己決定できるようになることは，QOLと人生満足度の向上というリハビリテーションの目的を達成させるであろう。

第19章

レジリエンスと障害
個人内要因，対人的要因，社会環境要因

Alexandra L. Terrill, Justin J. MacKenzie,
Jackie Einerson, & Maija Reblin

柔よく剛を制す

日本のことわざ

レジリエンス（*resilience*）とは，逆境やストレスに直面しても，耐え抜き，立ち直り，成長する人間の能力のことを指す（Bonanno, 2004）。レジリエンスは，回復力と持続力の両方によって成り立っている（Zautra, 2009）。回復力とは，人間がストレッサー（stressor）や困難から迅速かつ完全に立ち直る能力を意味し，持続力とは，存続する困難がある状況の中で，仕事，家庭生活，余暇において，目的のある活動を成し遂げるために前進し続ける能力のことである。回復力と持続力は共にレジリエンスの重要な構成要素であるが，持続力は通常，より慢性的な，あるいは変化のない状況と関連しており，特に慢性疾患や後天性の障害のある者に関係が深い。

　レジリエンスは，ある人が他の人よりもなぜ困難にうまく適応できるのか理解する上で，非常に重要であると考えられる。レジリエンスの高い人は，心的外傷（trauma）（Ehde, 2010）や，がんの診断（Costanzo, Ryff & Singer, 2009），自然災害（Pietrzak et al., 2012）などの深刻なストレッサーに直面しても，より安定した情緒的ウェルビーイングを維持できることが示されている。実際，急性的なストレッサーに対するレジリエンス反応は，例外的なものではない（Bonanno,

Kennedy, Galatzer-Levy, Lude, & Elfstöm, 2012; deRoon-Cassini, Mancini, Rusch, & Bonanno, 2010; Zautra, 2009; Zebrack et al., 2014）。レジリエンスは，障害のない子どもや青年などの集団で，より広範に研究されているが（例：Luthar, 2006），障害者，とりわけ身体障害者のレジリエンスに関する研究は限定的である（Craig, 2012）。さらに，後天的な障害のある者は，特に二次的な疾患の管理などの慢性的な課題を考慮すると，レジリエンスの低下や，抑うつ，QOL（quality of life）の低下のリスクが一層高くなる（Terrill et al., 2016）。したがって，レジリエンスは，身体障害の心理的影響を理解する上で重要な鍵となる可能性がある。身体障害のある高齢者の大規模なサンプルを対象にレジリエンスを調査した最近の研究によると，レジリエンスが高い人々は，比較的強い痛みや疲労があっても，抑うつ症状が著しく少なく，QOLが高いことが示唆されている。また，3年間にわたって追跡した研究では，レジリエンスが高いことは，より高い社会的機能や，低い抑うつを予測することが示された（Silverman, Molton, Alschuler, Ehde, & Jensen, 2015）。

　レジリエンスは，個人の属性や特性として説明されることが多いが，異なる概念レベルにわたって起こる動的なプロセスとして理解した方がよい。ストレッサーに対処し，適応する人間の能力は，多くの場合，親密な対人関係やコミュニティ環境における文脈と共に時間をかけて形成される。このプロセスには，その人の内面的な能力や強みと，支えとなる親密な人間関係やコミュニティへのアクセスなどの広範囲にわたる対人関係や，社会環境の中に存在する外的資源とが常に関わり合っている（Masten, Best, & Garmezy, 1990）。

　そこで我々は，国際生活機能分類（ICF）の個人内要因，対人的要因，社会的環境要因を取り入れたモデル（図19.1）を提唱する。本モデルは，生態学的枠組み（Bronfenbrenner & Morris, 2006）に基づいており，最近 Liu, Reed & Girard（2017）によって提案されたレジリエンスの多重システムモデルに似通っている。レジリエンスは，それを促進する個人内要因（例えば，コーピング，性格）から，その発展と発現に影響を与える対人的要因（例えば，人間関係の質，社会的支援），これらの動的な相互作用に文脈を与える社会生態学的な影響（例えば，アクセシビリティ，文化的態度）など，複数の階層的な次元から構成されることを提案している。

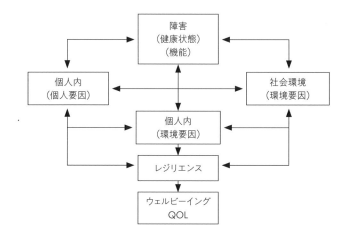

図 19.1　障害モデルの枠組みから見たレジリエンス

　研究によると，レジリエンスには先天的なものと後天的なものがあり，前者は安定的かつ特性的な生物的，遺伝的，環境的，心理的要因，後者は学習や実践によって習得される認知的，行動的なスキルが含まれている（White, Driver, & Warren, 2008; Wu et al., 2013）。レジリエンスは，文化的価値観，行政政策，医療制度などの広範な環境によって強化される可能性がある。しかし，本章では，障害に対する個人のレジリエンスや対処能力に個別に，あるいは総合的に影響を及ぼす生態学的モデルの中の個人内要因と対人関係要因に焦点を当てることにする。

1. 個人内要因

　ICFモデル（WHO, 2001）によると，個人内要因または個人レベルとしての要因には，年齢，性別，コーピングスタイル，ライフスタイル，人生経験，習慣，および心理的資産（psychological asset）が含まれ，これらが一体となって全体的な機能（または障害）に影響する。レジリエンスと最も密接に関連し，障害のある人にとりわけ関係があると考えられる5つの個人内要因は，ポジティブ感情，コーピングスキル，楽観主義，自己効力感，意味付けや目的意識が含まれる。

(1) ポジティブ感情

　ポジティブ感情は，ウェルビーイングや喜び，満足感，熱意などの感情として，概念化されている（Pressman & Cohen, 2005; Steptoe, O'Donnell, Marmot, & Wardle, 2008）。ポジティブ感情は，個人の思考と行動範囲を広げ，その結果，行動の柔軟性が生まれ，やがて個人の資源と社会的な親密さの形成，さらには身体的な健康につながる（Garland et al., 2010）ことが，拡張形成理論（broaden and built theory）（Fredrickson, 2001）に基づいた実証的な研究によって裏付けられている（Tugade & Fredrickson, 2004）。このように，ポジティブ感情は，レジリエンスの「ビルディングブロック」，すなわち基礎的構成要素に例えることができる。

　ポジティブ感情は，虚血性心疾患のリスク軽減，急性期医療を受けた後の機能的転帰の改善，生存率の向上など，前向きかつ予防的な効果があることが示されている（Chida & Steptoe, 2008; Lyubomirsky, King, & Diener, 2005; Pressman & Cohen, 2005）。障害やリハビリテーションに特化した研究では，脳卒中，脊髄損傷，多発性硬化症，慢性疾患を有する高齢者等の様々な集団において，ポジティブ感情が痛みの軽減や機能状態，社会参加，QOLの向上，そして，新たな障害を生じるリスクの低減に寄与することが示されている（Alschuler, Kratz, & Ehde, 2016; Berges, Seale, & Ostir, 2011, 2012; Fisher, Snih, Ostir, & Goodwin, 2004; Ostir, Ottenbacher, & Markides, 2004; van Leeuwen, Kraaijeveld, Lindeman, & Post, 2012; Zautra, Johnson & Davis, 2005）。ポジティブ感情は，障害に円滑に適応するために重要であるが，ネガティブ感情が必ずしも適応不足やレジリエンスが欠如していることを示しているというわけではない。実際に，四肢切断や脊髄損傷等の後天的な障害を負った後には，心理的な苦痛が感情体験の一部として正常な反応となりうることが研究で示唆されている（Bonanno et al., 2012; Shukla, Sahu, Tripathi, & Gupta, 1982）。ネガティブ感情とポジティブ感情のバランスは，レジリエンスの概念化にあたって不可欠な要素である。

(2) コーピングスタイル

　コーピングスタイルとは，ストレスの多い状況や課題に対する典型的な対処方法のことである。これはレジリエンスと密接に関連しているが，コーピング

スタイルはストレッサーに対する即時的な反応であり，短期的な結果をもたらすのに対し，レジリエンスは時間をかけて成長するという点で異なる（Masten et al., 1990）。これまでに様々なコーピングスタイルや戦略が確認されているが（Carver, Scheier, & Weintraub, 1989），レジリエンスと密接に関連しているコーピングスタイルがいくつかある。例えば，問題の解決や管理に努力を向けるという，**アプローチを基本とする**より能動的なコーピングスタイルは，脊髄損傷に対する適応反応と関連している（Elfström, Kreuter, Ryden, Persson, & Sullivan, 2002; McMillen & Cook, 2003; Pollard & Kennedy, 2007）。その他のコーピングスタイルとして注目されているのが，**柔軟な適応**と**実用的コーピング**である（Bonanno, 2005; Mancini & Bonanno, 2006）。**柔軟な適応**とは，コーピング戦略や目標を，状況に応じて適用させる能力のことである（Cheng, Lau, & Chan, 2014）。**実用的コーピング**は，特定のストレッサーに対処するために「どんな手段を使ってでも」取り組み，ひたむきに目標に向かう志向である。このような実用的コーピングは，例えば融通の利かない性格といった否定的な特徴と結び付けられることがあるが，喪失やその他のトラウマ（心的外傷）となりうる人生の重大な出来事に対して優れた適応を可能にすることは注目すべき点である。

(3) 楽観性

楽観性は，人生における肯定的な側面に焦点を当てるポジティブな帰属バイアスと関連する認知スタイルであり（Peterson & Bossio, 1991），良好な結果予期をもつ（Scheier & Carver, 1985; Scheier, Carver, & Bridges, 1994）。楽観性は生まれつきの特性として説明されることがあるが，それは醸成，習得可能なものでもある（Peterson, 2000）。これまでいくつもの研究によって，楽観的な人ほど，痛みが少なく，身体機能が高く，身体症状が少ない（Rasmussen, Scheier, & Greenhouse, 2009 のレビューを参照）など，楽観性は健康維持効果と関連すると報告されている。重度の身体的負傷を受けた人では，楽観性の低さは，障害やQOL低下のリスクの増大との関連が示されている（Vassend, Quale, Røise, & Schanke, 2011）。

楽観性の健康への影響を説明する一つの方法として，楽観性がコーピング反応に影響を与えることが挙げられる（Carver, Scheir & Weintraub, 1989）。楽観的

な人は，自ら置かれた状況に応じて，解決策を模索しようとする傾向があり（Peterson & Bossio, 1991），ストレッサーによって生じる負担を減らしたり，取り除いたり積極的に管理したりするなど，認知的かつ行動的に対処を行う（Carver & Scheier, 1998; Nes & Segerstrom, 2006; Suls & Fletcher, 1985）。Lazarusらは，認知的評価がストレス処理における重要な媒介因子であると仮定している（Lazarus, 1966; Lazarus & Folkman, 1984）。ストレッサーを引き起こす出来事が起こったときに，その出来事を概念化し（例えば，克服可能な課題とそれがもたらすであろう脅威を比較する；Blascovich, 2013），自分たちに変化をもたらす出来事に対処できる能力が自分にあるかを評価する（Folkman, Lazarus, Dunkel-Schetter, DeLongis, & Gruen, 1986）。楽観的な人は良好な結果を予期するため，より前向きに評価をする，すなわち，ストレッサーを課題や成長の機会として捉える傾向がある。その結果，楽観的な人はストレッサーがもたらす影響に対して，よりレジリエンスが高いと考えられる。例を挙げると，脊髄損傷を経験した人を対象にした研究では，脊髄損傷そのものの経験を，自分たちを脅かす危機ではなく取り組むべき事柄として捉えた人は，柔軟な適応パターンとよりよいQOLを保持していることが明らかになっている（Bonanno et al., 2012; Kennedy, Evans, & Sandhu, 2009; Peter, Müller, Post, van Leeuwen, Werner, & Geyh, 2014）。

(4) 自己効力感

　自己効力感とは，設定した目標を達成する可能性の認識のことであり，目標や作業，課題に取り組む上で重要な役割を果たす（Bandura, 1986）。自己効力感は，様々なリハビリテーションや障害者集団において，ウェルビーイングや社会参加，QOLの向上，うつや痛みの軽減などの転帰と密接に関係している（Craig et al., 2013; Hampton, 2004; Korpershoek, van der Bijl, & Hafsteinsdottir, 2011; Peter et al., 2014）。

　自己効力感は，健康行動の変化に関連する理論の重要な要素であり（Strecher, DeVellis, Becker, & Rosenstock, 1986），慢性疾患や障害体験において重要な調節要因となりうる。後天的な障害のある人は，移動の制約，外見の変化，腸や膀胱の機能の変化，慢性疼痛，継続する医学的合併症の管理など，新たな課題を経験することがある。これらの課題は，親密な人間関係を築く，有意義な活動に

参加する，ウェルビーイングを実感する，健康を管理するといったような，自己の目標達成が可能かどうかの認識に影響することがある。Amtmannら（2012）の研究では，自己効力感と社会参加（例えば，余暇活動への参加，友人との付き合い，ボランティア活動への参加）の間に強い関連があることが示されている。自己効力感が高い人は，自分の障害に関連した症状を管理する能力に自信があり，ゆえに，望ましい社会的役割に従事することができる。同様に，長期的な身体障害のある820名を対象とした研究からも，自己効力感とレジリエンスには正の相関があることが明らかになっている（Terrill, Molton, Amtmann, & Jensen, 2014）。また，自己効力感は，レジリエンスとうつ病，痛みに起因する生活への支障との関係を説明するのに役立つと考えられている。これらの知見は，レジリエンス要因間の複雑な関連性と，障害者を取り巻く事象を理解するための構造として自己効力感が果たす役割を強調している。

(5) 意味付けと目標の発見

意味付けは，「物事，出来事，つながりといった起こりうる関係性の心的表象であり，意味を物事に結び付けること」と定義されている（Baumeister, 1991, p. 15）。障害をもたらす負傷など，非常にストレスの多い，または混乱を招くような人生経験から意味を見出すことで，人生への適応が促進されることがある。多くの場合，意味付けの結果として，受容，成長や人生の変化についての前向きな認識，その経験を自分のアイデンティティに統合すること，そして，統合的な意味付けや目標を再定義することができる（Park, 2010）。

意味付けの一環として，自分の人生の目的を見つけたり，捉え直したりすることが含まれる場合がある。人生の目的とは，人生に意味と方向性を与える目標や目的をもつことである（Ryff, 1989）。人生の目的をもつことが，脊髄損傷後の人々の適応（Dunn, 1994; Thompson, Coker, Krause, & Henry, 2003）や，多発性硬化症の人々の生活満足度や肯定的感情の向上（Pakenham, 2007）における強力な予測因子であることが研究によって裏付けられている。

2. 対人的要因

　前述したように，これまでレジリエンスは，個人の特性として概念化され，個人的なプロセスを通じてウェルビーイングに影響を与えるとされてきた (Carver, Scheier & Sergerstrom, 2010)。レジリエンスを単に個人の特性として概念化すると，重要な対人的影響を見落とす可能性があり，特に障害の領域では，有害な態度や信念，期待を強化する可能性がある (Runswick-Cole & Goodley, 2013)。さらに，レジリエンスを個人特性として広範囲かつ厳密に適用すると，レジリエンスは，個人の中に備わっているか，備わっていないかの二者択一的な特質であり，単純に逆境に対処し克服する「能力がない」と見なされてしまうという有害な認識を助長することがある (Luthar, Cicchetti, & Becker, 2000)。

　一方で，発達の観点からは，レジリエンスは，人間社会環境の相互作用の中で展開されるダイナミックなプロセスを通じて，時間をかけて生じる能力であると概念化されている (Egeland, Carlson, & Sroufe, 1993)。レジリエンスを個人特性と個人内での処理過程として概念化することを支持する証拠がある一方で，対人的な視点に焦点を当てることで，人々とその社会的背景におけるレジリエンス要因を理解する，より統合的なアプローチを提供できる可能性がある (Smith & MacKenzie, 2006)。研究により，レジリエンスにおける個人的な側面が，広範囲にわたって社会環境における対人相互作用のパターンに影響を与えることが示されている。個人内要因は，レジリエンスに必要であるが，それだけで不十分である。一例として，Smithら (2013) は，特性として楽観性が高いことは，温厚で優勢な対人交流スタイルと関連があり，一般的に対人葛藤が少なく，より多くの社会的支援を受けることを見出した (Sadler, Ethier, & Woody, 2011)。夫婦関係においては，お互いの楽観性が高いほど，長期にわたって結婚適応が高いことが得られることが予測された。さらに，夫の楽観性の程度は，妻の夫婦間適応を予測し，親密な関係性におけるレジリエンス要因の相互性を支持していた (Smith et al., 2013)。臨床サンプルを用いた研究では，特に恋愛関係にあるカップルの場合，患者と介護者という関係性は，別々の個人としてではなく，ユニット，もしくは「情緒的システム」(Hagedoorn, Saderman, Bolks, Tuinstra, & Coyne, 2008) として影響を受けていることが示唆されている。実際，患者と介

護者である配偶者は，それぞれのストレスレベルやウェルビーイングに相互の影響を与えることが多い（Li & Loke, 2014）。脳卒中に直面したカップルに関する近年の予備的研究によると，両パートナーを対象とする二者間におけるポジティブ心理学（dyadic positive-psychology）に基づく介入によって，双方の気分やウェルビーイング，QOLを改善し，それによって個人だけでなく，ユニットとしてのカップル内のレジリエンスを高める可能性があることを示唆している（Terrill et al., 2018）。

人と環境の相互作用におけるレジリエンスの発現は，逆境やストレス経験に対して重要な示唆を含んでいる。Terrillら（2010）は，90名の大学生を対象にした研究において，楽観性が高い人は，社会的ストレッサーに対する心血管系の反応を抑制するが，それ以外のストレッサーに対する反応には影響しないことを発見した。障害の社会モデル（Wright, 1983）は，偏見や差別などの外的障壁を強調しており，レジリエンスがもたらす潜在的な利点は，経験したストレスを取り巻く対人関係や社会的文脈に依存する可能性がある。

3. 社会環境

親密な対人関係を超えて，必要かつ意味のある日常の活動への参加や社会的機会，支持的な環境は，レジリエンスの発達に関する相互作用プロセスに積極的に関与しうる（Machida, Irwin, & Feltz, 2013; Price, Kinghorn, Patrick, & Cardell, 2012）。意味のある活動や社会的支援への積極的関与は，QOLや総合的なウェルビーイングの向上と関連することが研究から示唆されている（Barclay, McDonald, & Lentin, 2015; Ekelman et al., 2017; White, Attia, Sturm, Carter, & Magin, 2014）。しかし，活動への参加の障壁として，物理的・環境的な障害，ソーシャルサポートの不足，支援機器へのアクセスの制限，メンタルヘルスの問題，疲労などの二次診断の悪影響などが挙げられる（Barclay et al., 2015; Molton & Yorkston, 2017）。このように，個人の置かれた状況は，その人が本来もっているレジリエンスを阻害することも促進することもある。

Molton & Yorkston（2017）は，脊髄損傷，多発性硬化症，筋ジストロフィー，あるいはポリオ後症候群など，様々な障害を抱えて生きてきた成人にとっての

「サクセスフル・エイジング」とは何か，研究を行った。QOLは，レジリエンス，適応，自律性，社会的つながりなどの，相互依存的な事柄と関連していた。例えば，住居を決めるといったように，新しい環境に適応するためには，自律的な意思決定が重要であることが強調された。一方で，Locatelliら（2017）が示したように，レジリエンスと自己効力感を向上させ，負傷による喪失感や悲嘆を軽減することで，積極的関与や参加意欲を向上させることもできる。これらの知見は，個人が障害に対処し，適応する能力は，対人関係や社会環境だけでなく，個人内要因にも影響されるという，我々が提案するモデルを支持している。

4. おわりに

　身体障害者のレジリエンスに関する研究は発展途上であるが，レジリエンスが高い人ほど，障害に関連するストレッサーに円滑に対処でき，広範囲にわたって，心理的にも身体的にも健康であることが示唆されている。既存の研究の大半は，レジリエンスに関連する個人内要因に焦点を当てているが，対人関係要因や社会環境要因に対しても，より関心を向けるべきである。我々はこの研究を方向付けるために，これらのより広い視点を統合したモデルの使用を提唱する。また，障害が一個人にのみ影響を与えることはまれであり，同様に，一個人が自身の社会的文脈から切り離して存在することはない。Devereux, Bullock, Gibb, & Himler（2015）によれば，身体障害のある人々の間での対人支援の認識は，より広範な社会的環境要因と関連しているため，レジリエンスの対人関係要因，個人内要因，社会環境要因の相互関係を，さらに統合して理解することは，障害者におけるレジリエンスの理解を深める上で重要である。

　例えば，参加と関与は，環境的，対人関係的，個人内要因とレジリエンスとの間をつなぐメカニズムとして機能する可能性がある。個人が社会的活動（例えば，アダプティブ・エクササイズクラブやボランティア活動）に参加することで，意味を見出し，自己効力感を高め，コーピングスキルを身につけることができるかもしれない。さらに，レジリエンスを対人レベルで見ることで個人にも影響を与えることができる。我々は個々のパートナーおよびユニットとしてのカッ

プルの双方を対象として，二者間におけるポジティブ心理学に基づく介入の効果を検証している（Terrill et al., 2017）。家族間の気分状態には相関があるという見解を支持する感情共調節に関する研究（Repetti, Wang, & Saxbe, 2011）に基づき，個人のみを対象とするよりも，カップルを対象とした介入により強固な効果が得られると我々は見込んでいる。同様に，コミュニティへのアクセス（Rak & Spencer, 2016; Rosenberg, Huang, Simonovich, & Belza, 2013），医療（Harrington, Hirsch, Hammond, Norton, & Bockenek, 2009），社会活動（Tsai et al., 2017）などの社会環境要因に焦点を当てた介入も，対人関係要因と相互作用して，参加を促し，ひいてはレジリエンスとQOLを向上させることができる。

　障害は必ずしもQOLに否定的な影響を及ぼすわけではない。実際に，障害をもちながらも高いレジリエンスをもち，つまり前向きな姿勢を保ち，人生に意味を見出し，協力的な対人関係を築くことができる人は，障害のない人よりもQOLが高い可能性がある。障害に直面してもレジリエンスを育むための介入や臨床プログラムを開発するには，レジリエンスを促進する多層的な要因を理解するためのさらなる研究が必要である。

第 IV 部
不公正, アドボカシー, 社会政策の問題

第20章

不公正評価と障害

Zina Trost, John A. Sturgeon, Casey Azuero,
Kimberley Monden, & Whitney Scott

　かつての俺はもういない。やりたかったこともうできない。あの怪我が俺から奪っていった。あいつが，あいつが俺から奪ったんだ……。
　　　　　　　　　　　　PJ, アフリカ系アメリカ人男性（18歳）
　　　　　　　　　　　　　　　　　銃創に由来する下半身麻痺

　どうしてこんなことになったのかわからない。自分は善良な人間で，携帯もいじらないし車の運転もしない。あのときだってそうだったんだ！
　　　　　　　　　　　　　　　　　　MP, 白人男性（55歳）
　　　　　　　　　　　　　　　　　車の衝突事故による慢性頸痛

　この痛みがどんなものか誰にもわかりっこない。家族だって，主治医の先生たちだって，お母さんにだってわからないよ。このことで，みんなが私を助けてくれようとしているのかもわからないし，ただわかるのはこれがお金になるということだけで……。
　　　　　　　　　　　　　　　　　　MR, 白人女性（25歳）
　　　　　　　　　　　　　　　　　　　　　　慢性腰痛

　もう，故郷を離れて外の世界へ出ていくことは叶わないんだ。自分のことがどうにもならないんだから。私の人生は終わったんだ。前のような自分にはもう戻れないんだ。
　　　　　　　　　　　　TJ, アフリカ系アメリカ人男性（27歳）
　　　　　　　　　　　　　　　　　　　　　　下半身麻痺

「公正であること」は，生まれながらにして明白な人間の基本的動機として (Lerner & Miller, 1978) 説明されてきた。公正・不公正の評価に関連するテーマは，古くから社会心理学や健康心理学の文献に存在してきた。しかし，**個人的な健康や機能障害**に関連する不公正の評価の性質や影響に関する体系的な研究は，最近になって，より広範な健康やリハビリテーションの言説の中に定着してきたところである。この10年で，研究が急速に蓄積されてきたことで，健康や障害に関連した適応に対する不公正関連の評価の重要性と同時に，臨床的・経験的な精査がより必要な領域であることが強調されてきた（McParland & Eccleston, 2013; Sullivan et al., 2008）。本章では，確立されつつあるこの領域の主要な特徴について紹介していく。概念的・理論的基盤をはじめ，この分野における研究のこれまでの蓄積と新たな展開，そして，近年認識されつつある人間関係や社会的要因が示す役割についてもふれる。本章では，健康状態に基づく不公正評価に関する今後の研究・応用分野の提案について議論していく。

1. 健康状態を理由とした不公正評価の定義とその位置付け

公正・不公正の定義やそのことがもたらす影響や機能については，哲学，法，組織に関する著作で広く扱われている（Colquitt, Conlon, Wesson, Porter, & Ng, 2001; Colquitt, Scott, Judge, & Shaw, 2006; Darley, 2001）。様々な形で現れる不公正評価と健康への悪影響の関係についても強い関心が寄せられてきている。とりわけ，社会心理学・組織心理学の研究や，社会的に疎外された集団や不利な立場にある集団についての健康格差の記録は，公正評価の侵害が身体的・心理的ウェルビーイングに及ぼす負の影響，そしてそれはしばしば知らぬ間に進行するものであることに関して，十分な証拠を提供している（Hirsh, George, & Robinson, 2009; Jackson, Kubzansky, & Wright, 2006; Wheelis et al., 2015）。これらの確立された研究領域において，身体的健康の悪化，機能障害，病気の発症は，不公正評価の**帰結**として概念化されており，それは個別の出来事や日常生活上のストレス，目に見える不公平または不当な扱い，特に慢性的に当てはまる場合（例えば，人種差別や職場の不公平行為の結果として；Jackson et al., 2006）に反応して生じると理解されていることは重要である。対照的に，本章では比較的近年

の研究として，健康関連の障害（疼痛，怪我，関連する障害，慢性的な疾患など）**それ自体が，不公正評価の重要な対象である**ことに焦点を当てた比較的最近の文献について，また，こうした主観的な評価の性質が，その後の健康状態への対処や続いて起こる適応（身体的・心理的）にも影響を与える可能性があることについても紹介する。

　現在受け入れられている状況依存的不公正評価の運用上の定義は，この構成概念を評価するために特別に設計された最初の尺度で見られたものと一致している。Sullivan らによって開発された不公平感質問票（Injustice Experience Questionnaire: IEQ; Sullivan et al., 2008）は，伝統的な認知理論（Montada, 1992）で明確にされた不公正評価を構成する本質的な要素を使用している。健康状態に基づく不公正の評価は，状況に関連した苦痛や損失の大きさと回復不能性（Mikula, Scherer, & Athenstaedt, 1998; Montada, 1992），想定される／妥当とされるべき基本的権利の侵害（Trost et al., 2014），非難の外的帰属（McParland & Eccleston, 2013; McParland, Eccleston, Osborn, & Hezseltine, 2011; Sullivan et al., 2008; Sullivan, Scott & Trost, 2012）などを反映する認知評価プロセスとして概念化される。IEQでは対象者に，自分自身の状態に関連する12の考えをどの程度頻繁に経験したかを振り返らせる。これらの質問項目は「喪失の深刻度／回復不可能性」と「非難／不公平」の2つの関連因子に分類されている。各因子を構成する項目は，表20.1に示す通りである。

　重大かつしばしば回復不能な損失や機能障害，近接目標や遠隔目標への到達に対する障壁，持続的で予期せぬ課題（身体的，心理的，社会的領域にわたる）といった存在が，様々な形態の健康障害と共に生きる多くの人々の生活における現実であるということを考慮すれば，健康上の障害がある人々にとって，健康状態に基づく不公正の評価が重要になることは驚くに値しない（Ferrari, 2015; McParland & Eccleston, 2013; Scott, Trost, Milioto, & Sullivan, 2013, 2015; Sullivan et al., 2008; Yakobov, Scott, Stanish, et al., 2014）。IEQとその改良版は，健康状態を理由にする不公正性評価を量的に測定する最初の定量的尺度として，この構成概念に関する体系的な調査の基盤となった。

　この分野では当初から，健康状態に基づく不公正評価に関する実証的な研究は，ほぼIEQ尺度に依存してきた。しかし，研究対象が社会人口統計学的な集

表 20.1 オリジナル版不公平感質問票の項目

非難／不公平	深刻度／回復不可能性
・私は第三者の過失のせいで苦しんでいる。 ・すべてが不公平に思える。 ・私が経験したことを補えるものは何もない。 ・私はとても大切なものを奪われてしまったように感じる。 ・私の夢は実現できないのではないかという不安で悩んでいる。	・自分に起きたことが信じられない。 ・ほとんどの人が，私の症状がどれほど深刻なものか理解していない。 ・私の人生は二度と戻らない。 ・誰もこのような目にあうべきではない。 ・自分の人生を取り戻したい。 ・このことが私に永久的な影響を及ぼしていると感じる。 ・私の病状が深刻に受け止められていないのではと心配になる。

出典：Sullivan et al., 2008, p. 253.

団，健康者集団，障害者集団に拡大されれば，測定尺度の妥当性や特異性の問題に注目することの重要性が増し，測定尺度の改良や開発が求められるようになる可能性がある。例えば，オリジナルのIEQ質問項目には，社会的無効化，回復しえない損失，統制の所在，周囲への非難の要素が反映されているが，これらの項目は，健康状態や社会人口統計学的カテゴリーが異なる集団（子ども，先天性疾患や障害，有色人種）間で顕著に異なる可能性がある。他の集団でこうした概念検証を行うことは，現行のIEQで捉えられないような健康状態に基づく不公正の評価の概念的要素の存在を明らかにするかもしれない（例えば，脳損傷のある個人が感じるような全面的な能力の剥奪感，社会比較の問題）。

2. 現状におけるエビデンス

一言でいえば，健康状態に基づく不公正の評価に関する研究は，すべての評価過程と同様に，同様の機能障害に直面した個人であっても，自分の状況を不公正だと評価する程度には差異があり，その結果，不公正評価の程度が高いほど，身体的・心理的転帰が悪くなるようだ（McParland & Eccleston, 2013; Sullivan et al., 2012; Sullivan, Davidson, Garfinkel, Siriapaipant, & Scott, 2009）。こうした観察に沿って，これまでに得られた知見は，外傷や障害の程度や重篤度に関する利用可能な客観的指標，例えば脊髄損傷の程度やその完全・不完全性（Trost et al., 2017) や外傷重症度スコア (Trost et al., 2015) は，不公正評価の程度と関連していないことを示している。これらの基本的な観察による知見は，不公正評価が基本的に社会交換的・取引的な性質をもつことを強調している。なぜなら，「評価」は，伝統的に，出来事や状態を，個人の身体的，環境的，心理的目標との関連性に基づいて判断する認知-評価過程として定義されているからである (Folkman, Lazarus, Gruen, & DeLongis, 1986; Lazarus & Folkman, 1984)。

　この分野の研究では，不公正評価の指標の高さが，身体的，精神的な悪影響，そして一段と，社会的な悪影響に結び付いていることを確かに示している。多数の急性，慢性症状（例：むち打ち，線維筋痛症，慢性腰痛）において，健康状態を理由にした不公正評価がより高いことが，苦痛の報告 (McParland & Eccleston, 2013; Rivara et al., 2008; Sullivan et al., 2012; Sullivan, Davidson, et al., 2009) や，機能障害の自己報告 (Sullivan, Davidson, et al., 2009)，抑うつや心的外傷後ストレスの症状など心理的苦痛の自己報告 (Scott & Sullivan, 2011; Sullivan, Thibault, et al., 2009; Trost et al., 2015, 2017) の多さと関連していた。不公正評価が高まると，痛みへの集学的リハビリテーション (Scott et al., 2015; Sullivan, Thibault, et al., 2009) や人工膝関節全置換術 (Yakobov, Scott, Stanish, et al., 2014; Yakobov, Scott, Tanzer, et al., 2014) など治療の予後の悪化との関連が同様に一貫して示されている。

　健康状態を理由にした不公正の評価に関する研究の多くが，筋骨格の痛みへの影響にこれまで取り組んできたが，近年ではより広範な議論が行われている。深刻な心的外傷後の受傷を理由にした不公正評価の役割について，多くの研究が始まっている。例えば，不公正評価は，入院リハビリテーションを経験した外傷性／非外傷性の脊髄損傷患者において，痛みの強さや心理的苦痛（例：抑うつ症状や心的外傷後ストレス障害），退院時の機能障害の知覚の大きさに対する独自の予測因子であることが示されている (Monden & Trost, 2015; Wike et al., 2015)。レベル I 外傷センターに入院して 12 か月が経過した者の評価において，不公正評価は，人口統計学的変数，痛みや苦痛，外傷に関連する変数によらず，より強い痛み，抑うつ，外傷後ストレスの症状と関連し，健康に関する QOL を低下させていた (Trost et al., 2015)。近年の研究では，線維筋痛症 (Ferrari & Russell, 2014; Kool et al., 2010; Rodero et al., 2012) や性器-骨盤痛 (Pâquet et al.,

2016）における不公正の評価についても同様に取り組まれつつある。同様に小児科の領域でも不公正評価に関する研究が一層進められてきている。慢性痛専門病院に訪れている子どもや若者において，痛みを理由とした不公正評価の高さは，情緒的，社会的，学校生活面での機能不全だけでなく，より強い痛みや破局的思考，機能障害とも関連を示していた（Miller, Scott, Trost, & Hirsh, 2016）。

　今日までに，健康状態を理由とした不公正評価における対人的要因についてふれた研究は限られている。しかしこうした研究は，主観的経験によって継続的に伝えられ，かつ主観的経験を伝えるような社会的状況の中で，痛みや病気，障害が生まれるという認識が一般に高まったことを反映している（Vervoort & Trost, 2017; Williams & Craig, 2016）。Scott らの研究では，集学的リハビリテーションを受けている疼痛患者において，不公正評価が高いほど，治療同盟が悪いという関連が示された（Scott, Milioto, Trost, & Sullivan, 2016）。さらに，健康状態を理由とした不公正の評価が高い場合も同様に，第三次ケアを受ける慢性疼痛患者における，社会的孤立の認識の増大と関連していた（Sturgeon et al., 2016）。さらに，慢性疼痛がある人のパートナーや介護者の経験に注目している 2 つの研究がある。慢性疼痛がある人の介護者において，自身の環境（例：介護の役割）に関連する不公正評価が高い場合，介護に対する負担感や怒り，心理的苦痛がより高いという関連性が示された（Mohammadi, de Boer, Sanderman, & Hagedoorn, 2016）。性器 – 骨盤痛のある女性のパートナーにおいては，パートナーの状況に関する不公正評価が高いほど，個人的苦痛が予測された（Pâquet et al., 2016）。最後に，Miller らによる最近の研究（2018）では，子どもや思春期の若者の慢性疼痛に関する不公正評価が親子の間で一致することは，小児の疼痛の転帰に関連していた。そして，親ではなく子ども自身が自分の負っている痛みに対して不公正だと強く感じている場合にその傾向が特に強く見られた（Miller et al., 2018）。これらの知見は，健康の障害という文脈において，公正に関する評価がどれほど複雑であるかをようやく我々が認識し始めたことを強調するものであり，行動と介入のメカニズムを示唆し，この領域における研究がますます必要となっていることを指摘している。

(1) 不公正評価の社会的側面

　先に概説した研究を除いては，これまでの研究の多くが，個人の環境に対する主観的評価として，健康状態を理由とした不公正の評価を検討してきた。しかしながら，研究で次第に実証されてきたように，そのような評価は，しばしば構造的なバイアスや不公正という特徴があるマクロ・ミクロレベルの文脈（例えば，文化的環境や二者間での相互作用など）のほか，根深い社会的価値観を背景にして生まれている。これらの顕在的ないし潜在的な不公平が重なり合うことで，最終的に不公正の主観的評価や特定の健康状態への対処に影響を与えるだろう。

　全般的なレベルでいえば，**公正世界仮説**（*just world theory*）は，不公正認知の理論的基礎として，自分自身や他者の苦しみなど世界での経験を人が整理するための見方として発展してきた（Lerner & Miller, 1978）。この理論に基づくと，「人は相応の報いを得る」という見地から，人は自分たちの環境を暗黙的に公正なものと捉えるように社会化していく（Dalbert, 2009; Lerner & Miller, 1978, p. 1030）。表面上公正であるという世界の前提が崩された状況——例えば怪我や病気，障害などによって——では，不公正の認識が生じる。公正世界への信念は，個人のコーピング行動を促す一方で（McParland & Knussen, 2010; Otto, Boos, Dalbert, Schöps, & Hoyer, 2006），健康や障害に関連した困難をもつ人たちへの否定的なバイアスをもたらしてしまうことが明らかとなっている（Furnham, 2003, p. 200）。例えば，公正世界信念をより強くもつ人は，予防不可能な病気も予防可能なものと見なし（Lucas, 2009），事故後に重い障害を負った人自身に大きな責任があると見なす（Walster, 1966）。これらの思いやりに欠ける傾向は，正反対の証拠があるにもかかわらず，世界は公正で予測可能であるという信念をある程度保持するためではないかと仮定される。

　公正世界仮説に関する研究は，公正の認知が個人内および社会的ダイナミクスの両方に本来備わっていることを示唆している。しかしながら，公正性に起因する根底にある文化的価値観の文脈では，広範囲にわたる社会的・対人的構造における公正の侵害がもたらす壊滅的な影響を立証する頑健な研究の蓄積がある。そこでは，人種差別や階級による不公平な処遇，社会的地位が低いといった，様々な形での社会的不公正を経験した人の健康状態は，より悪くなりやす

いことが示されている（De Vogli, Ferrie, Chandola, Kivimäki, & Marmot, 2007; Hadler, Tait, & Chibnall, 2007; Jackson et al., 2006; Kivimäki, Vahtera, Elovainio, Virtanen, & Siegrist, 2007）。こうした健康に対する脆弱性——例えば，人種的マイノリティの集団において見られるようなもの——は，不公正な対人的・社会的経験に繰り返しさらされ続けることを，最終的にネガティブなコーピングや病態生理学的な反応へ至るストレスの特徴的な一形態として定義することによって説明されてきた（Jackson et al., 2006）。近年の研究は，社会的不平等の経験（例えば，差別の歴史）は，**本人の健康状態を理由とした不公正**にも影響する可能性が指摘されている。外傷治療を受けるために入院している患者サンプルで，外傷の重症度を統制すると，黒人の研究参加者の方が，白人の研究参加者と比較して，受傷を理由とした不公正な評価を有意に高く報告していた（Trost et al., 2015）。同様の結果は，慢性腰痛をもつサンプルにおいても再現されている（Trost, Van Ryckeghem, Scott, Guck & Vervoort, 2016）。

　社会人口統計学的特性に関連した不公正に加えて，直近の社会環境は，健康状態や障害そのものに対するスティグマなどの態度的偏見によって特徴付けられるかもしれない。先行研究によると，障害者個人に対する認識には安定した階層の存在が示唆されている。特定の種類の障害，例えば身体障害や認知障害のある個人は，知的障害者や精神障害者よりも否定的に捉えられることが少ない傾向がある。その結果として，知的障害者や精神障害者はより強いスティグマを経験することになるかもしれない（Grue, Johannessen, & Rasmussen, 2015; Olkin & Howson, 1994; Richardson, Goodman, Hastorf, & Dornbusch, 1961; Shears & Jensema, 1969; Thomas, 2000; Tringo, 1970; Westbrook, Legge, & Pennay, 1993）。最終的に，スティグマ化は，社会人口統計学的な特徴（例：障害者の人種，性別，性的指向，社会経済的地位），障害の原因に対する知覚（Kravetz, Katz, & Albez, 1994; Shurka & Katz, 1976），知覚者の特徴（例：ジェンダーや障害者との過去の接触頻度）の複雑な相互作用によって，さらに影響を受ける可能性が高い。他の評価プロセスと同様に，健康状態を理由とした不公正の評価も，個人内要因，対人的要因，そしてより大きな社会的要因が続いて累積的な影響の反映の可能性がある。

（2）健康状態を理由にした不公正評価の取り組み

　健康状態を理由にした不公正評価に関する研究の大きな原動力は，実証に基づいたエビデンスや事例報告が増加しているにもかかわらず，急性または慢性の健康障害を理由にした不公正評価に具体的に対処する方法が今のところ確立していないことにある。そのため，不公正評価のメカニズムを反映し，臨床的介入の可能性を示唆する不公正関連の構成要素について研究が開始された。これまでに，これらの構成要素には，怒り，疼痛行動，受容が含まれている。

　健康状態を理由にした不公正の評価をより是認してきた個人は，より強い怒りの感情を経験し，かつその怒りを周囲にも表出する傾向にあることが，これまでの研究では一貫して示されている（Scott, Milioto, Trost, & Sullivan, 2016; Scott, Trost, Bernier, & Sullivan, 2013; Sturgeon, Carriere, Kao, Rico, Darnall, & Mackey, 2016）。不公正評価は，敵意とも有意な関連を示しており（Mohammadi, de Boer, Sanderman, & Hagedoorn, 2016），そうした怒りの感情は，有意義な社会的関係を混乱させ，より大きな苦痛や葛藤，孤立を招き，最終的には身体的・心理的適応を損なう可能性が指摘されている。これに伴い，Scottら（2016）は，慢性筋骨格系疼痛に対する集学的リハビリテーションを受けている個人において，怒りの表出が，痛みを理由にした不公正評価と治療同盟の妨げとの関係を媒介することを明らかにした。

　慢性疼痛に関するこれまでの文献によると，疼痛行動（顔を歪める，うめき声を出す，痛む部分のこわばり，痛む部位をかばう）は一般的に予後不良と関連し，大部分が不適応だと考えられている。怒りの表出と同様に，疼痛行動はしばしば社会的文脈に影響を与えることを意図したコミュニケーション機能を果たし，やはり同じように，より強い不公正信念を保持している人においてより一般的であることが示されている（Carriere, Martel, Kao, Sullivan, & Darnall, 2017; Sullivan, Davidson, et al., 2009）。より強い痛みへの反応は，慢性的な痛みを伴い（Kool et al., 2010, 2014），かつ健康状態を理由にした不公正の認識の一部として評価された（例：IEQ項目における「ほとんどの人が私の状態がどれだけひどいものか理解していない」）無力化や無理解の経験によってもたらされている可能性がある。しかしながら，この問題に関する最近の研究では，より強い痛みの反応表出が，自らの痛みの状態に関してより高い不公正感を感じている高度専門医療施設の患

者へのオピオイド鎮痛薬のより頻回な処方を招いていると指摘している（Carriere et al., 2017）。痛みを理由にした不公正評価が高まっている人々において，より多くの医療用麻薬の服用の事実があることも新たに指摘されているが（Scott et al., 2013），こうした初期の研究結果は，不公正評価——そしてそれに関連した痛みへの反応——が，オピオイド使用によるその他の病態への罹患率や死亡率の顕著なリスク要因となりうることも示唆している。

　慢性疼痛に関する研究においては，痛みを理由とした不公正評価に関する特定の構成要因として，「受容」が検討されている。痛みの受容は，持続する慢性的な痛みがあるにもかかわらず，充実した生活をめざすべき目標として，価値主導の活動への取り組みに焦点を当てた個々人の努力の過程として定義されている（McCracken, 1998）。これは，継続的な（そしてしばしば不適応となる）逃避あるいは「痛みという問題の解決」——これらは慢性的な痛みに関連する障害や苦痛を増強する可能性がある——という考え方とは対照的である（Eccleston & Crombez, 2007）。受容することに基礎を置くコーピングは，同様に健康状態を理由とする不公正な評価を押し上げることと対照的であり，QOLを高めていくことをめざして，喪失や回復不可能性，障害のプロセス（とそれに伴う努力）に焦点を当てている（Gagnon, Martel, Dionne, Scott, & Alencar Abaide Balbinotti, 2016）。実際に，線維筋痛症患者においても，痛みの受容は，疾患に起因する不公正の評価と負の関連が見られる（Rodero et al., 2012）。最近の研究では，不公正評価と心理的苦痛および障害の間（Carriere et al., 2018; Martel, Dionne, & Scott, 2017），不公正評価と医療麻薬の処方の間（Carriere et al., 2018）の媒介要因として，低水準の痛みの受容が確認されている。一方で，これらの知見は，障害の受容と不公正の構成要因との関連を明確にしたが，それらの関係性（例えば，心理的構えとして矛盾しつつも関係しているようなもので，潜在的には共起するもの）を示唆してはいるものの，まだ十分に明確化されておらず，今後の検討が必要である（Gagnon et al., 2016）。

　前述の通り，健康状態を理由とした不公正評価の仕組みや性質を明らかにしようとする取り組みは，医療的介入の可能性の議論に役立っている。その取り組みは，受容に基づくコーピング（McCracken, 1998）だけでなく，不平や怒りの反応に対する許しや思いやりに焦点を当てた方略（Wade, Worthington Jr, &

Meyer, 2005）にも導入されている。臨床的な推奨を行えるほどの十分な研究蓄積はないが，これまでの知見が，慢性疼痛患者のみを対象として実施された研究を反映していることは注目に値する。先に述べたように，健康や障害がより多様化し，顕著な社会人口統計学的要因に注目すれば，不公正評価が生まれる特異点，いわば介入の対象が明らかになる可能性がある。また，健康状態を理由とした不公正評価が累積する可能性があることから，不公正評価に対する介入を考える上で，特定の健康に関連した評価を特徴付ける社会システムレベルの不公正（例：社会環境における実際の不公正）を認識する必要があるだろう。そして，研究や臨床の取り組みが発展していく中で，個人の健康に関する公正・不公正の評価は，大部分が人間の思考に内在すると考えられる認知スキーマ（例：公正世界信念）から生じるということを認識することが重要である。別の言い方をすれば，不公正評価は絶対的な病理学的反応を反映しているわけではなく，実際には個人の心理学的，生物学的，社会的経験を正確に足し合わせたものである可能性があるということである。

3. 今後の方向性

不公正評価は，障害や健康障害に適応するための概念的，臨床的な意味をもつ一次元として注目されてきた。不公正の評価の高まりによってもたらされる影響は，Beatrice Wrightによって描かれた障害に対する「屈服」反応の特徴を想起させる（Dunn, 2015）。不公正評価の高い人は，障害となるイベントや状況，その表向きの壊滅的な結果について執拗にこだわり，そして不公平や非難について思い悩む。こうした不公正反応の直感的な性質や，継続的な研究があるにもかかわらず，不公正反応に関する構成する要因やその影響についての体系的な検証はまだ始まったばかりである。

健康状態を理由とした不公正評価（および，臨床的応用の可能性）に関する研究の進展は，その研究範囲を少しずつ拡大しつつあり，将来的に個人の健康状態を取り巻く不公正評価と社会的要因の関連性を明確にするだろう。例えば，健康状態を理由とした不公正評価に関する研究は，筋骨格痛やその損傷に特に焦点を当てることで展開してきたが，より慢性的で組織的な性質をもつ健康状態，

未解明の病理や変化する発症原因についてはほとんど注目されてこなかった。後天性，先天性，遺伝に起因する健康状態，あるいは目に見えないしは見えない障害によって特徴付けられる健康状態に関する今後の研究は，より大きな社会構造や社会的な認知バイアスとの相互作用として，健康を理由とした不公正評価の理解のために，さらなる挑戦と展開を求められる。また，健康状態や障害が多様であることに関連して，先行研究ではまだ指摘がされていないが，不公正の評価の長期的経過の特徴についての研究も求められるだろう。そうすることで，不公正評価がたどりうる経過を見極め，介入のための目標を決定できるようになる。

　同様の文脈で，障害者個人の主観的な評価と，彼らが経験する外的，社会的，対人的要因との間には，即時的な評価のパターンが，これらの外的事象に繰り返しさらされることによって時間を超えて形成されるような相互作用があるといえる。この意味では，不公正評価は，個人の経験を通じて展開していくダイナミックな過程として定義することがより適切かもしれない（Bissell, Ziadni, & Sturgeon, 2018）。これらの発展は，それぞれ異なる不公正評価（および他の際立った性質）をもつ個人がそれぞれの環境からどのような影響を受けるかに左右されるともいえる。こうしたダイナミックな影響を受けることで，一部の個人は差別的，または，不公平な扱いを繰り返し経験しやすくなる可能性があり，それは最終的に，健康に関連する評価とコーピングに影響を与える。これまでのところ，他の形態の不公正（例：差別や心的外傷）に関連すると思われる先行事象やその影響が，健康領域における不公正評価にどのように影響するかを検討する研究は比較的少なかった。しかし，健康を理由とした不公正評価の大きさに民族間で大きな差があることに加え（Trost et al., 2015, 2016），予備的な証拠は，以前の民族的または人種的差別の認識と，疼痛に関連する不公正評価との間に正の関連があることを示している（Bissell et al., 2017）。これまでもっぱら均質的な白人を対象とした研究による知見であり，調査範囲を拡大し，人種的，民族的（および社会経済的）多様性に考慮した健康状態を理由とした不公正評価に関する研究を進めていく必要性がある。

4. おわりに

　過去 10 年にわたって，健康状態を理由とした不公正評価に着目した研究は，健康障害および障害に対する反応の基本的性質と，そこに内在する複雑性を明らかにしてきた。一方で，公正・不公正の評価は，人間としての経験，特に怪我や病気，障害などQOLや将来への希望に，障壁や課題を残すような経験に暗黙のうちに適用される。また一方で，健康を理由とした不公正評価は，体系的な認知バイアスや差別などのような歴史的不公正を反映する可能性のある，対人的，社会的変数の組み合わせから生じるという認識が広まっている。さらに，最終的な評価やコーピングに対するこれらの社会構造の異なる影響を，個人の性質（例：病態の種類，人種）が調節する可能性がある。健康を理由とした不公正評価の動的性質を探る研究は，それ自体の定義や構成要因の評価を行う上で困難な課題があるものの，この分野における新たな知見が，介入のためのアプローチをより洗練させ，健康関連障害や障害の対処についての理解をより深めることが期待される。

第21章

新時代のための障害のアドボカシー
社会心理学の活用と変化のための社会政治学的アプローチ

Thomas P. Dirth & Michelle R. Nario-Redmond

　リハビリテーション心理学は，長い間障害のアドボカシーの中心に位置してきた（Dunn, 2015; McCarthy, 2014; Wright, 1983）。そしてその研究や実践は，障害を経験している人たちの，生活の質（QOL）を向上させるためのサービスにおいて発揮されている（McColl & Boyce, 2003）。リハビリテーション心理学・コミュニティ心理学のいずれも，障害に関する応用的で参加型の研究を行ったレヴィン派の伝統以来，社会心理学の理論や方法論と，密接な関係を維持してきた（Balcazar & Balcazar, 2016; Fine & Asch, 1988; Pepitone, 1981; White, 2010）。この密接な関係性は一貫して建設的であり，初期の目標を形づくるものとして，心理学の個人主義的で，還元主義的な発想を超え，外在的に批判を行う認識論的基礎を提供するものであることが証明されている。本章の目標は，社会政治的モデルに基づき，障害のアドボカシーを明確に定義付けることにある。このモデルは，障害者コミュニティが求める自己決定的で権利志向のアドボカシーと，集団行動と社会変革の原因となる集団レベルのプロセスに関する社会心理学における形成理論と発見の両方に対応するものである。マイノリティ集団としての障害者に改めて注目することで，障害に関する現象の，歴史的，文化的，および／または政治的基盤に対応した研究課題が生み出され，障害に関する医学や，個人を中心とした障害の概念化についての理論的，方法論的，そして実践的な限界に制限されない研究を生み出しうる。本章はこの再解釈を支持するも

のとして，障害のアドボカシーの変遷についての研究を確認し，アドボカシーの予測因子と障壁，そして自己決定と，そのための組織や社会の変化を促進するための研究課題の意義について検討する。

1. 障害のアドボカシー：過去そして現在

(1) 障害のアドボカシーを定義する

アドボカシー (*advocacy*) という言葉の基本的な定義は「ある目的や提案を支持する行動や意図」(Advocacy, 2003) であり，これを障害に適用した場合，幅広い問題をカバーするように思われる。ゆえに，障害のアドボカシーとは，障害のある人々の生活を，よりよくするためのあらゆる努力であり，科学的，政治的，さらには宗教的な議論を駆使して，安価な医療，居住地の選択，支援技術の利用，そして職場における配慮・調整を含むがこれらにとどまらない政策や実践を求めることである (Disability Advocacy Resource Unit, 2016 を参照)。

しかしながら，障害のアドボカシーの形態は，障害の概念的枠組みや，説明モデルによって大きく左右される。特に，障害者のQOLを最大化しようと考えられる方法については，なおのことである (Barnartt, Schriner, & Scotch, 2001)。歴史的に見ると，障害者を訓練し，健常とされる身体に近づけることで，障害者の存在をなくそうとする努力は，障害者にとっても，社会全体にとっても，最も有益であると考えられてきた (McPhail & Freeman, 2005)。例えば，優生学運動の影で，教育者たちは口話主義（読唇術と発声によるコミュニケーションの練習）を提唱した。それは，ろう者や難聴者を「聴者」と同様に教えることができるという一般的な信念からのものだった (Longmore & Umansky, 2001)。「訓練可能」「リハビリ可能」と見なされない場合は，特定の機能障害が蔓延することを抑制するために，専門家はしばしば誤った情報に基づいた施設収容や不妊手術を提唱した (O'Brien, 2011 を参照)。これに関連して，慈善活動を目的としたアドボカシー（例えば，筋ジストロフィー協会の特別番組など：Longmore, 2013) は，機能障害の治療やリハビリテーションのためのサービスや資源，特に治療につながる研究の確保を第一義としていた (Barnartt et al., 2001)。それらのアドボカシーの，矯正的ないしは慈善的なアプローチについては，一般的でなくなっ

第IV部　不公正，アドボカシー，社会政策の問題

てきている一方で，多くの障害者のアドボカシーグループは，根本的な症状の原因を研究し，その発生を抑えるための研究資源を獲得することを，その中心的な使命の一つとして位置付けている（例えばオーティズム・スピークス，脳性まひグループ，筋ジストロフィー協会など）。

　障害のアドボカシーが重要な転換を見せたのは，1960年代と1970年代であり，アメリカやイギリスで障害のある活動家が市民権や人権を主張し始めた頃であった（Fleischer, Zames, & Zames, 2012）。Barnarttら（2001）が指摘するように，このような障害のある人が主体となったアドボカシー（disability-directed advocacy: DDA）の取り組みの決定的な貢献は，個人化した医学モデルへの反発であった。アドボカシーは，機能障害の改善というよりも，より社会的，そして構造的な領域の改変をめざすものになった（Dirth & Branscombe, 2017）。最も基本的なところとして，障害の社会政治モデルが強調するのは，障害の無力化のプロセスにおける物質的，経済的環境の役割についてである。社会政治モデルは，制限を個人の特異的な体質の結果であると捉えるのではなく，社会的につくり出され環境に基づく制限を，異なる機能障害のある人々の間での**共有された経験や共通の運命的な感覚**の基盤として考える（Little, 2010）。これは，様々な機能障害のある集団を，より幅広い障害の**コミュニティ**に橋渡しするだけでなく，歴史的に疎外されてきた少数派である，過去と現在において無力化されてきた障害のある人々との，世代間のつながりを想像させるものでもある（Hahn, 1985）。図21.1に示しているように，このマイノリティ，あるいは**社会政治的な障害のモデル**は，共有された問題をどのように意味付けるかに関する探究を促し，異なる障害者のグループをまとめ，価値ある生活領域全体に障害者を体系的に含めるための，より包括的なアドボカシー活動は何かについて考えるものである。障害のアドボカシー団体の連携によって，あるいは連携のために生み出された，数多くの政治的な成功には，1973年のリハビリテーション法，個別障害者教育法（2004年改正），そして1990年の障害のあるアメリカ人法など

◆1　障害のアドボカシー組織（例えばジェリーズオーファンズ［Jerry's Orphans］など）が，慈善活動や特別番組に多く見られた客観化や，否定的な表現に抵抗し続けてきたことは，特筆すべきことである。

320

第21章 新時代のための障害のアドボカシー

医学／個人モデル

どのように障害を概念化するか
特異的で異常なもの；修復あるいは機能的なリハビリテーションが必要な場合，人－家族－専門家の結び付きの中に責任の所在があるもの

次の内容により特徴付けられるアドボカシー
ケースバイケースの介入；その人個人に焦点が置かれた技術・配慮・包摂；原因の解明・症状の予防

方向付けられたり，影響されるもの
専門家グループ，両親，友人，その他無力化されていないアドボケーター

代表的な組織
筋ジストロフィー協会，オーティズム・スピークス，脳性麻痺グループ，国立多発性硬化症協会

社会政治モデル

どのように障害を概念化するか
マイノリティグループ；社会／環境に基づく制約による結果としての障害；障壁となっているものを取り除いたり配慮を必要とするもの；社会的・政治的意思決定の中に責任の所在があるもの

次の内容により特徴付けられるアドボカシー
機能障害のある集団間の連携；政治的変化のための働きかけ；意思決定の領域で代表者を増やすための取り組み

方向付けられたり，影響されるもの
障害のある市民ボランティアと専門家

代表的な組織
自立生活支援センター，全米ろう者協会，自閉症セルフアドボカシー・ネットワーク，ADAPT（アダプト）

図21.1　障害のアドボカシーの枠組み

がある。

(2) 障害のアドボカシーの特色とその影響

　McColl & Boyce（2003）の研究によると，通常，個々の構成員に対するサービスを提供する組織と，特定の目的（例えば，アクセシブルな住まいや，平等な雇用など）のため，またはより一般的な市民権や人権問題といった，より集団に焦点を当てたミッションに従事する組織は，大きく区別されることが示唆されている。例外はあるものの，サービスを提供する組織は，必ずしも障害の経験に関連した社会的・環境的な相互作用を軽視しているわけではないものの，しばしば障害の医学モデルに傾倒していることが多い。これとは対照的に，集団に焦点を置いた組織は，集団としての障害のある（＝無力化された）人々の福祉を優先させる。これは社会政治的モデルの特徴である。この区別は，個人に焦点を置いた組織が，自分たちの構成員を自分たちが代弁しなくてはならない患者またはクライエント（消費者とも呼ばれる）と見なすのに対して，集団に焦点を置いた組織は，そのメンバーをアドボカシー活動のプロセスにおいて対等の

パートナーや協力者として見なす傾向があることからも一層明らかである（Barnartt et al., 2001）。コミュニティ心理学者は，介入について，抑圧的な状況を変えるための変革的なものというよりも，むしろ個人を変えるための改善的なものであると表現している（White, 2010）。

　アドボカシー組織はさらに，その組織を構成する人々によっても形づくられる。障害者の友人や家族は，しばしば医療的な援助を超えた情報やサービスを探しているが，彼らの目的はたいてい，団体のためというよりも，彼らの親族や友人に利益をもたらすことにある（McColl & Boyce, 2003）。たとえ障害者が組織の中心的な構成員であったとしても，彼ら彼女らが指導的な立場にない場合，その組織は個人へのサービス提供や，障害のアドボカシーの社会政治的精緻化とは正反対の，集団をベースにしたミッションへと方向を変えてしまうことがある。これは，DDAの団体がその目的において同質であるといっているのではない。ある機能障害のある集団に特有の複数の課題に焦点を当てた単一の障害組織（例えば，全米盲人連合［National Federation for the Blind］）や，自殺の幇助や安楽死の合法化に反対する「まだ死んでない（Not Dead Yet）」のように単一の課題に焦点を当てた重複障害に関する組織もある（Barnartt et al., 2001; Not Dead Yet, 2017）。実際，複数の機能障害や広範囲の課題を扱っているインクルーシブな団体はまれであり（例えば，Disability Rights Network），組織連携の形をとることが多い（McColl & Boyce, 2003）。例えば，全国のリハビリテーション研究訓練センター（Rehabilitation Research & Training Centers）は，多様な文化や経済的背景の異なる，また新興の機能障害のある集団（例えば，化学物質過敏症，中毒症，自己免疫状態など；Balcazar & Balcazar, 2016; White, 2010）のインクルージョンを，自立生活や他の支援組織と協力して進めている。

(3) 障害のアドボカシーへの舵取りと課題

　アドボカシー団体の間で，ほとんど意見が一致していないが，DDAの団体にとって最も差し迫った課題となっているのは，長期的かつ安価な医療や，支援技術へのアクセス，雇用への壁，そして権利に基づく既存の法律の施行などに関するものがある。O'Day & Goldstein（2005）が結論付けているように，特定の課題において意義のある行動を成し遂げるには，一貫していくつかの交絡因

子を検討することが求められる。障害者団体が関心を寄せる，多くのアドボカシーに関する課題の根底には，雇用を妨げたり阻害したりする政府からの給付金を受けることによりしばしば生じる，困窮や強制的依存という悪質性がある。このような理由から，近年では，普遍的な医療を支援する代替的な資金メカニズムや，施設収容に代わるより費用対効果の高い個人へのケアを求めて，ロビー活動を行っている（例えば，2017年の障害統合法）。

　困窮や依存を超えて，ある特定の領域を超えた課題は，障害者の政治参加に焦点を置いたアドボカシー団体によってしばしば取り上げられることが多い（例えば，#cripthevote; Disability Visibility Project, 2017）。障害者の投票率を上げること，障害だけでなく障害を超えた立法課題をつくり上げ，組織や公職において権力のある立場につく代表者の数を増やすことは，障害者が自分たちを代表し，障害に関する決定を下す権限を与えられるような指導的立場につく必要性があるという根本的な懸念に対処している（Barnartt et al., 2001）。この一連の社会政治的問題は，権力の不平等に挑戦し，誤った政策や強化されていない法的保護の非合法性を暴露するという点において，特定のアクセスに関する懸念を超越している（Palmer, 2000）。例えば，共和党の米国医療保険法に含まれる，メディケイドの削減が提案されたその陰で，この政策がいかに障害者に深刻な影響を及ぼすのか注目させるために，障害者団体のADAPTが「ダイ・イン（die-ins）」を主導した（Smith, 2017を参照）。こうした目に見える形の抗議活動に加え，DDA団体が障害者の権利に関する既存の法律を施行するための集団訴訟の支援に関与することはよくある（例えば，全米盲人連合や高等教育機関におけるアクセス不能なウェブコンテンツや技術）。

（4）効果的な障害のアドボカシーへの障壁となるもの

　障害者による，障害者のための障害アドボカシーの活動は，多くの場合，障壁に満ちている（Harpur, 2014）。金銭面およびロジスティクス面での資源確保といった課題[◆2]の中には，それぞれの組織の構成員や課題に関わらず，多くのアドボカシー団体に共通するものもある。同様に，組織の対立によって生じる課題は，問題の解決策が多面的で，活動に従事する人々が情熱的で献身的である場合には，どのような場においても共通している。これらの障壁は，アドボカ

シー活動に共通するものであるが，その重要性を認識した上で，障害者のアドボカシーの社会政治的再解釈から明らかになる障壁を簡単に紹介する。

①訓練，経験，そしてセルフアドボカシーのスキル

どのような課題であっても，効果的なアドボカシー団体は，経験や知識，そしてスキルのあるメンバーによって成り立っている。DDA組織では，これらを兼ね備えた障害者が不足しがちである（Radermacher et al., 2010）。その原因は多岐にわたるが，ある集団レベルでの説明では，障害の有無によって，教育の機会や教育の成果に実質的な格差があることが強調されている（Erickson, Lee, & von Schrader, 2015）。多様な経験をしたり，より高度な技能を身につけたり，そして組織運営に有用な知識は，大学教育を通じて得られることが多く，障害者が高等教育の場で過小評価されているとしたら，DDA組織においても不足することになる。障害の有無で労働格差が存在していることを考えると，障害者は，職場における組織的実務経験が豊富ではない可能性もある（McMahon & Shaw, 2005）。労働者の中でさえ，アドボカシー活動に適した，リーダーシップを発揮する機会は不足していると思われる（Wilson-Kovacs, Ryan, Haslam, & Rabinovich, 2008）。

セルフアドボカシーのスキルもまた，効果的な障害のアドボカシー活動にとって重要な前提条件である（Kimball, Moore, Vaccaro, Troiano, & Newman, 2016）。障害のある大学生のサンプルでは，セルフアドボカシーのスキルは，集団の認識と集団への帰属性を発展させ，社会変革のために行動を起こすことを可能にさせる，確かな基礎を提供することがわかった（Kimball et al., 2016）。セルフアドボカシーのスキルは，高等教育において，障害のある学生にとってよりよい教育，福利的な成果の向上をもたらす（Getzel & Thoma, 2008; Vaccaro, Daly-Cano, & Newman, 2015）。このようなスキルは，共通の運命を共有している他の障害者が，より積極的に関与していくための舞台装置となる。セルフアドボカシーか

◆2　金銭面およびロジスティクス面での制約は，障害のアドボカシー団体にとってさらに深刻かもしれない。というのは，団体はインクルージョンの〔実現の〕ために，可能な限り幅広い障害のある人々がアクセスできる会議やイベントを開催しようとしているからである。

ら，効果的な集団レベルでのアドボカシーへの道筋をつけることが促進される一方で，それらを習得したり，実践したりする有意義な機会が不足していることは，アドボカシーに関する組織に参加する際の個人レベルでの重大な障壁となるおそれがある。

②非障害者優先主義イデオロギー

障害に関連する課題の歴史的，文化的，そして政治的背景に着目することによって，社会政治モデルによる障害のアドボカシーは，効果的な障害のアドボカシーを妨げる主要な障壁としての非障害者優先主義の存在を明らかにする。非障害者優先主義とは，「特定の種類の自己と身体（身体的基準）を生み出す信念，プロセス，実践のネットワークであり，それはまさに完璧な形として，かつ種として備わるべき典型的な，したがって本質的で完全な人間として映し出され，(そのとき)障害は，人間であることの減退状態という役付けをされる」(Campbell, 2001, p. 44)。より簡単にいえば，非障害者優先主義は，障害に対する偏見と差別の多重決定形態として，理解することができる (Nario-Redmond, 2019)。非障害者優先主義は，前述の障壁よりさらに外縁に存在しているが，次の点において大きな役割を果たしている。(1) いかに障害が理解され，セルフアドボカシーの表現を形づくるのか，(2) いかに障害のアドボカシー活動が明確に表現され，メッセージとリソースをめぐる対立を形づくるのか，そして (3) 障害のアドボカシーがより広い社会においていかに見られているのか，政策立案，あるいはアドボカシーの取り組みへの抵抗を形づくるのか。

非障害者優先主義は，その最も基本となる点において，障害それ自体を，いわゆる健常な身体（あるいは障害がないということ）と比較して，悲劇的で劣った存在として示す。この事実は，今度は障害者が，物理的および心理的に，他の障害のある人々から距離をとることを促す (Watermeyer & Görgens, 2014)。非障害者優先主義を内面化した結果として，個人のレジリエンスや，移動性，自立性，そして耐久性について，いわゆる健常な規範を模倣せざるを得なくなり (Campbell, 2009)，それゆえ有用なサポートやリソースに対する認識が薄れ，重要で支えとなるような資源をもたらすものとしての障害コミュニティと関わりたいという意欲が弱まる (Harpur, 2014; Kimball et al., 2016)。

非障害者優先主義はまた，障害とどのように**向き合う**べきかという無批判な見方を示し，障害のアドボカシーの範囲を狭めている。つまり，可能な限り，どんな方法であれ，健常者に近づけるという見方である。この規範は，非障害者のあり方を忠実に**模倣する**ことができる障害者には恩恵をもたらすこともあるが，このようなアドボカシーの努力では，より一般的には障害による不利益の連鎖がいつまでも続くことが多い。このようなアドボカシーの取り組みの例として，技術の進歩や拡張医療（例えば，生体工学による義肢や，高価なインプラント）が挙げられるが，これらは必ずしも治療や改善に焦点を置いているわけではないものの，障害者の**生産**能力を最大化することを意図している。Wolbring (2008) は次のように言及している。「特定の機能強化をもたない，あるいはそれを望まない人々（本質的に技術やそれに伴う知識の乏しい人も含まれる）は，差別的な扱いを受けたり，否定的なレッテルを貼られたり，抑圧的で虐待的な態度をとられることになる……」(p. 254)。

最後に，非障害者優先主義は，より広範な社会が特定の障害のアドボカシーについてどの程度支持するかを決定する。個人による自立した生産性，フィットネス，モビリティという非障害者の価値観に沿った社会的投資が行われるため，**相互**協調（例：自立生活支援センター［Centers for Independent Living］；Barnes, 2003）や国民皆保険（例：ADAPT Medicaid-cut protests; Smith, 2017）に向けた障害者のアドボカシーは，非現実的であるか，あるいは大勢を占める社会的価値観に反していると見なされる（McRuer, 2006）。同様に，経済的な指標を用いて効果的なアドボカシー（例：障害の予防，機能改善，雇用可能性の最大化，介護費用の削減など）かどうかを判断する主流の資金提供源は，反非障害者優先主義的な目的をもつ障害者支援団体に対して，反応が鈍いことが多い。

2. 障害のアドボカシー研究が検討する課題

社会政治モデルによる障害のアドボカシーの枠組みの構築は，障害者権利運動の自己決定の歴史や，社会的不利の経験を共有するという点で異なる疾患のある人々を結び付ける可能性を生み，そして将来のアドボカシー活動を生み出しうる余地をつくり出すということでもある。同様に，そのような障害のアド

ボカシーの構成は，効果的な障害者支援の妨げとなっている根本的な問題を，より包括的かつ組織的に捉えることができるようになり，明確で実行可能な研究課題を提供する。

(1) 政治化された集団間の現象としての障害

　障害のアドボカシーの検討課題の中に含めなければならない幅広いテーマとして，まず第一に政治的な現象としての障害の再考が挙げられる（Barnartt et al., 2001）。この方向転換は，この分野の既存の社会心理学の文献に，障害というものをより広く取り込んでいくための原動力となるだろう（例：Reicher, Spears, & Haslam, 2010）。社会心理学研究領域において，障害は，ゲットー化されているとまではいかないまでも，過度に限定された領域であることがあまりにも多い（Fine & Asch, 1988）。対照的に，障害についての言及は，阻害された集団と同一視することの発展と影響や，社会的不平等に対する集団的効力の前兆やその帰結を理解するための**集団間**ステレオタイプや偏見に関する文献の中でも，ほとんど見られない（Dirth & Branscombe, 2018）。

①障害の社会的アイデンティティを確立する

　歴史的に社会心理学では，障害を個人の属性や特異性としてではなく，マイノリティ集団のアイデンティティとして扱うことを求める声が定期的に上がっていた（Fine & Asch, 1988）。しかし，研究者が障害を集団関係を研究する心理学に取り入れる方向に進んだのはごく最近である（例：Bogart, 2015; Fernández, Branscombe, Goméz, & Morales, 2012; Nario-Redmond, Noel, & Fern, 2013; Nario-Redmond & Oleson, 2016）。この新たな研究の成果（第15章参照）は，他のマイノリティ集団と，集団に基づいたプロセスを共有する，集団的に意識された障害者の自己と社会的カテゴライズ化を明らかにするものである（Dirth & Branscombe, 2018; Hahn & Belt, 2004）。この研究は，集団的コーピング（対個人主義的）が，障害者の心理的ウェルビーイングに与える有意に肯定的な影響（Nario-Redmond et al., 2013），そして，支配的に語られてきた文化に由来する語り（Fernández et al., 2012），障害の発生（Bogart, 2014），そして障害アイデンティティの政治化（Nario-Redmond & Oleson, 2016）など集団的なアイデンティティ

を確立するための潜在的な心理的・文脈的妨害について立証している。障害全般に対する肯定的な認識は，不安や抑うつの低さを予測し（Bogart, 2014），蔓延する差別と否定的な心理的結果との関係を緩衝する役割を果たす（Bogart, Lund & Rottenstein, 2018）。さらに，障害コミュニティのメンバーとして自身を認識している人々は，差別に気づいたり，他の障害者と連携したり，そして社会変化のための障害者の権利アドボカシーに参加したりする（Nario-Redmond & Oleson, 2016）。

　障害者の社会的アイデンティティの研究がさらに進めば，特により効果的な障害のアドボカシーを進めるため，いかに障害に対する肯定的なアイデンティティが，「社会状況によって定義されたものから，より主体的なものへと変化し」（van Zomeren, Postmes, & Spears, 2008, p. 509），政治的なアクションを起こすに至ったかを調べることが重要となる。重要な触媒の一つは，障害者が集団に関連する成果を達成するために活動する障害横断的な障害についてのアドボカシー団体に所属することであろう（例えば，障害学生団体の設立；Putnam, 2005）。多くの場合，そのような集団は，障害コミュニティになじみのない障害者に障害の社会政治モデルを伝える手助けをし，構造に基づく不利益への見方を変えるための認知的枠組みを与えてくれる（Little, 2010）。もしもそうであれば，障害のアドボカシー団体がより広くマーケティングを行うために，最も効果的なナラティブを確立するための調査や実践が重要になるだろう。

②集団による活動の意図

　政治的な社会的アイデンティティとしての障害に焦点を当てることに加えて，障害のアドボカシーに関する研究課題を，集団行動や社会変化に関する文献に結び付けることが急務である（Wright, 2001）。様々な社会集団によってよく立証されているように，集団行動の意図は，不公正の評価や，集団の効力，そして集団それ自体のアイデンティティの強みが前提となっている（van Zomeren et al., 2008）。この時点ですべきことは，現実世界での障害の経験と懸念に関係するこれらの理論を翻訳し，そして詳細に説明することである。例えば，集団のメンバーが，自分たちの集団が疎外された状態を違法と認識することが，集団行動を起こす大きな理由であるという命題がある（Jetten, Iyer, Branscombe, &

Zhang, 2013)。利益は個人の能力によって決定されることが多く，排除的な扱いがしばしば能力不足との推定に基づいて正当化されることを考えると，障害者はどのように，排除を受け入れるところから，それに抗議することに移行するのだろうか。同時に，集団行動を起こすために，集団のメンバーは，自分たちの集団が，不正に対して対処する力をもっていると信じなければならない（Mummenday, Kessler, Klink, & Mielke, 1999）。この洞察は，研究者に，積極的な障害者グループの中で，集団的効力に関する認識を活用することができる特定の表現，歴史，物語が何であるかを調べ，これを初対面のメンバーに伝える方法を決定するきっかけを与えている（Little, 2010）。

③アライシップ

我々はDDAを支持しているが，しかし現実には，それは障害者アドボケイターたちの**みでは達成することはできない。効果的なアドボカシー活動を進めるためには，非障害者のアライ（ally：味方・仲間）との協力が必要である。社会心理学における集団行動の研究に続いて，アライシップ（阻害された集団活動に参加する先進的な集団のメンバーのこと；Droogendyk, Wright, Lubensky, & Louis, 2016）という概念の研究に取り組み始めている。従来の伝統的な見方では，社会的接触の増加による，集団間での調和的関係が示されてきたが（Pettigrew & Tropp, 2006），最近の研究では，接触が適切に扱われない場合，マイノリティ集団のメンバーが，その集団行動意図を低下させる可能性があることが示されている（例：Saguy & Chernyak-Hai, 2012）。つまり，周縁化された集団の一部は，有利な集団のメンバーとうまくやっていけるかもしれないが（逆もまた然り），両方の集団がその関連性を認識できず，そうした変化を求める意欲を失ってしまえば，より広範な不平等を改善するような真の変化は生まれないのである。

同様の批判的な視点で，障害のアライシップ〔同盟関係〕へアプローチすることは重要である。なぜなら障害に関する社会心理学の文献の大部分は，マイノリティ集団としての障害者の力とモチベーションを軽視しつつ，対人間係の改善（例えば，教育キャンペーンや，交友接触の改善）に焦点を置いているからである。同様に，非障害者は介護やヘルパーの役割を果たすことを期待されることが非常に多いため，非障害者を支援スタッフや障害者自身のアドボカシー活動

第Ⅳ部　不公正，アドボカシー，社会政策の問題

の味方として参加させるという考え方は，研究ではほとんど考慮されていない。Droogendykら（2016）が結論付けているように，アライは周縁化された集団のメンバーの集団行動の意図を維持するために，単純に支持的な接触を提供することが求められる。非障害者のアライにとっては，障害を肯定的かつ真正に捉え（悲劇でも英雄でもない），集団に基づく不平等とそのシステム内での自分の特権を認めることを意味する。また社会変化を支持する過程において，アライは，「つながり」や自身の自己価値を高める方法として，障害者であることをほのめかしたり，利用したりすることを避けなければならない（Nario-Redmond, Gospodinov, & Cobb, 2017 を参照）。[3]

(2) 障害の主な原因としての非障害者優先主義

　障害が政治化されていることを取り上げ，集団関係に結び付けた研究の強調に加えて，私たちは非障害者優先主義の逆風をいかに回避し，直接的に対峙するかについてのアドボカシー活動を推奨している（Nario-Redmond, 2019）。トピックとして，非障害者優先主義を追求することの難しさの一つは，一般的に社会心理学には，障害の経験を統合するための，確立された理論がないことである。実際に，社会心理学的経験を構築する重要なイデオロギーとしての非障害者優先主義を探求することは，刺激的で潜在的に生産的なフロンティアを構成している。私たちは，非障害者優先主義についての理解を深め，障害者支援者のために実用的な研究を行う可能性のある3つの研究テーマを推奨する。

①内面化された抑圧

　大きな影響力を及ぼしたFrantz Fanon（1952, 1963）による研究に続き，批判的な心理学者は，内面化するという抑圧の概念を明確にした。これは，社会から阻害された集団に所属する人々が，社会のメインストリームを通して流布された，その集団に関する否定的な逸話やステレオタイプを自己概念に統合する

◆3　アライが同意する「肯定的な見方」が，障害者コミュニティによって一般的に受け入れられているものであることが重要である。大衆文化においては，ひいきして客体化する表現（例えば，感動ポルノ；Young, 2012）を障害への肯定的，あるいは賞賛的な扱いと見なす傾向が広くある

というものである。(Watermeyer & Görgens, 2014)。しかし，理論家はしばしば，障害を制度的な阻害の問題ではなく，個人的な現象や，あるいは健康に関連した概念であると想定することが多い。

　それゆえ，内面化された抑圧に焦点を置く，検討するべき研究課題の一つの軌跡は，大衆的な文化における障害の表象の影響の記述と実証的な検証である。障害の研究は，ニュース，社会や娯楽メディア，文学作品，そして写真においてよく見られる障害の表象やナラティブに関する体系的なレビューで溢れている（例えば，Garland-Thomson, 2005; Mitchell & Snyder, 2000; Zhang & Haller, 2013）。確かに，ある程度のばらつきはあるものの，（無）能力という表現の大部分は，**健常な身体であるということ**（つまり，制約を受けない自律）が，人々が努力して達成するべき究極の状態であることを再確認できる（Davis, 2013）。一方，障害者は依然として，機能障害を取り除くことを切望していて，自身の状態を克服する試みを慢性的に追い求めている，あるいは健常な身体状態に近づくことがもはや不可能であるときに，勇敢な，悲劇のヒーローのように描かれている。『世界一キライなあなたに』や『ミリオンダラー・ベイビー』のような，人気のある映画では，「無力化されるくらいなら死んだ方がまし」というどこにでもある想定が強調されている一方で，「感動ポルノ」と呼ばれる障害者の一見肯定的な表現は，障害者にとっては自らが庇護（見下）され，まさに対象化されるものとして認識されることが多い（Young, 2012）。肯定的・否定的表現のいずれにも，障害者と障害のない観察者の両方にとって，そのような表現の効果に関する実証的な検証が可及的速やかに必要である（現在入手可能な研究例として，Dirth & Branscombe, 2017; Wang, 1998; Zhang & Haller, 2013 を参照）。

②横断的なアドボカシーの課題

　効果的な障害のアドボカシーの主な障壁として非障害者優先主義を強調する研究課題を追求することは，最終的に，阻害された集団の間で幅広く共有されている問題につながっている。例えば，多くのアドボカシー団体が現在抱えている苦悩の一つは，多様で阻害されたアイデンティティの包摂を拡大し，共通の関心事に基づき，違いを超えてより大きな組織投票や連合を構築することに関連している（例えば，高齢者，性的少数者，人種的少数者）。たとえ社会的正義

の達成に焦点を当てたとしても，障害者研究はこれまで白人と男性が支配する分野だと批判されてきた（例：Annamma, Connor, & Ferri, 2013）。同様に，マイノリティのアイデンティティが交差する多くの障害者は，人種，ジェンダー，そしてセクシュアリティに特化したアドボカシーや活動家による運動においてさえも，自分の障害経験が理解も尊重もされていないことにしばしば気づく（例：Thompson, 2016）。

　ここでは，非障害者優先主義が共通の根底にある課題を明らかにし，多様ではあるが同時に阻害されている集団を超え，連携していくことを促すのに役に立つ可能性があることを示す。McRuer（2006）が言うように，「健常な身体の規範を完全に体現することは本質的に不可能であり，健常な身体であることは常に一時的であるという意味で，誰もが実質的には障害者である」（pp. 95-96）。障害を誰もが避けなければならない「別のもの」と見なすことによって，非障害者優先主義は平等主義と正当化された実力主義システムが可能であるという幻想を抱かせてしまう（Davis, 2011）。一見中立的な客観的指標（例えば，知能テスト）が，構造的な不平等を反映し，再生産している場合であっても，利益（そして正当化された排除）は，非障害者優先主義が存在する場合，個人の**能力**によって決まる（Croizet, 2013）。

　刑事司法に焦点を当てたアドボカシーもまた，非障害者優先主義を含んだ交差性のある分析により強化できる。例えば刑事司法制度においては，人種的マイノリティ集団が，過剰に出現するという制度的な人種差別はよく知られている（Alexander, 2012）。しかし，制度的な非障害者優先主義や，障害者が不当に収監されているという格差は，あまり認識されていない。刑務所入所者の30％以上と，留置所にいる者の約40％は，何らかの障害があると診断されている（Bureau of Justice Statistics［司法統計局］, 2015）。この事実は，少年司法制度で扱われる若者のほぼ3人に1人が，障害があることからも示されている（Mader & Butrymowicz, 2014）。特に情緒障害がある場合，入所すると，学校からのドロップアウトや，再犯の可能性が高くなる（Mader & Butrymowicz, 2014）。さらに，アフリカ系アメリカ人は，学校において情緒障害があると診断される割合が高い。Reid & Knight（2006）が主張するように，この障害の診断は，人種によらないように見せかけた学校からの排除のための根拠とされることがよくあ

り，学校から刑務所へとつながる，重要なパイプラインとなっている。加えて，横断的分析を行う研究課題（第9章参照）は，法や教育，そして刑事司法の分野をまたがるアドボケイターや活動家に，障害団体や Black Lives Matter などのような集団間における連携を図るための情報を提供してくれる（Thompson, 2016）。

③無力化の原因をグローバルに低減させる

　非障害者優先主義に焦点を当てることで，無力化を生み出す生態学的，経済的，そして地政学の力のような，グローバルな障害のアドボカシー課題ともつながりうる（Ghai, 2002; Meekosha, 2011）。自給自足，制約からの解放，資源集約的，自己充足的なライフスタイルといった非障害者優先主義の価値観は，しばしば生産と消費を前提としている（Davis, 2013）。そのような消費に必要な資源を確保するために，世界的マイノリティの大部分は，搾取的な雇用や過酷な労働条件を含んだ，経済の仕組みに携わっている（Meekosha, 2011）。大衆の関心から消えた後もずっと続いているような，紛争，汚染物質，環境破壊などによって生み出される傷害，損益，障害について考えてみよう（Erevelles, 2011）。地球規模の気候変動に関与している一定の人為的影響が，どの程度非障害者優先主義によって生み出されるのかについては，依然として経験的な疑問が残る（Karl & Trenberth, 2003 を参照）。しかしながら，こうした疑問は，生活を破壊し，脆弱なインフラストラクチャーを破壊し，資源をめぐる紛争を悪化させるような自然災害の後に，より頻繁に発生しそうな無力化を理解したり，予防するために必要不可欠だといえる（Schmidhuber & Tubiello, 2007）。

　最後に，この研究課題を通じての非障害者優先主義のより深い理解は，障害のアドボカシー団体にとって有益であり，自律的で持続可能な生き方のビジョンを明確化する助けにもなりうる。また同時に，集団全体を無力化するような領域，特にグローバルな場面において，完全なインクルージョンを達成しようとする落とし穴を避ける手助けにもなる。この共通の運命を明確にすることは，貧困の中で生きる多くの障害者にとって，日々を生き延びるために必要なことが，障害者としての誇りを称賛するための処方箋を，間違いなく覆い隠そうとすることと同じ意味である（Ghai, 2002）。同様に，障害のアドボカシーは，政治化された障害者アイデンティティの究極の目的である「自己決定」に関して，

自己再帰性を発揮することができる。言い換えれば，社会的正義とは，単に活動や生産，そして消費の領域にアクセスするということについてだけなのだろうか。あるいは，たとえそのアイデンティティや帰属意識が障害に特有のものではないとしても，その最終的な目的は，もっと創造的で，存在するケアのネットワークを強化し，人々に意義をもたらすような，お互いに頼り合う関係であるべきなのだろうか。

3. おわりに

　研究者として，障害に対する医学的アプローチから距離を置く必要性については，十分に語られてきた。それは，単に障害を生物学的条件と見なすことから**離れる**だけではなく，障害についての経験は，主に個人中心の枠組みを通して理解することは不可能であるという理解へと**向かう**ことでもある。レヴィン派の伝統を引き継いだリハビリテーション心理学者たちは，障害者の経験に影響する外的要因を探求するのには適した立場にあったが，障害の集合性に関する先行例や内容，そして結果を探求した理論や実践には，沈黙し続けている。21世紀における障害のアドボカシーが何を意味するのかに関して批判的に評価し，力を与え，実行可能な研究を生み出すには，この障害についての再考に取り組むことが必要である。

　最後に，教育者，研究者，そして（現在従事している，あるいはこれからそうなりたいと願う）障害のアドボケイターの専門家に向け，障害のアドボカシーの社会政治的枠組みから明らかになる道標を示す。

> ・セルフアドボカシーを伝えるプログラムの展開と維持
> 　セルフアドボカシーのスキルを高めることは，単にその人のニーズに対する認識を高めるだけではなく，スティグマや差別に立ち向かい，ポジティブな社会変化に取り組むための技能や戦略を支えるような，文化的，歴史的，そして政治的な知識をもたらしてくれ，他の障害者とのつながりを促進する機会を提供する必要がある。

・障害の社会政治的な枠組み（に基づき実在するもの）への従事

　障害のアドボカシーを支持するためには，障害を，政治的な現象や文化的少数派集団の一つとして評価することが求められる。この枠組みは，障害者**のため**ではなく，障害者**と共に**あるアドボケイトが，非障害者のアライとしての立場を位置付けることを手伝う一方で，エビデンスに基づいた提言によってアドボカシー団体に力を与えたり，障害者アイデンティティの発展や，集団活動における動機づけと障壁，そして健康上の成果に対する集団プロセスの効果について他のアドボケイトに，共同可能な研究を知らせるための基盤を与えてくれる。

・「何へのインクルージョン」なのかの批判的検討

　障害のアドボカシーの社会心理学は，より広くその集団が排他的に扱われることを避けるよう，障害者の中で非障害者優先主義が内面化されることを促す，その表現のあり方と語り方へ注意を向けるように至急変わらなければならない。こうした作業は，障害者にとって，お互いに頼り合える，持続可能で，コミュニティに根ざしたあり方を確立するためのアドボカシーを通して，非障害者優先主義の人々の価値観や規範と闘うことを前提に始まらなければならない。

・多様な機能障害集団や他の様々な周縁化された集団を包摂する
　アドボカシーの課題の統合

　これは，交差する問題（例えば，学校から刑務所へのパイプライン，警察による暴力，生殖に関する権利，家庭内暴力／性的暴行，利用しやすい医療）を中心とした，連携を構築する基盤を与えてくれる。さらに，研究者は，社会的不平等や社会的剥奪に根ざした**無力化**の原因を突き止めて取り除くことを避けてはならない。挑戦と，しばしば矛盾した結論に満ちているが，障害のアドボカシーを支持する研究課題は，そのような重要な研究分野から遠ざかってはならないのである。

　こうして強調したポイントをそれぞれ支えているのは，阻害された共通の歴史や，現在の社会的認識や平等な扱いを求める現在の闘い，そして自己決定を熱望する気持ちを共有しているコミュニティとしての障害者に再び注目が集ま

り始めているという事実である。障害のアドボカシー研究と実践を，洞察とエンパワーメントを得る源として，新しい時代へと進めるのはまさに今このときなのだ。

◈ **訳 注**
◇1　メディケイド（第22章参照）削減策に対するADAPTの抗議運動。
◇2　ゲットー（ghetto：イタリア語）は，主としてヨーロッパにおいて，ユダヤ人などを隔離し強制移住させたことやその居住地を示す。ここでは，学術領域として障害に関する研究が極めて限定されて扱われてきたことの比喩として使われている。

第22章

社会政策と障害
リハビリテーション心理学実践，研究，そして教育への影響

Matthew C. Saleh, Susanne M. Bruyère, & Thomas P. Golden

公的政策は心理サービスや医療ケア提供の側面に影響を与えるがゆえに，リハビリテーションサービス提供者にとって決定的に重要な領域なのである。本章においては，障害に関する公共政策，特に教育へのアクセス，就労，医療ケア，米国市民としての権利および責任などにおける障害者のための保護や規定に関する関連法律について概観する。我々は，米国における障害者公共政策の変遷について論じ，また，法的趣旨，法律の所管，法的関心の違いや，障害の定義の差異に基づいて，施工されているいくつかの法律によってもたらされた矛盾や葛藤（コンフリクト）についても議論する。我々は，リハビリテーション心理学実践，トレーニングや公共サービスの展開や，公共政策展開におけるリハビリテーション心理職の役割に関する考察を経て本章をまとめる。

1. 障害に関する公共政策の概要

（1）障害に関する公共政策とは？

障害に関する公共政策とは，行政によって公布された障害者に影響を与えうる実践，政策，法律，規則，予算配分を指す（Kilpatrick, 2000）。また，公共政策は，不作為のものもあり，米国の歴史の大部分において，不作為は現状そのものであった。米国においては，障害に関連する法律や政策は2つに区分され，

一つは，障害者を対象とした法律である。例えば，職業における差別禁止の規定や社会保険制度などが挙げられる。次に，副次的，暗黙的，付帯的な障害に関する概念を一般化するための法律があり，例えば，雇用者の福利や退役軍人の給付制度，医療制度などが該当する（Bickenbach, 2012）。

どの法律や政策が「障害政策」に相当するのか，そうではないのかの線引きは常に曖昧なのである。これは，その理由のうちの一つとして，障害者に影響を与える多くの法律が障害について明確にしているわけではないことや，障害の概念そのものを定義付けることが困難であることが挙げられている。実際に，多くの米国連邦法は障害に関する定義や障害認定のための基準や要件が独立して定められ，運用されている（Quinn, 2005）。幅広い連邦法の中でも，共通した障害の定義があるのは，ほんのわずかで，具体的には，1973年成立のリハビリテーション法第504条や1988年成立の修正版公正住宅法，1990年成立の障害のあるアメリカ人法（ADA），2014年成立の労働力革新・機会法のみである。

公民権の枠組み（例えば，ジェンダーや人種，性別）と同様に，障害も「流動的な」アイデンティティなのである。すなわち，生物学的や社会学的，また環境的要因が複雑に交差し合っている（Barnartt, 2016; Davis, 2009; Harris & Sim, 2002）。「アイデンティティの不変的固定装置としての身体」という深層的な文化的信条に反して，障害は，個々人の経験から人口動態まで非常にばらつきがある（Garland-Thomson, 2002, p. 20）。社会構成主義の観点においては，「障害があることと，『障害者であること』の関係は，単に固定的でも，永続的でもない……障害は，障害があるか，ないかの二項対立事項ではないのである」（Barnartt, 2016, p. 47）。障害は，目に見えるものと見えないもの，診断されたものとされていないもの，永続的なもの，一時的なもの，活動性の高いもの，寛解しているもの，まだ発生していないものがある。法的に適用を受ける資格のある障害のある個々人の中には，自分が障害者であると考えていない人もいる（Olney & Brockelman, 2003; Sherman, 1999）。加齢や労働災害，病気，精神的および心理的ストレス，その他多数の現象による影響を通して，多くの非障害者は，人生において何かしら障害を抱えることになる（Bickenbach, 2012）。したがって，障害政策は，「潜在的にすべての人々」に適用されるのである（Bickenbach, 2012, p. 8）。

多くの公共政策領域は障害者を取り巻く問題との間に共通事項がある。これ

は，医療，社会サービス，高齢化問題，退役軍人問題，災害支援，刑事司法などの法律や制度においても同様である。実際に，平等なアクセスや障害者の機会均等という文脈の中において，様々な法的規定によって，電気通信（合衆国法典第47編 第255条，第251条［a］［2］），住宅（合衆国法典第42編 第3601条以降），航空機アクセス（合衆国法典第49編 第41705条），選挙におけるアクセシビリティ（合衆国法典第42編 第1973条ee以降），選挙登録（合衆国法典第42編 第1973条gg以降），建築物の物理的バリア（合衆国法典第42編 第4151条以降）の課題が解決されてきた。本章では，差別禁止や就労，職業リハビリテーション（VR），退役軍人問題，公共益，教育，医療の領域における障害者に影響を与えうる法制度全般に焦点を当てて考察する。

(2) 競合する制度的枠組み

　米国の歴史の中で，障害に対する人々の考え方は，大きく変化し，インクルージョンのより高い基準を満たすために政策が立案されてきた。多くの重要な進展が，現代の枠組みに先行していた。これらには，18世紀や19世紀の退役軍人支援や年金システム，20世紀初頭の失業者や高齢者，貧困者，障害者のための社会保障制度，またコミュニティ・インクルージョンや教育，健康，勤労の権利などの公民権運動を経た政策転換なども含まれている（詳細については，Quinn, 2005; Bradley, 1994 を参照）。

　米国における障害政策の理論枠組みに存在する競合する制度的枠組みを理解するためには，米国の障害者の枠組みにおける制度化された慣行と文化の形成に対して，政策がどのように影響を与えたのかの文脈の理解が不可欠である。制度理論によれば，社会は，複層的社会構造，つまり，社会的に期待される行動を規定するもので構成されたものとして見なされている（Scott, 2004）。Johnsonら（2000）は，制度の移行時には，「2つの制度的定型書式が共存し，それぞれの正当性について競うことが可能である（p. 572）」と述べている。Bradley（1994）は，制度理論の視点から，米国における障害者政策を理解するための重要な基礎を提示している。具体的には，障害政策と実践における3つの重要な時期について概説するが，これについてはのちに議論する。

　かつての初期障害政策は，医学モデルに基づく**施設収容時代**の一部であり，障

害の更生や監護，隔離収容施設の建設，障害者の集会についてのあり方を公布した。そして，19世紀半ばから20世紀半ばにかけて，州法や連邦法のもとで，優生思想運動や断種，「醜陋法（Ugly Law）」を制定し，多くの隔離政策が公布されたのである（Schweik, 2010）。この時期の政策枠組みは，障害者を異常で，地域社会に貢献することが困難な人として捉え，彼らの更生保護に焦点が当てられていた。しかし，皮肉なことに，隔離施設などにおけるケアという名の「更生保護」の不履行は，のちに医学モデルを崩壊させることの原因となった。

入所政策モデルの有効性の欠如に対する市民の不満の高まりは，既存モデルを徐々に崩し始めた（Rothman & Rothman, 1984）。地域社会の統合と選択を促進する原則に基づいた**地域開発時代**の新しい視点は，地域住宅プログラムや特別支援教育，雇用保護などの地域型アプローチの出現に重要な足がかりを与えた（Blessing, Golden, & Bruyère, 2009）。1950年代から1980年代初頭にかけて，リハビリテーション法や1975年施行の全障害児教育法，1975年の発達障害者権利擁護法，1980年の施設入所者公民権法など，障害者の分離政策の停止および公民権に焦点を当てた多くの法律が制定された。

過去30年にわたる現在の障害者政策は，第三の時期，**地域住民主体の時代**として知られている。医学モデルによる弊害は，現在まで影響をもたらしているが，ここ数十年で社会文化的，環境的，心理的障壁に焦点を当て，かつ，人権や市民の権利擁護の視点から社会政治的構造の再構築の重要性を重視する社会権・人権を基盤とするモデルに移行している。社会モデルと人権モデルは，制限ではなく能力に焦点を当て，人間中心の意思決定を行い，排他的な政策・慣行・文化，そして「レンガとモルタル」[◇1]や技術的障壁を除去するための改変を行う。さらに，障害のパラダイムは，単なる機会均等ではなく平等な影響に焦点を当て，サービスごとの個別支払いモデルから，結果に対する包括払いモデルへと移行した。新規の法政策は，支援提供モデルのシステムではなく，生活や学習，また収入を得ることなど，社会のあらゆる側面における地域参加，市民権，完全参加に焦点を当てている。

本章で取り上げる法政策枠組みの多くは，様々な年代や政権動向，支配的な障害モデルの帰結結果である。結果的に，様々な領域を包有する諸法律は，それぞれ相互に影響し合うこともあれば，根本的な矛盾を孕んでいることもある。

米国の歴史の大部分において，障害政策は，障害によってもたらされる臨床的限界に対応した医学もしくは欠損モデルのもとで運用されてきた。これらのモデルに沿った政策は，様々な形での社会的排除を支持したが，欠損モデルは，米国における退役軍人の年金や社会保障，雇用保険，障害者の所得補償プログラムなどの発展にも不可欠であった（Brisenden, 1986; Kaplan, 1999）。現代の法的枠組み，特に反差別関連法は，医学モデルから脱し，社会参加を実現するための障壁の除去に焦点化していった。

(3) 米国障害政策の法的根拠と早期歴史

米国の歴史の大半において，公共政策は，障害者を社会から周縁化し，排除することを容認してきた。19世紀半ばから20世紀初頭にかけて，施設入所という慣行が普遍化した。州立精神科病院が過密になるにつれて，多くの施設が治療目的を放棄し，監護的アプローチを取り入れる傾向に走ることになった（Braddock & Parish, 2001）。障害者を救済する法政策を立案していた州政府は，英国の救貧法にならい，公共から「厄介な人々」を排除することを強化したのである（Hansan, 2011）。明白な例外の一つが，南北戦争の傷害退役軍人の救護であり，1873年成立の法律によると，兵役中の負傷に起因した障害への補償が行われた（Blanck & Millender, 2000; Liachowitz, 2010）。前述のような法的取り組みは，退役軍人の年金制度を一般の老齢年金制度に転換した1907年の老齢年金法や，退役軍人の職業リハビリテーション給付制度を追加した1917年のスミス・ヒューズ法などの法律に見られるように，20世紀まで続いていた。

(4) 障害のあるアメリカ人法（ADA）の制定に向けた取り組み

州運用の老齢年金運動と州法の成立は，社会保障に関する連邦法の成立に先行して行われた（DeWitt, 2010）。1935年の連邦社会保障法は，高齢者支援や失業保険，扶養児童や障害児への支援，視覚障害者への支援などを含む包括的法律であった。連邦議会は，1950年に「永続的かつ完全な」障害に対する支援施策を追加し，そして，1956年に老齢・遺族・障害年金（SSDI）プログラムに追加している。SSDIは，社会保障に加入していて定年前に障害により労働を継続することが困難となった労働者に対して給付している。なお，SSDIは，医学的

な障害や制限がある障害について,「死に至る,もしくは長期的に持続する医学的に診断可能な身体的,精神的な障害によって社会的活動に従事できないこと」と定義付けている（合衆国法典第42編 第423条［d］）。

この頃,連邦議会は,局所的であるが,障害者の労働能力を認識し,障害のある非軍役従事者を対象に職業リハビリテーションサービスを拡大するための法律を可決している。例えば,1936年のランドルフ・シェパード法（連邦機関内で,視覚障害者が自動販売機を設置・運営するための州認可）や1943年のバーデン・ラフォレット法（知的障害もしくは精神障害のある視覚障害者のための職業リハビリテーションサービスの拡大）が挙げられる。1954年と1965年のリハビリテーション法の改正により,職業リハビリテーションサービスの取り組みが全国的に拡大されることとなった。

1965年の社会保障法の改正では,障害者を含む受益者に対する健康保険の提供や貧困状態にある人々を対象にしたメディケアおよびメディケイドの提供が開始された（連邦政府のガイドラインと財政的支援をもとに,州政府によって管理運営）。また,1972年には,連邦議会によって,補足的所得補償（SSI）や貧困者を対象にした毎月の生活保障給付金を提供するために,既存の3つの公的補助プログラム（高齢,視覚障害,障害）が1つに再編された（Quinn, 2005）。

また,労働者災害補償法は,この時期における特筆すべきもう一つの重要な成果である。1991年に,最初に労働者災害保障法が州で可決された後,1948年までにはすべての州で同様の法律が可決された。連邦政府は,1908年成立の連邦雇用者責任法のような関連法を可決している。州法による労働者災害補償法は,勤務中に傷害を負った労働者に対する保護と雇用主に対する予測不可な出来事から守るといった2つの課題に対処した（Bruyère & Saleh, 2017）。労働者に対する給付は,医療や障害手当,リハビリテーション,遺族給付などであった。20世紀後半には,これらの法律は改正され,障害のあるアメリカ人法や家族医療休暇法のような「職業復帰」の法律理念に合致するようになったのである（Spieler & Burton, 1998）。

公民権運動の萌芽は,公益領域を超えた新たな発展に貢献した。障害者の公共アクセス促進を目的とした初期の法令の一つは,1968年の建築物障壁除去法であり,連邦政府によって,もしくは資金援助を受けて建設された施設におけ

るアクセシビリティ保障を義務化している。1967年成立の雇用年齢差別禁止法（合衆国法典第29編 第621条から第634条）は，雇用や解雇，昇進，報酬，雇用条件，雇用上の権利において，年齢による差別を禁止し，障害者差別禁止法の先駆けとなる法律であった。1970年には，民間職員と連邦職員の労働衛生および安全について規定した労働安全衛生法が連邦議会によって可決されている。また，1971年施行の公正労働基準法の第14条（c）は，障害者に対しては条件付きでの最低賃金未満での給与支払いを認めている。

　1972年には，ヒューバート・ハンフリー上院議員が，障害者を保護するべき対象者として追加規定するために，1964年の公民権改正案を提出したが，この提案は最小限の支持しか得られなかった（Colker & Grossman, 2013）。翌1973年に，連邦議会は，障害者政策の歴史で大きな進展となるリハビリテーション法を成立させた。同法は，州・連邦職業リハビリテーションプログラムのもとで，自立生活センターのネットワーク構築並びに，雇用に関する支援を明記し，連邦政府から補助金を受給しているすべての関連機関における障害者雇用差別の禁止項目を初めて制定した。

　リハビリテーション法第504条によると，連邦政府の補助金の支給を受けている，あるいは行政機関が実施する活動やプログラムにおいて「障害者は，その障害のみを理由として，除外されたり，個人の利益を拒否されたり，差別を受けてはならない」と規定されている。雇用主に課せられた要件として，合理的配慮の提供やプログラムへのアクセシビリティの保障，聴覚障害者や視覚障害者に対する効果的なコミュニケーションの保障，建築におけるバリアフリー化などが含まれたのである。リハビリテーション法と公民権法（人種や肌の色，宗教，性別，国籍に基づく差別を禁止している）は，のちの障害のあるアメリカ人法（ADA）の差別禁止条項制定のモデルとなったのである。

　1975年，連邦議会は全障害児教育法を可決し，その後，個別障害者教育法（IDEA）に改名されている。同法は，個別教育プログラム（IEP）や障害児への制約を最小にした環境整備〔最小制約環境，最も制約の少ない環境〕（Least Restrictive Environment）などの枠組みを軸に，無償でかつ適切な公教育を障害のある子どもたちに提供することを目的としている。

(5) 障害のあるアメリカ人法（ADA）と現代の法的取り組みの発展

　1990年に可決された障害のあるアメリカ人法は，リハビリテーション法の雇用における障害者の差別禁止条項を，民間機関や企業にまで拡大適用した法律である。同法第1章は，対象となる雇用主は，障害のある個々人への障害に基づいた差別を禁止することを明文化している。この差別禁止条項は，求職から昇進，給与，研修機会，雇用における特典（権利）や福利厚生にわたる雇用全体の各段階における差別を禁止している。第2章では，州および連邦政府が提供するサービスやプログラム，活動における差別の禁止を明記している。第3章は，公共施設（例えば，レストランや映画館，学校）における差別禁止条項について規定している。ADAの施行通過（あるいは可決）後，特に，雇用と医療分野で，多くの重要政策展開がなされた。

　1993年に制定された家族医療休暇法（FMLA）は，家族または医療上の理由による休暇のための最低労働基準を規定した。FMLAは，雇用主は，休暇取得中の従業員のための健康保険を提供し，職場復帰にあたっては，以前と同様の勤務内容，もしくは同等の勤務内容に復帰させる必要があると明記している。

　1994年の軍人雇用・再雇用権法（USERRA, 合衆国法典第38編 第4301条から4334条）は，1940年の選択的訓練・徴兵法に遡って，退役軍人の再雇用の権利拡大について定めている。同法は，職場復帰中断を最小限に抑えるとともに，差別を軽減することによって，キャリアをもたない退役軍人向けのサービスの拡充を図った。公的および民間の雇用主らに対して，現役軍人の軍役に対する休暇を保障し，かつ兵役に対する差別を禁止するとともに，軍役終了後（最大5年間）の職場復帰にあたって従業員の給与や福利厚生を保障し，復帰後1年間は，理由なく解雇することを禁止した。

　その他，退役軍人の雇用政策として，2010年の退役軍人福利厚生法があり，雇用機会と中小企業ビジネス支援を強化するための福利厚生やプログラムの追加を明記した。また，1974年のベトナム戦争退役軍人再調整支援法（VEVRAA）に関する2013年の規則が挙げられる。VEVRAAは，連邦政府事業請負企業に退役軍人の採用促進および雇用維持，彼らに対する雇用差別の禁止というアファーマティブ・アクション（差別是正措置）を義務付けた連邦法である。この新規則は，規制対象となる最低契約額を更新し（2万5000ドル以上から10万ド

ル以上に変更),年間雇用の目標数値を設定し,応募者に自己分析することを促すための,新しい枠組みについて明記している。

1996年に可決された医療保険の相互運用性と説明責任に関する法律(HIPAA,合衆国法典第42編 第1320条dから第1320条d-8)では,医療従業者や彼らの計画,医療事務処理における医療情報の開示を規程している。上記以外の雇用主には,ADAおよびFMLAの守秘義務要件が代わりに適用されうる。対象となる事業者は,自らが取り扱い,伝送する個人を特定しうる保護対象保健情報(PHI)に関して,HIPAAの守秘義務規則およびセキュリティ規則を遵守する必要があり(連邦規則集45編 パート160および164),かつ必要最少限の情報のみが含まれるようにPHIの共有と開示方法について留意することが求められる(連邦規則集45編 パート164.502)。また同法は,PHIの電子保存や転送の際の保護基準についてセキュリティ規則を定めている。

1988年の労働力投資法(WIA)は,これまでの労働力調整就労準備(workforce preparation)と雇用サービス職業紹介(employment service)を統合し,包括的な労働力開発システムとする重要な措置を講じた。この法律により,ワンストップセンターが包括支援の拠点となり,職業訓練や職業紹介といった就労準備のためのサービスや支援にアクセスしやすくなった。このシステムは,次に列挙する6原則をもとに運用されている。6原則とは,利用者(個人や企業)のエンパワーメント,普遍的アクセスの支援,州や地方の柔軟的対応,説明責任の向上,青少年向けプログラムの改善,地方委員会と民間部門の関与による役割の拡大である(連邦規則集20編パート662.100)。

1999年施行の就業機会と労働奨励促進法(TWWIIA)は,多くの社会保障庁(SSA)の障害手当受給者が抱いていた,重要な医療保険を受給できない不安を解消しようとしたものであった。同法は,4つの主要目的があり,具体的には,障害手当受給者のSSIとSSDIへの依存を軽減する重要なサービスや支援の提供,雇用を維持するためのメディケイドの運用範囲の拡大,雇用中のメディケアの保障範囲を維持するための選択肢の提示,労働切符と自立のためのプログラム提供である。労働切符プログラム(Ticket to Work program)はSSIやSSDIの受給者が就労を継続し,既存の現金給付への依拠を減少させながら自立することを促そうとしている。この法律は,SSIやSSDIの受給者に,就労に対するイン

センティブとそのための支援を提供するねらいがあり，労働切符プログラムを通して雇用支援を拡大し，成果を重視する従来の実費精算契約型の職業リハビリテーションプログラムを補完することができる。

2014年の労働力革新・機会法（WIOA）は，労働力投資法に取って代わり，州運営による職業リハビリテーションプログラムを労働力開発システムの他の主要プログラムとさらに整合性させることを目的に，新しく制定された法律である。WIOAは，総合的戦略計画の立案や業績責任評価，ワンストップの提供（サービス一括提供），障害のある若者の職場における労働スキル開発やキャリア関心における自己決定の行使，労働経験を積めるよう促すサービスを提供している。WIOAはまた，リハビリテーション法の目的も改正し，障害者を「有給の雇用」に就かせることを優先していたのを，「競争力のある総合的雇用」に置き換えた。WIOAは，最低賃金以上の給与による地域中心雇用に方向転換した「州の雇用第一主義の普及を背景に制定された」（Novak, 2015, p. 101）。保護雇用や最低賃金未満での雇用，非就労日の活動は，もはや許容可能な政策結果とはならないのである（US Office of Disability Employment Policy, 2009）。

連邦議会は，遺伝情報に基づいた雇用差別の可能性に対する市民の関心の高まりを受けて，2008年に遺伝情報差別禁止法（GINA）を可決した。同法は，雇用主が従業員の遺伝情報に基づいて，解雇，雇用や昇進の拒否，雇用形態の制限，また雇用条件と待遇の制限を加えることを禁じている（合衆国法典第42編第200条ff-1）。GINAは，公的な遺伝子検査に加えて，機密性の高い遺伝子情報を含む家族の病歴についても保護している。同法により，医療従事者は，雇用主からの要求に対して，前述のような遺伝子情報の提供をしないことを義務付けられている。ただし，GINAは，FMLAを適用するために，雇用主に必要な家族の病歴情報の開示については，例外を設けている。

2010年成立の患者保護・医療費負担適正化法は，補償範囲を拡大し，かつ保険会社に社会責任を担わせることによって，医療負担の軽減や患者の選択肢の拡大，医療ケアの質の向上を通して，全国的な健康保険制度を改善することを目的とした。これは，健康保険の受給判断の要件からこれまでの既定要件を除外することによって，民間の健康保険へのアクセスを向上し，かつ，メディケイドを通して医療を受けられる人々を拡大する取り組みである。また，就労支

援やケースマネジメントなどの地域支援や，各州がSSI支給額の300％を超える収入を得ている人やニーズの度合いが高い人を除外することなくメディケイドを通して医療ケアを提供できるように，新たな選択肢を拡張し運営できるように規定した。

(6) 社会政策における障害の定義

障害の定義には，普遍的に受け入れられているものはない。なお，一部の法律においては，補償対象となる障害の種類について明記している。また，その他の法政策においても，必要とする支援や保護，利益に関する認識など法律の目的に合わせて，障害の包括的な定義を調整している（Wolf, 2016）。障害とは，疾病や傷害に起因する障害やそれらに起因する機能制限，支援を得られない環境での参加制限を指す場合もある（Altman, 2014）。ADAやリハビリテーション法，公正住宅法などの差別禁止法は，障害を軽減するものとして環境の役割を考慮し，環境を調整することによって，障害の発生や程度を軽減できると規定している（Disability Statistics, n.d.）。これらの法律は，Nagi（1969）が示した疾病，機能障害，機能制限，障害の4段階における「障害プロセス」と同様な枠組みに基づいている。具体的には，病理が機能障害（機能的能力を制限するおそれのある生理学的，解剖学的，精神的損失）へ，機能障害が機能制限へ，そして機能制限から障害（社会的に重要な役割や課題の実行における制限）へとつながる可能性があるという考えである。

ADAは，障害を（1）1つかそれ以上の生活活動を実質的に制限する身体もしくは精神障害，（2）障害についての記録がある，（3）そのような障害があると見なされること，と定義している（合衆国法典第42編 第12102条［1］）。当初，この定義は問題があるとされ，医学モデルから政策を分離させることの困難さを示していた。アメリカ合衆国最高裁判所は，ADAの定義について，障害の定義を劇的に狭めて捉える法的見解を公表し，「ゴルディロックスのジレンマ」を生み出した。それにより，申立人がADAによる保護を受けるには，「十分な障害を有していない」か，そうでなければ雇用の資格を得るためには「障害が多すぎる」かのいずれかとなったのである（Areheart, 2008, p. 184）。この判決は，障害の適格性に影響を与える基準を緩和することを認め，日常生活の中で最も

重要な活動において厳しく「実質的に制限」されるもののみを障害の判断基準とした（*Sutton v. United Air Lines, Inc.*, 527 U.S. 471, 1999; *Toyota Motor Manufacturing v. Williams*, 534 U.S. 184, 2002）。

しかしながら，連邦議会は，アメリカ合衆国最高裁判所の狭義の障害の定義に対する法的意見に同意せず，2008年のADA改正法（ADAAA）によって，最高裁判所のADAの適用範囲の制限を撤廃したのである。障害に関する定義に変更はなかったが，連邦議会は，「主要な生活活動」の定義が最高裁判所の解釈より広義であることを明言し，主要な生活活動および身体機能の例示リストを公表した上で，通常の矯正眼鏡やコンタクトレンズ以外の緩和策の検討を事実上禁止したのである。ADA改正法後のあらゆる訴訟の分析の結果，障害認定に該当しないことで，雇用主に対する略式判決の件数は大幅に減少したが，雇用における障害認定で「資格」がないという判決は増加している（Befort, 2013）。

差別禁止法は，**あらゆる**主要な生活活動の制限に焦点を当てる傾向があるが，連邦政府の社会保障制度は，依然として障害の定義を働くことが不可能な状態としている。障害手当を受給するためには，「重度の」障害や重複障害があることとされ，これは，少なくとも12か月持続する状態か，死に至る重篤な状態であるために，「実質的に有益な活動」レベルの労働を維持することが困難な状態であることが条件となっている（合衆国法典第42編 第423条［d］［1］）。同様に，リハビリテーションの適格性判断において，各州の職業リハビリテーション事務所は，雇用にとって「実質的な障害」の状態にあるか，あるいは障害をもたらす身体・精神障害の存在に基づいて，障害を定義している。それと比較すると，ADA改正法における就労能力の定義は，主要な生活活動の一つにすぎないのである。

しかし，このような哲学的不連続性は，他にも例があり，例えば，州の労働者災害補償制度は，障害者差別禁止法と対立する可能性があるとされている。ADAやその他の法律では，合理的配慮や労働環境や労働文化の整備をして雇用主が障壁を取り除くべき措置に焦点を当てているが，州の労働者災害補償制度は，障害が就労制限を引き起こすものであるとの観点から制定しているのである（Bruyère & Saleh, 2017）。その結果，労働者災害補償制度では，制度受給の適格性を示すために，障害によって引き起こされる制限を強調するよう従業員に

求める傾向にあるが，そのような基準は，同時にADAの合理的配慮の要求と矛盾する可能性がある（Geaney, 2004）。

　医療分野においては，他にも様々な例がある。例えば，従業員退職所得保障法の規則では，雇用主が自主的に加入する障害給付については，それぞれの保険会社の方針に基づいて，障害の定義をいつでも変更することが可能であるが，中でも米国の法律が定義する以上に厳しい障害の認定根拠の証拠が求められる場合もある。対照的に，HIPAAは，医療従事者や計画による不必要で，有益ではないPHIの開示を防止するという目的に沿って，意図的に広範囲で保護している。HIPAAは，**個人の身体的または精神的状態，機能状態に関連し，あるいは身体構造や機能**に影響を与えるケアにおける情報を保護対象として規定している（連邦規則集45編 第160.103）。これは，障害に関する直接的な定義ではないが，法律が公共政策の目的を満たすために広義の定義をどのように拡大するかを示している。

(7) 法律の矛盾と，競合する関心

　コミュニティメンバーシップのパラダイムへの移行は，地域開発型パラダイムからの完全な脱却に至らなかった。その結果，米国の障害者政策の枠組みには，競合する制度的定型書式が見られる。これは，リハビリテーション心理職にとって重要な示唆がある。地域開発時代に構築されたシステムや組織，法律枠組みの中で活動するが，現代のパラダイムによって承認されたコミュニティメンバーシップおよび市民権を促進するために適応したのである。前述したように，1935年可決の社会保障法は，競合する制度的定型書式間で成立された政策の一つの例である。

　社会保障法の本来の目的は，高齢労働者に対して，退職後の生活保障を提供することであり，1950年代に障害手当を統合し，さらに1970年には資産調査に基づく障害の受給権利を包有するよう改正されていった。この目的の実現を通して，プログラムは実質的に有益な生産活動への参加制限に焦点を当てた障害の医学的基準を維持してきたのである。しかし，SSDIやSSI，労働切符の制度下で公布された労働奨励プログラムでは，受給者は働くことができ，就労復帰を思いとどまらせるべきでなく，自立を達成するための奨励やサービス，支

援を提供することで就労につなげるべきであると認識するに至った。結果として，定型書式は，お互いに対立し，矛盾するのである。例えば，受給者は，適格性を示すために多大な労力を費やすが，その直後にSSAは，受給者が就労困難な状態であると証明しなければならなかったにもかかわらず，就労を奨励している。これは，利用者の自立を支援する立場の就労専門家にとって，大きな課題であろう。受給者が自身の健康とウェルビーイングを確実なものとするためになくてはならない経済的，医療的セーフティネットを保証しながら，就労復帰につなげることは困難な状況に陥る可能性がある。

　その他の事例として，WIOAは，障害のある若者など社会活動から取り残された人々の競争力のある総合的雇用を支援するために国家重点課題として取り上げたが，公正労働基準法第14条（c）は，依然として障害者に対して最低賃金基準未満での給与支払いという慣行を認めているのである。ADAや施設入所者公民権法，オルムステッド対L. C.最高裁判所の判決（527 U.S. 581, 1999）は，無差別と分離撤廃の法的基盤を明示しているが，第14条（c）は，これらの目的を損なうものである。このような時代遅れのパラダイムを持続させる政策を段階的に廃止する政策的取り組みが進展しているが，コミュニティメンバーシップのパラダイムは，いまだに完全な形で達成しておらず，旧態の枠組みの影響を受けていることは明らかである。

2. リハビリテーション心理学の実践および教育，公共サービスへの展開

(1) リハビリテーション心理学との関連性

　アメリカ心理学会リハビリテーション心理学部門（22）のウェブサイトでは，リハビリテーションの定義について説明する際には，Maki & Riggar（2004）の次の定義を引用している。

　　　リハビリテーションは，障害や慢性的疾病を抱えている個々人が，日常生活において「自己実現でき，社会的に意味のある，そして機能的に効果的な相互作用」を実現できるように介入する統合プログラムである（p. 1）。

我々が意識しているかどうかに関わらず，公共政策は，サービス提供者およびサービス受給者の双方にリハビリテーション心理学に基づく支援を提供するための状況を形成している。最も基本的なこととして，障害者や慢性的疾病を抱えている人々のサービスへの公平なアクセスを保障し，かつ，サービスを受けるための認定要件や支援の内容を決定し，サービス提供者やその組織に対して対価を支給できるかどうか基準が提供されている。より広義の文脈においては，障害者や慢性的疾病を抱えている人々に対して，リハビリテーション終了後の地域社会復帰に向けて支援を提供し，教育，雇用，住宅，交通，市民社会（投票行動および公共施設やサービスへのアクセスなど）を提供している。

しかし，これまで，我々は公共政策およびそのサービス提供への影響に関する情報を，心理学の大学院教育プログラムで定期的にトレーニングを受けられるように盛り込んでおらず，また，心理臨床家が，可能かつ必要とされる範囲で州や国の公共政策の策定プロセスに関わっているとはいえない（DeLeon, 1986, 1988; DeLeon, Frohboese, & Meyers, 1984; Frank & Elliott, 2000; Solarz, 1990）。これらの公共政策がどのようなものであるのか，そして関連する規制基準がサービス提供者とその受給者にどのように影響をもたらすのかを知ることは，情報に精通したリハビリテーション心理学の専門家として重要な責務なのである。そのような知識によって，心理士は関わっている人々に，法律における権利と保護内容を啓発できる。また，関連公共政策の開発と制度化において障害者に影響を与えうる深刻な問題を特定し，その後の障害者政策の正当化と制度化を支援するという，これまでたびたび実現されなかった責務を果たすことができるようになる。

（2）リハビリテーション心理学実践応用の意義

リハビリテーション心理職は，日常的に障害者や慢性疾患をもつ人々と対話し，リハビリテーションを通してサポートを提供し，指導している。この過程において，公共政策の部分で管理されている数多くの分岐点となる意思決定があるのである。関連する法律や規則の知識をもつことは，地域社会への復帰や就労復帰をうまく進める上で，心理臨床家とサービス受給者にとって大きな助けとなる。リハビリテーション過程において役立つであろう疑問や情報の例は

次の通りである。

- 個人の雇用保険や公的制度（例えば，社会保障や退役軍人支援制度）によって支給される医療保険の条件に照らして，どのような種類のリハビリテーションサービスが利用可能なのか。
- 雇用主は，被雇用者がリハビリテーションを受けている間の身分保障を担う責任が法律上あるのか。そうだとしたら，どのぐらいの期間か。
- 労働上の傷害受傷後，それぞれの州の労働者災害補償保険法によって補償が提供されるのかどうか。補償の対象となる場合，どのようなリハビリテーションサービスが提供され，回復期間の給与の一部あるいは全額は補償される資格があるか。
- 職場復帰にあたって，個人が完全復帰するまでの移行期間を必要とする場合，軽度の作業，勤務量の割り当て方，労働日の短縮，その他必要な調整などといった職場での合理的配慮について，雇用主にどのような義務が課せられるのか。
- 薬物乱用者への対処そのものが回復プロセスの一部であった場合，職場復帰の過程における雇用主による薬物検査やその他の薬物乱用について問い合わせる権利について，サービス受給者にどのように助言が可能か。
- 職場復帰が不可能であった場合，社会保障や退役軍人の福利厚生制度，その他の労働関連の制度を通して，適切な公的制度を迅速に利用できるように，サービス受給者にどのように助言が可能か。

各種サービスへのアクセス，給付，職場復帰，地域復帰の過程に関わる公共政策について知ることは，リハビリテーションの過程でサービス提供者やその受給者の双方が適切な目標設定や成果目標を決定するときに，政策に関する情報に基づいて選択する能力を身につけるのに役立つ。

(3) 公共政策とリハビリテーション心理学トレーニング

リハビリテーションサービス提供に影響を与えうる公共政策についてリハビリテーション実践者の意識を高めるためには，そのような情報をリハビリテー

ション心理学のトレーニングのプロセスの一部として位置付ける必要がある（Solarz, 1990）。これは，リハビリテーション心理学サービスの提供および就労復帰や地域社会復帰に関連する公共政策の概要を学ぶのに特化した講義を提供することである。まして，リハビリテーションサービスを管理する公共政策の枠組みに関する議論は，リハビリテーション心理学のカリキュラム全体ではないにしろ，多くの講義内に取り入れることが可能であるし，そうすべきである。本セクションの臨床実践への意義に関する議論で前述したすべての質問項目は，トレーニングの過程において，教員と学生の臨床指導での対話や課題設定として格好である。

リハビリテーションサービスに影響を与える法律を認識し，そして公共政策策定プロセスで法律が果たしうる潜在的役割について認識することは，将来専門職となる心理学の修了生にとって現実的に必要不可欠である。心理学を専攻している大学院生は，医療制度改革や社会保障給付，統合サービスやその他のテーマなど現代の問題について，講義内での対話を通じて政策設定にふれることで，公共政策の過程に貢献するための将来の役割をより意識することが可能である。特定の講義に関連する場合，学生には特定の政策問題について論文を執筆したり，グループプロジェクトを通して学ぶよう，促すことが可能となる。例えば，以下のようなテーマが挙げられる。SSIやSSDI受給者の自立支援に向け，SSA労働奨励制度や労働切符プログラムの利用を促進する。保護的・分離的雇用プログラムへのつながりを排除して競争力のある総合的雇用に焦点を当てた労働力開発や支援付き雇用プログラムへのアクセスを促進する。障害者が自身の権利を理解し，情報に基づいた自己選択と自己決定を促進する。障害者が，競合する政策の曖昧さや意図しない結果に交渉できるよう支援する。そして，あなたの仕事に関わる過去と現在の障害者政策を評価し，それらが互いにどのように逆効果となりうるのか理解する。

（4）公共政策策定における心理職の役割

リハビリテーション心理学サービスに関連する公共政策についての知識を深めることの最終的な目標の一つは，こうした情報を大学院の研修でよりよく取り入れることを含め，リハビリテーション心理学の専門家が政策決定プロセス

に貢献できるように準備することである。約30年間にわたって，我々の分野のリーダーたちは，このプロセスに我々の専門性をもっと関与させるように訴え続けてきた。米国の人口動態が変化し，病気や慢性的な傷害を抱える人々が増える中，公共政策の場で発言権をもつことはこれまで以上に重要なこととなっている。人口動態の傾向として，特に人口全体の平均寿命の変化とアメリカ人口の高齢化は，必ずしも特定の年齢層の障害率の増加を指すわけではないが（Freedman et al., 2013），障害者数の増加につながることは明確な事実である（Institute of Medicine, 2007）。2015年には，障害者人口の過半数（51.1%）が労働者階層の成人（18〜64歳）を占め，次いで65歳以上が41.2%，障害のある子どもや青年は，5歳〜17歳が7.2%，5歳未満が0.4%にすぎなかった（Kraus, 2017; Erickson, Lee, & von Schrader, 2017）。若年層の人口において，慢性的な健康問題や神経発達，精神的な健康状態に関連する障害が増えているという調査結果もある（Houtrow et al., 2014）。

　さらに，退役軍人の総人口は，ここ数十年間で着実に減少傾向にある。具体的には，1980年には2850万人だったのが，2000年に2640万人，その後2014年の1930万人へと減少している（Us Census Bureau, 2001, 2015）。そして，9.11同時多発テロ後，兵役に関連した障害がある退役軍人は，テロ以前の統計数値と比較して，大幅に増加していることがわかっている（2014年には17.4%から32%に増加）（US Department of Veterans Affairs, 2016）。また，米国労働統計局（US Bureau of Labor Statistics, 2016）によると，2015年には，退役軍人全体の約20%および湾岸戦争時代の第二次退役軍人の33%を含む，約430万人の退役軍人が兵役に関する障害があった。

　これら人口動態の変化によって，リハビリテーション心理職が自身の実践や支援する人々に直接影響を与える公共政策の内容に関するトレーニングを受け，かつ公共政策の文脈において障害者や慢性疾患を抱える人々の利益を代表する覚悟の必要性が強まっている。それは，あまりにも長い間，実現されなかった要求であり，かつ責任が放棄されてきたのである。

◈ 訳　注

◇1 「レンガとモルタル（bricks and mortar）」は，物理的な建物や施設（レンガやモルタルでつくられた構造物）を指すときにしばしば使われる比喩的表現である。障害者政策においては，物理的なインフラストラクチャーや環境整備（例：バリアフリー建築，障害者向けの住宅，公共施設の整備など）を意味する。

文　献

第1章

Bloom, P. (2010). *How pleasure works: The new science of why we like what we like.* New York, NY: Norton.（ブルーム, P. 小松淳子（訳）(2012). 喜びはどれほど深い？：心の根源にあるもの　インターシフト）
Dunn, D. S. (2011). Situations matter: Teaching the Lewinian link between social psychology and rehabilitation psychology. *Journal of the History of Psychology, 14*(4), 405–411.
Dunn, D. S. (2015). *The social psychology of disability.* New York, NY: Oxford University Press.
Dunn, D. S., Ehde, D., & Wegener, S. T. (2016). The Foundational Principles as psychological lodestars: Theoretical inspiration and empirical direction in rehabilitation psychology. *Rehabilitation Psychology, 61*(1), 1–6.
Dunn, D. S., Fisher, D., & Beard, B. (2013). Disability as diversity rather than (in)difference: Understanding others' experiences through one's own. In D. S. Dunn, R. A. R. Gurung, K. Naufel, & J. H. Wilson (Eds.), *Controversy in the psychology classroom: Using hot topics to foster critical thinking* (pp. 209–223). Washington, DC: APA Books. doi:10.1037/14038-013
Eagly, A. H., & Chaiken, S. (1993). *The psychology of attitudes.* Orlando, FL: Harcourt, Brace, & Jovanovich.
Lewin, K. (1935). *A dynamic theory of personality.* New York, NY: McGraw-Hill.（レヴィン, K. A. 相良守次・小川隆（訳）(1957). パーソナリティの力学説　岩波書店）
Livneh, H. (1982). On the origin of negative attitudes toward people with disabilities. *Rehabilitation Literature, 43,* 338–347.
Nisbett, R. E. (1980). The trait construct in lay and professional psychology. In L. Festinger (Ed.), *Retrospections on social psychology* (pp. 109–130). New York, NY: Oxford University Press.
Shontz, F. C. (1977). Six principles relating disability and psychological adjustment. *Rehabilitation Psychology, 24,* 207–210.
Wright, B. A. (1983). *Physical disability: A psychosocial approach.* New York, NY: Harper & Row. doi:10.1037/10589-000
Yuker, H. E. (Ed.). (1988). *Attitudes towards persons with disabilities.* New York, NY: Springer

第2章

Abraham, C., Gregory, N., Wolf, L., & Pemberton, R. (2002). Self-esteem, stigma and community participation amongst people with learning difficulties living in the community. *Journal of Community & Applied Social Psychology, 12,* 430–443. doi:10.1002/casp.695
Americans with Disabilities Act of 1990, Pub. L. No. 101-336, 104 Stat. 328 (1990).
Bogart, K. R. (2014). The role of disability self-concept in adaptation to congenital or acquired disability. *Rehabilitation Psychology, 59,* 107–115. doi:10.1037/a0035800
Bogart, K. R. (2015). Disability identity predicts lower anxiety and depression in multiple sclerosis. *Rehabilitation Psychology, 60,* 105–109. doi:10.1037/rep0000029

Bogart, K. R., & Hemmesch, A. R. (2016). Benefits of support conferences for parents of and people with Moebius syndrome. *Stigma and Health, 1,* 109–121. doi:10.1037/sah0000018

Braithwaite, D. O., & Eckstein, N. J. (2003). How people with disabilities communicatively manage assistance: Helping as instrumental social support. *Journal of Applied Communication Research, 31,* 1–26. doi:10.1080/00909880305374

Cameron, L., & Rutland, A. (2006). Extended contact through story reading in school: Reducing children's prejudice toward the disabled. *Journal of Social Issues, 62,* 469–488. doi:10.1111/j.1540-4560.2006.00469.x

Centers for Disease Control and Prevention (2015, July 31). Prevalence of disability and disability type among adults — United States, 2013. *Morbidity and Mortality Weekly Reports (MMWR).* Retrieved from https://www.cdc.gov/mmwr/preview/mmwrhtml/mm6429a2.htm

Colella, A., DeNisi, A. S., & Varma, A. (1998). The impact of ratee's disability on performance judgments and choice as partner: The role of disability-job fit stereotypes and interdependence of rewards. *Journal of Applied Psychology, 83,* 102–111. doi:10.1037/0021-9010.83.1.102

Cook, J. E., Purdie-Vaughns, V., Meyer, I. H., & Busch, J. T. (2014). Intervening within and across levels: A multilevel approach to stigma and public health. *Social Science & Medicine, 103,* 101–109. doi:10.1016/j.socscimed.2013.09.023

Corrigan, P. W., Druss, B. G., & Perlick, D. A. (2014). The impact of mental illness stigma on seeking and participating in mental health care. *Psychological Science in the Public Interest, 15,* 37–70. doi:10.1177/1529100614531398

Crandall, C. S., Eshleman, A., & O'Brien, L. (2002). Social norms and the expression and suppression of prejudice: The struggle for internalization. *Journal of Personality and Social Psychology, 82,* 359–378. doi:10.1037/0022-3514.82.3.359

Cuddy, A. J., Fiske, S. T., & Glick, P. (2007). The BIAS map: Behaviors from intergroup affect and stereotypes. *Journal of Personality and Social Psychology, 92,* 631–648. doi:10.1037/0022-3514.92.4.631

Desombre, C., Anegmar, S., & Delelis, G. (2018). Stereotype threat among students with disabilities: The importance of the evaluative context on their cognitive performance. *European Journal of Psychology of Education, 33,* 201–214. doi:10.1007/s10212-016-0327-4

Fazio, R. H., & Olson, M. A. (2003). Implicit measures in social cognition research: Their meaning and use. *Annual Review of Psychology, 54,* 297–327. doi:10.1146/annurev.psych.54.101601.145225

Fiske, S. T., Cuddy, A. J. C., Glick, P., & Xu, J. (2002). A model of (often mixed) stereotype content: Competence and warmth respectively follow from perceived status and competition. *Journal of Personality and Social Psychology, 82,* 878–902. doi:10.1037/0022-3514.82.6.878

Gouvier, W. D., Coon, R. C., Todd, M. E., & Fuller, K. H. (1994). Verbal interactions with individuals presenting with and without physical disability. *Rehabilitation Psychology, 39,* 263–268. doi:10.1037/h0080322

Green, S. E. (2007). Components of perceived stigma and perceptions of well-being among university students with and without disability experience. *Health Sociology Review, 16,* 328–340. doi:10.5172/hesr.2007.16.3-4.3

Griffiths, D. M., & Lunsky, Y. (2000). Changing attitudes towards the nature of socio-sexual assessment and education for persons with developmental disabilities: a twenty-year comparison. *Journal of Developmental Disabilities, 7,* 16–33.

Hebl, M. R., & Kleck, R. E. (2000). The social consequences of physical disability. In T. F. Heatherton, R. E. Kleck, M. R. Hebl, & J. G. Hull (Eds.), *The social psychology of stigma* (pp. 419–439). New York, NY: Guilford.

Hebl, M. R., & Kleck, R. E. (2002). Acknowledging one's stigma in the interview setting: Effective strategy or liability? *Journal of Applied Social Psychology, 32,* 223–249. doi:10.1111/j.1559-1816.2002.tb00214.x

Hebl, M. R., & Skorinko, J. L. (2005). Acknowledging one's physical disability in the interview: Does "when" make a difference? *Journal of Applied Social Psychology, 35,* 2477–2492. doi:10.1111/j.1559-1816.2005.tb02111.x

Hunt, C. S., & Hunt, B. (2004). Changing attitudes toward people with disabilities: Experimenting with an educational intervention. *Journal of Managerial Issues, 16*, 266–280. Retrieved from http://www.jstor.org/stable/40604458

Krahé, B., & Altwasser, C. (2006). Changing negative attitudes towards persons with physical disabilities: An experimental intervention. *Journal of Community & Applied Social Psychology, 16*, 59–69. doi:10.1002/casp.849

Leake, D. W., & Stodden, R. A. (2014). Higher education and disability: Past and future of underrepresented populations. *Journal of Postsecondary Education and Disability, 27*, 399–408.

Liesener, J. J., & Mills, J. (1999). An experimental study of disability spread: Talking to an adult in a wheelchair like a child. *Journal of Applied Social Psychology, 29*, 2083–2092. doi:10.1111/j.1559-1816.1999.tb02296.x

Lindsay, S., & Edwards, A. (2013). A systematic review of disability awareness interventions for children and youth. *Disability and Rehabilitation, 35*, 623–646. doi:10.3109/09638288.2012.702850

Louvet, E. (2007). Social judgment toward job applicants with disabilities: Perception of personal qualities and competences. *Rehabilitation Psychology, 52*, 297–303. doi:10.1037/0090-5550.52.3.297

Lyons, B. J., Martinez, L. R., Ruggs, E. N., Hebl, M. R., Ryan, A. M., O'Brien, K. R., & Roebuck, A. (2018). To say or not to say: Different strategies of acknowledging a visible disability. *Journal of Management, 44*, 1980–2007. doi:10.1177/0149206316638160

Major, B., & O'Brien, L. T. (2005). The social psychology of stigma. *Annual Review of Psychology, 56*, 393–421. doi:10.1146/annurev.psych.56.091103.070137

Nario-Redmond, M. R. (2010). Cultural stereotypes of disabled and non-disabled men and women: Consensus for global category representations and diagnostic domains. *British Journal of Social Psychology, 49*, 471–488. doi:10.1348/014466609X468411

Nario-Redmond, M. R., Gospodinov, D., & Cobb, A. (2017). Crip for a day: The unintended negative consequences of disability simulations. *Rehabilitation Psychology, 62*, 324–333. doi:10.1037/rep0000127

Nario-Redmond, M. R., Noel, J. G., & Fern, E. (2013). Redefining disability, re-imagining the self: Disability identification predicts self-esteem and strategic responses to stigma. *Self and Identity, 12*, 468–488. doi:10.1080/15298868.2012.681118

Nario-Redmond, M. R., & Oleson, K. C. (2016). Disability group identification and disability-rights advocacy. *Emerging Adulthood, 4*, 207–218. doi:10.1177/2167696815579830

Nosek, B. A., Banaji, M. R., & Greenwald, A. G. (2002). Harvesting implicit group attitudes and beliefs from a demonstration web site. *Group Dynamics: Theory, Research, and Practice, 6*, 101–115. doi:10.1037/1089-2699.6.1.101

Obst, P., & Stafurik, J. (2010). Online we are all able bodied: Online psychological sense of community and social support found through membership of disability-specific websites promotes well-being for people living with a physical disability. *Journal of Community & Applied Social Psychology, 20*, 525–531. doi:10.1002/casp.1067

Pachankis, J. E. (2007). The psychological implications of concealing a stigma: A cognitive-affective-behavioral model. *Psychological Bulletin, 133*, 328–345. doi:10.1037/0033-2909.133.2.328

Pearson, A. R., Dovidio, J. F., & Gaertner, S. L. (2009). The nature of contemporary prejudice: Insights from aversive racism. *Social and Personality Psychology Compass, 3*, 314–338. doi:10.1111/j.1751-9004.2009.00183.x

Pelka, F. (1997). *The disability rights movement*. Santa Barbara, CA: ABC-CLIO.（ペルカ，F. 中村満紀男・二文字理明・岡田英己子（監訳）（2015）．障害者権利擁護運動事典　明石書店）

Pruett, S. R., & Chan, F. (2006). The development and psychometric validation of the Disability Attitude Implicit Association Test. *Rehabilitation Psychology, 51*, 202–213. doi:10.1037/0090-5550.51.3.202

Ren, L. R., Paetzold, R. L., & Colella, A. (2008). A meta-analysis of experimental studies on the effects of disability on human resource judgments. *Human Resource Management Review, 18*, 191–203. doi:10.1016/j.hrmr.2008.07.001

Robey, K. L., Beckley, L., & Kirschner, M. (2006). Implicit infantilizing attitudes about disability. *Journal of Developmental and Physical Disabilities, 18*, 441–453. doi:10.1007/s10882-006-9027-3

Rojahn, J., Komelasky, K. G., & Man, M. (2008). Implicit attitudes and explicit ratings of romantic attraction of college students toward opposite-sex peers with physical disabilities. *Journal of Developmental and Physical Disabilities, 20*, 389–397. doi:10.1007/s10882-008-9108-6

Silverman, A. M., & Cohen, G. L. (2014). Stereotypes as stumbling-blocks: How coping with stereotype threat affects life outcomes for people with physical disabilities. *Personality and Social Psychology Bulletin, 40*, 1330–1340. doi:10.1177/0146167214542800

Silverman, A. M., Gwinn, J. D., & Van Boven, L. (2015). Stumbling in their shoes: Disability simulations reduce judged capabilities of disabled people. *Social Psychological and Personality Science, 6*, 464–471. doi:10.1177/1948550614559650

Silverman, A. M., Molton, I. R., Smith, A. E., Jensen, M. P., & Cohen, G. L. (2017). Solace in solidarity: Disability friendship networks buffer well-being. *Rehabilitation Psychology, 62*, 525–533. doi:10.1037/rep0000128

Siperstein, G. N., Romano, N., Mohler, A., & Parker, R. (2006). A national survey of consumer attitudes towards companies that hire people with disabilities. *Journal of Vocational Rehabilitation, 24*, 3–9.

Snyder, M., Kleck, R. E., Strenta, A., & Mentzer, S. J. (1979). Avoidance of the handicapped: An attributional ambiguity analysis. *Journal of Personality and Social Psychology, 37*, 2297–2306.

Wang, K., & Dovidio, J. F. (2011). Disability and autonomy: Priming alternative identities. *Rehabilitation Psychology, 56*, 123–127. doi:10.1037/a0023039

Wang, K., Silverman, A., Gwinn, J. D., & Dovidio, J. F. (2015). Independent or ungrateful? Consequences of confronting patronizing help for people with disabilities. *Group Processes & Intergroup Relations, 18*, 489–503. doi:10.1177/1368430214550345

Wilson, T. D., Lindsey, S., & Schooler, T. Y. (2000). A model of dual attitudes. *Psychological Review, 107*, 101–126. doi:10.1037//0033-295X.107.1.101

第3章

American Psychological Association. (2010). *Publication manual of the American Psychological Association* (6th ed.). Washington, DC: Author.（アメリカ心理学会　前田樹海・江藤裕之・田中建彦（訳）(2011)．APA論文作成マニュアル　第2版　医学書院）

Amsel, R., & Fichten, C. S. (1988). Effects of contact on thoughts about interaction with students who have a physical disability. *Journal of Rehabilitation, 54*, 61–65.

Asch, S. E. (1946). Forming impressions of personality. *The Journal of Abnormal and Social Psychology, 41*(3), 258–290. https://doi.org/10.1037/h0055756

Bandura, A. (2006). Toward a psychology of human agency. *Perspectives on Psychological Science, 1*, 164–180.

Baumeister, R. F., Bratslavsky, E., Finkenauer, C., & Vohs, K. D. (2001). Bad is stronger than good. *Review of General Psychology, 5*, 323–370. doi:10.1037/1089-2680.5.4.323

Dembo, T. (1964). Sensitivity of one person to another. *Rehabilitation Literature, 25*, 231–235.

Dembo, T., Leviton, G. L., & Wright, B. A. (1956). Adjustment to misfortune—a problem of social-psychological rehabilitation. *Artificial Limbs, 3*, 4–62.

Diener, E., Fraser, S. C., Beaman, A. L., & Kelem, R. T. (1976). Effects of deindividuation variables on stealing among Halloween trick-or-treaters. *Journal of Personality and Social Psychology, 33*, 178–183. doi:10.1037/0022-3514.33.2.178

Dion, K., Berscheid, E., & Walster, E. (1972). What is beautiful is good. *Journal of Personality and Social Psychology, 24*, 285–290.

Dovidio, J. F., Pagotto, L., & Hebl, M. R. (2011). Implicit attitudes and discrimination against people with physical disabilities. In R. L. Wiener & S. L. Wilborn (Eds.), *Disability and aging discrimination: Perspectives in law and psychology* (pp. 157–184). New York, NY: Springer. doi:10.1007/978-1-4419-6293-5_9

Duggan, C. H., & Dijkers, M. (2001). Quality of life after spinal cord injury: A qualitative study. *Rehabilitation Psychology, 46,* 3–27. doi:10.1037/0090-5550.46.1.3

Dunn, D. S. (2011). Situations matter: Teaching the Lewinian link between social psychology and rehabilitation psychology. *Journal of the History of Psychology, 14,* 405–411. doi:10.1037/a0023919

Dunn, D. S. (2015). *The social psychology of disability.* New York, NY: Oxford University Press.

Dunn, D. S. (2019). Only connect: The social psychology of disability. In T. R. Elliott et al. (Eds.), *Handbook of rehabilitation psychology* (3rd ed.). Washington, DC: American Psychological Association.

Dunn, D. S., & Andrews, E. (2015). Person-first and identity-first language: Developing psychologists' cultural competence using disability language. *American Psychologist, 70,* 255–264.

Dunn, D. S., Uswatte, G., & Elliott, T. R. (2021). Happiness and resilience following physical disability. In S. J. Lopez, L. Edwards, & S. Marques (Eds.), *The Oxford handbook of positive psychology* (3rd ed.). New York, NY: Oxford University Press.

Festinger, L., Pepitone, A., & Newcomb, T. (1952). Some consequences of deindividuation in a group. *Journal of Abnormal and Social Psychology, 47,* 382–389.

French, S. (1994). Attitudes of health professionals towards disabled people: A discussion and review of the literature. *Physiotherapy, 80,* 687–693.

Gilbert, D. T., & Malone, P. S. (1995). The correspondence bias. *Psychological Bulletin, 117,* 21–38. doi:10.1037/0033-2909.117.1.21

Gill, C. J. (1995). A psychological view of disability culture. *Disability Studies Quarterly, 15,* 15–19.

Gilovich, T., Griffin, D. W., & Kahneman, D. (Eds.). (2002). *Heuristics and biases: The psychology of intuitive judgment.* New York, NY: Cambridge University Press.

Hafer, C. L., & Rubel, A. N. (2015). The why and how of defending belief in a just world. In J. M. Olson & M. P Zanna (Eds.), *Advances in experimental social psychology* (Vol. 51, pp. 41–96). London, UK: Elsevier.

Heider, F. (1958). *The psychology of interpersonal relations.* New York, NY: Wiley. doi:10.1037/10628-000

Image Center Blog. (2011, March 11). The halo effect. Retrieved from http://www.imagemd.org/blog/archives/29

Janoff, Bulman, R. (1992). *Shattered assumptions: Towards a new psychology of trauma.* New York, NY: Free Press.

Jones, E. E., & Nisbett, R. E. (1971). The actor and the observer: Divergent perceptions of the causes of behavior. In E. E. Jones, D. E. Kanouse, H. H. Kelley, R. E. Nisbett, S. Valins, & B. Weiner (Eds.), *Attribution: Perceiving the causes of behavior* (pp. 79–94). Morristown, NJ: General Learning Press.

Kahneman, D. (2011). *Thinking, fast and slow.* New York, NY: Farrar, Straus and Giroux. (カーネマン，D. 村井章子（訳）(2012)．ファスト＆スロー：あなたの意思はどのように決まるか？ 上・下　早川書房)

Kahneman, D., Slovic, P., & Tversky, A. (Eds.). (1982). *Judgment under uncertainty: Heuristics and biases.* New York, NY: Cambridge University Press.

Kammer, D. (1982). Differences in trait ascriptions to self and friend: Unconfounding intensity from variability. *Psychological Reports, 51,* 99–102. doi:10.2466/pr0.1982.51.1.99.

Lerner, M. J. (1980). *The belief in a just world: A fundamental delusion.* New York, NY: Plenum Press.

Lewin, K. A. (1935). *A dynamic theory of personality.* New York, NY: McGraw-Hill.（レヴィン，K. A. 相良守次・小川隆（訳）(1957)．パーソナリティの力学説　岩波書店)

Loewenstein, G., O'Donoghue, T., & Rabin, M. (2003). Projection bias in predicting future utility. *Quarterly Journal of Economics, 118,* 1209–1248. doi:10.1162/003355303322552784

Malle, B. F. (2006). The actor-observer asymmetry in attribution: A (surprising) meta-analysis. *Psychological Bulletin, 132,* 895–919. doi:10.1037/0033-2909.132.6.985

Mason, A., Pratt, H. D., Patel, D. R., Greydanus, D. E., & Yahya, K. Z. (2004). Prejudice toward people with disabilities. In J. L. Chin (Ed.), *The psychology of prejudice and discrimination: Disability, religion, physique, and other traits* (Vol. 4, pp. 52–93). Westport, CA: Praeger.

Mellers, B. A., & McGraw, A. P. (2001). Anticipated emotions as guides to choice. *Current Directions in Psychological Science, 10,* 210–214. doi:10.1111/1467-8721.00151

Monteith, M. J., Arthur, S. A., & Flynn, S. M. (2010). Self-regulation and bias. In J. F. Dovidio, M. Hewstone, P. Glick, & V. M. Esses (Eds.), *Handbook of prejudice, stereotyping, and discrimination* (pp. 493–507). Los Angeles, CA: Sage. doi:10.4135/9781446200919.n30

Nickerson, R. S. (1998). Confirmation bias: A ubiquitous phenomenon in many guises. *Review of General Psychology, 2,* 175–220.

Nisbett, R., & Ross, L. (1980). *Human inference: Strategies and shortcomings of social judgment.* Englewood Cliffs, NJ: Prentice-Hall.

Park, B., & Rothbart, M. (1982). Perception of out-group homogeneity and levels of social categorization: Memory for the subordinate attributes of in-group and out-group members. *Journal of Personality and Social Psychology, 42,* 1051–1068.

Peeters, Y., Smith, D. M., Loewenstein, G., & Ubel, P. A. (2012). After adversity strikes: Recollections and reality among people who experience the onset of adverse circumstances. *Journal of Happiness Studies, 13,* 589–600. doi:10.1007/s10902-011-9281-7

Pettigrew, T. F. (1979). The ultimate attribution error: Extending Allport's cognitive analysis of prejudice. *Personality and Social Psychology Bulletin, 5,* 461–476.

Pettigrew, T. F., & Tropp, L. R. (2006). A meta-analysis of intergroup contact theory. *Journal of Personality and Social Psychology, 90,* 751–783. doi:10.1037/0022-3514.90.5.751

Postmes, T., & Spears, R. (1998). Deindividuation and antinormative behavior: A meta-analysis. *Psychological Bulletin, 123,* 238–259. doi:10.1037/0033-2909.123.3.238

Pronin, E., Gilovich, T., & Ross, L. (2004). Objectivity in the eye of the beholder: Divergent perceptions of bias in self versus others. *Psychological Review, 111,* 781–799.

Pruett, S. R., & Chan, F. (2006). The development and psychometric validation of the Disability Attitudes Implicit Association Test. *Rehabilitation Psychology, 51,* 202–213. doi:10.1037/0090 5550.513.202

Romer, O., & Louvet, E. (2009). Describing persons with disability: Salience of disability, gender, and ethnicity. *Rehabilitation Psychology, 54,* 76–82.

Ross, L. (1977). The intuitive psychologist and his shortcomings: Distortions in the attribution process. In L. Berkowitz (Ed.), *Advances in experimental social psychology* (Vol. 10, pp. 174–221). New York, NY: Academic Press.

Ross, L., & Nisbett, R. E. (1991). *The person in the situation.* New York, NY: McGraw-Hill.

Rubin, M., & Badea, C. (2012). They're all the same! . . . but for several different reasons: A review of the multicausal nature of perceived group variability. *Current Directions in Psychological Science, 21,* 367–372.

Sieff, E. M., Dawes, R. M., & Loewenstein, G. A. (1999). Anticipated versus actual reaction to HIV test results. *American Journal of Psychology, 112,* 297–311. doi:10.2307/1423355

Swann, W. B., Jr., & Jetten, J. (2017). Restoring agency to the human actor. *Perspectives on Psychological Science, 12,* 382–399. doi:10.1177/1745691616679464

Tversky, A., & Kahneman, D. (1983). Extensional versus intuitive reasoning: The conjunction fallacy in probability judgment. *Psychological Review, 90,* 293–315. doi:10.1037/0033-295X.90.4.293.

Vash, C. L., & Crewe, N. M. (2004). *Psychology of disability* (2nd ed.). New York, NY: Springer.

Wason, P. C. (1960). On the failure to eliminate hypotheses in a conceptual task. *Quarterly Journal of Experimental Psychology,12,* 129–140.

White, R. K., Wright, B. A., & Dembo, T. (1948). Studies in adjustment to visible injuries: Evaluation of curiosity by the injured. *Journal of Abnormal and Social Psychology, 43,* 13–28. doi:10.1037/h0057775

Wilder, D. A. (1986). Social categorization: Implications for creation and reduction of intergroup bias. In L. Berkowitz (Ed.), *Advances in experimental social psychology* (Vol. 19, pp. 291–355). Orlando, FL:

Academic Press.
Wilson, T. D., & Gilbert, D. T. (2003). Affective forecasting. In M. P. Zanna (Ed.), *Advances in experimental social psychology* (Vol. 35, pp. 345–411). San Diego, CA: Academic Press.
Wilson, T. D., & Gilbert, D. T. (2005). Affective forecasting: Knowing what to want. *Current Directions in Psychological Science, 14,* 131–134. doi:10.1111/j.0963-7214.2005.00355.x
Wilson, T. D., Wheatley, T., Meyers, J. M., Gilbert, D. T., & Axsom, D. (2000). Focalism: A source of durability bias in affective forecasting. *Journal of Personality and Social Psychology, 78,* 821–836. doi:10.1037/0022-3514.78.5.821
World Health Organization. (2001). *International classification of functioning, disability, and health.* Geneva, Switzerland: Author.（世界保健機関（編） 障害者福祉研究会（編）（2002）．国際生活機能分類（ICF）：国際障害分類改定版　中央法規出版社）
Wright, B. A. (1983). *Physical disability: A psychosocial approach* (2nd ed.). New York, NY: Harper Collins.
Wright, B. A. (1988). Attitudes and the fundamental negative bias. In H. E. Yuker (Ed.), *Attitudes towards persons with disabilities* (pp. 3–21). New York, NY: Springer.
Wright, B. A. (1991). Labeling: The need for greater person-environment individuation. In C. R. Snyder & D. R. Forsyth (Eds.), *Handbook of social and clinical psychology: The health perspective* (pp. 469–487). New York, NY: Pergamon Press.

第4章

Amodio, D. M., & Frith, C. D. (2006). Meeting of minds: The medial frontal cortex and social cognition. *Nature Reviews Neuroscience, 7,* 268–277.
Asbrock, F. (2010). Stereotypes of social groups in Germany in terms of warmth and competence. *Social Psychology, 41,* 76–81.
Batson, C. D., Turk, C. L., Shaw, L. L., & Klein, T. R. (1995). Information function of empathic emotion: Learning that we value the other's welfare. *Journal of Personality and Social Psychology, 68*(2), 300–313.
Bye, H. H., Herrebrøden, H., Hjetland, G. J., Røyset, G. Ø., & Westby, L. L. (2014). Stereotypes of Norwegian social groups. *Scandinavian Journal of Psychology.* Advance online publication. doi:10.1111/sjop.12141
Cuddy, A. J. C., Fiske, S. T., & Glick, P. (2007). The BIAS map: Behaviors from intergroup affect and stereotypes. *Journal of Personality and Social Psychology, 92,* 631–648.
Cuddy, A. J. C., Fiske, S. T., Kwan, V. S. Y., Glick, P., Demoulin, S., Leyens, J-Ph., . . . Ziegler, R. (2009). Stereotype content model across cultures: Towards universal similarities and some differences. *British Journal of Social Psychology, 48,* 1–33.
Decety, J., & Grèzes, J. (2006). The power of simulation: Imagining one's own and other's behavior. *Brain Research, 1079*(1), 4–14.
Decety, J., & Jackson, P. L. (2004). The functional architecture of human empathy. *Behavioral and Cognitive Neuroscience Reviews, 3*(2), 71–100.
Durante, F., Fiske, S. T., Gelfand, M., Crippa, F., Suttora, C., Stillwell, A., Asbrock, F., . . . Teymoori, A. (2017). Ambivalent stereotypes link to peace, conflict, and inequality across 38 nations. *PNAS: Proceedings of the National Academy of Sciences USA, 114*(4), 669–674.
Durante, F., Fiske, S. T., Kervyn, N., Cuddy, A. J. C., Akande, A., Adetoun, B. E., . . . Storari, C. C. (2013). Nations' income inequality predicts ambivalence in stereotype content: How societies mind the gap. *British Journal of Social Psychology, 52,* 726–746.
Farrow, T. F. D, Zheng, Y., Wilkinson, I. D., Spence, S. A., Deakin, J. F., Tarrier, N., . . . Woodruff, P. W. R. (2001). Investigating the functional anatomy of empathy and forgiveness. *Neuroreport, 12*(11), 2433–2438.
Fiske, S. T., Cuddy, A. J. C., & Glick, P. (2007). Universal dimensions of social cognition: Warmth and competence. *Trends in Cognitive Sciences, 11*(2), 77–83.

Fiske, S. T., Cuddy, A. J. C., Glick, P., & Xu, J. (2002). A model of (often mixed) stereotype content: Competence and warmth respectively follow from perceived status and competition. *Journal of Personality and Social Psychology, 82*, 878–902.

Gilbert, D. T., & Silvera, D. H. (1996). Overhelping. *Journal of Personality and Social Psychology, 70*(4), 678–690.

Gusnard, D. A., Akbudak, E., Shulman, G. L., & Raichle, M. E. (2001). Medial prefrontal cortex and self-referential mental activity: Relation to a default mode of brain function. *PNAS: Proceedings of the National Academy of Sciences USA, 98*(6), 4259–4264.

Harris, L. T., & Fiske, S. T. (2006). Dehumanizing the lowest of the low: Neuro-imaging responses to extreme outgroups. *Psychological Science, 17*, 847–853.

Hebl, M. R., & Kleck, R. E. (2000). The social consequences of physical disability. In T. F. Heatherton, R. E. Kleck, M. R. Hebl, & J. G. Hull (Eds.), *The social psychology of stigma* (pp. 419–439). New York, NY: Guilford.

Hooker, C. I., Verosky, S. C., Germine, L. T., Knight, R. T., & D'Esposito, M. (2008). Mentalizing about emotion and its relationship to empathy. *Social Cognitive and Affective Neuroscience, 3*(3), 204–217.

Hynes, C. A., Baird, A. A., & Grafton, S. T. (2006). Differential role of the orbital frontal lobe in emotional versus cognitive perspective-taking. *Neuropsychologia, 44*, 374–383.

Jabbi, M., Swart, M., & Keysers, C. (2007) Empathy for positive and negative emotions in the gustatory cortex. *Neuroimage, 34*, 1744–1753.

Jackson, P. L., Brunet, E., Meltzoff, A. N., & Decety, J. (2006). Empathy examined through the neural mechanisms involved in imagining how I feel versus how you feel pain. *Neuropsychologia, 44*(5), 752–761.

Johnson, J. D., Simmons, C. H., Jordan, A., MacLean, L., Taddei, J., & Thomas, D. (2002). Rodney King and O. J. revisited: The impact of race and defendant empathy induction on judicial decisions. *Journal of Applied Social Psychology, 32*, 1208–1223.

Johnson, S. C., Baxter, L. C., Wilder, L. S., Pipe, J. G., Heiserman, J. E., & Prigatano, G. P. (2002). Neural correlates of self-reflection. *Brain, 125*, 1808–1814.

Jones, E., Farina, A., Hastorf, A., Markus, H., Miller, D., & Scott, R. (1984). *Social stigma: The psychology of marked relationships*. New York, NY: Freeman.

Kleck, R., Ono, H., & Hastorf, A. H. (1966). The effects of physical deviance upon face-to-face interaction. *Human Relations, 19*, 425–436.

Krämer, U. M., Mohammadi, B., Doñamayor, N., Samii, A., & Münte, T. F. (2010). Emotional and cognitive aspects of empathy and their relation to social cognition: An fMRI-study. *Brain Research, 1311*, 110–120.

Krendl, A. C., Moran, J. M., & Ambady, N. (2012). Does context matter in evaluations of stigmatized individuals? An fMRI study. *Social Cognitive and Affective Neuroscience.* Advance Access published March 26, 2012. doi:10.1093/scan/nss037

Langer, E. J., Taylor, S. E., Fiske, S. T., & Chanowitz, B. (1976). Stigma, staring, and discomfort: A novel-stimulus hypothesis. *Journal of Experimental Social Psychology, 12*, 451–463.

Mathur, V. A., Harada, T., Lipke, T., & Chiao, J. (2010). Neural basis of extraordinary empathy and altruistic motivation. *NeuroImage, 51*, 1468–1475.

Mitchell, J. P., Macrae, C. N., & Banaji, M. R. (2006). Dissociable medial prefrontal contributions to judgments of similar and dissimilar others. *Neuron, 50*(4), 655–663.

Ochsner, K. N., Knierim, K., Ludlow, D. H., Hanelin, J., Ramachandran, T., Glover, G., & Mackey, S. C. (2004). Reflecting upon feelings: An fMRI study of neural systems supporting the attribution of emotion to self and other. *Journal of Cognitive Neuroscience, 16*(10), 1746–1772.

Ochsner, K. N., Zaki, J., Hanelin, J., Ludlow, D. H., Knierim, K., Ramachandran, T., & Mackey, S. (2008). Your pain or mine? Common and distinct neural systems supporting the perception of pain in self and other. *Social Cognitive and Affective Neuroscience, 3*, 144–160.

Phillips, M. L., Young, A. W., Senior, C., Brammer, M., Andrew, C., Calder, A. J., . . . David, A. S. (1997). A

specific neural substrate for perceiving facial expressions of disgust. *Nature, 389*(6650), 495–498.
Ruby, P., & Decety, J. (2004). How would you feel versus how do you think she would feel? A neuroimaging study of perspective-taking with social emotions. *Journal of Cognitive Neuroscience, 16*(6), 988–999.
Seitz, R. J., Nickel, J., & Azari, N. P. (2006). Functional modularity of the medial prefrontal cortex: Involvement in human empathy. *Neuropsychology, 20*(6), 743–751.
Singer, T. (2006). The neuronal basis and ontogeny of empathy and mind reading: Review of literature and implications for future research. *Neuroscience & Biobehavioral Reviews, 30*(6), 855–863.
Singer, T., Critchley, H. D., & Preuschoff, K. (2009). A common role of insula in feelings, empathy, and uncertainty. *Trends in Cognitive Sciences, 13*(8), 334–340.
Singer, T., & Lamm, C. (2009). The social neuroscience of empathy. *Annals of the New York Academy of Sciences, 1156*(1), 81–96.
Singer, T., Seymour, B., O'Doherty, J., Kaube, H., Dolan, R. J., & Frith, C. D. (2004). Empathy for pain involves the affective but not the sensory components of pain. *Science, 303*(5661), 1157–1162.
Vann, D. H. (1976). *Personal responsibility, authoritarianism and treatment of the obese.* Unpublished doctoral dissertation, New York, NY: New York University.
Vogeley, K., May, M., Ritzl, A., Falkai, P., Zilles, K., & Fink, G. R. (2004). Neural correlates of first-person perspective as one constituent of human self-consciousness. *Journal of Cognitive Neuroscience, 16*(5), 817–827.
Völlm, B. A., Taylor, A. N., Richardson, P., Corcoran, R., Stirling, J., McKie, S., . . . Elliott, R. (2006). Neuronal correlates of theory of mind and empathy: A functional magnetic resonance imaging study in a nonverbal task. *NeuroImage, 29,* 90–98.
Weiner, B., Perry, R. P., & Magnusson, J. (1988). An attributional analysis of reactions to stigmas. *Journal of Personality and Social Psychology, 55,* 738–748.
Wright, P., He, G., Shapira, N. A., Goodman, W. K., & Liu, Y. (2004). Disgust and the insula: fMRI responses to pictures of mutilation and contamination. *Neuroreport, 15*(15), 2347–2351.
Wu, J. (2011). *Effects of dimensions of stigma on empathy for disabled individuals.* Junior Paper, Princeton University, Princeton, NJ.
Xu, X., Zuo, X., Wang, X., & Han, S. (2009). Do you feel my pain? Racial group membership modulates empathic neural responses. *Journal of Neuroscience, 29,* 8525–8529.

第5章

Allport, G. W. (1954). *The nature of prejudice.* Cambridge, MA: Addison-Wesley.（オルポート，G. W. 原谷達夫・野村昭共（訳）（1968）．偏見の心理　培風館）
Amir, Y. (1969). Contact hypothesis in ethnic relations. *Psychological Bulletin, 71*(5), 319–342. doi:10.1037/h0027352
Amir, Z., Strauser, D. R., & Chan, F. (2009). Employers' and survivors' perspectives. In M. Feuerstein (Ed.), *Work and cancer survivors* (pp. 73–89). New York, NY: Springer Publishing.
Arboleda-Flórez, J., & Stuart, H. (2012). From sin to science: Fighting the stigmatization of mental illnesses. *Canadian Journal of Psychiatry, 57*(8), 457–463. doi:10.1177/070674371205700803
Atkins, D., & Giusti, C. (2005). The confluence of poverty and disability. In C. Armbrister & K. Smith (Eds.), *The realities of poverty in Delaware 2003-2004* (pp. 6–8). Dover, DE: Delaware Housing Coalition.
Birnbaum, M. L., Candan, K., Libby, I., Pascucci, O., & Kane, J. (2014). Impact of online resources and social media on help-seeking behaviour in youth with psychotic symptoms. *Early Intervention in Psychiatry, 10*(5), 397–403. doi:10.1111/eip.12179
Bond, R., & Smith, P. B. (1996). Culture and conformity: A meta-analysis of studies using Asch's (1952b, 1956) line judgment task. *Psychological Bulletin, 119*(1), 111–137. doi:10.1037/0033-2909.119.1.111

Borschmann, R., Greenberg, N., Jones, N., & Henderson, R. C. (2014). Campaigns to reduce mental illness stigma in Europe: A scoping review. *Die Psychiatrie, 11*(1), 43–50.

Brown, L., Macintyre, K., & Trujillo, L. (2003). Interventions to reduce HIV/AIDS stigma: What have we learned?. *AIDS Education and Prevention, 15*(1), 49–69. doi:10.1521/aeap.15.1.49.23844

Campbell, M., Shryane, N., Byrne, R., & Morrison, A. P. (2011). A mental health promotion approach to reducing discrimination about psychosis in teenagers. *Psychosis, 3*(1), 41–51. doi:10.1080/17522431003735529

Cardoso, E. (Producer), Chan, F. (Producer), & Jourdan, S. (Writer/Director) (2009), The Forerunners, a MIND Alliance film funded by Hunter College, City University of New York. Winner of the Silver Hugo, in the Human Resources category, 2010 International Communications Media (INTERCOM) competition, Chicago International Film Festival.

Chan, F., Iwanaga, K., Umucu, E., Yaghmaian, R., Wu, J. R., Bengtson, K., & Chen, X. (2017). Evidence-based practice and research utilization. In V. M. Tarvydas & M. T. Hartley (Eds.), *The professional practice of rehabilitation counseling* (pp. 359–380). New York, NY: Springer Publishing Company.

Chan, F., Livneh, H., Pruett, S., Wang, C. C., & Zheng, L. X. (2009). Social attitudes toward disability: Concepts, measurements, and interventions. In F. Chan, E. Cardoso, & J. A. Chronister (Eds.), *Understanding psychosocial adjustment to chronic illness and disability: A handbook for evidence-based practitioners in rehabilitation* (pp. 23–50). New York, NY: Springer.

Chan, F., Pruett, S., Kubota, C., Lee, E. J., & Kwok, L. F. (2008). *Effect of impression management on job interview outcomes of people with disabilities: An experimental study*. Final Report for the Small Business Innovative Phase I Research Grant, National Institute on Disability and Rehabilitation Research.

Chan, F., Strauser, D., Maher, P., Lee, E. J., Jones, R., & Johnson, E. T. (2010). Demand-side factors related to employment of people with disabilities: A survey of employers in the Midwest region of the United States. *Journal of Occupational Rehabilitation, 4*, 412–419. doi:10.1007/s10926-010-9252-6

Chan, F., Tarvydas, V., Blalock, K., Strauser, D., & Atkins, B. J. (2009). Unifying and elevating rehabilitation counseling through model-driven, diversity-sensitive evidence-based practice. *Rehabilitation Counseling Bulletin, 52*(2), 114–119. doi:10.1177/0034355208323947

Chan, K. Y., Yang, Y., Zhang, K. L., & Reidpath, D. D. (2007). Disentangling the stigma of HIV/AIDS from the stigmas of drugs use, commercial sex and commercial blood donation: A factorial survey of medical students in China. *BMC Public Health, 7*(1), 280–291. doi:10.1186/1471-2458-7-280

Clement, S., Lassman, F., Barley, E., Evans-Lacko, S., Williams, P., Yamaguchi, S., . . . Thornicroft, G. (2013). Mass media interventions for reducing mental health-related stigma. *Cochrane Database of Systematic Reviews, 7*, 1–144. doi:10.1002/14651858.CD009453.pub2

Compton, W. M., Gfroerer, J., Conway, K. P., & Finger, M. S. (2014). Unemployment and substance outcomes in the United States 2002-2010. *Drug and Alcohol Dependence, 142*, 350–353. doi:10.1016/j.drugalcdep.2014.06.012

Cook, J. E., Purdie-Vaughns, V., Meyer, I. H., & Busch, J. T. (2014). Intervening within and across levels: A multilevel approach to stigma and public health. *Social Science & Medicine, 103*, 101–109. doi:10.1016/j.socscimed.2013.09.023

Cornelius, D., & Daniels, S. (1977). Prize winning film: Handle with care. *Rehabilitation World, 3*, 24.

Corrigan, P., & Gelb, B. (2006). Three programs that use mass approaches to challenge the stigma of mental illness. *Psychiatric Services, 57*(3), 393–398. doi:10.1176/appi.ps.57.3.393

Corrigan, P., Michaels, P. J., & Morris, S. (2015). Do the effects of antistigma programs persist over time? Findings from a meta-analysis. *Psychiatric Services, 66*(5), 543–546. doi:10.1176/appi.ps.201400291

Corrigan, P. W. (2011). Best practices: Strategic stigma change (SSC): Five principles for social marketing campaigns to reduce stigma. *Psychiatric Services, 62*(8), 824–826. doi:10.1176/ps.62.8.pss6208_0824

Corrigan, P. W., & Lam, C. (2007). Challenging the structural discrimination of psychiatric disabilities: Lessons learned from the American disability community. *Rehabilitation Education, 21*(1), 53–58. doi:10.1891/088970107805059869

Corrigan, P. W., Larson, J. E., & Rüsch, N. (2009). Self-stigma and the "why try" effect: Impact on life goals, and evidence-based practices. *World Psychiatry, 8*(2), 75–81. doi:10.1002/j.2051-5545.2009.tb00218.x

Corrigan, P. W., Morris, S. B., Michaels, P. J., Rafacz, J. D., & Rüsch, N. (2012). Challenging the public stigma of mental illness: A meta-analysis of outcome studies. *Psychiatric Services, 63*(10), 963–973. doi:10.1176/appi.ps.201100529

Corrigan, P. W., River, L. P., Lundin, R. K., Penn, D. L., Uphofff-Wasowski, K., Campion, J., . . . Kubiak, M. A. (2001). Three strategies for changing attributions about severe mental illness. *Schizophrenia Bulletin, 27*(2), 187–195.

Corrigan, P. W., Rowan, D., Green, A., Lundin, R., River, P., Uphoff-Wasowski, K., White, K., & Kubiak, M. A. (2002). Challenging two mental illness stigmas: Personal responsibility and dangerousness. *Schizophrenia Bulletin, 28*, 293–309. doi:10.1093/oxfordjournals.schbul.a006939

Corrigan, P. W., & Penn, D. L. (1999). Lessons from social psychology on discrediting psychiatric stigma. *American Psychologist, 54*, 765–776.

Crisp, R. J., Stathi, S., Turner, R. N., & Husnu, S. (2009). Imagined intergroup contact: Theory, paradigm and practice. *Social and Personal Psychology Compass, 3*(1), 1–18. doi:10.1111/j.1751-9004.2008.00155.x

Crisp, R. J., & Turner, R. N. (2009). Can imagined interactions produce positive perceptions? Reducing prejudice through simulated social contact. *American Psychologist, 64*(4), 231–240. doi:10.1037/a0014718

Cross, H. A., Heijnders, M., Dalal, A., Sermrittirong, S., & Mak, S. (2011). Interventions for stigma reduction. Part 2: Practical applications. *Disability, CBR & Inclusive Development, 22*(3), 71–80. doi:10.5463/dcid.v22i3.72

Dillon, C., Byrd, K., & Byrd, D. (1980). Television and disability. *Journal of Rehabilitation, 46*(4), 67–69.

Domzal, C., Houtenville, A., & Sharma, R. (2008). *Survey of employer perspectives on the employment of people with disabilities: Technical report*. Office of Disability Employment Policy, Department of Labor. Retrieved from https://www.dol.gov/odep/research/SurveyEmployerPerspectivesEmploymentPeopleDisabilities.pdf

Dutta, A., Gervey, R., Chan, F., Chou, C. C, & Ditchman, N. (2008). Vocational rehabilitation services and employment outcomes of people with disabilities: A United States study. *Journal of Occupation Rehabilitation, 18*, 326–334. doi:10.1007/s10926-008-9154-z

Eagly, A. H., & Chaiken, S. (1993). *The psychology of attitudes*. Belmont, CA: Wadsworth.

Elliott, T. R. (1981). *Assessing the extent portrayal of disability on a television program affects the attitudes of a population toward the disabled* (Doctoral dissertation, Auburn University).

Elliott, T. R., & Byrd, E. K. (1982). Media and disability. *Rehabilitation Literature, 43*(11–12), 348–355.

Federal Safety Net. (2015). *U.S. poverty statistics*. Retrieved from http://federalsafetynet.com/us-poverty-statistics.html

Finkelstein, J., Lapshin, O., & Wasserman, E. (2008). Randomized study of different anti-stigma media. *Patient Education and Counseling, 71*, 204–214. doi:10.1016/j.pec.2008.01.002

Fishbein, M., & Ajzen, I. (1975). *Belief, attitude, intention, and behavior: An introduction to theory and research*. Reading, MA: Addison-Wesley.

Flower, A., Burns, M. K., & Bottsford-Miller, N. A. (2007). Meta-analysis of disability simulation research. *Remedial and Special Education, 28*(2), 72–79. doi:10.1177/07419325070280020601

Fox, C., Buchanan-Barrow, E., & Barrett, M. (2008). Children's understanding of mental illness: an exploratory study. *Child: Care, Health and Development, 34*(1), 10–18. doi:10.1111/j.1365-2214.2007.00783.x

Fraser, R., Ajzen, I., Johnson, K., Hebert, J., & Chan, F. (2011). Understanding employers' hiring intention in relation to qualified workers with disabilities. *Journal of Vocational Rehabilitation, 35*, 1–11. doi:10.3233/JVR-2011-0548

Fraser, R. T., Johnson, K., Hebert, J., Copeland, J., Brown, P., & Chan, F. (2010). Understanding employers' hiring intentions in relation to qualified workers with disabilities: Preliminary findings. *Journal of Occupational Rehabilitation, 4,* 420–426. doi:10.1007/s10926-009-9220-1

Griffiths, K. M., Carron-Arthur, B., Parsons, A., & Reid, R. (2014). Effectiveness of programs for reducing the stigma associated with mental disorders: A meta-analysis of randomized controlled trials. *World Psychiatry, 13*(2), 161–175. doi:10.1002/wps.20129

Griffiths, K. M., Christensen, H., Jorm, A. F., Evans, K., & Groves, C. (2004). Effect of Web-based depression literacy and cognitive-behavioral therapy interventions on stigmatizing attitudes to depression. *British Journal of Psychiatry, 185,* 342–349. doi:10.1192/bjp.185.4.342.

Grizzard, W. R. (July, 2005). *Meeting demand-side expectations and needs.* A presentation at the ADA 15th Anniversary Seminar, Washington, DC.

Habeck, R., Hunt, A., Rachel, C. H., Kregel, J., Chan, F. (2010). Employee retention and integrated disability management practices as demand side factors. *Journal of Occupational Rehabilitation, 4,* 443–455. doi:10.1007/s10926-009-9225-9.

Haller, B., Rioux, M., Dinca-Panaitescu, M., Laing, A., Vostermans, J., & Hearn, P. (2012). The place of news media analysis within Canadian disability studies. *Canadian Journal of Disability Studies, 1*(2), 43–74. doi:10.15353/cjds.v1i2.42

Heijnders, M., & Van Der Meij, S. (2006). The fight against stigma: An overview of stigma-reduction strategies and interventions. *Psychology, Health & Medicine, 11*(3), 353–363. doi:10.1080/13548500600595327

Heim, A. B. (1994). Beyond the stereotypes: Characters with mental disabilities in children's books. *School Library Journal, 40*(9), 139–142.

Herbert, J. T. (2000). Simulation as a learning method to facilitate disability awareness. *Journal of Experiential Education, 23*(1), 5–11. doi:10.1177/105382590002300102

Hewstone, M. (2003). Intergroup contact: Panacea for prejudice? *Psychologist, 16*(7), 352–355. Retrieved from https://thepsychologist.bps.org.uk/volume-16/edition-7/intergroup-contact-panacea-prejudice

Hoyt, J. H. (1978). Feeling free. *American Education, 14*(9), 24–28.

Hyman, R. T. (1978). *Simulation gaming for values education: The prisoner's dilemma.* New Brunswick, NJ: University Press of America.

Joseph, A. J., Tandon, N., Yang, L. H., Duckworth, K., Torous, J., Seidman, L. J., & Keshavan, M. S. (2015). #Schizophrenia: Use and misuse on Twitter. *Schizophrenia Research, 165*(2), 111–115. doi:10.1016/j.schres.2015.04.009

Kaye, H. S., Jans, L. H., & Jones, E. C. (2011). Why don't employers hire and retain workers with disabilities? *Journal of Occupational Rehabilitation, 21*(4), 526–536. doi:10.1007/s10926-011-9302-8

Kiger, G. (1992). Disability simulations: Logical, methodological, and ethical issues. *Disability, Handicap, and Society, 7,* 71–78. doi:10.1080/02674649266780061

Kolodziej, M. E., & Johnson, B. T. (1996). Interpersonal contact and acceptance of persons with psychiatric disorders: A research synthesis. *Journal of Consulting and Clinical Psychology, 64,* 1387–1396. doi:10.1037/0022-006X.64.6.1387

Kvaale, E. P., Gottdiener, W. H., & Haslam, N. (2013). Biogenetic explanations and stigma: A meta-analytic review of associations among laypeople. *Social Science & Medicine, 96,* 95–103. doi:10.1016/j.socscimed.2013.07.017

Lee, T., & Rodda, M. (1994). Modification of attitudes toward people with disabilities. *Canadian Journal of Rehabilitation, 7,* 229–238.

Livingston, J. D., Cianfrone, M., Korf-Uzan, K., & Coniglio, C. (2014). Another time point, a different story: One year effects of a social media intervention on the attitudes of young people towards mental health issues. *Social Psychiatry and Psychiatric Epidemiology, 49*(6), 985–990. doi:10.1007/s00127-013-0815-7

Livneh, H., Chan, F., & Kaya, C. (2014). Stigma related to physical and sensory disabilities. In P. W. Corrigan (Eds.), *The stigma of disease and disability: Understanding causes and overcoming injustices* (Chapter 5, pp. 93–120). Washington, DC: American Psychological Association.

Muller, V., Peebles, M. C., Chiu, C. Y., Iwanaga, K., Tang, X., Brooks, J., Eagle, D., & Chan, F. (2017). Association of employment and health and well-being in fibromyalgia. *Journal of Rehabilitation, 83*(3), 37–43. Retrieved from http://eds.b.ebscohost.com/eds/pdfviewer/pdfviewer?vid=1&sid=34b16798-d081-4661-

Nerio-Redmond, M. R., Gospodinov, D., & Cobb, A. (2017). Crip for a day: The unintended negative consequences of disability simulations. *Rehabilitation Psychology, 62*(3), 324–333. doi:10.1037/rep0000127

Patterson, P. E. (1980). Simulations in therapeutic recreation training programs. *Therapeutic Recreation Journal, 14*, 15–20.

Pettigrew, T. F., & Tropp, L. R. (2000). Does intergroup contact reduce prejudice: Recent meta-analytic findings. In S. Oskamp (Ed.), *Reducing prejudice and discrimination* (pp. 93–114). Mahwah, NJ: Lawrence Erlbaum & Assoc.

Pettigrew, T. F., & Tropp, L. R. (2006). A meta-analytic test of intergroup contact theory. *Journal of Personality and Social Psychology, 90*, 751–783. doi:10.1037/0022-3514.90.5.751

Phillips, B., Deiches, J., Morrison, B., Chan, F., & Bezyak, J (2016). Disability diversity training in the workplace: Systematic review and future directions. *Journal of Occupational Rehabilitation, 26*(3), 264–275. doi:10.1007/s10926-015-9612-3

Potter, R. L. (1978). Understanding exceptionality through TV. *Teacher, 96*(2), 47–48.

Raju, M. S., Rao, P. S. S., & Mutatkar, R. K. (2008). A study on community-based approaches to reduce Leprosy stigma in India. *Indian Journal of Leprosy, 80*(3), 267–273.

Ritterfeld, U., & Jin, S. (2006). Addressing media stigma for people experiencing mental illness using an entertainment-education strategy. *Journal of Health Psychology, 11*(2), 247–267. doi:10.1177/1359105306061185

Roe, D., Lysaker, P. H., & Yanos, P. T. (2014). Overcoming stigma. In P. W. Corrigan (Ed.), *The stigma of disease and disability: Understanding causes and overcoming injustices.* (Chapter13, pp. 269–282). Washington, DC: American Psychological Association.

Rudstam, H., Hittleman, M., Pi, S., Gower, W. S. (2013). Bridging the knowing-doing gap: Researching a new approach to disability and employment programming. *Journal of Vocational Rehabilitation, 39*, 43–60. doi:10.3233/JVR-130641

Schomerus, G., Schwahn, C., Holzinger, A., Corrigan, P. W., Grabe, H. J., Carta, M. G., & Angermeyer, M. C. (2012). Evolution of public attitudes about mental illness: A systematic review and meta-analysis. *Acta Psychiatrica Scandinavica, 125*(6), 440–452. doi:10.1111/j.1600-0447.2012.01826.x

Schwartz, D., Blue, E., McDonald, M., Giuliani, G., Weber, G., Seirup, H., . . . Perkins, A. (2010). Dispelling stereotypes: Promoting disability equality through film. *Disability & Society, 25*(7), 841–848. doi:10.1080/09687599.2010.520898

Scior, K. (2011). Public awareness, attitudes and beliefs regarding intellectual disability: A systematic review. *Research in Developmental Disabilities, 32*(6), 2164–2182. doi:10.1016/j.ridd.2011.07.005

Shaver, J. P., Curtis, C. K., Jesunathadas, J., & Strong, C. J. (1989). *The modification of attitudes toward people with handicaps: A comprehensive integrative review of research.* Logan, UT: Utah State University, Bureau of Research Services.

Silverman, A. M., Gwinn, J. D., & Van Boven, L. (2014). Stumbling in their shoes: Disability simulations reduce judged capabilities of disabled people. *Social Psychological and Personality Science, 6*(4), 464–471. doi:10.1177/1948550614559650

Stangor, C., Jonas, K., Stroebe, W., & Hewstone, M. (1996). Development and change of national stereotypes and attitudes. *European Journal of Social Psychology, 26*, 663–675.

Stuart, H. (2006). Media portrayal of mental illness and its treatments. *CNS Drugs. 20*(2), 99–106. doi:10.2165/00023210-200620020-00002

Stuart, H. (2008). Fighting the stigma caused by mental disorders: Past perspectives, present activities, and future directions. *World Psychiatry, 7*(3), 185–188. doi:10.1002/j.2051-5545.2008.tb00194.x

Sung, C., Lin, C. C., Connor, A., & Chan, F. (2017). Disclose or not? Effect of impression management tactics on hireability of persons with epilepsy. *Epilepsia, 58*, 128–136. doi:10.1111/epi.13619

United Nations. (2006). *Convention on the rights of persons with disabilities.* Retrieved from http://www.un.org/

disabilities/convention/conventionfull.shtml.
United Nations Human Rights Office of the High Commissioner. (2008). *Combating discrimination against persons with disabilities*. http://www.ohchr.org/EN/Issues/Discrimination/Pages/discrimination_disabilities.aspx
US Department of Labor Bureau of Labor Statistics. (2017). *Table A-6. Employment status of the civilian population by sex, age, and disability status, not seasonally adjusted*. Retrieved from https://www.bls.gov/news.release/empsit.t06.htm
Wang, Q., Strauser, D., Chan, F., & Wu, M. Y. (2013). Fundamentals of impression management: Applications to the employment of individuals with disabilities. In D. Strauser (Ed.), *Career development, employment, and disability in rehabilitation* (pp. 161–177). New York, NY: Springer Publishing Company.
Wood, W. (2000). Attitude change: Persuasion and social influence. *Annual Review of Psychology, 51*, 539–570. doi:10.1146/annurev.psych.51.1.539
Wurst, S. A., & Wolford, K. (1994). Integrating disability awareness into psychology courses: Applications in abnormal psychology and perception. *Teaching of Psychology, 21*(4), 233–235. doi:10.1207/s15328023top2104_7

第 6 章

Aaberg, V. A. (2012). A path to greater inclusivity through understanding implicit attitudes toward disability. *Journal of Nursing Education, 51*(9), 505–510.
Blaska, J. (1993). The power of language: Speak and write using "person first." In M. Nagler (Ed.), *Perspectives on disability, 2nd ed.* (pp. 25–32). Palo Alto, CA: Health Markets Research.
Bogart, K. R. (2014). The role of disability self-concept in adaptation to congenital or acquired disability. *Rehabilitation Psychology, 59*(1), 107.
Dembo, T., Diller, L., Gordon, W. A., Leviton, G., & Sherr, R. L. (1973). A view of rehabilitation psychology. *American Psychologist, 28*(8), 719.
Dunn, D. S. (2015). *The social psychology of disability*. New York, NY: Oxford University Press.
Dunn, D. S., & Andrews, E. E. (2015). Person-first and identity-first language: Developing psychologists' cultural competence using disability language. *American Psychologist, 70*(3), 255.
Dunn, D. S., & Burcaw, S. (2013). Disability identity: Exploring narrative accounts of disability. *Rehabilitation Psychology, 58*(2), 148.
Dunn, D. S., & Dougherty, S. B. (2005). Prospects for a positive psychology of rehabilitation. *Rehabilitation Psychology, 50*(3), 305.
Dunn, D. S., Ehde, D. M., & Wegener, S. T. (2016). The foundational principles as psychological lodestars: Theoretical inspiration and empirical direction in rehabilitation psychology. *Rehabilitation Psychology, 61*(1), 1.
Dunn, D. S., & Elliott, T. R. (2008). The place and promise of theory in rehabilitation psychology research. *Rehabilitation Psychology, 53*(3), 254.
Dunn, D. S., Uswatte, G., Elliott, T. R., Lastres, A., & Beard, B. (2013). A positive psychology of physical disability: Principles and progress. In M. L. Wehmeyer & M. L. Wehmeyer (Eds.), *The Oxford handbook of positive psychology and disability* (pp. 427–441). New York, NY: Oxford University Press. https://doi.org/10.1093/oxfordhb/9780195398786.013.013.0026
Fordyce, W. E. (1984). Behavioural science and chronic pain. *Postgraduate Medical Journal, 60*(710), 865–868.
Fordyce, W. E., Fowler, R. S. Jr., Lehmann, J. F., Delateur, B. J., Sand, P. L., & Trieschmann, R. B. (1973). Operant conditioning in the treatment of chronic pain. *Archives of Physical Medicine and Rehabilitation, 54*(9), 399–408.
Gill, C. J., Mukherjee, S. S., Garland-Thomson, R., & Mukherjee, D. (2016). Disability stigma in rehabilitation.

PM & R: The Journal of Injury, Function, and Rehabilitation, 8(10), 997–1003. doi:10.1016/j.pmrj.2016.08.028

Gilovich, T., & Eibach, R. (2001). The fundamental attribution error where it really counts. *Psychological Inquiry, 12*(1), 23–26.

Gross, R., & McIlveen, R. (2016). *Social psychology*. London, UK: Routledge.

Grue, J., Johannessen, L. E., & Rasmussen, E. F. (2015). Prestige rankings of chronic diseases and disabilities: A survey among professionals in the disability field. *Social Science & Medicine, 124*, 180–186.

Heijnders, M., & Van Der Meij, S. (2006). The fight against stigma: An overview of stigma-reduction strategies and interventions. *Psychology, Health & Medicine, 11*(3), 353–363.

Iezzoni, L. I. (2006). Make no assumptions: Communication between persons with disabilities and clinicians. *Assistive Technology, 18*(2), 212–219.

Khasnabis, C., Mirza, Z., & MacLachlan, M. (2015). Opening the GATE to inclusion for people with disabilities. *The Lancet, 386*(10010), 2229–2230.

Lewin, K. A. (1935). *A dynamic theory of personality*. New York, NY: McGraw-Hill.（レヴィン，K. A. 相良守次・小川隆（訳）（1957）．パーソナリティの力学説　岩波書店）

Link, B. G., & Phelan, J. C. (2001). Conceptualizing stigma. *Annual Review of Sociology, 27*(1), 363–385.

Lusli, M., Zweekhorst, M. M., Miranda-Galarza, B., Peters, R. H., Cummings, S., Seda, F. E., . . . Irwanto. (2015). Dealing with stigma: Experiences of persons affected by disabilities and leprosy. *Biomed Research International*, 2015, 261329. doi:10.1155/2015/261329

MacLachlan, M., Amin, M., Mannan, H., El Tayeb, S., Bedri, N., Swartz, L., . . . McVeigh, J. (2012). Inclusion and human rights in health policies: Comparative and benchmarking analysis of 51 policies from Malawi, Sudan, South Africa and Namibia. *Plos One, 7*(5), e35864. doi:10.1371/journal.pone.0035864

MacLachlan, M., Mannan, H., & McAuliffe, E. (2011). Staff skills not staff types for community-based rehabilitation. *Lancet, 377*(9782), 1988–1989.

Maheady, D. C. (1999). Jumping through hoops, walking on egg shells: The experiences of nursing students with disabilities. *Journal of Nursing Education, 38*(4), 162–170.

Main, C. J., Keefe, F. J., Jensen, M. P., Vlaeyen, J. W., & Vowles, K. E. (2015). *Fordyce's behavioral methods for chronic pain and illness: republished with invited commentaries*. Lippincott Williams & Wilkins.

Martin, H. L., Rowell, M. M., Reid, S. M., Marks, M. K., & Reddihough, D. S. (2005). Cerebral palsy: What do medical students know and believe? *Journal of Paediatrics and Child Health, 41*(1–2), 43–47.

Monden, K. R., Trost, Z., Scott, W., Bogart, K. R., & Driver, S. (2016). The unfairness of it all: Exploring the role of injustice appraisals in rehabilitation outcomes. *Rehabilitation Psychology, 61*(1), 44.

Olkin, R., & Howson, L. J. (1994). Attitudes toward and images of physical disability. *Journal of Social Behavior and Personality, 9*(5), 81.

Robey, K. L., Beckley, L., & Kirschner, M. (2006). Implicit infantilizing attitudes about disability. *Journal of Developmental and Physical Disabilities, 18*(4), 441–453.

Ross, L. (1977). The intuitive psychologist and his shortcomings: Distortions in the attribution process. *Advances in Experimental Social Psychology, 10*, 173–220.

Shontz, F. C. (1977). Six principles relating disability and psychological adjustment. *Rehabilitation Psychology, 24*(4), 207.

Stiers, W. (2016). Teaching the foundational principles of rehabilitation psychology. *Rehabilitation Psychology, 61*(1), 54.

Tajfel, H., & Turner, J. C. (1979). An integrative theory of intergroup conflict. *Social Psychology of Intergroup Relations, 33*(47), 74.

Tversky, A., & Kahneman, D. (1973). Availability: A heuristic for judging frequency and probability. *Cognitive Psychology, 5*(2), 207–232.

Westbrook, M. T., Legge, V., & Pennay, M. (1993). Attitudes towards disabilities in a multicultural society. *Social Science & Medicine, 36*(5), 615–623.

World Health Organization. (2001). *International classification of functioning, disability and health: ICF*. Geneva, Switzerland: World Health Organization.（世界保健機関（編）　障害者福祉研究会（編）(2002).　国際生活機能分類：国際障害分類改定版　中央法規出版）

World Health Organization. (2006). *Disability and rehabilitation: Promoting access to health-care services for persons with disabilities*. Geneva, Switzerland: World Health Organization. Retrieved from http://www.who.int/nmh/donorinfo/vip_promoting_access_healthcare_rehabilitation_update.pdf

World Health Organization & World Bank. (2011). *World report on disability*. Geneva, Switzerland: World Health Organization. Retrieved from http://whqlibdoc.who.int/publications/2011/9789240685215_eng.pdf（オフィサー，A・ポサラック，A.（編）　長瀬修（監訳）石川ミカ（訳）(2013).　世界障害報告書　明石書店）

Wright, B. A. (1972). Value-laden beliefs and principles for rehabilitation psychology. *Rehabilitation Psychology, 19*(1), 38.

Wright, B. A. (1983). *Physical disability: A psychosocial approach*. New York, NY: Harper & Row.

第7章

Adelman, C. (1993). Kurt Lewin and the origins of action research. *Educational Action Research, 1*, 7–24.

Bishop, M. (2005a). Quality of life and psychosocial adaptation to chronic illness and acquired disability: A conceptual and theoretical synthesis. *Journal of Rehabilitation, 71*(2), 5–13.

Bishop, M. (2005b). Quality of life and psychosocial adaptation to chronic illness and disability: Preliminary analysis of a conceptual and theoretical synthesis. *Rehabilitation Counseling Bulletin, 48*, 219–231.

Brock, M., & Huber, H. (2017). Are peer support arrangements an evidence-based practice? A systematic review. *Journal of Special Education, 51*(3), 150–163. doi:10.1177/0022466917708184.

Chan, F., Cardoso, E., & Chronister, J. (2009). *Understanding psychosocial adjustment to chronic illness and disability: A handbook for evidence-based practitioners in rehabilitation*. New York, NY: Springer Publishing Company.

Charmaz, K. (1983). Loss of self: A fundamental form of suffering in the chronically ill. *Sociology of Health and Illness, 5*, 168–195.

Chronister, J., & Chan, F. (2007). Hierarchical coping: A conceptual framework for understanding coping within the context of chronic illness and disability. In E. Martz & H. Livneh (Eds.), *Coping with chronic illness and disability: Theoretical, empirical, and clinical aspects* (pp. 49–71). New York, NY: Springer Science & Business Media.

Chronister, J. A., Chan, F., Cardoso, E., Lynch, R., & Rosenthal, D. A. (2008). Evidence-based practice movement in healthcare: Implications for rehabilitation. *Journal of Rehabilitation, 74*(2), 6–15.

Dembo, T., Leviton, G. L., & Wright, B. A. (1956). Adjustment to misfortune: A problem of social-psychological rehabilitation. *Artificial Limbs, 3*, 4–62.

Dunn, D. (2015). *The social psychology of disability*. New York, NY: Oxford University Press.

Egede, L. E. (2007). Major depression in individuals with chronic medical disorders: Prevalence, correlates and association with health resource utilization, lost productivity and functional disability. *General Hospital Psychiatry, 29*, 409–416.

Folkman, S., & Moskowitz, J. T. (2004). Coping: Pitfalls and promise. *Annual Review of Psychology. 75*, 745–774.

Freud, S. (1894). The neuro-psychoses of defense. In: *The standard edition of the complete psychological works of Sigmund Freud* (Vol. 3, pp. 45–61). London, UK: Hogarth Press, 1964.

Gandy, M., Karin, E., Fogliati, V. J., McDonald, S., Titov, N., & Dear, B. L. (2016). A feasibility trial of an Internet-delivered and transdiagnostic cognitive behavioral therapy treatment program for anxiety, depression, and disability among adults with epilepsy. *Epilepsia, 57*, 1887–1896. doi:10.1111/epi.13569

Gardner, H. (1987). *The mind's new science: A history of the cognitive revolution.* New York, NY: Basic Books. (ガードナー，H. 佐伯胖・海保博之（監訳）無藤隆・佐伯胖・海保博之（訳）(1987). 認知革命：知の科学の誕生と展開　産業図書)

Hoffman, S. (2012). The efficacy of cognitive behavioral therapy: A review of meta-analyses. *Cognitive Therapy and Research, 36,* 427–440.

Krause, J. S. (1992a). Adjustment to life after spinal cord injury: A comparison among three participant groups based on employment status. *Rehabilitation Counseling Bulletin, 35,* 218–229.

Krause, J. S. (1992b). Longitudinal changes in adjustment after spinal cord injury: A fifteen-year study. *Archives of Physical Medicine and Rehabilitation, 73,* 564–568.

Krause, J. S., & Crewe, N. M. (1991). Chronological age, time since injury, and time of measurement: Effect on adjustment after spinal cord injury. A comparison among three participant groups based on employment status. *Rehabilitation Counseling Bulletin, 72,* 91–100.

Krause, J. S., & Dawis, R. V. (1992). Prediction of life satisfaction after spinal cord injury: A four-year longitudinal approach. *Rehabilitation Psychology, 37,* 49–59.

Lazarus, R. S., & Folkman, S. (1984). *Stress, appraisal and coping.* New York, NY: Springer Publishing Company.（ラザルス，R. S.・フォルクマン，S. 本明寛・春木豊・織田正美（監訳）(1991). ストレスの心理学：認知的評価と対処の研究　実務教育出版)

Leandro, P. G., & Castillo, M. D. (2010). Coping with stress and its relationship with personality dimensions, anxiety, and depression. *Social and Behavioral Sciences, 5,* 1562–1573.

Lewin, K. (1935). *A dynamic theory of personality.* New York, NY: McGraw-Hill.（レヴィン，K. A. 相良守次・小川隆（訳）(1957). パーソナリティの力学説　岩波書店)

Lewin, K. (1936). *Principles of topological psychology.* New York, NY: McGraw-Hill.

Lewin, K. (1938). *The conceptual representation and the measurement of psychological forces.* Durham, NC: Duke University Press.（レヴィン，K. 上代晃（訳）(1956). 心理学的力の概念的表示と測定　理想社)

Li, A., & Moore, D. (1998). Acceptance of disability and its correlates. *Journal of Social Psychology, 138,* 13–26.

Livneh, H. (1986a). A unified approach to existing models of adaptation to disability. Part 1: A model adaptation. *Journal of Applied Rehabilitation Counseling, 17*(1), 5–16.

Livneh, H. (1986b). A unified approach to existing models of adaptation to disability. Part 2: Intervention strategies. *Journal of Applied Rehabilitation Counseling, 17*(2), 6–10.

Livneh, H. (2016). Quality of life and coping with chronic illness and disability: A temporal perspective. *Rehabilitation Counselling Bulletin, 59,* 67–83. doi:10.1177/0034355215575180

Livneh, H., & Antonak, R. F. (1991). Temporal structure of adaptation to disability. *Rehabilitation Counseling Bulletin, 34*(4), 298–320.

Livneh, H., & Antonak, R. F. (1997). *Psychosocial adaptation to chronic illness and disability* (1st ed.). Gaithersburg, MD: Aspen Publishers.

Livneh, H., & Antonak, R. F. (2005). Psychosocial adaptation to chronic illness and disability: A primer for counselors. *Journal of Counseling and Development, 83,* 12–20.

Mackenzie, A., Alfred, D., Fountain, R., & Combs, D. (2015). Quality of life and adaptation for traumatic brain injury survivors: Assessment of the disability centrality model. *Journal of Rehabilitation, 81,* 9–20.

Martz, E. (2004). Do reactions of adaptation to disability influence the fluctuation of future time orientation among individuals with spinal cord injuries? *Rehabilitation Counseling Bulletin, 47,* 86–95.

Miller, G. (2003). The cognitive revolution: A historical perspective. *Trends in Cognitive Sciences, 7,* 141–144.

Nario-Redmond, M. R., Noel, J. G., & Fern, E. (2013). Redefining disability, re-imagining the self: Disability identification predicts self-esteem and strategic responses to stigma. *Self and Identity, 12,* 468–488. doi:10.1080/15298868.621118

Shapiro, J. P. (1993). *No pity: People with disabilities forging a new civil rights movement.* New York, NY: Three Rivers Press.（シャピロ，J. P. 秋山愛子（訳）(1999). 哀れみはいらない：全米障害者運動の軌

跡　現代書館)

Smedema, S. M., Bakken-Gillen, S. K., & Dalton, J. (2009) Psychosocial adaptation to chronic illness and disability: Models and measurement. In F. Chan, E. Da Silva Cardoso, & J. A. Chronister (Eds.), *Understanding psychosocial adjustment to chronic illness and disability: A handbook for evidence-based practitioners in rehabilitation* (pp. 51–68). New York, NY: Springer.

Strauser, D. R., Tansey, T., & O'Sullivan, D. (2015). Career and vocational counseling. In F. Chan, N. L. Berven, & K. R. Thomas (Eds.), *Counseling theories and techniques for rehabilitation and mental health professionals* (2nd ed., pp. 335–354). New York, NY: Springer.

Wortman, C. B., & Silver, R. C. (1989). The myths of coping with loss. *Journal of Counseling and Clinical Psychology, 57,* 349–357.

Wright, B. A. (1983). *Physical disability: A psychological approach* (2nd ed.). New York, NY: Harper & Row.

第8章

Americans with Disabilities Act. (1990). Retrieved from http://www.ada.gov

Amjadi, M. A., Simbar, M., Hosseini, S. A., & Zayeri, F. (2017). The sexual health needs of women with spinal cord injury: A qualitative study. *Sexuality and Disability, 35*(3), 313–330. doi:10.1007/s11195-017-9495-7

Andrews, A. B., & Veronen, L. J. (1993). Sexual assault and people with disabilities. *Journal of Social Work and Human Sexuality, 8,* 137–159.

Asch, A., Russo, H., & Jeffries, T. (2001). Beyond pedestals: The lives of girls and women with disabilities. In H. Russo (Ed.), *Double jeopardy: Addressing gender equality in special education supports and services* (pp. 13–41). New York, NY: State University of New York Press.

Barnett, O., Miller-Perrin, C. L., & Perrin, R. D. (2005). *Family violence across the lifespan: An introduction.* Thousand Oaks, CA: Sage Publications.

Brunsden, C., Kiemle, G., & Mullin, S. (2017). Male partner experiences of females with an acquired brain injury: An interpretative phenomenological analysis. *Neuropsychological Rehabilitation, 27*(6), 937–958.

Campbell, L. D., & Caroll, M. P. (2007). The incomplete revolution: Theorizing gender when studying men who provide care to aging parents. *Men and Masculinities, 9,* 491–508.

Chang, J. C., Martin, S. L., Moracco, K. E., Dulli, L., Scandlin, D., Loucks-Sorrel, M. B., ... Bou-Saada, I. (2003). Helping women with disabilities and domestic violence: Strategies, limitations, and challenges of domestic violence programs and services. *Journal of Women's Health, 12*(7), 699–708.

Copel, L. C. (2006). Partner abuse in physically disabled women: A proposed model for understanding intimate partner violence. *Perspectives in Psychiatric Care, 42*(2), 114–129.

Cramer, E. P., Gilson, S. F., & Depoy, E. (2003). Women with disabilities and experiences of abuse. *Journal of Human Behavior in the Social Environment, 7*(34), 183–199.

Crawford, D., & Ostrove, J. M. (2003). Representations of disability and the interpersonal relationships of women with disabilities. In M. E. Banks & E. Kascak (Eds.), *Women with visible and invisible disabilities: Multiple intersections, multiple issues, multiple therapies* (pp. 179–194). New York, NY: Haworth Press.

Curry, M. A., Powers, L. E., & Oscwald, M. (2003). Development of an abuse screening tool for women with disabilities. *Journal of Aggression, Maltreatment & Trauma, 8,* 123–141.

Davis, N. A. (2005). Invisible disability. *Ethics, 116,* 153–213.

Dunn, D. S. (2015). *The social psychology of disability.* New York, NY: Oxford University Press.

Gidycz, C. A., Warkentin, J. B., & Orchowski, L. M. (2007). Predictors of perpetration of verbal, physical, and sexual violence: A prospective analysis of college men. *Psychology of Men & Masculinity, 8*(2), 79–94.

Hanna, W. J., & Rogovsky, B. (1991). Women with disabilities: Two handicaps plus. *Disability, Handicap, & Society, 6*(1), 49–63.

Hassouneh-Phillips, D. (2005). Understanding abuse of women with physical disabilities: An overview of the abuse pathways model. *Advances in Nursing Science, 28,* 70–80.

Howland, C. A., & Rintala, D. H. (2001). Dating behaviors of women with physical disabilities. *Sexuality and Disability, 19*(1), 41–70.

Hughes, R. B., Robinson-Whelen, S., Pepper, A. C., Gabrielli, J., Lund, E. M., & Legerski, J. (2010). Development of a safety awareness group intervention for women with diverse disabilities: A pilot study. *Rehabilitation Psychology, 55,* 263–271.

Kim, E. (2002) Agitation, aggression, and disinhibition syndromes after traumatic brain injury. *Neurorehabilitation, 17*(4), 297–310.

Kirshbaum, M., & Olkin, R. (2002). Parents with physical, systemic, or visual disabilities. *Sexuality and Disability, 20*(1), 65–80.

Kreuter, M., Taft, C., Siosteen, A., & Biering-Sorensen, F. (2011). Women's sexual functioning and sex life after spinal cord injury. *Spinal Cord, 49,* 154–160. doi:10.1038/sc.2010.51

Levis, S. (2012). The online dating experiment: My (unscientific) discoveries about cyberdating with a disability. *Abilities, 89,* 13–15.

Lisak, D., & Miller, P. M. (2002). Repeat rape and multiple offending among undetected rapists. *Violence and Victims, 17*(1), 73–84.

McFarlane, J., Hughes, R., Nosek, M., Groff, J., Swedland, N., & Mullens, P. (2001). Abuse assessment screen disability (AAS-D): Measuring frequency, type and perpetrator of abuse toward women with physical disabilities. *Journal of Women's Health & Gender-Based Medicine, 10,* 861–866.

Mejias, N. J., Gill, C. J., & Shpigelman, C-N. (2014). Influence of a support group for young women with disabilities on sense of belonging. *Journal of Counseling Psychology, 61*(2), 208–220.

Meyerowitz, B. E., Chaiken, S., & Clark, L. K. (1988). Sex roles and culture: Social and personal reactions to breast cancer. In M. Fine & A. Asch (Eds.), *Women with disabilities: Essays in psychology, culture, and politics* (pp. 72–89). Philadelphia, PA: Temple University Press.

Morales, E., Gauthier, V., Edwards, G., & Courtois, F. (2016). Masterbation practices of men and women with upper motor limb disabilities. *Sexuality and Disability, 34,* 417–431.

Morris, R., & Morris, P. (2012). Participants' experiences of hospital-based peer support groups for stroke patients and carers. *Disability & Rehabilitation, 34*(4), 347–354. doi:10.3109/09638288.2011.607215

Nario-Redmond, M. R. (2010). Cultural stereotypes of disabled and non-disabled men and women: Consensus for global category representations and diagnostic domains. *British Journal of Social Psychology, 49,* 471–488.

Nosek, M. A., Howland, C. A., Rintala, D. H., Young, E. M., & Chanpong, G. F. (2001). National study of women with disabilities: Final report. *Sexuality and Disability, 19,* 5–39.

Olkin, R. (1999). *What psychotherapists should know about disability.* New York, NY: Guilford Press.

Olkin, R. (2003). Women with disabilities. In J. C. Chrisler, C. Golden, & P. D. Rozee (Eds.), *Lectures on the psychology of women* (3rd ed., pp. 144–157). New York, NY: McGraw-Hill.

Ortoleva, S., & Lewis, H. (2012). Forgotten sisters: A report on violence against women with disabilities. An overview of its nature, scope, causes and consequences. *Northeastern Public Law and Theory Faculty Research Papers Series, 104.*

Parsons, A. L., Reichl, A. J., & Pedersen, C. L. (2016). Gendered ableism: Media representations and gender role beliefs' effect on perceptions of disability and sexuality. *Sexuality and Disability, 35*(2), 207–225.

Powers, L. E., Curry, M. A., Oschwald, M., Maley, S., Eckels, K., & Saxton, M. (2002). Barriers and strategies in addressing abuse within personal assistance relationships: A survey of disabled women's experiences. *Journal of Rehabilitation, 68,* 4–13.

Powers, L. E., Saxton, M., Curry, M. A., Powers, J. L., McNeff, E., & Oschwald, M. (2008). End the silence: A survey of abuse against men with disabilities. *Journal of Rehabilitation, 74,* 41–53.

Rintala, D. H., Howland, C. A., Nosek, M. A., Bennett, J. L., Young, M. E., Foley, C. C., . . . Chanpong, G. (1997). Dating issues for women with physical disabilities. *Sexuality and Disability, 15*(4), 219–242.

Roberts, T-A., & Zurbriggen, E. (2013). The problem of sexualization: What is it and how does it happen? In T-A.

Roberts & E. Zurbriggen (Eds.), *The sexualization of girls and girlhood: Causes, consequences, and resistance* (pp. 3–21). New York, NY: Oxford University Press.

Sandowski, C. L. (1989). *Sexual concerns when illness or disability strikes*. Chicago, IL: Charles C. Thomas.

Santuzzi, A. M., Waltz, P. R., Finkelstein, L. M., & Rupp, D. E. (2014). Invisible disabilities: Unique challenges for employees and organizations. *Industrial and Organizational Psychology, 7,* 204–219.

Sequeira, H., & Halstead, S. (2001). "Is it meant to hurt, is it?": Management of violence in women with developmental disabilities. *Violence Against Women, 7,* 462–476

Swedlund N. P., & Nosek, M. A. (2000) An exploratory study on the work of independent living centers to address abuse of women with disabilities. *Journal of Rehabilitation, 66*(4), 57–64.

US Census Bureau. (2016). *Disability characteristics: 2016 American Community Survey 1-year estimates.* Retrieved from https://factfinder.census.gov/faces/tableservices/jsf/pages/productview.xhtml?src=bkmk

VanHeel, G. (2016). Microaggressions in the lives of women with non-apparent disabilities. *Dissertation Abstracts International: Section B: The Sciences and Engineering, 77.*

Wright, B. A. (1983). *Physical disability: A psychosocial approach* (2nd ed.). New York, NY: Harper Collins Publishers.

Young, M. E., Nosek, M. A., Howland, C., Chanpong, G., & Rintala, D. H. (1997). Prevalence of abuse of women with physical disabilities. *Archives of Physical Medicine and Rehabilitation, 78*(12), S34–S38.

第9章

Alston, R. J., & Bell, T. J. (1996). Cultural mistrust and the rehabilitation enigma for African Americans. *Journal of Rehabilitation, 62*(2), 16. Retrieved from https://www.questia.com/library/p5155/the-journal-of-rehabilitation

Bachar, J. J., Lefler, L. J., Reed, L., McCoy, T., Bailey, R., & Bell, R. (2006). Cherokee Choices: A diabetes prevention program for American Indians. *Prevalence of Chronic Disease, 3*(3), 1–9. Retrieved from https://www.ncbi.nlm.nih.gov/pubmed/16776864

Belgrave, F. Z., & Allison, K. W. (2013). *African American psychology: From Africa to America.* Thousand Oaks, CA: Sage.

Bowleg, L. (2013). "Once you've blended the cake, you can't take the parts back to the main ingredients": Black gay and bisexual men's descriptions and experiences of intersectionality. *Sex Roles, 68,* 754–767. doi:10.1007/s11199-012-0152-4

Braun, K. L., Kim, B. J., Ka'Opua, L. S., Mokuau, N., & Browne, C. V. (2015). Native Hawaiian and Pacific Islander elders: What gerontologists should know. *Gerontologist, 55*(6), 912–919. doi:10.1093/geront/gnu072

Burnette, C. E., & Sanders, S. (2014). Trust development in research with indigenous communities in the United States. *Qualitative Report, 19*(22), 1–19. Retrieved from http://nsuworks.nova.edu/tqr/vol19/iss22/2

Chen, R. K., Jo, S. J., & Donnell, C. M. (2004). Enhancing the rehabilitation counseling process: Understanding the obstacles to Asian Americans' utilization of services. *Journal of Applied Rehabilitation Counseling, 35*(1), 29–35. Retrieved from http://www.ntac.hawaii.edu/AAPIcourse/downloads/readings/pdf/EnhancingRehab.pdf

Crenshaw, K. (1989). Demarginalizing the intersection of race and sex: A black feminist critique of antidiscrimination doctrine, feminist theory and antiracist politics. *University Chicago Legal Fund,* 139. Retrieved from http://heinonline.org/HOL/LandingPage?handle=hein.journals/uchclf1989&div=10&id=&page=

Estrada, F., & Arciniega, G. M. (2015). Positive masculinity among Latino men and the direct and indirect effects on well-being. *Journal of Multicultural Counseling and Development, 43*(3), 191–205. doi:10.1002/jmcd.12014.

Fairlie, R. W., & Meyer, B. D. (1996). Ethnic and racial self-employment differences and possible explanations. *Journal of Human Resources, 31*(4), 757-793. doi:10.2307/146146

Flowers, D. L. (2005). Culturally-competent nursing care for American Indian clients in a critical care setting. *Critical Care Nurse, 25*(1), 45–50. Retrieved from http://ccn.aacnjournals.org/

Fuller Thomson, E., Brennenstuhl, S., & Hurd, M. (2011). Comparison of disability rates among older adult in aggregated and separate Asian American/Pacific Islander subpopulations. *American Journal of Public Health, 101*(1), 94–100. doi:10.2105/AJPH.2009.176784

Fuller Thomson, E., Nuru-Jeter, A., Richardson, D., Raza, F., & Minkler, M. (2013). The Hispanic paradox of older adults' disabilities: Is there a healthy migrant effect? *International Journal of Environmental Research and Public Health, 10*(5), 1786–1814. doi:10.3390/ijerph10051786

Goering, S. (2015, 04). Rethinking disability: The social model of disability and chronic disease. *Current Reviews in Musculoskeletal Medicine, 8*(2), 134–138. doi:10.1007/s12178-015-9273-z

Gordon, S. (1994). Hispanic cultural health beliefs and folk remedies. *Journal of Holistic Nursing, 12*(3), 307–322. http://dx.doi.org/10.1177/089801019401200308

Gray, J. S., & Rose, W. J. (2012). Cultural adaptation for therapy with American Indians and Alaska Natives. *Journal of Multicultural Counseling and Development, 40*(2), 82–92. doi:10.1002/j.2161-1912.2012.00008.x

Halbert, C. H., Barg, F. K., Weathers, B., Delmoor, E., Coyne, J., Wileyto, E. P., . . . Malkowicz, S. B. (2007). Differences in cultural beliefs and values among African American and European American men with prostate cancer. *Cancer Control, 14*(3), 277. Retrieved from https://moffitt.org/publications/cancer-control-journal/

Hampton, N. Z. (2000). Meeting the unique needs of Asian Americans and Pacific Islanders with disabilities: A challenge to rehabilitation counselors in the 21st century. *Journal of Applied Rehabilitation Counseling, 31*(1), 40–46. Retrieved from https://www.questia.com/library/p3036/journal-of-applied-rehabilitation-counseling

Han, M., Cha, R., Lee, H. A., & Lee, S. E. (2017). Mental-illness stigma among Korean immigrants: Role of culture and destigmatization strategies. *Asian American Journal of Psychology, 8*(2), 134. doi:10.1037/aap0000074

Hunter-Hernández, M., Costas-Muñíz, R., & Gany, F. (2015). Missed opportunity: Spirituality as a bridge to resilience in Latinos with cancer. *Journal of Religion and Health, 54*(6), 2367–2375. doi:10.1007/s10943-015-0020-y

Indian Health Service. (2017). *Indian health disparities* [Fact sheet]. Retrieved from https://www.ihs.gov/newsroom/factsheets/disparities/

Ka'Opua, L. S., Braun, K. L., Browne, C. V., Mokuau, N., & Park, C. (2011). Why are Native Hawaiians underrepresented in Hawai'i's older adult population? Exploring social and behavioral factors of longevity. *Journal of Aging Research, 2011*, 1–8. doi:10.4061/2011/701232

Kim, B. S. K., Atkinson, D. R., & Yang, P. H. (1999). The Asian Values Scale (AVS): Development, factor analysis, validation, and reliability. *Journal of Counseling Psychology, 46*, 342–352. doi:10.1037/0022-0167.46.3.342

Kosberg, J. I., Kaufman, A. V., Burgio, L. D., Leeper, J. D., & Sun, F. (2007). Family caregiving to those with dementia in rural Alabama: Racial similarities and differences. *Journal of Aging and Health, 19*(1), 3–21. Retrieved from https://doi.org/10.1177/0898264306293604

Levin, J., Chatters, L. M., & Taylor, R. J. (2005). Religion, health and medicine in African Americans: Implications for physicians. *Journal of the National Medical Association, 97*(2), 237–249. Retrieved from https://www.journals.elsevier.com/journal-of-the-national-medical-association

Liu, J. (2009, Jan. 29). A religious portrait of African-Americans. Retrieved from http://www.pewforum.org/2009/01/30/a-religious-portrait-of-african-americans/

Mays, V. M., Cochran, S. D., & Barnes, N. W. (2007). Race, race-based discrimination, and health outcomes among African Americans. *Annual Review of Psychology, 58*(1), 201–225. doi:10.1146/annurev.

psych.57.1029

Metropolitan Chicago Healthcare Council. (2004). Guidelines for healthcare providers interacting with American Indian (Native American; First Nation) patients and their families. Retrieved from http://www.sswlhc.org/docs/MCHC-NativeAmericans.pdf

Molm, L. D., Takahashi, N., & Peterson, G. (2000). Risk and trust in social exchange: An experimental test of a classical proposition. *American Journal of Sociology, 105*(5), 1396–1427. doi:10.1086/210434

Napoles, A. M., Chadiha, L., Eversley, R., & Moreno-John, G. (2010). Reviews: Developing culturally sensitive dementia caregiver interventions: Are we there yet? *American Journal of Alzheimer's Disease & Other Dementias, 25*(5), 389–406. https://doi.org/10.1177/1533317510370957

Native Hawaiian and Other Pacific Islander Older Adults. (2015, May 4). Retrieved from https://geriatrics.stanford.edu/ethnomed/hawaiian_pacific_islander.html

Pachter, L. (1994). Culture and clinical care: Folk illness beliefs and behaviors and their implications for health care delivery. *Journal of the American Medical Association, 271*(9), 690–694. http://dx.doi.org/10.1001/jama.271.9.690

Salas-Provance, M., Erickson, J., & Reed, J. (2002). Disabilities as viewed by four generations of one Hispanic family. *American Journal of Speech-Language Pathology, 11*(2), 151–162. doi:10.1044/1058-0360(2002/015)

Scharff, D. P., Mathews, K. J., Jackson, P., Hoffsuemmer, J., Martin, E., & Edwards, D. (2015). More than Tuskegee: Understanding mistrust about research participation. *Journal of Health Care for the Poor and Underserved, 21*(3), 879–897. doi:10.1353/hpu.0.0323

Shiraev, E. B., & Levy, D. A. (2016). *Cross-cultural psychology: Critical thinking and contemporary applications* (6th ed.). New York, NY: Routledge.

Smith-Kaprosy, N., Martin, P. P., & Whitman, K. (2012). An overview of American Indians and Alaska natives in the context of social security and supplemental security income. *Social Security Bulletin, 72*(4), 1–10. Retrieved from https://ssrn.com/abstract=2172487

Suro, G., & Weisman de Mamani, A. G. (2013). Burden, interdependence, ethnicity, and mental health in caregivers of patients with schizophrenia. *Family Process, 52*(2), 299 311. doi:10.1111/famp.12002

Taylor, P., Lopez, M., Martínez, J., & Velasco, G. (2012). When labels don't fit: Hispanics and their views of identity. *Pew Research Center's Hispanic Trends Project*. Retrieved from www.pewhispanic.org/2012/04/04/when-labels-dont-fit-hispanics-and-their-views-of-identity/

Thurston, I. B., & Phares, V. (2008). Mental health service utilization among African American and Caucasian mothers and fathers. *Journal of Consulting and Clinical Psychology, 76*(6), 1058. http://dx.doi.org/10.1037/a0014007

Tucker, C. M., Moradi, B., Wall, W., & Nghiem, K. (2014). Roles of perceived provider cultural sensitivity and health care justice in African American/black patients' satisfaction with provider. *Journal of Clinical Psychology in Medical Settings, 21*(3), 282–290.

US Census Bureau. (2015). *American community survey* [Data file]. Retrieved from https://factfinder.census.gov/faces/tableservices/jsf/pages/productview.xhtml?pid=ACS_15_1YR_S0201&prodType=table

US Census Bureau. (January 12, 2017). *Race*. Retrieved from https://www.census.gov/topics/population/race/about.html

Ward, E. C., Wiltshire, J. C., Detry, M. A., & Brown, R. L. (2013). African American men and women's attitude toward mental illness, perceptions of stigma, and preferred coping behaviors. *Nursing Research, 62*(3), 185–194. doi:10.1097/NNR.0b013e31827bf533

Watkins, Y. J., Quinn, L. T., Ruggiero, L., Quinn, M. T., & Choi, Y. (2013). Spiritual and religious beliefs and practices and social support's relationship to diabetes self-care activities in African Americans. *Diabetes Educator, 39*(2), 231–223. Retrieved from http://journals.sagepub.com/home/tde

Weaver, H. N. (2015). Disability through a Native American lens: Examining influences of culture and colonization. *Journal of Social Work in Disability & Rehabilitation, 14*(3–4), 148–162. doi:10.1080/153671

0X.2015.1068256

Weaver, H. N., & Yellow Horse Brave Heart, M. (1999). Examining two facets of American Indian identity: Exposure to other cultures and the influence of historical trauma. *Journal of Human Behavior in the Social Environment, 2*(1–2), 19–33. doi:10.1300/J137v02n01_03

World Health Organization. (2017). Disabilities. Retrieved from http://www.who.int/topics/disabilities/en/

Yan, K. K., Accordino, M. P., Boutin, D. L., & Wilson, K. B. (2014). Disability and the Asian culture. *Journal of Applied Rehabilitation Counseling, 45*(2), 4. Retrieved from https://www.questia.com/library/p3036/journal-of-applied-rehabilitation-counseling

第10章

Antonovsky, A. (1987). *Unraveling the mysteries of health: How people manage stress and stay well*. San Francisco, CA: Jossey-Bass.（アントノフスキー，A. 山崎喜比古・吉井清子（監訳）(2001). 健康の謎を解く：ストレス対処と健康保持のメカニズム　有信堂高文社）

Athelstan, G. T., & Crewe, N. M. (1979). Psychological adjustment to spinal cord injury as related to manner of onset of disability. *Rehabilitation Counseling Bulletin, 22*, 311–319.

Bandura. A. (1977). Self-efficacy: Toward a unifying theory of behavioral change. *Psychological Review, 84*, 191–215. http://dx.doi.org/10.1037/0033-295X.84.2.191

Benedict, R. H. B., Wahlig, E., Bakshi, R., Munshauer, F., ... Weinstock-Guttman, B. (2005). Predicting quality of life in multiple sclerosis: Accounting for physical disability, fatigue, cognition, mood disorder, personality, and behavior change. *Journal of the Neurological Sciences, 231*, 29–34. https://doi.org/10.1016/j.jns.2004.12.009

Berry, J., Elliott, T., & Rivera, P. (2007). Resilient, undercontrolled, and overcontrolled personality prototypes among persons with spinal cord injury. *Journal of Personality Assessment, 89*, 292–302. doi:10.1080/00223890701629813

Block, J. H., & Block, J. (1980). The role of ego-control and ego-resiliency in the organization of behavior. In W. A. Collins (Ed.), *The Minnesota symposium on child psychology: Vol. 13. Development of cognition, affect, and social relations* (pp. 39–101). Hillsdale, NJ: Erlbaum.

Bornstein, R. F. (2017). Evidence-based psychological assessment. *Journal of Personality Assessment, 99*, 435–445. doi:10.1080/00223891.2016.1236343

Boyce, C. J., & Wood, A. M. (2011). Personality prior to disability determines adaptation: Agreeable individuals recover lost life satisfaction faster and more completely. *Psychological Sciences, 22*, 1397–1402. doi:10.1177/0956797611421790

Chou, C. C., Ditchman, N., Pruett, S. R., Chan, F., & Hunter, C. (2009). Application of self-efficacy related theories in psychosocial interventions. In F. Chan, E. Da Silva Cardoso, & J. A. Chronister (Eds.), *Understanding psychosocial adjustment to chronic illness and disability: A handbook for evidence-based practitioners in rehabilitation* (pp. 243–276). New York, NY: Springer Publishing Co.

D'Zurilla, T. J., & Nezu, A. M. (2007). *Problem-solving therapy: A positive approach to clinical intervention* (3rd ed.). New York, NY: Springer.

Dehaene, S. (2014). *Consciousness and the brain: Deciphering how the brain codes our thoughts*. New York, NY: Viking.（ドゥアンヌ，S. 髙橋洋（訳）(2015). 意識と脳：思考はいかにコード化されるか　紀伊國屋書店）

DeYoung, C. G. (2006). Higher-order factors of the Big Five in a multi-informant sample. *Journal of Personality and Social Psychology, 91*, 1138–1151. doi:10.1037/0022-3514.91.6.1138

Elliott, T., Hsiao, Y. Y., Kimbrel, N., Meyer, E., DeBeer, B., Gulliver, S. B., Kwok, O. M., & Morissette, S. B. (2017). Resilience and traumatic brain injury among Iraq/Afghanistan war veterans: Differential patterns of adjustment and quality of life. *Journal of Clinical Psychology, 73*. 1160–1178. doi:10.1002/jclp.22414

Elliott, T. R., Hsiao, Y. Y., Kimbrel, N., Meyer, E., DeBeer, B., Gulliver, S., Kwok, O. M., & Morissette, S. (2015). Resilience, traumatic brain injury, depression and posttraumatic stress among Iraq/Afghanistan war veterans. *Rehabilitation Psychology, 60*, 263–276. doi:10.1037/rep0000050

Elliott, T., & Hurst, M. (2008). Social problem solving and health. In W. B. Walsh (Ed.), *Biennial review of counseling psychology* (pp. 295–314). New York, NY: Lawrence Erlbaum Press.

Elliott, T., Uswatte, G., Lewis, L., & Palmatier, A. (2000). Goal instability and adjustment to physical disability. *Journal of Counseling Psychology, 47*, 251–265. http://dx.doi.org/10.1037/0022-0167.47.2.251

Emmons, R. A., & McCullough, M. E. (2003). Counting blessings versus burdens: An experimental investigation of gratitude and subjective well-being in daily life. *Journal of Personality and Social Psychology, 84*, 377–389.

Farkas, D., & Orosz, G. (2015). Ego-resiliency reloaded: A three-component model of general resiliency. *PLoS One, 10*, e0120883. doi:10.1371/journal.pone.0120883

Festinger, L. (1957). *A theory of cognitive dissonance*. Stanford, CA: Stanford University Press.（フェスティンガー，L. 末永俊郎（監訳）(1965). 認知的不協和の理論：社会心理学序説　誠信書房）

Fordyce, W. E. (1964). Personality characteristics in men with spinal cord injury as related to manner of onset of disability. *Archives of Physical Medicine and Rehabilitation, 45*, 321–325.

Frank, R. G., Umlauf, R. L., Wonderlich, S. A., Ashkanazi, G., Buckelew, S. A., & Elliott, T. (1987). Coping differences among persons with spinal cord injury: A cluster analytic approach. *Journal of Consulting and Clinical Psychology, 55*, 727–731.

Friedman, H. S., & Kern, M. L. (2014). Personality, well-being, and health. *Annual Review of Psychology, 65*, 719–742. doi:10.1146/annurev-psych-010213-115123

Geen, R. G. (1976). *Personality: The skein of human behavior*. Saint Louis, MO: C. V. Mosby Company.

Harkins, S. W., Elliott, T., & Wan, T. (2006). Emotional distress and urinary incontinence among older women. *Rehabilitation Psychology, 51*, 346–355. http://dx.doi.org/10.1037/0090-5550.51.4.346

Harkins, S. W., Price, D. D., & Braith, J. (1989). Effects of extraversion and neuroticism on experimental pain, clinical pain, and illness behavior. *Pain, 36*, 209–218.

Heider, F. (1958). *The psychology of interpersonal relations*. New York, NY: Wiley.（ハイダー，F. 大橋正夫（訳）(1978). 対人関係の心理学　誠信書房）

Infurna, F. J., Gerstorf, D., Ram, N., Schupp, J., & Wagner, G. G. (2011). Long-term antecedents and outcomes of perceived control. *Psychology and Aging, 26*, 559–575. doi:10.1037/a0022890

Infurna, F. J., & Wiest, M. (2016). The effect of disability onset across the adult life span. *Journals of Gerontology: Series B*, gbw055. doi:10.1093/geronb/gbw055

Jang, Y., Mortimer, J. A., Haley, W. E., & Graves, A. B. (2002). The role of neuroticism in the association between performance-based and self-reported measures of mobility. *Journal of Aging and Health, 14*, 495–508. doi:10.1177/089826402237180

Kennedy, P., Evans, M., & Sandhu, N. (2009). Psychological adjustment to spinal cord injury: The contribution of coping, hope and cognitive appraisals. *Psychology, Health, & Medicine, 14*, 17–33. doi:10.1080/13548500802001801

Kennedy, P., Lude, P., Elfström, M. L., & Smithson, E. (2010). Sense of coherence and psychological outcomes in people with spinal cord injury: Appraisals and behavioural responses. *British Journal of Health Psychology, 15*, 611–621. doi:10.1348/135910709X478222

Kohut, H. (1971). *The analysis of the self*. New York, NY: International Universities Press.（コフート，H. 近藤三男・滝川健司・小久保勲（共訳）(1994). 自己の分析　みすず書房）

Krause, J. S. (1997). Personality and traumatic spinal cord injury: Relationship to participation in productive activities. *Journal of Applied Rehabilitation Counseling, 40*, 202–214.

Krause, J. S., & Rohe, D. E. (1998). Personality and life adjustment after spinal cord injury: An exploratory study. *Rehabilitation Psychology, 43*, 118–130. http://dx.doi.org/10.1037/0090-5550.43.2.118

Kunce, J., & Worley, B. (1966). Interest patterns, accidents, and disability. *Journal of Clinical Psychology, 22*,

105–107.
Lazarus, R. (1966). *Psychological stress and the coping process*. New York, NY: McGraw-Hill.
Lewin, K. (1936). *Principles of topological psychology*. New York, NY: McGraw-Hill.
Lofquist, L. H. (1960). *Psychological research and rehabilitation*. Washington, DC: American Psychological Association.
Mawson, A. R., Biundo, J., Clemmer, D., Jacobs, K., Ktasanes, V., & Rice, J. (1996). Sensation-seeking, criminality, and spinal cord injury: A case-control study. *American Journal of Epidemiology, 144*, 463–472.
Mlodinow, L. (2013). *Subliminal: How your unconscious mind rules your behavior*. New York, NY: Vintage.（ムロディナウ，L. 水谷淳（訳）（2013）．しらずしらず：あなたの9割を支配する「無意識」を科学する　ダイヤモンド社）
Ong, A. D., Zautra, A. J., & Reid, M. C. (2010). Psychological resilience predicts decreases in pain catastrophizing through positive emotions. *Psychology and Aging, 25*, 516–523. doi:10.1037/a0019384
Rohe, D. E., & Athelstan, G. T. (1982). Vocational interests of persons with spinal cord injury. *Journal of Counseling Psychology, 29*, 283–291. http://dx.doi.org/10.1037/0022-0167.29.3.283
Ropponen, A., Svedberg, P., Huunan-Seppala, A., Koskenvuo, K., Koskenvuo, M., . . . Kaprio, J. (2012). Personality traits and life dissatisfaction as risk factors for disability pensions due to low back diagnoses: A 30-year longitudinal cohort study of Finnish twins. *Journal of Psychosomatic Research, 73*, 289–294. doi:10.1016/j.jpsychores.2012.07.003
Rovner, B. W., & Casten, R. J. (2001). Neuroticism predicts depression and disability in age-related macular degeneration. *Journal of the American Geriatrics Society, 49*, 1097–1100.
Rovner, B. W., Casten, R. J., Hegel, M. T., Massof, R. W., Leiby, B. E., . . . Tasman, W. S. (2014). Personality and functional vision in older adults with age-related macular degeneration. *Journal of Visual Impairment and Blindness, 108*(3), 187–199.
Schlavon, C. C., Marchetti, E., Gurgel, L. G., Busnello, F. M., & Reppold, C. T. (2017). Optimism and hope in chronic disease: A systematic review. *Frontiers in Psychology, 7,* Article 2022. https://doi.org/10.3389/fpsyg.2016.02022
Schulz, R., & Decker, S. (1985). Long-term adjustment to physical disability: The role of social support, perceived control, and self-blame. *Journal of Personality and Social Psychology, 48*, 1162–1172.
Shadel, W. G. (2010). Clinical assessment of personality: Perspectives from contemporary personality science. In J. E. Maddux & J. P. Tangney (Eds.), *Social foundations of clinical psychology* (pp. 329–348). New York, NY: Guilford Press.
Shontz, F. C. (1971). Physical disability and personality. In W. S. Neff (Ed.), *Rehabilitation psychology* (pp. 33–73). Washington, DC: American Psychological Association Press.
Siller, J. (1969). Psychological situation of the disabled with spinal cord injuries. *Rehabilitation Literature, 30,* 290–296.
Skinner, E. A. (1996). A guide to constructs of control. *Journal of Personality and Social Psychology, 71*, 549–570.
Snyder, C. R., & Forsyth, D. R. (1991). *Handbook of social and clinical psychology: The health perspective*. New York, NY: Pergamon Press.
Snyder, C. R., Lehman, K. A., Kluck, B., & Monsson, Y. (2006). Hope for rehabilitation and vice versa. *Rehabilitation Psychology, 51,* 89–112.
Snyder, C. R., & Lopez, S. J. (2001). *Handbook of positive psychology*. New York, NY: Oxford University Press.
Victorson, D., Tulsky, D. S., Kisala, P. A., Kalpakjian, C. Z., Weiland, B., & Choi, S. W. (2015). Measuring resilience after spinal cord injury: Development, validation and psychometric characteristics of the SCI-QOL resilience item bank and short form. *Journal of Spinal Cord Medicine, 38,* 366–376. doi:10.1179/2045772315Y.0000000016
Walsh, M., Armstrong, T., Poritz, J., Elliott, T. R., Jackson, W. T., & Ryan, T. (2016). Resilience, pain interference and upper limb loss: Testing the mediating effects of positive emotion and activity restriction on distress.

Archives of Physical Medicine and Rehabilitation, 97, 781–787. doi:10.1016/j.apmr.2016.01.016

Wright, B. A. (1960). *Physical disability: A psychological approach*. New York, NY: Harper & Row.

第11章

Aguilera, M. B. (2005). The impact of social capital on the earnings of Puerto Rican migrants. *Sociological Quarterly, 46*(4), 569–592.

Albrecht, T. L., & Adelman, M. B. (1987). *Communicating social support*. Thousand Oaks, CA: Sage Publications.

Alecxih, L., Zeruld, S., & Olearczyl, B. (2001). Characteristics of caregivers based on the survey of income and program participation (National Family Caregiver Support Program: Selected Issue Briefs). *Washington, DC: Administration on Aging. The Long-Term Care Workforce: Can the Crisis be Fixed, 24*.

Ali, S. M., Merlo, J., Rosvall, M., Lithman, T., & Lindström, M. (2006). Social capital, the miniaturisation of community, traditionalism and first time acute myocardial infarction: A prospective cohort study in southern Sweden. *Social Science & Medicine, 63*(8), 2204–2217.

Allen, S. M., Ciambrone, D., & Welch, L. C. (2000). Stage of life course and social support as a mediator of mood state among persons with disability. *Journal of Aging and Health, 12*(3), 318–341.

Altevers, J., Lukaschek, K., Baumert, J., Kruse, J., Meisinger, C., Emeny, R. T., & Ladwig, K. H. (2016). Poor structural social support is associated with an increased risk of type 2 diabetes mellitus: findings from the MONICA/KORA Augsburg cohort study. *Diabetic Medicine, 33*(1), 47–54.

Amato, P. R., & Hohmann-Marriott, B. (2007). A comparison of high-and low-distress marriages that end in divorce. *Journal of Marriage and Family, 69*(3), 621–638.

Amir, M., Roziner, I., Knoll, A., & Neufeld, M. Y. (1999). Self-efficacy and social support as mediators in the relation between disease severity and quality of life in patients with epilepsy. *Epilepsia, 40*(2), 216–224.

Aneshensel, C. S., & Frerichs, R. R. (1982). Stress, support, and depression: A longitudinal causal model. *Journal of Community Psychology, 10*(4), 363–376.

Antonucci, T. C., & Akiyama, H. (1987). Social networks in adult life and a preliminary examination of the convoy model. *Journal of Gerontology, 42*(5), 519–527.

Antonucci, T. C., & Jackson, J. S. (1990). The role of reciprocity in social support. In B. R. Sarason, I. G. Sarason, & G. R. Pierce (Eds.), *Wiley series on personality processes. Social support: An interactional view* (pp. 173–198). Oxford, UK: John Wiley & Sons.

Aschbrenner, K. A., Mueser, K. T., Bartels, S. J., & Pratt, S. I. (2013). Perceived social support for diet and exercise among persons with serious mental illness enrolled in a healthy lifestyle intervention. *Psychiatric Rehabilitation Journal, 36*(2), 65.

Avlund, K., Lund, R., Holstein, B. E., & Due, P. (2004). Social relations as determinant of onset of disability in aging. *Archives of Gerontology and Geriatrics, 38*(1), 85–99.

Aylaz, R., Karadağ, E., Işik, K., & Yildirim, M. (2015). Relationship between social support and fatigue in patients with type 2 diabetes mellitus in the east of turkey. *Japan Journal of Nursing Science, 12*(4), 367–376.

Barger, S. D. (2013). Social integration, social support and mortality in the US National Health Interview Survey. *Psychosomatic Medicine, 75*(5), 510–517.

Barrera, M. (1986). Distinctions between social support concepts, measures, and models. *American Journal of Community Psychology, 14*(4), 413–445.

Barrera, M., Sandler, I. N., & Ramsay, T. B. (1981). Preliminary development of a scale of social support: Studies on college students. *American Journal of Community Psychology, 9*(4), 435–447.

Barrera Jr, M. (2000). Social support research in community psychology. In *Handbook of community psychology* (pp. 215–245). New York, NY: Springer US.

Beal, C. C., Stuifbergen, A. K., & Brown, A. (2007). Depression in multiple sclerosis: A longitudinal analysis. *Archives of Psychiatric Nursing, 21*(4), 181–191.

Beals, J., Manson, S. M., Whitesell, N. R., Spicer, P., Novins, D. K., & Mitchell, C. M. (2005). Prevalence of DSM-IV disorders and attendant help-seeking in 2 American Indian reservation populations. *Archives of General Psychiatry, 62*(1), 99–108.

Bearman, K. J., & La Greca, A. M. (2002). Assessing friend support of adolescents' diabetes care: The diabetes social support questionnaire—friends version. *Journal of Pediatric Psychology, 27*(5), 417–428.

Beels, C. C. (1981). Social support and schizophrenia. *Schizophrenia Bulletin, 7*(1), 58–72.

Berkman, L. F., Glass, T., Brissette, I., & Seeman, T. E. (2000). From social integration to health: Durkheim in the new millennium. *Social Science & Medicine, 51*(6), 843–857.

Berkman, L. F., Leo-Summers, L., & Horwitz, R. I. (1992). Emotional support and survival after myocardial infarction: A prospective, population-based study of the elderly. *Annals of Internal Medicine, 117*(12), 1003–1009.

Bernad, D., Zysnarska, M., & Adamek, R. (2010). Social support for cancer—selected problems. *Reports of Practical Oncology & Radiotherapy, 15*(2), 47–50.

Bickart, K. C., Hollenbeck, M. C., Barrett, L. F., & Dickerson, B. C. (2012). Intrinsic amygdala–cortical functional connectivity predicts social network size in humans. *Journal of Neuroscience, 32*(42), 14729–14741.

Biessels, G. J., Staekenborg, S., Brunner, E., Brayne, C., & Scheltens, P. (2006). Risk of dementia in diabetes mellitus: A systematic review. *Lancet Neurology, 5*(1), 64–74.

Birch, L. L. (1998). Psychological influences on the childhood diet. *Journal of Nutrition, 128*(2), 407S–410S.

Black, H. L., Priolo, C., Akinyemi, D. J., Gonzalez, R., Jackson, D. S., Garcia, L., . . . Apter, A. J. (2010). Clearing clinical barriers: Enhancing social support using a patient navigator for asthma care. *Journal of Asthma, 47*(8), 913–919.

Blixen, C., Perzynski, A., Sajatovic, M., & Dawson, N. V. (2011). Treating severe mental illnesses and comorbid medical conditions in the primary care setting: an idea whose time has come. *Cutting Edge Psychiatry in Practice, 1*(1), 106–110.

Bloom, J. R., Stewart, S. L., Johnston, M., Banks, P., & Fobair, P. (2001). Sources of support and the physical and mental well-being of young women with breast cancer. *Social Science & Medicine, 53*(11), 1513–1524.

Bolger, N., & Amarel, D. (2007). Effects of social support visibility on adjustment to stress: Experimental evidence. *Journal of Personality and Social Psychology, 92*(3), 458.

Bolger, N., Zuckerman, A., & Kessler, R. C. (2000). Invisible support and adjustment to stress. *Journal of Personality and Social Psychology, 79*(6), 953.

Bosley, C. M., Fosbury, J. A., & Cochrane, G. M. (1995). The psychological factors associated with poor compliance with treatment in asthma. *European Respiratory Journal, 8*(6), 899–904.

Bourdieu, P. (1989). Social space and symbolic power. *Sociological Theory, 7*(1), 14–25.

Boydell, K. M., Gladstone, B. M., & Crawford, E. S. (2002). The dialectic of friendship for people with psychiatric disabilities. *Psychiatric Rehabilitation Journal, 26*(2), 123.

Brady, S. J., Koch, L. C., & Griffith, P. L. (2003). Family involvement in rehabilitation planning: Learning objectives and activities for rehabilitation counseling students. *Rehabilitation Education, 17*(3), 155–170.

Braithwaite, D. O., & Eckstein, N. J. (2003). How people with disabilities communicatively manage assistance: Helping as instrumental social support. *Journal of Applied Communication Research, 31*(1), 1–21.

Braithwaite, V. (1996). Between stressors and outcomes: Can we simplify caregiving process variables? *Gerontologist, 36*(1), 42–53.

Braithwaite, V. A. (1990). *Bound to care*. London, UK: Allen & Unwin.

Breier, A., & Straus, J. S. (1984). The role of social relationships in the recovery from psychotic disorders. *American Journal of Psychiatry, 141*, 949–955.

Bright, E. E., Petrie, K. J., Partridge, A. H., & Stanton, A. L. (2016). Barriers to and facilitative processes of endocrine therapy adherence among women with breast cancer. *Breast Cancer Research and Treatment, 158*(2), 243–251.

Bright, E. E., & Stanton, A. L. (2018). Prospective investigation of social support, coping, and depressive symptoms: A model of adherence to endocrine therapy among women with breast cancer. *Journal of Consulting and Clinical Psychology, 86*(3), 242.

Broadhead, W. E., Gehlbach, S. H., DeGruy, F. V., & Kaplan, B. H. (1989). Functional versus structural social support and health care utilization in a family medicine outpatient practice. *Medical Care,* 221–233.

Broadhead, W. E., & Kaplan, B. H. (1991). Social support and the cancer patient. Implications for future research and clinical care. *Cancer, 67*(3 Suppl), 794–799.

Brough, P., & Pears, J. (2004). Evaluating the influence of the type of social support on job satisfaction and work related psychological well-being. *International Journal of Organisational Behaviour, 8*(2), 472–485.

Brown, G. W., Harris, T. O., & Eales, M. J. (1996). Social factors and comorbidity of depressive and anxiety disorders. *The British Journal of Psychiatry, 168*(S30), 50–57.

Burns, R. J., Deschênes, S. S., & Schmitz, N. (2016). Associations between coping strategies and mental health in individuals with type 2 diabetes: Prospective analyses. *Health Psychology, 35*(1), 78.

Burt, R. S. (2000). The network structure of social capital. *Research in Organizational Behavior, 22,* 345–423.

Button, D. M., O'Connell, D. J., & Gealt, R. (2012). Sexual minority youth victimization and social support: The intersection of sexuality, gender, race, and victimization. *Journal of Homosexuality, 59*(1), 18–43.

Carolan, M., Onaga, E., Pernice-Duca, F., & Jimenez, T. (2011). A place to be: The role of clubhouses in facilitating social support. *Psychiatric Rehabilitation Journal, 35*(2), 125.

Casey, R., & Stone, S. D. (2010). Aging with long-term physical impairments: The significance of social support. *Canadian Journal on Aging/La Revue Canadienne du Vieillissement, 29*(3), 349–359.

Çavuşoğlu, H., & Sağlam, H. (2015). Examining the perceived social support and psychological symptoms among adolescents with leukemia. *Journal for Specialists in Pediatric Nursing, 20*(1), 76–85.

Center to Reduce Cancer Health Disparities Patient Navigation Program. National Cancer Institute [2/26/2009]. URL: http://crchd.cancer.gov/pnp/background.html

Chamberlain, L. (2017). Perceived social support and self-care in patients hospitalized with heart failure. *European Journal of Cardiovascular Nursing, 16*(8), 753–761.

Chang, S., & Schaller, J. (2000). Perspectives of adolescents with visual impairments on social support from their parents. *Journal of Visual Impairment & Blindness (JVIB), 94*(02).

Chien, W. T., & Lee, I. Y. (2011). Randomized controlled trial of a dementia care programme for families of home-resided older people with dementia. *Journal of Advanced Nursing, 67*(4), 774–787.

Chinman, M., George, P., Dougherty, R. H., Daniels, A. S., Ghose, S. S., Swift, A., & Delphin-Rittmon, M. E. (2014). Peer support services for individuals with serious mental illnesses: Assessing the evidence. *Psychiatric Services, 65*(4), 429–441.

Chou, C. C., & Chronister, J. A. (2012). Social tie characteristics and psychiatric rehabilitation outcomes among adults with serious mental illness. *Rehabilitation Counseling Bulletin, 55*(2), 92–102.

Chronister, J. (2019). Social support assessment. In C. Llewellyn, S. Ayers, C. McManus, S. Newman, K. Petrie, T.A. Revenson & J. Weinman, J. (Eds.), *Cambridge handbook of psychology, health and medicine* 3rd edition (pp. xx-xx). Cambridge University Press.

Chronister, J., & Chan, F. (2006). A stress process model of caregiving for individuals with traumatic brain injury. *Rehabilitation Psychology, 51*(3), 190.

Chronister, J., Chou, C. C., Frain, M., & da Silva Cardoso, E. (2008). The relationship between social support and rehabilitation related outcomes: A meta-analysis. *Journal of Rehabilitation, 74*(2), 16.

Chronister, J., Chou, C. C., Kwan, K. L. K., Lawton, M., & Silver, K. (2015). The meaning of social support for persons with serious mental illness. *Rehabilitation Psychology, 60*(3), 232.

Chronister, J., Chou, C. C., & Liao, H. Y. (2013). The role of stigma coping and social support in mediating the effect of societal stigma on internalized stigma, mental health recovery, and quality of life among people with serious mental illness. *Journal of Community Psychology, 41*(5), 582–600.

Cimarolli, V. R., & Boerner, K. (2005). Social support and well-being in adults who are visually impaired. *Journal of Visual Impairment & Blindness, 99*(9), 521.

Cohen, A. N., Golden, J. F., & Young, A. S. (2014). Peer wellness coaches for adults with mental illness. *Psychiatric Services, 65*(1), 129–130.

Cohen, S. (2004). Social relationships and health. *American Psychologist, 59*(8), 676.

Cohen, S., Gottlieb, B. H., & Underwood, L. G. (2001). Social relations and health: Challenges for measurement and intervention. *Advances in Mind-Body Medicine, 17*, 129–141.

Cohen, S., & Hoberman, H. M. (1983). Positive events and social supports as buffers of life change stress. *Journal of Applied Social Psychology, 13*(2), 99–125.

Cohen, S., Janicki-Deverts, D., Turner, R. B., & Doyle, W. J. (2015). Does hugging provide stress-buffering social support? A study of susceptibility to upper respiratory infection and illness. *Psychological Science, 26*(2), 135–147.

Cohen, S., & Lemay, E. P. (2007). Why would social networks be linked to affect and health practices? *Health Psychology, 26*(4), 410.

Cohen, S., Mermelstein, R., Kamarck, T., & Hoberman, H. (1985). Measuring the functional components of social support. In I. G. Sarason & B. R. Sarason (Eds.), *Social support: Theory, research and applications* (pp. 73–94). The Hague: Martinus Nijhoff.

Cohen, S., & Wills, T. A. (1985). Stress, social support, and the buffering hypothesis. *Psychological Bulletin, 98*(2), 310.

Corin, E., & Lauzon, G. (1992). Positive withdrawal and the quest for meaning: the reconstruction of experience among schizophrenics. *Psychiatry, 55*(3), 266–278.

Corrigan, P. W., Markowitz, F. E., & Watson, A. C. (2004). Structural levels of mental illness stigma and discrimination. *Schizophrenia Bulletin, 30*(3), 481.

Corrigan, P. W., Mueser, K. T., Bond, G. R., Drake, R. E., & Solomon, P. (2008). *Principles and practice of psychiatric rehabilitation: An empirical approach*. Guilford Press.

Corrigan, P. W., Pickett, S., Batia, K., & Michaels, P. J. (2014). Peer navigators and integrated care to address ethnic health disparities of people with serious mental illness. *Social Work in Public Health, 29*(6), 581–593.

Coulson, N. S. (2005). Receiving social support online: an analysis of a computer-mediated support group for individuals living with irritable bowel syndrome. *CyberPsychology & Behavior, 8*(6), 580–584.

Cousson-Gélie, F., Bruchon-Schweitzer, M., Dilhuydy, J. M., & Jutand, M. A. (2007). Do anxiety, body image, social support and coping strategies predict survival in breast cancer? A ten-year follow-up study. *Psychosomatics, 48*(3), 211–216.

Cummings, S. M., & Kropf, N. P. (2009). Formal and informal support for older adults with severe mental illness. *Aging & Mental Health, 13*(4), 619–627.

Cutrona, C. E. (1996). *Social support in couples: Marriage as a resource in times of stress* (Vol. 13). Thousand Oaks, CA: Sage Publications.

Cutrona, C. E., & Russell, D. W. (1990). Type of social support and specific stress: Toward a theory of optimal matching. In B. R. Sarason, I. G. Sarason, & G. R. Pierce (Eds.), *Wiley series on personality processes. Social support: An interactional view* (pp. 319–366). Oxford, UK: John Wiley & Sons.

Cutrona, C. E., & Suhr, J. A. (1992). Controllability of stressful events and satisfaction with spouse support behaviors. *Communication Research, 19*(2), 154–174.

Dakof, G. A., & Taylor, S. E. (1990). Victims' perceptions of social support: What is helpful from whom?. *Journal of Personality and Social Psychology, 58*(1), 80.

D'Amico, D., Grazzi, L., Bussone, G., Curone, M., Di Fiore, P., Usai, S., . . . Raggi, A. (2015). Are depressive symptomatology, self-efficacy, and perceived social support related to disability and quality of life in patients with chronic migraine associated to medication overuse? Data from a cross-sectional study. *Headache: The Journal of Head and Face Pain, 55*(5), 636–645.

Davern, M., & Hachen, D. S. (2006). The role of information and influence in social networks. *American Journal of Economics and Sociology, 65*(2), 269–293.

Dennis, C. L. (2003). Peer support within a health care context: A concept analysis. *International Journal of Nursing Studies, 40*(3), 321–332.

Dickens, A. P., Richards, S. H., Greaves, C. J., & Campbell, J. L. (2011). Interventions targeting social isolation in older people: a systematic review. *BMC Public Health, 11*(1), 647.

Dickerson, F. B., Savage, C. L., Schweinfurth, L. A., Medoff, D. R., Goldberg, R. W., Bennett, M., . . . DiClemente, C. (2016). The use of peer mentors to enhance a smoking cessation intervention for persons with serious mental illnesses. *Psychiatric Rehabilitation Journal, 39*(1), 5.

Dilorio, C., Hennessy, M., & Manteuffel, B. (1996). Epilepsy self-management: A test of a theoretical model. *Nursing Research, 45*(4), 211–217.

Dilworth-Anderson, P., Williams, S. W., & Cooper, T. (1999). Family caregiving to elderly African Americans: Caregiver types and structures. *Journals of Gerontology Series B: Psychological Sciences and Social Sciences, 54*(4), S237–S241.

DiMatteo, M. R. (2004). Social support and patient adherence to medical treatment: A meta-analysis. *Health Psychology, 23*(2), 207.

Ditzen, B., Neumann, I. D., Bodenmann, G., von Dawans, B., Turner, R. A., Ehlert, U., & Heinrichs, M. (2007). Effects of different kinds of couple interaction on cortisol and heart rate responses to stress in women. *Psychoneuroendocrinology, 32*(5), 565–574.

Djundeva, M., Mills, M., Wittek, R., & Steverink, N. (2015). Receiving instrumental support in late parent–child relationships and parental depression. *Journals of Gerontology: Series B, 70*(6), 981–994.

Doeglas, D., Suurmeijer, T., Krol, B., Sanderman, R., van Rijswijk, M., & van Leeuwen, M. (1994). Social support, social disability, and psychological well-being in rheumatoid arthritis. *Arthritis & Rheumatology, 7*(1), 10–15.

Donath, J., & Boyd, D. (2004). Public displays of connection. *BT Technology Journal, 22*(4), 71–82.

Druss, B. G., Zhao, L., Von Esenwein, S., Morrato, E. H., & Marcus, S. C. (2011). Understanding excess mortality in persons with mental illness: 17-year follow up of a nationally representative US survey. *Medical Care, 49*(6), 599–604.

Dunkel-Schetter, C. (1984). Social support and cancer: Findings based on patient interviews and their implications. *Journal of Social Issues, 40*(4), 77–98.

Dunkel-Schetter, C., & Bennett, T. L. (1990). Differentiating the cognitive and behavioral aspects of social support. In B. R. Sarason, I. G. Sarason, & G. R. Pierce (Eds.), *Wiley series on personality processes. Social support: An interactional view* (pp. 267–296). Oxford, UK: John Wiley & Sons.

Durkheim, E. (1951). *Suicide: A study in sociology* [1897]. Translated by JA Spaulding and G. Simpson. Glencoe, IL: The Free Press, 1951.

Dusseldorp, E., van Elderen, T., Maes, S., Meulman, J., & Kraaij, V. (1999). A meta-analysis of psychoeducational programs for coronary heart disease patients. *Health Psychology, 18*(5), 506.

Eichhorn, K. C. (2008). Soliciting and providing social support over the Internet: An investigation of online eating disorder support groups. *Journal of Computer-Mediated Communication, 14*(1), 67–78.

Elliott, T. R., Godshall, F. J., Herrick, S. M., Witty, T. E., & Spruell, M. (1991). Problem-solving appraisal and psychological adjustment following spinal cord injury. *Cognitive Therapy and Research, 15*(5), 387–398.

Elliott, T. R., Shewchuk, R. M., & Richards, J. S. (1999). Caregiver social problem-solving abilities and family member adjustment to recent-onset physical disability. *Rehabilitation Psychology, 44*(1), 104.

Etzion, D. (1984). Moderating effect of social support on the stress–burnout relationship. *Journal of Applied Psychology, 69*(4), 615.

Evraire, L. E., & Dozois, D. J. (2011). An integrative model of excessive reassurance seeking and negative feedback seeking in the development and maintenance of depression. *Clinical Psychology Review, 31*(8), 1291–1303.

Fabian, E. S., Edelman, A., & Leedy, M. (1993). Linking workers with severe disabilities to social supports in the workplace: Strategies for addressing barriers. *Journal of Rehabilitation, 59*(3), 29.

Fabrigoule, C., Letenneur, L., Dartigues, J. F., Zarrouk, M., Commenges, D., & Barberger-Gateau, P. (1995). Social and leisure activities and risk of dementia: A prospective longitudinal study. *Journal of the American Geriatrics Society, 43*(5), 485–490.

Fang, C. Y., Ma, G. X., Tan, Y., & Chi, N. (2007). A multifaceted intervention to increase cervical cancer screening among underserved Korean women. *Cancer Epidemiology and Prevention Biomarkers, 16*(6), 1298–1302.

Farber, R. S., Kern, M. L., Brusilovsky, E. (2015). *Rehabilitation Psychology, 60*(2), 169–178.

Farnham, S., Cheng, L., Stone, L., Zaner-Godsey, M., Hibbeln, C., Syrjala, K., . . . Abrams, J. (2002, April). HutchWorld: Clinical study of computer-mediated social support for cancer patients and their caregivers. In *Proceedings of the SIGCHI Conference on Human Factors in Computing Systems* (pp. 375–382). ACM.

Ferlander, S. (2007). The importance of different forms of social capital for health. *Acta Sociologica, 50*(2), 115–128.

Fernandez, R. M., Castilla, E. J., & Moore, P. (2000). Social capital at work: Networks and employment at a phone center. *American Journal of Sociology, 105*(5), 1288–1356.

Finck, C., Barradas, S., Zenger, M., & Hinz, A. (2018). Quality of life in breast cancer patients: Associations with optimism and social support. *International Journal of Clinical and Health Psychology, 18*(1), 27–34.

Fisher, E. B., Boothroyd, R. I., Coufal, M. M., Baumann, L. C., Mbanya, J. C., Rotheram-Borus, M. J., . . . Tanasugarn, C. (2012). Peer support for self-management of diabetes improved outcomes in international settings. *Health Affairs, 31*(1), 130–139.

Fong, T., Finlayson, M., & Peacock, N. (2006). The social experience of aging with a chronic illness: Perspectives of older adults with multiple sclerosis. *Disability and Rehabilitation, 28*(11), 695–705.

Fontana, A. F., Kerns, R. D., Rosenberg, R. L., & Colonese, K. L. (1989). Support, stress, and recovery from coronary heart disease: A longitudinal causal model. *Health Psychology, 8*(2), 175.

Fowler, J. H., & Christakis, N. A. (2008). Dynamic spread of happiness in a large social network: Longitudinal analysis over 20 years in the Framingham Heart Study. *BMJ, 337*, a2338.

Frazier, P. A., Tix, A. P., & Barnett, C. L. (2003). The relational context of social support: Relationship satisfaction moderates the relations between enacted support and distress. *Personality and Social Psychology Bulletin, 29*(9), 1133–1146.

Freeman, H. P. (2006). Patient navigation: A community centered approach to reducing cancer mortality. *Journal of Cancer Education, 21*, S11-S14.

Galaif, E. R., Nyamathi, A. M., & Stein, J. A. (1999). Psychosocial predictors of current drug use, drug problems, and physical drug dependence in homeless women. *Addictive Behaviors, 24*(6), 801–814.

Gallant, M. P. (2003). The influence of social support on chronic illness self-management: A review and directions for research. *Health Education & Behavior, 30*(2), 170–195.

Gant, V. (2010). Older carers and adults with learning disabilities: Stress and reciprocal care. *Mental Health and Learning Disabilities Research and Practice, 7*(2), 159–172.

Giangrasso, B., & Casale, S. (2014). Psychometric properties of the Medical Outcome Study Social Support Survey with a general population sample of undergraduate students. *Social Indicators Research, 116*(1), 185–197.

Gittell, R., & Vidal, A. (1998). *Community organizing: Building social capital as a development strategy.* Thousand Oaks, CA: Sage Publications.

Glasgow, R. E., & Toobert, D. J. (1988). Social environment and regimen adherence among type II diabetic patients. *Diabetes Care, 11*(5), 377–386.

Glass, T. A., & Maddox, G. L. (1992). The quality and quantity of social support: Stroke recovery as psychosocial transition. *Social Science & Medicine, 34*(11), 1249–1261.

Glass, T. A., Matchar, D. B., Belyea, M., & Feussner, J. R. (1993). Impact of social support on outcome in first stroke. *Stroke, 24*(1), 64–70.

Glass, T. A., Mendes de Leon, C., Marottoli, R. A., & Berkman, L. F. (1999). Population based study of social and productive activities as predictors of survival among elderly Americans. *BMJ, 319*(7208), 478–483.

Gleason, M. E., Iida, M., Shrout, P. E., & Bolger, N. (2008). Receiving support as a mixed blessing: Evidence for dual effects of support on psychological outcomes. *Journal of Personality and Social Psychology, 94*(5), 824.

Goldberg, R. W., Dickerson, F., Lucksted, A., Brown, C. H., Weber, E., Tenhula, W. N., . . . Dixon, L. B. (2013). Living well: An intervention to improve self-management of medical illness for individuals with serious mental illness. *Psychiatric Services, 64*(1), 51–57.

Goldsmith, D. (1992). Managing conflicting goals in supportive interaction: An integrative theoretical framework. *Communication Research, 19*(2), 264–286.

Gore, S. (1981). Stress-buffering functions of social supports: An appraisal and clarification of research models. In B. S. Dohrenwend & B. P. Dohrenwend (Eds.), *Stressful life events and their contexts*. New York: Prodist.

Gouldner, A. W. (1973). *For sociology: Renewal and critique in sociology today*. Basic Books (AZ). (グールドナー, A. W. 村井忠政 (訳) (1987). 社会学のために：現代社会学の再生と批判 上 杉山書店)

Granovetter, M. (1985). Economic action and social structure: The problem of embeddedness. *American Journal of Sociology, 91*(3), 481–510.

Granovetter, M. S. (1973). The strength of weak ties. *American Journal of Sociology, 78*(6), 1360–1380.

Grant, G. (1986). Older carers, interdependence and the care of mentally handicapped adults. *Aging and Society, 6*, 333–351.

Graziano, R., & Elbogen, E. B. (2017). Improving mental health treatment utilization in military veterans: Examining the effects of perceived need for care and social support. *Military Psychology, 29*(5), 359–369.

Grewen, K. M., Anderson, B. J., Girdler, S. S., & Light, K. C. (2003). Warm partner contact is related to lower cardiovascular reactivity. *Behavioral Medicine, 29*(3), 123–130.

Haber, M. G., Cohen, J. L., Lucas, T., & Baltes, B. B. (2007). The relationship between self-reported received and perceived social support: A meta-analytic review. *American Journal of Community Psychology, 39*(1–2), 133–144.

Hadidi, M. S., & Al Khateeb, J. M. (2014). A comparison of social support among adolescents with and without visual impairments in Jordan: A case study from the Arab region. *Journal of Visual Impairment & Blindness, 108*(5), 414–427.

Hagen, K. A., & Myers, B. J. (2003). The effects of secrecy and social support on behavioral problems in children of incarcerated women. *Journal of Child and Family Studies, 12*(2), 229–242.

Hampton, N. Z. (2008). The affective aspect of subjective well-being among Chinese people with and without spinal cord injuries. *Disability and Rehabilitation, 30*(19), 1473–1479.

Hamrick, N., Cohen, S., & Rodriguez, M. S. (2002). Being popular can be healthy or unhealthy: Stress, social network diversity, and incidence of upper respiratory infection. *Health Psychology, 21*(3), 294.

Hank, K., & Jürges, H. (2007). Gender and the division of household labor in older couples: A European perspective. *Journal of Family Issues, 28*(3), 399–421.

Haskard Zolnierek, K. B., DiMatteo, M. R., Mondala, M. M., Zhang, Z., Martin, L. R., & Messiha, A. H. (2009). Development and validation of the Physician—Patient humor rating scale. *Journal of Health Psychology, 14*(8), 1163–1173.

Havermans, T., Luyckx, K., Stiers, L., Wyffels, F., De Boeck, K., Vos, R., & Dupont, L. (2016). 247 Long-lasting anxiety and depression in patients with cystic fibrosis: the importance of illness perceptions and social support. *Journal of Cystic Fibrosis, 15*, S114.

Hays, J. C., Saunders, W. B., Flint, E. P., Kaplan, B. H., & Blazer, D. G. (1997). Social support and depression as risk factors for loss of physical function in late life. *Aging & Mental Health, 1*(3), 209–220.

Healthcare Cost and Utilization Project (HCUP). (2013). Agency for healthcare research and quality. *Nationwide Emergency Department Sample (NEDS)*.

Helgeson, V. S. (1993). Two important distinctions in social support: Kind of support and perceived versus received1. *Journal of Applied Social Psychology, 23*(10), 825–845.

Helgeson, V. S. (2003). Social support and quality of life. *Quality of Life Research: An International Journal of Quality of Life Aspects of Treatment, Care and Rehabilitation, 12,* 25–31.

Helgeson, V. S., & Cohen, S. (1996). Social support and adjustment to cancer: Reconciling descriptive, correlational, and intervention research. *Health Psychology, 15*(2), 135.

Heller, K., Swindle, R. W., & Dusenbury, L. (1986). Component social support processes: Comments and integration. *Journal of Consulting and Clinical Psychology, 54*(4), 466.

Hendryx, M., Green, C. A., & Perrin, N. A. (2009). Social support, activities, and recovery from serious mental illness: STARS study findings. *Journal of Behavioral Health Services & Research, 36*(3), 320–329.

Hogan, B. E., Linden, W., & Najarian, B. (2002). Social support interventions: Do they work? *Clinical Psychology Review, 22*(3), 381–440.

Holahan, C. J., & Moos, R. H. (1981). Social support and psychological distress: A longitudinal analysis. *Journal of Abnormal Psychology, 90*(4), 365.

Holm, K. E., LaChance, H. R., Bowler, R. P., Make, B. J., & Wamboldt, F. S. (2010). Family factors are associated with psychological distress and smoking status in chronic obstructive pulmonary disease. *General Hospital Psychiatry, 32*(5), 492–498.

Holt-Lunstad, J., Smith, T. B., & Layton, J. B. (2010). Social relationships and mortality risk: A meta-analytic review. *PLoS Medicine, 7*(7), e1000316.

Homma, K., Chang, B., Shaffer, J., Toledo, B., Hefele, B., Dalrymple, N., & Edmondson D. (2016). Association of social support during emergency department evaluation for acute coronary syndrome with subsequent posttraumatic stress symptoms. *Journal of Behavioral Medicine, 39,* 823–831.

House, J. S., Kahn, R. L., McLeod, J. D., & Williams, D. (1985). Measures and concepts of social support. In S. Cohen & L. S. Syme (Eds.), *Social Support and Health* (pp. 83–108).

Huurre, T. M., Komulainen, E. J., & Aro, H. M. (1999). Social support and self-esteem among adolescents with visual impairments. *Journal of Visual Impairment & Blindness, 93*(1), 26–37.

Iyer, S., Kitson, M., & Toh, B. (2005). Social capital, economic growth and regional development. *Regional Studies, 39*(8), 1015–1040.

James, B. D., Boyle, P. A., Buchman, A. S., Barnes, L. L., & Bennett, D. A. (2011). Life space and risk of Alzheimer disease, mild cognitive impairment, and cognitive decline in old age. *American Journal of Geriatric Psychiatry, 19*(11), 961–969.

Jandorf, L., Gutierrez, Y., Lopez, J., Christie, J., & Itzkowitz, S. H. (2005). Use of a patient navigator to increase colorectal cancer screening in an urban neighborhood health clinic. *Journal of Urban Health, 82*(2), 216–224.

Kamenov, K., Cabello, M., Caballero, F. F., Cieza, A., Sabariego, C., Raggi, A., . . . Ayuso-Mateos, J. L. (2016). Factors related to social support in neurological and mental disorders. *PloS One, 11*(2), e0149356.

Kamenov, K., Cabello, M., Coenen, M., & Ayuso-Mateos, J. L. (2015). How much do we know about the functional effectiveness of interventions for depression? A systematic review. *Journal of Affective Disorders, 188,* 89–96.

Kara, M., & Mirici, A. (2004). Loneliness, depression, and social support of Turkish patients with chronic obstructive pulmonary disease and their spouses. *Journal of Nursing Scholarship, 36*(4), 331–336.

Kawachi, I., & Berkman, L. F. (2001). Social ties and mental health. *Journal of Urban Health, 78*(3), 458–467.

Kef, S. (1997). The personal networks and social supports of blind and visually impaired adolescents. *Journal of Visual Impairment & Blindness, 91*(3), 236–44.

Kef, S. (2002). Psychosocial adjustment and the meaning of social support for visually impaired adolescents. *Journal of Visual Impairment & Blindness (JVIB), 96*(01).

Kef, S., & Deković, M. (2004). The role of parental and peer support in adolescents well-being: A comparison of adolescents with and without a visual impairment. *Journal of Adolescence, 27*(4), 453–466.

Kelly, S. D. M., & Lambert, S. S. (1992). Family support in rehabilitation: A review of research, 1980–1990. *Rehabilitation Counseling Bulletin, 36*, 98–119.

Kim, H. H.-S. (2015). Exploring the downside of social embeddedness: Evidence from a cross-national study. *Social Science Quarterly, 97*(2), 232–251.

Kirk, S., Beatty, S., Callery, P., Gellatly, J., Milnes, L., & Pryjmachuk, S. (2013). The effectiveness of self-care support interventions for children and young people with long-term conditions: A systematic review. *Child: Care, Health and Development, 39*(3), 305–324.

Knijn, T. C. M. & Liefbroer, A. C. (2006). More kin than kind: Instrumental support in families. In P. A. Dijkstra, M. Kalmijn, T. C. M. Knijn, A. E. Kompter, A. C. Liefbroer, & C. H. Mulder, (Eds.), *Family solidarity in the Netherlands* (pp. 90–105). Amsterdam: Dutch University Press.

Kozinets, R. V. (2002). The field behind the screen: Using netnography for marketing research in online communities. *Journal of Marketing Research, 39*(1), 61–72.

Kreutzer, J. S., Serio, C. D., & Bergquist, S. (1994). Family needs after brain injury: A quantitative analysis. *Journal of Head Trauma Rehabilitation, 9,* 104–115.

Krumholz, H. M., Currie, P. M., Riegel, B., Phillips, C. O., Peterson, E. D., Smith, R., . . . Faxon, D. P. (2006). A taxonomy for disease management: a scientific statement from the American Heart Association Disease Management Taxonomy Writing Group. *Circulation, 114*(13), 1432–1445.

Kumpfer, K. (1999). Factors and processes contributing to resilience: The Resilience Framework. In M. D. Glantz & J. L. Johnson (Eds.), *Resilience and development: Positive life adaptations* (pp. 179–224). New York, NY: Kluwer Academic/Plenum Press Publishers.

Lakey, B., & Cohen, S. (2000). Social support theory and measurement. In S. Cohen, L. G. Underwood, & B. H. Gottlieb (Eds.), *Social support measurement and intervention: A guide for health and social scientists* (pp. 29–52). London, UK: Oxford University Press. (コーエン, S.・アンダーウッド, L. G.・ゴットリーブ, B. H. (編著) 小杉正太郎・島津美由紀・大塚泰正・鈴木綾子 (監訳) (2005). ソーシャルサポートの測定と介入 川島書店)

Lakey, B., Ross, L. T., Butler, C., & Bentley, K. (1996). Making social support judgments: The role of similarity and conscientiousness. *Journal of Social and Clinical Psychology, 15*(3), 283–304.

Lancee, B. (2012). The economic returns of bonding and bridging social capital for immigrant men in Germany. *Ethnic and Racial Studies, 35*(4), 664–683.

Lawn, S., Battersby, M. W., Pols, R. G., Lawrence, J., Parry, T., & Urukalo, M. (2007). The mental health expert patient: Findings from a pilot study of a generic chronic condition self-management programme for people with mental illness. *International Journal of Social Psychiatry, 53*(1), 63–74.

Lazarus, R. S., & Folkman, S. (1984). Coping and adaptation. In W. D. Gentry (Ed.), *The handbook of behavioral medicine* (pp. 282–325). New York: Guilford.

Lett, H. S., Blumenthal, J. A., Babyak, M. A., Strauman, T. J., Robins, C., & Sherwood, A. (2005). Social support and coronary heart disease: epidemiologic evidence and implications for treatment. *Psychosomatic Medicine, 67*(6), 869–878.

Levi-Strauss, C. (1974). Reciprocity, the essence of social life. In R. L. Coser (Ed.), *The Family: Its Structure and Functions* (pp. 261–285). New York: St. Martin's Press.

Levy, M., Burns, R. J., Deschênes, S. S., & Schmitz, N. (2017). Does Social Support Moderate the Association Among Major Depression, Generalized Anxiety Disorder, and Functional Disability in Adults With Diabetes?. *Psychosomatics, 58*(4), 364–374.

Lewinsohn, P. M., Hoberman, H., Teri, L., & Hautzinger, M. (1985). An integrative theory of depression. In S. Reiss & R. Bootzin (Eds.), *Theoretical issues in behavior therapy* (pp. 331–359). New York: Academic Press.

Liebler, C. A., & Sandefur, G. D. (2002). Gender differences in the exchange of social support with friends, neighbors, and co-workers at midlife. *Social Science Research, 31*(3), 364–391.

Lin, N., Woelfel, M. W., & Light, S. C. (1985). The buffering effect of social support subsequent to an important life event. *Journal of Health and Social Behavior, 26,* 247–263.

Liu, C., Zhang, Y., Jiang, H., & Wu, H. (2017). Association between social support and post-traumatic stress disorder symptoms among Chinese patients with ovarian cancer: A multiple mediation model. *PloS One, 12*(5), e0177055.

Liu, W., Li, Z., Ling, Y., & Cai, T. (2016). Core self-evaluations and coping styles as mediators between social support and well-being. *Personality and Individual Differences, 88,* 35–39.

Liu, X., Liang, J., & Gu, S. (1995). Flows of social support and health status among older persons in China. *Social Science & Medicine, 41*(8), 1175–1184.

Luttik, M. L., Jaarsma, T., Moser, D., Sanderman, R., & van Veldhuisen, D. J. (2005). The importance and impact of social support on outcomes in patients with heart failure: an overview of the literature. *Journal of Cardiovascular Nursing, 20*(3), 162–169.

Maher, M. J., Mora, P. A., & Leventhal, H. (2006). Depression as a predictor of perceived social support and demand: A componential approach using a prospective sample of older adults. *Emotion, 6*(3), 450.

Mahon, N. E., & Yarcheski, A. (2017). Parent and friend social support and adolescent hope. *Clinical Nursing Research, 26*(2), 224–240.

Malik, S. H., & Coulson, N. S. (2008). Computer-mediated infertility support groups: an exploratory study of online experiences. *PatientEeducation and Counseling, 73*(1), 105–113.

Martire, L. M., Lustig, A. P., Schulz, R., Miller, G. E., & Helgeson, V. S. (2004). Is it beneficial to involve a family member? A meta-analysis of psychosocial interventions for chronic illness. *Health Psychology, 23*(6), 599.

Martínez, R. S. (2006). Social support in inclusive middle schools: Perceptions of youth with learning disabilities. *Psychology in the Schools, 43*(2), 197–209.

Master, S. L., Eisenberger, N. I., Taylor, S. E., Naliboff, B. D., Shirinyan, D., & Lieberman, M. D. (2009). A picture's worth partner photographs reduce experimentally induced pain. *Psychological Science, 20*(11), 1316–1318.

Matthees, B. J., Anantachoti, P., Kreitzer, M. J., Savik, K., Hertz, M. I., & Gross, C. R. (2001). Use of complementary therapies, adherence, and quality of life in lung transplant recipients. *Heart & Lung: The Journal of Acute and Critical Care, 30*(4), 258–268.

McCathie, H. C. F., Spence, S. H., & Tate, R. L. (2002). Adjustment to chronic obstructive pulmonary disease: The importance of psychological factors. *European Respiratory Journal, 19*(1), 47–53.

McCorkle, B. H., Rogers, E. S., Dunn, E. C., Lyass, A., & Wan, Y. M. (2008). Increasing social support for individuals with serious mental illness: Evaluating the Compeer model of intentional friendship. *Community Mental Health Journal, 44*(5), 359.

McCormack, L. A., Williams-Piehota, P. A., Bann, C. M., Burton, J., Kamerow, D. B., Squire, C., . . . Glasgow, R. E. (2008). Development and validation of an instrument to measure resources and support for chronic illness self-management. *Diabetes Educator, 34*(4), 707–718.

McLaughlin, D., Leung, J., Almeida, O. P., & Dobson, A. (2011). Social support and mortality: If you're sick, friends can't save you. *Journal of the American Geriatrics Society, 59*(10), 1984–1986.

McLaughlin, D., Leung, J., Pachana, N., Flicker, L., Hankey, G., & Dobson, A. (2012). Social support and subsequent disability: It is not the size of your network that counts. *Age and Ageing, 41*(5), 674–677.

Meeks, S., & Murrell, S. A. (1994). Service providers in the social networks of clients with severe mental illness. *Schizophrenia Bulletin, 20*(2), 399.

Melrose, K. L., Brown, G. D., & Wood, A. M. (2015). When is received social support related to perceived support and well-being? When it is needed. *Personality and Individual Differences, 77,* 97–105.

Mendes de Leon, C. F., Glass, T. A., Beckett, L. A., Seeman, T. E., Evans, D. A., & Berkman, L. F. (1999). Social networks and disability transitions across eight intervals of yearly data in the New Haven EPESE. *Journals of Gerontology: Series B, 54*(3), S162–S172.

Mendes de Leon, C. F., Glass, T. A., & Berkman, L. F. (2003). Social engagement and disability in a community population of older adults: The New Haven EPESE. *American Journal of Epidemiology, 157*(7), 633–642.

Mo, P. K., & Coulson, N. S. (2008). Exploring the communication of social support within virtual communities: a content analysis of messages posted to an online HIV/AIDS support group. *Cyberpsychology & Behavior, 11*(3), 371–374.

Molesworth, T., Sheu, L. K., Cohen, S., Gianaros, P. J., & Verstynen, T. D. (2015). Social network diversity and white matter microstructural integrity in humans. *Social Cognitive and Affective Neuroscience, 10*(9), 1169–1176.

Morgan, D. L. (1989). Adjusting to widowhood: Do social networks really make it easier? *Gerontologist, 29*, 101–107.

Mueller, B., Nordt, C., Lauber, C., Rueesch, P., Meyer, P. C., & Roessler, W. (2006). Social support modifies perceived stigmatization in the first years of mental illness: A longitudinal approach. *Social Science & Medicine, 62*(1), 39–49.

Mueller, S. G., Weiner, M. W., Thal, L. J., Petersen, R. C., Jack, C., Jagust, W., . . . Beckett, L. (2005). The Alzheimer's disease neuroimaging initiative. *Neuroimaging Clinics, 15*(4), 869–877.

Mundhenke, L., Hermansson, L., & Sjöqvist Nätterlund, B. (2010). Experiences of Swedish children with disabilities: Activities and social support in daily life. *Scandinavian Journal of Occupational Therapy, 17*(2), 130–139.

Mutran, E. J., Reitzes, D. C., Mossey, J., & Fernandez, M. E. (1995). Social support, depression, and recovery of walking ability following hip fracture surgery. *Journals of Gerontology Series B: Psychological Sciences and Social Sciences, 50*(6), S354–S361.

Narayan, D., & Pritchett, L. (1999). Cents and sociability: Household income and social capital in rural Tanzania. *Economic development and cultural change, 47*(4), 871–897.

Nash, D., Azeez, S., Vlahov, D., & Schori, M. (2006). Evaluation of an intervention to increase screening colonoscopy in an urban public hospital setting. *Journal of Urban Health, 83*(2), 231–243.

Nazione, S., Silk, K. J., & Robinson, J. (2016). Verbal social support for newly diagnosed breast cancer patients during surgical decision-making visits. *Journal of Communication in Healthcare, 9*(4), 267–278.

Neugebauer, A., & Katz, P. P. (2004). Impact of social support on valued activity disability and depressive symptoms in patients with rheumatoid arthritis. *Arthritis Care & Research, 51*(4), 586–592.

Newsom, J. T., Rook, K. S., Nishishiba, M., Sorkin, D. H., & Mahan, T. L. (2005). Understanding the relative importance of positive and negative social exchanges: Examining specific domains and appraisals. *Journals of Gerontology Series B: Psychological Sciences and Social Sciences, 60*(6), 304–312.

Ng, C. G., Mohamed, S., See, M. H., Harun, F., Dahlui, M., Sulaiman, A. H., . . . Taib, N. A. (2015). Anxiety, depression, perceived social support and quality of life in Malaysian breast cancer patients: A 1-year prospective study. *Health and Quality of Life Outcomes, 13*(1), 205.

Nie, N. H. (2001). Sociability, interpersonal relations, and the Internet: Reconciling conflicting findings. *American Behavioral Scientist, 45*(3), 420–435.

Norbeck, J. S., Lindsey, A. M., & Carrieri, V. L. (1983). Further development of the Norbeck Social Support Questionnaire: Normative data and validity testing. *Nursing Research, 32*, 4–9.

Nota, S. P., Spit, S. A., Oosterhoff, T. C., Hageman, M. G., Ring, D. C., & Vranceanu, A. M. (2016). Is social support associated with upper extremity disability? *Clinical Orthopaedics and Related Research, 474*(8), 1830–1836.

Nyqvist, F., Pape, B., Pellfolk, T., Forsman, A. K., & Wahlbeck, K. (2014). Structural and cognitive aspects of social capital and all-cause mortality: A meta-analysis of cohort studies. *Social Indicators Research, 116*(2), 545–566.

Olaya, B., Domènech-Abella, J., Moneta, M. V., Lara, E., Caballero, F. F., Rico-Uribe, L. A., & Haro, J. M. (2017). All-cause mortality and multimorbidity in older adults: The role of social support and loneliness. *Experimental Gerontology, 99*, 120–126.

Osborn, D. P., Levy, G., Nazareth, I., Petersen, I., Islam, A., & King, M. B. (2007). Relative risk of cardiovascular and cancer mortality in people with severe mental illness from the United Kingdom's General Practice Research Database. *Archives of General Psychiatry, 64*(2), 242–249.

Osterberg, L., & Blaschke, T. (2005). Adherence to medication. *New England Journal of Medicine, 353*(5), 487–497.

Oxman, T. E., & Hull, J. G. (1997). Social support, depression, and activities of daily living in older heart surgery patients. *Journals of Gerontology Series B: Psychological Sciences and Social Sciences, 52*(1), 1–14.

Paasche-Orlow, M. K., Parker, R. M., Gazmararian, J. A., Nielsen-Bohlman, L. T., & Rudd, R. R. (2005). The prevalence of limited health literacy. *Journal of General Internal Medicine, 20*(2), 175–184.

Packard, N. J., Haberman, M. R., Woods, N. F., Yates, B. C., Artinian, B., & Wieczorek, R. R. (1991). Demands of illness among chronically iii women. *Western Journal of Nursing Research, 13*(4), 434–457.

Parker, G., & Clarke, H. (2002). Making the ends meet: Do carers and disabled people have a common agenda? *Policy & Politics, 30*(3), 347–359.

Patten, S. B., Williams, J. V., Lavorato, D. H., & Bulloch, A. G. (2010). Reciprocal effects of social support in major depression epidemiology. *Clinical Practice and Epidemiology in Mental Health, 6*, 126.

Perkins, E. A., & Haley, W. E. (2013). Emotional and tangible reciprocity in middle-and older-aged carers of adults with intellectual disabilities. *Journal of Policy and Practice in Intellectual Disabilities, 10*(4), 334–344.

Petereit, D. G., Molloy, K., Reiner, M. L., Helbig, P., Cina, K., Miner, R., ... Roberts, C. R. (2008). Establishing a patient navigator program to reduce cancer disparities in the American Indian communities of Western South Dakota: Initial observations and results. *Cancer Control, 15*(3), 254–259.

Pierce, G. R., Lakey, B., Sarason, I. G., Sarason, B. R., & Joseph, H. J. (1997). Personality and social support processes. In *Sourcebook of social support and personality* (pp. 3–18). New York, NY: Springer US.

Polanyi, K., Arensberg, C. M., & Pearson, H. W. (1957). *Trade and Market in the Early Empires. Economies in History and Theory. [By Various Authors.] Edited by K. Polanyi, Conrad M. Arensberg, and Harry W. Pearson.* Glencoe; Falcon's Wing Press:[Indian Hills].

Portes, A. (1998). Social capital: Its origins and applications in modern sociology. *Annual Review of Sociology, 24*(1), 1–24.

Portes, A., & Mooney, M. (2002). Social capital and community development. In M. F. Guillén, R. Collins, P. England, & M. Meyer (Eds.), *The new economic sociology: Development in an emerging field* (pp. 303–329). New York, NY: Russell Sage Foundation.

Prati, G., & Pietrantoni, L. (2009). Optimism, social support, and coping strategies as factors contributing to posttraumatic growth: A meta-analysis. *Journal of Loss and Trauma, 14*(5), 364–388.

Prosser, H. (1997). The future care plans of older adults with intellectual disabilities living at home with family carers. *Journal of Applied Research in Intellectual Disabilities, 10*(1), 15–32.

Putnam, R. D. (1993). The prosperous community. *American Prospect, 4*(13), 35–42.

Putnam, R. D. (2000). Bowling alone: America's declining social capital. In *Culture and politics* (pp. 223–234). New York, NY: Palgrave Macmillan US.

Raggi, A., Leonardi, M., Mantegazza, R., Casale, S., & Fioravanti, G. (2010). Social support and self-efficacy in patients with myasthenia gravis: A common pathway towards positive health outcomes. *Neurological Sciences, 31*(2), 231–235.

Rahm, A. K., Sukhanova, A., Ellis, J., & Mouchawar, J. (2007). Increasing utilization of cancer genetic counseling services using a patient navigator model. *Journal of Genetic Counseling, 16*(2), 171–177.

Ray, C. (1992). Positive and negative social support in a chronic illness. *Psychological Reports, 71*(3), 977–978.

Reblin, M., & Uchino, B. N. (2008). Social and emotional support and its implication for health. *Current Opinion in Psychiatry, 21*(2), 201.

Reinhardt, J. P., Boerner, K., & Benn, D. (2003). Predicting individual change in support over time among chronically impaired older adults. *Psychology and Aging, 18*(4), 770.

Reynolds, J. S., & Perrin, N. A. (2004). Mismatches in social support and psychosocial adjustment to breast cancer. *Health Psychology, 23*(4), 425.

Riegel, B., Dickson, V. V., Garcia, L. E., Masterson Creber, R., & Streur, M. (2017). Mechanisms of change in self-care in adults with heart failure receiving a tailored, motivational interviewing intervention. *Patient Education and Counseling, 100*(2), 283–288.

Roberts, M. M., Murphy, A., Dolce, J., Spagnolo, A., Gill, K., Lu, W., & Librera, L. (2010). A study of the impact of social support development on job acquisition and retention among people with psychiatric disabilities. *Journal of Vocational Rehabilitation, 33*(3), 203–207.

Robinson, D., & Williams, T. (2001). Social capital and voluntary activity: Giving and sharing in Maori and non-Maori society. *Social Policy Journal of New Zealand*, 52–71.

Roca, R. P., Wigley, F. M., & White, B. (1996). Depressive symptoms associated with scleroderma. *Arthritis & Rheumatology, 39*(6), 1035–1040.

Rodriquez-Artalejo, F., Guallar-Castillon, P., Herrera, M. C., Otero, C. M., Chiva, M. O., Ochoa, C. C., ... Pascual, C. R. (2006). Social network as a predictor of hospital readmission and mortality among older patients with heart failure. *Journal of Cardiac Failure, 12*(8): 621–627.

Rogers, C. R. (1957). The necessary and sufficient conditions of therapeutic personality change. *Journal of Consulting Psychology, 21*(2), 95.

Rose, J. H. (1990). Social support and cancer: Adult patients' desire for support from family, friends, and health professionals. *American Journal of Community Psychology, 18*(3), 439–464.

Rosenbaum, S. (2011). The Patient Protection and Affordable Care Act: Implications for public health policy and practice. *Public Health Reports, 126*(1), 130–135.

Rosland, A. M., Heisler, M., Choi, H. J., Silveira, M. J., & Piette, J. D. (2010). Family influences on self-management among functionally independent adults with diabetes or heart failure: do family members hinder as much as they help?. *Chronic Illness, 6*(1), 22–33.

Rosland, A. M., Heisler, M., Janevic, M. R., Connell, C. M., Langa, K. M., Kerr, E. A., & Piette, J. D. (2013). Current and potential support for chronic disease management in the United States: The perspective of family and friends of chronically ill adults. *Families, Systems, & Health, 31*(2), 119.

Rosland, A. M., Kieffer, E., Israel, B., Cofield, M., Palmisano, G., Sinco, B., ... Heisler, M. (2008). When is social support important? The association of family support and professional support with specific diabetes self-management behaviors. *Journal of General Internal Medicine, 23*(12), 1992.

Rosland, A. M., & Piette, J. D. (2010). Emerging models for mobilizing family support for chronic disease management: a structured review. *Chronic Illness, 6*(1), 7–21.

Rosland, A. M., Piette, J. D., Choi, H., & Heisler, M. (2011). Family and friend participation in primary care visits of patients with diabetes or heart failure: Patient and physician determinants and experiences. *Medical Care, 49*(1), 37.

Roy R. (2001). *Social relations and chronic pain*. New York, NY: Springer Science & Business Media.

Sacco, W. P., & Yanover, T. (2006). Diabetes and depression: The role of social support and medical symptoms. *Journal of Behavioral Medicine, 29*(6), 523–531.

Sajatovic, M., Dawson, N. V., Perzynski, A. T., Blixen, C. E., Bialko, C. S., McKibbin, C. L., ... Fuentes-Casiano, E. (2011). Best practices: optimizing care for people with serious mental illness and comorbid diabetes. *Psychiatric Services, 62*(9), 1001–1003.

Sajatovic, M., Levin, J., Fuentes-Casiano, E., Cassidy, K. A., Tatsuoka, C., & Jenkins, J. H. (2011). Illness experience and reasons for nonadherence among individuals with bipolar disorder who are poorly adherent with medication. *Comprehensive Psychiatry, 52*(3), 280–287.

Sampson, R. J., Morenoff, J. D., & Earls, F. (1999). Beyond social capital: Spatial dynamics of collective efficacy for children. *American Sociological Review, 64*(5), 633–660.

Sapag, J. C., Aracena, M., Villarroel, L., Poblete, F., Berrocal, C., Hoyos, R., ... Kawachi, I. (2008). Social capital and self-rated health in urban low income neighborhoods in Chile. *Journal of Epidemiology and Community Health, 62*(9), 790–792.

Sarason, B. R., Sarason, I. G., & Pierce, G. R. (1990). *Social support: An interactional view*. New York, NY: John Wiley & Sons.

Sarason, I. G., Levine, H. M., Basham, R. B., & Sarason, B. R. (1983). Assessing social support: The social support questionnaire. *Journal of Personality and Social Psychology, 44*(1), 127.

Schmaltz, H. N., Southern, D., Ghali, W. A., Jelinski, S. E., Parsons, G. A., King, K. M., & Maxwell, C. J. (2007). Living alone, patient sex and mortality after acute myocardial infarction. *Journal of General Internal Medicine, 22*(5), 572.

Schuller, T. (2000). Social and human capital: The search for appropriate technomethodology. *Policy Studies, 21*(1), 25–35.

Schulz, R., & Beach, S. R. (1999). Caregiving as a risk factor for mortality: The Caregiver Health Effects Study. *Journal of the American Medical Association, 282*(23), 2215–2219.

Seeman, T. E., Bruce, M. L., & McAvay, G. J. (1996). Social network characteristics and onset of ADL disability: MacArthur studies of successful aging. *Journals of Gerontology Series B: Psychological Sciences and Social Sciences, 51*(4), S191–S200.

Shahed, S., Ilyas, Z., & Hashmi, A. M. (2016). Academic Performance, Self Efficacy and Perceived Social Support of Visually Impaired Students. *Annals of King Edward Medical University, 22*(1), 72–72.

Sherbourne, C. D., Hays, R. D., Ordway, L., DiMatteo, M. R., & Kravitz, R. L. (1992). Antecedents of adherence to medical recommendations: Results from the Medical Outcomes Study. *Journal of Behavioral Medicine, 15*(5), 447–468.

Sherer, M., Sander, A. M., Nick, T. G., Melguizo, M. S., Tulsky, D. S., Kisala, P., . . . Novack, T. A. (2015). Key dimensions of impairment, self-report, and environmental supports in persons with traumatic brain injury. *Rehabilitation Psychology, 60*(2), 138.

Sherman, J. E., DeVinney, D. J., & Sperling, K. B. (2004). Social support and adjustment after spinal cord injury: Influence of past peer-mentoring experiences and current live-in partner. *Rehabilitation Psychology, 49*(2), 140.

Shevlin, M., Dorahy, M., & Adamson, G. (2007). Childhood traumas and hallucinations: an analysis of the National Comorbidity Survey. *Journal of Psychiatric Research, 41*(3-4), 222–228.

Shumaker, S. A., & Hill, D. R. (1991). Gender differences in social support and physical health. *Health Psychology, 10*(2), 102.

Silliman, R. A., Bhatti, S., Khan, A., Dukes, K. A., & Sullivan, L. M. (1996). The care of older persons with diabetes mellitus: Families and primary care physicians. *Journal of the American Geriatrics Society, 44*(11), 1314–1321.

Sjöqvist Nätterlund, B. (2010). A new life with aphasia: Everyday activities and social support. *Scandinavian Journal of Occupational Therapy, 17*(2), 117–129.

Southwick, S. M., Vythilingam, M., & Charney, D. S. (2005). The psychobiology of depression and resilience to stress: Implications for prevention and treatment. *Annual Review of Clinical Psychology, 1*, 255–291.

Stanton, A. L., Petrie, K. J., & Partridge, A. H. (2014). Contributors to nonadherence and nonpersistence with endocrine therapy in breast cancer survivors recruited from an online research registry. *Breast Cancer Research and Treatment, 145*(2), 525–534.

Starr, L. R., & Davila, J. (2008). Excessive reassurance seeking, depression, and interpersonal rejection: A meta-analytic review. *Journal of Abnormal Psychology, 117*(4), 762.

Stewart, M. J., & Tilden, V. P. (1995). The contributions of nursing science to social support. *International Journal of Nursing Studies, 32*(6), 535–544.

Storey, K., & Certo, N. J. (1996). Natural supports for increasing integration in the work place for people with disabilities: A review of the literature and guides for implementation. *Rehabilitation Counseling Bulletin, 40*, 62–76.

Street Jr, R. L., & Piziak, V. K. (2001). Improving diabetes care with telecomputing technology. *Internet and Health Communication*, 287–327.

Strom, J. L., & Egede, L. E. (2012). The impact of social support on outcomes in adult patients with type 2 diabetes: A systematic review. *Current Diabetes Reports, 12*(6), 769–781.

Stuifbergen, A. (1992). Meeting the demands of illness: Types and sources of support for individuals with MS and their partners. *Rehabilitation and Nursing Research, 1*, 14–23.

Swickert, R. J., Hittner, J. B., & Foster, A. (2010). Big Five traits interact to predict perceived social support. *Personality and Individual Differences, 48*(6), 736–741.

Szreter, S. (2000). Social capital, the economy, and education in historical perspective (pp. 56–77). In S. Baron, J. Field & T. Schuller (Eds.), *Social Capital: critical perspectives*. Oxford: Oxford University Press.

Szreter, S., & Woolcock, M. (2004). Health by association? Social capital, social theory, and the political economy of public health. *International Journal of Epidemiology, 33*(4), 650–667.

Thoits, P. A. (1995). Stress, coping, and social support processes: Where are we? What next? *Journal of Health and Social Behavior*, extra issue, 53–79.

Thoits, P. A. (2011). Mechanisms linking social ties and support to physical and mental health. *Journal of Health and Social Behavior, 52*(2), 145–161.

Thong, M. S., Kaptein, A. A., Krediet, R. T., Boescheten, E. W., & Dekker, F. W. (2006). Social support predicts survival in dialysis patients. *Nephrology Dialysis Transplantation, 22*(3), 845–850.

Thorsteinsson, E. B., & James, J. E. (1999). A meta-analysis of the effects of experimental manipulations of social support during laboratory stress. *Psychology and Health, 14*(5), 869–886.

Townley, G., Miller, H., & Kloos, B. (2013). A little goes a long way: The impact of distal social support on community integration and recovery of individuals with psychiatric disabilities. *American Journal of Community Psychology, 52*(1–2), 84–96.

Tsai, A. C., Lucas, M., & Kawachi, I. (2015). Association between social integration and suicide among women in the United States. *JAMA Psychiatry, 72*(10), 987–993.

Uchino, B. N. (2004). *Social support and physical health: Understanding the health consequences of relationships*. New Haven, CT: Yale University Press.

Uchino, B. N. (2009). Understanding the links between social support and physical health: A life-span perspective with emphasis on the separability of perceived and received support. *Perspectives on Psychological Science, 4*(3), 236–255.

Uchino, B. N., Bowen, K., Carlisle, M., & Birmingham, W. (2012). Psychological pathways linking social support to health outcomes: A visit with the ghosts of research past, present and future. *Social Science & Medicine, 74*(7), 949–957.

Uchino, B. N., Cacioppo, J. T., & Kiecolt-Glaser, J. K. (1996). The relationship between social support and physiological processes: A review with emphasis on underlying mechanisms and implications for health. *Psychological Bulletin, 119*(3), 488.

Uehara, E. (1990). Dual exchange theory, social networks, and informal social support. *American Journal of Sociology, 96*(3), 521–557.

Umberson, D. (1987). Family status and health behaviors: Social control as a dimension of social integration. *Journal of Health and Social Behavior, 28*, 306–319.

Umberson, D., & Karas Montez, J. (2010). Social relationships and health: A flashpoint for health policy. *Journal of Health and Social Behavior, 51*(1 Suppl), S54–S66.

Uslaner, E. M., & Conley, R. S. (2003). Civic engagement and particularized trust: The ties that bind people to their ethnic communities. *American Politics Research, 31*(4), 331–360.

van Dam, H. A., van der Horst, F. G., Knoops, L., Ryckman, R. M., Crebolder, H. F., & van den Borne, B. H. (2005). Social support in diabetes: A systematic review of controlled intervention studies. *Patient Education and Counseling, 59*(1), 1–12.

Vaux, A. (1982). Measures of three levels of social support: Resources, behaviors, and feelings. *Unpublished manuscript*.

Veale, D., Rogers, S., & Fitzgerald, O. (1994). Classification of clinical subsets in psoriatic arthritis.

Rheumatology, 33(2), 133–138.

Verghese, J., Lipton, R. B., Katz, M. J., Hall, C. B., Derby, C. A., Kuslansky, G., . . . Buschke, H. (2003). Leisure activities and the risk of dementia in the elderly. *New England Journal of Medicine, 348*(25), 2508–2516.

Viswesvaran, C., Sanchez, J. I., & Fisher, J. (1999). The role of social support in the process of work stress: A meta-analysis. *Journal of Vocational Behavior, 54*(2), 314–334.

Vogels, R. L., Scheltens, P., Schroeder-Tanka, J. M., & Weinstein, H. C. (2007). Cognitive impairment in heart failure: A systematic review of the literature. *European Journal of Heart Failure, 9*(5), 440–449.

Vourlekis, B., & Ell, K. (2007). Best practice case management for improved medical adherence. *Social Work in Health Care, 44*(3), 161–177.

Walen, H. R., & Lachman, M. E. (2000). Social support and strain from partner, family, and friends: Costs and benefits for men and women in adulthood. *Journal of Social and Personal Relationships, 17*(1), 5–30.

Walker, A., & Walker, C. (1998). Normalisation and "normal" ageing: The social construction of dependency among older people with learning difficulties. *Disability & Society, 13*(1), 125–142.

Walsh, J., & Connelly, P. R. (1996). Supportive behaviors in natural support networks of people with serious mental illness. *Health & Social Work, 21*(4), 296–303.

Wasserman, S., & Faust, K. (1994). *Social network analysis: Methods and applications* (Vol. 8). Cambridge, UK: Cambridge University Press.

Weil, F., Lee, M. R., & Shihadeh, E. S. (2012). The burdens of social capital: How socially-involved people dealt with stress after Hurricane Katrina. *Social Science Research, 41*(1), 110–119.

Weiss, R. (1974). The provision of social relationships. In Z. Rubin (Ed.), *Doing unto others* (pp. 17–26). Englewood Cliffs, NJ: Prentice-Hall.

Weisz, B. M., Quinn, D. M., & Williams, M. K. (2016). Out and healthy: Being more "out" about a concealable stigmatized identity may boost the health benefits of social support. *Journal of Health Psychology, 21*(12), 2934–2943.

Wells, J. N., Cagle, C. S., Bradley, P., & Barnes, D. M. (2008). Voices of Mexican American caregivers for family members with cancer: On becoming stronger. *Journal of Transcultural Nursing, 19*(3), 223–233.

Wells, K. J., Battaglia, T. A., Dudley, D. J., Garcia, R., Greene, A., Calhoun, E., . . . Raich, P. C. (2008). Patient navigation: State of the art or is it science? *Cancer, 113*(8), 1999–2010.

Wenger, G. C. (1997). Social networks and the prediction of elderly people at risk. *Aging & Mental Health, 1*(4), 311–320.

West, J. S. (2017). Hearing impairment, social support, and depressive symptoms among US adults: A test of the stress process paradigm. *Social Science & Medicine, 192*, 94–101.

Whiteman, K. L., Naslund, J. A., DiNapoli, E. A., Bruce, M. L., & Bartels, S. J. (2016). Systematic review of integrated general medical and psychiatric self-management interventions for adults with serious mental illness. *Psychiatric Services, 67*(11), 1213–1225.

Wieland, M. E., Rosenstock, J., Kelsey, S. F., Ganguli, M., & Wisniewski, S. R. (2007). Distal support and community living among individuals diagnosed with schizophrenia and schizoaffective disorder. *Psychiatry: Interpersonal and Biological Processes, 70*(1), 1–11.

Wilberg, S., & Lynn, R. (1999). Sex differences in historical knowledge and school grades: A 26 nation study. *Personality and Individual Differences, 27*(6), 1221–1229.

Wilcox, V. L., Kasl, S. V., & Berkman, L. F. (1994). Social support and physical disability in older people after hospitalization: A prospective study. *Health Psychology, 13*(2), 170.

Williams, R. M., Ehde, D. M., Smith, D. G., Czerniecki, J. M., Hoffman, A. J., & Robinson, L. R. (2004). A two-year longitudinal study of social support following amputation. *Disability and Rehabilitation, 26*(14–15), 862–874.

Winningham, R. G., & Pike, N. L. (2007). A cognitive intervention to enhance institutionalized older adults' social support networks and decrease loneliness. *Aging & Mental Health, 11*(6), 716–721.

Wolff, J. L., & Roter, D. L. (2011). Family presence in routine medical visits: A meta-analytical review. *Social*

Science & Medicine, 72(6), 823–831.
Wood, A. M., Maltby, J., Gillett, R., Linley, P. A., & Joseph, S. (2008). The role of gratitude in the development of social support, stress, and depression: Two longitudinal studies. *Journal of Research in Personality, 42*(4), 854–871.
Woolcock, M. (2001). The place of social capital in understanding social and economic outcomes. *Canadian Journal of Policy Research, 2*(1), 11–17.
World Health Organization. (2001). *International classification of functioning, disability and health: ICF.* Geneva: World Health Organization.（世界保健機関（編）障害者福祉研究会（編）(2002). 国際生活機能分類：国際障害分類改定版　中央法規出版社）
World Health Organization. (2005). *Preventing chronic diseases: A vital investment.* Geneva: World Health Organization.
Wortman, C. B. (1984). Social support and the cancer patient: Conceptual and methodological issues. *Cancer, 53,* 2339–2362.
Yakubovich, V. (2005). Weak ties, information, and influence: How workers find jobs in a local Russian labor market. *American Sociological Review, 70*(3), 408–421.
Yeung, N. C., & Lu, Q. (2018). Perceived stress as a mediator between social support and posttraumatic growth among Chinese American breast cancer survivors. *Cancer Nursing, 41*(1), 53–61.
Yli-Uotila, T., Kaunonen, M., Pylkkänen, L., & Suominen, T. (2016). The need for social support provided by the non-profit cancer societies throughout different phases in the cancer trajectory and its integration into public healthcare. *European Journal of Oncology Nursing, 21,* 97–104.
Yorkston, K. M., Johnson, K. L., & Klasner, E. R. (2005). Taking part in life: Enhancing participation in multiple sclerosis. *Physical Medicine and Rehabilitation Clinics, 16*(2), 583–594.
Young, A. S., Cohen, A. N., Goldberg, R., Hellemann, G., Kreyenbuhl, J., Niv, N., . . . Whelan, F. (2017). Improving weight in people with serious mental illness: The effectiveness of computerized services with peer coaches. *Journal of General Internal Medicine, 32*(1), 48–55.
Yu, G., Sessions, J. G., Fu, Y., & Wall, M. (2015). A multilevel cross-lagged structural equation analysis for reciprocal relationship between social capital and health. *Social Science & Medicine, 142,* 1–8.
Yu, J., Taverner, N., & Madden, K. (2011). Young people's views on sharing health-related stories on the Internet. *Health & Social Care in the Community, 19*(3), 326–334.
Zhang, X., Norris, S. L., Gregg, E. W., & Beckles, G. (2007). Social support and mortality among older persons with diabetes. *Diabetes Educator, 33*(2), 273–281.
Zimet, G. D., Dahlem, N. W., Zimet, S. G., & Farley, G. K. (1988). The multidimensional scale of perceived social support. *Journal of Personality Assessment, 52*(1), 30–41.
Zunzunegui, M. V., Rodriguez-Laso, A., Otero, A., Pluijm, S. M. F., Nikula, S., Blumstein, T., . . . CLESA Working Group. (2005). Disability and social ties: Comparative findings of the CLESA study. *European Journal of Ageing, 2*(1), 40–47.

第12章

Baltes, P. B. (1997). On the incomplete architecture of human ontogeny: Selection, optimization, and compensation as foundation of developmental theory. *American Psychologist, 52*(4), 366.
Baltes, P. B., & Baltes, M. M. (1990). Psychological perspectives on successful aging: The model of selective optimization with compensation. In P. B. Baltes & M. M. Baltes (Eds.), *Successful aging: Perspectives from the behavioral sciences* (pp. 1–34). Cambridge, UK: Cambridge University Press.
Baltes, P. B., & Smith, J. (2003). New frontiers in the future of aging: From successful aging of the young old to the dilemmas of the fourth age. *Gerontology, 49,* 123–135.
Barak, B., & Stern, B. (1986). Subjective age correlates: A research note. *Gerontologist, 26*(5), 571–578.

Bartels, S. J., & Naslund, J. A. (2013). The underside of the silver tsunami—older adults and mental health care. *New England Journal of Medicine, 368*(6), 493–496.

Behel, J. M., & Rybarczyk B. (2012). Physical disability and body image in adults. In T. F. Cash (Ed.), *Encyclopedia of body image and human appearance* (Vol. 2, pp. 644–649). San Diego, CA: Academic Press.

Blanchflower, D., & Oswald, A. J. (2008). Is well-being U-shaped over the life cycle? *Social Science and Medicine, 66*(8), 1733–1749.

Bluethmann, S. M., Mariotto, A. B., & Rowland, J. H. (2016). Anticipating the "silver tsunami": Prevalence trajectories and comorbidity burden among older cancer survivors in the United States. *Cancer Epidemiology, Biomarkers, & Prevention, 25*(7), 1029–1036.

Bombardier, C. H., Ehde, D. M., Stoelb, B., & Molton, I. R. (2010). The relationship of age-related factors to psychological functioning among people with disabilities. *Physical Medicine and Rehabilitation Clinics of North America, 21*(2), 281–297. doi:10.1016/j.pmr.2009.12.005

Bonanno, G. A., Galea, S., Bucciarelli, A., & Valahov, D. (2007). What predicts psychological resilience after disaster? The role of demographics, resources, and life stress. *Journal of Consulting and Clinical Psychology, 75*(5), 671–682. doi:10.1037/0022-006X.75.5.671

Brody, E. M., Kleban, M. H., Lawton, M. P., & Silverman, H. A. (1971). Excess disabilities of mentally impaired aged: Impact of individualized treatment. *Gerontologist, 11*(2 Pt. 1), 124–133.

Carstensen, L. L., Fung, H. H., & Charles, S. T. (2003). Socioemotional selectivity theory and the regulation of emotion in the second half of life. *Motivation and Emotion, 27*(2), 103–123.

Carstensen, L. L., Turan, B., Scheibe, S., Ram, N., Ersner-Hershfield, H., Samanez-Larkin, G. R., . . . Nesselroade, J. R. (2011). Emotional experience improves with age: Evidence based on over 10 Years of experience sampling. *Psychology and Aging, 26*(1), 21–33.

Centers for Disease Control and Prevention & the Merck Company Foundation. (2007). *The state of aging and health in America 2007*. Whitehouse Station, NJ: The Merck Company Foundation.

Charles, S. T., & Carstensen, L. L. (2010). Social and emotional aging. *Annual Review of Psychology, 61*, 383–409.

Creamer, M., & Parslow, R. (2008). Trauma exposure and posttraumatic stress disorder in the elderly: A community prevalence study. *American Journal of Geriatric Psychiatry, 16*, 853–856. doi:10.1097/01.JGP.0000310785.36837.85

Desmond, D. M., & MacLachlan, M. (2006). Affective distress and amputation-related pain among older men with long-term, traumatic limb amputations. *Journal of Pain and Symptom Management, 31*, 362–368.

Dixon, R. A. (2011). Enduring theoretical themes in psychological aging: Derivation, functions, perspectives, and opportunities. In K. W. Schaie & S. L. Willis (Eds.), *Handbook of the psychology of aging* (7th ed., pp. 3–23). Washington, DC: American Psychological Association.

Engel, G. L. (1977). The need for a new medical model: A challenge to biomedicine. *Science, 196*, 129–136.

Erikson, E. (1959). *Identity and the life cycle*. New York, NY: International Universities Press. (エリクソン, E. H. 小此木啓吾（編訳）(1973). 自我同一性：アイデンティティとライフ・サイクル 人間科学叢書4 誠信書房)

Fried, L. P., Tangen, C. M., Walston, J., Newman, A. B., Hirsch, C., Gottdiener, J., . . . McBurnie, M. A. (2001). Frailty in older adults evidence for a phenotype. *Journals of Gerontology Series A: Biological Sciences and Medical Sciences, 56*(3), M146–M157.

Fung, H. H., Carstensen, L. L., & Lang, F. R. (2001). Age-related patterns in social networks among European Americans and African Americans: Implications for socioemotional selectivity across the life span. *International Journal of Aging and Human Development, 52*(3), 185–206.

Fung, H. H., Stoeber, F. S., Yeung, D. Y. L., & Lang, F. R. (2008). Cultural specificity of socioemotional selectivity: Age differences in social network composition among Germans and Hong Kong Chinese. *Journals of Gerontology Series B: Psychological Sciences and Social Sciences, 63*(3), 156–164.

Garroway, A. M., & Rybarczyk, B. (2015). Aging, chronic disease, and the bio-psychosocial model (pp. 563–

586). In P. A. Lichtenberg, B. T. Mast, B. D. Carpenter, & J. Loebach Wetherell (Eds.), *APA handbook of clinical geropsychology, Vol. 1: History and status of the field and perspectives on aging*. Washington, DC: American Psychological Association.

Gibson, S. J., & Helme, R. D. (2001). Age-related differences in pain perception and report. *Clinics in Geriatric Medicine, 17*(3), 433–456. doi:10.1016/S0749-0690(05)70079-3

Greenfield, E. A., & Marks, N. F. (2004). Formal volunteering as a protective factor for older adults' psychological well-being. *Journals of Gerontology Series B: Psychological Sciences and Social Sciences, 59*(5), S258–S264.

Hartke, R. J. (1991). *Psychological aspects of geriatric rehabilitation*. Gaithersburg, MD: Aspen Publishers.

Holt-Lunstad, J., & Smith, T. B. (2016). Loneliness and social isolation as risk factors for CVD: Implications for evidence-based patient care and scientific inquiry. *Heart, 102*(13), 987–989.

Holt-Lunstad, J., Smith, T. B., Baker, M., Harris, T., & Stephenson, D. (2015). Loneliness and social isolation as risk factors for mortality: A meta-analytic review. *Perspectives in Psychological Science, 10*, 227–237.

Holt-Lunstad, J., Smith, T. B., & Layton, J. B. (2010). Social relationships and mortality risk: A meta-analytic review. *PLoS Medicine, 7*(7), e1000316.

Hughes, M. L., Geraci, L., & De Forrest, R.L. (2013). Aging 5 years in 5 minutes: The effect of taking a memory test on older adults' subjective age. *Psychological Science*. Advance online publication. doi:10.1177/0956797613494853

Kato, H., Asukai, N., Miyake, Y., Minakawa, K., & Nishiyama, A. (1996). Post-traumatic symptoms among younger and elderly evacuees in the early stages following the 1995 Hanshin-Awaji earthquake in Japan. *Acta Psychiatrica Scandinavica, 93*(6), 477–481. doi:10.1111/j.1600-0447.1996.tb10680.x

Klinenberg, E. (2018, Feb. 5). Is there a loneliness epidemic? *New York Times*, p. 8. Retrieved from http://www.nytimes.com

Levy, B. (2009). Stereotype embodiment: A psychosocial approach to aging. *Current Directions in Psychological Science, 18*(6), 332–336.

Levy, B. R., Pilver, C., Chung, P. H., & Slade, M. D. (2014). Subliminal strengthening: Improving elders' physical function over time through an implicit-age-stereotype intervention. *Psychological Science, 25*(12), 2127–2135.

Levy, B. R., Slade, M. D., Murphy, T. E., & Gill, T. M. (2012). Association between positive age stereotypes and recovery from disability in older persons. *Journal of the American Medical Association, 308*(19), 1972–1973.

Levy, B. R., Zonderman, A. B., Slade, M. D., & Ferrucci, L. (2009). Age stereotypes held earlier in life predict cardiovascular events in later life. *Psychological Science, 20*(3), 296–298. http://doi.org/10.1111/j.1467-9280.2009.02298.x

Levy, B. R., Zonderman, A. B., Slade, M. D., & Ferrucci, L. (2012). Memory shaped by age stereotypes over time. *Journals of Gerontology Series B: Psychological Sciences and Social Sciences, 67*(4), 432–436.

Livneh, H., Antonak, R. F., & Gerhardt, J. (1999). Psychosocial adaptation to amputation: The role of sociodemographic variables, disability-related factors and coping strategies. *International Journal of Rehabilitation Research, 22*(1), 21–32.

McCabe, M. P., & O'Connor, E. J. (2012). Why are some people with neurological illness more resilient than others? *Psychology, Health & Medicine, 17*(1), 17–34. doi:10.1080/13548506.2011.564189

Meeks, T. W., & Jeste, D. V. (2009). Neurobiology of wisdom: A literature overview. *Archives of General Psychiatry, 66*(4), 355–365.

Molton, I. R., & Jensen, M. P. (2010). Aging and disability: Biopsychosocial perspectives. *Physical Medicine and Rehabilitation Clinics, 21*(2), 253–265.

Moody, H. R. (2001). Productive aging and the ideology of old age. In N. Morrow-Howell, J. Hinterlong, & M. W. Sherraden (Eds.), *Productive aging* (pp. 175–194). Baltimore, MD: Johns Hopkins University Press.

Moody, H. R. (2011). Dreams and the coming of age. *Journal of Transpersonal Psychology, 43*(2), 181–207.

Okoro, C. A., Strine, T. W., Balluz, L. S., Crews, J. E., Dhingra, S., Berry, J. T., & Mokdad, A. H. (2009). Serious psychological distress among adults with and without disabilities. *International Journal of Public Health, 54*(1), 52–60.

Ong, A. D., Zautra, A. J., & Reid, M. C. (2010). Psychological resilience predicts decreases in pain catastrophizing through positive emotions. *Psychology and Aging, 25*(3), 516–523.

Peck, R. C. (1968). Psychological development in the second half. In B. L. Neugarten (Ed.), *Middle age and aging* (pp. 88–92). Chicago, IL: University of Chicago Press.

Peters, D. W., Reifler, B. V., & Larson, E. (1989). Excess disability in dementia. *Advances in Psychosomatic Medicine, 19,* 17–30.

Phillips, A. C., Upton, J., Duggal, N. A., Carroll, D., & Lord, J. M. (2013). Depression following hip fracture is associated with increased physical frailty in older adults: the role of the cortisol: dehydroepiandrosterone sulphate ratio. *BMC Geriatrics, 13*(1), 60.

Reed, A. E., & Carstensen, L. L. (2012). The theory behind the age-related positivity effect. *Frontiers in Psychology, 3,* 339.

Robottom, B. J., Gruber-Baldini, A. L., Anderson, K. E., Reich, S. G., Fishman, P. S., Weiner, W. J., & Shulman, L. M. (2012). What determines resilience in patients with Parkinson's disease? *Parkinsonism & Related Disorders, 18*(2), 174–177. doi:10.1016/j.parkreldis.2011.09.021

Rybarczyk, B., Gallagher-Thompson, D., Rodman, J., Zeiss, A., Gantz, F. E., & Yesavage, J. (1992). Applying cognitive-behavioral psychotherapy to the chronically ill elderly: Treatment issues and case illustration. *International Psychogeriatrics, 4*(01), 127–140.

Rybarczyk, B., Garroway, A. S., Lanoye, A., Griffin, S., Bellg, A., Stone, R., & Nelson, S. (2018). Implementation and evaluation of a life narrative interview program for medical inpatients. *Clinical Gerontologist,* 1–7.

Rybarczyk, B., Nyenhuis, D. L., Nicholas, J. J., Cash, S. M., & Kaiser, J. (1995). Body image, perceived social stigma and the prediction of psychosocial adjustment to leg amputation. *Rehabilitation Psychology, 16,* 113–129.

Shamaskin, A. M., Rybarczyk, B., Wang, E., White-Williams, C., McGee, E., Cotts, W., & Grady, K. L. (2012). Older patients (age 65+) report better quality of life, psychological adjustment and adherence than younger patients 5 years post-heart transplant: A multisite study. *Journal of Heart and Lung Transplantation, 31,* 478–484.

Stephan, Y., Chalabaev, A., Kotter-Grühn, D., & Jaconelli, A. (2013). "Feeling younger, being stronger" : An experimental study of subjective age and physical functioning among older adults. *Journals of Gerontology Series B: Psychological Sciences and Social Sciences, 68*(1), 1–7.

Thomas, M., Kaufmann, C., Palmer, B., Depp, C., Martin, A., Glorioso, D., . . . Jeste, D. (2016). Paradoxical trend for improvement in mental health with aging: A community-based study of 1,546 adults aged 21–100 years. *Journal of Clinical Psychiatry, 77*(8), E1019–1025.

Williamson, G. M., & Schulz, R. (1992). Pain, activity restriction, and symptoms of depression among community-residing elderly adults. *Journal of Gerontology, 47,* 367–372.

Williamson, G. M., & Schulz, R. (1995). Activity restriction mediates the association between pain and depressed affect: A study of younger and older adult cancer patients. *Psychology and Aging, 10*(3), 369–378. doi:10.1037/0882-7974.10.3.369

Williamson, G. M., Schulz, R., Bridges, M. W., & Behan, A. M. (1994). Social and psychological factors in adjustment to limb amputation. *Journal of Social Behavior and Personality, 9*(2), 249–268.

Wolitzky-Taylor, K. B., Castriotta, N., Lenze, E. J., Stanley, M. A., & Craske, M. G. (2010). Anxiety disorders in older adults: A comprehensive review. *Depression and Anxiety, 27,* 190–211. doi:10.1002/da.20653

第13章

ADA Amendments Act of 2008. (2008). Pub. L. No. 110-325, 122 Stat. 3553.

Allen, T. D., Herst, D. E., Bruck, C. S., & Sutton, M. (2000). Consequences associated with work-to-family conflict: A review and agenda for future research. *Journal of Occupational Health Psychology, 5*(2), 278–308. doi:10.1037/1076-8998.5.2.278

Ameri, M., Rogers, S., Schur, L., & Kruse, D. (2017). No room at the inn? Disability access in the new sharing economy. Rutgers University. Retrieved from http://smlr.rutgers.edu/sites/smlr.rutgers.edu/files/documents/PressReleases/disability_access_in_sharing_economy.pdf

Americans with Disabilities Act of 1990. (1990). Pub. L. No. 101-336, 104 Stat. 328.

Ashworth, B. E., & Humphrey, R. H. (1998). Labeling processes in the organization: Constructing the individual. *Research in Organizational Behavior, 17*, 413–461.

Baldrige, D., Beatty, J., Bohm, S. A., Kulkarni, M., & Moore, M. (2016). Persons with (dis)abilities. In A. J. Colella & E. B. King (Eds.), *The Oxford Handbook of Workplace Discrimination*. New York, NY: Oxford University Press.

Bartlett, J. E., & Bartlett, M. E. (2011). Workplace bullying: An integrative literature review. *Advances in Developing Human Resources, 13*(1), 69–84. doi:10.1177/1523422311410651

Bersin, J. (2015). Why diversity and inclusion will be a top priority for 2016. Forbes. Retrieved from https://www.forbes.com/sites/joshbersin/2015/12/06/why-diversity-and-inclusion-will-be-a-top-priority-for-2016/#77c2679b2ed5

Bezrukova, K., Spell, C. S., Perry, J. L., & Jehn, K. A. (2016). *A meta-analytical integration of over 40 years of research on diversity training evaluation.* [Electronic version]. Retrieved from http://scholarship.sha.cornell.edu/articles/974

Blahovec, S. (2016). Why hire disabled workers? 4 Powerful (and inclusive) companies answer. Huffington Post. Retrieved from http://www.huffingtonpost.com/sarah-blahovec/why-hire-disabled-workers_b_9292912.html

Bogart, K. R. (2014). The role of disability self-concept in adaptation to congenital or acquired disability. *Rehabilitation Psychology, 59*, 107–115. doi:10.1037/a0035800

Bogart, K. R. (2015). Disability identity predicts lower anxiety and depression in multiple sclerosis. *Rehabilitation Psychology, 60*, 105–109. doi:10.1037/rep0000029

Bowen, F., & Blackmon, K. (2003). Spirals of silence: The dynamic effects of diversity on organizational voice. *Journal of Management Studies, 40*(6), 1393–1417. doi:10.1111/1467-6486.00385

Bureau of Labor Statistics. (2017). Persons with a disability: Labor force characteristics. (Economic News Release No. USDL-17-0857). United States Department of Labor. Retrieved from https://www.bls.gov/news.release/pdf/disabl.pdf

Cann, S. (2012). The debate behind disability hiring. Fast Company. Retrieved from https://www.fastcompany.com/3002957/disabled-employee-amendment

Centers for Disease Control and Prevention. (2015). 53 Million adults in the US live with a disability. Retrieved from https://www.cdc.gov/media/releases/2015/p0730-us-disability.html

Colella, A. (1994). Organizational socialization of employees with disabilities: Critical issues and implications for workplace interventions. *Journal of Occupational Rehabilitation, 4*, 87–106. doi:10.1007/BF02110048

Colella, A. (2001). Coworker distributive fairness judgments of the workplace accommodation of employees with disabilities. *Academy of Management Review, 26*, 100–116.

Colella, A., DeNisi, A. S., & Varma, A. (1997). Appraising the performance of employees with disabilities: A review and model. *Human Resource Management Review, 7*(1), 27–53. doi:10.1016/S1053-4822(97)90004-8

Colella, A., & Varma, A. (1999). Disability-job fit stereotypes and the evaluation of persons with disabilities at work. *Journal of Occupational Rehabilitation, 9*(2), 79–95. doi:10.1023/A:1021362019948

Cuddy, A. J. C., Fiske, S. T., & Glick, P. (2007). THE BIAS map: Behaviors from intergroup affect and stereotypes. *Journal of Personality and Social Psychology, 92*(4), 631–648. doi:10.1037/0022-3514.92.4.631

Donvan, J. J., & Zucker, C. (2016). *In a different key: The story of autism.* New York, NY: Crown Publishers.

Dunn, D. S., & Burcaw, S. (2013). Disability identity: Exploring first person accounts of disability experience. *Rehabilitation Psychology, 58*, 148-157. doi:10.1037/a0031691

Dwertmann, D. J. G., & Boehm, S. A. (2016). Status matters: The asymmetric effects of supervisor-subordinate disability incongruence and climate for inclusion. *Academy of Management Journal 59*(1), 44–64. doi:10.5465/amj.2014.0093

Guerin, L. (2017). Disability Discrimination in the workplace: An overview of the ADA. NOLO. Retrieved from http://www.nolo.com/legal-encyclopedia/disability-discrimination-workplace-overview-of-30123.html

Harder, H. G., Wagner, S., & Rash, J. (2016). *Mental illness in the workplace: Psychological disability management.* New York, NY: Routledge.

Higginbottom, K. (2016). Employers still lag behind when it comes to disability. *Forbes.* Retrieved from https://www.forbes.com/sites/karenhigginbottom/2016/09/21/employers-still-lag-behind-when-it-comes-to-disability/#1b124d613a0a

Hughes, B., & Paterson, K. (1997). The social model of disability and the disappearing body: Towards a sociology of impairment. *Disability & Society, 12*, 325–340. doi:10.1080/09687599727209

Inge, K. J. (2006). Customized employment: A growing strategy for facilitating inclusive employment. *Journal of Vocational Rehabilitation, 24*, 191–193.

IRS. (2016). Tax benefits for business who have employees with disabilities. Retrieved from https://www.irs.gov/businesses/small-businesses-self-employed/tax-benefits-for-businesses-who-have-employees-with-disabilities

Kalinoski, Z. T., Steele-Johnson, D., Peyton, E. J., Leas, K. A., Steinke, J., & Bowling, N. A. (2013). A meta-analytic evaluation of diversity training outcomes. *Journal of Organizational Behavior, 34*(8), 1076–1104. doi:10.1002/job.1839

Kraus, L. (2017). 2016 Disability statistics annual report. Durham, NH: University of New Hampshire.

Lee, B. Y. (2016). An overlooked and growing market: People with disabilities. *Forbes.* Retrieved from https://www.forbes.com/sites/brucelee/2016/11/02/an-overlooked-and-growing-market-people-with-disabilities/#2a3126042ab0

Lim, S., Cortina, L. M., & Magley, V. J. (2008). Personal and workgroup incivility: Impact on work and health outcomes. *Journal of Applied Psychology, 93*, 95–107. doi:10.1037/0021-9010.93.1.95

Lindsey, A., King, E., Membere, A., & Cheung, H. K. (2017). Two types of diversity training that really work. *Harvard Business Review.* Retrieved from https://hbr.org/2017/07/two-types-of-diversity-training-that-really-work

Loy, B. (2015). Workplace accommodations: Low cost, high impact. Job Accommodation Network. Retrieved from http://AskJAN.org/media/lowcosthighimpact.html

Lutgen-Sandvik, P., Tracy, S. J., & Alberts, J. K. (2007). Burned by bullying in the American workplace: Prevalence, perception, degree and impact. *Journal of Management Studies, 44*(6), 837–862. doi:10.1111/j.1467-6486.2007.00715.x

Migliore, A. (2010). Sheltered Workshops. In Center for International Rehabilitation Research Information & Exchange (Ed.), *International Encyclopedia of Rehabilitation.*

National Disability Rights Network. (2011). *Segregated & Exploited: The Failure of the Disability Service System to Provide Quality Work.* Retrieved from http://www.ndrn.org/images/Documents/Resources/Publications/Reports/Segregated-and-Exploited.pdf

National Organization on Disability. (2017). *REI + NOD Case Study.* Retrieved from http://www.nod.org/case-studies/rei-case.html

Nittrouer, C. L., Trump, R. C., O'Brien, K. R., & Hebl, M. (2014). Stand Up and Be Counted: In the Long Run, Disclosing Helps All. *Industrial and Organizational Psychology, 7*(2), 235–241. doi:doi.org/10.1111/iops.12139

文 献

Norrgard, K. (2008) Human testing, the eugenics movement, and IRBs. *Nature Education, 1*(1), 170.
Office of Disability Employment Policy. (2015). Employer incentives for hiring people with disabilities: Federal tax incentives at-a-glance. National Employer Policy. Retrieved from https://www.askearn.org/wp-content/uploads/docs/askearn_taxincentives_factsheet.pdf
Rudstam, H., Strobel Gower, W., & Cook, L. (2012). Beyond yellow ribbons: Are employers prepared to hire, accommodate and retain returning veterans with disabilities? *Journal of Vocational Rehabilitation, 36*(2), 87–95.
Santuzzi, A. M., & Waltz, P. R. (2016). Disability in the workplace: A unique and variable identity. *Journal of Management 42*(5): 1111–1135. doi:10.1177/0149206315626269
Santuzzi, A. M., Waltz, P. R., Finkelstein, L. M., & Rupp, D. E. (2014). Invisible disabilities: Unique challenges for employees and organizations. *Industrial and Organizational Psychology, 7*(2), 204–219. doi:10.1111/iops.12134
Schur, L., Nishii, L., Adya, M., Kruse, D., Bruyère, S. M., & Blanck, P. (2014). Accommodating employees with and without disabilities. *Human Resource Management 53*(4), 593–621. doi:10.1002/hrm.21607
Shannon, C. A., Rospenda, K. M., & Richman, J. A. (2007). Workplace harassment patterning, gender, and utilization of professional services: Findings from a US national study. *Social Science & Medicine, 64*(6), 1178–1191. doi:10.1016/j.socscimed.2006.10.038
Social Security Administration. (2017). Services for Sheltered Workshops (RS 2101.270). *Program Operations Manual System (POMS)*. Retrieved from http://policy.ssa.gov/poms.nsf/lnx/0302101270
Stone, D. L., & Colella, A. (1996). A model of factors affecting the treatment of disabled individuals in organizations. *Academy of Management Review, 21*(2), 352–401.
Telwatte, A., Anglima, J., Wynton, S. K. A., & Moulding, R. (2017). Workplace accommodations for employees with disabilities: A multilevel model of employer decision-making. *Rehabilitation Psychology 62*(1), 7–19. doi:10.1037/rep0000120
US Department of Labor. (2009). Making workplace accommodations: Reasonable costs, big benefits. Office of Disability Employment Policy. Retrieved from https://www.dol.gov/odep/documents/reasonableaccomodations.pdf
US Department of Labor. (2014). Regulations implementing Section 503 of the Rehabilitation Act. Retrieved from https://www.dol.gov/ofccp/regs/compliance/section503.htm
US Department of Labor. (2015). Tax incentives for employers. Retrieved from https://www.askearn.org/wp-content/uploads/docs/askearn_taxincentives_factsheet.pdf
US Department of Labor's Office of Disability Employment Policy. (2011). Accommodations. Retrieved from https://www.dol.gov/odep/topics/Accommodations.htm
Wells, S. (2008). Counting on workers with disabilities. *Society for Human Resource Management*. Retrieved from https://www.shrm.org/hr-today/news/hr-magazine/pages/4wells-the demographics of disabilities.aspx
Working Mother Research Institute. (2016). Disabilities in the workplace: The working mother report. Retrieved from http://www.workingmother.com/sites/workingmother.com/files/attachments/2016/10/disabilities_in_the_workplace_final.pdf.
World Health Organization. (WHO). (2011). World report on disability: Work and employment. Retrieved from http://www.who.int/disabilities/world_report/2011/chapter8.pdf

第14章

Barr, J. J., & Bracchitta, K. (2015). Attitudes toward individuals with disabilities: The effects of contact with different disability types. *Current Psychology, 34*, 223–238.
Crandall, C. S., Eshleman, A., & O'Brien, L. (2002). Social norms and the expression and suppression of prejudice: The struggle for internalization. *Journal of Personality and Social Psychology, 82*, 359–378.

Dionne, C. D., Gainforth, H. L., O'Malley D. A., & Latimer-Cheung, A. E. (2013). Examining implicit attitudes towards exercisers with a physical disability. *Scientific World Journal, 2013*, 621596. doi.org/10.1155/2013/621596

Dovidio, J. F., Gaertner, S. L., & Pearson, A. R. (2017). Aversive racism and contemporary bias. In C. G. Sibley & F. K. Barlow (Eds.), *The Cambridge handbook of the psychology of prejudice* (pp. 267–294). Cambridge, UK: Cambridge University Press.

Dovidio, J. F., Kawakami, K., Smoak, N., & Gaertner, S. L. (2009). The roles of implicit and explicit processes in contemporary prejudice. In R. E. Petty, R. H. Fazio, & P. Brinol (Eds.), *Attitudes: Insights from the new implicit measures* (pp. 165–192). New York, NY: Psychology Press.

Dovidio, J. F., Pagotto, L., & Hebl, M. R. (2011). Implicit attitudes and discrimination against people with disabilities. In R. L. Wiener & S. L. Wilborn (Eds.), *Disability and age discrimination: Perspectives in law and psychology* (pp. 157–184). New York, NY: Springer.

Faulkner, J., Schaller, M., Park, J. H., & Duncan, L. A. (2004). Evolved disease-avoidance mechanisms and contemporary xenophobic attitudes. *Group Processes & Intergroup Relations, 74*, 333–353.

Goffman, E. (1963). *Stigma: Notes on the management of spoiled identity*. New York, NY: Prentice Hall.（ゴッフマン，E. 石黒毅（訳）（2001）．スティグマの社会学：烙印を押されたアイデンティティ　せりか書房）

Gouvier, W. D., Coon, R. C., Todd, M. E., & Fuller, K. H. (1994). Verbal interaction with individuals presenting with or without physical disability. *Rehabilitation Psychology, 39*, 263–268.

Greenberg, J., Landau, M. J., Kosloff, S., Soenke, M., & Solomon, S. (2016). How our means for feeling transcendent of death foster prejudice, stereotyping, and intergroup conflict. In T. Nelson (Ed.), *Handbook of prejudice, discrimination, and stereotyping* (2nd ed., pp. 309–332). New York, NY: Psychology Press.

Greenwald, A. G., Poehlman, T. A., Uhlmann, E. L., & Banaji, M. R. (2009). Understanding and using the Implicit Association Test: III. Meta-analysis of predictive validity. *Journal of Personality and Social Psychology, 97*, 17–41.

Griffiths, D. M., & Lunsky, Y. (2000). Changing attitudes towards the nature of socio-sexual assessment and education for persons with developmental disabilities: A twenty year comparison. *Journal on Developmental Disabilities, 71*, 16–33.

Guglielmi, R. S. (1999) Psychophysiological assessment of prejudice: Past research, current status, and future directions. *Personality and Social Psychology Review, 3*, 123–157.

Hebl, M., & Kleck, R. E. (2000). The social consequences of physical disability. In T. F. Heatherton, R. E. Kleck, M. R. Hebl, & J. G. Hull (Eds.), *The social psychology of stigma* (pp. 419–439). New York, NY: Guilford.

Hein, M., Grumm, M., & Fingerle, M. (2011). Is contact with people with disabilities a guarantee for positive implicit and explicit attitudes? *European Journal of Special Needs Education, 26*, 509–522.

Hirschberger, G., Florian, V., & Mikulincer, M. (2005). Fear and compassion: A terror management analysis of emotional reactions to physical disability. *Rehabilitation Psychology, 50*, 246–257.

Jones, E. E., Farina, A., Hastorf, A. H., Markus, H., Miller, D. T., & Scott, R. A. (1984). *Social stigma: The psychology of marked relationships*. New York, NY: W. H. Freeman and Company.

Kleck, R. (1969). Physical stigma and task oriented interactions. *Human Relations, 22,* 53–60.

Kleck, R. E., Ono, H., & Hastorf, A. H. (1966). The effects of physical deviance upon face-to-face interaction. *Human Relations, 19,* 425–436.

Migacheva, K., & Tropp, L. R. (2013). Learning orientation as a predictor of positive intergroup contact. *Group Processes & Intergroup Relations, 16*, 426–444.

Neuberg, S. L., & Cottrell, C. A. (2008). Managing the threats and opportunities afforded by human sociality. *Group Dynamics: Theory, Research, and Practice, 12*, 63–72.

Norton, M. I., Dunn, E. W., Carney, D. R., & Ariely, D. (2012). The persuasive "power" of stigma? *Organizational Behavior and Human Decision Processes, 117*, 261–268.

Park, J. H., Faulkner, J., & Schaller, M. (2003). Evolved disease-avoidance processes and contemporary antisocial behavior: Prejudicial attitudes and avoidance of people with physical disabilities. *Journal of Nonverbal Behavior, 27*, 65–87.

Pearson, A. R., & Dovidio, J. F. (2014). Intergroup fluency: How processing experiences shape intergroup cognition and communication. In J. P. Forgas, J. Laszlo, & O. Vincze (Eds.), *Social cognition and communication* (pp. 101–120). New York, NY: Psychology Press.

Perry, S. P., Murphy, M. C., & Dovidio, J. F. (2015). Modern prejudice: Subtle, but unconscious? The role of bias awareness in Whites' perceptions of personal and others' biases. *Journal of Experimental Social Psychology, 61*, 64–78.

Pettigrew, T. F., & Tropp, L. R. (2011). *When groups meet: The dynamics of intergroup contact.* New York, NY: Psychology Press.

Plant, E. A., & Devine, P. G. (2003). The antecedents and implications of interracial anxiety. *Personality and Social Psychology Bulletin, 29*, 790–801.

Pruett, S. R., & Chan, F. (2006). The development and psychometric validation of the Disability Attitude Implicit Association Test. *Rehabilitation Psychology, 51*, 202–213.

Robey, K. L., Beckley, L., & Kirschner, M. (2006). Implicit infantilizing attitudes about disability. *Journal of Developmental & Physical Disabilities, 18*, 441–453.

Rohmer, O., & Louvet, E. (2012). Implicit measures of the stereotype content associated with disability. *British Journal of Social Psychology, 51*, 732–740.

Rohmer, O., & Louvet, E. (2018). Implicit stereotyping against people with disability. *Group Processes & Intergroup Relations, 21*, 127–140.

Schaller, M., & Neuberg, S, L. (2012). Danger, disease, and the nature of prejudice. *Advances in Experimental Social Psychology, 46*, 1–54.

Seo, W., & Chen, R. K. (2009). Attitudes of college students toward people with disabilities. *Journal of Rehabilitation Counseling, 40*, 3–8.

Siperstein, G. N., Romano, N., Mohler, A., & Parker, R. (2005). A national survey of consumer attitudes towards companies that hire people with disabilities. *Journal of Vocational Rehabilitation, 22*, 1–7.

Smart, J. (2008). *Disability, society, and the individual* (2nd ed.). Austin, TX: ProEd.

Townsend, C., & Hamilton, D. (2012). Evolved disease avoidance mechanisms, generalized prejudice, modern attitudes towards individuals with intellectual disability. *International Scholarly and Scientific Research, 6*, 1120–1123.

van Ryn, M., Hardeman, R., Phelan, S., Burgess, D. J., Dovidio, J. F., Herrin, J., Burke, S. E., Perry, S., Yeazel, M., Nelson, D., & Przedworski, J. (2015). Medical school factors associated with change in implicit racial bias between 1st and 4th year among 3547 medical students: A report from the Medical Student CHANGES Study. *Journal of General Internal Medicine, 30*, 1748–1756.

Wang, K., Silverman, A., Gwinn, J. D., & Dovidio, J. F. (2015). Independent or ungrateful? Consequences of confronting patronizing help for people with disabilities. *Group Processes & Intergroup Relations, 18*, 489–503.

Wilson, T. D., Lindsey, S., & Schooler, T. Y. (2000). A model of dual attitudes. *Psychological Review, 107*, 101–126.

Zhong, R., Knobe, J., Feigenson, N., & Mercurio, M. R. (2011). Age and disability in pediatric resuscitation among future physicians. *Clinical Pediatrics, 50*, 1001–1004.

第15章

Anspach, R. R. (1979). From stigma to identity politics: Political activism among the physically disabled and former mental patients. *Social Science & Medicine. Part A: Medical Psychology & Medical Sociology, 13*, 765–773.

Beart, S., Hardy, G., & Buchan, L. (2005). How people with intellectual disabilities view their social identity: A review of the literature. *Journal of Applied Research in Intellectual Disabilities, 18*(1), 47–56. https://doi.org/10.1111/j.1468-3148.2004.00218.x

Bogart, K. R. (2014). The role of disability self-concept in adaptation to congenital or acquired disability. *Rehabilitation Psychology, 59*(1), 107–115. https://doi.org/10.1037/a0035800

Bogart, K. R. (2015). Disability identity predicts lower anxiety and depression in multiple sclerosis. *Rehabilitation Psychology, 60*(1), 105–109. https://doi.org/10.1037/rep0000029

Bogart, K. R., & Hemmesch, A. R. (2016). Benefits of support conferences for parents of and people with Moebius syndrome. *Stigma and Health, 1*(2), 109–121. https://doi.org/10.1037/sah0000018

Bogart, K. R., Lund, E., & Rottenstein, A. T. (2017). Disability pride protects self-esteem through the rejection-identification model. *Rehabilitation Psychology*, Advance online publication. https://doi.org/http://dx.doi.org/10.1037/rep0000166

Bogart, K. R., Rottenstein, A. T., Lund, E. M., & Bouchard, L. (2017). Who identifies as disabled? An examination of impairment and contextual predictors. *Rehabilitation Psychology*, Advance online publication. https://doi.org/10.1037/rep0000132

Branscombe, N. R., Schmitt, M. T., & Harvey, R. D. (1999). Perceiving pervasive discrimination among African Americans: Implications for group identification and well-being. *Journal of Personality and Social Psychology, 77*(1), 135–149.

Chalk, H. M. (2016). Disability self-categorization in emerging adults: Relationship with self-esteem, perceived esteem, mindfulness, and markers of adulthood. *Emerging Adulthood, 4*(3), 200–206.

Clare, E. (2001). Stolen bodies, reclaimed bodies: Disability and queerness. *Public Culture*, 13(3), 359–365.

Crabtree, J. W., Haslam, S. A., Postmes, T., & Haslam, C. (2010). Mental health support groups, stigma, and self-esteem: Positive and negative implications of group identification. *Journal of Social Issues, 66*(3), 553–569.

Crocker, J., & Major, B. (1989). Social stigma and self-esteem: The self-protective properties of stigma. *Psychological Review, 96*(4), 608–630.

Cuddy, A. J., Fiske, S. T., & Glick, P. (2007). The BIAS map: Behaviors from intergroup affect and stereotypes. *Journal of Personality and Social Psychology, 92*(4), 631–648.

Darling, R. B. (2013). *Disability and identity: Negotiating self in a changing society*. Boulder, CO: Lynne Rienner Publishers.

Darling, R. B., & Heckert, D. A. (2010). Orientations toward disability: Differences over the lifecourse. *International Journal of Disability, Development and Education, 57*(2), 131–143. https://doi.org/http://dx.doi.org/10.1080/10349121003750489

Dirth, T. P., & Branscombe, N. R. (2018). The social identity approach to disability: Bridging disability studies and psychological science. *Psychological Bulletin, 144*(12), 1300–1324. http://dx.doi.org/10.1037/bul0000156

Dunn, D. S., & Andrews, E. E. (2015). Person-first and identity-first language: Developing psychologists' cultural competence using disability language. *American Psychologist, 70*(3), 255–264. https://doi.org/10.1037/a0038636

Dunn, D. S., & Burcaw, S. (2013). Disability identity: Exploring narrative accounts of disability. *Rehabilitation Psychology, 58*(2), 148–157. https://doi.org/10.1037/a0031691

Fernández, S., Branscombe, N. R., Gómez, Á., & Morales, J. (2012). Influence of the social context on use of surgical-lengthening and group-empowering coping strategies among people with dwarfism. *Rehabilitation Psychology, 57*(3), 224. https://doi.org/10.1037/a0029280

Forber-Pratt, A. J., Lyew, D. A., Mueller, C., & Samples, L. B. (2017). Disability identity development: A systematic review of the literature. *Rehabilitation Psychology, 62*(2), 198.

Gill, C. (2001). Divided understandings: The social experience of disability. In G. L. Albrecht, K. D. Seelman, M. Bury (Eds.), *Handbook of Disability Studies* (pp. 351–373). Sage: Thousand Oaks, CA.

Gill, C. J. (1997). Four types of integration in disability identity development. *Journal of Vocational*

Rehabilitation, 9(1), 39–46.

Griffin-Shirley, N., & Nes, S. L. (2005). Self-esteem and empathy in sighted and visually impaired preadolescents. *Journal of Visual Impairment & Blindness, 99*(5), 276.

Hahn, H. D., & Belt, T. L. (2004). Disability identity and attitudes toward cure in a sample of disabled activists. *Journal of Health and Social Behavior, 45*(4), 453–464. https://doi.org/10.1177/002214650404500407

Hogan, B. E., Linden, W., & Najarian, B. (2002). Social support interventions: Do they work? *Clinical Psychology Review, 22*(3), 381–440.

Jetten, J., Haslam, C., & Alexander, S. H. (2012). *The social cure: Identity, health and well-being.* New York, NY: Psychology Press.

Lane, H. (1995). Constructions of deafness. *Disability & Society, 10*(2), 171–190.

Linton, S. (1998). *Claiming disability: Knowledge and identity.* New York, NY: New York University Press.

Luhtanen, R., & Crocker, J. (1992). A collective self-esteem scale: Self-evaluation of one's social identity. *Personality and Social Psychology Bulletin, 18*(3), 302–318.

Major, B., Sciacchitano, A. M., & Crocker, J. (1993). In-group versus out-group comparisons and self-esteem. *Personality and Social Psychology Bulletin, 19*(6), 711–721.

McDonald, K. E., Keys, C. B., & Balcazar, F. E. (2007). Disability, race/ethnicity and gender: Themes of cultural oppression, acts of individual resistance. *American Journal of Community Psychology, 39*(1–2), 145–161.

Minkler, M., & Fadem, P. (2002). "Successful aging": A disability perspective. *Journal of Disability Policy Studies, 12*(4), 229–235.

Mpofu, E., & Harley, D. A. (2006). Racial and disability identity implications for the career counseling of African Americans with disabilities. *Rehabilitation Counseling Bulletin, 50*(1), 14–23.

Nario-Redmond, M. R. (2010). Cultural stereotypes of disabled and non-disabled men and women: Consensus for global category representations and diagnostic domains. *British Journal of Social Psychology, 49*(3), 471–488.

Nario-Redmond, M. R., & Nario-Redmond, C. G. (2011, October). Disabled people have a culture? Invited presentation. Hiram College, Hiram, OH.

Nario-Redmond, M. R., Noel, J. G., & Fern, E. (2013). Redefining disability, re-imagining the self: Disability identification predicts self-esteem and strategic responses to stigma. *Self and Identity, 12*(5), 468–488. https://doi.org/10.1080/15298868.2012.681118

Nario-Redmond, M. R., & Oleson, K. C. (2016). Disability group identification and disability-rights advocacy contingencies among emerging and other adults. *Emerging Adulthood, 4*(3), 207–218. https://doi.org/10.1177/2167696815579830

Olkin, R., & Pledger, C. (2003). Can disability studies and psychology join hands? *American Psychologist, 58*(4), 296–304. https://doi.org/10.1037/0003-066X.58.4.296

Olney, M. F., & Brockelman, K. F. (2003). Out of the disability closet: Strategic use of perception management by select university students with disabilities. *Disability & Society, 18*(1), 35–50.

Olney, M. F., & Kim, A. (2001). Beyond adjustment: Integration of cognitive disability into identity. *Disability & Society, 16*(4), 563–583. https://doi.org/10.1080/09687590120059540

Phinney, J. S. (1990). Ethnic identity in adolescents and adults: review of research. *Psychological Bulletin, 108*(3), 499–514.

Price, L. R. (2016). *Psychometric methods: Theory into practice.* New York, NY: Guilford Publications.

Putnam, M. (2005). Conceptualizing disability: Developing a framework for political disability identity. *Journal of Disability Policy Studies, 16*(3), 188–198.

Rhodes, P. J., Small, N. A., Ismail, H., & Wright, J. P. (2008). "What really annoys me is people take it like it's a disability": Epilepsy, disability and identity among people of Pakistani origin living in the UK. *Ethnicity and Health, 13*(1), 1–21.

Rosa, N. M., Bogart, K. R., Bonnett, A. K., Estill, M. C., & Colton, C. E. (2016). Teaching about disability in psychology: An analysis of disability curricula in US undergraduate psychology programs. *Teaching of*

Psychology, 43(1), 59–62.
Rosenberg, M. (1965). Society and the adolescent self-image. Princeton, NJ: Princeton University Press.
Schmitt, M. T., Spears, R., & Branscombe, N. R. (2003). Constructing a minority group identity out of shared rejection: The case of international students. European Journal of Social Psychology, 33(1), 1–12.
Schuengel, C., Voorman, J., Stolk, J., Dallmeijer, A., Vermeer, A., & Becher, J. (2006). Self-worth, perceived competence, and behaviour problems in children with cerebral palsy. Disability and Rehabilitation, 28(20), 1251–1258.
Shakespeare, T. (1996). Disability, identity and difference. Exploring the Divide, 94–113.
Shattuck, P. T., Steinberg, J., Yu, J., Wei, X., Cooper, B. P., Newman, L., & Roux, A. M. (2014). Disability identification and self-efficacy among college students on the autism spectrum. Autism Research and Treatment. Retrieved from https://www.hindawi.com/journals/aurt/2014/924182/abs/
Smart, J. F. (2009). The power of models of disability. Journal of Rehabilitation, 75(2), 3.
Swain, J., & French, S. (2000). Towards an affirmation model of disability. Disability & Society, 15(4), 569–582. https://doi.org/10.1080/09687590050058189
Tajfel, H., & Turner, J. C. (1979). An integrative theory of intergroup conflict. Social Psychology of Intergroup Relations, 33(47), 33–47.
Verbrugge, L. M., & Yang, L. (2002). Aging with disability and disability with aging. Journal of Disability Policy Studies, 12(4), 253–267.
Vernon, A. (1999). The dialectics of multiple identities and the disabled people's movement. Disability & Society, 14(3), 385–398.
Wang, K., & Dovidio, J. F. (2011). Disability and autonomy: Priming alternative identities. Rehabilitation Psychology, 56(2), 123.
Watson, N. (2002). Well, I know this is going to sound very strange to you, but I don't see myself as a disabled person: Identity and disability. Disability & Society, 17(5), 509–527.
White, G. W., Lloyd Simpson, J., Gonda, C., Ravesloot, C., & Coble, Z. (2010). Moving from independence to interdependence: A conceptual model for better understanding community participation of centers for independent living consumers. Journal of Disability Policy Studies, 20(4), 233–240.
World Health Organization. (2001). International Classification of Functioning, Disability and Health. Retrieved from http://www.who.int/classifications/icf/en/（世界保健機関（編） 障害者福祉研究会（編）(2002). 国際生活機能分類：国際障害分類改定版 中央法規出版）
Wright, B. A. (1983). Physical disability: A psychosocial approach. New York, NY: Harper & Rowe.
Zhang, L., & Haller, B. (2013). Consuming image: How mass media impact the identity of people with disabilities. Communication Quarterly, 61(3), 319–334.

第16章

Ackerson, B. J. (2003). Parents with serious and persistent mental illness: Issues in assessment and services. Social Work, 48(2), 187–194. doi:10.1093/sw/48.2.187
American Psychological Association. (2012). Guidelines for assessment of and intervention with persons with disabilities. American Psychologist, 67, 43–62. doi:10.1037/a0025892
Andrews, E. E., & Ayers, K. (2016). Parenting with disability: Experiences of disabled women. In S. Miles-Cohen & C. Signore (Eds.), Eliminating inequities for women with disabilities: An agenda for health and wellness. Washington, DC: American Psychological Association.
Andrews, E. E., & Dunn, R. A. (2019). Families and disability. In T. R. Elliott, L. Brenner, B. Caplan, R. G. Frank, & S. Reid-Arndt (Eds.), Handbook of rehabilitation psychology. Washington, DC: American Psychological Association.
Brodwin, M. G., & Frederick, P. C. (2010). Sexuality and societal beliefs regarding persons living with

disabilities. *Journal of Rehabilitation, 76*, 37–41.

Buss, D. M. (2003). *The evolution of desire: Strategies of human mating*. New York, NY: Basic Books.

Cantwell, J., Muldoon, O., & Gallagher, S. (2015). The influence of self-esteem and social support on the relationship between stigma and depressive symptomology in parents caring for children with intellectual disabilities. *Journal of Intellectual Disability Research, 59*(10), 948–957.

Chan, F. E., Da Silva Cardoso, E. E., & Chronister, J. A. (2009). *Understanding psychosocial adjustment to chronic illness and disability: A handbook for evidence-based practitioners in rehabilitation*. New York, NY: Springer Publishing Company.

Chance, R. S. (2002). To love and be loved: Sexuality and people with physical disabilities. *Journal of Psychology and Theology, 30*(3), 195.

Charles, K. K., & Stephens, Jr., M. (2004). Job displacement, disability, and divorce. *Journal of Labor Economics, 22*(2), 489–522. doi:10.1086/381258

Chen, R. K., Brodwin, M. G., Cardoso, E., & Chan, F. (2002). Attitudes towards people with disabilities in the social context of dating and marriage: A comparison of American, Taiwanese and Singaporean college students. *Journal of Rehabilitation, 68*, 5–11.

Clarke, H., & McKay, S. (2014). Disability, partnership and parenting, *Disability & Society, 29*(4), 543–555. doi:10.1080/09687599.2013.831745

Cole, S. S., & Cole, T. M. (1993). Sexuality, disability, and reproductive issues through the lifespan. *Sexuality and Disability, 11*(3), 189–205.

Corrigan, P. W., & Miller, F. E. (2004). Shame, blame, and contamination: A review of the impact of mental illness stigma on family members. *Journal of Mental Health, 13*(6), 537–548.

Crewe, N. (1993). Spousal relationships and disability. In F. P. Haseltine, S. S. Cole, & D. B. Gray (Eds.), *Reproductive issues for persons with physical disabilities* (pp. 141–151). Baltimore: Brookes Publishing.

Davies, J. & Watson, N. (2002). Countering stereotypes of disability: disabled children and resistance. In Corker, M. & Shakespeare, T. (Eds.), *Disability/Postmodernity: Embodying disability Theory* (pp. 159–174). London: Continuum.

Deal, M. (2003). Disabled people's attitudes toward other impairment groups: A hierarchy of impairments. *Disability & Society, 18*(7), 897–910.

Dembo, T. (1982). Some problems in rehabilitation as seen by a Lewinian. *Journal of Social Issues, 38*(1), 131–139. doi:10.1111/j.1540-4560.1982.tb00848.x

Di Giulio, G. (2003). Sexuality and people living with physical or developmental disabilities: A review of key issues. *Canadian Journal of Human Sexuality, 12*(1), 53.

Dion, K., Berscheid, E., & Walster, E. (1972). What is beautiful is good. *Journal of Personality and Social Psychology, 24*, 285–290.

Dunn, D. S. (2015). *The social psychology of disability*. New York, NY: Oxford University Press.

Dunn, D. S., & Andrews, E. E. (2015). Person-first and identity-first language: Developing psychologists' cultural competence using disability language. *American Psychologist, 70*, 255–264. http://dx.doi.org/10.1037/a0038636

East, L. J., & Orchard, T. R. (2014). Somebody else's job: Experiences of sex education among health professionals, parents and adolescents with physical disabilities in southwestern Ontario. *Sexuality and Disability, 32*(3), 335–350. doi:10.1007/s11195-013-9289-5

Ellingsen, R., Baker, B. L., Blacher, J., & Crnic, K. (2014). Resilient parenting of children at developmental risk across middle childhood. *Research in Developmental Disabilities, 35*(6), 1364–1374. doi:10.1016/j.ridd.2014.03.016

Esmail, S., Darry, K., Walter, A., & Knupp, H. (2010). Attitudes and perceptions towards disability and sexuality. *Disability and Rehabilitation, 32*(14), 1148–1155.

Farrugia, D. (2009). Exploring stigma: Medical knowledge and the stigmatisation of parents of children diagnosed with autism spectrum disorder. *Sociology of Health & Illness, 31*(7), 1011–1027. doi:10.1111/

j.1467-9566.2009.01174.x

Fine, M., & Asch, A. (1988), Disability beyond stigma: Social interaction, discrimination, and activism. *Journal of Social Issues, 44,* 3–21. doi:10.1111/j.1540-4560.1988.tb02045.x

Frederick, A. (2015). Between stigma and mother-blame: Blind mothers' experiences in USA hospital postnatal care. *Sociology of Health & Illness, 37*(8), 1127–1141. doi:10.1111/1467-9566.12286

Gill, J., & Liamputtong, P. (2011). Being the mother of a child with Asperger's syndrome: Women's experiences of stigma. *Health Care for Women International, 32*(8), 708–722.

Goffman, E. (1963). *Stigma: Notes on the management of spoiled identity.* Englewood Cliffs, NJ: Prentice Hall. （ゴッフマン，E. 石黒毅（訳）（2001）．スティグマの社会学：烙印を押されたアイデンティティ せりか書房）

Green, S., Davis, C., Karshmer, E., Marsh, P., & Straight, B. (2005). Living stigma: The impact of labeling, stereotyping, separation, status loss, and discrimination in the lives of individuals with disabilities and their families. *Sociological Inquiry, 75,* 197–215.

Green, S. E. (2003). "What do you mean 'what's wrong with her?' ": Stigma and the lives of families of children with disabilities. *Social Science & Medicine, 57*(8), 1361–1374. http://dx.doi.org/10.1016/S0277-9536(02)00511-7

Green, S. E. (2007). "We're tired, not sad": Benefits and burdens of mothering a child with a disability. *Social Science & Medicine, 64*(1), 150–163.

Hahn, H. (1981). The social component of sexuality and disability: Some problems and proposals. *Sexuality and Disability, 4*(4), 220–233.

Hergenrather, K., & Rhodes, S. (2007). Exploring undergraduate student attitudes toward persons with disabilities application of the disability social relationship scale. *Rehabilitation Counseling Bulletin, 50,* 66–75.

Howland, C. A., & Rintala, D. H. (2001). Dating behaviors of women with physical disabilities. *Sexuality and Disability, 19,* 41–70.

Kearney, P. M., & Griffin, T. (2001). Between joy and sorrow: Being a parent of a child with developmental disability. *Journal of Advanced Nursing, 34*(5), 582–592.

Kim, E. (2011). Asexuality in disability narratives. *Sexualities, 14*(4), 479–493.

Kinnear, S., Link, B., Ballan, M., & Fischbach, R. (2016). Understanding the experience of stigma for parents of children with autism spectrum disorder and the role stigma plays in families' lives. *Journal of Autism & Developmental Disorders, 46*(3), 942–953.

Kirshbaum, M., & Olkin, R. (2002). Parents with physical, systemic, or visual disabilities. *Sexuality and Disability, 20,* 65–80. doi:10.1023/A:1015286421368

Lach, L. M., Kohen D. E., Garner R. E., et al. (2009). The health and psychosocial functioning of caregivers of children with neurodevelopmental disorders. *Disability and Rehabilitation, 31,* 607–618.

Lalvani, P. (2011). Constructing the (m) other: Dominant and contested narratives on mothering a child with Down syndrome. *Narrative Inquiry, 21*(2), 276–293.

Lalvani, P. (2015). Disability, stigma and otherness: Perspectives of parents and teachers. *International Journal of Disability, Development & Education, 62*(4), 379–393.

Lerner, M. J., & Miller, D. T. (1978). Just world research and the attribution process: Looking back and ahead. *Psychological Bulletin, 85*(5), 1030–1051. doi:10.1037/0033-2909.85.5.1030

Livneh, H. (1982). On the origins of negative attitudes toward people with disabilities. *Rehabilitation Literature, 43,* 338–347.

Livneh, H., & Martz, E. (2012). Adjustment to chronic illness and disabilities: Theoretical perspectives, empirical findings, and unresolved issues. In Kennedy (Ed.), *The Oxford handbook of rehabilitation psychology* (pp. 47–87). New York, NY: Oxford University Press.

McCabe, M. P., Cummins, R. A., & Deeks, A. A. (2000). Sexuality and quality of life among people with physical disability. *Sexuality and Disability, 18*(2), 115–123.

McGlone, K., Santos, L., Kazama, L., Fong, R., & Mueller, C. (2002). Psychological stress in adoptive parents of special-needs children. *Child Welfare, 81*(2), 151–171.

Morris, J. (1991). *Pride against prejudice: A personal politics of disability*. London: The Women's Press Limited.

Murphy, G., & Feldman, M. A. (2002). Parents with Intellectual Disabilities. *Journal of Applied Research in Intellectual Disabilities, 15*(4), 281–284. doi:10.1046/j.1468-3148.2002.00139.x

National Council on Disability. (2012). *Rocking the cradle: Ensuring the rights of parents with disabilities*. Retrieved from http://www.ncd.gov/publications/2012/Sep272012/

Neely-Barnes, S. L., Hall, H. R., Roberts, R. J., & Graff, J. C. (2011). Parenting a child with an autism spectrum disorder: Public perceptions and parental conceptualizations. *Journal of Family Social Work, 14*(3), 208–225.

Nicholson, J., Sweeney, E. M., & Geller, J. L. (1998). Focus on women: Mothers with mental illness: II. Family relationships and the context of parenting. *Psychiatric Services, 49*(5), 643–649. doi:10.1176/ps.49.5.643

Owens, T. (2014). *Supporting disabled people with their sexual lives: A clear guide for health and social care professionals*. London: Jessica Kingsley Publishers.

Perry, A. (2004). A model of stress in families of children with developmental disabilities: Clinical and research applications. *Journal on Developmental Disabilities, 11*, 1–16.

Powell, R. M., Andrews, E. E., & Ayers, K. (2016). RE: Menstrual management for adolescents with disabilities. *Pediatrics, 138*(6), e20163112A.

Robinson, C., York, K., Rothenberg, A., & Bissell, L. (2015). Parenting a child with Asperger's syndrome: A balancing act. *Journal of Child & Family Studies, 24*(8), 2310–2321. doi:10.1007/s10826-014-0034-1

Sakellariou, D. (2006). If not the disability, then what? Barriers to reclaiming sexuality following spinal cord injury. *Sexuality and Disability, 24*(2), 101–111.

Santelli, B., Turnbull, A. P., Lerner, E., & Marquis, J. (1993). Parent to parent programs: A unique form of mutual support for families of person's disabilities. In G. H. S. Singer & L. E. Powers (Eds.), *Families, disability, and empowerment: Active coping skills and strategies for family interventions* (pp. 27–57). Baltimore, MD: Brookes.

Scorgie, K., Wilgosh, L., & Sobsey, D. (2004). The experience of transformation in parents of children with disabilities: Theoretical considerations. *Developmental Disabilities Bulletin, 32*, 84–110.

Shakespeare, T. (2006). The social model of disability. In L. J. Davis (Ed.), *The disability studies reader* (pp. 197–204). New York, NY: Routledge.

Shakespeare, T., Gillespie-Sells, K., & Davies, D. (1996). *Untold desires: The sexual politics of disability*. New York, NY: Cassell. doi:10.5040/9781474212755

Shewchuk, R., & Elliott, T. R. (2000). Family caregiving in chronic disease and disability. In R. G. Frank & T. R. Elliott (Eds.), *Handbook of rehabilitation psychology* (pp. 553–563). Washington, DC: American Psychological Association.

Shuttleworth, R., Wedgwood, N., & Wilson, N. J. (2012). The dilemma of disabled masculinity. *Men and Masculinities, 15*(2), 174–194.

Taleporos, G., & McCabe, M. P., (2001). Physical disability and sexual esteem. *Sexuality and Disability, 19*, 131–148.

van der Sanden, R. L., Bos, A. E., Stutterheim, S. E., Pryor, J. B., & Kok, G. (2013). Experiences of stigma by association among family members of people with mental illness. *Rehabilitation Psychology, 58*(1), 73–80.

Van Riper, M. (2007). Families of children with Downsyndrome: Responding to "a change inplans" with resilience. *Journal of Pediatric Nursing, 22*(2), 116–128. doi:10.1016/j.pedn.2006.07.004

Werner, S., & Shulman, C. (2015). Does type of disability make a difference in affiliate stigma among family caregivers of individuals with autism, intellectual disability or physical disability? *Journal of Intellectual Disability Research, 59*(3), 272–283.

Williams, J., & Colvin, L. (2016). Coming together to end violence against women and girls with disabilities. In S. Miles-Cohen and C. Signore (Eds.), *Eliminating inequities for women with disabilities: An agenda for health and wellness* (pp. 243–262). Washington, DC: American Psychological Association.

doi:10.1037/14943-000
Wright, B. A. (1983). *Physical disability: A psychosocial approach*. New York, NY: Harper & Row. http://dx.doi.org/10.1037/10589-000.

第17章

Alarcon, G. M., Bowling, N. A., & Khazon, S. (2013). Great expectations: A meta-analytic examination of optimism and hope. *Personality and Individual Differences, 54*(7), 821–827. doi:10.1016/j.paid.2012.12.004

Alschuler, K. N., Kratz, A. L., & Ehde, D. M. (2016). Resilience and vulnerability in individuals with chronic pain and physical disability. *Rehabilitation Psychology, 61*(1), 7–18. doi:10.1037/rep0000055

Andrewes, H. E., Walker, V., & O'Neill, B. O. (2014). Exploring the use of positive psychology interventions in brain injury survivors with challenging behaviour. *Brain Injury, 28*(7), 965–971. doi:10.3109/02699052.2014.888764

Arewasikporn, A., Turner, A. P., Alschuler, K. N., Hughes, A. J., & Ehde, D. M. (2018). Cognitive and affective mechanisms of pain and fatigue in multiple sclerosis. *Health Psychology, 37,* 554–552. PMID: 29672097, PMCID: PMC5962424, doi: 10.1037/hea0000611

Barskova, T., & Oesterreich, R. (2009). Post-traumatic growth in people living with a serious medical condition and its relations to physical and mental health: A systematic review. *Disability Rehabilitation, 31,* 1709–1733.

Bolier, L., Haverman, M., Westerhof, G. J. Riper, H., Smit, F., & Bohlmeijer, E. (2013). Positive psychology interventions: A meta-analysis of randomized controlled studies. *BMC Public Health, 13*, 119. doi:10.1186/1471-2458-13-119.

Brier, M. J., Williams, R. M., Turner, A. P., Henderson, A. W., Roepke, A. M., Norvell, D. C., Henson, H., & Czerniecki, J. M. (2017). Quality of relationships with caregivers after dysvascular lower extremity amputation. Manuscript under review.

Carver, C. S., Scheier, M. F., Miller, C. J., & Fulford, D. (2009). Optimism. In C. R. Snyder & S. J. Lopez (Eds.), *Oxford handbook of positive psychology* (2nd ed., pp. 303–312). New York, NY: Oxford University Press. doi:10.1093/oxfordhb/9780195187243.013.0028

Chida, Y., & Steptoe, A. (2008). Positive psychological well-being and mortality: A quantitative review of prospective observational studies. *Psychosomatic Medicine, 70*(7), 741–756. doi:10.1097/PSY.0b013e31818105ba

Coyne, J. C., & Tennen, H. (2010). Positive psychology in cancer care: Bad science, exaggerated claims, and unproven medicine. *Annals of Behavioral Medicine, 39*, 16–26.

Csikszentmihalyi, M. (1990). *Flow: The psychology of optimal experience*. New York, NY: Harper & Row.

Cullen, B., Pownall, J., Cummings, J., Baylan, S., Broomfield, N., Haig, C., . . . Evans, J. J. (2018) Positive PsychoTherapy in ABI Rehab (PoPsTAR): A pilot randomised controlled trial, *Neuropsychological Rehabilitation, 28*(1), 17–33, doi: 10.1080/09602011.2015.1131721

Davis, M. C., Zautra, A. J., & Smith, B. W. (2004). Chronic pain, stress, and the dynamics of affective differentiation. *Journal of Personality, 72*(6), 1133–1159. doi:10.1111/j.1467-6494.2004.00293.x

Delbosc, A., & Currie, G. (2011). Exploring the relative influences of transport disadvantage and social exclusion on well-being. *Transport Policy, 18*(4), 555–562. doi:10.1016/j.tranpol.2011.01.011

Doeglas, D., Suurmeijer, T., Krol, B., Sanderman, R., van Rijswijk, M., & van Leeuwen, M. (1994). Social support, social disability, and psychological well-being in rheumatoid arthritis. *Arthritis & Rheumatology, 7*(1), 10–15.

Dunn, D. S. (1996). Well-being following amputation: Salutary effects of positive meaning, optimism, and control. *Rehabilitation Psychology, 41*(4), 285–302.

Dunn, D. S. (2015). *The social psychology of disability*. New York, NY: Oxford University Press.

Dunn, D. S., & Brody, C. (2008). Defining the good life following acquired physical disability. *Rehabilitation Psychology, 53*(4), 413–425. doi:10.1037/a0013749

Dunn, D. S., & Dougherty, S. B. (2005). Prospects for a positive psychology of rehabilitation. *Rehabilitation Psychology, 50*(3), 305–311. doi:10.1037/0090-5550.50.3.305

Dunn, D. S., Ehde, D. M., & Wegener, S. T. (2016). The foundational principles as psychological lodestars: Theoretical inspiration and empirical direction in rehabilitation psychology. *Rehabilitation Psychology, 61*, 1–6. PMID: 26991302.

Dunn, D. S., Uswatte, G., & Elliott, T. R. (2009). Happiness, resilience, and positive growth following physical disability: Issues for understanding, research, and therapeutic intervention. In Snyder, C. R., & Lopez, S. J. (Eds.), *Oxford handbook of positive psychology* (pp. 651–664). New York, NY: Oxford University Press.

Ehde, D. M. (2010). Application of positive psychology to rehabilitation psychology. In R. G. Frank, M. Rosenthal, & B. Caplan (Eds.), *Handbook of Rehabilitation Psychology* (2nd ed., pp. 417–424). Washington, DC: American Psychological Association Books.

Elliott, T. R., Kurylo, M., & Rivera, P. (2002). Positive growth following acquired physical disability. In C. R. Snyder & S. J. Lopez (Eds.), *Handbook of positive psychology* (pp. 687–699). New York, NY: Oxford University Press.

Emmons, R. A., & McCullough, M. E. (2003). Counting blessings versus burdens: An experimental investigation of gratitude and subjective well-being in daily life. *Journal of Personality and Social Psychology, 84*(2), 377–389. doi:10.1037/0022-3514.84.2.377

Forber-Pratt, A. J., Lyew, D. A., Mueller, C., & Samples, L. B. (2017). Disability identity development: A systematic review of the literature. *Rehabilitation Psychology, 62*(2), 198–207. doi:10.1037/rep0000134

Frantsve, L. M. E., & Kerns, R. D. (2007). Patient–provider interactions in the management of chronic pain: Current findings within the context of shared medical decision making. *Pain Medicine, 8*(1), 25–35.

Fredrickson, B. L. (1998). What good are positive emotions? *Review of General Psychology, 2*(3), 300–319. doi:10.1037/1089-2680.2.3.300

Fuhrer, M. J., Rintala, D. H., Hart, K. A., Clearman, R., & Young, M. E. (1992). Relationship of life satisfaction to impairment, disability, and handicap among persons with spinal cord injury living in the community. *Archives of Physical Medicine and Rehabilitation, 73*(6), 552–557.

Gable, S. L., & Haidt, J. (2005). What (and why) is positive psychology? *Review of General Psychology, 9*(2), 103–110.

Hall, J. A., Horgan, T. G., Stein, T. S., & Roter, D. L. (2002). Liking in the physician–patient relationship. *Patient Education and Counseling, 48*(1), 69–77.

Hausmann, L. R. M., Youk, A., Kwoh, C. K., Ibrahim, S. A., Hannon, M. J., Weiner, D. K., . . . Parks, A. (2017). Testing a positive psychology intervention for osteoarthritis. *Pain Medicine, 18*, 1908–1920. doi:10.1093/pm/pnx141

Helgeson, V. S., Reynolds, K. A., & Tomich, P. L. (2006). A meta-analytic review of benefit finding and growth. *Journal of Consulting and Clinical Psychology, 74*(5), 797–816.

Helliwell, J. F., & Putnam, R. D. (2004). The social context of well-being. *Philosophical Transactions of the Royal Society B: Biological Sciences, 359*(1449), 1435–1446.

Iwarsson, S., & Isacsson, Å. (1997). Quality of life in the elderly population: An example exploring interrelationships among subjective well-being, ADL dependence, and housing accessibility. *Archives of Gerontology and Geriatrics, 26*(1), 71–83.

Jang, Y., Mortimer, J. A., Haley, W. E., & Graves, A. R. B. (2004). The role of social engagement in life satisfaction: Its significance among older individuals with disease and disability. *Journal of Applied Gerontology, 23*(3), 266–278.

Keyes, C. L. M. (1998). Social well-being. *Social Psychology Quarterly, 61*(2), 121–140.

Keyes, C. L. (2005). Mental illness and/or mental health? Investigating axioms of the complete state model of health. *Journal of Consulting and Clinical Psychology, 73*(3), 539–548.

Keyes, C. L., & Shapiro, A. D. (2004). Social well-being in the United States: A descriptive epidemiology. In Brim, O. G., Ryff, C. D., & Kessler, R. C. (Eds.), *How healthy are we? A national study of well-being at midlife* (pp. 350–372). Chicago, IL: University of Chicago Press.

Konrad, A. M., Moore, M. E., Ng, E. S., Doherty, A. J., & Breward, K. (2013). Temporary work, underemployment and workplace accommodations: Relationship to well-being for workers with disabilities. *British Journal of Management, 24*(3), 367–382.

Kratz, A. L., Ehde, D. M., & Bombardier, C. H. (2014). Affective mediators of a physical activity intervention for depression in multiple sclerosis. *Rehabilitation Psychology, 59*, 57–67. doi:10.1037/a0035287. PMID:24611925.

Lyubomirsky, S., King, L., & Diener, E. (2005). The benefits of frequent positive affect: Does happiness lead to success? *Psychological Bulletin, 131*(6), 805–855.

Martz, E., & Livneh, H. (2016). Psychosocial adaptation to disability with the context of positive psychology: Findings from the literature. *Journal of Occupational Rehabilitation, 26*, 4–12.

Mehnert, T., Krauss, H. H., Nadler, R., & Boyd, M. (1990). Correlates of life satisfaction in those with disabling conditions. *Rehabilitation Psychology, 35*(1), 3–17. doi:10.1037/h0079046

Müeller, R., Gertz, K., Molton, I. M., Terrill, A. L., Bombardier, C. H., Ehde, D. M., & Jensen, M. P. (2016). Effects of a tailored positive psychology intervention on well-being and pain in individuals with chronic pain and a physical disability: A feasibility trial. *Clinical Journal of Pain, 32*, 32–44. doi:10.1097/AJP.0000000000000225. PMID: 25724020.

Obst, P., & Stafurik, J. (2010). Online we are all able bodied: Online psychological sense of community and social support found through membership of disability-specific websites promotes well-being for people living with a physical disability. *Journal of Community & Applied Social Psychology, 20*(6), 525–531.

Olkin, R. (1999). *What psychotherapists should know about disability*. New York, NY: Guilford.

Park, C. L. (2010). Making sense of the meaning literature: An integrative review of meaning making and its effects on adjustment to stressful life events. *Psychological Bulletin, 136*(2), 257–301.

Peter, C., Geyh, S., Ehde, D. M., Müller, V. R., & Jensen, M. P. (2015). Positive psychology in rehabilitation psychology research and practice. In S. Joseph (Ed.), *Positive psychology in practice: Promoting human flourishing in work, health, education, and everyday life* (2nd ed., pp. 443–459). Hoboken, NJ: John Wiley & Sons. doi:10.1002/9781118996874.ch27

Peter, C., Müller, R., Cieza, A., & Geyh, S. (2012). Psychological resources in spinal cord injury: A systematic literature review. *Spinal Cord, 50*, 188–201. doi:10.1038/sc.2011.125

Peters, M. L., Smeets, E., Feijge, M., van Breukelen, G., Andersson, G., Buhrman, M., & Linton, S. (2017). Happy despite pain: A randomized controlled trial of an 8-week Internet-delivered positive psychology intervention for enhancing well-being in patients with chronic pain. *Clinical Journal of Pain, 33*, 962–975.

Peterson, C., & Seligman, M. E. (2004). *Character strengths and virtues: A handbook and classification*. New York, NY: Oxford University Press.

Pinquart, M., & Sörensen, S. (2000). Influences of socioeconomic status, social network, and competence on subjective well-being in later life: A meta-analysis. *Psychology and Aging, 15*, 187–224.

Psarra, E., & Kleftaras, G. (2013). Adaptation to physical disabilities: The role of meaning in life and depression. *European Journal of Counselling Psychology, 2*(1), 79–99.

Reuman, L. R., Mitamura, C., & Tugade, M. M. (2013). Coping and disability. In M. L. Wehmeyer (Ed.), *The Oxford handbook of positive psychology and disability*. New York, NY: Oxford University Press. doi:10.1093/oxfordhb/9780195398786.013.013.0008

Roepke, A. M. (2015). Psychosocial interventions and posttraumatic growth: A meta-analysis. *Journal of Consulting and Clinical Psychology, 83*, 129–142.

Schubert, C. F., Schmidt, U., & Rosner, R. (2016). Posttraumatic growth in populations with posttraumatic stress disorder—A systematic review on growth-related psychological constructs and biological variables. *Clinical Psychology & Psychotherapy, 23*(6), 469–486. doi:10.1002/cpp.1985

Seligman, M. E. (2012). *Flourish: A visionary new understanding of happiness and well-being.* New York, NY: Simon and Schuster.（セリグマン，M. E. 宇野カオリ（監訳）(2014). ポジティブ心理学の挑戦："幸福"から"持続的幸福"へ ディスカヴァー・トゥエンティワン）

Seligman, M. E. P., & Csikszentmihalyi, M. (2000). Positive psychology: An introduction. *American Psychologist, 55*(1), 5–14. doi:10.1037//0003-066X.55.1.5

Sin, M. L., & Lyubomirsky, S. (2009). Enhancing well-being and alleviating depressive symptoms with positive psychology interventions: A practice-friendly meta-analysis. *Journal of Clinical Psychology: In Session, 65,* 467–487.

Smedema, S. M., Catalano, D., & Ebener, D. J. (2010). The relationship of coping, self-worth, and subjective well-being: A structural equation model. *Rehabilitation Counseling Bulletin, 53*(3), 131–142. doi:10.1177/0034355209358272

Synder, C. R., Harris, C., Anderson, J. R., Holleran, S. A., Irving, L. M., Sigmon, S. T., ... Harney, P. (1991). The will and the ways: Development and validation of an individual-differences measure of hope. *Journal of Personality and Social Psychology, 60*(4), 570–585. doi:10.1037/0022-3514.60.4.570

Snyder, C. R., & Lopez, S. J. (Eds.). (2009). *Oxford handbook of positive psychology.* New York, NY: Oxford University Press.

Tedeschi, R. G., & Calhoun, L. G. (1996). The Posttraumatic Growth Inventory: Measuring the positive legacy of trauma. *Journal of Traumatic Stress, 9*(3), 455–471. doi:10.1002/jts.2490090305

Thompson, N. J., Coker, J., Krause, J. S., & Henry, E. (2003). Purpose in life as a mediator of adjustment after spinal cord injury. *Rehabilitation Psychology, 48*(2), 100–108.

Tugade, M. M., & Fredrickson, B. L. (2004). Resilient individuals use positive emotions to bounce back from negative emotional experiences. *Journal of Personality and Social Psychology, 86*(2), 320–333. doi:10.1037/0022-3514.86.2.320

Vestling, M., Tufvesson, B., & Iwarsson, S. (2003). Indicators for return to work after stroke and the importance of work for subjective well-being and life satisfaction. *Journal of Rehabilitation Medicine, 35*(3), 127–131.

Walsh, M. V., Armstrong, T. W., Poritz, J., Elliott, T. R., Jackson, W. T., & Ryan, T. (2016). Resilience, pain interference, and upper limb loss: Testing the mediating effects of positive emotion and activity restriction on distress. *Archives of Physical Medicine and Rehabilitation, 97*(5), 781–787. doi:10.1016/j.apmr.2016.01.016

Whiteneck, G. G., Harrison-Felix, C. L., Mellick, D. C., Brooks, C. A., Charlifue, S. B., & Gerhart, K. A. (2004). Quantifying environmental factors: A measure of physical, attitudinal, service, productivity, and policy barriers. *Archives of Physical Medicine and Rehabilitation, 85*(8), 1324–1335.

Wright, B. A. (1983). *Physical disability: A psychosocial approach.* New York, NY: Harper & Row.

第18章

Algozzine, B., Browder, D., Karvonen, M., Test, D., & Wood, W. (2001). Effects of intervention to promote self-determination for individuals with disabilities. *Review of Educational Research, 71*(2), 219–277. https://doi.org/10.3102/00346543071002219

Angyal, A. (1941). *Foundations for a science of personality.* Cambridge, MA: Harvard University Press.

Cobb, B., Lehmann, J., Newman-Gonchar, R., & Morgen, A. (2009). Self-determination for students with disabilities: A narrative metasynthesis. *Career Development for Exceptional Individuals, 32*(2), 108–114. https://doi.org/10.1177/0885728809336654

Deci, E. L., & Ryan, R. M. (2000). The "what" and "why" of goal pursuits: Human needs and the self-determination of behavior. *Psychological Inquiry, 11*(4), 237–268. https://doi.org/10.1207/S15327965PLI1104_01

Deci, E. L., & Ryan, R. M. (2012). Motivation, personality, and development within embedded social contexts: An overview of Self-Determination Theory. In R. M. Ryan (Ed.), *The Oxford handbook of human motivation* (pp. 85–110). Oxford, UK: Oxford University Press. https://doi.org/10.1093/oxfordhb/9780195399820.013.0006

Deci, E. L., Schwartz, A. J., Sheinman, L., & Ryan, R. M. (1981). An instrument to assess adults' orientations toward control versus autonomy with children: Reflections on intrinsic motivation and perceived competence. *Journal of Educational Psychology, 73*, 642–650. https://doi.org/10.1037/0022-0663.73.5.642

Dunn, D. S. (2015). *The social psychology of disability*. New York, NY: Oxford University Press.

Griffin, L. K., Adams, N., & Little, T. D. (2017). Self-determination theory, identity development, and adolescence. In M. L. Wehmeyer, K. A. Shogren, T. D. Little, & S. J. Lopez (Eds.), *Development of self-determination across the life course* (pp. 189–196). New York, NY: Springer. https://doi.org/10.1007/978-94-024-1042-6_14

Guay, F., Ratelle, C., Larose, S., Vallerand, R. J., & Vitaro, F. (2013). The number of autonomy-supportive relationships: Are more relationships better for motivation, perceived competence, and achievement? *Contemporary Educational Psychology, 38*, 375–382. https://doi.org/10.1016/j.cedpsych.2013.07.005

Hadden, B. W., Rodriguez, L. M., Knee, C. R., & Porter, B. (2015). Relationship autonomy and support provision in romantic relationships. *Motivation and Emotion, 39*, 359–373. https://doi.org/10.1007/s11031-014-9455-9

Koestner, R., Powers, T. A., Carbonneau, N., Milyavskaya, M., & Chua, S. N. (2012). Distinguishing autonomous and directive forms of goal support: Their effects on goal progress, relationship quality, and subjective well-being. *Personality and Social Psychology Bulletin, 38*(12), 1609–1620. https://doi.org/10.1177/0146167212457075

Lachapelle, Y., Wehmeyer, M., Haelewyck, M., Courbois, Y., Keith, K., Schalock, R., . . . Walsh, P. (2005). The relationship between quality of life and self-determination: An international study. *Journal of Intellectual Disability Research, 49*(10), 740–744. https://doi.org/10.1111/j.1365-2788.2005.00743.x

Legault, L., Green-Demers, I., Grant, P., & Chung, J. (2007). On the self-regulation of implicit and explicit prejudice: A self-determination theory perspective. *Personality and Social Psychology Bulletin, 33*(5), 732–749. https://doi.org/10.1177/0146167206298564

Ng, J. Y. Y., Ntoumanis, N., Thogersen-Ntoumani, C., Deci, E. L., Ryan, R. M., Duda, J. L., & Williams, G. C. (2012). Self-determination theory applied to health contexts: A meta-analysis. *Perspectives on Psychological Science, 7*, 325–340. https://doi.org/10.1177/1745691612447309

Ratelle, C. F., & Duchesne, S. (2014). Trajectories of psychological need satisfaction from early to late adolescence as a predictor of adjustment in school. *Contemporary Educational Psychology, 39*, 388–400. https://doi.org/10.1016/j.cedpsych.2014.09.003

Reeve, J. (2012). A self-determination theory perspective on student engagement. In S. L. Christenson, A. L. Reschly, & C. Wylie (Eds.), *Handbook of research on student engagement* (pp. 149–172). New York, NY: Springer. https://doi.org/10.1007/978-1-4614-2018-7_7

Ryan, R. M., & Deci, E. L. (2017). *Self-determination theory: Basic psychological needs in motivation, development, and wellness*. New York, NY: Guilford Press.

Shogren, K. A., Gotto, G. S., Wehmeyer, M. L., Shaw, L., Seo, H., Palmer, S., . . . Barton, K. N. (2016). The impact of the Self-Determined Career Development Model on self-determination outcomes. *Journal of Vocational Rehabilitation, 45*, 337–350. https://doi.org/10.3233/JVR-160834

Shogren, K. A., Little, T. D., & Wehmeyer, M. L. (2017). Human agentic theories and the development of self-determination. In M. L. Wehmeyer, K. A. Shogren, T. D. Little, & S. Lopez (Eds.), *Development of self-determination across the life course* (pp. 17–26). New York, NY: Springer. https://doi.org/10.1007/978-94-024-1042-6_2

Shogren, K. A., Lopez, S. J., Wehmeyer, M. L., Little, T. D., & Pressgrove, C. L. (2006). The role of positive psychology constructs in predicting life satisfaction in adolescents with and without cognitive disabilities: An exploratory study. *Journal of Positive Psychology, 1*, 37–52. https://doi.org/10.1080/17439760500373174

Shogren, K., Palmer, S., Wehmeyer, M. L., Williams-Diehm, K., & Little, T. (2012). Effect of intervention with the Self-Determined Learning Model of Instruction on access and goal attainment. *Remedial and Special Education, 33*(5), 320–330. https://doi.org/10.1177/0741932511410072

Shogren, K. A., Wehmeyer, M. L., Palmer, S. B., Forber-Pratt, A., Little, T., & Lopez, S. (2015). Causal Agency Theory: Reconceptualizing a functional model of self-determination. *Education and Training in Autism and Developmental Disabilities, 50*(3), 251–263.

Shogren, K. A., Wehmeyer, M. L., Palmer, S. B., Rifenbark, G., & Little, T. (2015). Relationships between self-determination and postschool outcomes for youth with disabilities. *Journal of Special Education, 48*(4), 256–267. https://doi.org/10.1177/0022466913489733

Stancliffe, R., & Wehmeyer, M. L. (1995). Variability in the availability of choice to adults with mental retardation. *Journal of Vocational Rehabilitation, 5*, 319–328. https://doi.org/10.1016/1052-2263(95)00142-3

Wehmeyer, M. L. (1992). Self-determination and the education of students with mental retardation. *Education and Training in Mental Retardation, 27*, 302–314.

Wehmeyer, M. L. (2004). Beyond self-determination: Causal Agency Theory. *Journal of Developmental and Physical Disabilities, 16*, 337–359. https://doi.org/10.1007/s10882-004-0691-x

Wehmeyer, M. L., Abery, B., Mithaug, D. E., & Stancliffe, R. J. (2003). *Theory in self-determination: Foundations for educational practice.* Springfield, IL: Charles C Thomas Publisher.

Wehmeyer, M. L., & Bolding, N. (1999). Self-determination across living and working environments: A matched-samples study of adults with mental retardation. *Mental Retardation, 37*, 353–363. https://doi.org/10.1352/0047-6765(1999)037<0353:SALAWE>2.0.CO;2

Wehmeyer, M. L., & Bolding, N. (2001). Enhanced self-determination of adults with mental retardation as an outcome of moving to community-based work or living environments. *Journal of Intellectual Disability Research, 45*, 371–383. https://doi.org/10.1046/j.1365-2788.2001.00342.x

Wehmeyer, M., Palmer, S., Shogren, K., Williams-Diehm, K., & Soukup, J. (2012). Establishing a causal relationship between interventions to promote self-determination and enhanced student self-determination. *Journal of Special Education, 46*(4), 195–210. https://doi.org/10.1177/0022466910392377

Wehmeyer, M., & Schwartz, M. (1998). The relationship between self-determination, quality of life, and life satisfaction for adults with mental retardation. *Education and Training in Mental Retardation and Developmental Disabilities, 33*(1), 3–12.

Wehmeyer, M. L., Little, T., & Sergeant, J. (2009). Self-determination. In S. Lopez & R. Snyder (Eds.), *Handbook of positive psychology* (2nd ed., pp. 357–366). Oxford, UK: Oxford University Press. https://doi.org/10.1093/oxfordhb/9780195187243.013.0033

Wehmeyer, M. L., & Shogren, K.A. (2017). Applications of the self-determination construct to disability. In M. L. Wehmeyer, K. A. Shogren, T. D. Little, & S. J. Lopez (Eds.), *Development of self-determination across the life-course* (pp. 111–123). New York, NY: Springer. https://doi.org/10.1007/978-94-024-1042-6_9

Wehmeyer, M. L., Shogren, K. A., Little, T. D., & Lopez, S. J. (2017). *Development of self-determination across the life-course.* New York, NY: Springer. https://doi.org/10.1007/978-94-024-1042-6

Wehmeyer, M., Shogren, K., Palmer, S., Williams-Diehm, K., Little, T., & Boulton, A. (2012). The impact of the Self-Determined Learning Model of Instruction on student self-determination. *Exceptional Children, 78*(2), 135–153. https://doi.org/10.1177/001440291207800201

第 19 章

Alschuler, K. N., Kratz, A. L., & Ehde, D. M. (2016). Resilience and vulnerability in individuals with chronic pain and physical disability. *Rehabilitation Psychology, 61*(1), 7–18. doi:10.1037/rep0000055

Amtmann, D., Bamer, A. M., Cook, K. F., Askew, R. L., Noonan, V. K., & Brockway, J. A. (2012). University of Washington self-efficacy scale: A new self-efficacy scale for people with disabilities. *Archives of Physical Medicine & Rehabilitation, 93*(10), 1757–1765. doi:S0003-9993(12)00320-6

Bandura, A. (1986). *Social foundations of thought and action: A social cognitive theory.* Englewood Cliffs, NJ: Prentice-Hall.

Barclay, L., McDonald, R., & Lentin, P. (2015). Social and community participation following spinal cord injury: A critical review. *International Journal of Rehabilitation Research, 38*(1), 1–19.

Baumeister, R. F. (1991). *Meanings of life*. New York, NY: Guilford Press.

Berges, I. M., Seale, G. S., & Ostir, G. V. (2011). Positive affect and pain ratings in persons with stroke. *Rehabilitation Psychology, 56*(1), 52–57. doi:10.1037/a0022683

Berges, I. M., Seale, G. S., & Ostir, G. V. (2012). The role of positive affect on social participation following stroke. *Disability and Rehabilitation, 34*(25), 2119–2123. doi:10.3109/09638288.2012.673684

Blascovich, J. (2013). Challenge and threat. In A. J. Elliot (Ed.), *Handbook of approach and avoidance motivation* (pp. 431–446). Hove, UK: Psychology Press.

Bonanno, G. A. (2004). Loss, trauma, and human resilience: Have we underestimated the human capacity to thrive after extremely aversive events? *American Psychologist, 59*(1), 20–28. doi:10.1037/0003-066x.59.1.20

Bonanno, G. A. (2005). Resilience in the face of potential trauma. *Current Directions in Psychological Science, 14*(3), 135–138. doi:10.1111/j.0963-7214.2005.00347.x

Bonanno, G. A., Kennedy, P., Galatzer-Levy, I. R., Lude, P., & Elfstöm, M. L. (2012). Trajectories of resilience, depression, and anxiety following spinal cord injury. *Rehabilitation Psychology, 57*(3), 236–247. doi:10.1037/a0029256

Bronfenbrenner, U., & Morris, P. A. (2006). The bioecological model of human development. In R. M. Lerner (Ed.), *Handbook of child development: Vol. 1. Theoretical models of human development* (6th ed., pp. 793–828). Hoboken, NJ: John Wiley & Sons.

Carver, C. S., & Scheier, M. F. (1998). *On the self-regulation of behavior*. Cambridge, UK: Cambridge University Press.

Carver, C. S., Scheier, M. F., & Segerstrom, S. C. (2010). Optimism. *Clinical Psychology Review, 30*, 879–889.

Carver, C. S., Scheier, M. F., & Weintraub, J. K. (1989). Assessing coping strategies: A theoretically based approach. *Journal of Personality and Social Psychology, 56*(2), 267–283. doi:10.1037/0022-3514.56.2.267

Cheng, C., Lau, H. P., & Chan, M. P. (2014). Coping flexibility and psychological adjustment to stressful life changes: A meta-analytic review. *Psychological Bulletin, 140*(6), 1582–1607. doi:10.1037/a0037913

Chida, Y., & Steptoe, A. (2008). Positive psychological well-being and mortality: A quantitative review of prospective observational studies. *Psychosomatic Medicine, 70*(7), 741–756.

Costanzo, E. S., Ryff, C. D., & Singer, B. H. (2009). Psychosocial adjustment among cancer survivors: Findings from a national survey of health and well-being. *Health Psychology, 28*, 147–156.

Craig, A. (2012). Resilience in people with physical disability. In P. Kennedy (Ed.), *The Oxford handbook of rehabilitation psychology* (pp. 474–491). New York, NY: Oxford University Press.

Craig, A., Tran, Y., Siddall, P., Wijesuriya, N., Lovas, J., Bartrop, R., & Middleton, J. (2013). Developing a model of associations between chronic pain, depressive mood, chronic fatigue, and self-efficacy in people with spinal cord injury. *Journal of Pain, 14*(9), 911–920. doi:10.1016/j.jpain.2013.03.002

deRoon-Cassini, T. A., Mancini, A. D., Rusch, M. D., & Bonanno, G. A. (2010). Psychopathology and resilience following traumatic injury: A latent growth mixture model analysis. *Rehabilitation Psychology, 55*(1), 1–11. doi:10.1037/a0018601

Devereux, P. G., Bullock, C. C., Gibb, Z. G., & Himler, H. (2015). Social-ecological influences on interpersonal support in people with physical disability. *Disability and Health Journal, 8*, 564–572.

Dunn, D. S. (1994). Positive meaning and illusions following disability: Reality negotiation, normative interpretation and value change. *Journal of Social Behavior and Personality, 9*(5), 123–138.

Egeland, B., Carlson, E., & Sroufe, L. A. (1993). Resilience as process. *Development and Psychopathology, 5*(4), 517–528.

Ehde, D. M. (2010). Application of positive psychology to rehabilitation psychology. In R. G. Frank, M. Rosenthal, & B. Caplan (Eds.), *Handbook of rehabilitation psychology* (2nd ed., pp. 417–424). Washington, DC: American Psychological Association.

文献

Ekelman, B. A., Allison, D. L., Duvnjak, D., DiMarino, D. R., Jodzio, J., & Iannarelli, P. V. (2017). A wellness program for men with spinal cord injury: Participation and meaning. *OTJR: Occupation, Participation and Health, 37*(1), 30–39.

Elfström, M. L., Kreuter, M., Ryden, A., Persson, L. O., & Sullivan, M. (2002). Effects of coping on psychological outcome when controlling for background variables: A study of traumatically spinal cord lesioned persons. *Spinal Cord, 40*(8), 408–415. doi:10.1038/sj.sc.3101299

Fisher, M. N., Snih, S. A., Ostir, G. V., & Goodwin, J. S. (2004). Positive affect and disability among older Mexican Americans with arthritis. *Arthritis and Rheumatology, 51*(1), 34–39. doi:10.1002/art.20079

Folkman, S., Lazarus, R. S., Dunkel-Schetter, C., DeLongis, A., & Gruen, R. J. (1986). Dynamics of a stressful encounter: Cognitive appraisal, coping, and encounter outcomes. *Journal of Personality and Social Psychology, 50*(5), 992–1003.

Fredrickson, B. L. (2001). The role of positive emotions in positive psychology: The broaden-and-build theory of positive emotions. *American Psychologist, 56*(3), 218–226.

Garland, E. L., Fredrickson, B., Kring, A. M., Johnson, D. P., Meyer, P. S., & Penn, D. L. (2010). Upward spirals of positive emotions counter downward spirals of negativity: Insights from the broaden-and-build theory and affective neuroscience on the treatment of emotion dysfunctions and deficits in psychopathology. *Clinical Psychology Review, 30*(7), 849–864. doi:10.1016/j.cpr.2010.03.002

Hagedoorn, M., Saderman, R., Bolks, H. N., Tuinstra, J., & Coyne, J C. (2008). Distress in couples coping with cancer: A meta-analysis and critical review of role and gender effects. *Psychological Bulletin, 134*(1), 1–30.

Hampton, N. Z. (2004). Subjective well-being among people with spinal cord injuries: The role of self-efficacy, perceived social support, and perceived health. *Rehabilitation Counseling Bulletin, 48*(1), 31–37.

Harrington, A. L., Hirsch, M. A., Hammond, F. M., Norton, H. J., & Bockenek, W. L. (2009). Assessment of primary care services and perceived barriers to care in persons with disabilities. *American Journal of Physical Medicine and Rehabilitation, 88*(10), 852–863.

Kennedy, P., Evans, M., & Sandhu, N. (2009). Psychological adjustment to spinal cord injury: The contribution of coping, hope and cognitive appraisals. *Psychology, Health & Medicine, 14*(1), 17–33. doi:10.1080/13548500802001801

Korpershoek, C., van der Bijl, J., & Hafsteinsdottir, T. B. (2011). Self-efficacy and its influence on recovery of patients with stroke: A systematic review. *Journal of Advanced Nursing, 67*(9), 1876–1894. doi:10.1111/j.1365-2648.2011.05659.x

Lazarus, R. S. (1966). *Psychological stress and the coping process.* New York, NY: McGraw-Hill.

Lazarus, R. S., & Folkman, S. (1984). *Stress, appraisal, and coping.* New York, NY: Springer.（ラザルス，R. S.・フォルクマン，S. 本明寛・春木豊・織田正美（監訳）(1991). ストレスの心理学：認知的評価と対処の研究 実務教育出版）

Li, Q., & Loke, A. Y. (2014). A literature review on the mutual impact of the spousal caregiver-cancer patients dyads: "Communication," "reciprocal influence," and "caregiver-patient congruence." *European Journal of Oncology Nursing, 18*(1), 58–65. doi:10.1016/j.ejon.2013.09.003

Liu, J. J., Reed, M., & Girard, T. A. (2017). Advancing resilience: An integrative, multi-system model of resilience. *Personality and Individual Differences, 111*, 111–118.

Locatelli, S. M., Etingen, B., Miskevics, S., & LaVela, S. L. (2017). Effect of the environment on participation in spinal cord injuries/disorders: The mediating impact of resilience, grief, and self-efficacy. *Rehabilitation Psychology, 62*(3), 334.

Luthar, S. S. (2006). Resilience in development: A synthesis of research across five decades. In D. J. Cohen & D. Cicchetti (Eds.), *Developmental psychopathology: Risk, disorder, and adaptation* (pp. 739–795). Hoboken, NJ: John Wiley & Sons.

Luthar, S. S., Cicchetti, D., & Becker, B. (2000). The construct of resilience: A critical evaluation and guidelines for future work. *Child Development, 71*(3), 543–562.

Lyubomirsky, S., King, L., & Diener, E. (2005). The benefits of frequent positive affect: Does happiness lead to success? *Psychological Bulletin, 131*(6), 803–855. doi:10.1037/0033-2909.131.6.803

Machida, M., Irwin, B., & Feltz, D. (2013). Resilience in competitive athletes with spinal cord injury: The role of sport participation. *Qualitative Health Research, 23*(8), 1054–1065.

Mancini, A. D., & Bonanno, G. A. (2006). Resilience in the face of potential trauma: Clinical practices and illustrations. *Journal of Clinical Psychology, 62*(8), 971–985. doi:10.1002/jclp.20283

Masten, A. S., Best, K. M., & Garmezy, N. (1990). Resilience and development: Contributions from the study of children who overcome adversity. *Development and Psychopathology, 2*(4), 425–444. doi:10.1017/S0954579400005812

McMillen, J. C., & Cook, C. L. (2003). The positive by-products of spinal cord injury and their correlates. *Rehabilitation Psychology, 48*(2), 77–85. doi:10.1037/0090-5550.48.2.77

Molton, I. R., & Yorkston, K. M. (2017). Growing older with a physical disability: A special application of the successful aging paradigm. *Journals of Gerontology: Series B, 72*(2), 290–299.

Nes, L. S., & Segerstrom, S. C. (2006). Dispositional optimism and coping: A meta-analytic review. *Personality and Social Psychology Review, 10*(3), 235–251.

Ostir, G. V., Ottenbacher, K. J., & Markides, K. S. (2004). Onset of frailty in older adults and the protective role of positive affect. *Psychology and Aging, 19*(3), 402–408. doi:10.1037/0882-7974.19.3.402

Pakenham, K. I. (2007). Making sense of multiple sclerosis. *Rehabilitation Psychology, 52*(4), 380.

Park, C. L. (2010). Making sense of the meaning literature: An integrative review of meaning making and its effects on adjustment to stressful life events. *Psychological Bulletin, 136*(2), 257–301. doi:10.1037/a0018301

Peter, C., Müller, R., Post, M. W., van Leeuwen, C. M., Werner, C. S., & Geyh, S. (2014). Psychological resources, appraisals, and coping and their relationship to participation in spinal cord injury: A path analysis. *Archives of Physical Medicine & Rehabilitation, 95*(9), 1662–1671. doi:10.1016/j.apmr.2014.04.012

Peterson, C. (2000). The future of optimism. *American Psychologist, 55*(1), 44–55. http://dx.doi.org/10.1037/0003-066X.55.1.44

Peterson, C., & Bossio, L. M. (1991). *Health and optimism.* New York, NY: Free Press.

Pietrzak, R. H., Tracy, M., Galea, S., Kilpatrick, D. G., Ruggiero, K. J., Hamblen, J. L., . . . Norris, F. H. (2012). Resilience in the face of disaster: Prevalence and longitudinal course of mental disorders following hurricane Ike. *PLoS One, 7*(6), e38964. doi:10.1371/journal.pone.0038964

Pollard, C., & Kennedy, P. (2007). A longitudinal analysis of emotional impact, coping strategies and post-traumatic psychological growth following spinal cord injury: A 10-year review. *British Journal of Health Psychology, 12*(Pt. 3), 347–362. doi:10.1348/135910707x197046

Pressman, S. D., & Cohen, S. (2005). Does positive affect influence health? *Psychological Bulletin, 131*(6), 925–971. doi:10.1037/0033-2909.131.6.925

Price, P., Kinghorn, J., Patrick, R., & Cardell, B. (2012). "Still there is beauty" : One man's resilient adaptation to stroke. *Scandinavian Journal of Occupational Therapy, 19*(2), 111–117.

Rak, E. C., & Spencer, L. (2016). Community participation of persons with disabilities: Volunteering donations and involvement in groups and organisations. *Disability and Rehabilitation, 38*(17), 1705–1715.

Rasmussen, H. N., Scheier, M. F., & Greenhouse, J. B. (2009). Optimism and physical health: A meta-analytic review. *Annals of Behavioral Medicine, 37*, 239–256.

Repetti, R. L., Wang, S. W, & Saxbe, D. E. (2011). Adult health in the context of everyday family life. *Annals of Behavioral Medicine, 42*(3), 285–293.

Rosenberg, D. E., Huang, D. L., Simonovich, S. D., & Belza, B. (2013). Outdoor built environment barriers and facilitators to activity among midlife and older adults with mobility disabilities. *Gerontologist, 53*(2), 268–279.

Runswick-Cole, K., & Goodley, D. (2013). Resilience: A disability studies and community psychology approach. *Social and Personality Psychology Compass, 7*(2), 67–78.

Ryff, C. D. (1989). Happiness is everything, or is it? Explorations on the meaning of psychological well-being.

Journal of Personality and Social Psychology, 57(6), 1069.

Sadler, P., Ethier, N., & Woody, E. (2011). Interpersonal complementarity. In L. M. Horowitz & S. Strack (Eds.), *Handbook of interpersonal psychology: Theory, research, assessment, and therapeutic interventions* (pp. 123–142). Hoboken, NJ: John Wiley & Sons.

Scheier, M. F., & Carver, C. S. (1985). Optimism, coping, and health: Assessment and implications of generalized outcome expectancies. *Health Psychology, 4*(3), 219–247.

Scheier, M. F., Carver, C. S., & Bridges, M. W. (1994). Distinguishing optimism from neuroticism (and trait anxiety, self-mastery, and self-esteem): A reevaluation of the Life Orientation Test. *Journal of Personality and Social Psychology, 67*(6), 1063–1078.

Shukla, G. D., Sahu, S. C., Tripathi, R. P., & Gupta, D. K. (1982). A psychiatric study of amputees. *British Journal of Psychiatry, 141*(1), 50–53.

Silverman, A. M., Molton, I. R., Alschuler, K. N., Ehde, D. M., & Jensen, M. P. (2015). Resilience predicts functional outcomes in people aging with disability: A longitudinal investigation. *Archives of Physical Medicine & Rehabilitation, 96*(7), 1262–1268. doi:10.1016/j.apmr.2015.02.023

Smith, T. W., & MacKenzie, J. (2006). Personality and physical illness risk. In S. Nolen-Hoeksema, T. D. Cannon, & T. Widiger (Eds.), *Annual review of clinical psychology.* (Vol. 2, pp. 435–467). Palo Alto, CA: Annual Reviews.

Smith. T. W., Ruiz, J. M., Cundiff, J. M., Baron, K. G., & Nealey-Moore, J. B. (2013). Optimism and pessimism in social context: An interpersonal perspective on resilience and risk. *Journal of Research in Personality, 47*, 553–562.

Steptoe, A., O'Donnell, K., Marmot, M., & Wardle, J. (2008). Positive affect and psychosocial processes related to health. *British Journal of Psychology, 99*(Pt. 2), 211–227. doi:10.1348/000712607x218295

Strecher, V. J., DeVellis, B. M., Becker, M. H., & Rosenstock, I. M. (1986). The role of self-efficacy in achieving health behavior change. *Health Education Quarterly, 13*(1), 73–92.

Suls, J., & Fletcher, B. (1985). The relative efficacy of avoidant and non-avoidant coping strategies: A meta-analysis. *Health Psychology, 4*, 249–288.

Terrill, A. L., Molton, I. R., Amtmann, D., & Jensen, M. P. (2014). Resilience, self-efficacy, and pain in persons aging with long-term physical disability. *Annals of Behavioral Medicine, 47*(1), s215.

Terrill, A. L., Molton, I. R., Ehde, D. M., Amtmann, D., Bombardier, C. H., Smith, A. E., & Jensen, M. P. (2016). Resilience, age, and perceived symptoms in persons with long-term physical disabilities. *Journal of Health Psychology, 21*(5), 640–649. doi:10.1177/1359105314532973

Terrill, A. L., Reblin, M. MacKenzie, J. J., Cardell, B., Berg, C., Majerisk, J., & Richards, L. (2017). A couples-based intervention improves depressive symptoms in stroke survivors and care-partners. *Archives of Physical Medicine & Rehabilitation, 98*(10), e25.

Terrill, A. L., Reblin, M., MacKenzie, J. J., Cardell, B., Einerson, J., Berg, C., Majersik, J., & Richards, L. (2018). Development of a novel positive psychology-based intervention for couples post-stroke. *Rehabilitation Psychology, 63*(1), 43–54.

Terrill, A. L., Ruiz, J. M., & Garofalo, J. P. (2010). Look on the bright side: Do the benefits of optimism depend on the social nature of the stressor? *Journal of Behavioral Medicine, 33*, 399–414.

Thompson, N. J., Coker, J., Krause, J. S., & Henry, E. (2003). Purpose in life as a mediator of adjustment after spinal cord injury. *Rehabilitation Psychology, 48*(2), 100–108. http://dx.doi.org/10.1037/0090-5550.48.2.100

Tsai, I., Graves, D. E., Chan, W., Darkoh, C., Lee, M., & Pompeii, L. A. (2017). Environmental barriers and social participation in individuals with spinal cord injury. *Rehabilitation Psychology, 62*(1), 36–44.

Tugade, M. M., & Fredrickson, B. L. (2004). Resilient individuals use positive emotions to bounce back from negative emotional experiences. *Journal of Personality and Social Psychology, 86*(2), 320–333.

van Leeuwen, C. M., Kraaijeveld, S., Lindeman, E., & Post, M. W. (2012). Associations between psychological factors and quality of life ratings in persons with spinal cord injury: A systematic review. *Spinal Cord, 50*(3), 174–187. doi:10.1038/sc.2011.120

Vassend, O., Quale, A. J., Røise, O., & Schanke, A. K. (2011). Predicting the long-term impact of acquired severe injuries on functional health status: The role of optimism, emotional distress and pain. *Spinal Cord, 49*(12), 1193–1197. doi:10.1038/sc.2011.70

White, B., Driver, S., & Warren, A.-M. (2008). Considering resilience in the rehabilitation of people with traumatic disabilities. *Rehabilitation Psychology, 53*(1), 9–17. doi:10.1037/0090-5550.53.1.9

White, J. H., Attia, J., Sturm, J., Carter, G., & Magin, P. (2014). Predictors of depression and anxiety in community dwelling stroke survivors: A cohort study. *Disability and Rehabilitation, 36*(23), 1975–1982.

World Health Organization. (2001). *International classification of functioning, disability, and health*. Geneva, Switzerland: Author.（世界保健機関（編）障害者福祉研究会（編）(2002)．国際生活機能分類：国際障害分類改定版　中央法規出版）

Wright, B. (1983). *Physical disability: A psychosocial approach* (2nd ed.). New York, NY: HarperCollins.

Wu, G., Feder, A., Cohen, H., Kim, J. J., Calderon, S., Charney, D. S., & Mathe, A. A. (2013). Understanding resilience. *Frontiers in Behavioral Neuroscience, 7*, 10. doi:10.3389/fnbeh.2013.00010 [doi]

Zautra, A. J. (2009). Resilience: One part recovery, two parts sustainability. *Journal of Personality, 77*(6), 1935–1943. doi:10.1111/j.1467-6494.2009.00605.x

Zautra, A. J., Johnson, L. M., & Davis, M. C. (2005). Positive affect as a source of resilience for women in chronic pain. *Journal of Consulting and Clinical Psychology, 73*(2), 212–220. doi:10.1037/0022-006X.73.2.212

Zebrack, B. J., Corbett, V., Embry, L., Aguilar, C., Meeske, K. A., Hayes-Lattin, B., . . . Cole, S. (2014). Psychological distress and unsatisfied need for psychosocial support in adolescent and young adult cancer patients during the first year following diagnosis. *Psychooncology, 23*(11), 1267–1275. doi:10.1002/pon.3533

第20章

Bissell, D., Ziadni, M., Sturgeon, J., Martin, K., Guck, A., & Trost, Z. (2017). The impact of perceived discrimination, injustice beliefs, and sleep disturbance on anger experience in chronic low back pain. *Journal of Pain, 18*(4), S64. https://doi.org/10.1016/j.jpain.2017.02.333

Bissell, D. A., Ziadni, M. S., & Sturgeon, J. A. (2018). Perceived injustice in chronic pain: An examination through the lens of predictive processing. *Pain Management, 8*(2), 129–138. https://doi.org/10.2217/pmt-2017-0051

Carriere, J. S., Martel, M.-O., Kao, M.-C., Sullivan, M. J., & Darnall, B. D. (2017, March 7). Pain behavior mediates the relationship between perceived injustice and opioid prescription for chronic pain: A Collaborative Health Outcomes Information Registry study. https://doi.org/10.2147/JPR.S128184

Carriere, J. S., Sturgeon, J. A., Yakobov, E., Kao, M.-C., Mackey, S. C., & Darnall, B. D. (2018). The impact of perceived injustice on pain-related outcomes: A combined model examining the mediating roles of pain acceptance and anger in a chronic pain sample. *Clinical Journal of Pain, 34*(8), 739–747. https://doi.org/10.1097/AJP.0000000000000602

Colquitt, J. A., Conlon, D. E., Wesson, M. J., Porter, C. O. L. H., & Ng, K. Y. (2001). Justice at the millennium: A meta-analytic review of 25 years of organizational justice research. *Journal of Applied Psychology, 86*(3), 425–445.

Colquitt, J. A., Scott, B. A., Judge, T. A., & Shaw, J. C. (2006). Justice and personality: Using integrative theories to derive moderators of justice effects. *Organizational Behavior and Human Decision Processes, 100*(1), 110–127. doi:10.1016/j.obhdp.2005.09.001. Retrieved from http://offcampus.lib.washington.edu/login?url=http://search.ebscohost.com/login.aspx?direct=true&db=psyh&AN=2006-05532-008&site=ehost-live colquitt@ufl.edu

Dalbert, C. (2009). Belief in a just world. In M. R. Leary & R. H. Hoyle (Eds.), *Handbook of individual differences in social behavior* (pp. 288–297). New York, NY: Guilford Press.

Darley, J. M. (2001). Citizens' sense of justice and the legal system. *Current Directions in Psychological Science, 10*(1), 10–13. Retrieved from http://www.jstor.org/stable/20182681

De Vogli, R., Ferrie, J. E., Chandola, T., Kivimäki, M., & Marmot, M. G. (2007). Unfairness and health: Evidence from the Whitehall II Study. *Journal of Epidemiology and Community Health, 61*(6), 513.

Dunn, D. S. (2015). *The social psychology of disability*. New York, NY: Oxford University Press.

Eccleston, C., & Crombez, G. (2007). Worry and chronic pain: A misdirected problem solving model. *Pain, 132*(3), 233–236. https://doi.org/DOI10.1016/j.pain.2007.09.014

Ferrari, R. (2015). A prospective study of perceived injustice in whiplash victims and its relationship to recovery. *Clinical Rheumatology, 34*(5), 975–979. https://doi.org/10.1007/s10067-014-2693-0

Ferrari, R., & Russell, A. S. (2014). Perceived injustice in fibromyalgia and rheumatoid arthritis. *Clinical Rheumatology, 33*(10), 1501–1507. https://doi.org/10.1007/s10067-014-2552-z

Folkman, S., Lazarus, R. S., Gruen, R. J., & DeLongis, A. (1986). Appraisal, coping, health status, and psychological symptoms. *Journal of Personality and Social Psychology, 50*(3), 571–579.

Furnham, A. (2003). Belief in a just world: Research progress over the past decade. *Personality and Individual Differences, 34*(5), 795–817. Retrieved from <Go to ISI>://000181794500006

Gagnon, J., Martel, M.-E., Dionne, F., Scott, W., & Alencar Abaide Balbinotti, M. (2016). Perceived injustice and chronic pain acceptance: Are we measuring two separate constructs or opposite poles of the same dimension? *Saúde e Desenvolvimento Humano, 4*. https://doi.org/10.18316/2317-8582.16.14

Grue, J., Johannessen, L. E. F., & Rasmussen, E. F. (2015). Prestige rankings of chronic diseases and disabilities. A survey among professionals in the disability field. *Social Science & Medicine (1982), 124*, 180–186. https://doi.org/10.1016/j.socscimed.2014.11.044

Hadler, N. M., Tait, R. C., & Chibnall, J. T. (2007). Back pain in the workplace. *Journal of the American Medical Association, 297*(14), 1594–1596. https://doi.org/10.1001/jama.297.14.1594

Hirsh, A. T., George, S. Z., & Robinson, M. E. (2009). Pain assessment and treatment disparities: A virtual human technology investigation. *Pain, 143*(1–2), 106–113. https://doi.org/10.1016/j.pain.2009.02.005

Jackson, B., Kubzansky, L. D., & Wright, R. J. (2006). Linking perceived unfairness to physical health: The perceived unfairness model. *Review of General Psychology, 10*(1), 21–40. https://doi.org/10.1037/1089-2680.10.1.21

Kivimäki, M., Vahtera, J., Elovainio, M., Virtanen, M., & Siegrist, J. (2007). Effort-reward imbalance, procedural injustice and relational injustice as psychosocial predictors of health: Complementary or redundant models? *Occupational and Environmental Medicine, 64*(10), 659–665. https://doi.org/10.1136/oem.2006.031310

Kool, M. B., van Middendorp, H., Lumley, M. A., Schenk, Y., Jacobs, J. W. G., Bijlsma, J. W. J., & Geenen, R. (2010). Lack of understanding in fibromyalgia and rheumatoid arthritis: The Illness Invalidation Inventory (3*I). *Annals of the Rheumatic Diseases, 69*(11), 1990–1995. https://doi.org/10.1136/ard.2009.123224

Kool, M. B., van de Schoot, R., López-Chicheri García, I., Mewes, R., Da Silva, J. A. P., Vangronsveld, K., ... Geenen, R. (2014). Measurement invariance of the Illness Invalidation Inventory (3*I) across language, rheumatic disease and gender. *Annals of the Rheumatic Diseases, 73*(3), 551–556. https://doi.org/10.1136/annrheumdis-2012-201807

Kravetz, S., Katz, S., & Albez, D. (1994). Attitudes toward Israeli war veterans with disabilities: Combat versus noncombat military service and responsibility for the disability. *Rehabilitation Counseling Bulletin, 37*, 371–379.

Lazarus, R. A., & Folkman, S. (1984). *Stress, appraisal and coping*. New York, NY: Springer.（ラザルス，R. S.・フォルクマン，S. 本明寛・春木豊・織田正美（監訳）（1991）．ストレスの心理学：認知的評価と対処の研究　実務教育出版）

Lerner, M. J., & Miller, D. T. (1978). Just world research and attribution process: Looking back and ahead. *Psychological Bulletin, 85*(5), 1030–1051. Retrieved from <Go to ISI>://A1978FR46500006

Lucas, T. (2009). Justifying outcomes versus processes: Distributive and procedural justice beliefs as predictors of positive and negative affectivity. *Current Psychology, 28*(4), 249–265. https://doi.org/10.1007/s12144-009-9066-x

Martel, M.-E., Dionne, F., & Scott, W. (2017). The mediating role of pain acceptance in the relation between perceived injustice and chronic pain outcomes in a community sample. *Clinical Journal of Pain, 33*(6), 509–516. https://doi.org/10.1097/AJP.0000000000000427

McCracken, L. M. (1998). Learning to live with the pain: Acceptance of pain predicts adjustment in persons with chronic pain. *Pain, 74*(1), 21–27. Retrieved from http://www.ncbi.nlm.nih.gov/pubmed/9514556 https://doi.org/10.1016/j.ejpain.2008.11.016

McParland, J. L., & Eccleston, C. (2013). "It's not fair" : Social justice appraisals in the context of chronic pain. *Current Directions in Psychological Science, 22*(6), 484–489. https://doi.org/10.1177/0963721413496811

McParland, J. L., Eccleston, C., Osborn, M., & Hezseltine, L. (2011). It's not fair: An Interpretative Phenomenological Analysis of discourses of justice and fairness in chronic pain. *Health (London, England: 1997), 15*(5), 459–474. https://doi.org/10.1177/1363459310383593

McParland, J. L., & Knussen, C. (2010). Just world beliefs moderate the relationship of pain intensity and disability with psychological distress in chronic pain support group members. *European Journal of Pain, 14*(1), 71–76.

Mikula, G., Scherer, K. R., & Athenstaedt, U. (1998). The role of injustice in the elicitation of differential emotional reactions. *Personality and Social Psychology Bulletin, 24*(7), 769–783. Retrieved from <Go to ISI>://000074349200009

Miller, M. M., Scott, E. L., Trost, Z., & Hirsh, A. T. (2016). Perceived injustice is associated with pain and functional outcomes in children and adolescents with chronic pain: A preliminary examination. *Journal of Pain: Official Journal of the American Pain Society*. https://doi.org/10.1016/j.jpain.2016.08.002

Miller, M. M., West, D., Williams, A. E., Scott, E. L., Trost, Z., & Hirsh, A. T. (2018). Injustice perceptions about pain: Parent-child discordance is associated with worse functional outcomes. *Pain, 159*, 1083–1089.

Mohammadi, S., de Boer, M., Sanderman, R., & Hagedoorn, M. (2016). Caregiving demands and caregivers psychological outcomes: The mediating role of perceived injustice. *Clinical Rehabilitation, 31*(3), 403–413. https://doi.org/10.1177/0269215516643846

Monden, K., & Trost, Z. (2015). *Perceived injustice after spinal cord injury: Risk factor for physical and psychological outcomes.* Presented at the 17th Annual Rehabilitation Psychology Conference, San Diego, CA.

Montada, L. (1992). Attribution of responsibility for losses and perceived injustice. In L. Montada, F. Sigrun-Heide, & M. J. Lerner (Eds.), *Life crises and experiences of loss in adulthood* (pp. 133–161). Hillsdale, NJ: Lawrence Erlbaum and Associates. Retrieved from <Go to ISI>://A1992BV78L00008

Olkin, R., & Howson, L. J. (1994). Attitudes toward and images of physical disability. *Journal of Social Behavior & Personality, 9*(5), 81–96.

Otto, K., Boos, A., Dalbert, C., Schöps, D., & Hoyer, J. (2006). Posttraumatic symptoms, depression, and anxiety of flood victims: The impact of the belief in a just world. *Personality and Individual Differences, 40*(5), 1075–1084.

Pâquet, M., Bois, K., Rosen, N. O., Mayrand, M.-H., Charbonneau-Lefebvre, V., & Bergeron, S. (2016). Why us? Perceived injustice is associated with more sexual and psychological distress in couples coping with genito-pelvic pain. *Journal of Sexual Medicine, 13*(1), 79–87.

Richardson, S. A., Goodman, N., Hastorf, A. H., & Dornbusch, S. M. (1961). Cultural uniformity in reaction to physical disabilities. *American Sociological Review, 26*, 241–247. https://doi.org/10.2307/2089861

Rivara, F. P., MacKenzie, E. J., Jurkovich, G. J., Nathens, A. B., Wang, J., & Scharfstein, D. O. (2008). Prevalence of pain in patients 1 year after major trauma. *Archives of Surgery, 143*(3), 282–287.

Rodero, B., Luciano, J. V., Montero-Marin, J., Casanueva, B., Palacin, J. C., Gili, M., ... Garcia-Campayo, J. (2012). Perceived injustice in fibromyalgia: Psychometric characteristics of the Injustice Experience Questionnaire and relationship with pain catastrophising and pain acceptance. *Journal of Psychosomatic*

Research, 73(2), 86–91. https://doi.org/DOI10.1016/j.jpsychores.2012.05.011

Scott, W., Milioto, M., Trost, Z., & Sullivan, (2016). The relationship between perceived injustice and the working alliance: A cross-sectional study of patients with persistent pain attending multidisciplinary rehabilitation. *Disability and Rehabilitation*, 1–9. https://doi.org/10.3109/09638288.2015.1129444

Scott, W., & Sullivan, M. (2011). Perceived injustice moderates the relationship between pain and depression. *Journal of Pain, 12*(4), P81.

Scott, W., Trost, Z., Bernier, E., & Sullivan, M. J. (2013). Anger differentially mediates the relationship between perceived injustice and chronic pain outcomes. *Pain, 154*(9), 1691–1698.

Scott, W., Trost, Z., Milioto, M., & Sullivan, M. J. (2013). Further validation of a measure of injury-related injustice perceptions to identify risk for occupational disability: A prospective study of individuals with whiplash injury. *Journal of Occupational Rehabilitation, 23*(4), 557–565. https://doi.org/10.1007/s10926-013-9417-1

Scott, W., Trost, Z., Milioto, M., & Sullivan, M. J. (2015). Barriers to change in depressive symptoms after multidisciplinary rehabilitation for whiplash: The role of perceived injustice. *Clinical Journal of Pain, 31*(2), 145–151.

Shears, L. M., & Jensema, C. J. (1969). Social acceptability of anomalous persons. *Exceptional Children, 36*(2), 91–96.

Shurka, E., & Katz, S. (1976). Evaluations of persons with a disability: The influence of disability context and personal responsibility for the disability. *Rehabilitation Psychology, 23*(3), 65.

Sturgeon, J. A., Carriere, J. S., Kao, M.-C. J., Rico, T., Darnall, B. D., & Mackey, S. C. (2016). Social disruption mediates the relationship between perceived injustice and anger in chronic pain: A Collaborative Health Outcomes Information Registry Study. *Annals of Behavioral Medicine: A Publication of the Society of Behavioral Medicine, 50*(6), 802–812. https://doi.org/10.1007/s12160-016-9808-6

Sullivan, M. J. L., Adams, H., Horan, S., Maher, D., Boland, D., & Gross, R. (2008). The role of perceived injustice in the experience of chronic pain and disability: Scale development and validation. *Journal of Occupational Rehabilitation, 18*(3), 249–261. https://doi.org/DOI 10.1007/s10926-008-9140-5

Sullivan, M. J., Davidson, N., Garfinkel, B., Siriapaipant, N., & Scott, W. (2009). Perceived injustice is associated with heightened pain behavior and disability in individuals with whiplash injuries. *Psychological Injury and Law, 2*(3–4), 238–247.

Sullivan, M. J., Scott, W., & Trost, Z. (2012). Perceived injustice: A risk factor for problematic pain outcomes. *Clinical Journal of Pain, 28*(6), 484–488. https://doi.org/10.1097/AJP.0b013e3182527d13

Sullivan, M. J., Thibault, P., Simmonds, M. J., Milioto, M., Cantin, A.-P., & Velly, A. M. (2009). Pain, perceived injustice and the persistence of post-traumatic stress symptoms during the course of rehabilitation for whiplash injuries. *Pain, 145*(3), 325–331.

Thomas, A. (2000). Stability of Tringo's hierarchy of preference toward disability groups: 30 years later. *Psychological Reports, 86*(3 Suppl), 1155–1156.

Tringo, J. L. (1970). The hierarchy of preference toward disability groups. *Journal of Special Education, 4*(3), 295–306.

Trost, Z., Agtarap, S., Scott, W., Driver, S., Guck, A., Roden-Foreman, K., . . . Warren, A. M. (2015). Perceived injustice after traumatic injury: Associations with pain, psychological distress, and quality of life outcomes 12 months after injury. *Rehabilitation Psychology, 60*(3), 213–221. https://doi.org/10.1037/rep0000043

Trost, Z., Scott, W., Buelow, M. T., Nowlin, L., Turan, B., Boals, A., & Monden, K. R. (2017). The association between injustice perception and psychological outcomes in an inpatient spinal cord injury sample: The mediating effects of anger. *Spinal Cord, 55*(10), 898–905. https://doi.org/10.1038/sc.2017.39

Trost, Z., Scott, W., Lange, J. M., Manganelli, L., Bernier, E., & Sullivan, M. J. (2014). An experimental investigation of the effect of a justice violation on pain experience and expression among individuals with high and low just world beliefs. *European Journal of Pain, 18*(3), 415–423. https://doi.org/DOI 10.1002/j.1532-2149.2013.00375.x

Trost, Z., Van Ryckeghem, D., Scott, W., Guck, A., & Vervoort, T. (2016). The effect of perceived injustice on appraisals of physical activity: An examination of the mediating role of attention bias to pain in a chronic low back pain sample. *Journal of Pain: Official Journal of the American Pain Society, 17*(11), 1207–1216. https://doi.org/10.1016/j.jpain.2016.08.001

Vervoort, T., & Trost, Z. (2017). Examining affective-motivational dynamics and behavioral implications within the interpersonal context of pain. *Journal of Pain, 18*(10), 1174–1183. https://doi.org/10.1016/j.jpain.2017.03.010

Wade, N. G., Worthington Jr, E. L., & Meyer, J. E. (2005). But do they work? A meta-analysis of group interventions to promote forgiveness. *Handbook of Forgiveness*, 423–440.

Walster, E. (1966). Assignment of responsibility for an accident. *Journal of Personality and Social Psychology, 3*(1), 73.

Westbrook, M. T., Legge, V., & Pennay, M. (1993). Attitudes towards disabilities in a multicultural society. *Social Science & Medicine, 36*(5), 615–623.

Wheelis, T., Allison, A., Nowlin, L., Hollingshead, N., de Ruddere, L., Goubert, L., . . . Trost, Z. (2015). Disparities in gender and weight bias toward chronic low back pain patients. *Journal of Pain, 16*(4), S96.

Wike, A., Murray, L., Garner, A., Finley, S., Roth, T., Trost, Z., & Monden, K. (2015, February). *Perceived injustice is associated with physical and psychosocial outcomes among individuals with spinal cord injury.* Presented at Rehabilitation Psychology 17th Annual Conference, San Diego, CA.

Williams, A. C. de C., & Craig, K. D. (2016). Updating the definition of pain. *Pain, 157*(11), 2420–2423. https://doi.org/10.1097/j.pain.0000000000000613

Yakobov, E., Scott, W., Stanish, W., Dunbar, M., Richardson, G., & Sullivan, M. (2014). The role of perceived injustice in the prediction of pain and function after total knee arthroplasty. *Pain, 155*(10), 2040–2046.

Yakobov, E, Scott, W., Tanzer, M., Stanish, W., Dunbar, M., Richardson, G., & Sullivan, M. (2014). Validation of the Injustice Experiences Questionnaire adapted for use with patients with severe osteoarthritis of the knee. *Journal of Arthritis, 3*(130), 2.

第21章

Advocacy. (2003). In *Merriam-Webster's dictionary* (11th ed.). Springfield, MA: Merriam-Webster.

Alexander, M. (2012). *The new Jim Crow: Mass incarceration in the age of colorblindness.* New York, NY: The New Press.

Annamma, S. A., Connor, D., & Ferri, B. (2013). Dis/ability critical race studies (DisCrit): Theorizing at the intersections of race and dis/ability. *Race Ethnicity and Education, 16*(1), 1–31. http://dx.doi.org/10.1080/13613324.2012.730511

Balcazar, F. E., & Suarez-Balcazar, Y. (2016). On becoming scholars and activists for disability rights. *American journal of community psychology, 58*(3-4), 251–258. https://doi.org/10.1002/ajcp.12064

Barnartt, S., Schriner, K., & Scotch, R. (2001). Advocacy and political action. In G. L. Albrecht, K. D. Seelman, & M. Bury (Eds.), *Handbook of disability studies* (pp. 430–449). Thousand Oaks, CA: Sage.

Barnes, C. (2003). Independent living, politics and implications. In J. A. V. Garcia (Ed.), *The Independent Living Movement: International experiences.* Retrieved from https://www.independentliving.org/docs6/barnes2003.html

Bogart, K. R. (2014). The role of disability self-concept in adaptation to congenital or acquired disability. *Rehabilitation Psychology, 59*(1), 107–115. http://dx.doi.org/10.1037/a0035700

Bogart, K. R. (2015). Disability identity predicts lower anxiety and depression in multiple sclerosis. *Rehabilitation Psychology, 60*(1), 105–109. http://dx.doi.org/10.1037/rep0000029

Bogart, K. R., Lund, E. M., & Rottenstein, A. (2018). Disability pride protects self-esteem through the rejection-identification model. *Rehabilitation psychology, 63*(1), 155–159. http://dx.doi.org/10.1037/rep0000166

Bureau of Justice Statistics. (2015). Disabilities among prison and jail inmates, 2011–2012. Retrieved from https://www.bjs.gov/content/pub/pdf/dpji1112_sum.pdf

Campbell, F. K. (2001). Inciting legal fictions: disability's date with ontology and the ableist body of the law. *Griffith Law Review, 10*, 42–62.

Campbell, F. A. K. (2009). Disability advocacy and ableism: Towards a re-discovery of the disability imagination. Paper presented at the Second Strengthening Advocacy Conference in Melbourne. Abstract retrieved from https://griffith.academia.edu/FionaKumariCampbell/Papers

Croizet, J-C. (2013). On the fatal attractiveness of psychology: Racism of intelligence in education. In P. Smeyers & M. Depaepe (Eds.), *Educational research: The attraction of psychology* (pp. 33–51). Dordrecht, The Netherlands: Springer.

Davis, L. J. (2011). Why is disability missing from the discourse on diversity? *Chronicle of Higher Education, 25–28*. Retrieved from http://chronicle.com/article/Why-is-Disability-Missing-From/129088/

Davis, L. J. (2013). *The end of normal: Identity in a biocultural era.* Ann Arbor, MI: University of Michigan Press.

Dirth, T. P., & Branscombe, N. R. (2017). Disability models affect disability policy support through awareness of structural discrimination. *Journal of Social Issues, 73*(2), 413–442. http://dx.doi.org.10.1111/josi.12224

Dirth, T. P., & Branscombe, N. R. (2018). The social identity approach to disability: Bridging disability studies and psychological science. *Psychological Bulletin, 144*(12), 1300–1324. doi:10.1037/bul0000156.

Disability Advocacy Resource Unit. (2016). What is disability advocacy? Retrieved from http://www.daru.org.au/wp/wp-content/uploads/2011/12/What-is-disability-advocacy_final-June-2016.pdf

Disability Visibility Project. (2017, Sep. 23). Retrieved from https://disabilityvisibilityproject.com/

Droogendyk, L., Wright, S. C., Lubensky, M., & Louis, W. R. (2016). Acting in solidarity: Cross-group contact between disadvantaged group members and advantaged group allies. *Journal of Social Issues, 72*(2), 315–334. http://dx.doi.org.10.1111/josi.12168

Dunn, D. S. (2015). *The social psychology of disability.* New York, NY: Oxford University Press.

Erevelles, N. (2011). The color of violence: Reflections on gender, race, and disability in wartime. In K. Q. Hall (Ed.), *Feminist Disability Studies* (pp. 117–135). Bloomington, IN: Indiana University Press.

Erickson, W., Lee, C., & von Schrader, S. (2015). *Disability statistics from the 2013 American Community Survey (ACS).* Ithaca, NY: Cornell University Employment and Disability Institute (EDI). Retrieved from http://www.disabilitystatistics.org

Fanon, F. (1952). *Black skin, white masks.* London: Pluto Press.

Fanon, F. (1963). *The wretched of the earth.* New York, NY: Grove Press.

Fernández, S., Branscombe, N. R., Gómez, Á., & Morales, J. (2012). Influence of the social context on use of surgical-lengthening and group-empowering coping strategies among people with dwarfism. *Rehabilitation Psychology, 57*(3), 224–235. http://psycnet.apa.org/doi/10.1037/a0029280

Fine, M., & Asch, A. (1988). Disability beyond stigma: Social interaction, discrimination, and activism. *Journal of Social Issues, 44*(1), 3–21. http://dx.doi.org.10.1111/j.1540-4560.1988.tb02045.x

Fleischer, D. Z., Zames, F. D., & Zames, F. (2012). *The disability rights movement: From charity to confrontation.* Philadelphia, PA: Temple University Press.

Garland-Thomson, R. (2005). Disability and representation. *PMLA, 120*(2), 522–527. Retrieved from http://www.jstor.org/stable/25486178

Getzel, E. E., & Thoma, C. A. (2008). Experiences of college students with disabilities and the importance of self-determination in higher education settings. *Career Development for Exceptional Individuals, 31*(2), 77–84. https://doi.org/10.1177%2F0885728808317658

Ghai, A. (2002). Disability in the Indian context: Post-colonial perspectives. In M. Corker & T. Shakespeare (Eds.), *Disability/postmodernity: Embodying disability theory* (pp. 88–100). London, UK: Continuum.

Hahn, H. D. (1985). Toward a politics of disability: Definitions, disciplines, & policies. *Social Science Journal, 22*(4), 87–105.

Hahn, H. D., & Belt, T. L. (2004). Disability identity and attitudes toward cure in a sample of disabled activists. *Journal of Health and Social Behavior, 45*(4), 453–464. https://doi.org/10.1177%2F002214650404500407

Harpur, P. (2014). Naming, blaming and claiming ableism: The lived experiences of lawyers and advocates with disabilities. *Disability & Society, 29*(8), 1234–1247. http://dx.doi.org/10.1080/09687599.2014.923749

Jetten, J., Iyer, A., Branscombe, N. R., & Zhang, A. (2013). How the disadvantaged appraise group-based exclusion: The path from legitimacy to illegitimacy. *European Review of Social Psychology, 24*(1), 194–224. http://dx.doi.org/10.1080/10463283.2013.840977

Karl, T. R., & Trenberth, K. E. (2003). Modern global climate change. *Science, 302*(5651), 1719–1723. http://dx.doi.org.10.1126/science.1090228

Kimball, E. W., Moore, A., Vaccaro, A., Troiano, P. F., & Newman, B. M. (2016). College students with disabilities redefine activism: Self-advocacy, storytelling, and collective action. *Journal of Diversity in Higher Education, 9*(3), 245–260. https://doi.org/10.1016/j.dhjo.2010.05.005

Little, D. L. (2010). Identity, efficacy, and disability rights movement recruitment. *Disability Studies Quarterly, 30*(1), 1–17. Retrieved from http://www.dsq-sds.org/article/view/1013/1226

Longmore, P. K. (2013). "Heaven's special child": The making of poster children. In L. J. Davies (Ed.), *The Disability Studies reader* (4th ed., pp. 34–41). London, UK: Routledge.

Longmore, P. K., & Umansky, L. (2001). Disability history, from the margins to the mainstream. In P. K. Longmore & L. Umansky (Eds.), *The new disability history: American perspectives* (pp. 1–32). New York, NY: New York University Press.

Mader, J., & Butrymowicz, S. (2014, Oct. 26). Pipeline to prison: Special education too often leads to jail for thousands of American children. *The Hechinger Report*. Retrieved from http://hechingerreport.org/pipeline-prison-special-education-often-leads-jail-thousands-american-children/

McCarthy, H. (2014). Cultivating our roots and extending our branches: Appreciating and marketing rehabilitation theory and research. *Rehabilitation Counseling Bulletin, 57*(2), 67–79.

McColl, M. A., & Boyce, W. (2003). Disability advocacy organizations: A descriptive framework. *Disability and Rehabilitation, 25*(8), 380–392. http://dx.doi.org/10.1080/0963828021000058521

McMahon, B. T., & Shaw, L. (2005). Workplace discrimination and disability. *Journal of Vocational Rehabilitation, 23*(3), 137–143.

McPhail, J. C., & Freeman, J. G. (2005). Beyond prejudice: Thinking toward genuine inclusion. *Learning Disabilities Research & Practice, 20*(4), 254–267. http://dx.doi.org.10.1111/j.1540-5826.2005.00141.x

McRuer, R. (2006). *Crip theory: Cultural signs of queerness and disability*. New York, NY: New York University Press.

Meekosha, H. (2011). Decolonising disability: Thinking and acting globally. *Disability & Society, 26*(6), 667–682. http://dx.doi.org/10.1080/09687599.2011.602860

Mitchell, D. T., & Snyder, S. L. (2000). *Narrative prosthesis: Disability and the dependencies of discourse*. Ann Arbor, MI: University of Michigan Press.

Mummendey, A., Kessler, T., Klink, A., & Mielke, R. (1999). Strategies to cope with negative social identity: Predictions by social identity theory and relative deprivation theory. *Journal of Personality and Social Psychology, 76*(2), 229–245. http://dx.doi.org/10.1037/0022-3514.76.2.229

Nario-Redmond, M. R. (2019). *Ableism: The causes and consequences of disability prejudice*. Contemporary Social Issues Series, Society for the Psychological Study of Social Issues. Hoboken, NJ: Wiley-Blackwell.

Nario-Redmond, M. R., Gospodinov, D., & Cobb, A. (2017). Crip for a day: The unintended negative consequences of disability simulations. *Rehabilitation Psychology, 62*(3), 324–333. https://doi.org/10.1037/rep0000127

Nario-Redmond, M. R., Noel, J. G., & Fern, E. (2013). Redefining disability, reimagining the self: Disability identification predicts self-esteem and strategic responses to stigma. *Self and Identity, 12*(5), 468–488. http://dx.doi.org/10.1080/15298868.2012.681118

Nario-Redmond, M. R., & Oleson, K. C. (2016). Disability group identification and disability-rights advocacy:

Contingencies among emerging and other adults. *Emerging Adulthood, 4*(3), 1–12. https://doi.org.10.1177/2167696815579830

Not Dead Yet. (2017, Sep. 23). Retrieved from http://notdeadyet.org/

O'Brien, G. V. (2011). Eugenics, genetics, and the minority group model of disabilities: Implications for social work advocacy. *Social Work, 56*(4), 347–354. https://doi.org/10.1093/sw/56.4.347

O'Day, B., & Goldstein, M. (2005). Advocacy issues and strategies for the 21st century: Key informant interviews. *Journal of Disability Policy Studies, 15*(4), 240–250.

Palmer, C. D. (2000). Self-advocacy among people with disabilities in the transition from good will to civil rights: Is it sufficient? *Work, 14*(1), 61–65.

Pepitone, A. (1981). Lessons from the history of social psychology. *American Psychologist, 36*(9), 972–985. http://dx.doi.org/10.1037/0003-066X.36.9.972

Pettigrew, T. F., & Tropp, L. R. (2006). A meta-analytic test of intergroup contact theory. *Journal of Personality and Social Psychology, 90*(5), 751–783. http://dx.doi.org.10.1037/0022-3514.90.5.751

Putnam, M. (2005). Conceptualizing disability developing a framework for political disability identity. *Journal of Disability Policy Studies, 16*(3), 188–198. http://dx.doi.org.10.1177/104420730501600601

Radermacher, H., Sonn, C., Keys, C., & Duckett, P. (2010). Disability and participation: It's about us but still without us! *Journal of Community & Applied Social Psychology, 20*(5), 333–346. http://dx.doi.org.10.1002/casp.1039

Reicher, S. D., Spears, R., & Haslam, S. A. (2010). The social identity approach in social psychology. In M. S. Wetherell & C. T. Mohanty (Eds.), *The Sage handbook of identities* (pp. 45–62). London, UK: Sage.

Reid, D. K., & Knight, M. G. (2006). Disability justifies exclusion of minority students: A critical history grounded in disability studies. *Educational Researcher, 35*(6), 18–23. http://dx.doi.org.10.3102/0013189X035006018

Saguy, T., & Chernyak-Hai, L. (2012). Intergroup contact can undermine disadvantaged group members' attributions to discrimination. *Journal of Experimental Social Psychology, 48*(3), 714–720. https://doi.org/10.1016/j.jesp.2012.01.003

Schmidhuber, J., & Tubiello, F. N. (2007). Global food security under climate change. *Proceedings of the National Academy of Sciences, 104*(50), 19703–19708. http://dx.doi.org.10.1073/pnas.0701976104

Smith S. E. (2017, June 23). Why disability activists stormed Mitch McConnell's office. *Rolling Stone Magazine*. Retrieved from http://www.rollingstone.com/politics/news/why-disability-rights-activists-stormed-mitch-mcconnells-office-w489441

Thompson, V. (2016, Sep. 7). Disability solidarity: Completing the "vision for Black Lives." *Huffington Post Online*. Retrieved from http://www.huffingtonpost.com/entry/disability-solidarity-completing-the-vision-for-black_us_57d024f7e4b0eb9a57b6dc1f

Vaccaro, A., Daly-Cano, M., & Newman, B. M. (2015). A sense of belonging among college students with disabilities: An emergent theoretical model. *Journal of College Student Development, 56*(7), 670–686. http://dx.doi.org.10.1353/csd.2015.0072

van Zomeren, M., Postmes, T., & Spears, R. (2008). Toward an integrative social identity model of collective action: A quantitative research synthesis of three socio-psychological perspectives. *Psychological Bulletin, 134*(4), 504–535. http://dx.doi.org/10.1037/0033-2909.134.4.504

Wang, C. C. (1998). Portraying stigmatized conditions: Disabling images in public health. *Journal of Health Communication, 3*(2), 149–159. http://dx.doi.org/10.1080/108107398127436

Watermeyer, B., & Görgens, T. (2014). Disability and internalized oppression. In E. J. R. David (Ed.), *Internalized oppression: The psychology of marginalized groups* (pp. 252–281). New York, NY: Springer.

White, G. W. (2010). Ableism. In G. Nelson & I. Prilleltensky (Eds.), *Community psychology: In pursuit of liberation and well-being* (pp. 431–452). New York, NY: Palgrave Macmillan.

Wilson-Kovacs, D., Ryan, M. K., Haslam, S. A., & Rabinovich, A. (2008). "Just because you can get a wheelchair in the building doesn't necessarily mean that you can still participate": Barriers to the career advancement of disabled professionals. *Disability & Society, 23*(7), 705–717. http://dx.doi.org/10.1080/09687590802469198

Wolbring, G. (2008). The politics of ableism. *Development, 51*(2), 252–258.

Wright, B. A. (1983). *Physical disability: A psychosocial approach.* New York, NY: Harper & Row.

Wright, S. C. (2001). Strategic collective action: Social psychology and social change. In R. Brown & S. Gaertner (Eds.), *Blackwell handbook of social psychology (Vol. 4): Intergroup processes* (pp. 409–430). Oxford, UK: Blackwell Press

Young, S. (June, 2012). "We're not here for your inspiration." Retrieved from http://www.abc.net.au/rampup/articles/2012/07/02/3537035.htm

Zhang, L., & Haller, B. (2013). Consuming image: How mass media impact the identity of people with disabilities. *Communication Quarterly, 61*(3), 319–334. http://dx.doi.org/10.1080/01463373.2013.776988

第 22 章

Altman, B. M. (2014). Definitions, concepts, and measures of disability. *Annals of Epidemiology, 24*(1), 2–7.

Areheart, B. A. (2008). When disability isn't just right: The entrenchment of the medical model of disability and the Goldilocks dilemma. *Indiana Law Journal, 83*(1), 181–232.

Barnartt, S. (2016). Role theory and the fluidity of disability. In P. Devlieger, B. Miranda-Galarza, S. E. Brown, & M. Strickfaden (Eds.), *Rethinking disability: World perspectives in culture and society.* Antwerp, Belgium: Garant Publishers.

Befort, S. F. (2013). An empirical analysis of case outcomes under the ADA Amendments Act. *Washington and Lee Law Review, 70*(4), 2027–2071.

Bickenbach, J. E. (2012). *Ethics, law, and policy.* Thousand Oaks, CA: Sage Publications.

Blanck, P. D., & Millender, M. (2000). Before disability civil rights: Civil war pensions and the politics of disability in America. *Alabama Law Review, 52*(1), 1–50.

Blessing, C. J., Golden, T. P., & Bruyère, S. M. (2009). Evolution of disability policies and practices in the United States: Implications for global implementation of person-centered planning. In C. A. Marshal, E. Kendall, M. E. Banks, & R. M. S. Gover (Eds.), *Disabilities: Insights from across fields and around the work, practice, legal, and political frameworks.* Westport, CT: Praeger.

Braddock, D. L., & Parish, S. L. (2001). An institutional history of disability. In G. L. Albrecht, K. D. Seelman, M. Bury (Eds.), *Handbook of Disability Studies*. Thousand Oaks, CA: Sage Publications.

Bradley, V. J. (1994). Evolution of a new service paradigm. In V. J. Bradley, J. W. Ashbaugh, & B. C. Blaney (Eds.), *Creating individual supports for people with developmental disabilities* (pp. 11–32). Baltimore, MD: Paul H. Brookes Publishing.

Brisenden, S. (1986) Independent living and the medical model of disability. *Disability, Handicap & Society, 1*(2), 173–178.

Bruyère, S. M., & Saleh, M. C. (2017). Disability policy and law. In V. Tarvydas & M. T. Hartley (Eds.), *The professional practice of rehabilitation counseling.* New York, NY: Springer Publishing.

Colker, R., & Grossman, P. D. (2013). *The law of disability discrimination* (8th ed.). New York, NY: LexisNexis.

Davis, E. C. (2009). Situating "fluidity" (trans)gender identification and the regulation of gender diversity. *GLQ: A Journal of Lesbian and Gay Studies, 15*(1), 97–130.

DeLeon, P. (1986). Increasing the societal contribution of organized psychology. *American Psychologist, 41*, 466–474.

DeLeon, P. (1988). Public policy and public service: Our professional duty. *American Psychologist, 42,* 309–315.

DeLeon, P., Frohboese, R., & Meyers. J. (1984). The psychologist on Capitol Hill: A unique use of the skills of the scientist/practitioner. *Professional Psychology: Research and Practice, 15,* 697–705.

DeWitt, L. (2010). The development of social security in America. *Social Security Bulletin, 70*(3), 1–26.

Retrieved from https://www.ssa.gov/policy/docs/ssb/v70n3/v70n3p1.html

Disability Statistics. (n.d.). Frequently asked questions. Ithaca, NY: Cornell University Yang-Tan Institute (YTI). Retrieved from http://www.disabilitystatistics.org/faq.cfm#Q3

Erickson, W., Lee, C., von Schrader, S. (2017). Disability statistics from the American Community Survey (ACS). Ithaca, NY: Cornell University Yang-Tan Institute (YTI). Retrieved from www.disabilitystatistics.org

Frank, R., & Elliott, T. (2000). Rehabilitation psychology: Hope for a psychology of chronic conditions. In R. Frank and T. Elliott (Eds.), *Handbook of rehabilitation psychology* (pp. 3–8). Washington, DC: American Psychological Association.

Freedman, V. A., Spillman, B. C., Andreski, P. M., Cornman, J. C., Crimmins, E. M., Kramarow, E., . . . Waidmann, T. A. (2013). Trends in late-life activity limitations in the United States: An update from five national surveys. *Demography, 50*(2), 661–671.

Garland-Thomson, R. (2002). Integrating disability, transforming feminist theory. *NWSA Journal, 14*(3), 1–32.

Geaney, J. (2004). The relationship of workers' compensation to the Americans with Disabilities Act and Family and Medical Leave Act. *Clinics in Occupational and Environmental Medicine, 4*(2), 273–293.

Hansan, J. E. (2011). Poor relief in early America. Retrieved from http://socialwelfare.library.vcu.edu/programs/poor-relief-early-amer/

Harris, D. R., & Sim, J. J. (2002). Who is multiracial? Assessing the complexity of lived race. *American Sociological Review, 67*(4), 614–627.

Houtrow, A. J., Larson, K., Olson, L. M., Newacheck, P. W., & Halfon, N. (2014). Changing trends of childhood disability, 2001–2011. *Pediatrics, 134*(3), pp. 530–538.

Institute of Medicine. (2007). *The future of disability in America*. Washington, DC: The National Academies Press. https://doi.org/10.17226/11898

Johnson, G., Smith, S., & Codling, B. (2000). Microprocesses of institutional change in the context of privatization. *Academy of Management Review, 25*(3), 572–580.

Kaplan, D. (1999). The definition of disability: Perspective of the disability community. *Journal of Health Care Law and Policy, 3*(2), 352–364.

Kilpatrick, D. G. (2000). *Definitions of public policy and the law*. Charleston, SC: Medical University of South Carolina. Retrieved from https://mainweb-v.musc.edu/vawprevention/policy/definition.shtml

Kraus, L. (2017). 2016 Disability statistics annual report. Durham, NH: University of New Hampshire.

Liachowitz, C. H. (2010). *Disability as a social construct: Legislative roots*. Philadelphia, PA: University of Pennsylvania Press.

Maki, D., & Rigger, T. (Eds.) (2004). *Handbook of Rehabilitation Counseling*. New York, NY: Springer Publishing.

Nagi, S. Z. (1969). *Disability and rehabilitation*. Columbus, OH: Ohio State University Press.

Novak, J. (2015). Raising expectations for U.S. youth with disabilities. Federal disability policy advances integrated employment. *Center for Educational Policy Studies Journal, 5*(1), 91–110.

Olney, M. F., & Brockelman, K. F. (2003). Out of the disability closet: Strategic use of perception management by select university students with disabilities. *Disability & Society, 18*(1), 35–50.

Quinn, P. (2005). Disability policy (United States). In J. M. Herrick & P. H. Stuart (Eds.), *Encyclopedia of social welfare history in North America* (pp. 84–86). Thousand Oaks, CA: Sage Publications. http://dx.doi.org/10.4135/9781412952521.n37

Rothman, D. J., & Rothman, S. M. (1984). *The Willowbrook wars: A decade of struggle for social justice*. New York, NY: Harper and Row.

Schweik, S. M. (2010). *The Ugly Laws: Disability in public*. New York, NY: New York University Press.

Scott, W. R. (2004). Institutional theory: Contributing to a theoretical research program. In K. G. Smith & M. A. Hitt (Eds.), *Great minds in management: The process of theory development* (pp. 460–484). Oxford, UK: Oxford University Press.

Sherman, R. A. (1999). Utilization of prostheses among US veterans with traumatic amputation: A pilot survey.

Journal of Rehabilitation Research and Development, 36(2), 100–108.

Solarz, A. (1990). Rehabilitation psychologists: A place in the policy process? *American Psychologist, 45*(6), 766–770.

Spieler, E. A., & Burton, J. F. (1998). Compensation for disabled workers: Workers' compensation. In T. Thomason, J. Burton, & D. Hyatt (Eds.), *New approaches to disability in the workplace* (pp. 205–244). Madison, WI: Industrial Relations Research Association.

US Bureau of Labor Statistics. (2016). *Employment situation of veterans summary*. Retrieved from http://www.bls.gov/news.release/vet.nr0.htm

US Census Bureau. (2001). *Military service*. Retrieved from https://www.census.gov/population/www/cen2000/censusatlas/pdf/12_Military-Service.pdf

US Census Bureau. (2015). *American fact finder*. Retrieved from https://factfinder.census.gov/faces/tableservices/jsf/pages/productview.xhtml?src=bkmk

US Department of Veterans Affairs. (2016). Profile of post-9/11 veterans: 2014. Retrieved from https://www.va.gov/vetdata/docs/SpecialReports/Post_911_Veterans_Profile_2014.pdf

US Office of Disability Employment Policy, Department of Labor. (2009, Jan. 15). *Memorandum of Neil Romano, assistant secretary of the U.S. Department of Labor, Office of Disability Employment Policy.* Washington, DC: US Department of Labor.

Wolf, D. (2016). Late life disability trends and trajectories. In L. K. George & K. F. Ferraro (Eds.), *Handbook of aging and social sciences* (8th ed., pp. 77–95).

人名索引

A
Accordino, M. P. 125
Ajzen, I. 67
Allport, G. W. 52, 54
Alston, R. J. 123
Ambady, N. 48
Amir, Z. 64
Amtmann, D. 297
Anglima, J. 216
Angyal, A. 280
Antonak, R. F. 92, 95–97
Antonovsky, A. 142
Asch, A. 261, 264
Athelstan, G. T. 137

B
Ballan, M. 251
Baltes, P. B. 190, 194
Bandura. A. 139
Barnartt, S. 320
Barr, J. J. 231
Barrett, M. 58
Batson, C. D. 38
Baumeister, R. F 33
Beels, C. C. 155
Bell, T. J. 123
Belt, T. L. 236, 237, 242
Benn, D. 175
Berry, J. 142
Bersin, J. 211
Birch, L. L. 161
Bishop, M. 93
Blaschke, T. 177
Boerner, K. 175
Bogart, K. R. 236, 238, 240, 241
Bolding, N. 287
Boothroyd, R. I. 179
Bornstein, R. F. 144
Boutin, D. L. 125

Boyce, W. 321
Bracchitta, K. 231
Bradley, V. J. 339
Branscombe, N. R. 243
Bratslavsky, E. 33
Breier, A. 164
Brody, C. 268
Brough, P. 161
Brown, L. 55
Buchanan-Barrow, E. 58
Bullock, C. C. 300

C
Cardoso, E. 96
Castillo, M. D. 97
Cha, R. 126
Chalk, H. M. 238
Chamberlain, L. 166
Chan, F. 56, 64–69, 96
Chang, S. 161
Chen, R. K. 221
Chronister, J. 96, 164
Clement, S. 63
Cobb, A. 61
Cohen, S. 161
Connor, A. 68
Corrigan, P. W. 51, 53, 57, 59, 264
Cottrell, C. A. 222
Coufal, M. M. 179
Crabtree, J. W. 242
Crandall, C. S. 15
Crenshaw, K. 120
Crewe, N. M. 98, 137
Crisp, R. J. 52
Crocker, J. 237
Csikszentmihalyi, M. 268
Curry, M. A. 114
Cutrona, C. E. 164

433

D

Darling, R. B.   238, 241
Dawis, R. V.   98
Deci, E. L.   280
Dembo, T.   32, 33
Devereux, P. G.   300
Dionne, C. D.   225
Dovidio, J. F.   18
Droogendyk, L.   330
Dunn, D. S.   253, 259, 268, 282, 284
Durkheim, E.   150

E

Elliott, T.   142
Eshleman, A.   15
Etzion, D.   161

F

Fanon, F.   330
Farkas, D.   143
Farrugia, D.   254
Faulkner, J.   222, 225
Fern, E.   97
Festinger, L.   139
Fine, M.   261, 264
Finkelstein, J.   62
Finkenauer, C.   33
Fishbein, M.   67
Fisher, E. B.   179
Fiske, S. T.   47
Florian, V.   223
Flower, A.   60
Folkman, S.   96
Forber-Pratt, A. J.   237
Fordyce, W. E.   81, 136
Forsyth, D. R.   140
Fox, C.   58
Fraser, R.   68
Frederick, A.   262
Freud, S.   86

G

Gainforth, H. L.   225
Gallant, M. P.   165
Galton, F.   205
Geen, R. G.   139, 144
Gibb, Z. G.   300
Gill, C. J.   232, 234, 239, 244

Girard, T. A.   292
Goffman, E.   221, 229, 249, 252, 255, 264
Goldstein, M.   322
Gospodinov, D.   61
Granovetter, M.   157
Griffiths, K. M.   62
Guglielmi, R. S.   225
Gwinn, J. D.   61

H

Habeck, R.   66
Hahn, H.   236, 237, 242, 260
Haley, W. E.   170
Haller, B.   238, 242
Han, M.   126
Harkins, S. W.   137
Harris, L. T   47
Hartke, R. J.   188
Haslam, S. A.   242
Hastorf, A. H.   228
Heckert, D. A.   238, 241
Heider, F.   139
Heim, A. B.   62
Helgeson, V. S.   172
Herbert, J. T.   60, 61
Hergenrather, K.   257
Hewstone, M.   52
Higginbottom, K.   211
Hirschberger, G.   223
Hitler, A.   205
Hittleman, M.   66
Hoberman, H. M.   161
Holt-Lunstad, J.   197
Hughes, R. B.   114
Hunt, A.   66
Huurre, T. M.   161
Hynes, C. A.   46

I

Ismail, H.   236

J

Jans, L. H.   64
Jin, S.   62
Johnson, B. T.   53
Johnson, G.   339
Jonas, K.   52
Jones, E.   42, 43

Jones, E. C. 64
Joseph, A. J. 57

K

Kahneman, D. 29
Kalinoski, Z. 215
Kaye, H. S. 64
Kef, S. 161
Kiger, G. 61
Kim, E. 260
Kinnear, S. 251
Kleck, R. E. 228
Knight, M. G. 332
Kohut, H. 141
Kolodziej, M. E. 53
Krause, J. S. 98
Krendl, A. C. 48
Kubota, C. 68
Kumpfer, K. 149

L

Lachapelle, Y. 289
Lalvani, P. 250–252, 254
Larson, J. E. 51
Lazarus, R. 90, 139, 140
Leandro, P. G. 97
Lee, B. Y 211
Lee, H. A. 126
Leviton, G. L. 33
Lewin, K. 1, 25, 32, 74, 75, 87, 143
Lewinsohn, P. M. 149
Li, A. 96
Lin, C. C. 68
Link, B. 251
Little, T. D. 281, 285
Liu, J. J. 292
Livneh, H. 91, 92, 95–97, 259, 269
Locatelli, S. M. 300
Locke, j. 279
Louvet, E. 226
Lund, E. 236, 242
Lyew, D. A. 237

M

Macintyre, K. 55
Mackenzie, A. 98
MacLachlan, M. 75
Maheady, D. C. 76, 82

Major, B. 237
Maki, D. 350
Malle, B. F. 26
Martz, E. 97, 269
mbullis 28
McColl, M. A. 321
McCormack, L. A. 165
McLaughlin, D. 151
McRuer, R. 332
Meeks, S. 170
Melrose, K. L. 173
Miller, F. E. 264
Miller, M. M. 310
Molton, I. R. 299
Monden, K. R. 79
Moody, H. R. 189
Moore, D. 96
Moran, J. M. 48
Moskowitz, J. T. 96
Mueller, C. 237
Murrell, S. A. 170
Murthy, V. H. 197
Mutatkar, R. K. 57

N

Nagi, S. Z. 347
Nario-Redmond, M. R. 97, 238
Nazione, S. 177
Neely-Barnes, S. L. 255
Nerio-Redmond, M. R. 61
Neuberg, S. L. 222
Ng, J. Y. Y. 284
Nie, N. H. 158
Noel, J. G. 97
Nosek, M. A. 110

O

O'Brien, L. 15
O'Day, B. 322
O'Malley D. A. 226
Olkin, R. 111, 268
Ono, H. 228
Orosz, G. 143
Oscwald, M. 114
Osterberg, L. 177

P

Packard, N. J. 174

Palmer, S.   287–289
Park, J. H.   222, 225
Pears, J.   161
Peck, R. C.   192
Peeters, Y.   31
Penn, D. L.   59
Perkins, E. A.   170
Pettigrew, T. F.   54
Phinney, J. S.   237
Pi, S.   66
Polanyi, K.   156
Postmes, T.   242
Powers, L. E.   114
Pruett, S.   68
Putnam, M.   244

R

Rachel, C. H.   66
Raju, M. S.   56
Rao, P. S. S.   56
Reed, M.   292
Reid, D. K.   332
Reinhardt, J. P.   175
Rhodes, P. J.   236
Rhodes, S.   257
Rigger, T.   350
Ritterfeld, U.   62
Rivera, P.   142
Roberts, M. M.   152
Robinson, C.   251, 254
Rogers, C. R.   163
Rohmer, O.   226
Rottenstein, A. T.   236, 240, 241
Rotters, J.   139
Rudstam, H.   66
Rüsch, N.   51
Russell, D. W.   164
Ryan, R. M.   280
Rybarczyk, B.   196

S

Sakellariou, D.   259
Santuzzi, A. M.   215
Schaller, J.   161
Schaller, M.   222, 225
Schwartz, M.   289
Sciacchitano, A. M.   237
Scott, W.   310, 313

Seligman, M.   267, 268
Seo, W.   221
Shadel, W. G.   139
Shaver, J. P.   60
Shaw, L. L.   39
Shogren, K.   280, 281, 283, 285, 287–289
Shontz, F. C.   9, 136
Silver, R. C.   92
Silverman, A. M.   61
Small, N. A.   236
Smedema, S. M.   272
Smith, J.   190
Smith, T. B.   197
Smith. T. W.   298
Snyder, C. R.   140
Stangor, C.   52
Straus, J. S.   164
Strauser, D. R.   64
Stroebe, W.   52
Stuart, H.   56
Suhr, J. A.   164
Sullivan, M. J. L.   307
Sung, C.   68

T

Tajfel, H.   233
Telwatte, A.   216
Terrill, A. L.   299
Townley, G.   154
Tropp, L. R.   54
Trujillo, L.   55
Turk, C. L.   39
Turner, J. C.   233
Turner, R. N.   52

V

Van Boven, L.   61
van Dam, H. A.   177
Verbrugge, L. M.   244

W

Walsh, M. V.   270
Waltz, P. R.   215
Wang, K.   18
Wehmeyer, M.   281, 283, 285, 287–289
Weiss, R.   161
Wenger, G. C.   152
Wieland, M. E.   154

Williams, R. M.　151, 155
Wilson, T. D.　226
Wolbring, G.　326
Wolford, K.　60
Wood, W.　58
Wortman, C. B.　92
Wright, B.　32–34, 85, 88, 89, 95, 136, 234, 251, 252, 256, 264, 267, 268, 271, 315
Wurst, S. A.　60

Wynton, S.　216

Y

Yan, K. K.　125
Yang, L.　244
Yorkston, K. M.　299

Z

Zhang, L.　238, 242

事項索引

【A–Z】

A
ADA（障害のあるアメリカ人法）　22, 65, 67, 114, 206, 208, 214, 220, 320, 338, 342, 344, 347
ADA改正法（ADAAA）　214, 348

D
disability（障害）　232

I
ICFモデル　293
impairment（機能障害）　232

M
mPFC　45–47

Q
QOL（生活の質）　87, 93, 95, 98, 112, 144, 147, 167, 181, 182, 187, 200, 207, 269, 284, 286, 289, 292, 294–296, 299–301, 309, 314, 316, 318, 319

S
SOC（補償を伴う選択的最適化モデル）　194

【50音順】

あ
愛他性　124
アイデンティティ　2, 13, 35, 51, 76, 78, 79, 82, 93, 97, 115, 120, 195, 213, 232, 234, 239, 241, 242, 252, 255, 264, 274, 297, 327, 328, 338
アクセシビリティ　114, 156
アセクシュアリティ　109
アセクシュアル　104, 106, 110, 113, 260
温かいが能力は低い　40, 212
アドボカシー　117, 274, 318, 319
アフリカ系アメリカ人　121
アライ　329, 335
アライシップ　329
新たな状況における不安　89
哀れみ　40, 41

い
医学的状態　93
医学モデル　74, 104, 206, 260, 320, 321, 339, 340
一次老化　189
意味付け　297
因果の主体　281, 285
印象管理　68
インターネット　158
インパクト・バイアス　30
インフォームド・コンセント　114

う
ウェルビーイング　17, 87, 93, 98, 122, 124, 128, 130, 144, 150, 178, 181, 190, 192, 200, 266, 268, 269, 272, 273, 275, 291, 294, 296–299, 327
運動障害　207

え
エイジングパラドックス　191
エビデンスに基づく実践（evidence-based practice: EBP）　94

お
オンライン・デート　108

か
開示　115
外部者　32, 76, 82
拡張効果　29, 35, 88, 106, 108, 252, 257, 258
学習障害　149, 171, 207, 240
確証バイアス　27
可視性　215
過剰な障害　195
価値の範囲の拡大　88

事項索引

カミングアウト 233
がん 30, 149, 154, 160, 162, 164, 177, 180, 183, 192, 197, 207, 271, 291
環境 93, 272, 281
患者保護および医療費負担適正化法 159
感情予測 30

き

擬似体験 59
気質的な特徴 281
帰属意識 232
機能障害（impairment） 119, 137, 236
機能低下 195
機能的状態 93
規範的な動機 58
基本的な帰属の誤り 26, 253
虐待 112
究極の帰属の誤り 26
教育 56, 59, 77, 157, 181, 245, 257, 273, 283, 286, 288, 333, 337, 339, 351
教育現場 252
教育的介入 55
共感 38, 48, 163
協調性 138
共同的／集団アイデンティティ 236

け

ケア 94, 130, 181
楔前部 48
決定論 279
健康な高齢者（wellderly） 189

こ

行為者−観察者バイアス 253
交差する問題 335
交差性 120, 132, 332
公正 306
公正世界仮説 254, 311
公正な世界 30
肯定された障害者アイデンティティ 236
肯定的な障害者アイデンティティ 236
光背効果 28, 253
高齢者 188
コーピング 21, 85, 89, 90, 95, 96, 98, 99, 139, 140, 142, 150, 166, 312, 314, 316, 317
コーピングスキル 111, 255, 293, 300
コーピングスタイル 294
コーピング方略 193

国際生活機能分類（ICF） 74, 236, 292
国際生活機能分類（ICF）モデル 50, 146
黒人 121
互恵性／互恵的 170, 222, 261
互恵的サポート 264
心の理論 44
個人化 34
個人的アイデンティティ 236
個別障害者教育法（IDEA） 22, 320, 343
雇用 64, 147, 150, 157, 245, 273, 274, 280, 322, 323, 333, 342, 344, 346, 351
コントロール感 93
根本的なネガティブバイアス 32

さ

サードエイジ 189
差別 2, 13, 18, 41, 51, 120, 125, 211, 212, 220, 235, 262, 299, 317, 334, 342
参加 82, 95

し

自慰行為 110
ジェンダー 103, 120, 128, 332
視覚障害 15, 21, 149, 207
自己決定 279
自己効力感 296
資産 79
施設収容時代 339
失業 50, 63
実用的コーピング 295
自閉症 210
自閉スペクトラム症 251, 254
社会化（socialization） 224
社会関係資本 156
社会参加 144, 156, 273, 294, 296, 297, 341
社会人口統計学的特性 92
社会心理学 1, 25, 58, 70, 98, 282
社会心理学的バイアス 25
社会政治モデル 320, 325, 326
社会的アイデンティティ理論 233
社会の埋め込み 156
社会の支援→ソーシャルサポート
社会の実在性 18
社会的スティグマ 54, 108, 212, 245
社会的ステレオタイプ 116
社会的相互作用 275
社会的紐帯 152
社会的統合 154

439

社会的認知モデル　139
社会的ネットワーク　150
社会的バイアス　31
社会的包摂　53
社会モデル　206, 299, 340
宗教　122, 128
集団間ステレオタイプ　327
柔軟な適応　295
終末低下　189
主観的年齢　190
授産所　208
主体の因果説　280, 285
受容　78, 99, 313, 314
受領または実行されたサポート　165
順応　78
障害　14, 70, 118, 206, 236, 249, 252, 338
障害関連変数　92
障害者という集団アイデンティティ　238
障害者としての自己認識　236
障害者としてのプライド　236
障害者のアイデンティティ　236
障害者への同一視　18, 239
障害受容　96
障害受容理論　88
障害適応モデル　88
障害のアドボカシー　320
障害のあるアメリカ人法→ADA
障害のある女性（WWD）　103
障害の開示　109
障害の受容　272
情動的ウェルビーイング　193
情報的動機　58
職業リハビリテーション　96
シルバー・ツナミ　187
人権モデル　340
人種　38, 92, 120, 220, 225, 241, 332
人種差別　332
身体障害　14, 28, 181, 205, 214, 221-234, 248, 263, 270, 300
身体障害者　39, 40, 229, 231, 258, 272
身体心理学　88
身体的・心理的ウェルビーイング　306

す

スティグマ　13, 39, 43, 50, 51, 79, 82, 103, 109, 120, 126, 167, 168, 198, 218, 220, 221, 235, 240, 242, 243, 248, 249, 254, 264, 312, 334
スティグマ化　106, 131, 213, 252, 255

スティグマ低減戦略　82
ステージモデル　91, 95, 97
ステレオタイプ　1, 13, 39, 51, 52, 59, 81, 104, 107, 113, 116, 137, 242, 250, 253, 254, 257, 258, 261, 263, 330
ステレオタイプ・エンボディメント　199
ステレオタイプ化　132, 242
ステレオタイプ的特徴　226
ステレオタイプ内容モデル　15
ストレス　63, 85, 90, 132, 141, 147, 148, 155, 158, 168, 172, 178, 199, 213, 217, 249-251, 256, 294, 297, 298, 312
ストレス管理　55
ストレス評価　139, 142
ストレス要因　164
ストレッサー　291

せ

生活の質→QOL
生産能力　326
誠実性　138
精神疾患　14, 53, 56, 62, 122, 126, 254, 263, 264
精神障害　14, 149, 152, 181, 207, 214, 240, 242, 263
精神障害者　40, 153, 154, 225, 258, 312
生態学的モデル　92, 98
生態学的枠組み　292
生物・心理・社会モデル　190, 232
責任　44
セクシュアリティ　105, 257-259, 332
セクシュアル・アイデンティティ　120
接触　51
セルフアドボカシー　63, 324, 325
全障害児教育法　340

そ

相互協調　326
相互作用　51, 60, 74, 78, 99, 146, 185, 206, 217, 282, 292, 298, 299, 312
ソーシャルサポート　91, 146, 249, 273
外集団同質性バイアス　27

た

対応バイアス　26
代償　19
ダイバーシティ＆インクルージョン戦略　211
脱個人化　34

440

事項索引

ち

地域開発時代　340
地域住民主体の時代　340
知覚されたサポート　165
知覚のコントラスト　89
知的障害　14, 149, 170, 181, 240, 262, 263
知的障害者　258, 312
聴覚障害　15, 149, 207

て

敵意　95
適応　78, 85, 91, 92, 95, 96, 98, 99, 116, 128, 131, 137, 141, 142, 144, 150, 167, 172, 193, 270, 271, 273, 291, 297, 300
適応モデル　142

と

統合行動医療モデル　159
島皮質　48
特性帰属バイアス　27
特別支援教育　254, 289, 340
トラウマ　192
トランザクショナルモデル　149

な

内在化　233
内側前頭前野→mPFC
内部者　32, 76
内部者と外部者の区別　32, 75-77, 89, 252
内部者と外部者の立場　89
内容モデル　40

に

二次老化　189
認知行動療法　95

ね

ネットワーク・クライシス　155

の

能力は低いが人柄は温かい　226

は

パーソナリティ　97, 135, 142, 145, 168, 192, 280
パーソナリティ変数　92
パーソン・センタード・アプローチ　98
バイアス　1, 14, 17, 24, 80, 111, 117, 220, 229, 230, 311, 317

バッシング　19
発達障害　112, 181
場の理論　87

ひ

美　115
ピアサポーター　178
ピアサポート　95, 111, 178, 184
非障害者優先主義　18, 244, 325, 330
貧困　50, 63, 120, 147, 157, 264

ふ

不安　63, 91, 97, 150, 154, 167, 175, 181, 195, 242, 253, 328
フォースエイジ　189
副次的な利益　90
不健康な高齢者　189
不公正　306, 309
不公正の評価　308, 328
不公正評価　308, 315, 316
フラストレーション　95
フレイル　189
文化　118
文化的処方箋　90

へ

偏見　1, 13, 51, 52, 220, 258, 262, 299, 327
偏見低減戦略　51

ほ

ポジティビティ効果　191
ポジティブ感情　294
ポジティブ心理学　266, 299, 301
補償を伴う選択的最適化モデル→SOC
本質化　76
本質主義　2

ま

マイノリティ　234
マイノリティグループ　118, 119
マイノリティ・コミュニティ　241
マイノリティ集団　327
マスキュリズム　128
慢性疾患　57, 122, 123, 207, 272, 291, 296
満足度　93

む

無性愛→アセクシュアル

441

無力化　335

め
メディア　62, 106, 114, 242, 245
メンタライジング　45, 46

も
喪の要求　33, 89, 90, 250

や
役割　115

ゆ
優生学　205
優生学運動　262, 319

よ
抑圧　103
抑うつ　91, 95, 97, 168, 171, 175, 181, 182, 195, 242, 270, 275, 292, 309, 328

ら
楽観主義　289, 293

楽観性　272, 276, 295, 299
ラベリング　34

り
リハビリテーション心理学　1, 24, 25, 70, 72, 73, 98, 140, 267, 284, 289, 318, 334, 351, 352
リハビリテーション法　67, 220, 320, 340, 342, 347
リハビリテーション法第503条　214
リハビリテーション法第504条　338

れ
レヴィン的　264
レヴィン派　74, 253, 318, 334
レジリエンス　2, 142, 144, 149, 168, 200, 250, 268, 270, 278, 291, 294, 297, 298, 300
連語錯誤　29

ろ
ロールプレイ　95

監訳者あとがき

　『障害という経験を理解する：社会と個人へのアプローチ』が無事に完成し，読者の皆様のお手元にお届けできたことを大変嬉しく思います。本書は，社会心理学とリハビリテーション心理学の視点から，障害が，当事者に，そして周囲の非障害者にもたらす多面的な影響を解き明かし，障害を抱える人々がどのような経験をしているのかを深く理解するための重要な資料として編纂されました。本書が日本における障害理解の深化と，障害者支援の向上に少しでも寄与することを願っています。
　本書を通じて，障害という経験が単なる「個人の問題」ではなく，社会全体の課題であることを改めて強調しています。障害者が直面する偏見やスティグマ，職場や教育の場におけるバリア，日常生活での支援の不足など，様々な課題が存在する中で，私たちは障害者の自己決定や自尊心，レジリエンスを支えるための社会的な配慮が重要であると考えています。特に，日本社会においても，障害者差別解消法やバリアフリー法などの整備が進み，障害者がより自立した生活を営めるような基盤が築かれつつありますが，まだ多くの課題が残されています。物理的なバリアフリーだけでなく，心理的なバリアフリーを実現するためにも，社会全体での意識改革が求められています。
　本書では，障害に関する偏見やステレオタイプがいかに形成され，それが障害者にどのような影響を及ぼしているかについて詳述しています。また，障害者のアイデンティティの形成やポジティブな心理的適応，社会的支援のあり方についても多くの洞察が示されています。特に，家族や友人，同僚などが果たす支援の役割が，障害者の生活の質に大きな影響を与えることが確認されています。身近な人々を越えて障害者を取り巻く社会的なネットワークが豊かであるほど，障害者の心理的な安定や生活の質の向上が期待できるのです。
　また，職場における障害者への支援や配慮が，彼らの生産性や働きやすさにどのように寄与するかについても，本書では具体的な提言がなされています。障

害者を雇用する企業が増えることで，障害者が社会において積極的に役割を果たし，その価値が社会全体にとっても大きなものになることが期待されます。事実，世界の主要500の企業（うち，日本の企業は39社）が，ビジネスパートナーシップ「Valuable 500」を結び，障害を理由とする排斥の終止と，障害者を平等に包摂することで企業価値・利益を上げることができると宣言しています。本書が提供する知見が，多様な労働環境の構築や障害者支援の指針として役立つことを願っています。

　本書の執筆者の中には，障害当事者である研究者も多数おり，彼らの経験が理論と実践の双方に深い洞察をもたらしています。実際の体験に基づいた知見は，障害についての理解をより豊かにし，読者が自らの立場を振り返り，障害のある人々に対する共感や配慮を育むきっかけとなるでしょう。執筆者の皆様が，多様な視点から障害の経験を探究し，社会全体の変革を促すための提案を示してくださったことに，心から感謝申し上げます。

　最後に，本書が日本の読者の皆様にとって，障害に対する理解と関心を深めるための一助となることを願ってやみません。本書を通じて，障害のある人々がもたらす視点や価値に対して，読者の皆様が共感し，彼らが日本社会の中で尊厳をもって生きていくための道筋をともに考えるきっかけとなれば幸いです。本書が，多様性と共生を実現する社会への第一歩として，多くの方々に読まれ，広く活用されることを心から期待しています。

2024年12月

監訳者を代表して　髙山亨太

執筆者一覧

Erin E. Andrews（テキサス中央退役軍人医療システム，テキサス大学医学部オースティンデル）
Anne Arewasikporn（ワシントン大学）
Leslie Ashburn-Nardo（インディアナ大学‒パデュー大学インディアナポリス校）
Casey Azuero（アラバマ大学バーミングハム校）
Lauren L. Barron（テキサスA&M大学）
Faye Z. Belgrave（バージニアコモンウェルス大学）
Jacob A. Bentley（シアトルパシフィック大学，ジョンズ・ホプキンズ大学）
Kathleen R. Bogart（オレゴン州立大学）
Susanne M. Bruyère（コーネル大学産業・労使関係学部）
Caitlin P. Campbell（ルイストークス退役軍人医療センター）
Ava T. Casados（イェール大学）
Fong Chan（ウィスコンシン大学マディソン校）
Xingli Chen（ウィスコンシン大学マディソン校）
Shannon Cheng（ライス大学）
Julie Chronister（サンフランシスコ州立大学）
Thomas P. Dirth（カンザス大学）
John F. Dovidio（イェール大学）
Dana S. Dunn（モラヴィアン大学）
Dawn M. Ehde（ワシントン大学）
Jackie Einerson（ユタ大学）
Timothy R. Elliott（テキサスA&M大学）
Susan T. Fiske（プリンストン大学）
Kelli W. Gary（バージニアコモンウェルス大学）
Thomas P. Golden（コーネル大学産業・労使関係学部）
Anthea Gray（ジェームスAハリー退役軍人医療センター）
Mikki Hebl（ライス大学）
Shuen-En Ho（シアトルパシフィック大学）
Kanako Iwanaga（ノーザンイリノイ大学）

Khalilah R. Johnson（バージニアコモンウェルス大学）
Alexandra M. Kriofske Mainella（ウィスコンシン大学マディソン校）
Angela M. Kuemmel（ルイストークス退役軍人医療センター）
Hanoch Livneh（ポートランド州立大学）
Leslie Lowry（テキサスA&M大学）
Jeremiah Lum（シアトルパシフィック大学）
Justin J. MacKenzie（ユタ大学）
Saaid A. Mendoza（プロビデンス大学）
Kimberley Monden（クレイグ病院）
Michelle R. Nario-Redmond（ハイラム大学）
Linnea C. Ng（ライス大学）
Christy L. Nittrouer（ライス大学）
Maija Reblin（モフィットがんセンター）
Ann Marie Roepke（退役軍人パゲットサウンド医療システム［シアトル部門］，ワシントン大学）
Gina Roussos（イェール大学）
Bruce Rybarczyk（バージニアコモンウェルス大学）
Matthew C. Saleh（コーネル大学産業・労使関係学部）
Whitney Scott（ロンドン大学キングス・カレッジ）
Andrea M. Shamaskin-Garroway（ロチェスター大学医療センター）
Susan Miller Smedema（ウィスコンシン大学マディソン校）
Kaitlyn Stein（テキサスA&M大学）
John A. Sturgeon（ワシントン大学医療センター）
Jing Tao（福建中医薬大学）
Alexandra L. Terrill（ユタ大学）
Jamie L. Tingey（シアトルパシフィック大学）
Zina Trost（アラバマ大学バーミングハム校）
Emre Umucu（テキサス大学エルパソ校）
Katie Wang（イェール大学）
Michael L. Wehmeyer（カンザス大学）
Erika Wright（テキサスA&M大学）
Jennifer Wu（プリンストン大学）
Jia-Rung Wu（ウィスコンシン大学マディソン校）
Rana Yaghmaian（ポートランド州立大学）

編著者紹介

Dana S. Dunn（ダナ・S・ダン）
　米国ペンシルベニア州ベツレヘム市にあるモラビアン大学心理学部教授。社会心理学者であり，主な研究領域は，障害の社会心理学，教育と学習である。Dunnは，これまでに170点以上の論文，分担執筆，書評，また著者及び編著者として，The Social Psychology of Disability（2015年）を含む30冊以上の書籍を執筆してきた。またOxford Bibliographies in Psychologyの代表監修者でもある。また，2020年に，アメリカ心理学会第22分科会（リハビリテーション心理学）の代表を担った。

訳者一覧

(執筆順，＊は監訳者)

勝谷紀子＊	(東京大学先端科学技術研究センター当事者研究分野)	はじめに，序文と謝辞，第1章，第3章
藤村励子	(郡山女子大学家政学部)	第2章
田戸岡好香	(高崎経済大学地域政策学部)	第4章
橋本博文	(大阪公立大学大学院文学研究科)	第5章，第6章
前田　楓	(立教大学現代心理学部)	第7章
吉田仁美	(日本大学文理学部)	第8章
佐藤剛介＊	(久留米大学大学院心理学研究科)	第9章，第16章
中村日海里	(総合コンサルティングファーム)	第10章
髙橋純一	(福島大学人間発達文化学類)	第11章
佐野智子	(城西国際大学福祉総合学部)	第12章
石井国雄	(東京家政大学人文学部)	第13章
唐牛祐輔	(関西医科大学教育センター)	第14章
浅井暢子	(京都文教大学総合社会学部)	第15章
相羽大輔	(愛知教育大学特別支援教育講座)	第16章
橋本京子	(畿央大学，放送大学)	第17章
栗田季佳	(三重大学教育学部)	第18章
皆川　愛	(ギャローデット大学ろう健康公平センター)	第19章
柴田邦臣＊	(駒澤大学グローバル・メディア・スタディーズ学部)	第20章，第21章
松崎良美	(東洋大学社会学部)	第20章，第21章
髙山亨太＊	(ギャローデット大学大学院ソーシャルワーク研究科)	第22章

監訳者紹介

勝谷紀子（かつや・のりこ）

2004年	東京都立大学大学院人文科学研究科心理学専攻博士課程単位取得退学
2006年	博士（心理学）（東京都立大学）
2023年	日本福祉大学大学院社会福祉学研究科社会福祉学専攻（通信教育）修了（修士（社会福祉学））
現　在	東京大学先端科学技術研究センター当事者研究分野特任助教

【主著・論文】

難聴への適応と障害の共有：人工内耳者のオートエスノグラフィ　質的心理学研究，24　2025年3月予定

大学生のeヘルスリテラシーの違いによる情報探索行動の特徴と批判的思考態度の役割（共著）　教育システム情報学会誌，42(1), 28–36．2025年

Mental Health Problems and Psychological Support for People with Hearing Loss.（共著）In *Updates on Hearing Loss and its Rehabilitation*. IntechOpen．2023年

How Do People Disclose Their Mild-To-Moderate Hearing Loss? *Japanese Psychological Research*, 65(3), 215–229．2023年

難聴者と中途失聴者の心理学：聞こえにくさをかかえて生きる（共編）　かもがわ出版　2020年

佐藤剛介（さとう・こうすけ）

2012年	北海道大学大学院文学研究科人間システム科学専攻行動システム専修博士後期課程単位取得退学（現・文学院人間科学専攻行動科学講座）
現　在	久留米大学大学院心理学研究科教授（博士（文学））

【主著・論文】

Creating a positive perception toward inclusive education with future-oriented thinking.（共著）*BMC Research Notes*, 14, 467．2021年

高等教育機関における障害学生支援に関するエビデンス―障害学生支援担当者と国立大学の現状―（共著）　高等教育と障害，2(1), 1–13．2020年

「合理的配慮」は人々にいかに理解されているか―意識調査における自由記述回答の分析を通じて―（共著）　障害学研究，(14), 248–271．2018年

A Socio-Ecological Approach to Cross-Cultural Differences in the Sensitivity to Social Rejection: The Partially Mediating Role of Relational Mobility.（共著）*Journal of Cross-Cultural Psychology*, 45(10), 1549–1560．2014年

Social Ecology Moderates the Association between Self-Esteem and Happiness.（共著）*Journal of Experimental Social Psychology*, 49(4), 741–746．2013年

柴田邦臣（しばた・くにおみ）
2003年　東北大学大学院文学研究科博士後期課程修了
現　在　駒澤大学グローバル・メディア・スタディーズ学部教授（博士（文学））
【主著・論文】
〈情弱〉の社会学　新装版：ポスト・ビッグデータ時代の生の技法　青土社　2024年
新しい「サイエンス（魔法）」の時代へ、ようこそ：大学におけるMDASHの意味と「科学の三条件」　現代思想, 50(12), 169-181.　2022年
学習障害のある子どもが第2言語を学ぶとき：限局性学習困難の概念・アセスメント・学習支援（共訳）　明石書店　2021年
字幕とメディアの新展開：多様な人々を包摂する福祉社会と共生のリテラシー（共編著）　青弓社　2016年
「それだけは、美しく切り出されてはならない」―震災研究の3条件―　社会情報学, 3(2), 73-76.　2015年

髙山亨太（たかやま・こうた）
2019年　日本社会事業大学大学院社会福祉学研究科博士後期課程修了
現　在　ギャローデット大学大学院ソーシャルワーク研究科准教授（博士（社会福祉学））
【主著・論文】
日本ろう者学と日本障害学の交差　障害学研究, (20), 126-143.　2024年
Deaf and Hard of Hearing Asian Consumers of the Maryland Behavioral Health Service System.（共著）　*JADARA*, 56(1), 1-29.　2024年
ろう者学とソーシャルワーク教育　生活書院　2022年
ろう者を対象とした新型コロナウィルスに関するインターネット情報の評価とその課題：インフォデミックの観点から（共著）　手話学研究, 29(1), 1-9.　2020年
Disaster Relief and Crisis Intervention with Deaf Communities: Lessons Learned from the Japanese Deaf Community. *Journal of Social Work in Disability & Rehabilitation*, 16(3-4), 247-260.　2017年

Translators' preface and afterword are provided by Kitaohji Shobo and are not translations of all or part of "Understanding the Experience of Disability: Perspectives from Social and Rehabilitation Psychology" as it was originally published in the English language by Oxford University Press. The inclusion of these materials does not imply a representation or endorsement of any kind by Oxford University Press who shall not be responsible for its content nor for any errors, omissions or inaccuracies therein.

本書の「監訳者まえがき」および「監訳者あとがき」は北大路書房によって提供されるものであり，オックスフォード大学出版局による英語の原著"Understanding the Experience of Disability: Perspectives from Social and Rehabilitation Psychology"の全部または一部の翻訳ではありません。これらの資料の掲載は，オックスフォード大学出版局によるいかなる種類の表明または保証を意味するものではなく，その内容およびそこに含まれる誤り，脱落，不正確さについて責任を負わないものとします。

障害という経験を理解する
──社会と個人へのアプローチ

2025 年 3 月 20 日　初版第 1 刷発行

編著者	ダナ・S・ダン
監訳者	勝　谷　紀　子 佐　藤　剛　介 柴　田　邦　臣 髙　山　亨　太
発行所	㈱北大路書房 〒603-8303　京都市北区紫野十二坊町12-8 電話代表　（075）431-0361 ＦＡＸ　　（075）431-9393 振替口座　01050-4-2083

ⓒ 2025　　　　　　　　　　　　　　　Printed in Japan
　　　　　　　　　　　　　　　　　ISBN978-4-7628-3280-2
装丁／白沢　正
印刷・製本／亜細亜印刷（株）
落丁・乱丁本はお取り替えいたします。
定価はカバーに表示してあります。

JCOPY 〈㈳出版者著作権管理機構 委託出版物〉
本書の無断複写は著作権法上での例外を除き禁じられています。複写される場合は，そのつど事前に，㈳出版者著作権管理機構（電話 03-5244-5088，FAX 03-5244-5089，e-mail: info@jcopy.or.jp）の許諾を得てください。

北大路書房の好評関連書

障害から始まるイノベーション
ニーズをシーズにとらえ直す障害学入門

田中真理, 横田晋務（編著）

A5 判・208 頁・本体 2,700 円＋税
ISBN978-4-7628-3223-9　C1036

障害を個人モデルではなく社会モデルから捉え直したとき，誰にとっても便利な技術を生み出すシーズになる。アクセシビリティを高める支援技術を解説し，福祉社会学や工学など様々な専門分野からみたユニバーサルデザインの研究知見を紹介。D&I を社会的課題にとどめず，イノベーションにつなげる実践のヒントを提供する。

インクルーシブ教育ハンドブック

ラニ・フロリアン（編著）
倉石一郎, 佐藤貴宣, 渋谷　亮,
濱元伸彦, 伊藤　駿（監訳）

A5 判上製・864 頁・本体 12,000 円＋税
ISBN978-4-7628-3230-7　C3037

国際的に高く評価されている特別支援教育の大著，ついに邦訳！　多様化する教育的ニーズ，教育における権利と平等など理論的な問題から，授業実践や機関連携など実践的な課題まで，日本の教育のあり方を考える上で参考になるトピックを厳選し抄訳。社会文化的背景を踏まえた学際的な視座からインクルーシブ教育を捉え直す。

（税抜き価格で表示しています。）

──────── 北大路書房の好評関連書 ────────

知的障害児の心理・生理・病理 [第2版]
エビデンスに基づく特別支援教育のために

勝二博亮（編著）

A5判・256頁・本体 2,700 円＋税
ISBN978-4-7628-3239-0　C3037

知的障害児との適切な関わりの軸となる知識を学べるテキスト，特別支援学校教免コアカリ対応改訂版。知的障害の定義やアセスメント，発生要因，特性，健康上の問題，さらに関連のある発達障害や関係者間連携について解説。DSM-5-TR，WISC-Ⅴ，てんかん分類等の新情報と共に多角的な視点と配慮を提供する。

ニューロマイノリティ
発達障害の子どもたちを内側から理解する

横道　誠，青山　誠（編著）

四六判・312 頁・本体 2,200 円＋税
ISBN978-4-7628-3247-5　C0011

当事者・支援者・研究者が一体となって，「発達障害理解」に革命を起こす！本書は，ニューロマイノリティとして生きている子どもたち，いわゆる「発達障害児」の体験世界を，「内側から理解する」という視点から多様な著者らが多角的に描き出す。専門知と経験知を編み合わせ，新たな知の地平を拓く，実験的な一冊。

(税抜き価格で表示しています。)

北大路書房の好評関連書

サイコーシスのための
オープンダイアローグ
対話・関係性・意味を重視する
精神保健サービスの組織化

ニック・パットマン，ブライアン・マーティンデール（編著）
石原孝二（編訳）

A5判・368頁・本体4,500円+税
ISBN978-4-7628-3232-1　C3011

身体拘束などサービス利用者を無力化する精神医療に依存しないオープンダイアローグを精神保健サービスに組み込むことは，世界共通の悩みである。セイックラの論考などからサイコーシスにオープンダイアローグを導入する意義を確認するとともに，実践を展開する各国のさまざまな工夫や取り組みをユーザーの声を交えて紹介。

精神科診断に代わるアプローチ
PTMF
心理的苦悩をとらえるパワー・脅威・
意味のフレームワーク

メアリー・ボイル，ルーシー・ジョンストン（著）
石原孝二，白木孝二，辻井弘美，
西村秋生，松本葉子（訳）

A5判・256頁・本体3,800円+税
ISBN978-4-7628-3215-4　C3011

心のケアに医学モデルを適用することの問題は何か。精神科診断によらないアプローチとして英国で誕生し，世界的にムーブメントが拡がりつつあるPTMFの入門手引書，本邦初公刊。精神科医，看護師，心理専門職，ソーシャルワーカーなどの支援者から，精神科診断の「パワー」に悩む当事者まで，幅広く手に取ってほしい本。

(税抜き価格で表示しています。)

━━━━━━━━━━ **北大路書房の好評関連書** ━━━━━━━━━━

社会構成主義の地平
ナラティヴ・セラピー入門
カウンセリングを実践するすべての人へ

マーティン・ペイン（著）
横山克貴, バーナード紫, 国重浩一（訳）
（一社）ナラティヴ実践協働研究センター（翻訳協力）

A5 判・392 頁・本体 3,800 円＋税
ISBN978-4-7628-3233-8　C3311

ジェンダーや障害，人種，「夫婦」など，社会の支配的な価値観によって生じる苦悩に心理支援者としてどう向き合うか。ナラティヴのアイデアは社会文化的な視野を広げ，カウンセリングの可能性を拓く。他療法での実践を経てナラティヴ・セラピストとなった著者ならではの理解や葛藤を交え，セラピーの全体像を構造的に解説。

沈黙の螺旋理論［改訂復刻版］
世論形成過程の社会心理学

E. ノエル＝ノイマン（著）
池田謙一, 安野智子（訳）

A5 判・368 頁・本体 4,700 円＋税
ISBN978-4-7628-2795-2　C3011

自分の意見は少数派である，あるいはそうなりそうだとわかった人は孤立を恐れて沈黙し，逆に自分が多数派だと認知した人は声高に発言する。沈黙は雄弁を生み，雄弁は沈黙を生むというこの螺旋状のプロセスの中で，少数派はますます少数派になっていく……。長らく絶版となっていた世論研究の名著，待望の復刻版。

（税抜き価格で表示しています。）